Hanson W. Baldwin

# Große Schlachten des 2. Weltkriegs

Hanson W. Baldwin

# Große Schlachten des 2. Weltkriegs

Aus dem Amerikanischen
von Thomas M. Höpfner

fourierverlag

Titel der bei Harper & Row, Publ., Inc., New York
Evanston and London, erschienenen Originalausgabe:
BATTLES LOST AND WON


Lizenzausgabe der 4. Auflage mit Genehmigung der
Verlagsgruppe Lübbe GmbH & Co. KG, Bergisch Gladbach
für Fourier Verlag GmbH, Wiesbaden 2002
Covergestaltung: Thomas Jarzina, Köln
Umschlagfotos: Archiv für Kunst und Geschichte, Berlin
Gesamtherstellung: Mladinska knjiga
ISBN 3-932412-09-5
Printed in Slovenia

*Kapitel 1*

# DIE SCHLACHT UM ENGLAND

Juli bis September 1940

*»Noch niemals in der Geschichte menschlicher Auseinandersetzungen haben so viele so wenigen soviel zu verdanken gehabt.«*
WINSTON CHURCHILL, AM 20. AUGUST 1940

England sah seiner Niederlage entgegen.

Die Tragödie von Dünkirchen war vorüber, und Winston Churchill verkündete:

»Wir werden weder mutlos noch schwächer werden. Wir werden den Weg bis zu Ende gehen. Wir werden auf Meeren und Ozeanen kämpfen, wir werden in der Luft kämpfen ... wir werden an unseren Küsten kämpfen. Wir werden an den Landungsstellen kämpfen, wir werden auf den Äckern und auf den Straßen kämpfen, wir werden in den Hügeln kämpfen; wir werden uns niemals ergeben.«

Der Wiederaufbau der deutschen Luftwaffe vor dem Kriege wurde von einem merkwürdigen Triumvirat in die Wege geleitet: Hermann Göring, Oberbefehlshaber der Luftwaffe, Luftfahrtminister, Veteran des berühmten Jagdgeschwaders Richthofen aus dem Ersten Weltkrieg, war politisch und psychologisch entscheidend für die Wiedergeburt der deutschen Luftstreitmacht.

Ernst Udet, Kunst- und Sportflieger, passionierter Segelflieger, Flugzeugkonstrukteur und Kampfflieger des Ersten Weltkrieges, wirkte beim Wiedererstehen der Luftwaffe als Geburtshelfer mit. Ihm und anderen hat die deutsche Luftwaffe zu danken, daß man sich ganz auf den Bau einmotoriger Jagdmaschinen konzentrierte. 1937 flog er selbst die Me-109, die in der Schlacht um England eine bedeutende Rolle spielen sollte. Deshalb sah sich Deutschland in den ersten Kriegsjahren, den Neigungen Udets folgend sowie aufgrund der Eile, mit der Hitler seine Luftwaffe aufbauen mußte, und letztlich nach der strategischen Konzeption – der zufolge die Luftwaffe im wesentlichen zur Erdunterstützung eingesetzt werden sollte – auf den Einsatz von Sturzkampfbombern und leichten bis mittelschweren zweimotorigen Bombern beschränkt.

Einer der wenigen, die sich von Anfang an klarmachten, daß in jedwedem zukünftigen Krieg die Technologie eine lebenswichtige Rolle spielen würde, war General Wever, der als erster Stabschef der Luftwaffe bei einem tragischen Flugzeugabsturz im Sommer 1936 sein Leben verlor. Dornier und Junkers hatten Prototypen viermotoriger Bomber großer Reichweite unter Wevers Patronat gebaut. Sie sollten seine Überzeugung stützen, daß, nach dem Vorbild Douhets (des italienischen Vorkämpfers einer strategischen Luftstreitmacht), das Zerbomben feindlicher Industriestädte, Häfen und Nachschublinien eine führende Rolle in der zukünftigen Kriegführung spielen würde. Aber diese Entwicklungen wurden nach Wevers Tod eingestellt, und Deutschland begann den Zweiten Weltkrieg mit nur einem viermotorigen Flugzeugtyp – der Focke Wulf 200 C Condor, einem Ziviltransporter, der mit Modifikationen als Langstreckenaufklärer und Marinesuchflugzeug benutzt wurde. Ein Behelf, wenngleich auch ein sehr erfolgreicher. (1)

Erhard Milch endlich, Görings Stellvertreter, Generalquartiermeister der Luftwaffe, diszipliniert und durchtrieben, hart und dynamisch, war der Organisator und Personalfachmann.

Bereits 1936 war das Menetekel für jedermann klar sichtbar: Die Legion Kondor – 200 Flugzeuge – wurde unter General Hugo Sperrle nach Spanien geschickt. Sperrle, dessen Namen die Geschichte noch einmal während des düsteren Leidensweges Großbritanniens verzeichnen sollte. Das blutige Prüffeld des Spanischen Bürgerkriegs wies weit voraus auf die Einsatzgrundsätze künftiger Auseinandersetzungen: Einsatz der Luftwaffe zum Truppentransport (10 000 Marokkaner des Generals Franco wurden in Ju-52 aus Nordafrika eingeflogen). Zur Erdunterstützung flogen Heinkel- und Henschelmaschinen Tief- und Bombenangriffe auf Ziele nahe Madrid, Toledo und Santander, und im Bombenkrieg bekamen bei dieser Hauptprobe 1936–39 die alten Städte Malaga, Cartagena und Alicante die Wirkung deutscher Bomben zu spüren.

Auch in England warfen die kommenden Ereignisse ihre Schatten voraus.

Die Royal Air Force, stark beeindruckt von den deutschen Versuchen mit strategischen Bombardements im Ersten Weltkrieg und beeinflußt von Trenchards Ansicht, das Flugzeug sei wesentlich keine defensive, sondern offensive Waffe, war sozusagen Bomber-besessen. So kam es, daß sogar bis München ein blindes und unentschlossenes England – das gegen Churchill allerlei Vorbehalte geltend machte – sich nicht entscheiden konnte, gleichzeitig genügend Mittel für eine Angriffsluftwaffe *und* die Luftverteidigung freizustellen.

Die britische Bomber-Besessenheit setzte sich zusammen aus
1. Trenchards Diktum, das Flugzeug sei eine Angriffs- und keine Verteidigungswaffe;
2. dem Trauma der Luftangriffe des Ersten Weltkrieges und der Unsicherheit, die sie verbreiteten;
3. der Überzeugung, zumindest bis 1936, daß Bombenflugzeuge immer durchkommen würden.

Deshalb war die Gegenoffensive oder die Furcht vor Vergeltung mit gleicher Münze der einzige Schutz.

General P.R.C. Groves, 1918 der Leiter der Abteilung Flug-Operationen im britischen Luftfahrtministerium, schätzte (1922), daß, wenn die Furcht vor Luftangriffen weiter anwachse, »Millionen von Soldaten, Tausende Kanonen und Hunderte von Geschwadern« zur Verteidigung herangezogen werden müßten. »Die einzige Alternative zu einer solchen Absurdität ist die Politik einer offensiven Luftverteidigung, deren Waffe eine aus weitreichenden Bombenflugzeugen bestehende Luftwaffe ist.«

In Deutschland wurde ohne Zweifel Douhets Auffassung näher ins Auge gefaßt. Göring liebäugelte aus psychologischen Gründen mit Douhets Konzept, aber er versäumte, die technische Entwicklung voranzutreiben, die eine solche Kriegführung erforderte. Wever, der sich darum kümmerte, verunglückte, und Udet war von der Idee der Sturzkampfbomber besessen. Der traditionell gesinnte Generalstab war nur an einer Luftwaffe interessiert, die zur Unterstützung der Armee diente. Das Ergebnis war ein politisch-taktischer Übermut der Luftwaffe, die unzureichend gerüstet war, die Schlacht um England zu schlagen. (2)

Es hatte Ermächtigungen in ausreichender Zahl gegeben: Schon 1934, ein Jahr nachdem britische Agenten berichtet hatten, daß Hitler unter Mißachtung des Versailler Vertrags aufrüstete, stellte das Kabinett einen Fünfjahrplan auf, der die britische Luftwaffe verstärken sollte. Dieser Plan wurde später revidiert und erweitert; aber dann gab es Verzögerungen und Rückschläge: Deutschland erhielt eine Startvorgabe.

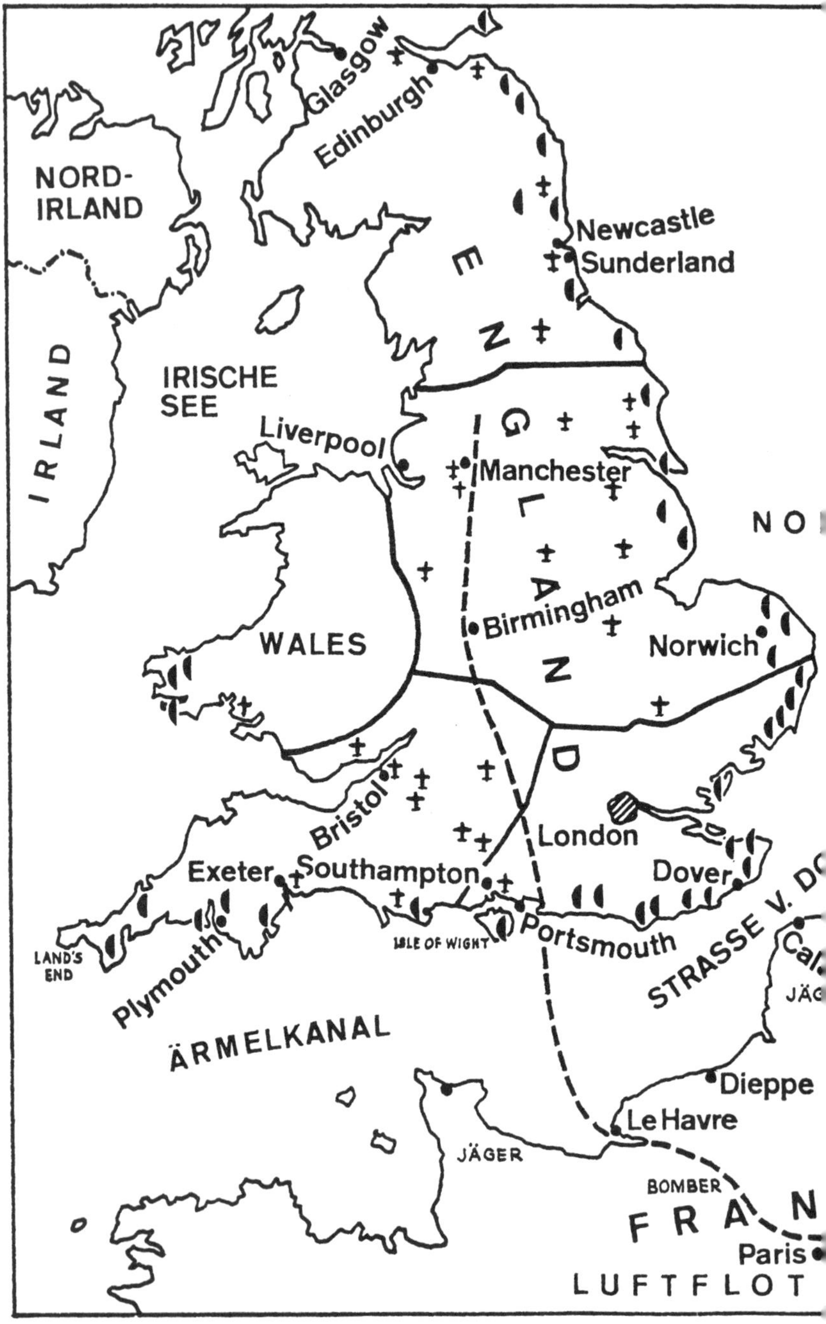
Glasgow
Edinburgh
NORD-
IRLAND
IRLAND
IRISCHE
SEE
Newcastle
Sunderland
E
N
G
L
A
N
D
Liverpool
Manchester
NO
Birmingham
WALES
Norwich
Bristol
London
Exeter
Southampton
Dover
STRASSE V. DO
Portsmouth
ISLE OF WIGHT
LAND'S
END
Plymouth
Cal
JÄG
ÄRMELKANAL
Dieppe
Le Havre
JÄGER
BOMBER
FRAN
Paris
LUFTFLOT

**DIE SCHLACHT UM ENGLAND**

Juli und August 1940

Einige wenige Männer aber gab es, die Weitblick bewiesen. Unter ihnen eine wenig einnehmende, vielschichtige Persönlichkeit mit der Härte und Verbissenheit des Calvinisten, die ihm den Spitznamen »Stuffy« eintrug (etwa: der Klotz). »Stuffy« Dowding, Luftmarschall der RAF, der später den Oberbefehl über das »Fighter Command« (Jagdflieger) erhielt und in Englands dunkelster Stunde über das Schicksal von Nationen zu entscheiden haben sollte.

Außerdem hatten zwei Eigenschaften, die die Entwicklung Englands seit der industriellen Revolution charakterisierten, die Nachfahren Nelsons und Wellingtons nicht im Stich gelassen: technischer Weitblick und Erfindergeist. Schon 1934 hatte das Luftfahrtministerium auf Drängen Dowdings Konstruktionseinzelheiten eines Jagdflugzeugs mit acht Maschinengewehren und einer Fluggeschwindigkeit von mehr als 300 Meilen pro Stunde ausgearbeitet. Im Februar 1935 gelang es Robert Watson-Watt, aus einer Entfernung von acht Meilen von einer fliegenden Maschine Radiowellen »abprallen« zu lassen und die elektronischen Reflexe des Ziels aufzuzeichnen. Radar war geboren, und um 1936 begann die Arbeit am »ersten Radar-System, das je in der Welt errichtet wurde« – einem elektronischen Aufklärungssystem, das die Ost- und Südküsten Englands von Ostern 1939, als die Krise heraufzog, bis zum Ende des Zweiten Weltkrieges überwachte.

Robert Watson-Watt war aber nicht der einzige »Erfinder« des Radar. Dr. A. Hoyt Taylor und Leo C. Young vom US-Marine-Forschungslaboratorium begannen schon 1922 mit Experimenten, und um 1937 herum hatte die US-Marine versuchsweise eine Radarstation auf dem Zerstörer »Leary« installiert. Davon unabhängig gab es andere Versuche in den Staaten, Frankreich und Deutschland. Einige wenige deutsche Freya-Radars waren einsatzfähig in der Schlacht um England, aber sie gaben keine Auskunft über die Flughöhe und hatten kein Tiefflieger-Kontrollsystem. England errichtete das erste fronttaugliche Radar-Warn-System rund um seine Küste, das mit einem wirkungsvollen Jäger-Kontroll-System kombiniert war. (3)

Und doch standen sich bei Dünkirchen David und Goliath gegenüber. München, ein Synonym für Beschwichtigungspolitik, war für die RAF ein Glück im Unglück: es gab ihr Zeit, bitter benötigte Zeit.

Im März 1938 drangen die Vereinigten Britischen Stabschefs einstimmig und kategorisch darauf, Premierminister Chamberlain möge den Krieg so lange aufschieben, bis Großbritannien besser vorbereitet wäre. In einem langen schriftlichen Bericht an Mr. Chamberlain stellten

»sie ohne jeglichen Vorbehalt fest, daß das Land nicht kriegsbereit sei, weder allein, noch in Allianz mit anderen europäischen Ländern habe man ein Machtmittel, das Deutschland zu diesem Zeitpunkt daran hindern könnte, der Tschechoslowakei eine vernichtende Niederlage beizubringen. Und jedwedes kriegerische Engagement mit Deutschland würde im jetzigen Stadium ohne weiteres zu einer endgültigen Niederlage führen ...

... es koste, was es wolle, der Krieg müßte abgewendet werden, bis das Aufrüstungsprogramm wirklich Früchte zu tragen beginne.« (4)

Und wenige Tage vor München notierte der damalige britische Kriegsminister in seinem Tagebuch:

»Der Premierminister sprach gestern von den Schrecken des Krieges, von deutschen Bombern über London und von dem Entsetzen, das er bei dem Gedanken empfinde, unser Volk bei der gegenwärtigen Lage der Dinge das ganze Elend eines Krieges spüren zu lassen. Niemand ist sich über die gegenwärtigen Unzulänglichkeiten mehr im klaren als ich. Die Ansicht des Führungsstabs: jetzt gegen Deutschland offensiv zu werden, hieße ›wie ein Mann handeln, der einen Tiger angreift, bevor er sein Gewehr geladen hat.‹« (5)

Der Menge, die Premierminister Chamberlain begeistert begrüßte, mag München »Peace in our time« bedeutet haben. Die RAF aber wußte es besser – München war der nächste Schritt zum Krieg, war eine diplomatische Verzögerungsaktion mit dem Ziel, Zeit zu gewinnen.

Zur Zeit des Münchner Abkommens hatte »Stuffy« Dowding 406 Flugzeuge, in 29 Staffeln organisiert, zu denen lediglich noch ein Bestand von 160 Reservemaschinen sowie eine Produktionsrate von 35 Jägern monatlich kamen. Zu seiner Luftwaffe gehörten nur ein paar Hurricane-Maschinen mit acht Bordkanonen, aber keine einzige neue Spitfire – während die Deutschen bereits ihre tödlichen Me-109 einsetzten.

Zwischen München und dem Ausbruch des Krieges im September 1939 hatte die RAF ihre Heimatfrontstreitmacht auf insgesamt 1467 Maschinen und 118 000 Mann gebracht (Dowdings Jäger inbegriffen). Die deutsche Luftwaffe aber verfügte über ca. 4300 einsatzfähige Maschinen, darunter 540 Transportflugzeuge, und 5 000 000 Mann. Nur in einem Bereich, der allerdings bezeichnend ist, glich der Stand Englands ungefähr dem Deutschlands – auf dem Gebiet der Flugzeugproduktion. England stellte an die 800 Maschinen pro Monat her, als Warschau im September 1939 bombardiert wurde, während Deutschland – das mit einem Blitzkrieg rechnete und seine Produktionsmaschinerie immer erst dann auf volle Touren brachte, wenn es schon viel zu spät war – nur wenig mehr Maschinen baute. (Die Zahlen der deutschen Flugzeugproduktion 1939 weisen 1856 Jäger, 2877 Bomber, 1037 Transport- und 1112 Schulmaschinen sowie andere Typen, insgesamt 8295 Flugzeuge, aus.)

Das aber wußte die Welt damals noch nicht; man hielt die deutsche Flugzeugindustrie für ungeheuer produktionsstark, und als der Krieg ausbrach, rechnete London mit einem Blitzangriff aus der Luft.

Aber der Blitzkrieg wurde zu Lande geführt. Polen wurde überrannt, dann – später – Dänemark, Norwegen, Holland, Belgien und Frankreich. Neben dem historischen Eisenbahnwagen im Wald von Compiègne führte Hitler seinen geschmacklosen Freudentanz auf, als er dort die französische Kapitulation entgegennahm; nun stand England dem Eroberer ganz allein gegenüber.

Lange vor dem Fall Frankreichs – tatsächlich bereits kurz nach Kriegsausbruch 1939 – wurde die Invasion erwogen. Die Deutschen nannten es »Unternehmen Seelöwe« – wie einst Napoleon schauten sie über die nebligen Wasser des Kanals hinüber zu den Kreideklippen Englands. Als die deutschen Legionen durch Polen zogen, in Kopenhagen, Oslo, Den Haag, Brüssel und Paris einmarschierten, entschlummerte der »Seelöwe« vorerst wieder. Doch am 2. Juli 1940, als die Pforten zum Kanal fest in deutschen Händen und alle Feinde auf dem europäischen Kontinent niedergeworfen waren, kam der erste Befehl aus dem Führerhauptquartier:

»Der Führer und Oberbefehlshaber der Wehrmacht« habe entschieden, daß eine Landung in England möglich sei, vorausgesetzt daß

1. die Luftüberlegenheit errungen werden könne und gewisse andere, notwendige Voraussetzungen erfüllt werden ...

»Da England ungeachtet seiner militärisch hoffnungslosen Lage keine Anstalten macht, sich mit uns zu verständigen, habe ich beschlossen, eine Landungsoperation gegen England vorzubereiten und wenn nötig auch durchzuführen ... Die Vorbereitungen für die gesamte Operation müssen bis Mitte August abgeschlossen sein.« (6)

In der Tat eine sehr kurze Frist, eine Invasion gegen ein Land vorzubereiten, das seit den Tagen der Normannen gegen Eroberer gefeit war. Eine kurze Frist – ein einziger Monat nur –, um die schwierigste Operation in die Wege zu leiten, die die Kriegführung kennt: eine »amphibische Invasion«.

England wankte unter den Schlägen der Niederlage, es hatte bei Dünkirchen ungeheure Verluste hinnehmen müssen. Die Royal Navy hatte innerhalb eines Monats über eine halbe Million kämpfender Soldaten aus dem norwegischen und französischen Debakel gerettet, doch stellten diese Männer eher einen ungeordneten Haufen als eine Armee dar. Außerdem hatte man fast die gesamte schwere Ausrüstung eingebüßt, waren ganze Einheiten desorganisiert, die Überlebenden abgekämpft und verwundet.

Die Gesamtzahl der von Frankreich und Norwegen evakuierten Streitkräfte belief sich auf 558 032 Mann (368 491 Briten, 25 000 Polen, 5000 Tschechoslowaken, der Rest Franzosen). Von dieser Zahl wurden 366 162 aus dem Raum Dünkirchen evakuiert (338 226 in den neun Tagen der »Operation Dynamo«). Es war eine »Angelegenheit der Marine«; im Gegensatz zu weitverbreiteten Meinungen wurde diese gelungene Evakuierung nicht von zivilen Schiffen und RAF-Piloten ermöglicht, sondern hauptsächlich von der britischen Marine.

Von den 704 nach Frankreich geschickten Panzern kehrten 22 wieder zurück. Es gab nur noch wenig Artillerie, es fehlte an Munition, Gewehren und Uniformen. Auch die Marine hatte schwere Verluste hinnehmen müssen: »Über die Hälfte aller in heimatlichen Gewässern befindlichen Zerstörer waren außer Gefecht gesetzt«, an die 16 versenkt und 42 beschädigt worden – und das innerhalb von zwei Monaten! Auch die Abschirmung der Evakuierung aus Dünkirchen hatte von der Marine hohe Verluste gefordert. Darüber hinaus war die britische Flotte damals mit Flugabwehrkanonen nur unzureichend ausgerüstet.

In jenem schicksalhaften Sommer 1940 bestand, wie Churchill später vor dem Parlament sagte, viele Wochen hindurch die Gefahr, daß »eine Invasionsstreitmacht von 150 000 ausgesuchten Männern in unserer Mitte tödliche Verheerungen hätte anrichten können«.

»Stuffy« Dowding hatte ebenfalls Verluste erlitten: 463 Maschinen und 284 Piloten verlor er im Verlaufe eines Monats bei den Kämpfen in Frankreich und den Niederlanden, und nach Dünkirchen hatte er (am 5. Juni) mit 466 Einsatzflugzeugen kaum eine größere Kampfkraft als zu dem ungünstigen Zeitpunkt von München.

**Die Gesamtverluste der RAF in der Frankreichschlacht, zuzüglich der Verluste des Fighter Command, beliefen sich auf 1526 Tote, Verwundete, Gefangene und Vermißte sowie 931 zerstörte Flugzeuge.**

Hitlers Befehl, die Invasion Englands vorzubereiten, wurde von den Deutschen mit großer Energie, jedoch nicht mit letzter Entschiedenheit betrieben. Am 31. Juli setzte man als vorläufigen Termin für die Invasion den 15. September an. Doch weder die deutsche Admiralität, die vor der britischen Flotte hohen Respekt hatte und sich der Schwierigkeiten, die eine so ausgedehnte amphibische Operation mit sich bringen mußte, wohl bewußt war, noch die deutsche Heeresleitung waren vom »Unternehmen Seelöwe« begeistert. Hitler selbst gar sah es als ein »außerordentlich kühnes und gewagtes Unternehmen« an, für dessen Gelingen er die Erfüllung von mindestens vier Vorbedingungen voraussetzte: Deutsche Luftherrschaft über dem Kanal und den Landeköpfen. Wirksamer Einsatz von weittragenden Geschützen an der Kanalküste gegenüber Dover zur Artillerieunterstützung für die Landetruppen und zur Abwehr britischer Kriegsschiffe. Ein breiter Schutzgürtel von Minenfeldern längs der Seetransportwege, um die britische Flotte auszuschalten. – Und gutes Wetter!

Die Planungen und Vorbereitungen gingen weiter, und das belagerte England mußte mit ansehen, wie der von Hitler beherrschte Kontinent sich für die Feuerprobe rüstete. Anfang September 1940 hatte die deutsche Admiralität 168 Transportschiffe von insgesamt über 700 000 Tonnen sowie 1910 Kähne, 419 Schlepper und Trawler und 1600 Motorschiffe bereitgestellt und bereits begonnen, diese Flotte nach Süden in die Kanalhäfen von Rotterdam bis Le Havre zu verlegen. Nach vielen Zwistigkeiten und scharfen Auseinandersetzungen zwischen den einzelnen Wehrmachtsteilen entwarf Hitler einen Kompromißplan, dem zufolge in einem ersten Ansturm 90 000 Mann in breiter Front zwischen Folkstone und Bognor an Land gehen sollten. Die 16., 9. und 6. Armee – 13 Divisionen für den Angriff, 12 als Reserve – sollten den Kanal überqueren, die Ufer stürmen und England erobern.

Als die Deutschen ihre Schiffe in die Ausgangspositionen gebracht hatten und die Heere bereitstanden, versammelte auch die Luftwaffe ihre Kräfte für den »Adlerangriff«. Dieser Angriff sollte vier oder sechs Wochen vor dem wahrscheinlichen Invasionstermin geführt werden und die britische Luftwaffe ein für allemal vernichten. Vorbereitende Operationen begannen im Juni und wurden den Juli hindurch laufend verstärkt. Zwischen dem Frankreichfeldzug und der Schlacht um England gab es in Wahrheit keine Zäsur. Im Juli gehörten die Häfen von Falmouth, Portland, Weymouth, Dover sowie Kanal-Geleitzüge zu den Angriffszielen. Am 10. Juli flog das »Fighter Command« über 600 Tageseinsätze. Aber die Angriffe der Deutschen waren sporadisch und schlecht geplant – in den fünf Wochen vom 10. Juli bis zum 12. August wurden zwischen Land's End und dem Nore nur 30 000 Tonnen versenkt, und trotz der Bombardements wurde in den alten Häfen Englands Tag und Nacht weitergearbeitet. Dieser Angriff der Luftwaffe war zu schwach und verzettelt; aber er zwang das Fighter Command zu erhöhten Anstrengungen.

Die Deutschen setzten den großen Luftangriff mit voller Kampfkraft nicht vor August an, obgleich ihre Staffeln schon kurz nach dem 15. Juli »volle Einsatzbereitschaft« meldeten. Obgleich im Vergleich zu dem, was kommen sollte, die einleitenden Angriffe dieses Monats geringfügig waren, vermuteten die Briten den Beginn der Anfangsphase der großen Luftschlacht am 10. Juli.

Die Entscheidungsschlacht begann nach verschiedenen Berechnungen zwischen dem 8. und 13. August. Die Briten waren bereit; Winston Churchill feuerte ihren Mut mit den unvergänglichen Worten an: »Die Schlacht um England steht dicht bevor ... Die ganze Macht und Wut des Feindes wird sich in Kürze gegen uns wenden. Hitler weiß, daß er uns hier auf der Insel schlagen muß, wenn er den Krieg nicht verlieren will. So wollen wir alle unsere Kraft zusammennehmen und uns so verhalten, daß man, wenn das Britische Empire und sein Commonwealth tausend Jahre bestehen, sagt: ›Das war ihre größte Stunde‹.« (7)

Am 11. August 1940 hatte »Stuffy« Dowding 704 einsatzbereite Maschinen zur Verfügung – darunter 620 Hurricanes mit acht Bordkanonen und Spitfires.

Die Mehrzahl – es waren 30 Staffeln – bestand aus Hurricanes; dazu kamen 19 Spitfire-Staffeln.

289 Maschinen hielt er in Reserve. England hatte die Atempause von zwei Monaten nach Dünkirchen wohl genutzt.

Angespornt von Lord Beaverbrook hatten britische Fabriken im Monat Juli 1665 Flugzeuge gebaut, von denen nahezu 500 Maschinen Jäger waren.

Die britische Jägerproduktion stieg von 157 Maschinen im Januar 1940 auf 496 im Juli.

Ein Radargürtel – bis 500 m Höhe – erstreckte sich von Southampton entlang der südlichen, östlichen und nördlichen Küste Großbritanniens. Und in der Straße von Dover sowie im Kanalgebiet konnten die magischen Augen des britischen Radarnetzes praktisch »zuschauen«, wie die feindlichen Flugzeuge auf der anderen Seite von ihren Küstenflugplätzen starteten.

Jedoch gab es viele schwache Punkte. Man hatte nicht genügend ausgebildete Flugzeugführer; Dowdings Staffeln waren durch Piloten der Marineflieger, eine kanadische Staffel und polnische und tschechische Flieger verstärkt worden. England besaß vorerst nur ein Viertel der Flakgeschütze, die nötig waren. Ballonsperren (Fesselballons) und eine von Rube Goldberg ersonnene Einrichtung mit dem Namen »PAC« (parachute and cable, d.h. Raketen, die an Fallschirmen hängende Drahtseile trugen und gegen Tiefflieger eingesetzt wurden), schützten die Flugzeugwerke. Tausende englischer Frauen und Kinder waren aus London evakuiert worden.

Drei deutsche Luftflotten wurden für den Schlachteinsatz ausersehen: die Luftflotte 2 unter Feldmarschall Albert Kesselring, in Holland, Belgien und Nordostfrankreich stationiert; die Luftflotte 3 unter Feldmarschall Hugo Sperrle, in Frankreich stationiert, und die Luftflotte 5, unter Generaloberst Hans-Jürgen Stumpf, die in Norwegen und Dänemark lag. Die Gesamtstärke belief sich auf annähernd 3350 Maschinen, doch waren nur ungefähr 75 Prozent einsatzbereit, und außerdem wurde die Hauptlast in dieser Schlacht fast ganz von den Luftflotten 2 und 3 getragen. Die Deutschen setzten gegen England zwischen 900 und 1000 Jäger ein – in der Mehrzahl einmotorige Me-109, später auch noch ein paar Me-110, sowie ungefähr 1000 He-111, Do-17, Ju-88 und 300 Ju-87, die berühmten Stukas.

## Die Eröffnungsphase

Der deutsche Schlachtplan sah eine Reihe von einleitenden Angriffen hauptsächlich bei Tageslicht vor, die nach und nach intensiver vorgetragen und gegen britische Radarstationen, Flughäfen und Flugzeugwerke geführt werden sollten. Unterstützt und ergänzt werden sollten diese Angriffe durch Einsätze gegen Häfen und Kanaltransportschiffe, gegen Ziele also, die während der zweimonatigen Anlaufzeit zwischen Dünkirchen und der Eröffnungsphase der Schlacht um England Angriffsschwerpunkte waren.

In der Frühe des 8. August zeigt die Kartentafel im Gefechtsstand der »No. 11 Group« in Uxbridge 60 »bogies« (Feindflugzeuge, A. d. Ü.), die sich der Insel Wight nähern. Die 11. Gruppe, »von der unser (Englands) Schicksal in hohem Maße abhing«, sichert das Herz Englands – London und die Grafschaften Essex, Kent, Sussex, Hampshire und Dorset. Eilig starten Hurricanes und Spitfires, um die Stukas und die Ju-88 anzugreifen. Die Südküste Englands kann dieser Luftschlacht wie von einer großen Tribüne aus zuschauen. Ziel des deutschen Angriffs ist ein Konvoi; die Morgenschlacht endet mit der Versenkung zweier Schiffe. Doch am Nachmittag kommen die Deutschen noch einmal, und Staffeln der »No. 10 Group«, die den Südwesten abschirmt, eilen zur Unterstützung herbei. Die Überwasserschiffe zerstreuen sich, als über ihnen in den Wolken der Luftkampf tobt. Vier Schiffe werden versenkt, sechs beschädigt.

Am 11. werden Portland, Weymouth und Konvois in der Themsemündung sowie vor Norwich bombardiert.

Die Ereignisse beginnen sich jetzt zu überstürzen; am 12. August kommen sie wieder in großer Zahl: Verbände und Flotten von Stukas und Ju-88 sowie Heinkel, von Me-109 gedeckt, donnern über Dover hinweg und tragen zu Hunderten fünf oder sechs schwere Angriffe gegen Radarstationen und Flugplätze sowie gegen Portsmouth und einen Konvoi auf der Themse vor.

Die Radarstationen sind als Ziele nicht zu übersehen, ihre Stahlmasten, 120 Meter hoch, erheben sich auf Klippen, Landzungen und Hügeln an der Küste als moderne Nachfahren der Leuchtfeuer, die vor fünfhundert Jahren auf die spanische Armada aufmerksam machten. Die Station von Ventnor auf der Insel Wight ist vollkommen zerbombt worden – sie fällt aus, bis am 23. August eine neue Station errichtet ist. Fünf weitere Stationen werden leicht beschädigt. Deutsche Bomben fallen auf die Flugplätze Manston, Lympne und Hawkinge. Die Landebahnen sind mit Kratern und Trichtern übersät. Aber die Deutschen kommen nicht ohne eigene Verluste davon: Die Geschwader Nr. 10 und 11 fordern vom Eindringling Tribut, die Stukas zeigen sich verwundbar, brennend krachen 31 deutsche Flieger auf britischen Boden oder stürzen in benachbarte Gewässer. Die RAF verliert 22 Maschinen.

Am 13., begünstigt durch wolkigen Himmel, kommen sie in Scharen wieder: 1400 Maschinen fliegen in Richtung England. Das war die Eröffnung des deutschen Großangriffs – es war »Eagle Day«. Doch die Radaraugen Englands spüren die Maschinen auf, wie sie über Amiens an Höhe gewinnen und von Dieppe und Cherbourg nach Norden fliegen. Von vielen Flugplätzen in den südlichen Grafschaften sind Spitfires und Hurricanes und zweisitzige Defiants aufgestiegen, um den Feind über Englands Küste abzufangen. An diesem Tage wühlen Bomben die Gewässer um Southampton auf, und von Margate bis Southend und über der Themsemündung ist der Schlachtenlärm zu hören.

Kesselring und Sperrle haben ihre Bomber auch gegen ein Dutzend RAF-Flugfelder und Fliegerhorste ausgesandt, zwei davon haben sie verwüstet, sieben weitere – darunter Horste mit historischen Namen wie Middle Wallop und Thorney Island – bekommen das schrille Pfeifen der fallenden Bomben zu hören, entgehen jedoch größeren Zerstörungen. Der Preis: 45 Feindmaschinen. Die RAF büßt 13 ein.

Doch Generaloberst Franz Halder notiert optimistisch in seinem Tagebuch: »Ergebnisse sehr gut ... Acht wichtige Flugplätze sind faktisch zerstört.«

Die Deutschen beginnen mit »einem Schuß ins Schwarze«, den Nachtangriffen auf die britischen Flugzeugwerke.

Die Bombergruppe 100, speziell für Nachteinsätze ausgebildet, trifft die Flugzeugfabrik in Castle Bromwich, in der die so wichtigen Spitfires hergestellt werden, mit 11 Sprengbomben.

Am 14. ist Ruhe vor dem Sturm; deutsche Bomben fallen auf weit zerstreut liegende Teile Englands, acht RAF-Horste werden angegriffen, doch sind die Schläge vereinzelt und ohne große Wirkung. Bei Manston ersetzen zweisitzige, zweimotorige Me-110 als Jagdbomber die verwundbaren Stukas.

Am 15. befiehlt Göring arrogant und zuversichtlich seinen größten Angriff.

In der britischen offiziellen Geschichtsschreibung wird der 13. als »Eagle Day« bezeichnet, doch waren die Angriffe am 15. viel stärker. Und »zum erstenmal wurde der Plan eines koordinierten Angriffs der drei von Norwegen nach Großbritannien einfliegenden Luftflotten bei Tage in die Tat umgesetzt«. (8)

Die Luftflotte 5 wird von den skandinavischen Flugplätzen aus in den Kampf geworfen; von Norwegen bis Frankreich starten deutsche Maschinen und fliegen Angriffe gegen weite Teile Englands. Wenn »Stuffy« Dowding Maschinen aus dem Norden abzieht, um die Verteidigung im »Herzen Englands« zu verstärken, werden Tyneside und Yorkshire dafür bezahlen müssen. Bombenteppiche werden das britische Radar verwirren und die britischen Piloten ermüden.

Um 11.29 Uhr an diesem Tage überfliegen 60 Stukas und 50 Me-109 die Küste südlich von Dover; die Staffeln No. 54 und 501 des 11. Geschwaders werfen sich dazwischen, der Flugplatz Lympne wird zerstört. Gegen Mittag zeigen sich auf den Operationskarten des 13. Geschwaders, das mit der Verteidigung des nördlichen England betraut ist, weit oben im Norden »die ersten deutschen Flugzeugeinflüge« – es sind 65 Heinkel und 34 Me-110, 150 Kilometer vom Firth of Forth entfernt. Die 72. Staffel, die Überwachungsflüge ausführt, wird dagegen eingesetzt, zu der später noch die Staffeln Nr. 41, 79, 605 und 607 stoßen. Dann greifen die Flugabwehrkanonen von Tyneside ein. Die Deutschen werden am Himmel umhergejagt: Die zweimotorigen Me-110, die einzigen deutschen Jäger mit genügender Reichweite zum Überfliegen der Nordsee, sind den Spitfires und Hurricanes nicht gewachsen. In Sunderland werden 24 Häuser zerstört, jedoch wird keine einzige Fabrik, kein einziger Flugplatz getroffen; die deutschen Angreifer werden übel zugerichtet.

Ein anderer von Skandinavien aus geführter Angriff verläuft erfolgreicher: Die Deutschen treffen auf als Notbehelf eingesetzte Blenheim-Jäger. Sie lassen diese weit hinter sich, bombardieren nahe Bridlington ein Munitionsdepot, welches in einem Inferno von Rauch und Flammen in die Luft fliegt, und fügen dem Flugplatz von Driffield schweren Schaden zu. Hierbei verlieren die Briten zehn Maschinen, die auf dem Flugfeld standen.

Die Folgen jedoch sind für die Luftflotte 5 wenig erfreulich – nie wieder wird Stumpff einen Angriff gegen die Nordküste bei Tageslicht riskieren, denn ohne den Jagdschutz der Me-109 sind die deutschen Bomber allzu verwundbar.

Aber noch ist der Tag nicht zu Ende. Im Südosten wird das 11. Geschwader hart bedrängt. Zu Hunderten fliegen die deutschen Maschinen nördlich der Themsemündung ein, über Folkestone und Deal, und noch am gleichen Tag nähern sich später 200 bis 300 Maschinen Hampshire und Dorset. Der rasende Kampf tobt an diesem Tage überall am Himmel des südlichen England; die großen geschlossenen Formationen lösen sich in Schwärme und Einzelkämpfer auf, die Hülsen der verschossenen Munition fallen dicht neben englischen Landfrauen auf Felder und Äcker. Kondensstreifen hoch am Himmel und Rauch, der in Schwaden aufsteigt, ist das flüchtige, vom Winde bald verwehte Denkmal für Piloten, die in der Schlacht fielen und irgendwo begraben werden.

An diesem Tage greifen nahezu 1800 feindliche Maschinen England an, mehr als 500 Bomber, über 1300 Jäger. Zwei Flugzeugfabriken werden schwer getroffen, einige Flugplätze nehmen Schaden, aber die Briten frohlocken – sie behaupten mit Sicherheit den Abschuß von 182 Feindmaschinen und 53 wahrscheinliche Abschüsse bei nur 34 Eigenverlusten. Die Schlagzeilen posaunen es laut heraus: Das ist die größte Abschußquote seit Schlachtbeginn; die Deutschen wurden aufgerieben. Allein, diese Behauptungen sind übertrieben. Die Deutschen geben nur den Verlust von 32 zerstörten Maschinen zu, in Wahrheit verloren sie 75 – viel weniger, als die RAF behauptete, dennoch bleibt es der verlustreichste Tag der gesamten Schlacht.

Auf seinem preußischen Landsitz hält Göring mit Kesselring, Sperrle und Stumpff eine Besprechung ab.

Soweit keine anderen Befehle kommen, bestimmt der Reichsmarschall, sollen alle Operationen ausschließlich gegen die Luftwaffe des Feindes gerichtet werden. Aber dann macht er einen fatalen Fehler: Er bezweifelt, ob es angesichts der Tatsache, daß bislang keine der angegriffenen Radarstationen funktionsunfähig gemacht wurde, noch Sinn hat, die Angriffe auf Radarstationen fortzusetzen.

Am 16. schwärmen die Deutschen über England aus – 1700 Maschinen, davon jedoch nur 400 Bomber. Eine stillschweigende Anerkennung der Härte der britischen Luftabwehr! Einen Bombentreffer, »den größten Einzelerfolg in der ganzen Schlacht«, erzielt der Feind, als zwei Ju-88 aus dem Dunst des verhangenen Himmels herunterstoßen und in Brize Norton 46 Maschinen der Briten in ihren Hangars vernichten. Der deutsche Nachrichtendienst scheint jedoch nicht zu funktionieren – nur drei der acht an diesem Tage angegriffenen Flughäfen sind mit »Stuffy« Dowdings Fliegern belegt.

Der 17. ist ein Ruhetag – willkommene Pause mit nur geringer Angriffstätigkeit und wenigen Alarmen.

Doch am 18. kommen die Deutschen wieder. Sie zerstören die meisten Hangars von Kenley, eines wichtigen Stützpunktes der 11. Gruppe, erwischen vier dort stehende Hurricanes, reißen die Rollbahnen mit ihren Bomben auf, zerstören die Fernmeldeverbindungen; auch die Radarstationen Croydon, Biggin Hill, West Malling, Gosport, Thorney Island und Poling werden getroffen. Die RAF rühmt sich 155 »sicherer« Abschüsse; die Deutschen geben 36 zu und haben in Wahrheit 71 Maschinen verloren – der zweithöchste Tribut, der in dieser Schlacht gezahlt wurde.

Die berühmten Stukas wurden dezimiert; Göring zieht die meisten aus dem Einsatz.

## Der Hauptangriff

Fünf Tage gibt es Ruhe. Nur vereinzelte Angriffe von geringer Bedeutung belästigen die Briten; starke Bewölkung hält die großen Luftflotten fern. Die RAF zieht Bilanz. Seit der ersten Augustwoche hat der Feind nahezu 400 Maschinen verloren (die damaligen offiziellen britischen Verlautbarungen beziffern die deutschen Verluste auf das Doppelte). Das Fighter Command hat 213 Maschinen verloren. »Stuffy« Dowding hat jedoch schon seine Reserven angreifen müssen, die zerbombten Flugzeugfabriken konnten die ausgefallenen Hurricanes und Spitfires, das Rückgrat der englischen Verteidigung, noch nicht ersetzen. 154 britische Piloten sind tot oder verwundet, und man konnte erst 63 neue Piloten ausbilden.

Die Großangriffe beginnen wieder am 24. August, und von diesem Tage an bis zum 6. September schicken Kesselring und Sperrle im Durchschnitt fast 1000 Maschinen pro Tag gegen England. Dabei soll vor allen Dingen das 11. Geschwader getroffen werden, das das Herzland Großbritanniens bewacht – seine Flugplätze im Landesinnern, Knotenpunkte des Nachrichtenverbindungswesens, Hangars, Reparaturdepots, Abschnittkommandos. »Wir haben«, sagt Göring, »den entscheidenden Abschnitt des Luftkrieges gegen England erreicht.«

Kenley und Biggin Hill, Hornchurch, North Weald und Northolt – Befehlsstände von Kampfabschnitten und Flugplätzen von London – werden immer wieder angegriffen. Die Gebäude von Manston sind zertrümmert, die Rollbahn ist ein Kraterfeld, das Flugfeld mit nicht explodierten Bomben oder Zeitzünderbomben übersät. Es wird aufgegeben, verlassen.

Den zahlenmäßig unterlegenen Engländern ist keine Pause vergönnt. Sie fliegen und kämpfen, landen, um aufzutanken und Munition an Bord zu nehmen, sie essen neben ihren Maschinen, warten in ununterbrochener Bereitschaft.

Am 31. August muß das Fighter Command seine schwersten Verluste einstecken – 39 Maschinen abgeschossen, 14 Piloten getötet. Die Deutschen verlieren in den gleichen 24 Stunden 41 Maschinen.

Die Angriffe sind so zahlreich, daß an einem dieser Tage – es ist der 4. September – die Lagekarte im Befehlsstand des Fighter Command mit Feindangriffen förmlich gespickt ist. Die Vickers-Werke in Brooklands (Weybridge) werden überraschend, ohne Vorwarnung, hart getroffen, schwere Verluste an Menschen und Material sind zu beklagen, die Produktion des Wellington-Bombers, dieses »Schwergewichts« in der Bomberflotte der RAF, muß gedrosselt werden. Auch die Hawkers-Werke werden getroffen, sie liefern die Hälfte aller englischen Hurricanes.

Das RAF Fighter Command ist angeschlagen: Im August trifft es 300 Piloten, und man hat nur 260 Ersatzmänner. (9)

»Und ausgerechnet in dieser Lage, als die Deutschen unsere Verteidigung bis aufs äußerste strapazierten, kam Hitler ... uns noch einmal zu Hilfe«, schreibt später Dennis Richards in seinem Buch »Royal Air Force 1939–1945«. (10)

In der Anfangsphase der Schlacht um England, lange bevor die eigentliche Schlacht begann, war das Bomber Command der RAF nicht untätig geblieben. Nach dem Kriegseintritt Großbritanniens am 4. September 1939 (als die deutsche Wehrmacht Polen den Todesstreich versetzte) fliegt die RAF die ersten, wenn auch noch kleinen Luftangriffe gegen Deutschland. Ziele: die deutsche Flotte mit ihren Flottenstützpunkten Wilhelmshaven und Brunsbüttel.

Versehentlich werfen britische Bomber am 3. Dezember einige Bomben über Helgoland ab. Menschen kommen dabei nicht ums Leben.

Am 16. März 1940 fallen von deutschen Flugzeugen (deren Angriffsziel die britische Flotte bei Scapa Flow war) ein paar Streubomben auf Inseln in der Nähe. Sogleich fliegt die RAF einen nächtlichen Vergeltungsangriff – von der offiziellen britischen Geschichtsschreibung ein wenig unzutreffend als »erster Angriff, der vom Bomber Command gegen ein Landziel geflogen wurde« bezeichnet – gegen den deutschen Seeflieger-Stützpunkt Hörnum auf der Insel Sylt.

Man hatte schon zuvor Luftangriffe auf deutsche Flottenstützpunkte geführt, doch waren dabei (wie beim Scapa-Flow-Angriff) ein paar Bomben auf benachbartes Gebiet gefallen. (11)

Anfang Mai 1940 greifen neun Whitleys »Straßen, Eisenbahnen und Brücken nahe bei und in vier deutschen Städten entlang der feindlichen Verbindungslinie nach Südholland« an. Und seit Mai 1940 schickt das Bomber Command seine Tagbomber gegen Angriffsziele in Deutschland, in erster Linie Flugzeugwerke und Verbindungslinien.

Noch vor Beginn des Sommers hatte die RAF eine erhebliche Zahl von verhältnismäßig kleinen Bomberangriffen gegen Ziele in Deutschland geflogen. Der erste wirklich größere Angriff mit 93 Maschinen gegen Verschiebebahnhöfe an der Ruhr fand im Mai zur Zeit des deutschen Angriffes auf Belgien, Frankreich und die Niederlande statt.

Dennis Richard (op. cit. Bd. I, 122): »Die Zerstörung Rotterdams (14. Mai) klärte nicht nur ein für allemal die Frage des weiteren Widerstandes in Holland, sondern beantwortete auch die Fragen, inwieweit die deutsche Luftwaffe Leben und Eigentum der Zivilbevölkerung zu respektieren gedachte. Als das Kriegskabinett am 15. Mai noch einmal das Für und Wider eines Angriffs auf das Ruhrgebiet beriet, waren die letzten Zweifel behoben, daß die RAF grünes Licht bekommen konnte. Von den vielen Vorteilen, die man sich von einer solchen Operation versprach, wog wohl am schwersten die Erwartung einer Rückwirkung auf die deutsche Luftwaffe ... Wenn die britische Luftwaffe das Ruhrgebiet angriff und die Ölraffinerien mit präzise gezielten, städtisches Siedlungsgebiet jedoch mit abgeirrten Bomben zerstörte, wäre das Verlangen nach einer Vergeltung wahrscheinlich so stark geworden, daß ihm auch die deutschen Generäle nicht hätten widerstehen können. Wahrscheinlich wäre sogar Hitler selbst zum Verfechter dieser Forderung geworden. Mit anderen Worten: ein Angriff auf das Ruhrgebiet war eine förmliche Einladung an die deutsche Luftwaffe, London zu bombardieren.«

Die Masse der Bomberverbände mußte jedoch während der Bodenoperationen im Westen zur Unterstützung der hartbedrängten alliierten Truppen durch Bombardierung von Straßen, Engpässen, Brücken, Eisenbahnlinien und Verbindungsknotenpunkten abgezogen werden. Seit dem 31. Januar 1940 lag beim Bomber Command eine Weisung des Luftfahrtministeriums auf Abruf (»WAB«) vor, Nachtangriffe gegen Deutschland zu fliegen, »um eine sofortige Störung der deutschen Rüstungsindustrie zu bewirken«. Wegen der geringen Stärke der britischen Kräfte und des Einsatzes vieler Bomber gegen Verbindungslinien, Häfen, Schiffe und andere Objekte liefen die Angriffe erst Mitte des Sommers, und auch dann nur in geringer Stärke, an. Ziel dieser Angriffe waren in erster Linie die deutschen Flugzeugwerke. Die Nachtangriffe erreichten mit 3141 Feindflügen im September 1940 einen Höhepunkt.

In der Nacht vom 25. zum 26. August – »der Nacht nach dem versehentlichen Angriff deutscher Bomber auf London« – fliegen britische Nachtbomber einen Luftangriff auf Berlin.

Vom 28. bis zum 31. August warf die deutsche Luftwaffe 114 Tonnen Sprengbomben und 257 Brandkanister in Nachtangriffen über Liverpool und Birkenhead ab.

Die Briten behaupteten, diese Angriffe lediglich als Vergeltung für Angriffe auf die genannten Städte sowie auf London zu fliegen, doch war es vielleicht auch ein meisterlicher Schachzug Churchills, um die deutschen Bomber von den britischen Flugplätzen abzulenken und nach London zu locken.

»Im August waren die Flugplätze des Fighter Command die Hauptangriffsziele der deutschen Bomber ... Diese von der deutschen Bomberwaffe gegen mehr als 20 lebenswichtige Flugplätze geflogenen Angriffe zogen die Bodenorganisation der britischen Jägerwaffe stark in Mitleidenschaft ... Schätzungen gegen Ende August besagten, daß das bloße Fortführen derartiger Operationen über drei weitere Wochen die britischen Reserven an Jagdmaschinen völlig erschöpft hätte.

Unter solchen Umständen beschloß der Premierminister einen kühnen Schachzug. In der Nacht des 24. August fielen mehrere deutsche Bomben auf London – die ersten seit 1918. Daraufhin ordnete die Regierung als Vergeltungsmaßnahme einen schweren Luftangriff auf Berlin an. In der Nacht des 25. August führten 81 Maschinen des Bomber Command einen erfolgreichen Angriff auf die deutsche Hauptstadt aus, obgleich die Nacht für einen Hin- und Rückflug der britischen Flugzeuge in der Dunkelheit kaum ausreichte. Die deutschen Angriffe wurden daraufhin gegen London und andere Städte geführt. Der deutsche Druck auf die Flugplätze des Fighter Command, der das britische Verteidigungssystem ernsthaft gefährdet hatte, ließ nach. Obgleich dies bedeutete, daß nun die Zivilbevölkerung zu leiden hatte, war es doch ein Wendepunkt in der Schlacht. Die britischen Siegeschancen hatten sich erheblich gebessert.«

Nichtsdestoweniger war der Gedanke einer Bombardierung Londons von vielen Angehörigen der deutschen Luftwaffe und Marine nachdrücklich vertreten worden. (12)

Dies sind für beide Hauptstädte die ersten Angriffe, und in Berlin ist die moralische Wirkung, um mit Shirer zu reden, »fürchterlich«. Die militärischen Auswirkungen dieser ersten Luftangriffe der Royal Air Force auf Berlin sind wie die des Bombardements von London durch die Deutschen im Ersten Weltkrieg nur geringfügig, die psychologischen jedoch außerordentlich. (13)

Wieder und wieder greift das Bomber Command Ende August und Anfang September Berlin und andere Ziele in Deutschland an, während die deutsche Luftwaffe ihre heftigen Angriffe auf »Stuffy« Dowdings Flugplätze des 11. Geschwaders steigert.

Am 4. September tobt Hitler in einer öffentlichen Ansprache: »Die Briten werfen ihre Bomben unterschiedslos und planlos auf zivile Wohngebiete und Bauernhöfe und Dörfer ... Drei Monate lang habe ich darauf nicht geantwortet ... Die Briten sollen wissen, daß wir ihnen unsere Antwort jetzt Nacht für Nacht geben werden ... Wenn sie unsere Städte angreifen, werden wir ihre Städte von der Landkarte radieren ... Die Stunde wird kommen, da einer von uns zusammenbricht, und das wird nicht das nationalsozialistische Deutschland sein.« (14)

Am Tage zuvor hatte der noch unentschlossene Hitler, was die Briten nicht wußten, den 21. September als vorläufiges Datum für die Invasion Englands vorgesehen. Er schob eine definitive Entscheidung jedoch bis zum 10. und 11. September auf.

Und »drei Tage darauf stellt die Luftwaffe ihre Offensive gegen Kampfanlagen ein und beginnt den Sturm auf London«. Ein Angriff, der nicht nur als Vergeltungsschlag gedacht war, sondern das Fighter Command der RAF zwingen sollte, seine schwindenden Kräfte zur Entscheidungsschlacht zu stellen.

## Die Krise

Am 7. September 1940 beginnt die Feuerprobe für London. Die Deutschen sind zuversichtlich, der Nachrichtendienst der Luftwaffe glaubt, die Briten hätten nur noch 350 Jäger zur Verfügung. In Wirklichkeit sind es jedoch ungefähr 650.

Der Tag beginnt für England verhängnisvoll. Durch Bildaufklärung wird ermittelt, daß sich die Invasionshäfen mit Feindschiffen füllen. Am 31. August befinden sich in Ostende 18 Lastkähne; am 6. September sind es 205. Vlissingen ist überfüllt mit Lastkähnen und Motorschiffen aller Art; in den letzten zwei Tagen waren in Dünkirchen ein Neuzugang von 34 und in Calais von 53 Lastkähnen ausgemacht worden. Durch vier deutsche Spione erfährt man, daß die Vorbereitungen für die Invasion fast abgeschlossen sind.

Am Nachmittag fährt der Blitz hernieder. An die 400 Bomber, von über 600 Jägern eskortiert, nähern sich London.

Das hart mitgenommene 11. Geschwader, das noch immer das Herzgebiet Englands sichert, startet zum Kampf um London, verstärkt durch drei Staffeln des 12. Geschwaders, das Mittelengland abschirmt. Am Spätnachmittag toben die Luftkämpfe am Himmel über Kent.

Die RAF schlägt hart zu, aber die Deutschen sind wachsam; sie haben ihren Jagdschutz verstärkt, und ihre Me-109 sind über, unter, neben und zwischen den Dorniers und Heinkels. Der Feind kreuzt in stufenweise übereinander aufgebauter Gefechtsformation auf – es ist, als schaut man »die Rolltreppe am Piccadilly Circus hinauf«. In Höhen zwischen 4000 bis 10 000 Meter toben Luftkämpfe.

Die Angreifer brechen durch, und London wird schwer mitgenommen. Woolwich ist eingehüllt in Rauch und Flammen; die Docks von West Ham brennen. Als die Nacht hereinbricht, ist Thames Haven ein einziges Inferno, und entlang der Themse mischt sich »das Prasseln der brennenden Speicher mit dem grauen Staub ärmlicher Wohnviertel«.

Um 20.07 Uhr in dieser Nacht, als gerade die deutschen Nachtbomber auf den Schauplatz des Gemetzels vom Tage zurückkehren, löst das Hauptquartier der Home Forces das Kennwort aus: »Cromwell – Invasion imminent« (»Die Invasion steht dicht bevor«).

Günstige Mondlicht- und Flutverhältnisse ermöglichten einen Invasionsversuch zwischen dem 8. und 10. Konzentrationen von Flugzeugen in der Nähe der Straßen und von Schiffen und Lastkähnen in den Invasionshäfen waren weitere Hinweise, die die britischen Stabschefs auf einer Spätnachmittagssitzung am 7. September zu der irrigen Annahme verleiteten, ein Invasionsversuch könne unmittelbar bevorstehen. In dieser Nacht wurde vom Oberkommando der Home Forces das Stichwort »Cromwell« gegeben, nach dem die Truppen in Ost- und Südengland in Alarmbereitschaft zu versetzen waren. Mehrere Befehlshaber der Home Guard ließen Kirchenglocken läuten, um ihre Einheiten rasch zu mobilisieren, und so entstand der Eindruck, daß die Invasion bereits begonnen habe. (15)

Und eine lange Nacht hindurch, in der die deutschen Bomber hoch am nächtlichen Himmel über den Kanal kommen und gehen, stehen Englands Männer und Frauen unter Waffen auf Sandzungen und Kalkfelsen und bewachen die Küste. Zweihundertfünfzig Feindbomber ziehen von acht Uhr abends bis vier Uhr morgens in »einer langsamen und nerventötenden Prozession über die Hauptstadt hin«. Nur eine der feindlichen Maschinen wird abgeschossen.

Am 8., einem Sonntag, kommen die Jagdbomber in geringer Stärke wieder. London jubelt, als der Begrüßungssalut aus vier 3,7-Zoll-Flakgeschützen die drei Führungsmaschinen eines Geschwaders von 15 Dornier-17 südlich der Themse vom Himmel holt. Doch auch in der Nacht greift der Feind wieder an: East End und wiederum die Docks werden getroffen, die Bahnhöfe zerbombt, und tief in der Erde, in den U-Bahn-Schächten, drängen sich die Menschen aneinander.

Am Montagmorgen hat der Luftschutz schwere Stunden – überall unkontrollierte Brände, einstürzendes Mauerwerk, trümmerübersäte Straßen. In den Ruinen der ärmlichen Wohnbezirke liegen Leichen.

Am 9., 11., 12. und 13. bei Tag und bei Nacht kommen sie, aber das 11. Geschwader schlägt immer wieder zurück. (Und am 10. schiebt Hitler, seiner Sache noch immer nicht ganz sicher, die letzte Entscheidung über die Invasion bis zum 14. auf.) Die meisten Tagesangriffe werden abgeschlagen oder aufgesplittert; die Bomben der Deutschen fallen sporadisch und sind ungenau gezielt. Bei Nacht aber ist das Sperrfeuer der Flakgeschütze der einzige schwache Schutz. Downing Street, Trafalgar Square und selbst der Buckingham-Palast werden getroffen.

England schlägt zurück. Seitdem am 7. die Parole »Cromwell-Invasion imminent« ausgeben worden ist, haben das Bomber Command, die Marine und die britischen Fernkampfgeschütze auf den Klippen von Dover ihre Schläge verstärkt. Die Invasionshäfen werden mit Artilleriefeuer belegt; britische Schnellboote preschen durch den Kanal. Am 12. September berichtet das Marine-Oberkommando West nach Berlin:

»Die durch die feindliche Luftwaffe, Fernkampfartillerie und leichte Flotteneinheiten verursachten Unterbrechungen haben jetzt zum erstenmal entscheidende Bedeutung erlangt. Die Häfen von Ostende, Dünkirchen, Calais und Boulogne können nicht mehr als Versorgungshäfen für unsere Schiffe benutzt werden. Wegen der Gefahr britischer Bomberangriffe und Artilleriebeschusses. Einheiten der britischen Flotte können nunmehr fast ungestört im Kanal operieren. Aufgrund dieser Schwierigkeiten ist bei Versammlung der Invasionsflotte mit weiteren Verzögerungen zu rechnen.« (16)

Am 14. September gibt Hitler zu, daß »Seelöwe« noch nicht durchführbar ist: die erforderliche Luftüberlegenheit »ist noch nicht errungen worden«. Dennoch ist der Führer zuversichtlich: »Die Luftangriffe waren sehr wirkungsvoll; sie wären es noch mehr gewesen, wenn das Wetter besser gewesen wäre.«

Der 15. September bringt den Höhepunkt. Hermann Göring wirft ohne Rücksicht auf Verluste tausend Maschinen gegen London. Jeder Bomber wird von 5 Jägern eskortiert. Der Verbandsflug ist ziemlich genau geplant; die Versammlung erfolgt mit großer Vorsicht. Das britische Radar entdeckt aber den Anflug schon weit draußen, noch über dem Kanal. Das 11. Geschwader hat reichlich Zeit, sich bereitzustellen. Die Kanadier und Polen steigen auf, die Geschwader Nr. 10 und 12 verstärken sie.

Der Tag ist freundlich, nur zwischen 600 oder 900 Meter Höhe gibt es leichte Kumuluswolken, als die Schlacht über Südengland tobt.

Die britischen Abfangjäger bohren sich in die deutschen Formationen; die wohlgeordneten Staffeln lösen sich in Gruppen von Einzelkämpfern auf. Spitfires durchfurchen die Heinkel-Geschwader, ihre Bordwaffen speien Feuer; gelbnasige Messerschmitts stoßen kreischend aus der Sonne – es ist ein »wüstes Handgemenge«, ein »verrücktes Flugzeuggewühl«. Und brennende Flugzeugwracks fallen von Stanmore bis zur Küste aus den Wolken. Getroffene Maschinen stürzen auf die grünen Felder Kents, auf die Klippen von Dover, auf den sandigen Strand der Südküste. Die Briten sind die Sieger des Tages.

In der Nacht kommen die Deutschen wieder und fliegen den größten Angriff dieses Monats. Deutlich heben sich die Umrisse ihrer Bomber gegen den Vollmond ab. 181 Maschinen strafen London; Hunderte von Zivilisten kommen dabei um.

Die Gesamtzahl der britischen Bombenopfer belief sich auf 51 509 Getötete, 62 423 Schwerverwundete (bis Kriegsende). Die Gesamtzahl aller Zivilverluste, durch Fliegerbomben, Raketen (V-1 und V-2) sowie Fernkampfartillerie verursachten Todes- und Verletzungsfälle, belief sich (unter Einschluß von 60 595 Getöteten) auf 146 777. 80 000 von diesen 146 777 Verlusten fielen im Raum London an. (17)

Bahnhöfe werden total zerstört oder teilbeschädigt; überall lodern Feuersbrünste. Aber es ist eine sinnlose Zerstörung, denn die meisten Piloten des Fighter Command ruhen sich während der Nacht aus und machen sich bereit, den Luftraum bei Tage erneut unter ihre Kontrolle zu bringen.

Der 15. September – an ihm begibt sich »die grimmigste, verworrenste und weiträumigste Schlacht der ganzen Auseinandersetzung« – ist der Ruhmestag für »Stuffy« Dowdings Jäger. Sie erzielen nach ihren Berichten die meisten Abschüsse der Schlacht: 185 feindliche Maschinen wurden zerstört. Die Deutschen geben 43 Abschüsse eigener Maschinen zu, verloren in Wirklichkeit aber 60. Ihre Bombenangriffe sind militärisch wirkungslos; selbst Görings Rezept »5 Jäger pro Bomber« konnte die Hurries und Spits nicht ausschalten.

Jetzt aber beginnt die Zeit für Hermann Göring knapp zu werden. London ist schwer getroffen worden, und dennoch ist das britische Volk ungebrochen. Noch kämpft die RAF. Die ersten Herbstnebel beginnen aufzusteigen, die kurzen Wintertage rücken näher, und die See auf dem Kanal wird rauher.

In dieser und der folgenden Nacht holt das Bomber Command zum Schlage aus; bis zum 21. sind 12,5 Prozent aller Transport- und Flußschiffe in den Kanalhäfen beschädigt oder versenkt.

Am 17. hält Hitler eine Konferenz ab, und endlich sieht man den Tatsachen ins Auge. Man zieht zwar noch die Möglichkeit einer Landung im Oktober in Betracht, jedoch: »Die feindliche Luftwaffe ist noch keineswegs besiegt; sie zeigt sich im Gegenteil zunehmend aktiv. Die Großwetterlage läßt uns nicht auf eine Beruhigungsperiode hoffen ... Der Führer hat daher entschieden, die Operation ›Seelöwe‹ auf unbestimmte Zeit aufzuschieben.« (18)

Britische Aufklärer bestätigen diese Entscheidung; um den 23. September wurden die Konzentrationsbewegungen der in den Kanalhäfen sich sammelnden Invasionsflotte scharf gedrosselt.

Der Rest war ein jäher Abstieg. Die Luftschlachten gingen weiter. Die Luftflotten 2 und 3 griffen London wieder täglich an und flogen ebenfalls Einsätze gegen Flugzeugwerke im südlichen England. Der 27. September brachte weitere heftige Gefechtstätigkeit, in deren Verlauf die Deutschen 55 und die Briten 28 Maschinen verloren. Und am 30. September flog der Feind seinen letzten Tagangriff mit mittelschweren Bombern gegen London – im Oktober übernahmen Messerschmitt-Jagdbomber diese Aufgabe. Die Nachtangriffe wurden fortgesetzt. Sie sollten noch lange fortgesetzt werden und die ganzen Kriegsjahre über mit ihren Sprengstoffdetonationen, lodernden Bränden, niederbrechenden Mauern und Verlusten an Toten und Verwundeten im Mittelpunkt des Londoner Lebens stehen.

Aber die Rechnung ging nicht auf: Reichsmarschall Göring hatte sein Äußerstes getan. Doch es war nicht genug.

Am 4. Oktober telegrafierte Churchill an Präsident Roosevelt: »Der Herr hat seine Kleider abgelegt und seinen Badeanzug angezogen, aber das Wasser wird kälter und die Luft wird schon herbstlich kühl.«

Der 12. Oktober versetzte dem »Seelöwen« den Todesstoß – den deutschen Truppen wurde mitgeteilt, die Operation werde »bis zum Frühjahr« 1941 aufgeschoben. Auf den hochragenden Ufern Englands hieß es für die Wachtposten wieder: »Rührt euch!« Noch waren die Küsten sicher, die seit den Tagen von Harold II. unverletzt geblieben waren.

## Rückblick

In der Rückschau erscheint die Schlacht um England als eine der entscheidenden Auseinandersetzungen des Zweiten Weltkrieges. Die der deutschen Luftwaffe zugefügten Vergeltungsschläge waren weder entscheidend noch hart genug gewesen und hatten sie nicht eindeutig geschlagen. Dennoch – Hitler hatte sich zum erstenmal in die Schranken weisen lassen müssen. Es war dies die erste Schlacht in der Geschichte, in der die Luftmacht die entscheidende Rolle gespielt hatte.

Die Schlacht entlarvte Mythen ebenso, wie sie solche schuf. Ein solcher Nachkriegs-Mythos besagte, daß die Deutschen die Invasion wirklich versucht hätten und dabei zurückgeschlagen worden seien. Diese Legende geht darauf zurück, daß man an der Südküste Englands die Leichname von 40 deutschen Soldaten gefunden hat. Diese Soldaten wurden in Wahrheit jedoch getötet, als britische Bomber oder die stürmische See deutsche Landungsfahrzeuge versenkten, die an der französischen Küste Einschiffungs- und Landeübungen abhielten. Wie Churchill in »Their Finest Hour« vermerkt, ermunterten die Briten die übrige Welt aus psychologischen Gründen dazu, zu glauben, daß ein Invasionsversuch vereitelt worden sei.

Ein anderer Mythos dieser Art war die sorgsam genährte öffentliche Meinung von der moralischen Makellosigkeit der britischen Bomberangriffe. In Wirklichkeit hatten aber beide Seiten – die Briten in weit größerem Maß als die Deutschen – schon lange vor dem Kriege daran gedacht, feindliche Städte, Industrieanlagen und Verkehrswege zu bombardieren.

Die tatsächliche Entwicklung der strategischen Bombenkriegsführung entbehrt wahrlich nicht einer gewissen Ironie. Wie Major Raymond H. Fredette von der US Air Force in seiner umfassenden Untersuchung »Sky On Fire – The First Battle of Britain« aufgezeigt hat, waren die Deutschen die Initiatoren der strategischen Luftkriegsführung – sie hatten im Ersten Weltkrieg mit den Zeppelinen »Gotha« und »Gigant« Luftangriffe gegen britische Städte geführt. Lange bevor Douhet oder Trenchard oder Billy Mitchell zu Propheten eines Sieges durch Luftmacht wurden, griffen die Deutschen Menschen, Siedlungszentren, Versorgungsanlagen und Industriewerke direkt an, um den nationalen Widerstandswillen zu brechen. Die am totalen Krieg gemessenen geringen Erfolge aber enttäuschten die Deutschen. Den Briten jedoch blieben sie unvergessen. Die Erinnerungen an die Bombardements des Ersten Weltkrieges, unaufhörlich genährt durch eine Flut von übertrieben darstellender Schauerliteratur, die zwischen den beiden Kriegen erschien, haben sich auf die britische Politik und Planung eindeutig ausgewirkt. England rechnete gleich zu Anfang des Zweiten Weltkrieges mit unerhört schweren Luftangriffen auf London und andere Städte des Landes. Diese Befürchtungen haben die britische Politik in München sichtlich beeinflußt und dazu geführt, daß man – wenn auch verspätet – die Entwicklung des Fighter Command forcierte und die Entwicklung des schweren Bombenflugzeuges in England förderte. Ein Anachronismus aber ist es, daß sich die Deutschen in den Vorkriegsjahren und sogar in den ersten Kriegsjahren auf ein- und zweimotorige Bomber und auf Stukas konzentrierten, die hauptsächlich für eine taktische Funktion zur Unterstützung der Bodentruppen bestimmt waren. Die Erfinder des strategischen Bombenkrieges im Ersten Weltkrieg verwarfen ihr eigenes Konzept im Zweiten Weltkrieg solange, bis es zu spät war.

David M. Figart, ein Veteran des Ersten Weltkrieges, sagte zu den Ursprüngen des sogenannten Strategischen Bombardements (in einem von 16. Dezember 1964 datierten Brief an den Verfasser) folgendes: »Mitte 1918 kam ich in die Statistische Abteilung des Generalstabs – damals schon von der Idee eines Luftbombardements von Transporten begeistert. Mein Vorgesetzter war Oberst Ayres, der später durch sein Cleveland Trust Bulletin berühmt geworden ist. Nachdem ich mich ein wenig mit den Dingen dort vertraut gemacht hatte, holte ich mir von Oberst Ayres und meinem unmittelbaren Vorgesetzten Major Lutz die Erlaubnis, an meinen Gedanken weiterzuarbeiten und Kontakte zu den Luftwaffenattachés Englands, Frankreichs und Italiens herzustellen.

Zwei Angehörige der britischen Mission waren eine große Hilfe. Oberst Seagraves, ein Rennfahrer, war abgeschossen worden und hatte ein Bein verloren. Major Raikes war der Initiator einer Reihe von Versuchsbombardements auf eine Eisenbahnlinie in England, die genau in meine Gedankengänge paßten. Er hatte ein paar ausgezeichnete Fotos von Zerstörungen an Eisenbahnlinien, die aus verschiedenen Höhen abgeworfene Bomben unterschiedlicher Größe angerichtet hatten, und ich fügte diese meinem Bericht als Reproduktion bei. Aus einem erbeuteten deutschen Dokument war zu ersehen, daß ein deutscher General beobachtet hatte, daß unterhalb einer gewissen Flughöhe fliegende Flugzeuge von Bombenexplosionen nicht betroffen wurden. Um diesen Gedankengang weiter zu illustrieren, ließ ich von einem Flugzeug aus Eisenbahnausbesserungswerke in Washington und Eisenbahnlinien nach Baltimore fotografieren und trug die von den Engländern durch Flächenbombardements erzielten Zerstörungen auf den Bildern ein. Es war zu erkennen, daß zwar alle als Bombenteppich abgeworfenen Bomben die Ausbesserungswerke bei Washington beträchtlich treffen konnten, jedoch noch genug Bahngleise intakt blieben, auf denen man Transporte hätte umleiten können. Aber wenn nur eine einzige Bombe den Schienenstrang der Bahnlinie zwischen Washington und Baltimore traf, mußte jeder Zugverkehr so lange unterbrochen werden, bis die zur Reparatur nötigen Arbeitstrupps mit ihren Ausbesserungsmaterial an diesem Gleisstück eingetroffen waren.

Da sich unsere Statistische Abteilung mit logischen Fragen befaßte, mußte ich den Bericht mit dem Titel »A Statistical Analysis of Aerial Bombardements« (Statistische Analyse des Luftbombardements) tarnen. Ich bedaure berichten zu müssen, daß sich daraufhin nichts Entscheidendes tat – der Bericht wurde bis zum Tage der Unterzeichnung des Waffenstillstands nicht freigegeben. Als sich die Lage vor Beginn des Zweiten Weltkrieges in Europa zu verschlechtern begann, erinnerte ich sowohl das amerikanische wie das britische Kriegsministerium an diesen meinen Bericht, ich weiß jedoch nicht, ob er zu einem derartig späten Zeitpunkt je wieder ausgegraben worden ist. Jedenfalls war es für mich eine gewisse Genugtuung, aus dem ›Strategic Bombing Survey‹ zu ersehen, daß ein Plan, der derartig einleuchtend schien, schließlich doch in die Tat umgesetzt worden ist und solch entscheidende Resultate erbracht hat.«

Fast ein halbes Jahrhundert später wurde Figarts Bericht von Major Fredette aufgefunden. Der Bericht befaßte sich mit den Resultaten von britischen und französischen Bomberangriffen nahe und hinter der Westfront in der ersten Hälfte des Jahres 1918.

In den Anfangsmonaten des Krieges enthielten sich beide Seiten sogenannter »strategischer« Angriffe (auf Städte). Eingesetzt haben die Deutschen ihre Luftmacht gegen Warschau (in Angriffen gegen Objekte, die Kesselring euphemistisch als »militärische Ziele« bezeichnet), und für den Terrorangriff auf Rotterdam.

Der Angriff auf Rotterdam vom 14. Mai 1940 war schon angelaufen, als man begann, über die Übergabe der Stadt zu verhandeln. Die Deutschen machten Anstalten, den Angriff anzuhalten; dennoch haben 60 Maschinen bei ihren Einsätzen 980 Personen getötet. Diese Ergebnisse sind anfänglich von der Kriegspropaganda völlig verzerrt worden – in früheren Berichten hieß es, es seien an die 30 000 Personen umgekommen. (19)

Die ersten Bomben auf britischen Boden fielen auf die Orkney-Inseln am 16. März 1940, als die Deutschen den Stützpunkt der Home Fleet bei Scapa Flow angriffen. Dabei wurden auf der Nachbarinsel Hoy einige Zivilpersonen getötet, worauf die Briten mit einem Vergeltungsangriff auf die deutschen Flottenstützpunkte Sylt und Hörnum antworteten. Bereits viel früher aber, im September 1939 nämlich, hatten britische Bomber deutsche Flottenstützpunkte in Brunsbüttel und Wilhelmshaven, auf Sylt und Helgoland sowie andere Ziele angegriffen und bombardiert. Und um den 10. und 11. Mai 1940, einige Tage nachdem deutsche Bomben in der Nähe von Canterbury gefallen waren, starteten die britischen Bomber systematische Angriffe auf Verbindungswege und Industrieanlagen in Deutschland selbst, die bis Kriegsende nicht eingestellt wurden.

Das war nach dem Angriff auf Rotterdam und während der deutschen Offensive gegen die Niederlande, Belgien und Frankreich. Ich verdanke Major Fredette den Hinweis auf die folgenden Passagen, die auf die britische Entscheidung Bezug nehmen, Deutschland zu bombardieren.

Vize-Luftmarschall E. J. Kingston McCloughry (»The Direction of War« S. 102) gibt noch folgendes Hintergrundmaterial: »Zu dieser Zeit hatten wir in Frankreich zehn Jagdstaffeln ... Die französische Regierung, aber auch unser Kriegsministerium, verlangten Verstärkung der Jagdverbände (aus dem Vereinigten Königreich), Air Chief Marshal Dowding, Oberbefehlshaber des Fighter Command, erhielt daher von Whitehall den Befehl, mehr Jagdmaschinen zu schicken; er lehnte dies ab und verlangte als der für die Luftverteidigung des Vereinigten Königreiches verantwortliche Befehlshaber vom Kriegskabinett gehört zu werden. Dies geschah; er setzte sehr ausführlich auseinander, daß die Entsendung weiterer Jagdmaschinen nach Frankreich reine Vergeudung sei ... Er argumentierte damit, daß es jetzt Zeit für die Bombardierung Deutschlands sei und die feindlichen Bomber dann dort Vergeltungsangriffe durchführen würden, wo er wirklich nachhaltige Gegenwehr leisten könne. Und so kam es, daß die schon lange fällige politische Einwilligung zur Bombardierung Deutschlands gegeben wurde. Noch für diese Nacht wurden die Operationen angeordnet; dennoch mußten wir dies weiterhin der französischen Führung gegenüber geheimhalten.«

Sir Edmund Ironside (»Time Unguarded«, S. 309) notiert in seinem Tagebuch unter dem 15. Mai: »Das Kabinett hat einstimmig beschlossen, das Ruhrgebiet zu bombardieren. Dies soll heute nacht beginnen ... Wenigstens haben wir jetzt ein Kabinett mit Courage. Ich habe noch niemals Gesichter sich so schnell aufhellen sehen wie bei den RAF-Leuten, als sie hörten, daß man ihnen die Bombardierung der Ölraffinerien im Ruhrgebiet erlaubt hatte. Dies zu sehen tat einem gut. Sie haben ihre schweren Bomber für diese Aufgaben gebaut und sind seit Kriegsbeginn für diesen Einsatz geschult und vorbereitet worden. Nun haben sie die Chance. Ich frage mich, welche Vergeltung (der Feind) üben wird. Ober er's uns schon morgen heimzahlen wird?«

Die Frage, wer als erster solche Bombardements aufgenommen habe, ist die Frage nach der Henne und dem Ei – beide Seiten intensivierten ihre Bombardements nach und nach, die sich zunächst gegen »rein militärische« Ziele richteten, dann immer weniger differenziert angesetzt und zuletzt zu offen eingestandenen Flächenbombardements und Angriffen gegen die Zivilbevölkerung erweitert wurden. So kann man die entscheidenden deutschen Luftangriffe auf London im September 1940 mit den Augen des Deutschen Reiches als Vergeltung für die vorausgegangenen britischen Angriffe auf Berlin sehen. Andererseits glaubten die Briten nicht ohne Berechtigung, daß es nach Warschau und Rotterdam sicherlich kein Halten mehr geben werde.

Ein anderer Mythos aus dieser Schlacht umgibt die Abschußziffer, derer sich beide Seiten rühmen. Die Briten nannten Abschußzahlen – sie stützten sie mit Argumenten ab, die nicht nur sie selber, sondern auch große Teile der neutralen Welt überzeugten und die sie ernstlich glaubten –, die viel höher liegen, als den Tatsachen entspricht. Nach offizieller Schätzung der RAF haben die Deutschen während der gesamten Schlacht um England in der Zeit zwischen dem 10. Juli (als die einleitenden Gefechte begannen) und dem 31. Oktober unter Einschluß der Tagangriffe auf London insgesamt 2698 Maschinen verloren. Die tatsächlichen deutschen Verluste beliefen sich jedoch auf 1733 Maschinen, von denen 221 durch Flakfeuer abgeschossen worden sind. Zugegeben haben die Deutschen jedoch nur 896, weitere 643 Maschinen wurden beschädigt. Die Deutschen behaupten, ihrerseits 3058 Feindmaschinen zerstört zu haben – in Wirklichkeit waren es 915. Wie die Briten glaubten auch die Nazis ungefähr den eigenen Statistiken und hielten die britische Luftwaffe für mehr geschwächt, als sie eigentlich war.

An der Schlacht um England demonstrierten sich nicht nur die Möglichkeiten des Luftkrieges, sondern auch seine Grenzen. Vor dem Kriege hatten beide Seiten die Auswirkungen von Bombenangriffen auf die industrielle Produktion des Gegners und auf die Moral seiner Zivilbevölkerung überschätzt; und ebenso unterschätzten sie, welches Luftwaffenpotential tatsächlich notwendig ist, um nachhaltige Wirkungen zu erzielen. Man nahm an, daß der Bomber die überlegene Waffe sei; aber während der Schlacht erwies es sich, daß die Jagdmaschine die Lüfte beherrschte.

Vielleicht haben die Briten die Rolle des Jägers in der Luftkriegsführung realistischer eingeschätzt als die Deutschen. Dennoch galt allen Fliegern jener Tage – unter ihnen ganz besonders auch den Offizieren der amerikanischen Luftwaffe – der Bomber als praktisch allmächtig; sie alle unterschätzten erheblich, wie viele Bomber tatsächlich notwendig waren, um eine entschlossene Nation auch nur geringfügig zu beeindrucken.

Sir John Slessor, der britische Luftfahrtpionier, Oberbefehlshaber des Coastal Command der RAF während des Krieges und Chef des Luftwaffenstabes in der Nachkriegszeit, hat (in einem Nachwort für die englische Ausgabe des Buches von Fredette) geschrieben: »Was wir falsch gemacht haben ... war, das Gewicht von Sprengstoffen und Bomben und die Abwurfgenauigkeit weit zu unterschätzen, die zur Erreichung entscheidender Ereignisse notwendig ist; und beinahe ebenso folgenschwer war unsere Unterschätzung der Widerstandskraft, die eine standhafte Zivilbevölkerung Angriffen eines Kalibers entgegenzusetzen vermag, der vor dem Einsatz von Atomwaffen möglich gewesen ist.«

Professor William R. Emerson, seinerzeit Mitglied der Yale-Universität, faßte in einer Harmon-Gedächtnis-Lesung »Operation Pointblank«, gehalten vor der amerikanischen Air-Force-Akademie am 27. März 1962, das Problem der mangelnden Voraussicht kurz und bündig zusammen. Seine Ausführungen richteten sich im einzelnen an die Flieger der amerikanischen Luftwaffe, doch geht aus seiner genauen Untersuchung der Welt-Luftmachtentwicklung vor dem Zweiten Weltkrieg klar hervor, daß seine Feststellungen mit geringen Abwandlungen ebenso auf Briten und Deutsche bezogen werden können.

»Man kann nicht sagen, daß amerikanische Luftwaffenkommandeure überhaupt klar erkannten, welchen Charakter der Luftkrieg annehmen werde, oder daß sie seine Erfordernisse genauer geprüft hätten. Insbesondere hatten sie nicht die wesentliche Bedeutung der Luftüberlegenheit erkannt. Wenn amerikanische Flieger Fehler machten, dann zweifellos weniger als die Flieger irgendeiner anderen Nation ... Nicht einer der Kernsätze des Luftfahrtdenkens aus der Vorkriegszeit ... ist durch die Erfahrungen des Krieges bestätigt worden. Es stellte sich heraus, daß Deutschland durch strategische Bombardements nicht entscheidend zu treffen war ... Die deutsche Luftwaffe ist wirklich zerschlagen worden. Sie wurde im Kampf besiegt, einmal durch die Einsätze der schweren Bomber, die sie zwangen, das eigene Land zu verteidigen, während dies der RAF 1940 erspart geblieben war. Zum anderen aber auch durch die amerikanischen Tagjäger, die sie nicht nur materiell trafen, sondern auch auf anderen Gebieten, die für eine Luftwaffe nicht minder wichtig sind, nämlich ihre Führung, ihre erfahrenen Piloten, ihre Befehlsstruktur, ihre Moral, ihre Hoffnungen ... Den Visionen der Experten des Luftkrieges der Vorkriegszeit zum Trotz war der Luftkrieg des Zweiten Weltkrieges nicht minder als die Bodenschlachten und Seegefechte ein Erschöpfungskrieg. Er war kein Ersatz für Operationen der beiden klassischen Streitkräfte – er ergänzte sie.« (20)

Es muß aber hinzugefügt werden, daß das Bomber Command einen sehr erheblichen Anteil an der Niederlage der Deutschen in der Schlacht um England durch das Bombardement Berlins und seine unmittelbaren Auswirkungen auf die deutsche Bomberstrategie hatte. Ebenso durch die schweren Angriffe auf die Invasionshäfen der Deutschen, bei denen Flußschiffe, sonstige Schiffe und Vorräte in großer Zahl zerstört wurden.

Rückblickend kann man sagen, daß die Schlacht um England von den Briten gewonnen wurde und daß ihnen die Deutschen dabei halfen.

Die Behauptung, aus der Nachkriegszeit allerdings, die RAF allein habe Großbritannien vor der Invasion bewahrt, wird der Untersuchung nicht standhalten. Die RAF war zwar ein dominierender Faktor, mitbestimmend waren aber auch die Fehler der Deutschen, der Kanal als geographisches Bollwerk (für die Deutschen nicht nur eine physische, sondern auch eine psychologische Barriere) und die Präsenz der britischen Marine. Der bedeutsamste Faktor aber war vielleicht Hitlers Unentschiedenheit und die laue Einstellung zur »Operation Seelöwe«, besonders bei der deutschen Marine und Armee. Nach Dünkirchen glaubte Hitler fest, daß England nunmehr Frieden machen werde – selbstverständlich zu seinen Bedingungen, aber er zögerte, wo er hätte zuschlagen sollen. Die deutschen Bodentruppen setzten in Hermann Göring nicht dasselbe Vertrauen, das der Reichsmarschall zu sich hatte; besonders die deutsche Marine hatte vor der Macht der britischen Flotte und der Breite des Kanals Respekt. Es gab auch Reibungen zwischen den Waffengattungen, und die Planung war unvollkommen. General Jodl machte nach dem Krieg die sarkastische Bemerkung, »unsere Vorbereitungen glichen ziemlich denen von Julius Cäsar«.

Kesselring schrieb nach dem Kriege: »Ich bin gezwungen, mich der Meinung des britischen Militärhistorikers (Generalmajor J.F.C.) Fuller anzuschließen, wenn er schreibt, daß ›Seelöwe‹ oft erwogen, nie aber geplant wurde.«

Feldmarschall Albert Kesselring merkte an: »Die Wahrheit ist, daß mit der möglichen Ausnahme von Luftwaffenchef Göring niemand an die Operation ›Seelöwe‹ glaubte. Die deutsche Admiralität nicht, die Generäle nicht, und auch Hitler selber nicht, der – laut General (Günter) Blumentritt, dem späteren Stabschef von Rundstedt – Rundstedt im Juli anvertraute, daß er nicht die Absicht habe, ›Seelöwe‹ durchzuführen.« (21)

Und Konteradmiral Walter Ansel schrieb, daß »Hitler keinen Kampf mit Waffen führte, sondern einen Nervenkrieg, bei dem sowohl ›Adler‹ wie ›Seelöwe‹ Drohgebärden waren, denen es an Überzeugungskraft mangelte«. Er fügt hinzu: »Mehr als jeder andere Einzelfaktor machte Adolf Hitler selbst die Invasion unmöglich.« (22)

Es bleiben die »Wenn und Aber« der Geschichte. Eines aber scheint doch wahrscheinlich: hätten die Deutschen eine Invasion bald nach dem Frankreichfeldzug durchgeführt (im festen Rahmen eines umfassenden Planes, der stets fehlte), sie hätten durchaus Erfolg haben können, und zwar trotz hartnäckigen Widerstandes der RAF.

Ansel allerdings vertritt in seiner bemerkenswert gründlichen Untersuchung (op. cit.) die Ansicht, daß die Invasion auch im September vereitelt worden wäre – und zwar in erster Linie durch die britische Seemacht. Eine Invasion zu einem früheren Termin hätte die Beseitigung jener Mängel in der Planung und Durchführung vorausgesetzt, die später, in der Rückschau, so deutlich geworden sind. Beides jedoch geschah nicht. Dennoch ... hätten die Briten einen schnellen Vorstoß nach der Niederlage von Dünkirchen nur schwer abfangen können, wenn man nach einem umfassenden und vernünftigen Plan vorgegangen wäre.

Aber die deutsche Planung war unvollständig und halbherzig. So hätte man z. B. den Briten mit Angriffen aus geringen und somit vom britischen Radar nicht erfaßten Höhen auf Flugplätze der RAF-Jagdverbände mit dem einzigen Ziel, im für die Invasion ausersehenen Gebiet die örtliche Luftüberlegenheit zu erringen, die schwersten Schäden zufügen können. (Siehe »Wing Leader« von Oberst J. E. Johnson, S. 171–174.)

»Dowdings Flugplätze waren nicht gut geschützt ... Die Materiallage der Flugabwehr so angespannt, daß für die Verteidigung von Tangmere sogar erbeutete Stuka-MGs eingesetzt werden mußten. Und in einem anderen Verteidigungsabschnitt bestand die einzige schwere verfügbare Waffe in einer alten, messingbeschlagenen Kanone.

Zweifellos hätte man (mit Angriffen aus geringen Höhenlagen) gegen Radarstationen und Küstenflugplätze Überraschungserfolge erzielen können, und wenn man diese Angriffe präzise geführt hätte, wären die Augen des Fighter Command spätestens nach drei oder vier derartigen Schlägen erloschen ...

Angenommen, man wäre nach einem solchen Plan vorgegangen. Wie lange hätte wohl die Luftwaffe gebraucht, die Luftherrschaft über Südengland zu erringen? Als ich Luftvizemarschall K. R. Park, Befehlshaber des Geschwaders No. 11, diese Frage stellte, antwortete er: »Das war das einzige, was ich befürchtete. Denn wenn die Deutschen sehr tief eingeflogen wären, hätten wir sie vom Boden nicht abfangen können; ich hätte ständige Patrouillen einsetzen müssen, die kein Ersatz gewesen wären ...«

Meiner Ansicht nach hätte die Luftwaffe die Luftherrschaft über Südengland innerhalb von zwei Wochen erringen können und wäre dann für die nächste Phase der Auseinandersetzung, nämlich die Isolierung des Schlachtfeldes, bereit gewesen. Gegen eine britische Armee, die noch unter den Materialverlusten von Dünkirchen litt, und eine Marine, die in dem engen, von der deutschen Luftwaffe kontrollierten Operationsfeld des Kanals kämpfen mußte, hätten die deutschen Luftlandetruppen ein zur Aufstellung einer Invasionsstreitmacht geeignetes Gebiet in Kent erobern können.«

Der Preis wäre sehr hoch gewesen. Doch nach Dünkirchen war Großbritannien geschwächt und verwundbar. Gegen eine Luftlandung gab es praktisch keine wirksame englische Abwehr. Mit starken Luftlandeverbänden und amphibischen Kräften hätte man bei Nacht die Straße von Dover und den Kanal möglicherweise überqueren und ungeachtet eines Eingreifens der britischen Flotte und der RAF die Landung auf britischem Boden erzwingen können. Die Deutschen haben es nicht versucht.

Es ist durchaus denkbar, daß die Deutschen über dem Invasionsgebiet die örtlich begrenzte Luftherrschaft hätten erringen können. Und nur darauf wäre es ja angekommen. Wie Kesselring in seinem Buch »A Soldier's Record« bemerkt: »Die deutsche Luftwaffe hätte bei einer Invasion ihre Aufgabe erfüllt, wenn die Planer der Invasion den notwendigen Schritt getan hätten, eine nur bedingte Überlegenheit zu gewinnen, jede Kräftezersplitterung vermieden hätten und die gesamte Luftwaffe am Tage X vollständig überholt verfügbar gewesen wäre. Alles Bedingungen, die hätten erfüllt werden können.« (23)

Daß die deutsche Luftwaffe die entscheidenden Erfolge nicht erringen konnte, die Göring vorschwebten, hat viele technische Gründe. Die Me-109, der einsitzige Jäger der Luftwaffe, war besser als die Hurricane, ebensogut oder besser als die Spitfire (speziell im Hinblick auf Steigfähigkeit und Operationen in großen Höhen). Aber sie hatte einen zu geringen Aktionsradius: sie vermochte gerade in das Luftgebiet London einzufliegen und zum Stützpunkt zurückzukehren. Die zweimotorige, zweisitzige Me-110 hatte eine große Reichweite und konnte von Norwegen oder Dänemark aus operieren, war jedoch den Spitfires oder Hurricanes kein ebenbürtiger Gegner. Das hatte zur Folge, daß der deutsche Angriff im wesentlichen auf Südost-England gerichtet war. Und Tagangriffe konnten die übrigen Teile Englands nicht ernsthaft bedrohen.

Nach der entscheidenden Schlacht vom 15. August spielte die in Norwegen und Dänemark stationierte Luftflotte 5 bei Tagesgefechten praktisch keine Rolle mehr. Ihre Me-110 waren den britischen Abfangjägern unterlegen, ja, es war so, daß die deutschen Zweisitzer selbst Schutz brauchten. Dies bedeutete, daß es nach dem 15. praktisch keine deutsche Bedrohung von der Nordflanke her gab und daß nur ein Teil der deutschen Luftwaffe im Angriffsschwerpunkt eingesetzt wurde. Viele Bomber der Luftflotte 5 und einige ihrer Jäger wurden Ende August im Zuge der Vorbereitungen der geplanten Invasion in die Niederlande verlegt. Vom 24. August an trug die Luftflotte 2 unter Kesselring im Gebiet des Pas-de-Calais die Hauptlast der Tagesangriffe, so daß die Briten ihre Kräfte auf die Verteidigung konzentrieren konnten und nicht gezwungen waren, sich zu zersplittern.

England genoß aber noch weitere Vorteile. Die britischen Jäger waren mit Kanzelpanzerung (»pilot armor«) ausgerüstet, die deutschen Bomber und Jäger aber anfangs nicht. Sie wurden erst während der Schlacht in Eile gepanzert. Die deutschen Bomber waren ihren Aufgaben nicht gewachsen. Zur damaligen Zeit verfügte die deutsche Luftwaffe über keinen viermotorigen Bomber;

der Stuka aber, gut geeignet zur Bordunterstützung, war zu langsam und verwundbar, wenn er für strategische Bombenangriffe eingesetzt wurde. Die Heinkel- und Dornier-Maschinen waren gute, leistungsfähige Flugzeuge, aber ihre Ausstattung mit Bordwaffen war schwach. Die Tragfähigkeit an Bomben war zu gering für die ihnen zugedachten Aufgaben. Ihre Reichweite und Bewaffnung – sowie auch das Training der deutschen Luftwaffenpiloten – reichte für wirksame Angriffe auf die britische Flotte nicht aus. Und dabei hätte die britische Flotte eines der Hauptangriffsziele sein müssen.

Wahrscheinlich der entscheidende, zumeist aber ein sehr wichtiger Faktor war, daß die Briten das Radar hatten und ihre Jäger im Einsatz vom Boden aus lenken konnten. Die Deutschen verfügten über keine vergleichbaren elektronischen Hilfsmittel.

Die deutsche Luftwaffe bediente sich der sogenannten »Knickebein«-Strahlen. Diese elektronischen Strahlen wurden von deutschen Bombern als Navigationshilfen benutzt. Wenn sich zwei dieser Strahlen kreuzten, vermochten die deutschen Navigatoren selbst bei schlechtem Wetter ihre Positionen über den Angriffszielen zu bestimmen. Den Briten gelang es, einige dieser Strahlen »abzulenken«; andere wurden zerstört, und noch weitere wurden durch die Aufstellung von Täuschungsbaken unwirksam gemacht. Dies war der Beginn eines noch heute – ein Vierteljahrhundert danach – andauernden Krieges mit elektronischen Maßnahmen und Gegenmaßnahmen. (24)

Der Nachrichtendienst der deutschen Luftwaffe war unzulänglich. Kurzum, die Deutschen stellten sich eine Aufgabe, für deren Lösung die Luftwaffe nicht stark genug war und für die sie weder ausgebildet noch ausgerüstet war.

Nichtsdestoweniger stand die deutsche Luftwaffe dann doch ziemlich dicht vor dem Erfolg und hätte den Ablauf der Geschichte ändern können, wenn Hitler, Göring und ihre Marschälle nicht gegen ein Grundprinzip der Kriegsführung verstoßen hätten. In der militärischen Terminologie heißt es das Prinzip der Schwerpunktsbindung.

Mit anderen Worten gesagt – die Deutschen ließen ihr Ziel aus den Augen. Denn Hitler hatte auf England nur am Rand ein Auge: bereits vor dem eigentlichen Beginn der Schlacht blickte er schon nach Osten.

Die große Lehre aus diesen Krisenmonaten im Sommer und Frühherbst 1940 ist die immense Bedeutung eines klar umrissenen Operationsziels. Die deutschen Luftangriffe auf England und die Pläne für die amphibische Invasion des Landes waren zu keinem Zeitpunkt mit einer klaren politischen und militärischen Zielsetzung verbunden. Die deutsche Luftwaffe führte so lange ihren eigenen Krieg in loser Zusammenarbeit mit den anderen Wehrmachtsteilen und deren Invasionsplanungen, bis es zu spät war.

Die Deutschen eröffneten die Schlacht mit unzusammenhängenden und weiträumigen Operationen gegen eine Vielzahl von Zielen. Am 8. August konzentrierten sie sich auf Konvois, Häfen, Radarstationen, Flugplätze und Küstenziele. Vom 24. August bis zum 6. September richteten sie ihre Angriffe gegen den lebenswichtigen »Inneren Ring« der Flugplätze um London sowie gegen die Gefechtsstände, von denen aus die Operationen des 11. Geschwaders geleitet wurden. Am 7. September verlegten sie nochmals ihren Schwerpunkt auf London.

Dabei hätte das wichtigste Angriffsziel von Anfang bis Ende eigentlich das britische Fighter Command sein müssen – und von diesem insbesondere das 11. Geschwader, als dem Teil des Fighter Command, der die geplante Invasion am meisten beeinträchtigen konnte. In erster Linie hätten die Deutschen alle Kräfte dafür einsetzen müssen, über dem Kanal und den für Landungen vorgesehenen Küstenstreifen die Luftherrschaft zu erringen.

Erst in zweiter Linie rangierten als Ziel das britische Bomber Command – ein beachtlicher Gegner bei einer etwaigen Invasion – und die britische Flotte. Doch wenn die Deutschen das Fighter Command vorher ausgeschaltet oder stark angeschlagen hätten, dann wäre es ihnen möglich geworden, diese Ziele zweiter Ordnung in aller Ruhe und Gelassenheit zu erreichen. Radarstationen, ihrer exponierten Lage wegen für feindliche Angriffe besonders anfällig, Flugplätze und Verbindungslinien, die in der Luft oder am Boden befindlichen Jagdmaschinen und die Flugzeugwerke der Briten wären für die Deutschen die richtigen Angriffsziele gewesen.

Als Hitler sich auf diese Ziele konzentrierte, schickte er sich an, die Schlacht zu gewinnen. Um den 6. September war die RAF schwer angeschlagen worden. Zugleich sanken die Einsatzstärken des Fighter Command, und seine Schlagkraft ließ nach. In »Their Finest Hour« bemerkt Churchill, daß sich »die Waagschale zwischen dem 24. August und 6. September zu Ungunsten des Fighter Command zu senken begann«. In diesem Zeitabschnitt verlor Dowding 103 getötete und 128 schwerverwundete und gefechtsunfähige Piloten; 268 Spitfires und Hurricanes waren zerstört und eine große Anzahl Flugplätze seiner Jagdverbände sowie Führungsgefechtsstände »schwer angeschlagen« worden. Fast ein Viertel seiner Jagdpiloten hatte er verloren, und nur 260 unerfahrene Piloten standen als Ersatz bereit, »die aus den Ausbildungslagern abgezogen wurden – in vielen Fällen noch vor Abschluß der erforderlichen Ausbildung«. Die Bombardierung der Flugplätze hatte die Einsatzmoral der Arbeitstrupps geschwächt, die die Bombenkrater zuzuschütten und Gebäude wiederherzustellen hatten. »Oft kam es vor, daß ein Arbeitstrupp bei einem Luftangriff in die Bunker ging und vorerst keine Hand mehr rührte. Es wurde dann gesagt, man weigere sich, Arbeiten auszuführen, die gefährlich seien.« (25)

In »Royal Air Force«, Band I, heißt es, daß »nicht nur die Bodenorganisation« des Fighter Command in dieser Zeit »schwer in Mitleidenschaft gezogen worden ist, sondern auch die Verluste an Jägern die Produktionsrate derartig überstiegen, daß die Jäger-Reserven innerhalb dreier oder mehr Wochen völlig erschöpft gewesen wären – vorausgesetzt, die Deutschen hätten es noch weitere drei Wochen durchgestanden«. (26)

Sehr eindringlich heißt es in dem Bericht von Air Commander E. M. Donaldson, Kommandeur der RAF, der ein Vierteljahrhundert nach der Schlacht (im Londoner »Daily Telegraph« und dem amerikanischen »National Observer«) erschien, daß »ich damals, als ich das Kommando der berühmten No. 151 Fighter Squadron im August 1940 abgab, weil ich zum Oberstleutnant befördert wurde, davon überzeugt war, daß wir geschlagen waren und die Schlacht verloren hatten.

Ich war unvorstellbar erschöpft und höchst deprimiert. Seit Mai war meine Schwadron ohne eine einzige Unterbrechung im schwersten Einsatz gewesen. Ich verließ, so glaubte ich, eine ausgebrannte, nachhaltig angeschlagene Einheit.« (27)

Und Dowding selbst sagte später, daß die Lage kritisch gewesen sei. Man zog Piloten von den Bomber Commands und den Coastal Commands sowie von den Marinefliegerverbänden ab. Der größte Teil der Fighter-Command-Staffeln war auf den Stand von Ausbildungseinheiten abgesunken.

Am 7. September jedoch ließ Hitler, der den Sieg schon vor Augen zu haben glaubte, seiner Wut freien Lauf und ließ London als Schwerpunktziel an die Stelle der Fighter Commands treten. Diese Entscheidung, so kann man rückschauend sagen, besiegelte den britischen Sieg. Sie war eine der großen Fehlkalkulationen der Geschichte. Die Bombardierung Londons gab dem Fighter Command Gelegenheit, sich zu erholen und zwang die deutsche Luftwaffe weiter und tiefer vorzustoßen, wobei ihre Bomber und Begleitjäger mit ihren geringen Eindringtiefen größeren Verlusten ausgesetzt waren. Außerdem brachte man damit die Weltöffentlichkeit gegen sich auf, provozierte Mitgefühl für England, bestärkte es in seiner Entschlossenheit und drängte sich selber auf den Pfad, der Deutschland zum Verlieren des Krieges führen sollte.

An diesem epochalen Erfolg haben »Stuffy« Dowdings Piloten – die wenigen, denen viele so viel verdanken – einen hohen Anteil. Sie haben die Schlacht nicht allein gewonnen, aber sie trugen dazu bei, daß sie auch vom Feind nicht gewonnen wurde. 402 britische Flieger, 5 Belgier, 7 Tschechoslowaken, 29 Polen, 3 Kanadier und 3 Neuseeländer starben vom 10. Juli bis zum 31. Oktober bei der Luftverteidigung Londons. Und den unzähligen, namenlosen Piloten, die die Pforten zum Himmel Englands bewachten und hielten, ihnen allen schuldet die Geschichte das hohe Lob:

»Dies war ihre größte Stunde.«

Zum Schluß ein Wort zu den in der Schlacht um England kämpfenden Maschinen.

*Deutsche Jagdmaschinen*

Messerschmitt (Me-109): einmotorig, Spitzengeschwindigkeit 566 km/h in 3700 m Höhe. (In der Schlacht um England wurde hauptsächlich das Modell FB 109-E-3 eingesetzt).

Messerschmitt (Me-110): zweimotorig, zweisitzig, Langstreckenbegleitjäger. Auch als Jagdbomber eingesetzt. Spitzengeschwindigkeit 560 km/h in 6000 m Höhe. (Hauptsächlich eingesetzt: das Modell Me-110-C-4).

*Deutsche Bomber*

Junkers (Ju-87 »Stukas«): der berühmte zweisitzige, einmotorige Sturzkampfbomber. Höchstgeschw. 390 km/h in 4500 m Höhe.

Junkers (Ju-88): zweimotoriger mittelschwerer Bomber, auch als Tag- sowie Nachtjäger eingesetzt. Höchstgeschw. (mit 2200 kg Bombenlast) 459 km/h in 4200 m Höhe.

Heinkel 111: zweimotoriger Bomber, auch als Aufklärer eingesetzt. Höchstgeschw. 380 km/h in 4200 m Höhe, 404 km/h in 4800 m. Bombenlast 1100 kg (maximal 2200).

Dornier 17: zweimotoriger Bomber, auch für Aufklärungsflüge eingesetzt. Höchstgeschwindigkeit 420 km/h in 4900 m Höhe. Bombenlast 1100 kg.

*Britische Jagdmaschinen*

Supermarine Spitfire (»Spit«): einsitziger Jäger mit 8 Bordkanonen spätere Modelle mit 4 oder 6 schweren Kanonen). Höchstgeschwindigkeit 570 km/h in 5700 m Höhe (Mk II-370).

Hawkers Hurricane (»Hurry«): einsitziger Jäger mit 8 Bordkanonen. Höchstgeschwindigkeit 510 km/h in 6600 m Höhe.

*Kapitel 2*

# KRETA – INVASION AUF SCHWINGEN

20.–31. Mai 1941

Wie jede Inselfestung verdankte auch Kreta seine vormalige geschichtliche Größe seiner geographischen Lage. Als langgestreckter und schmaler Block liegt es quer vor den Einfahrten in die Ägäis. Die Insel mißt von Ost nach West ungefähr 250 Kilometer. An ihrer Nordküste, die sanft zur blauen See abfällt, liegt die Suda-Bucht, wohl der beste natürliche Hafen im östlichen Mittelmeer. Die Südküste säumen steil und kahl die gezackten Gipfel und verwitterten Berge der fast 1500 m hohen Levka Ori (»Weiße Berge«) des Pseloreites, des Lasithi und der Seteia-Kette mit ihren Steilhängen, engen Hohlwegen und tiefen Schluchten ein, die einst heilige Stätten primitiver Götter und Festungswerke der Könige Kretas waren.

Das Inselreich brauchte keine Invasion zu fürchten und war groß genug, um eine kraftvolle Kultur zu entfalten. Auch unterhielt es eine für die damalige Zeit gewaltige Seemacht. Könige und Königreiche zahlten Kreta Tribute und belieferten es mit Menschenopfern, die den minoischen Gottheiten zur Sühne dargebracht wurden.

Die landläufige Meinung, daß der Krieg ein geplanter, rationaler Vorgang ist, bei dem das strategische Denken von der Logik beherrscht wird, erfährt keine bessere Widerlegung als durch das Beispiel der Schlacht um Kreta.

Adolf Hitler und seine harten jungen Fallschirmjäger wurden durch Mussolinis selbstüberschätzende Arroganz, Görings freches Geltungsbedürfnis und dadurch, daß beide sich gegenseitig übertrumpfen wollten, Schritt für Schritt unabsichtlich, ja fast gegen ihren Willen in das Kreta-Abenteuer verwickelt. Hitlers Blick war auf entferntere Horizonte gerichtet und hatte weit größere Ziele ins Auge gefaßt, nämlich den Überfall auf Rußland. An einer Mittelmeerkampagne war er nicht interessiert. Auch Großbritannien wurde durch eine Reihe unvorhergesehener Umstände in die Auseinandersetzung um Kreta hineingezogen.

Der Winter des Jahres 1941 neigte sich seinem Ende zu, und noch immer stand England gegen die siegenden Truppen Hitlers allein. Die Schlacht um England war knapp gewonnen worden – aber noch immer erzitterte England unter den grausamen Bombenangriffen. Hitler hatte die »Operation Seelöwe« – die geplante Invasion Großbritanniens – zu den Akten gelegt und bereits am 27. März 1940, mithin noch vor dem Frankreichfeldzug, festgestellt, daß er »die Situation im Osten unter genauester Beobachtung« halte. (1) Am 29. Juli – Frankreich war erobert, die Schlacht um England gerade erst angelaufen – enthüllte General Alfred Jodl, der Chef der Operationsabteilung des OKW, vier Angehörigen seines Stabes, daß Hitler sich entschlossen habe, »die Welt ein für allemal von der Gefahr des Bolschewismus durch einen Überraschungsangriff auf Sowjetrußland zu befreien, der zum frühestmöglichen Zeitpunkt, im Mai 1941, durchgeführt werden sollte«. (2)

Die erste, geheime, sehr allgemein gehaltene Direktive in Richtung auf »Unternehmen Barbarossa« – dem Überraschungsangriff auf Rußland – datiert vom August 1940, und von da ab, kulminierend mit dem Führerbefehl Nr. 21 vom 18. Dezember 1940, konzentrierte sich Hitlers ganzes Streben auf den Osten und einen Feldzug, den er als einen »Zusammenprall zweier verschiedener Ideologien« sah. (3)

Doch wurden Hitlers geheime Vorbereitungen einer massiven Invasion der UdSSR durch die unsichere Lage auf dem Balkan und die Ruhmsucht seines Alliierten Benito Mussolini kompliziert.

Rußland hatte im Sommer 1940 die rumänische Region Bessarabien besetzt. Hitler, der Sorge um seine Ölversorgung hatte, die sich damals zu großen Teilen auf rumänische Lieferungen stützte, und der sich zum »Ritt nach Osten« rüstete, warf im Sommer und Herbst 1940 Flugzeuge und Truppen nach Rumänien, als König Carol II. und seine rothaarige Mätresse Magda Lupescu samt Begleitung und Gepäck von beachtlichen Ausmaßen in die Sonne und an die Spieltische Portugals flohen.

Italien war – reichlich spät – im Juni 1940 in den Krieg eingetreten, und zwar im Zuge eines infamen »Dolchstoßes«, wie Präsident Roosevelt es nannte, gegen ein bereits besiegtes Frankreich. Aber der Frankreichfeldzug hatte Rom nur geringe Beute beschert, und 1940–41 hielt Mussolini Ausschau nach leichten Eroberungen. Italiens wenig kriegserprobte Divisionen marschierten ohne Unterrichtung Berlins im Spätoktober 1940 in Griechenland ein. Diese italienische Kampagne kam jedoch in den rauhen Bergen und im bitteren Winter zum Erliegen und endete in Rückzügen und Niederlagen. (Wie ein Omen für das, was kommen sollte, trafen auf Bitten Athens und im Einklang mit dem Anglo-Griechischen Vertrag von 1939 sechs Tage nach der italienischen Invasion Einheiten der britischen RAF in Griechenland ein.) Im März 1941 hatten die Italiener böse Schläge einstecken müssen – Mussolini tobte, und Europa lachte vor Schadenfreude. Um die Blamage voll zu machen, waren die italienischen Armeen unter großen Verlusten aus der Cyrenaica vertrieben worden; in einem 62tägigen Feldzug war General Sir Archibald Wavell tief in die Cyrenaica vorgestoßen und hatte 133 000 Italiener gefangengenommen, wobei es nur 3000 Tote gegeben hat – einer der leichtesten Siege der Kriegführung.

Nun war Deutschland festgelegt. Hitler hatte schon am 13. Dezember 1940 die geheime Kriegsdirektive Nr. 20 »Operation Marita« herausgegeben, in der es um eine deutsche Teilnahme an der Invasion Griechenlands zur Rettung Mussolinis ging und um den Schutz der rumänischen Ölfelder gegen Luftangriffe, die die Briten etwa von Balkanstützpunkten aus in der Zukunft unternehmen könnten. Schon Anfang Januar 1941, nach dem Fall von Bardia in Nordafrika, befahl Hitler die Entsendung auf Sizilien stationierter Luftwaffeneinheiten und deutscher Heeresverbände nach Nordafrika. Doch ungeachtet der strategischen Absichten der deutschen Seekriegführung im Mittelmeerraum waren Balkan und Nordafrika für Hitler nur Nebenkriegsschauplatz und die dort geführten Operationen nichts weiter als Entlastungs- und Unterstützungsunternehmen. Der 15. Mai 1941 war als der Termin festgesetzt worden, zu dem alle Vorbereitungen für die Invasion Rußlands abgeschlossen sein sollten. Das Fernziel Hitlers waren die Weizenfelder der Ukraine und die Erdölquellen des Kaukasus.

Die deutsche Intervention im Mittelmeer-Balkan-Raum gab der ganzen Auseinandersetzung sofort ein anderes Gesicht. Zu Beginn des Jahres 1941 begann für Malta der Leidensweg der Luftangriffe – der direkte Seeweg durch das Mittelmeer wurde ge-

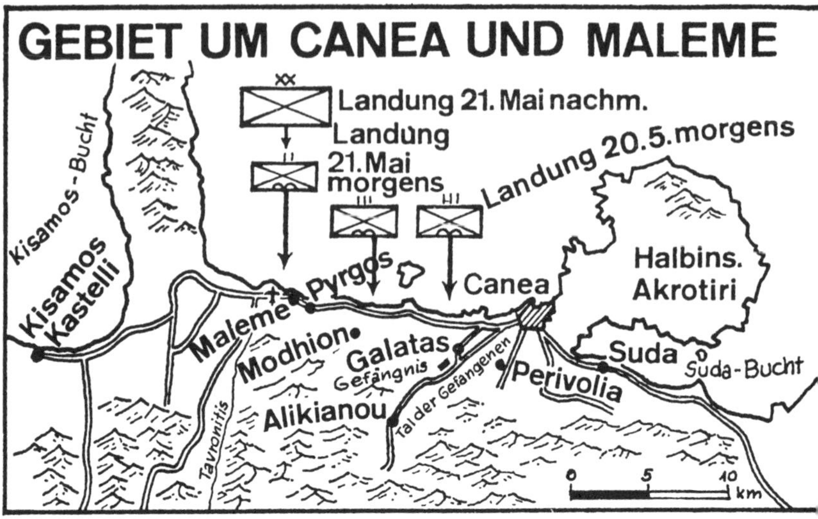
GEBIET UM CANEA UND MALEME
Landung 21. Mai nachm.
Landung
21. Mai
morgens
Landung 20.5. morgens
Kisamos-Bucht
Kisamos
Kastelli
Maleme
Pyrgos
Canea
Halbins.
Akrotiri
Modhion
Galatas
Gefängnis
Tal der Gefangenen
Perivolia
Suda
Suda-Bucht
Alikianou
Tavronitis
0
5
10
km

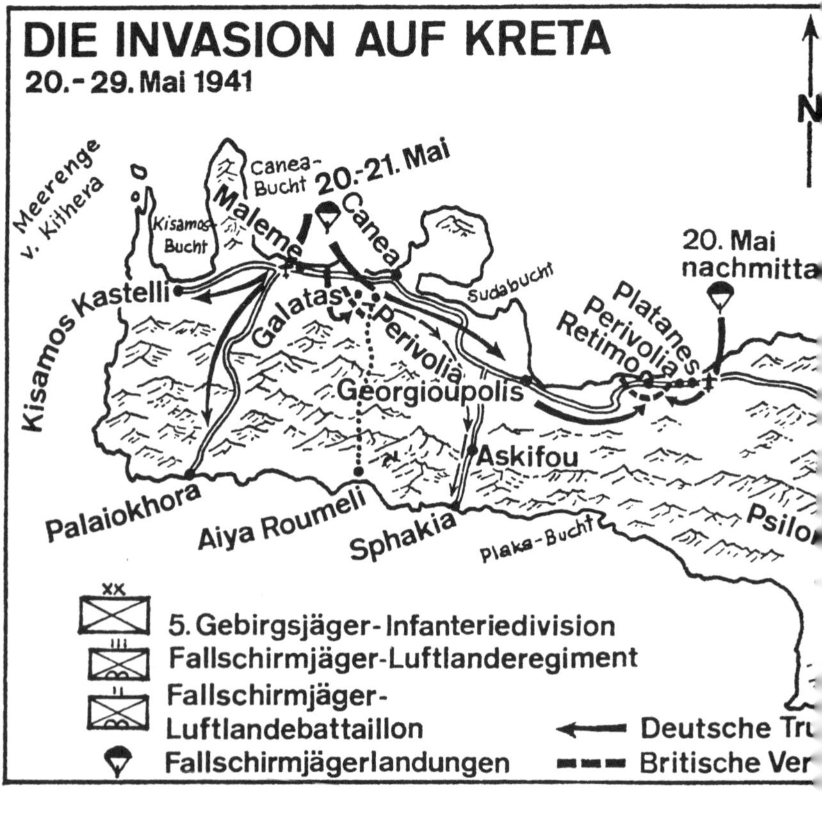
DIE INVASION AUF KRETA
20.-29. Mai 1941
N
Meerenge
v. Kithera
Canea-
Bucht
20.-21. Mai
Kisamos-
Bucht
Maleme
Canea
20. Mai
nachmitta
Kisamos Kastelli
Galatas
Perivolia
Sudabucht
Platanes
Perivolia
Retimo
Kisamos
Georgioupolis
Askifou
Palaiokhora
Aiya Roumeli
Sphakia
Plaka-Bucht
Psilo
5. Gebirgsjäger-Infanteriedivision
Fallschirmjäger-Luftlanderegiment
Fallschirmjäger-
Luftlandebattaillon
Fallschirmjägerlandungen
Deutsche Tr
Britische Ver

DAS ÖSTLICHE MITTELMEER
GRIECHENLAND
ÄGÄISCHES MEER
Athen
TÜRKEI
Rhodos
Zypern
Kreta
Greyhound
Gloucester
Meerenge v. Kithera
York
Imperial
Meerenge v. Kaso
Hereward und Hotspur
Orion
Juno
Kelly
Kashmir
Fiji
Deutsche Flugfelder
Gesunkene britische Kriegsschiffe
0 200 km
TTELLÄNDISCHES MEER
Calcutta
Alexandria
IBYEN
ÄGYPTEN

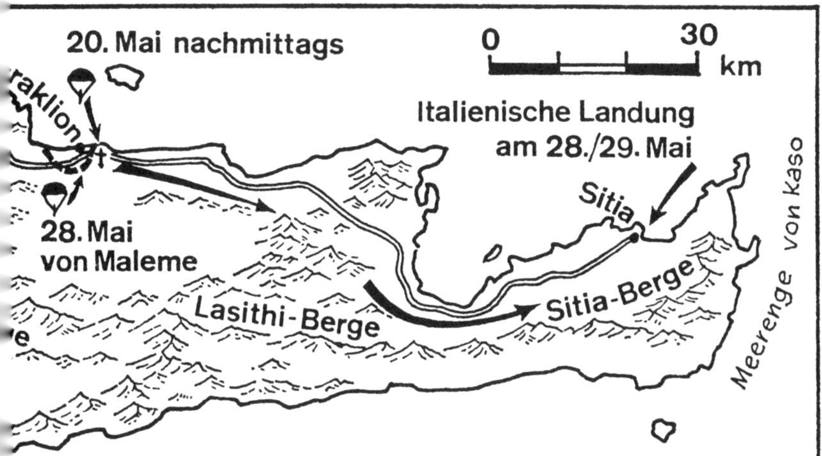
20. Mai nachmittags
0 30 km
raklion
Italienische Landung am 28./29. Mai
Sitia
28. Mai von Maleme
Lasithi-Berge
Sitia-Berge
Meerenge von Kaso
wegungen
gsstellungen
Britische Rückzüge
Fluchtroute des griechischen Königs

fährdet, und selbst der Suez-Kanal wurde von deutschen Bombern vermint.

Am 12. Februar erreichte Erwin Rommel Tripolis. Zwei Tage später folgten ihm die ersten Verbände des deutschen Afrikakorps. (4) Rommel ließ keine Zeit verstreichen. Gegen Ende März setzte er zur Offensive gegen eine britische Streitmacht an, die im Augenblick seines Triumphes zahlenmäßig geschwächt war.

Denn genau zu diesem Zeitpunkt war die Lage des Empire bis zum Bersten angespannt. Nach einer ziemlich sinnlosen Mission des britischen Außenministers Anthony Eden in das östliche Mittelmeergebiet im Februar und März sowie nach wiederholten Diskussionen, die man, unterbrochen von der deutschen Invasion, mit der griechischen Regierung führte, wurde eine britische Expeditionstruppe nach Griechenland entsandt.

Zu diesem Zeitpunkt war dies eine politisch und moralisch erhabene, militärisch jedoch lächerliche Geste. Wie die Attacke der leichten Brigade bei Balaklawa im Krimkrieg war die Entsendung der britischen Truppen nach Griechenland eine großartige Sache, hatte aber mit Kriegführung wenig zu tun.

General Sir Archibald Wavell, der Oberbefehlshaber im Mittleren Osten, riß ein Loch auf, um ein anderes zu stopfen. Er hatte viele Krisensituationen mit geringen Kräften durchzustehen. Im Süden waren die Operationen in Äthiopien und Somaliland noch nicht abgeschlossen. In der Levante war die sorgfältig aufgebaute britische Herrschaft im Mittleren Osten von Vichy-Franzosen und durch eine gerade beginnende, von den Deutschen unterstützte Rebellion im Irak vom Zusammenbruch bedroht. Rommel stand mit seinen deutschen Truppen in Nordafrika und bedrohte Ägypten, den Angelpunkt der britischen Position am Suezkanal, und somit bestand die Gefahr, daß das maritime Bindeglied des Empire von einem Zangengriff bedroht werden könnte.

So schickte Wavell im März die 6. Australische Division, die Neuseeländische Division und eine Panzerbrigade mit dem dazugehörigen Apparat nach Griechenland. Das waren insgesamt über 58 000 Mann.

Das britische Expeditionsheer erreichte gar nicht mehr seine Ausgangsstellung. Ende März band ein antideutscher Staatsstreich in Jugoslawien Hitler die Hände, und am 6. April marschierten die deutschen Truppen in Jugoslawien und Griechenland ein. Es war ein leichter Sieg: Der jugoslawische Widerstand brach zusammen, rasch durchstießen die Deutschen die schwachen griechischen Linien, und die in den Flanken umfaßten Briten mußten eine Reihe verzweifelter Rückzugsgefechte liefern, denen eine überhastete Evakuierung folgte.

Um den 27. April, kurz nachdem der britische Zerstörer »Defender« Kalamata mit 250 Soldaten und »den jugoslawischen Kronjuwelen in Kisten« an Bord den Hafen verlassen hatte, rückten die Deutschen in Athen ein, und Radio Athen meldete:

»Heute ist der letzte Sendeschluß für einige Zeit. Wir hoffen auf bessere Tage. Gott sei mit euch und für euch.« (5)

Das britische Expeditionsheer in Griechenland erreichte gar nichts. Britannien war einem traditionellen Verbündeten auf dessen Bitten hin – Bitten, die London allerdings provoziert hatte – und in Erfüllung einer festen Zusage zu Hilfe gekommen. Sie war jedoch von den Ereignissen bereits überholt.

Christopher Buckley schrieb: »Wie William Pitt Kanada auf den Schlachtfeldern Deutschlands gewann, so hätte man Griechenland am besten durch einen Sieg in der libyschen Wüste geholfen.« (6)

Die Lage war wirklich verzweifelt: Im Griechenlandfeldzug haben die Briten über 12000 Mann verloren, »mindestens 8000 Fahrzeuge«, den größten Teil der Ausrüstung, 209 Flugzeuge, 6 Kriegsschiffe und über zwanzig Handelsschiffe.

**Die Gesamtzahl britischer Soldaten in Griechenland – mit 4200 Mann, die noch vor dem März entsandt worden waren – belief sich auf 62 500; ungefähr 50 700 wurden vom Festland evakuiert. Allerdings fallen hierunter auch noch zahlreiche Griechen und Jugoslawen. (7)**

Schlimmer aber war noch, daß Wavells geschwächte Truppen in Afrika beinahe Ägypten verloren hätten.

Am 3. November 1940 notierte Premierminister Churchill in zwei »minutes« oder Memoranden, daß die Suda-Bucht und Kreta ein »zweites Scapa Flow« werden müßten, eine permanente Kriegsfestung. (8) Das war leichter gesagt als getan. Scapa Flow – auf den Orkney-Inseln, etwas nördlich von Schottland – war seit Jahrzehnten ein Stützpunkt der britischen Royal Navy gewesen, Kreta aber 4500 km von England entfernt.

Die geographischen Gegebenheiten Kretas waren für die Briten ungünstig. Seine Häfen, seine einzige größere Straße, seine größeren Städte (Canea und Heraklion), der größte Teil seiner Bevölkerung (etwa 400 000 Einwohner) und seine drei Flugplätze befanden sich an der Nordküste nahe bei den deutschen Luftstützpunkten in Griechenland, auf den griechischen Inseln und dem Dodekanes (dessen nächstgelegene Insel nur 75 km entfernt lag.) Die Flugstrecke nach Ägypten betrug 450–550 km, eine lange Strecke für die Jäger jener Tage. Britische Konvois und Kriegsschiffe, die sich den nördlichen Häfen näherten, mußten in zwei Meerengen praktisch Spießruten laufen – nämlich in der Straße von Kithira im Westen und der von Kasos (zwischen Kreta und dem – italienischen – Dodekanes) im Osten.

Doch selbst wenn diese gefährliche Reise gelang, blieb das Entladen der Schiffe ein Problem. Der leistungsfähige Hafen in der Suda-Bucht hatte einen Ladepier, an dem zwei kleine Schiffe abgefertigt werden konnten; Heraklion konnte vier Schiffe aufnehmen, und bei Canea und Retimo mußte die Ladung in Leichtern gelöscht werden.

Die Briten betrachteten ein in Feindeshand befindliches Kreta als eine potentielle Bedrohung ihrer Seeverbindungswege im östlichen Mittelmeer. Unter britischer Kontrolle hingegen konnte Kreta, so dachte man, der Flotte als Brennstoffdepot und vorgeschobener Stützpunkt dienen, von dem aus die Schiffe und Flugzeuge die Deutschen in der Ägäis jagen konnten.

Wäre dieses strategische Konzept, wenn auch ein bißchen simplifiziert, von England energisch in die Tat umgesetzt worden, hätte es vielleicht zum Tragen kommen können. Doch vom Herbst 1940 ab bis zur entscheidenden Stunde für Kreta im Mai gingen die Briten nur zögernd vor, ungeachtet des ständigen Drängens und zahlreicher detaillierter Vorschläge Churchills und der britischen Stabschefs.

Truppen wurden in geringer Anzahl auf die Insel verlegt, Hafenanlagen und Transportmöglichkeiten ein wenig verbessert. Man stellte einige – aber längst nicht genug – Flakgeschütze auf und baute oder erweiterte Lufthäfen und Behelfsflugplätze.

Das gemächliche Tempo war zum Teil verständlich. Kreta war strategisch gesehen kein vordringliches Objekt. Noch zu einem so späten Zeitpunkt wie dem 18. April teilten die britischen Generalstabschefs General Wavell mit: »Vorrang hat der Sieg in Libyen; an zweiter Stelle steht die Evakuierung der Truppen aus Griechenland; Verschiffungen nach Tobruk, sofern sie für den Sieg unerläßlich sind, müssen nach Maßgabe der Umstände dazwischengeschoben werden, der Irak kann ignoriert und Kreta später in Betracht gezogen werden.«

Rommel hatte Tobruk in der Cyrenaica (Libyen) am 11. April eingeschlossen und belagert; die britische Garnison dort wurde auf dem Wasserwege versorgt. (9)

Vor allem aber fehlte es an klarer Zielsetzung und energischem Anpacken des Problems. In der Zeit von November bis zum 30. April hatte Kreta sieben verschiedene britische Kommandanten; die Insel sollte als Luftstützpunkt dienen, hatte aber nur wenige Flugzeuge und noch weniger Bodenanlagen. Die Insel sollte Flottenstützpunkt sein, verfügte aber nur über primitive Hafenanlagen. Die Häfen waren nicht mit Netzen gesichert und ungeschützt gegen Luftangriffe.

Die Verwundbarkeit Kretas zeigte sich sehr drastisch am 26. März, als sechs italienische Schnellboote in einem kühnen Angriff bis in die Suda-Bucht vorstießen und den Kreuzer »York« schwer beschädigten.

Die »York« mußte auf Grund gesetzt werden, da sie vor der Invasion Kretas nicht repariert werden konnte; sie wurde während der Kämpfe auf Kreta von einer Bombe getroffen und mußte gänzlich aufgegeben werden. Der Tanker »Pericles« wurde beim gleichen Angriff beschädigt. In der offiziellen britischen Geschichtsschreibung heißt es: »Dies war der erste Erfolg in einer Reihe von unkonventionellen Angriffen der Italiener auf britische Schiffe im Mittelmeer, die ein hohes Maß an Mut und Geschicklichkeit verlangten.«

Das explosive Motorboot war eines von zahlreichen unkonventionellen Marinekampfmitteln, die von den Italienern mit dem besten Erfolg entwickelt und eingesetzt wurden. In der offiziellen Geschichte heißt es: »Die E.M.B.'s (explosiven Motorboote) waren eine von verschiedenen Waffen, die ein Spezialzweig der italienischen Marine 1941 unter der Bezeichnung Zehnte leichte Flottille entwickelt hatte. Ihr Zweck war, in verteidigte Häfen einzudringen und dort vor Anker liegenden Schiffen Unterwasserschäden zuzufügen. Diese Motorboote waren so konstruiert, daß sie bei Zielberührung durch Explosionen kleiner Sprengladungen in zwei Teile gerissen wurden. Beide Hälften versanken schnell; wenn aber der vordere Teil, der die Hauptladungen barg, eine bestimmte Tiefe erreichte (die sich nach dem geschätzten Tiefgang des anzugreifenden Schiffes richtete), explodierte er infolge Wasserdrucks. In der Suda-Bucht wurde demonstriert, daß ein solches Motorboot gute Erfolgschancen hatte, wenn es unentdeckt dicht genug an das Zielschiff herankam. Dann ging die Ein-Mann-Besatzung des Bootes auf Höchstgeschwindigkeit, und wenn feststand, daß das Boot sein Ziel eigentlich nicht mehr verfehlen konnte, wurde das Ruder arretiert. Sodann bediente der Mann einen Hebel, der den hinteren Teil des Schiffes abtrennte, welcher zugleich als Rettungsfloß diente, und sprang ins Wasser. Er kletterte dann rasch auf das Bergungsfloß, um bei Explosion der Unterwassersprengladung aus dem Wasser zu sein.« (10)

Für die Deutschen war Kreta ein Nachspiel zum Griechenlandfeldzug. Die endgültige Entscheidung, die Insel anzugreifen, wurde nicht vor dem 25. April gefällt. Sie scheint auf Görings Ruhmsucht, sein Interesse an einer Mittelmeerkampagne und seinen Wunsch zurückgegangen zu sein, einmal zu zeigen, was die Luftlandetruppen seiner Luftwaffe zu leisten imstande waren. Man hatte Untersuchungen über eine Luftlandung auf Malta angestellt, gegen die jedoch zu viele Einwände laut wurden, so daß Kreta als Ersatz von der Luftwaffe mit Begeisterung aufgenommen wurde.

General Kurt Student, der Kommandeur des XI. Fliegerkorps, hoffte, daß eine Eroberung Kretas durch eine Luftlandeoperation das erste Sprungbrett zum Suezkanal sein würde, dem als zweites die Eroberung Zyperns folgen sollte.

Jedoch Hitler blickte immer noch nach Rußland; er betrachtete die Kreta-Operationen als Schlußphase des Balkanfeldzuges. Er unterschätzte die Bedeutung der »arabischen Freiheitsbewegung«, wie er es nannte, im Irak und im mittleren Osten keineswegs. Doch war seine Mittelostpolitik, wenn man sie so nennen kann, opportunistisches Ablenkungsmanöver von sekundärer Bedeutung. Sein Hauptziel hieß Rußland.

Zu diesem Kampf um Kreta stießen Männer und Frauen von den entlegensten Kontinenten. Da war das wilde Volk aus Kretas Bergen, unbeugsam in seinem Unabhängigkeitsdrang, von stolzem Mute und – zur Überraschung der Deutschen – antideutsch eingestellt. Da waren Maoris aus Neuseeland, zähe kleine Burschen, die sich dem Bergvolk einer anderen Welt natürlich verbunden fühlten, und hochgewachsene, feuchtfröhliche Australier. Ferner britische Marineinfanteristen und Einheiten einiger alter britischer Regimenter mit großem Traditionsbewußtsein sowie 16 000 italienische Kriegsgefangene. Da waren griechische Soldaten, die man vom Festland evakuiert hatte, und Leute aus Palästina und von Zypern und viele Einheiten und Reste von Einheiten, die das Festland eilig hatten verlassen müssen – »Artilleristen, die ihre Kanonen verloren hatten, Pioniere, die kein Gerät mehr ... und Fahrer, die ihre Kraftfahrzeuge eingebüßt hatten«. (11)

Am letzten Tag des April, als die letzten Einheiten des britischen Expeditionsheeres vom Peloponnes evakuiert wurden, besuchte General Wavell die Insel. Es war höchste Zeit. Die Briten rechneten mit einem Angriff innerhalb der nächsten drei Wochen, und auf Kreta war immer noch ein großes Durcheinander.

Die Insel war von Evakuierten vom Festland überflutet, von denen viele keine Ausrüstung mehr hatten und bei gesunkener Kampfmoral nicht mehr sehr diszipliniert waren.

»Es war gar nichts Ungewöhnliches festzustellen, daß Männer keine Waffen oder Ausrüstung mehr besaßen, keine Teller, Messer oder Löffel und daß sie aus Rindfleisch- oder Zigarettenbüchsen aßen. Die meisten Bataillone verfügten weder über eigene Transportmittel noch Gerät. In manchen Einheiten war die Kampfmoral sehr gesunken.« (12)

Außer Artillerie- und Versorgungstruppen, abgesehen von Verbänden, die vom Festland evakuiert und herübergeschafft worden waren, lagen Anfang Mai auf Kreta nur drei britische Infanteriebataillone. Weitere zwei Infanteriebataillone aus Ägypten trafen vor Kampfbeginn ein. Insgesamt belief sich die Stärke der frischen Truppen, die verhältnismäßig gut bewaffnet und festgefügt waren, auf ungefähr 8700 Mann, sämtlich aus dem Vereinigten Königreich. Ungefähr 27 000 Mann Empire-Truppen waren vom Festland bei der Evakuierung nach Kreta verlegt worden. Von diesen waren ungefähr 10 000 Versprengte, unbewaffnete Arbeitstruppen aus Palästina und Zypern oder Kranke, Verwundete und Kampfesmüde. Für einige konnte man Gewehre und Ausrüstungen heranschaffen, viele von ihnen wurden jedoch noch vor dem Angriff auf Kreta nach Ägypten verschifft.

Die militärischen und paramilitärischen griechischen Streitkräfte hatten eine Stärke von fast 15 000 Mann: 11 000 Armeesoldaten, ca. 3000 bewaffnete Gendarmen, und der Rest rekrutierte sich aus Kadetten von Griechenlands Militär- und Luftwaffenakademien. Die Griechen waren in 11 Schützenbataillone ohne schwere Waffen gegliedert und verfügten nur über begrenzte Mengen Munition – im Durchschnitt weniger als 30 Schuß pro Mann. Zu ihnen stießen noch kretische Freischärler, meist Bergbewohner, die sich mit Säbeln, Schrotflinten und wildem Stolz gewappnet hatten.

So belief sich die Inselstreitmacht in ihrer Gesamtstärke auf über 42 000 Mann – über 17 000 Briten, 6500 Australier, 7700 Neuseeländer, 10 000–12 000 griechische Soldaten und eine ungewisse Anzahl von Freischärlern und paramilitärischen Einheiten. Zahlenmäßig wirkte diese Verteidigungsstreitmacht gewaltig – scheinbar befanden sich auf Kreta erheblich mehr militärische »Truppenteile«, als der deutsche Nachrichtendienst vermutete.

Schätzungen über die Verteidigungskapazität des Gegners gehen eigenartigerweise in den verschiedenen offiziellen und halboffiziellen Darstellungen weit auseinander, an und für sich schon ein Anzeichen für die Konfusion um Kreta. Dies geht zum Teil auf den Umstand zurück, daß kurz vor wie auch während der Schlacht mehrere tausend britische Soldaten aus Ägypten auf die Insel verlegt wurden. Weiter kompliziert wurde diese Situation durch die Gliederung der griechischen Kräfte. Nach einigen Darstellungen gab es nur 10 000 bis 11 000 griechische Soldaten (von denen die meisten nur oberflächliche Ausbildung genossen hatten) auf der Insel; doch wenn man Gendarmen, Kadetten, Heimatwehr etc. hinzuzählt, steigt die Gesamtzahl auf ca. 15 000 Mann, zu denen noch eine unbekannte Anzahl von Guerillas und Freischärlern gerechnet werden muß. (13)

Viele der Männer, insbesondere die Griechen, hatten keine Gewehre oder Handfeuerwaffen. Es gab nur wenig Kraftfahrzeuge, manche Verbände hatten überhaupt keine Transportmittel. Man hatte nur eine Handvoll Panzer, von denen die meisten in schlechtem Zustand und veraltet waren. (14) Die Artillerie reichte nicht aus und verfügte nur über eine begrenzte Munitionsausstattung. Nur ungefähr die Hälfte der benötigten Flakgeschütze stand wirklich zur Verfügung. Es gab später dann zwei Startbahnen, und während des ganzen Monats Mai standen maximal 36 Flugzeuge zur Verfügung, von denen nur die Hälfte einsatzfähig war, da viele Maschinen bei den Griechenlandeinsätzen schwer gelitten hatten. Die britische Flotte allerdings war den verfügbaren kleinen Einheiten der italienischen Flotte haushoch überlegen, doch war Kreta von den Flottenstützpunkten der Achsenmächte nur wenige Stunden über offene See entfernt. Dazu kam, daß die Flotte von Admiral Sir Andrew B. Cunningham (Oberbefehlshaber im Mittelmeer) noch damit beschäftigt war, die vielen Schäden zu beseitigen, die ihr die Evakuierung vom Festland und die vergangenen Kriegsmonate zugefügt hatten. Es gab im östlichen Mittelmeer nur einen einzigen Flugzeugträger mit vier Maschinen an Bord, und alle Flotteneinheiten, die nördlich von Kreta operierten, mußten durch die engen Straßen von Kithera und Kasos fahren und waren pausenlosen Luftangriffen von den nahen deutschen Stützpunkten ausgesetzt.

Und noch eine weitere Bürde wurde den ohnehin überlasteten Verteidigern der Insel auferlegt – sie mußten sich mit ca. 1600 italienischen Kriegsgefangenen herumschlagen, von denen nur die Offiziere vor der Invasion nach Ägypten verlegt wurden, und sie hatten Verantwortung zu tragen für den griechischen König Georg II. und sein Kabinett, die bei Canea residierten.

Bereits am 30. April häuften sich die Luftangriffe auf die Suda-Bucht, die Küstenhäfen und die Startbahnen im Norden der Insel, brennend lag ein ausgebombter und gestrandeter Tanker am Eingang zur Suda-Bucht.

Um in diesem Chaos, diesem Rennen gegen die Zeit Ordnung zu schaffen, durchschlug General Wavell den gordischen Knoten und ernannte am 30. April den berühmten neuseeländischen General Bernard C. Freyberg, Victoriakreuzträger, zum Befehlshaber der »Creforce«. Freyberg hatte sich schon im Ersten Weltkrieg als Jagdflieger hervorgetan, war der geborene Kämpfer und ein Liebling Churchills. Er bekam den Befehl, »dem Feind jede Benutzung von Luftstützpunkten auf Kreta unmöglich zu machen«, wurde zugleich jedoch unterrichtet, daß ein deutscher kombinierter See-Luft-Angriff auf die Insel unmittelbar bevorstand und aufgrund der britischen Jägerknappheit eine verstärkte Luftwaffenunterstützung wohl kaum zu erwarten sei.

Aber auch die Deutschen hatten ihre Probleme. Der Angriff

auf Kreta war so spät angesetzt worden und mußte wegen des bevorstehenden Rußlandfeldzuges so rasch durchgeführt werden, daß keine ausreichende Zeit blieb, die »Operation Merkur« zu planen und vorzubereiten.

Die deutschen Fallschirmjägertruppen waren am 26. April zur Einnahme und Überquerung des Kanals von Korinth eingesetzt worden, und die bei dieser Operation verwandten Lufttransporter mußten nun auch über Kreta eingesetzt werden. Mehrere hundert Transportmaschinen vom Typ Ju-52 flogen zurück in das Gebiet um Wien, wo sie gründlich durchgesehen, mit neuen Motoren versehen und wieder instand gesetzt werden sollten, um dann in aller Eile zu den vorgeschobenen Flugplätzen um Athen zurückzukehren.

Beim Griechenlandfeldzug hatten die Briten zu wenig Flugplätze (15), außerdem waren die deutschen Maschinen für improvisierte Landeplätze besser geeignet, und die deutschen Pionier- und Baueinheiten mit griechischen Zwangsarbeitern bewiesen unerhörte Energie und Initiative bei der Verbesserung vorhandener oder beim Bau neuer Rollbahnen. Am 10. Mai z. B. besetzten die Deutschen die Insel Melos – nach drei Tagen war eine Rollbahn fertig. Bei Molaoi wurde eine neue Rollbahn in einer Woche gebaut. Scarpanto, Korinth, Argos, Athen, Saloniki, Rhodos, Megara, Phaleron, Eleusis, Tatoi, Topolia, Araxos, Kithira und die bulgarischen Flugplätze – ein Halbkreis von Rollbahnen umgab Kreta, die nächste nur 80 Kilometer von der Insel entfernt. (16)

Viele der benutzten Flugplätze waren – wie Topolia und Megara – hastig errichtete Behelfsflugplätze.

»Nicht mehr als große eingeebnete Flächen zwischen den Bergketten ... Große Schwierigkeiten machten die schlechten Bodenverhältnisse. Beide Flugfelder waren sandige Ödflächen, und die schwerbeladenen Maschinen versanken bis an die Achsen im Pulversand. Bei Start- oder Landemanövern wurde die Maschine in eine dichte Staubwolke gehüllt, die sich bis zu einer Höhe von 1000 Metern in die Luft erhob.«

In Griechenland und anderen Balkanländern waren Straßen und Eisenbahnlinien zerstört, Brücken gesprengt. Treibstoff und andere Versorgungsgüter mußten zumeist auf dem Seewege herangeschafft werden. Weitere Probleme entstanden bei der Verteilung der genannten Nachschubgüter auf die verstreuten Behelfsflugplätze. Die Tankvorrichtungen waren primitiv. Auf vielen dieser Rollbahnen mußten die Deutschen den Treibstoff mit der Hand aus den Fässern in die Maschinen pumpen. Die logistischen Vorbereitungen für den Rußlandfeldzug komplizierten das Versorgungsproblem weiterhin. Die »überlastete Verbindungslinie von Rumänien« (17) ließ die Verlegung der 22. Luftlandedivision nicht zu, so daß an ihrer Stelle die 5. Gebirgsdivision, nach ihrer Teilnahme am Feldzug auf dem griechischen Festland, eingesetzt werden mußte. Die 7. Luftlandedivision aber kam aus Deutschland nach Griechenland. Die Deutschen bewältigten ungeheure logistische Schwierigkeiten. Eine ungeheure Leistung war die Vorbereitung einer Operation wie der Invasion Kretas aus der Luft innerhalb weniger als drei Wochen nach der Einnahme Griechenlands und Jugoslawiens und während die Säuberungsaktionen dort noch liefen.

Dabei planten die Deutschen diesmal nicht einmal mit ihrer gewohnten bemerkenswerten Gründlichkeit.

Ein Grund dafür war der Zeitdruck – da eine Frist von kaum einem Monat zwischen der Entscheidung, Kreta anzugreifen und dem eigentlichen Angriff lag. Ein weiterer Grund war übertriebenes Selbstvertrauen. Die Deutschen schätzten die Kampfkraft der Briten gering ein, und wo immer Deutsche und Engländer bis zur Schlacht um Kreta auf dem Schlachtfeld aufeinandergetroffen waren, hatten sie mit relativer Leichtigkeit gesiegt. Unzureichende Aufklärung und unvollständige Berichte der Nachrichtendienste führten dazu, daß die Deutschen die Stärke der gegnerischen Verteidigung unterschätzten. Und dann kam noch der Druck von oben hinzu: Hitler wollte einen raschen Sieg, und Göring lechzte nach Ruhm für seine Luftwaffe. Wehrmacht, Führungsstab und Generalstab des Heeres hatten mit der Planung nichts zu tun. Es war eine Operation der deutschen Luftwaffe, und manche deutschen Flieger – zu ihnen gehörte auch Göring – glaubten, man könne auch ohne sonstige Unterstützung mit der Luftwaffe allein Schlachten gewinnen. Es kam hinzu, daß eine Invasion mit Luftlandetruppen eine ganz neue Einsatzmethode darstellte.

Generaloberst Alexander Löhr, der die 4. Luftflotte führte, die das Heer im Griechenland- und Jugoslawienfeldzug unterstützt hatte, empfahl die Besetzung Kretas als eine Maßnahme zum Schutz der Ölfelder von Ploesti. General Kurt Student, der Kommandierende des XI. Luftlandekorps (der 4. Luftlandeflotte unterstellt), zu dem auch die 7. Luftlandedivision (Fallschirmjäger) gehörte, plante die Luftlandung und arbeitete die wichtigsten Einzelheiten in Besprechungen mit Generalleutnant Wilhelm Süssmann aus, der die Fallschirmjägerdivision befehligte.

Den Oberbefehl hatte General Löhr. Zur 4. Luftflotte gehörte das VIII. Fliegerkorps unter General Student. Eine Anzahl weiterer Maschinen vom X. Fliegerkorps und Bodeneinheiten der Zwölften Armee – darunter die 6. Gebirgsdivision – standen bei Bedarf auf Abruf zur Verfügung.

Zu den im Fliegerkorps VIII zusammengefaßten Kampfflugzeugen gehörten ungefähr 280 Ju-88, He-111 und Do-17; über 150 der berühmten Stukas (Ju-87); über 100 Me-109 (einsitzige Jäger); des weiteren 100 Me-110 (zweisitzige Jäger) und ungefähr 50 Aufklärer. (18) Am 17. Mai wurden insgesamt über 500 dieser Maschinen als einsatzbereit gemeldet; weitere Maschinen kamen später im Verlauf der Schlacht noch hinzu.

Zu General Students XI. Fliegerkorps gehörten 500 Transportmaschinen – die zuverlässigen Ju-52 – sowie über 70 Lastensegler; alle Truppen, auch die, welche auf dem Seewege verschifft werden sollten, standen abrufbereit. Ihre Stärke belief sich auf ungefähr 22 750 Mann – und zwar: die 7. Luftlandedivision, bestehend aus drei Fallschirmschützenregimentern plus Versorgungstruppen – insgesamt 13 000 Mann –, ferner ein besonderes Sturmregiment, bestehend aus drei Fallschirmjägerbataillonen und einem Luftlanderegiment mit Lastenseglern, zwei Regimenter der 5. und ein Regiment der 6. Gebirgsdivision sowie ein Panzerbataillon und ein Kradschützenbataillon mit unterstellten Flakeinheiten. Der Rest der 6. Gebirgsdivision stand abrufbereit und wurde im weiteren Verlauf teilweise eingesetzt. Für den Seetransport standen eine Anzahl (etwa 63) griechische Kaiks, Ruderboote mit Motor, mehr als 7 kleine Küstenmotorschiffe, 7 italienische Zerstörer, 12 Torpedoboote, Motorboote und Patrouillen- sowie Minensuchboote zur Verfügung.

Diese waren in zwei Gruppen Kaiks und zwei Dampferflottillen gegliedert. Sie unterstanden dem Kommando von »Admiral Südost« (einem deutschen Seeoffizier, der in der Ägäischen See das Kommando hatte) und sollten die Truppen an der kretischen Küste an Land setzen.

So planten die Deutschen mit einer überwältigenden Luftüberlegenheit – einem Verhältnis von 30:1 bei den Kampfflugzeugen – jedoch praktisch ohne Seestreitkräfte die Eroberung einer Insel, die 160 Kilometer vom griechischen Festland entfernt war und von über 40 000 Mann verteidigt wurde. Die Deutschen hatten ungefähr 22 750 Mann – 750 von ihnen sollten mit Lastenseglern landen, 10 000 mit dem Fallschirm, 5000 mit Flugzeugen, 700 mit Schiffen.

Freyberg, der in seiner Beurteilung der Verteidigungskapazität Kretas nach oben und unten schwankte, drängte Wavell (während er Churchill beruhigte), mehr Flugzeuge, Geschütze und Schanzzeug – manchmal mußten die Soldaten ihre Gräben und Einmannlöcher mit ihren Stahlhelmen graben! – sowie Nachschub aller Art zu schicken.

»Mir sind«, schrieb Wavell zur Antwort, »die Schwierigkeiten und Gefahren Ihrer Lage vollkommen klar.«

Im Frühling drängte General Freyberg sowohl General Wavell wie seine Regierung, entweder Kreta sofort zu verstärken oder die Entscheidung, die Insel halten zu wollen, noch einmal zu überprüfen. Insonderheit wies er darauf hin, daß mehr Flugzeuge, Artilleriegeschütze, Munition, Ersatzteile und Reservevorräte gebraucht würden. Seinem neuseeländischen Premierminister gegenüber drang er darauf, »höchste Stellen in London (unter) Druck (zu setzen), damit wir entweder ausreichende Mittel zur Verteidigung der Insel bekommen oder der Entschluß, Kreta zu helfen, nochmals überdacht wird.« (Long, op. cit., S. 209). Jedoch schon fünf Tage darauf kabelte er an Churchill: »Kann Nervosität nicht verstehen; habe meine Dispositionen getroffen und glaube mit zur Verfügung stehenden Einheiten auskommen zu können.« (Clark: »The Fall of Crete«, S. 31). (19)

Allein, er konnte die Verhältnisse kaum ändern. Ende April hatte die RAF in dem gesamten Gebiet Mittlerer Osten – Mittelmeer weniger als 15 Bomber und einmotorige Jäger, und von diesen waren nicht einmal alle Maschinen einsatzbereit. (20)

Freyberg sah die Bedrohung durch Luft- wie Seelandungen voraus, und da er nur über eine geringe motorisierte Transportkapazität und daher nur über in ihrer Beweglichkeit sehr begrenzte Reserven verfügte, richtete er vier getrennte und unabhängige »Insel«-Kommandostellen ein, die jeweils für einen bestimmten Verteidigungsbereich verantwortlich waren. Es waren drei brauchbare Rollbahnen auf der Insel vorhanden, die, wie die Briten wohl wußten, die ersten Angriffsziele der Deutschen sein würden. Und die Suda-Bucht lag als das Hauptziel sozusagen auf der Hand. Dementsprechend wurden die Verteidigungsstreitmächte in vier Hauptgruppen unterteilt.

Im Osten wurde die Stadt Heraklion und ihre Rollbahn (das sogenannte »Buttercup Field«) von der 14. Brigade verteidigt. Sie bestand aus drei britischen Bataillonen, einem australischen Bataillon, einem Artillerieregiment, gegliedert und bewaffnet als Infanterieregiment, Flak- und anderen Einheiten. Dazu kamen sechs Panzer, verschiedene andere Waffen- und Mannschaftssammelsurien und drei griechische »Regimenter« (jedes etwa in Bataillonsstärke). Den Befehl führte Brigadier B. H. Chappel.

Rund um Retimo und sein Rollfeld – über 50 Kilometer westlich von Heraklion – lag Brigadier G. A. Vaseys 19. Australische Brigade, dazu zwei oder drei griechische Bataillone und eine australische MG-Kompanie. Zum Retimo-Verteidigungsabschnitt gehörten zwei gute Anlandungsmöglichkeiten – der eine Strand 8 Kilometer östlich, der andere 2 Kilometer westlich von Retimo. Dadurch betrug die Breite des Verteidigungsabschnitts Vaseys mehr als 30 Kilometer. Zum Schutz des Flugplatzes stand kein Flugabwehrgeschütz zur Verfügung.

Der Abschnitt Suda-Bucht/Canea wurde von einer Streitmacht verteidigt, die sich aus Royal Marines (Marine-Infanterie), einem mit Gewehren bewaffneten Panzerabwehrregiment, über 2000 Australiern, einem griechischen Bataillon und einer starken Flugabwehr-Artillerie zusammensetzte und von Generalmajor E. C. Weston von den Royal Marines kommandiert wurde.

Dieser Abschnitt befand sich über 15 Kilometer nordwestlich der Retimo-»Insel«.

Weitere 15 Kilometer westlich lag das eben erst gebaute Flugfeld von Maleme, das mit dem Dorf Galatas und dem Küstenstreifen, der sich in östlicher Richtung bis Canea erstreckte, von Brigadekommandeur Edward Putticks Neuseeländern verteidigt wurde (eine unvollständige neuseeländische Division mit holländischen und griechischen Verbänden und einiger Flak). Ein griechisches Regiment ging um Kastelli und Kisamos in Stellung und deckte die Kisamos-Bucht am äußersten westlichen Ende der Insel. Im östlichen Teil Kretas befanden sich dann noch kleinere griechische Sicherungseinheiten.

General Freyberg richtete sein Hauptquartier mit einem zusammengewürfelten Stab und unzulänglichen Fernmeldeverbindungen in Unterständen bei Canea ein. Seine vier Verteidigungshauptabschnitte, von denen jeder einzelne (und ganz besonders Retimo) stark in die Breite gezogen werden mußten, erstreckten sich über 110 Kilometer längs der Nordküste und waren miteinander nur durch eine unzulängliche Straße verbunden. Die Reserven von »Creforce«, die in Wahrheit zu dem Verteidigungsabschnitt Suda und Maleme gehörten, bestanden aus einer unterbesetzten neuseeländischen Brigade und einem britischen Bataillon. Zwei Panzer sicherten jedes Flugfeld. Aber manche griechische Einheiten hatten pro Mann nur drei Schuß Munition für ihre Gewehre, und viele von diesen Männern waren nur zwei Wochen lang ausgebildet worden. Einige Truppen aus Palästinensern und Zyprioten hatten überhaupt keine Waffen. Es gab nur sehr wenig Feldartillerie, abgesehen von ein paar Geschützen, die man von den Italienern erbeutet hatte, sowie einigen französischen Kanonen, ganz wenigen Haubitzen und einigen unbeweglichen Küstenverteidigungs- und Flugabwehrkanonen. Und keiner der »inselartigen« Verteidigungsabschnitte vermochte den anderen zu unterstützen.

So sah Freyberg seinem Schicksal entgegen.

Die Deutschen hatten geplant, alle drei Flugfelder gleich am ersten Angriffstag in Besitz zu nehmen. Die Generäle Löhr und Student setzen das Sturmregiment (ohne zwei Lastenseglerkompanien) auf Maleme an; die 7. Fliegerdivision sollte Canea, Retimo und Heraklion nehmen, wobei ungefähr ein Fallschirmjägerregiment auf je eines dieser Ziele angesetzt werden sollte. Bei Canea kamen noch die beiden Lastenseglerkompanien des Sturmregiments hinzu. Maleme und Canea sollten am Morgen angegriffen werden, Retimo und Heraklion am Nachmittag. Geleitschiffkonvois mit den schweren Waffen der 5. Gebirgsjägerdivision und einige italienische Marineinfanteristen wurden eingeschifft, um als Nachstoßtruppen bei Maleme und Heraklion an Land gesetzt zu werden. Und zwar, wie ursprünglich geplant, in der ersten Angriffsnacht. Dieser Termin wurde später auf die zweite und dritte Nacht verschoben.

Die Deutschen hofften, ihre Luftlandetruppen in Räumen absetzen zu können, die von der Inselverteidigung nicht gesichert waren. Drei Hauptkampftruppen erhielten folgende Aufträge:

Kampfverband Mars: Kampfgruppe Zentrum unter Führung von General Süssmann, mit Hauptteil der Fliegerdivision und Lastenseglertruppen Inbesitznahme von Canea, Galatas sowie Retimo einschließlich Rollbahn.

Kampfverband Komet: Kampfgruppe West unter Führung von Generalmajor Eugen Meindl, die aus dem Sturmregiment bestand, sollte den Flugplatz von Maleme und alle Zufahrten besetzen.

Kampfverband Orion: Kampftruppe Ost, zunächst unter Führung von Oberst Hans Brauer, nach Ablösung unter General Ringel mit einem Fallschirmjägerregiment und einem Gebirgsjägerregiment, sollte Stadt und Flughafen Heraklion einnehmen.

General Löhr richtete seine Führungsstelle in Athen ein. D-Tag war für den 20. Mai befohlen – lange vorher schon wußten die Briten, daß die Stunde der Prüfung dicht bevorstand.

Im Frühmai begann nach und nach das Bombardement; hoch am Himmel überflogen die Dornier- und Junkersmaschinen Stunde um Stunde die Insel. Docks und Schiffe waren die ersten Ziele; am 20. Mai lagen im Hafen von Suda bereits 13 beschädigte oder zerstörte Schiffe. (21) In dichten Wolken hing der schwarze Rauch der Ölbrände über der Bucht; der bergungsunfähige Kreuzer »York« wurde wiederholt bombardiert, da die Deutschen es auf seine Flakbatterien abgesehen hatten. In der Zeit vom 1. bis 20. Mai »wurde über die Hälfte aller Bestände der Royal Engineers (Pioniere) unterwegs auf See oder im Hafen versenkt«. (22) Die Zivilisten unter den Stauern verließen die zerbombten Docks; in Schichten wurden 400 australische und neuseeländische Freiwillige eingesetzt, die im Zivilleben als Dockarbeiter tätig gewesen waren. Die Schiffe liefen bei Nacht den Hafen von Suda an, wurden rasch entladen und verließen den Hafen unverzüglich, um noch vor Tagesanbruch in offenen Gewässern Zuflucht zu suchen. Diese »Docksoldaten« aus Australien und Neuseeland sorgten also dafür, daß der Strom lebenswichtiger Güter für Kreta auch weiterhin nicht versiegte; in den zwei Wochen vor dem Angriff wurden ungeachtet der Bombardements allnächtlich 500 bis 600 Tonnen entladen.

Aber das war nicht genug. Mit dem 14. Mai beginnend verstärkte das VIII. Fliegerkorps seine Angriffe und bezog Ziele wie Flugfelder und Flakstellungen mit in die Bombardements ein. Tag für Tag, eine ganze Woche lang, unerbittlich und ohne Unterbrechung, bombardierten die deutschen Maschinen, zu denen sich auch die kreischenden Stukas gesellten.

Die Anlage dieser Angriffe macht klar, daß der britische Nachrichtendienst mit seiner Warnung, die Invasion stehe dicht bevor, recht gehabt hatte. Am 18. Mai wurden zwei abgeschossene deutsche Flieger aus dem Meer gefischt. Sie sagten aus, daß »Der Tag« der 20. Mai sei. General Freyberg war jetzt im Bilde. (23)

Eine Handvoll einmotoriger Hurricanes und veralteter Doppeldecker vom Typ »Gladiator« warfen sich den deutschen Bombern von den Flugfeldern Kretas aus in unregelmäßigen Abständen entgegen – aber nicht lange. Die Überlegenheit war zu stark. Es gab nichts in ausreichender Menge – weder Treibstoff noch Ersatzteile, noch Wartungspersonal. Um Maschinen startklar zu machen, schlachtete man andere aus. Die RAF behauptet, vor dem 19. Mai 23 feindliche Maschinen abgeschossen zu haben – aber als dieser Tag kam, gab es auf ganz Kreta noch vier einsatzfähige Hurricanes, und die drei letzten Gladiators verließen die Insel. Sie waren keine Trumpfkarten mehr, sie waren zu einer Belastung geworden, weil die Verteidiger für diese Handvoll Maschinen ein Rollfeld unterhalten und Bodenpersonal zur Wartung bereitstellen mußten. Am 19. Mai wurden die restlichen Maschinen nach Ägypten geflogen. Die Deutschen hatten ihre Schlacht gewonnen.

Britische, aus Ägypten kommende Bomber flogen Nachtangriffe auf deutsche Luftstützpunkte in Griechenland und auf den griechischen Inseln. Aber all diese Bemühungen waren letztlich doch nur Nadelstiche; vom 13. bis 20. Mai wurden bei diesen Angriffen von Wellington-Maschinen nur 42 Einsätze geflogen.

General Freyberg hatte die Flugplätze verminen oder zerstören und unbrauchbar machen wollen. Es war nicht mehr nötig.

Die Unterlagen zu diesem Punkt sind nicht eindeutig. Anscheinend wurde am 19. Mai Erlaubnis gegeben, die Rollbahn bei Maleme zu zerstören und Sprengladungen anzubringen, doch kam die deutsche Invasion dann zu früh. General Freyberg hielt später fest, daß sein Ersuchen um Erlaubnis, alle drei Rollbahnen zerstören zu dürfen, von den britischen Stabschefs in London abgelehnt worden sei, da man dort in irregeleitetem Optimismus glaubte, diese Flugfelder müßten für später aus Ägypten nach Kreta zu verlegende Maschinen intakt gehalten werden. Dieses Denken spielte sich aber im luftleeren Raum ab, denn es gab weder genug Maschinen in Ägypten, noch Anzeichen, daß während der erwarteten Schlacht genug vorhanden sein würden. Auch hätte man die Rollbahnen gegen ein deutsches Bombardement nicht abschirmen können – es gab nicht genug Flaks, es gab überhaupt nichts in ausreichendem Maße. (25)

## Der 20. Mai

Über die See drang – wie schon während so vieler Morgenstunden in der Vergangenheit – das dumpfe Summen der Flugzeugmotoren; aus weiter Ferne schwoll das Bienengesumm zu einem ungeheuren Dröhnen an, das den Himmel zu füllen schien. Als die ersten Bomben pfeifend herabsausten und dumpf einschlugen, gingen Australier, Neuseeländer, Briten und Griechen in Gräben und Schützenlöchern in Deckung. Zunächst unterschied sich dieser Angriff in nichts von irgendeinem seiner Vorgänger. Freyberg hat dem Wort der gefangenen deutschen Flieger vielleicht nicht geglaubt und daher sein Kommando auch nicht davon unterrichtet, daß Dienstag, der 20. Mai, »Der Tag« sein konnte.

Aber innerhalb einer einzigen Stunde war es klar: »Der Tag« war gekommen. Von der Suda-Bucht und Canea bis Maleme füllte sich der Himmel mit deutschen Flugzeugen – sie warfen Bomben im Reihenwurf und stießen in langen, heulenden Sturzflügen herab, um die Flakstellungen des Feindes zu bombardieren und im Tiefflug mit Bordwaffen anzugreifen.

Bei den voraufgegangenen Bombenangriffen vor dem 20. Mai hatten viele leichte britische Flakgeschütze sowie einige schwere Kaliber das Feuer eingestellt, um zu vermeiden, daß die deutschen Aufklärungsflugzeuge die Stellung ausmachten. Und bis zum 20. hatten die meisten britischen Flakstellungen auch nicht zu den Hauptangriffszielen der

Deutschen gehört; kein Geschütz wurde so schwer beschädigt, daß man es nicht hätte reparieren können, und es wurden nur 6 Flak-Kanoniere getötet und 11 verwundet. Gleichwohl hatten vorbereitende Angriffe auf Flakstellungen – wie ein Beobachter sagte – die Briten erschöpft (man beschrieb sie als »abgekämpft«) und viele ihrer Flak-Kanoniere gezwungen, während der Angriffe die Köpfe in Splittergräben und »Ein-Mann-Löcher« zu stecken. Am 20. Mai waren die Kanoniere nicht mehr voll leistungsfähig; so entstanden den Briten bei schweren und langen deutschen Angriffen auf erkannte Flakstellungen schwere Verluste.

Die schweren Geschütze um die Suda-Bucht, die in den voraufgegangenen Wochen wiederholt eingegriffen hatten, um Schiffe zu schützen, waren von den Deutschen als Punktziele genau ausgemacht worden. Schon bald waren unter einem Hagel von Bomben und Bordwaffenfeuer die Stellungen zerstört und die Bedienungsmannschaften dezimiert. Straßen und Wege und der Flugplatz Maleme wurden angegriffen. Große Staubwolken schossen wie Pilze aus dem trockenen Boden Kretas empor, und Rauch und Dunst nahm den Geschützbedienungen die Sicht.

Das leise Zischen des Windes, der über die langen, spitz zulaufenden Tragflächen der Lastensegler glitt, war der Auftakt für die Invasion Kretas; 750 Deutsche vom Lastenseglerbataillon des Elite-Sturmregiments schwebten aus dem Himmel auf Maleme und Canea herab. Dicht hinter ihnen kamen die Transportmaschinen (Ju-52), und jede trug eine Ladung von 13 bis 15 deutschen Fallschirmjägern.

General Freyberg beobachtete die Lage von einem Hügel hinter Canea aus und »war regelrecht gefesselt von der Großartigkeit dieser Operation ... Hunderte von Maschinen; eine Reihe nach der anderen kam auf uns zu ...« (25)

»Die gesamte Luft kam in Wallung«, während die Motoren heulten, die Stukas kreischten und die Bomben krachend einschlugen; die deutschen Jäger bestrichen das Gelände so heftig mit Bordwaffenfeuer, daß man sich außer in kurzen Sprüngen nicht zu bewegen vermochte. (26) Schon sehr bald wurden an diesem Tage die Fernsprechleitungen durch die Bombeneinwirkung in Mitleidenschaft gezogen; Brigadegeneral Puttick, der in der Umgebung Caneas lag, wußte nur wenig von dem, was vorging, und Freyberg sogar noch weniger.

In der deutschen Kommandostelle in Athen beurteilte man die ersten Meldungen positiv; die Operation war planmäßig angelaufen. General Student war zuversichtlich; seine Männer waren die Elite der Eliten – jung, stolz, gut ausgebildet und gründlich geschult. Manche unter ihnen hatten schon die Luftoperation über Holland zu Beginn des Krieges und den Angriff auf die belgische Festung Eben Emael mitgemacht; andere wieder waren über dem Kanal von Korinth abgesprungen.

Die deutschen Fallschirmjäger trugen runde, randlose Springerhelme und Tarnanzüge, manche hatten spezielle Lederjacken, Tarncapes und hohe Stiefel. Ihre Uniformen waren stellenweise dick gepolstert. Manche trugen Granatwerfer, andere Handgranaten. Die meisten aber hatten nur Pistolen und Messer bei sich, als sie absprangen. Ihre Waffen wurden in Spezialbehältern abgeworfen.

Die Fallschirmjäger waren nur leicht bewaffnet: viele hatten Maschinenpistolen und automatische Gewehre, einige trugen Zielfernrohre für Scharfschützen. Ihre Rationen: Durststiller und eine Art Benzedrin-Krafttabletten, (getrocknetes) Wittler-Brot, Schokolade sowie Spritzen und Ampullen mit »Koffein-Sodium-Salicylate« für subkutane Injektionen gegen Müdigkeit. (27)

Als es losging, waren sie in ausgezeichneter Form:

Oberstleutnant von der Heydte, Kommandeur des 1. Bataillons des 3. Fallschirmjägerregiments, sagte zu Max Schmeling, der sich über einen schlimmen Diarrhoeanfall beklagte: »Sie können sich krankmelden, mein Junge, wenn wir in Kreta sind. Unser Sanitätsstab fliegt mit uns.«

Von der Heydte hat später berichtet, daß Schmeling auf Kreta an seiner Diarrhoe praktisch zusammengebrochen sei und ins Lazarett eingeliefert werden mußte. Er stellt ausdrücklich fest, daß »unser Boxchampion« hier keinerlei Täuschung betrieben habe und daß der Orden, den er später bekam, und die gewaltige Schau, die Goebbels und die deutsche Propaganda mit ihm in Anerkennung seiner vermeintlichen Verdienste auf Kreta aufzogen, nicht auf Täuschungen seitens Schmelings zurückgingen. Schmeling wurde ohne eigenes Verschulden als Galionsfigur mißbraucht; selbst Göring wurde von falschen Darstellungen getäuscht.

Über Kreta kam der Befehl: »Fertig zum Absprung.«

Die Fallschirmjäger sprangen aus sehr geringer Höhe ab – 100 bis 120 m. Der Himmel füllte sich mit vielfarbigen Schirmen – schwarz für die Mannschaften, violett oder rosa für Offiziere, weiß für Waffen und Munition, gelb für den Sanitätsbedarf.

Die kleinen Gestalten, die unter den blütenähnlichen Schirmen baumelten, boten einen »unaussprechlich drohenden« Anblick.

Noch in der Luft kamen sie in Schußnähe, und das Knattern der Gewehre und leichten Maschinengewehre erhob sich zu einem Crescendo. Wild mit den Beinen rudernd und schon aus ihren Waffen feuernd, landeten die Fallschirmjäger, sanken in die terrassenförmig angelegten Weinberge, krachten durch die Zweige der friedlichen Olivenbäume, in die Gärten und Höfe der Häuser, auf die Dächer und aufs offene Feld, wo sie die kurze Gerste der Sicht entzog. Viele fanden ihr Grab dort, wo sie die Erde berührten. (28)

Und so begann die Schlacht.

Die Welt war freilich damals kaum darüber unterrichtet, daß eine Landungsoperation mit Lastenseglern und Fallschirmen in Kampfhandlungen von wildem Durcheinander und Stunden »heftigster Verwirrung« auf beiden Seiten abläuft. Das Operieren aus der dritten Dimension bedeutete für Freund wie Feind, daß es weder Flanken noch vorne oder hinten gibt – der Feind kann überall sein, die »Front« wandelt sich von der Linie zur Krümmung. In den ersten Stunden kann man bei keiner Landung dieser Art wirksam führen; die Befehlsgewalt geht auf die Führer kleiner Einheiten über; es wird rücksichtslos gekämpft – Pardon wird weder erbeten noch gegeben.

Die Lastensegler glitten von ca. 8.15 bis 8.45 zu Bruchlandungen herab, ungefähr 45 bis 50 dicht beim Maleme-Rollfeld, die meisten aber in das trockene Flußbett des Tavronitis. Andere landeten verstreut über östlichen Gebieten der Insel. Manche segelten geradewegs in die Katastrophe; einer wurde kurz vor dem Aufsetzen zu einer fliegenden Brandfackel. Ein anderer wurde von einer Bofors (Zwillingsflak) getroffen, als er schon auf dem Boden dahinglitt und gerade zum Halten kam; wieder andere Maschinen wurden von Maschinengewehrfeuer durchlöchert und wurden für die Männer in ihnen zu fliegenden Särgen. Doch viele der großen Gleiter mit dem quadratischen Rumpf – die Tragflächen schiefgebogen von den Olivenbäumen, vielfach mit durchlöcherter Rumpfbespannung – spieen schwerbewaffnete Männer mit Motorrädern, Flammenwerfern, Mörsern aus.

Die deutschen Lastensegler wurden mit sogenannten »Sollbruchstellen« versehen, d. h. mit Nahtstellen von absichtlich schwacher Konstruktion, die bei Bruchlandungen oder Zusammenstößen mit natürlichen oder künstlichen Hindernissen brachen. Die zum Aufsteigen erforderlichen Räder wurden nach erfolgtem Start abgeworfen, und die Lande- oder Gleitkufen wurden »manchmal mit Stacheldraht umwickelt, um den Bremseffekt zu erhöhen«.

Wenigstens »einige der für Spezialoperationen konstruierten Maschinen« wurden mit einem »starken, gezähnten Haken ähnlich einem Anker ausgerüstet, der sich beim Landen in den Boden bohrte«. Durch diese Hilfsmittel gelang es manchen beladenen Segelflugzeugen, innerhalb von 35 m zum Stillstand zu kommen. Man setzte zwei Lastensegler ein, ein kleines Modell, die DFS-230, die zehn Mann mit leichter Ausrüstung tragen konnte, oder einen größeren Flugapparat, die Gotha-242, mit Doppelschwanz, der eine 75-mm-Pak mit Bedienungsmannschaft oder 20 bis 25 Mann resp. Ausrüstung dieser Gewichtsordnung beförderte. Als Schlepper nahm man He-111 oder Ju-87. (29)

Das Sturmregiment erledigte sofort zwei seiner Aufgaben: es nahm die 40-mm-Bofors-Batterie (Zwillingsflak) an der Mündung des Tavronitis, deren Kanoniere zwar Gewehre hatten, aber keine Munition, und besetzte die Brücke über den Fluß sowie einige Stellungen am Westrand des Flugplatzes.

Aber eine Lastenseglerabteilung, die den das Flugfeld beherrschenden ungefähr 300 Meter hohen Punkt 107 einnehmen sollte, erlitt schwere Verluste durch das 22. Neuseeländische Bataillon und wurde zurückgeschlagen. Nach einem Gefecht von ein paar Stunden waren die meisten deutschen Einheitsführer und Kommandeure gefallen oder verwundet.

Nun unterliefen die Ju-52 im Tiefflug die Schußbahnen der schweren Flakgeschütze und setzten in Rauch, Staub und Beschußlärm ihre Gruppen von Fallschirmspringern ab. Manche von ihnen, die in dichter Formation anflogen, waren für die Bofors-Kanoniere leichte Beute.

»Man konnte tatsächlich sehen, wie der Einschuß das Flugzeug aufbrach und die Körper wie Kartoffelsäcke herausfielen.« (30)

Überall in und um die neuseeländischen und griechischen Stellungen wimmelte es von deutschen Fallschirmjägern; manche gingen dicht bei den vorgesehenen Absetzbäumen nieder, andere aber landeten im Durcheinander des Gefechts weit von ihren Zielen entfernt.

Der östliche Teil des deutschen Zangenangriffs, der dem Flugplatz von Maleme galt, landete weit abseits seiner Zielräume, so daß die meisten dieser Fallschirmjäger mitten zwischen den Neuseeländern oder auch in bequemer Schußweite der neuseeländischen Gewehre landeten.

In der näheren und weiteren Umgebung von Modhion, wo die Neuseeländer ein feldmäßiges Straflager eingerichtet hatten, landeten die deutschen Fallschirmjäger in hellen Haufen. Leutnant W.J.G. Roach, der Kommandant dieser Anlage, gab seinen Gefangenen alle Gewehre, die er hatte, und nahm sie mit auf die Jagd. Sie schossen Deutsche nieder und ergänzten ihre Ausrüstung durch erbeutete Waffen. In den Außenbezirken von Modhion, wo die Deutschen auf den flachen Hausdächern und in den schmutzigen Straßen gelandet waren, wurden sie von den Neuseeländern und auch von Griechen – »Frauen, Kindern und gar Hunden gejagt«. Diese Kreter benutzten alle verfügbaren Waffen; Flinten mit Feuersteinschlössern, die sie vor hundert Jahren von den Türken erobert hatten, Äxte und selbst Schippen und Spaten. (31)

Ehe der Tag noch zu Ende ging, hatten sie ihre Bewaffnung erheblich vervollständigt – Ju-52, die Nachschub einflogen, warfen deutsche Waffen in Massen genau zwischen die Verteidiger.

Noch vor Mittag wurde der östliche Teil des Zangenangriffs bei Maleme aufgebrochen. Auf der ganzen Strecke von Modhion bis zum Flugfeld waren überall verstreute Gruppen von Deutschen, die sich in Häusern verbargen, in Schluchten oder in Gebüschen gelandet waren oder sich in Abflußgräben versteckten, doch sie hatten keinen Zusammenhalt untereinander und wurden nicht geführt. Wirklich bedrohlich war die Lage westlich des Tavronitis, wo Teile des Sturmregiments intakt gelandet waren und sich immer noch an der Westkante des Flugplatzes festklammerten.

Die Fallschirmjäger der deutschen Kampfgruppe Mitte, der Gruppe »Mars«, landeten weit verstreut um Canea herum. Ballungen gab es im Gebiet des Galatas-Prison-Valley entlang der

Straße nach Alikianou und auf der Halbinsel Akrotiri (die die Suda-Bucht beherrschte) sowie südlich von Canea. Dieser Angriff begann mit einem bösen Omen. General Süssmann, der Kommandeur der 7. Fliegerdivision und der Kampfgruppe Mitte, wurde zusammen mit seinem persönlichen Stab »angesichts der ganzen Stadt Athen« auf der Insel Aiyina (Ägina) getötet, als von seinem Lastensegler mitten im Flug die Tragflächen abrissen.

Der Hauptangriff der Fallschirmjäger in diesem Gebiet begann etwa eine Stunde, nachdem die erste Landungswelle in der Nähe von Maleme abgesprungen war. Auf einem kleinen Vorgebirge nahe der Küste hatte das britische Militärlazarett auf Kreta »No. 7 General«, das Haupthospital der Engländer, seine Zelte aufgeschlagen, und nun fiel mitten zwischen die bettlägerigen Patienten, die Kranken, die laufen konnten, und die Verwundeten, die in Splittergräben Zuflucht gesucht hatten, eine Kompanie Fallschirmjäger ein. Aber der Triumph der Deutschen währte nicht lange. Noch bevor der Tag zu Ende ging, hatten die neuseeländischen Truppen die überlebenden gefangenen Patienten wieder befreit, das Vorgebirge mit Hilfe einiger leichter Panzer wieder genommen und die meisten Deutschen getötet.

Ähnlich wurde der Angriff auf die felsige Halbinsel Akrotiri abgeriegelt. Die Deutschen landeten weit verstreut; vier von 15 Segelflugzeugen glitten ins Meer, und die Angreifer verloren bereits in den ersten paar Stunden fast die Hälfte ihrer Streitmacht. Sie wurden eingeschlossen und belagert, bis die Übriggebliebenen, von Hunger oder Durst geschwächt, sich zwei Tage später den Briten ergaben.

Viele deutsche Fallschirmjäger starben bereits in den Anschnallgurten ihrer Fallschirme beim Absprung. Oberstleutnant von der Heydte berichtete, daß von seinem Flugzeug »nur drei Männer den Boden unverletzt erreichten«.

In manchen Gebieten spielte sich das Gefecht wie auf einem Schießstand ab. Durch Brandmunition wurden manche Fallschirme in Brand geschossen, so daß die Deutschen mit einem Flammenschweif über sich abstürzten und sich Hals und Beine brachen. Andere baumelnde Gestalten zuckten und ruckten wie Marionetten an Schnüren, wenn sie von britischen Kugeln getroffen wurden.

»Eine unzusammenhängende Kampfhandlung ... eine Serie

isolierter Gefechte tobte den ganzen Tag lang um Galatas« und auf der Straße zwischen Canea und Alikianou. (32)

Oberst Richard Heidrich, der nach Süssmann das Kommando der 7. Fliegerdivision übernahm, war es gelungen, sich im sogenannten »Prison-Valley« mit leidlich starken Kräften festzusetzen und das höhergelegene Gelände südlich von Galatas zu nehmen. Jedoch wurde eines von den drei Bataillonen seines Fallschirmjägerregimentes vernichtet oder zerstreut, und die beiden anderen Bataillone erlitten schwere Verluste.

In der Nacht des 20. Mai waren im Gebiet des Prison-Valley westlich von Galatas noch ungefähr 1260 Deutsche aktiv. Die Verluste beliefen sich auf 540 Mann. Östlich von Galatas befanden sich verstreute Grüppchen von insg. 310 Überlebenden (von ursprünglich 1068 Mann). Nahe Alikianou überlebten 590; die Verluste betrugen 150 Mann. (33)

Die Suda-Bucht und Canea befanden sich noch fest in britischer Hand. Noch war der Ausgang ungewiß.

Nicht aber für König Georg II. der Hellenen und seine durch die Lande ziehende Regierung. Etwas mehr als einen Kilometer von der königlichen Residenz entfernt – sie befand sich im Hause seines kretischen Premierministers M. Tsouderas südlich Perivolio – landeten deutsche Fallschirmjäger. Auf Anraten des britischen Militärattachés ging die ganze königliche Gesellschaft, bestehend aus dem König, Prinz Peter, dem Premierminister und anderen, unter dem Schutz britischer und kretischer Truppen eilends in die Berge und erkletterte sich in der heißen Sonne einen Weg zur Südküste. (34)

Im weiteren Verlaufe dieses heißen, wolkenlosen Tages stürzten sich die Deutschen in die zweite Phase ihres Angriffs.

Um 16.15 Uhr begann ein schweres Bombardement der Verteidigungsanlagen von Retimo, doch verschwendeten die Deutschen viel Mühe auf Scheinstellungen. Verstreut landeten deutsche Fallschirmjäger ... bei den Morgenangriffen auf Maleme und Canea. Bei den Angriffen auf Maleme und Canea-Suda hatten die Deutschen nur sieben von den über 500 als Truppentransportmaschinen eingesetzten Ju-52 verloren; doch wurde den Maschinen das Starten durch die primitiven Treibstoff-Versorgungsanlagen der Flugplätze auf dem griechischen Festland und die dichten, von den kreisenden Propellern aufgewühlten Staubwolken erschwert. Über eine halbe Stunde dauerte das Absetzen der nacheinander anfliegenden Staffeln. Wieder war das Ergebnis ein erhebliches Durcheinander; in manchen Gebieten landeten die Deutschen auf den in Aussicht genommenen Landepunkten, in anderen landeten sie weit verstreut. Die Angreifer drangen auf eine strategisch wichtige Höhe und zum Ostrand des Flugfeldes vor und eroberten zwei britische Tanks. Doch sie erlitten schwere Verluste – am 21. Mai begrub man bei einem australischen Bataillon allein 400 Deutsche. Und die Griechen, anfangs noch unsicher, schlossen sich fester zusammen.

Bei Heraklion griffen die Deutschen am Spätnachmittag mit vier Fallschirmjägerbataillonen an, doch war auch hierbei die Zeitplanung wiederum schlecht. Die Transportmaschinen schafften es nicht auf einen Schlag; an die 600 Fallschirmjäger mußten auf dem griechischen Festland zurückbleiben, als der Zeitplan immer mehr in Verzug geriet und die deutschen Jäger nicht lange genug in der Luft bleiben konnten, um die spät eintreffenden Truppentransporter abzuschirmen.

Die Truppentransporter waren bei ihrem Abflug von Griechenland von großen Staubwolken und anderen Unzulänglichkeiten dieser improvisierten Flugplätze behindert worden. So wurde der Absprung der Luftlandetruppen um zwei Stunden verschoben – das VIII. Luftkorps aber hatte den Einsatz seiner Jäger und Bomber gegen die vorgesehenen Ziele in Übereinstimmung mit der ursprünglichen Zeitplanung festgelegt. So »sprangen die Fallschirmjäger ohne die geringste Unterstützung direkt in den feindlichen Geschoßhagel hinein – und dieser Beschuß war um so intensiver, als der Feind gewarnt worden war und mit mehr Luftlandungen an diesem Tage gerechnet hatte«. (35)

Die britischen Flakgeschütze, die während des vorbereitenden Bombardements geschwiegen hatten, eröffneten nun, als die Truppentransporter einflogen, das Feuer und schossen 10 bis 15 Ju-52 ab.

Einige Absprünge in der Nähe von Heraklion verzögerten sich um ganze drei Stunden, und wieder erlitten die Deutschen schwere Verluste an Menschenleben – zwei Kompanien wurden bei Einbruch der Dunkelheit auf ungefähr 69 oder 70 Mann reduziert, drei andere von den Verteidigern angegriffen, als sie in der Nähe der »Black Watch«-Stellungen und der Panzer landeten, und fast völlig vernichtet. Dennoch konnten sich die Deutschen auf dem hochgelegenen Gelände östlich des Rollfeldes festsetzen, und in der Stadt Heraklion selbst jagten deutsche Fallschirmjäger Griechen, Australier, Black Watch und Yorksund Lancs (Abk. für britische Regimenter, A.d.Ü.) in der Nacht vor sich her und kämpften sich ihren Weg mit einer Reihe kurzer Feuergefechte bis an den Rand des Hafens frei.

Für General Freyberg war, wie es mit Zurückhaltung in der offiziellen neuseeländischen Geschichtsschreibung heißt, »der Tag beunruhigend« gewesen. Verwirrung, Fehlschlüsse und unrichtige Meldungen, wie sie bei jedem Luftlandeunternehmen nun einmal nicht zu vermeiden sind, machten die Beurteilung der Lage schwierig. Mit einigen Kampfabschnitten bestand gar keine Verbindung mehr, in anderen Fällen kamen bestenfalls sporadische, immer wieder unterbrochene Funksprüche an, so daß man die Lage nicht genau beurteilen konnte. Die deutschen Jäger und Stukas, denen der Himmel ganz allein gehörte, verhinderten praktisch jede Truppenbewegung auf den Straßen bei Tage und machten es sogar schwer, Gegenangriffe querfeldein anzusetzen. Freyberg genoß einen Vorteil – er bekam in dieser Nacht die Übersetzung einer erbeuteten Operationsanweisung für das 3. Fallschirmjägerregiment zu lesen, welche einen kurzen Abriß des feindlichen Gesamtplans für den Angriff auf Kreta enthielt. Dieser Befehl bestätigte Freybergs Annahme, daß zu See und in der Luft Nachstoßangriffe kommen würden. Er enthüllte jedoch gleichfalls, daß die Deutschen auf einen raschen Sieg hofften – am ersten Tage sollten Maleme, Canea und Retimo fallen. Nun war der Feind, soweit Freyberg wußte, nirgends erfolgreich gewesen; gleichwohl schrieb er an Wavell einen sehr nüchternen Bericht: »Der Tag ist hart gewesen, doch soweit bekannt wurde, hat unsere Verteidigung noch immer die Flugplätze von Maleme, Heraklion und Retimo sowie die beiden Häfen gehalten, wenn auch nur knapp.« (36)

Aber Freyberg war nicht im Bilde. Noch als er an seinem Bericht schrieb, war eine fatale Entscheidung gefallen, die die Deutschen das erste ihrer Hauptziele erreichen ließ: die Eroberung des Flugplatzes von Maleme.

Oberstleutnant L. W. Andrew, der das 2. Neuseeländische Bataillon kommandierte, welches das Flugfeld Maleme hielt, wurde im Verlaufe dieses Tages immer besorgter. Seine Verbindung zu seinen Kompanien war ebenso lückenhaft und unbefriedigend wie die zum Hauptquartier. Er wußte, daß die deutschen Luftlandetruppen am Tavronitis und am Westrand des Flughafens gut Fuß gefaßt hatten. Er selbst hielt noch das höhergelegene Gelände; wieder und wieder hatte er mit Leuchtsignalen und Signalflaggen ohne Erfolg versucht, das 23. neuseeländische Bataillon im Osten zu veranlassen, ihm zur Hilfe zu kommen. Er glaubte, sich mit Sicherheit nur auf zwei seiner fünf Kompanien verlassen zu dürfen – mit den anderen hatte er keine Verbindung mehr, oder man hatte beobachtet, daß deutsche Fallschirmjäger genau in ihrer Mitte gelandet waren, und erfahren, daß sie hohe Verluste erlitten hatten. Die meisten seiner Mörser und Maschinengewehre waren nicht mehr einsatzbereit.

Um 5 Uhr nachmittags bat Andrew seinen Brigadekommandeur, dem 23. Bataillon den Befehl zu einem geplanten Gegenangriff zu geben, mußte jedoch erfahren, daß dies nicht möglich war – das 23. Bataillon war selbst viel zu sehr in Kampfhandlungen verwickelt.

Dann setzte Oberst Andrew seine letzten Reserven ein. Er war der Ansicht, er könne nicht länger mit ansehen, wie der Feind sich westlich des Tavronitis in aller Ruhe immer mehr festsetzte. Seiner Meinung nach mußte er die eigene Position noch in dieser Nacht stärken, am nächsten Tag könnte es zu spät sein. Er gab seinen beiden Panzern den Befehl, mit Unterstützung eines provisorisch aus neuseeländischer Infanterie und Flakartilleristen aufgestellten Schützenzuges vom westlichen Rand des Flugplatzes Maleme aus einen Gegenangriff in Richtung auf die Brücke über den Tavronitis zu führen.

»Fast im gleichen Moment stellte man fest, daß beim zweiten Panzer die Zwei-Pfund-Munition nicht in den Geschützverschluß paßte und daß sich der Turm nicht richtig drehte. Aus diesem Grund fiel dieser Panzer aus und zog sich zurück. Der Führungspanzer ... rutschte in das geklüftete Flußbett und wurde mit verklemmtem Turm von seiner Mannschaft aufgegeben.«

Die nachrückenden Infanteristen gerieten in zusammengefaßtes Feuer von vorn und von links. Acht oder neun Mann, die meisten verwundet, das war alles, was noch übriggeblieben war. Sie schleppten sich hinter die neuseeländischen Linien zurück. (37)

Nach Einbruch der Dunkelheit traf Andrew seine Entscheidung. Er hatte seinen Brigadegeneral wissen lassen, daß er sich begrenzt zurückziehen müsse, und er erhielt die Erlaubnis, dies bei starkem Feinddruck zu tun. Er zog daraufhin die beiden Kompanien, die er erreichen konnte, vom Tavronitis und dem Rand des Flugfeldes bis zur Höhe 107 und einem dahinterliegenden Höhenrücken zurück. Aber er war dennoch besorgt. Bei Tage würden seine Männer auf den kahlen Kämmen und Graten bewegungsunfähig den deutschen Bomben- und Bordwaffenangriffen ausgesetzt sein. So entschloß sich Andrew, die Reste seines Bataillons noch weiter in östlicher Richtung zurückzunehmen, um mit seinen Truppen noch vor Anbruch des Tages Anschluß an das 21. und 23. Neuseeländische Bataillon zu finden. Die Höhe 107, von der aus man den Flugplatz beherrschte, war bis auf einen abgesplitterten und eingeschlossenen Rest aufgegeben. Die Deutschen aber waren jetzt auf dem besten Wege, ihren ersten Flugplatz auf Kreta zu erobern. Dies war eine Schlüsselentscheidung.

Den Generälen Student und Löhr, in ihrem Hotel »Grande Bretagne« in Athen, »war die Lage nicht ermutigend erschienen«. Jetzt war es – wenn auch verspätet – offensichtlich, daß die Briten auf Kreta stärker waren, als die Deutschen angenommen hatten. Man hatte den Tod von General Süssmann erfahren, und später noch sollte Student feststellen, daß General Meindl schwer verwundet worden war und viele Einheitsführer und Kommandeure seiner Kampfeinheit gefallen waren. Die Verluste waren sehr hoch. Mit mehreren deutschen Luftlandeköpfen bestand keine Verbindung, und man hatte nicht ein einziges Flugfeld genommen.

Student gewann den Eindruck, daß die deutschen Truppen am Tavronitis und am Westrand des Rollfeldes von Maleme sowie die Truppen unter Oberst Heidrich im »Prison Valley« südwestlich von Canea die einzigen zusammenhängenden und organisierten Einheiten auf Kreta seien. Die Landungen von der See aus waren erst auf den 21. und 22. Mai bei Maleme und Heraklion angesetzt worden. Die Deutschen mußten eine Landebahn haben, um Transportmaschinen mit der bitter benötigten Munition und schweren Ausrüstung einfliegen zu können.

Dank der Flexibilität der deutschen Führungsgrundsätze und – ganz im Gegensatz zur weitverbreiteten Fehlmeinung – auch der deutschen Stabsarbeit, waren Löhr und Student in der Lage, ihren Plan in einem entscheidenden Punkt abzuändern. Sie beschlossen, den Erfolg herbeizuzwingen und alle verfügbaren Kräfte auf Maleme zu konzentrieren.

»Ich entschied«, schrieb Student später, »daß die gesamte Hauptmasse der Reserve an Fallschirmjägern auf das Flugfeld Maleme angesetzt werden sollte.« (38)

Diese seine Worte – »gesamte Hauptmasse« – waren ein wenig großspurig; Student hatte zum damaligen Zeitpunkt nur ungefähr 4½ weitere Fallschirmjägerkompanien und eine Panzerabwehreinheit zur Verfügung. Die deutsche Entscheidung lautete: alles wird im Schwerpunkt Maleme eingesetzt; beim ersten Morgengrauen des 21. wird für das Sturmregiment und die entlang des Tavronitis eingesetzten Truppen Munition eingeflogen, danach werden die letzten Fallschirmjäger abgesetzt, und nach Sicherung des Flugplatzes Maleme landet ein Bataillon der 5. Gebirgsjägerdivision dort.

Inzwischen sollte die 1. Motor-Segel-Flottille, die in der Nacht zum 21. Mai bei der Insel Melos lag, am Tage mit schwerem Gerät und weiteren Gebirgstruppen nach Kreta vorstoßen. Die italienische Flotte, mit noch offenen Wunden und schwer angeschlagen seit der Schlacht von Kap Matapan, hatte sich geweigert, auszulaufen, und die Aufklärer der 4. Luftflotte hatten berichtet, daß britische Kriegsschiffe sich südöstlich und südwestlich Kretas befanden. Aber die Chance mußte wahrgenommen werden – Schnelligkeit war hier oberstes Gebot.

Die ganze Nacht saßen Student, Löhr und das deutsche Oberkommando in größter Spannung im Hotel »Grande Bretagne« und warteten auf den Gegenangriff auf die dünnen Linien der erschöpften deutschen Soldaten, die den Tavronitis und den Westrand von Maleme hielten. Aber dieser Gegenstoß, mit dem sie rechneten, sollte niemals erfolgen.

Der 21. Mai

Draußen auf See war eine ruhige Nacht gewesen. Die leichten Einheiten der britischen Seestreitkräfte, die nördlich von Kreta durch die Dunkelheit patrouillierten, hatten vereinzelt Feindberührung mit einigen italienischen Schnellbooten. Das war alles.

Auf Kreta aber hatte auch die Dunkelheit keine Erholungspause gebracht. Die Schlacht ging weiter; die beiden Gegner hielten einander in tödlicher Umklammerung – keiner löste den Griff, solange es noch keine Sieger und Besiegten gab.

Als der Himmel im Westen noch dunkler war, setzte eine Ju-52 in gewagter Landung westlich des Tavronitis auf dem Ufer auf. Weitere sollten folgen. Eine Maschine nahm den verwundeten General Meindl an Bord und flog zurück. Noch ehe die Nachschubmaschinen herandröhnten, hatte das Sturmregiment seine Linien soweit nach Westen vorgeschoben, daß es praktisch den ganzen Flugplatz Maleme und die beherrschende Höhe im Süden in den Griff bekam. Das Gelände wurde von abgeschnittenen britischen Truppenkörpern gesäubert. Um 8.10 Uhr landete eine Ju-52 ungeachtet des Feuers von 4 französischen 75ern, 3 italienischen 75ern und 2 britischen 3.7-Gebirgshaubitzen auf dem Rollfeld von Maleme – das erste Anzeichen der bevorstehenden britischen Niederlage.

Noch wurden Landestreifen und Ufer ostwärts des Flugplatzes (die westlichen nicht) von britischer Artillerie und Mörsern beherrscht. Die Deutschen aber trotzten dem Beschuß. Einige Maschinen verloren das gewagte Spiel, wurden vernichtet oder bekamen Treffer; aber die meisten gewannen die Partie. Den ganzen Tag über flogen immer wieder einzelne deutsche Flugzeuge ein, landeten, hoben wieder ab, – der so wichtige Nachschub rollte.

»Die Maschinen mußten praktisch auf einer ›Briefmarke‹ landen – einem 600 m langen Streifen dicht an der Küste«, heißt es in einem deutschen Bericht. »Sie wurden durch starken Gegenwind behindert und waren dem intensivsten Beschuß durch feindliche Artillerie und MGs ausgesetzt. Eine Batterie des Feindes, die die deutschen Truppen noch nicht eingenommen hatten, nahm das Flugfeld in Intervallen von annähernd einer Salve pro Minute unter Feuer . . .«

Brennende Maschinen auf der einzigen Lande- und Abflugbahn

verhinderten die Landung oben kreisender Ju-52-Maschinen. Nachschuboperationen konnten nur ausgeführt werden, indem die Maschinen auf den Ufern zu beiden Seiten des Flugplatzes ohne Rücksicht auf Verluste landeten und starteten.

»Commitment of the Parachute Troops by the 2nd Air Transport Wing (Special Purpose); Crete, 21 May, 1941«. Im gleichen Bericht heißt es, daß sie »schwer beladene« Transporter angriffen, noch während sie sich in der Luft befanden. Aber diese Angriffe durch Blenheim-Maschinen erfolgten erst später (am 23. Mai) und nur mit geringen Kräften. Keinem britischen Jäger ist es gelungen, in die Luftschlachten mit irgendwelchem Erfolg einzugreifen. (39)

Abgesehen vom Krachen der Mörser, dem Hämmern der MGs und dem alles übertönenden Donner der Artillerie war der frühe Morgen relativ ruhig; beide Seiten warteten ab.

Aber gegen 8 Uhr erblühten am Himmel wieder die bunten Seidenpilze, als Ju-52 ungefähr $2^1/_2$ Fallschirmjägerkompanien westlich des Tavronitis absetzten, die zum Sturmregiment stoßen sollten. Sie landeten sicher und außerhalb britischer Schußweite und verstärkten sogleich den Stoß in Richtung Osten.

Gegen 15 Uhr flogen deutsche Stukas und Jäger Bomben- und Bordwaffenangriffe und schossen in ohrenbetäubendem Tiefflug herab – ihre Ziele waren die Dörfer Maleme und Pyrgos und Stellungen des 23. Neuseeländischen Bataillons, das westlich des Flugplatzes lag. Als das Sturmregiment von Westen angriff, sprangen noch zwei weitere Fallschirmjägerkompanien an der Küste östlich von Maleme ab.

Doch wieder hatte sich die deutsche Aufklärung verrechnet: die Fallschirmjäger fielen genau auf die neuseeländischen Stellungen, und das Ergebnis war das reinste Tontaubenschießen mit wildem Handgemenge.

Zur Zeit der Dämmerung waren die meisten Angehörigen dieser beiden Kompanien tot oder verwundet; ungefähr 80 Überlebende bahnten sich ihren Weg in die Außenbezirke von Pyrgos, um sich dort dem deutschen Angriff aus dem Westen anzuschließen. Und das Sturmregiment lief sich, nachdem es Pyrgos und Maleme genommen hatte, fest und mußte im Höhepunkt des Angriffs vor den Stellungen des 23. Bataillons ungefähr 200 tote deutsche Soldaten zurücklassen.

Und dennoch kamen erbarmungslos und unaufhaltsam die Ju-52 wieder, landeten zwischen brennenden Wracks, spien Menschen oder Fracht bei laufenden Motoren aus und hoben mit Vollgas gleich wieder ab. Um 5 Uhr nachmittags begann die Landung eines Bataillons und eines Regimentsstabes der 5. Gebirgsjägerdivision bei Maleme und auf den benachbarten Uferstrichen. Und Oberst Bernhard Ramcke übernahm das Kommando des Sturmregiments (als Ersatz für den verwundeten Meindl) und der gesamten deutschen Kampfgruppe West. Innerhalb von zwei Stunden hatte er seinen Plan fertig; morgen wird nochmals angegriffen.

Die Engländer näherten sich allmählich einem Punkt, von dem es kein Zurück gab. Maleme wurde von den Deutschen benutzt, eine Luftbrücke zwischen dem Festland und der Insel brachte Männer und Nachschub heran – das Rollfeld mußte zurückerobert werden. Brigadegeneral Edward Puttick, der die Neuseeländische Division befehligte, machte zusammen mit seinen Brigadekommandeuren und Freyberg Pläne für einen Angriff.

Bei Retimo und Heraklion trugen Angreifer und Verteidiger am 21. Mai wilde und heftige kleine Kämpfe aus. Sowohl bei Retimo wie bei Heraklion galten die Gefechte beiden Seiten, um Kräfte zu binden; Angreifer und Verteidiger fochten isoliert in einer Art Vakuum, denn die Hauptanstrengungen beider Seiten galten ja Maleme. Die Deutschen gaben ihren zerschlagenen Bataillonen gerade soviel Luftunterstützung und Nachschub, daß die Männer weitermachen konnten – mehr aber nicht. Die Briten und Griechen waren von jeder direkten Verbindung mit dem Gebiet Suda-Bucht/Canea-Maleme durch die am ersten Tage eroberten deutschen Stellungen und die in dem von den Deutschen beherrschten Luftraum ständig umherfliegenden »Raubvögel« abgeschnitten.

Bei Retimo erzielten die Australier einige, wenn auch nicht entscheidende Erfolge. Beim zweiten Ansturm eroberte ein australisches Bataillon nach hartem Kampf die Höhen, die das Flugfeld im Osten beherrschten, und auch eine weitere Anhöhe im Westen wurde weniger verlustreich wieder genommen. Am Nachmittag nahmen die Australier den Kommandeur des 2. Fallschirmjägerregiments gefangen – die Dinge schienen sich ein wenig aufzuhellen. Aber nicht für lange – mit unbeugsamer Zähigkeit hielten die Deutschen ihre Stellungen in der Kleinstadt Platanes und um Perivolia. Um Retimo wurden die Angreifer aufgerieben und östlich wie westlich der Rollbahn zerstreut – dafür aber wurden die Briten und Griechen von Suda abgeschnitten. Und die Munition wurde knapp ...

Bei Heraklion endete der heiße Kampf bei Anbruch der Nacht ebenfalls unentschieden. Auch hier wurden die Deutschen in östliche und westliche Gruppen gespalten. Es gelang, ihren festen Klammergriff um die Rollbahn noch bei Tage etwas aufzubrechen; die Höhen im Südosten aber hielten sie noch immer, und ein paar Deutschen gelang sogar der Durchbruch zum Hafen.

Die britischen Reserven auf Kreta – was man eben so Reserven nennen konnte – wurden am 21. von der deutschen Luftwaffe und durch die drohende Gefahr einer Invasion von See her gefesselt und gebunden. Britische Aufklärer hatten spät am 21. deutsche Konvois auf See gesichtet, und Freyberg glaubte wie seine Brigadekommandeure, »ein früher Angriff von See her im Caneagebiet« sei »wahrscheinlich«. (40)

Sie irrten sich nicht.

Die 1. Motor-Segel-Flottille – eine Ansammlung von »Blechwannen und Benzinkanistern« – hatte im vollen Tageslicht von Melos abgelegt, um behelfsmäßig 2331 Mann (das III. Bataillon des Gebirgsjägerregiments – 100 Einheiten mit schwerer Bewaffnung – und einen Teil des Flakregiments 2) am 21., wenn möglich noch vor Einbruch der Dunkelheit, nahe Maleme auf Kreta abzusetzen. Die kleinen Kaiks, überladen mit Menschen und Material, wurden im Konvoi von Leutnants mit Taschenkompaß und selbstgebastelten Megafonen »navigiert« und gesteuert. (41) Das italienische Torpedoboot »Lupo« war der einzige Feuerschutz, den der Konvoi hatte.

Es war dies eine kühne Unternehmung, ein kalkuliertes, ja verzweifeltes Glücksspiel, aber die Deutschen glaubten nun einmal, daß ihre Stukas und Bomber die britische Flotte in Schach halten würden.

Und sie hatten zu dieser Annahme auch einigen Grund. Denn die ersten jener blutigen Schläge, die die britische Flotte in der Schlacht um Kreta treffen sollten – diese schwerste Prüfung, die je eine Flotte durchgemacht hat, abgesehen vom Kamikaze-Einsatz bei Okinawa –, waren schon ausgeteilt worden.

Admiral Cunningham hatte seine Flotte in Leichtverbände und Sicherungstruppen aufgeteilt. Die Leichtverbände, nämlich Kampfverband D (die Kreuzer »Dido«, »Orion« und »Ajax«, die Zerstörer »Kimberley«, »Isis«, »Imperial« und »Janus«) und Kampfverband C (die Kreuzer »Naiad und »Perth«, die Zerstörer »Kandahar«, »Nubian«, »Kindston« und »Juno«) waren in der Nacht des 20. Mai vor der Nordküste Kretas auf Patrouille und fuhren in der Frühe des 21. Mai in südlicher Richtung durch die Straßen von Kaso und Antikithera. Sollte sich die italienische Flotte aus ihren Schlupfwinkeln hervorwagen, so konnten die westlich von Kreta kreuzenden Schlachtschiffe »Warspite« und »Valiant« und sechs Zerstörer unter Konteradmiral H.B. Rawlings, dazu noch andere Schiffe, die sich südlich von Kaso befanden oder schon mit Volldampf aufzuschließen versuchten, zur Sicherung durchstoßen.

Die Bombardementsprobe begann am 21. Mai vormittags. Hochfliegende Bomber kamen im grellen Sonnenlicht heran und luden ihre Bombenfracht präzise in der Nähe der mit Volldampf dahingleitenden, sich wild drehenden britischen Schiffe ab.

Bald war der Zerstörer »Juno« aufgerissen, bei einem weiteren Bombeneinschlag explodierte seine Munitionskammer, und innerhalb weniger Sekunden verschwand das Schiff als brennender Scheiterhaufen in den Fluten. Man fischte 6 Offiziere und 91 Seeleute aus der See, und die Schlacht ging weiter. Ju-87 und -88 schlossen sich dem Angriff an; Sturzbomber, Tiefflieger, Torpedoflugzeuge stürzten auf die Schiffe. Der Kreuzer »Ajax« wurde durch einen Nahtreffer beschädigt. Den ganzen Tag über flogen die Bomber an, ohne Unterbrechung, mitleidslos, immer und immer wieder. Und den ganzen Tag über setzten sich die Schiffe zur Wehr.

»Es gibt keinen Fleck unter dem Himmel, der so nackt und leer ist wie das Deck eines Zerstörers, wenn die Bomben im schrägen Reihenwurf herabsausen.« »Detonationen in Zielnähe« hoben das Schiff empor, als werde es von einem Riesen geschüttelt, verbogen die Steueranlage, stauchten Spanten und Eisenplatten. (42)

Die Dunkelheit brachte ein Nachlassen der Gefechtstätigkeit, und die leichten Schiffe dampften durch die Straße von Kaso und

Antikithera in die gefährliche Ägäis hinein, um an der Nordküste von Kreta zu patrouillieren. Noch vor Mitternacht ereilte die 1. Motor-Segel-Flottille, deren Fahrt von Melos nach Maleme durch Alarme, Fehlstarts und Gegenwind verlangsamt worden war, ungefähr 30 bis 35 Kilometer nördlich Canea ihr Schicksal. Konteradmiral I. G. Glennie verlegte dem ersten deutschen Schiffskonvoi nach Kreta mit seinem Kampfverband D – »Dido«, »Orion«, »Ajax« und vier Zerstörern – den Weg. Es gab ein wildes Gefecht, die soldatenüberladenen Kaiks waren den Kanonen eine leichte Beute und konnten im Lichtkegel der Suchscheinwerfer einfach gerammt werden. (43) Der Konvoi wurde aufgerieben, und der kleine »Lupo«, der italienische 670-Tonnen-Zerstörer, der hastig hin- und hersauste, versuchte nach Kräften, die verwundbare Herde zusammenzuhalten und zu beschützen. »Lupo« legte einen Rauchschirm und setzte sich gegen die weit überlegene britische Flotte tapfer zur Wehr. »Lupo« schoß Torpedos aus 700 Meter Entfernung ab, feuerte aus Kanonen- und MG-Rohren, schlich sich durch die britische Formation und überlebte den Kampf tatsächlich, obgleich er 18mal von britischen Geschossen getroffen worden war. (44) Das rettete den größten Teil dieses Konvois, doch reichte der Kampfeinsatz des Zerstörers nicht aus – der Konvoi wurde zurückgeschlagen. 320 deutsche Soldaten ertranken.

Kampfverband C – Konteradmiral E. L. S. King – bekam seine Chance kurz nach Sonnenaufgang am 21. Mai. Kings Verband versenkte ein einsames Kaik und fing dann einen Konvoi aus 30 kleinen Schiffen, die auf Kreta Kurs genommen hatten, in dem Moment ab, als der Konvoi auf Befehl von »Admiral Südost« abdrehte und nach Griechenland zurückfahren wollte. Sein einziger Schutz, der kleine italienische Zerstörer »Sagittario«, zeigte sich seinen Schutzbefohlenen als kein minderer Kavalier denn »Lupo«. Während sich sein Konvoi hinter einem Rauchschirm zerstreute, griff »Sagittario« die Briten an, schoß Torpedos ab und wich krängend im Zickzackkurs den Spritzfontänen der feindlichen Salven aus. »Sagittario« kam ohne Beschädigung davon, ebenso die britische Formation; vielleicht ein oder zwei Kaiks wurden versenkt, die meisten aber entkamen.

Die zu diesem kurzen Seegefecht veröffentlichten Verlustlisten sind sehr widersprüchlich. Anscheinend hat »Sagittario« wie auch »Lupo«

gute Arbeit geleistet, und da Admiral King wegen eines deutschen Luftangriffes umkehrte, konnten fast alle Schiffe dieses Konvois entkommen. Auf jeden Fall wurde Kapitänleutnant Giuseppe Cigala Fulgosi, Kommandierender Offizier der »Sagittario«, »buchstäblich von den deutschen Alpenjägern, die er begleitet hatte, im Triumphzug auf den Schultern getragen«, als er zum Piräus zurückkehrte. (45)

Die britische Flotte war nicht ausgeschaltet worden; die Deutschen hatten das Problem, ihren Männern auf der Insel Kreta schwere Ausrüstung zukommen zu lassen, noch nicht gelöst. Der deutsche Versuch, die Luftlandung durch eine Seeoperation abzustützen, war vereitelt worden.

## Der 22. Mai

Für die britische Marine aber hatte die Bombenplage erst begonnen. Kings Kampfverband C, der durch die Flakkreuzer »Calcutta« und »Carlisle« verstärkt worden war, hatte die verstreuten Kaiks verfolgt und war dabei tief in die Ägäis vorgestoßen. Meilenweit aber beherrschten in diesem Bereich die deutschen Stukas die Lüfte. Kings Manövrierfähigkeit war begrenzt, seine Flakbatterien hatten nur wenig Munition. Er drehte, den Feind vor Augen, ab und handelte dabei gegen Nelsons Prinzip, das besagte, es sei niemals falsch, wenn ein Kapitän sein Schiff direkt neben das seines Feindes lege.

Kampfverband C dampfte nun mit voller Kraft auf den Kithera-Kanal los, um aus der gefährlichen Ägäis herauszukommen; von Westen und Süden eilten ihm Konderadmiral Rawlings mit den Schlachtschiffen »Warspite« und »Valiant« und Glennies Kampfverband zur Hilfe.

Es war zu spät. Denn Stunde um Stunde mußten sich die Schiffe der britischen Marine an diesem langen, klaren Tag unter strahlendem Himmel dem Kampf stellen – und sie verbluteten.

Zuerst fiel die »Naiad«. Schwerste Bomben explodierten in der Nähe und hoben das Schiff wie mit Riesenfäusten bebend aus dem Wasser. »Carlisle« wurde getroffen, ihr Kapitän getötet. Der Zerstörer »Greyhound« bekam zwei Volltreffer, brach auseinander und versank in wenigen Minuten. »Gloucester«, von »Fiji« begleitet, versuchte sich mit Volldampf in Sicherheit zu bringen –

Bomben durchlöcherten das Schiff. Zitternd kam es zum Halten, in Flammen, das Oberdeck ein einziges Schlachthaus. (46) Langsam starb das Schiff – der Kapitän mit ihm.

Die »Fiji« überlebte es nicht viel länger. Der leichte Kreuzer, der in etwa 4 Stunden 20 Bombenangriffe erduldet hatte und sich jetzt schon mit Übungsmunition verteidigte, erlag einem deutschen Flugzeug. Er kenterte und sank in dieser Nacht um 8.15 Uhr, als »Valiant« inzwischen bereits zwei Bombentreffer abbekommen hatte und die 4- und 6-Zoll-Steuerbordbatterien der »Warspite« schon außer Funktion gesetzt worden waren.

Der 22. Mai wurde ein schwarzer Tag für die britische Navy. Bei dem Versuch, die deutsche See-Invasion Kretas zu stoppen, hatte sie große Verluste hinnehmen müssen. Und auf dem Lande – der Insel selbst – drehte sich vorläufig noch alles um Maleme.

Bei Maleme hatten die Briten nur eine Wahl: etwas unternehmen oder untergehen. Freyberg, Puttick und seine Offiziere konferierten am 21. Mai bis in die späte Nacht hinein. Der Gegenangriff auf den Flugplatz mußte in dieser Nacht anrollen; solange es noch dunkel war, genoß man einen gewissen Schutz gegen die deutschen Maschinen, die droben kreisten. Zwei Bataillone – eines war von einem so weit entfernten Punkt wie Canea heranzuschaffen und sollte dann von einem australischen Bataillon bei Georgiopolis, 28 Kilometer weiter östlich, ersetzt werden – sollten den Angriff entlang der Küstenstraße in westlicher Richtung gegen das Dorf Pyrgos und die Rollbahn vortragen. Angriffsbeginn am 22. Mai: 04.00 Uhr.

Es war von Anfang an ein komplettes Fiasko. Die zur Ablösung herankommenden Australier wurden auf offener Straße bombardiert und trafen sehr spät ein; eines der Angriffsbataillone erreichte die Ablauflinie in kleinen Grüppchen; und als der Angriff mit 2½ Stunden Verspätung dann endlich begann, war es nicht mehr sehr dunkel, und statt 2 traten nunmehr 1½ Bataillone zum Angriff an. Lange bevor man auch nur Pyrgos erreichte, war es schon heller Tag, und während die Neuseeländer noch durch die Finsternis stolperten, hatten sie bereits die ersten Zusammenstöße mit deutschen Widerstandsnestern, die sich hartnäckig zur Wehr setzten.

Die Kompanie drang dann doch bis an den Rand des Flugplatzes Maleme vor, wo »deutsche Maschinen haufenweise« herumstanden, »manche demoliert, manche unbeschädigt«. (47) Dort aber kam der Vorstoß in heftigem Mörser- und MG-Feuer zum Stillstand – die deutschen Maschinen landeten weiterhin selbst unter Beschuß und konnten frische Truppen direkt in die Schlacht werfen.

Entlang der Küstenstraße und in den Ruinen von Pyrgos kam der blutige Kampf ins Stocken und dann zum Erliegen; im Norden, wo die zur Eroberung einladende Höhe das Flugfeld beherrschte, führte ein weiteres neuseeländisches Bataillon einen Flankenangriff aus und lief sich gegen Vormittag fest, als die deutschen Flugzeuge niederstießen und sich das MG-Feuer verstärkte. Am Nachmittag dieses heißen Maitages wurden sie in die Flucht geschlagen. Damit war's vorbei – die Chance war vertan – der Angriff war abgeschlagen worden.

»Die Gegenangriffe auf Maleme erbrachten keinen nennenswerten Bodengewinn.« (48)

Und wie die angeschlagenen, geschwächten Briten an Kraft und Tempo nachließen, so gewannen die Deutschen wie Antaeus durch die Berührung der Erde immer mehr an Stärke.

General Student in Athen wollte unbedingt nach Kreta fliegen und das Kommando dort übernehmen, aber General Löhr gestattete es ihm nicht; General Julius Ringel, der die 5. Gebirgsjägerdivision kommandierte, wurde an seiner Stelle auf die Insel entsandt. Er hatte Befehl, das Gebiet Maleme – Suda – Canea zu bereinigen und den Oberbefehl über alle Bodenoperationen in Kreta zu übernehmen.

Den ganzen 22. Mai über dröhnten die Truppentransportmaschinen nach Maleme und auf den benachbarten Uferstrichen und brachten zwei Infanteriebataillone der 5. Gebirgsjägerdivision, ein Pionierbataillon und eine Fallschirm-Artilleriebatterie. Die Landebahn, die »mit brennenden und zusammengeschossenen Flugzeugen übersät war, wurde mit Hilfe eroberter Panzer wieder und wieder freigemacht«. (49)

Der britische Gegenangriff hatte den Briten zwar keine wichtigen Gewinne erbracht, dafür aber die deutschen Offensivpläne vereitelt; erst als die Sonne im Westen schon sank, rückten die Deutschen vor, nahmen das verlorengegangene Gelände wieder ein und stießen weiter nach Osten vor. Um 8 Uhr abends landete General Ringel auf dem Ufer westlich Maleme, noch während britische Geschosse auf dem Flugfeld einschlugen, und ging sogleich an die Planung einer Operation, mit der er seine Randstellungen erweitern und am nächsten Tag das ganze Flugfeld in deutsche Hände bringen wollte.

Weit weg vom Haupt-Schwerpunkt um Maleme tobte den ganzen Tag über das schwere Gefecht im Gebiet des Galatas-Prison-Valley, um Heraklion und bei Retimo. Es gab kaum eine zentrale Führung, denn sowohl die Briten als auch die Deutschen waren in diesen Kampfgebieten von den eigenen Truppen abgeschnitten und isoliert.

Die Briten und Griechen »vermochten das Verbindungs- und Transportproblem nicht zu lösen« (50), die Deutschen hatten die Luftherrschaft, und die aufgelockerte Kampfführung, die eine Luftlandeoperation mit sich bringt, bedeutete, daß es keinen eindeutigen Frontverlauf gab, sondern vielmehr kleine Inseln und Stützpunkte deutscher Truppenteile.

»Bei unzulänglichen Funkausrüstungen, zerbombten oder von feindlichen Fallschirmjägern zerschnittenen Telefonleitungen und ohne Fahrzeuge, die man für das Überbringen von Meldungen hätte abstellen können, blieb uns nichts als der Meldeläufer... Einmal wurde ein Fußmelder mit einer Nachricht von Retimo zur Suda-Bucht geschickt. Die Entfernung betrug 70 Kilometer. Der Melder mußte durch unregelmäßig auf der Straße aufflackernde Feuerüberfälle Spießruten laufen, durch feindliche Stellungen schleichen, auf dem Bauch durchs Gebüsch kriechen und durfte nicht einmal den Kopf heben, weil ihn sonst Scharfschützen hätten erwischen können. Er ist dann tatsächlich durchgekommen. Gebraucht aber hat er – sechs Tage.« (51)

Im Gebiet des Prison-Valley/Galatas endete der Tag mehr oder weniger so, wie er begonnen hatte – unentschieden. In der Lage auf beiden Seiten hatte sich nichts Nennenswertes verändert.

Bei Retimo hatten die Briten das Flugfeld fest in der Hand, kamen mit ihren Angriffen auf die deutschen Stellungen aber nicht voran. Keine der beiden Seiten erhielt Verstärkung oder hätte sie bekommen können. Bei Heraklion, wo die Deutschen Nachschub an Munition und leichten Geschützen abwarfen, erzielten die Briten, Australier und Griechen ab und an kleine Geländegewinne westlich und südlich der Stadt, machten ein paar Gefangene und säuberten die Gegend. Dennoch hielten die Deutschen hartnäckig das höhergelegene Gelände im Osten, von dem aus ihre Geschütze den Flugplatz bestreichen konnten.

In dieser Nacht des 22. Mai sagte König Georg der Hellenen mitsamt Gefolge – vielen Kabinettsmitgliedern, britischen Diplomaten, Attachés, Strandgut der Katastrophe – Griechenland zum letztenmal Lebewohl. Drei Tage waren der König und seine Begleiter zu Fuß, auf Esel- und Maultierrücken über beschwerliche Felsenpfade hoch hinauf in die südlichen Berge gestiegen und dann überstürzt in Richtung Südküste wieder abwärtsgeklettert. In der tiefdunklen Nacht vom 22. zum 23. Mai gingen der König der Hellenen und seine vornehme Begleitung an Bord von HMS »Decoy« und stachen nach Ägypten in See. Es war höchste Zeit. (52)

Die fünfte Zerstörerflottille unter Lord Louis Mountbatten war gerade von Malta herangekommen, und vier Zerstörer, die mit hoher Geschwindigkeit die Dunkelheit ausnützten und in die Buchten von Canea und Kisamos vordrangen, stießen auf zwei Kaiks voller deutscher Soldaten, beschädigten die Fahrzeuge oder schossen sie in Brand und bombardierten den Flugplatz bei Maleme. Dann zogen sie sich zurück und dampften mit voller Kraft zum Kithera-Kanal, um außer Reichweite der am Himmel kreisenden Maschinen zu sein, wenn der Tag anbrach.

Es ist eine Ironie der Geschichte, daß in eben dieser Nacht, da Maleme verlorenging und die Briten so tief »im Dreck steckten«, der Transporter »Glenroy« mit 900 Mann vom Queens Royal Regiment für Kreta an Bord von Alexandria ablegte.

## Der 23. Mai

Bei Tagesanbruch fand man die Briten dabei, ihre erschöpften Linien östlich von Maleme in vollem Umfang zurückzunehmen. Die Neuseeländer, die sich am Vortage so hart geschlagen hatten, erhielten Befehl, sich auf Canea zurückzuziehen, um eine stärkere Verteidigungslinie aufzubauen. Dies war in der Vornacht beschlossen worden. Freyberg hatte nochmals einen Gegenangriff starten wollen, doch bevor dieser anlief, hatte Brigadegeneral Puttick erfahren, daß die Küstenstraße – die Hauptverbindungslinie zwischen seinen beiden Brigaden – von den Deutschen unterbrochen worden war. Er mußte befürchten, daß seine vorgeschobenen Bataillone vernichtet werden würden, und demzufolge erging noch vor Tagesgrauen am 23. Mai der Befehl, sich auf eine neue Linie »zurückzuziehen«, die 2½ Meilen weiter ostwärts errichtet werden sollte. Damit war Maleme nunmehr fest in deutscher Hand; die Briten lagen jetzt 7 Meilen vom Flugfeld entfernt, und von diesem Moment an lag dem Ausbau der deutschen Position nichts mehr im Wege. (53)

Die Deutschen stießen hart und so rasch nach, daß die Briten 7 Geschütze vernageln und aufgeben mußten. Ehe der Abend kam, mußten die britischen Brigadekommandeure einsehen, daß ein »weiterer Rückzug unvermeidlich« geworden sei (54).

Denn Ramckes Fallschirmjäger drängten entlang der Küstenstraße hart nach Osten; die 5. Gebirgsjägerdivision ging über die Hügel hinweg nach Süden und Osten vor, um die sich zurückziehenden Neuseeländer zu umfassen, und aus dem Süden, dem Gebiet um Prison-Valley/Galatas, übte Heidrichs 3. Fallschirmjägerregiment trotz Munitionsmangel konstant einen heftigen Druck auf die Briten aus. Außerdem war ein Detachement in Richtung Aiya Marina angesetzt worden, das versuchen sollte, die Küstenstraße *im Rücken* der zurückweichenden Briten zu unterbrechen.

Es war ein trauriger Tag, aber wie traurig er noch werden sollte, ahnten die kämpfenden Männer um Suda und Canea noch gar nicht. Sie wußten nur, daß sie die Deutschen böse getroffen hatten, obgleich die Verluste des Feindes übertrieben wurden, und die im westlichen Teil Kretas kämpfenden Truppen glaubten, die anderen deutschen Stützpunkte bei Retimo und Heraklion seien zerschlagen worden. Sie setzten großes Vertrauen in die RAF und die britische Flotte. An diesem Nachmittag griff ein Bomber der RAF den Flugplatz Maleme an. Bald folgten weitere Maschinen; die abgekämpften Neuseeländer hörten die Explosionsgeräusche der Bomben, erblickten Rauch und Flammen und jubelten. Das aber waren geradezu zwergenhafte Anstrengungen, die außerdem noch zu spät kamen – auch an diesem Tage und später flogen die Deutschen ungestört und ohne Pause Munition und sonstigen Nachschub nach Maleme ein. Die Deutschen hatten jetzt auf einem kretischen Flugplatz ein paar Meilen von der Suda-Bucht entfernt festen Fuß gefaßt – auf dem einzigen Flughafen, von dem aus die britischen Truppen im Landesinneren hätten versorgt werden können. Und die Suda-Bucht war »sehr traurig anzusehen. Neben HMS ›York‹ lagen noch zwei Zerstörer, ein halbes Dutzend Handelsschiffe und 10 oder 12 andere Schiffe, große und kleine, und alle mehr oder weniger verwendungsunfähig. Manche brannten heftig und ließen hohe Säulen aus schwarzem und weißem Rauch zum Himmel aufsteigen.« (55)

Bei Heraklion landete ungeachtet des deutschen MG-Feuers quer über die Rollbahn hinweg ein in Ägypten stationierter Hurricane-Jäger. Das war am Nachmittag, und die Briten jubelten. Später versuchten 6 Hurricanes, einen deutschen Bomberangriff zu vereiteln, und vier beschädigte Jäger mußten auf dem brennenden Flugfeld Zuflucht suchen. Es waren einfach viel zu wenige gegen viel zu viele.

Auch auf See war es ein schlimmer Tag. Aufgrund eines Übermittlungsfehlers glaubte Cunningham, »Warspite« und »Valiant« hätten so gut wie keine Munition mehr; alle Schiffe wurden nach Alexandria zurückbeordert, um dort die Bestände aufzufüllen. Am 23. aber wurde die 5. Zerstörerflottille, die in der Dunkelheit nördlich der Insel operiert hatte, in sehr geringer Entfernung von der Südküste Kretas von der Dämmerung überrascht. Zuerst wurden sie von 4 Dornier-Maschinen gejagt; die Zerstörer versuchten, durch wilden Zickzackkurs den im Reihenwurf fallenden Bomben auszuweichen. Als die Morgenwache 8 Glasen anschlug, röhrten aus dem Norden 24 Stukas heran, die einer nach dem anderen auf ihre Beute herabstießen. Die »Kashmir«, rollend und schaukelnd, konnte dem ersten Halbdutzend Bomben ausweichen – dann aber ereilte sie ihr Schicksal. Sie sank innerhalb von zwei Minuten.

»Kelly«, das Flaggschiff, erwischte es als nächstes. Es war ein Tausendpfünder. Das Schiff machte 30 Knoten bei Kurs hart Steuerbord. Mountbatten schrie: »Aus allen Rohren weiterschießen, wir sind getroffen worden!« Aber die »Kelly« hatte ihr Teil bekommen. Sie drehte sich im weißschäumenden Wasser einfach kieloben.

Nun war noch die »Kipling« übrig, mit Volldampf wich sie den Bomben aus und fischte Überlebende aus dem Wasser, darunter Lord Louis Mountbatten, den zukünftigen Befehlshaber der Flotte. Zwischen 8.20 und 13 Uhr hielt die mit ölverschmierten, völlig erledigten Leuten überladene »Kipling« 41 Luftangriffe und 83 Bombentreffer aus, ehe sie sich nach Alexandria in Sicherheit brachte.

Das war der Tropfen, der das Faß zum Überlaufen brachte. Mit Wavells Zustimmung befahl Admiral Cunningham der »Glenroy«, mit ihren 900 Mann Verstärkung an Bord nach Ägypten zurückzudampfen.

**Admiral Cunningham über Gegenbefehl aus London und Cunninghams seinerseitige Gegen-Gegenbefehle sowie sein Kommentar über »unberechtigte Einmischung von Leuten, die die Lage nicht kannten«. Am gleichen Tage allerdings liefen die Zerstörer »Jaguar» und »Defender« glücklich in die Suda-Bucht ein und entluden in der Nacht vom 23. zum 24. Munitionsnachschub. (56)**

Bei der »Creforce« ging an diesem Freitag, dem 23. Mai, für Freyberg ein Telegramm von Churchill ein: »Die ganze Welt schaut Ihnen bei Ihrem großartigen Kampf zu, von dem soviel Entscheidendes abhängt.« (57)

Aber Freyberg machte sich Sorge um den Nachschub – und, wie er später schrieb, »im Abschnitt Maleme verschlechterte sich die Lage rapide.«

London blieb unerbittlich. Befehl an Wavell: Kreta muß gehalten werden, Verstärkung schicken!

## Niederlage und Evakuierung

Das Ganze war ein Hirngespinst. Über der Verteidigung Kretas stand ein Unstern – schon seit dem Fall von Maleme.

»Am 24. Mai waren die Oberbefehlshaber in Beantwortung eines Lagebeurteilungsersuchens der Stabschefs zu der Feststellung gezwungen, daß das Ausmaß der Luftangriffe der Navy nicht länger ermögliche, bei Tage in der Ägäis oder in der Nähe der Insel Kreta zu operieren. Admiral Cunningham konnte die Verhinderung einer Landung von See her ohne weitere Verluste in Ausmaßen, die die britische Herrschaft im östlichen Mittelmeer ernstlich in Frage gestellt hätten, nicht mehr garantieren. Verstärkung und Nachschub konnten nur mit schnellen Kriegsschiffen und bei Nacht nach Kreta gebracht werden.« (58)

Am 24. Mai kam das Ende für die tapferen Verteidiger von

Kastelli, einem kleinen Hafen am äußersten Westrand der Insel. Er war von dem 1. Griechischen Regiment, einem bunt zusammengewürfelten Haufen von Männern der kretischen Home Guard, und einer kleinen neuseeländischen Ausbildungsabteilung verteidigt worden.

Am 20. Mai hatte ein 72 Mann starker Trupp deutscher Fallschirmjäger versucht, die Stadt einzunehmen, um dadurch die Westflanke des deutschen Angriffs auf Maleme zu sichern. Die Deutschen holten sich jedoch eine blutige Abfuhr – sie wurden entweder getötet, verwundet oder gefangengenommen. Die Deutschen brauchten schnell einen Hafen – am 24. Mai überrannte ein deutscher Kampfverband, der von Maleme nach Westen vorging, die Verteidiger, und Kastelli fiel. Aber fanatische kretische Guerillas sollten die Eindringlinge noch tagelang in Atem halten.

Später behaupteten die Deutschen, die Verteidiger hätten ihre Truppen nahe Kastelli und an anderen Stellen der Insel schwer mißhandelt. Nach Beendigung der Kämpfe wurden die Berichte von einer deutschen Militärkommission gründlichst geprüft und als Übertreibung entlarvt. Es kann jedoch kein Zweifel daran bestehen, daß einige Mißhandlungen vorgekommen sind, wenn auch, soweit bekannt, in keinem Falle durch britische Truppen, sondern durch Kreter. (Die Körper einiger deutscher Gefallener wiesen Verstümmelungen auf.)

Über Kreta schwebten und kreisten die deutschen Flugzeuge, und diese Luftangriffe waren viel schwerer, als Freyberg je für möglich gehalten hatte. Stunde um Stunde warf eine heranbrandende Bomberstaffel nach der anderen mit vollkommener Präzision ihre Last ab; der Tod hielt Einzug in die engen Straßen und verwandelte die Stadt in ein Inferno aus Rauch und Flammen und Trümmern.

Es war die reinste Ironie, daß es in dieser Nacht dem Minenleger »Abdiel« gelang, in Suda 200 Mann Kommandotruppen an Land zu bringen – der Rest der 800 Mann starken Gruppe, auf Zerstörern eingeschifft, kehrte wieder nach Ägypten zurück.

Wieder war es zu wenig und zu spät – die Deutschen erhielten den ganzen Tag über ununterbrochen weitere Verstärkung.

Die Sache stand auf Messers Schneide, aber die Briten hielten die Stellung, zogen sich dann erschöpft, schwer angeschlagen, aber geordnet zurück. Reste und Grüppchen aufgeriebener neuseeländischer Kompanien stürmten die Stadt mit zwei leichten

Panzern und nahmen die Ruinen mit dem Bajonett wieder ein, ehe die Deutschen sich umgegliedert hatten.

Allein, es war ein kurzer Sieg.

Die Briten hatten viele Leute verloren; in dieser Nacht verkürzten sie ihre Linien weiter, so daß Galatas mit seinen Leichen und Ruinen in die Hand der Deutschen fiel.

Und während Angreifer und Angegriffene sich bei Retimo und Heraklion praktisch gegenseitig mattsetzten, meldete Freyberg am Abend des 25. Mai an Wavell: »Die Front hält nicht mehr, und wir versuchen sie zu konsolidieren ... Ich bin besorgt.« (59)

Aber Wavell, der in Ägypten saß und gerade aus dem Irak zurückgekehrt war, und die britische Regierung in London waren hoffnungslos »hinterm Mond«. Sie redeten immer noch von »größerem Wagnis« für die Navy, mehr Luftunterstützung und von einer teuren Niederlage – für den Feind.

Später sollte Wavell den 26. Mai, einen Montag, als den »kritischen Tag« bezeichnen – dabei war der kritische Tag schon der gewesen, an dem Maleme fiel, und somit längst vorbei. Der 26. Mai aber wurde zu dem Tage, an dem alle Hoffnungen schwanden und selbst das dünne Band noch riß, welches die Männer an ihre Pflicht band. Die deutschen Angriffe auf vorgeschobene Stützpunkte und rückwärtige Stellungen, auf Vorratslager und Rückzugslinien waren unerbittlich, schwer und pausenlos.

Die Deiche wollten brechen, und Freyberg wußte es. Am 26. Mai um 9.30 gestand der tapfere Neuseeländer nach einer Konferenz, die noch vor Anbruch der Dämmerung stattgefunden hatte, die Niederlage ein. In einem Bericht an Wavell schrieb er:

»Ich bedaure melden zu müssen, daß meiner Meinung nach die hier an der Suda-Bucht unter meinem Kommando stehenden Truppen die Grenzen ihres Durchhaltevermögens erreicht haben. Unabhängig davon, welche weiteren Entscheidungen die Oberbefehlshaber fällen, ist unsere Position hier unter militärischen Gesichtspunkten hoffnungslos ... Die Schwierigkeiten bei einem Versuch, diese Truppen jetzt in vollem Umfang abzuziehen, sind nunmehr unüberwindlich. Vorausgesetzt, daß man sogleich eine Entscheidung trifft, kann ein bestimmter Teil der Truppen vielleicht noch verschifft werden.« (60)

Und so begann der Rückzug.

In dieser Nacht wurden in einem kühnen Unternehmen von

»Abdiel« und durch zwei Zerstörer an der Suda-Bucht noch die restlichen Männer der Kommandotruppen an Land gesetzt. Sie bildeten die Nachhut für den langen und bitteren Marsch der Besiegten durch die trockenen und rauhen Berge zur Südküste.

Straße und Weg, die sich von der Nordküste bei Suda und Canea immer höher in die Hügel und Berge emporwinden, waren zum schwarzen, wimmelnden Ameisenpfad geworden, voller stolpernder, erschöpfter, gebrochener Männer. Hier und dort »hatten Einheiten noch Zusammenhalt und marschierten mit ihren Waffen ... in der Hauptsache aber war es ein desorganisierter Haufen ... Irgendwie kam der Name Sphakia auf, und viele Männer stahlen sich das erstbeste Transportmittel und brachen überstürzt auf. Später ließen sie das Ding dann irgendwo stehen.« (61)

In Canea waren die Straßen übersät mit Trümmern; es stank nach verwesenden Leichen, nach beißendem Rauch, gemischt mit dem harzigen Geruch des Olivenöls und Weins. Ratten, »bislang die unumschränkten Herrscher der Ruinen«, stoben vor den anrückenden Deutschen davon.

Von den 1200 Mann der britischen Force Reserve entkamen nur 150 dem Tode oder der Gefangenschaft.

An diesem Tage landete der Rest der 5. und ein Bataillon der 6. Gebirgsjägerdivision bei Maleme.

Die Schlacht war vorüber; nun mußten die Briten sehen, daß sie für die Niederlage keinen allzu hohen Preis bezahlten.

Wieder war es Sache der Navy, mit Mut und hastiger Improvisation anstelle sorgsamer Planung eine Armee zu retten.

Die Forderung, nun noch einmal direkt unter den Augen der deutschen Luftwaffe mit einer bereits dezimierten und bis an die Grenzen ihrer Leistungsfähigkeit beanspruchten Flotte eine solche Evakuierung durchzuführen, mußte selbst für Männer, die in der Tradition Nelsons standen, eine Forderung nach etwas Unmöglichem sein.

»Die Marine«, so sagte Admiral Cunningham, »braucht drei Jahre, um ein neues Schiff zu bauen. Dreihundert Jahre aber dauert es, eine neue Tradition aufzubauen. Die Evakuierung, das heißt die Rettungsaktion, muß vonstattengehen.«

Sphakia, das winzige Fischerdorf an der Südküste, sollte der Punkt sein, von dem aus man alle Männer, die aus dem Gebiet um Suda – Canea – Maleme durchkamen, evakuieren wollte. Die Verteidiger von Retimo, so hoffte man, würden sich vielleicht durch die unwirtlichen Berge bis zur Plaka-Bucht durchschlagen können, und die 4000 Mann starke Besatzung von Heraklion wollte die Flotte direkt im dortigen Hafen an Bord nehmen.

Das war ein kühner Plan, dessen Gelingen auf des Messers Schneide stand.

Am Mittwoch, dem 28. Mai, gegen Morgen, hatten sich Freyberg und die Reste seines Stabes durch die Berge bis nach Sphakia durchgeschlagen, und nun versuchte man, mittels des einzigen verfügbaren, in einer Höhle betriebenen Funkgerätes der RAF eine improvisierte Fernmeldeverbindung aufzubauen und den Evakuierungszeitplan zu erstellen. Freybergs Bericht klang verzweifelt – nur 2000 Mann mit 3 Geschützen, 140 Salven Artilleriemunition und 3 leichten Panzern; äußerste Frist für die Aufrechterhaltung letzten Widerstandes: die Nacht vom 31. Mai zum 1. Juni.

Die meisten der Männer lernten bald, bei Nacht zu klettern und zu steigen, wenn es kühler war und sie von den deutschen Flugzeugen nicht belästigt wurden. Andere aber, die die Gefangenschaft fürchteten, trotzten Sonnenglut und Bombenhagel.

Der Wille zu leben, die Luft- und Bodenmacht, die die Deutschen gegen Heraklion und Retimo zusammenballten, und die britische Marine trugen dazu bei, daß vielen der Verteidiger Malemes und Sudas die Flucht gelang.

Die Deutschen hatten sich verrechnet. Die deutsche Führung wußte, daß der Bergpfad nach Sphakia auf dem Steilufer an der Südküste endete, und sie glaubten nicht, daß die Briten die Evakuierung von einem so schwierigen Terrain aus riskieren würden. Daher stieß die deutsche Hauptstreitmacht in östlicher Richtung an der Nordküste entlang auf Retimo vor; nur das Gebirgsjägerregiment 1 und ein paar unterstellte Truppen durchquerten die Berge in Richtung Sphakia und setzten den Briten nach. (62)

Hinter dem langen Zug kamen Kommandotrupps und australische sowie neuseeländische Truppen, die sprungweise zurückgingen, Straßensperren errichteten und die eifrig kletternden Deutschen durch kurze Feuergefechte aufhielten.

Die deutschen Gebirgsjäger, gering an Zahl, folgten den Fliehenden auf den Fersen, über Böschungen, Felsnasen, Ziegenpfade und durch Engpässe hindurch. Ständig umfaßten sie die britische Nachhut.

In der ersten Nacht vom 28. zum 29. Mai nahmen die vier Zerstörer »Napier«, »Nizam«, »Kelvin« und »Kandahar« bei Sphakia über 1000 Mann an Bord, von denen 230 oder mehr gehfähige Verwundete waren. Die Evakuierung ging langsam voran; es gab zu wenig Boote, und Männer, die ihren Namen nicht auf der Evakuierungsliste fanden, versuchten, sich gewaltsam Zugang zu den Booten zu verschaffen. In dieser Nacht konnten die Zerstörer von der Südküste der umkämpften Insel aus ohne weitere Schwierigkeiten in See stechen, ließen jedoch einen wimmelnden, aufgestörten Ameisenhaufen von kämpfenden, ringenden Männern hinter sich, die die letzten zwei Meilen dieses schrecklichen Weges auf Bergziegenpfaden zurücklegten. Kriechend, rutschend, stolpernd, fallend bewerkstelligten sie den Abstieg über die 150 Meter hohe Klippe zum Meeresufer hinab.

In der gleichen Nacht landeten, von Rhodos kommend, italienische Truppen von See her völlig ungestört an der kretischen Nordküste bei Seteia, dicht am Ostende der Insel – wenn auch zu spät, um noch irgendeine »historische« Rolle spielen zu können. Und ein paar italienische Schnellboote kreuzten am 28. Mai in der Suda-Bucht – und am Ende dieses »Siegeszuges« trafen sie auf die siegreichen Deutschen.

In der Nacht vom 28. zum 29. Mai konzentrierte sich die Navy ganz auf Heraklion, wo Brigadegeneral B. H. Chappels eingeschlossene Streitkräfte den Flugplatz bis zum Schluß in ihrem schwachen Griff zu halten verstanden. Am 28. Mai schafften die Deutschen auf dem Luftwege frische Truppen und neuen Nachschub in die Gegend um Heraklion. Obgleich der Flugplatz in Flammen stand, landeten zwei aus Ägypten kommende Hurricanes dort zum Auftanken. Beim Start wurde die eine Maschine beschädigt. Es war eindeutig – die Verteidiger Heraklions erlahmten. Bei Tagesanbruch dampften die Kreuzer »Ajax«, »Orion« und »Dido« sowie »Jackal« und »Imperial« von Alexandria nach Kreta, um der nur 25 Meilen breiten Straße von Kasos und der am Himmel kreisenden deutschen Luftwaffe zu trotzen und 4000 Mann an Bord zu nehmen.

Die Schiffe verließen Heraklion mit 29 Knoten um 3 Uhr morgens. Es war noch stockdunkel. Eine Dreiviertelstunde später klemmte plötzlich die Steueranlage der »Imperial«. Man vermochte sie nicht klarzubekommen. Aber die Flotte konnte sich keine Verzögerung leisten. Admiral Rawlings, der Befehlshaber, ließ Mannschaften und Truppen von der »Imperial« auf die »Hotspur« übernehmen; dann gab man die »Imperial« auf und versenkte sie. Eine Stunde später stieß die »Hotspur« mit 900 Passagieren an Bord wieder zur Hauptflotte, doch nun ging die Sonne auf, und als das Geschwader mit eineinhalbstündiger Verspätung in die gefürchtete Straße von Kasos einfuhr, war es beinahe völlig hell.

Die Junkers-Maschinen kannten kein Mitleid: Als erste erwischte es die »Hereward«. Sie bekam einen Bombentreffer und verlor an Geschwindigkeit. Rawlings fuhr weiter – das Wohl und Wehe der vielen hatte Vorrang vor einigen wenigen Leben. Zum letztenmal wurde die »Hereward« gesehen, wie sie langsam – 5 Meilen entfernt – auf die Ufer Kretas zukroch, aus allen Rohren gegen den Himmel feuernd. Unter einem wolkenlosen Himmel starb das Schiff einen langsamen Tod; aber die meisten Männer kämpften sich bis ans Ufer durch, wo sie gefangengenommen wurden. Andere wurden von italienischen Torpedobooten und anderen Schiffen aufgefischt, die – Ironie der Geschichte – am 28. Mai die erste Landung italienischer Truppen von See her an Kretas östlichstem Punkt abgeschirmt hatten.

»Decoy« wurde von einem Einschlag unmittelbar neben dem Schiff in Mitleidenschaft gezogen; ihr Maschinenraum wurde beschädigt. Die Geschwindigkeit des Geschwaders verminderte sich auf 25 Knoten.

»Orion« wurde von einem Einschlag ganz in Ziel-Nähe in Mitleidenschaft gezogen; ihre Geschwindigkeit sank auf 21 Knoten. »Dido« wurde getroffen. Dann wurde »Orion« nochmals getroffen. Bald stand das Schiff in hellen Flammen.

Rawlings wurde verwundet; Captain G. R. B. Back, Flag Captain der »Orion«, wurde von einem MG-Geschoß um 7.35 Uhr tödlich verwundet.

Gegen Mittag schien die »Orion« erledigt zu sein – Tote, Sterbende und Verwundete lagen auf allen Decks, drei Kesselräume waren zerstört, die Steueranlage funktionierte nicht mehr, der Maschinentelegraf war ausgefallen, drei ihrer fünf Ingenieuroffiziere waren tot, das Schiff hatte starke Steuerbord-Schlagseite, es arbeitete nur noch eine Schraubenwelle.

Doch sie spie weiterhin große Wolken gelben und schwarzen Rauches aus Schornsteinen und durchlöcherten Aufbauten aus und schlich sich mit ihren angeschlagenen Begleitern um 8 Uhr abends am 29. Mai in den Hafen von Alexandria. Sie hatte noch zwei Salven Munition für die Hauptbatterie und ganze zehn Tonnen Treibstoff an Bord.

Bei den 4000 Mann, die von Heraklion evakuiert worden waren, beliefen sich die Verluste auf 800 Mann. Sie waren, »nachdem sie Kreta verlassen hatten, getötet, verwundet oder gefangengenommen worden ...« Und weiter: »Wenn die Verluste ein solches Ausmaß annehmen, wäre es wohl anständiger gewesen, den übrigen Truppen die Kapitulation zu befehlen.« (63)

Aber die Navy blieb hartnäckig. Die Nacht vom 29. zum 30. Mai wurde für den größten Seetransport in Aussicht genommen. Die »Glengyle« (mit kleinen Landungsfahrzeugen), »Perth«, »Calcutta«, »Coventry« und sechs Zerstörer wurden nach Sphakia beordert. Sie gelangten fast unversehrt mit 6000 Soldaten an Bord nach Hause. Nur die »Perth« bekam einen Treffer in den vordersten Kesselraum.

Auf der Insel Kreta selber jedoch war es fünf Minuten vor zwölf. Der kleinen Garnison von Retimo, schon so lange eingeschlossen, waren fast alle Vorräte an Nahrungsmitteln und Munition ausgegangen; die Kampfkraft der Deutschen aber wuchs weiter. Freyberg hatte versucht, mit Retimo Verbindung herzustellen; ein gleiches hatte das Oberkommando Mittelost versucht – aber zwischen Retimo und Canea, Heraklion und »Creforce« gab es keine Verbindung mehr. Die Verteidiger von Retimo kämpften in einem Vakuum. Tatsächlich erhielten die Männer Nachrichten über die übrigen Vorgänge auf der Insel hauptsächlich durch Sendungen der BBC. Erst am 28. Mai erfuhr der australische Befehlshaber, Oberstleutnant I. R. Campbell, über die BBC, daß »die Lage auf Kreta außerordentlich prekär« war. (34)

Am 30. Mai kam für Retimo das Ende. Der Befehl, in südlicher Richtung einen Rückzug zur Plaka-Bucht an der Südküste zu versuchen, hatte die kleine Garnison nie erreicht, und am 30. Mai sahen die Verteidiger, wie sich deutsche LKWs, Panzer und Feldgeschütze aus dem Gebiet um Canea ostwärts bewegten. Oberst

Campbell zog den richtigen Schluß: Die Deutschen hatten das Gebiet Canea/Suda-Bucht überrannt, seine Lage war damit hoffnungslos geworden. Er hatte fast keine Munition mehr, die Rationen reichten genau noch für diesen einen Tag. »Campbell ging mit einer weißen Fahne vor und streckte die Waffen.« (65)

Auf Befehl aus Ägypten wurde General Freyberg um 8.45 an diesem Abend zusammen mit einigen seiner Brigadegeneräle und Männern, die zum Schlüsselpersonal der verschiedenen Einheiten gehörten, in Sunderland-Flugbooten evakuiert. Er ließ – unter dem Befehl von Generalmajor Weston, Royal Marines – eine angeschlagene Nachhut zurück, die immer noch verzweifelt versuchte, den Feind von den Höhen um Sphakia abzuwehren.

Vier Zerstörer waren bereitgestellt worden, in der Nacht vom 30. zum 31. Mai noch weitere Truppen von Sphakia zu evakuieren; der eine hatte unterwegs Maschinenschaden und mußte sich nach Alexandria zurückschleppen; die »Kelvin« wurde von einem Einschlag in Zielnähe in Mitleidenschaft gezogen und mußte ebenfalls umkehren. Die beiden übrigen Schiffe, »Napier« und »Nizam«, nahmen an die 1500 Mann auf und kamen ohne Schwierigkeiten durch.

Der 31. Mai, der zwölfte Tag der Schlacht, war der Tag des letzten organisierten Widerstandes auf der Insel. Australier, ein paar leichte Panzer, Royal Marines und Kommandotrupps hielten in den Pässen und auf den Höhen die letzten Nachhutstellungen. Aber die deutschen Gebirgstruppen hatten Umfassungsmanöver gegen die Ufer eingeleitet; die Zeit wurde knapp für die Briten. In der Nacht vom 31. Mai zum 1. Juni mußte die letzte Evakuierung stattfinden. Weston und seine Stabsoffiziere wußten, daß man um die 5500 Mann zurücklassen mußte. Der Kreuzer »Phoebe«, der Minenleger »Abdiel«, die Zerstörer »Jackal«, »Kimberley« und »Hotspur« drehten vor dem dunklen Ufer bei, nahmen in drei Stunden und vierzig Minuten 4000 Mann an Bord und dampften nach Ägypten.

Befehlsgemäß wurde General Weston in dieser Nacht mit einem Flugboot aus Kreta herausgeflogen, und am nächsten Tag, dem 1. Juni, bot ein Australier – Oberstleutnant T. G. Walker, der Senior Battalion Commander – entsprechend seiner schriftlichen Order einem österreichischen Offizier vom Gebirgsjägerregiment 100 die offizielle Kapitulation an. Das war das Ende.

## Der Preis der Schlacht

Mit welchen Maßstäben man es auch mißt – Kreta war eine blutige Schlacht.

Gegen Ende der Kämpfe waren in der britischen Mittelmeerflotte nur noch 2 Schlachtschiffe, 2 Kreuzer und ungefähr 13 Zerstörer einsatzbereit. Die italienische Flotte, die während der Gefechte in den Häfen geblieben war, konnte noch über vier Schlachtschiffe und wenigstens 11 einsatzfähige Kreuzer verfügen.

Die Royal Navy verlor 1828 Tote; 183 Männer wurden verwundet, 3 Kreuzer und 6 Zerstörer versenkt, 1 Flugzeugträger, 3 Schlachtschiffe, 6 Kreuzer und 7 Zerstörer beschädigt (viele davon schwer).

Außerdem wurden über 300 000 Tonnen britischer und alliierter Handelsschiffsraum in den Griechenland- und Kreta-Feldzügen im März, April und Mai versenkt oder schwer beschädigt. (66)

Die RAF verlor 46 Maschinen, die meisten davon in einem aussichtslosen Versuch, den Deutschen die überwältigende Luftherrschaft über Kreta streitig zu machen.

Die britischen Verluste an Menschen – Gefallene, Verwundete, Gefangene und Vermißte – beliefen sich insgesamt auf annähernd 48 Prozent der ungefähr 32 000 Mann starken britischen Truppen auf der Insel. Hier die Zahlen im einzelnen:

| Beteiligte | Getötet oder vermißt | Gefangen | Verwundet |
|---|---|---|---|
| Britische Armee | 612 | 224 | 5 315 |
| Royal Marines (Marineinfanterie) | 114 | 30 | 1 035 |
| Royal Air Force (Luftwaffe) | 71 | 9 | 226 |
| Australier | 274 | 507 | 3 079 |
| Neuseeländer | 671 | 967 | 2 180 |
| Insgesamt: | 1 742 | 1 737 | 11 835 |

(67)

Des weiteren wurden 400 Arbeitskräfte aus Palästina und von Zypern gefangengenommen; die 10 000 bis 15 000 Mann starken militärischen und paramilitärischen Einheiten der Griechen wurden in der Schlacht durch Tod, Verwundung und Gefangennahme völlig aufgerieben oder versickerten in der Zivilbevölkerung der Insel. (68) Von diesen Einheiten verloren ungefähr 2600 Mann das Leben. Die Zahl der Verluste an Menschenleben unter der griechischen Zivilbevölkerung sind nicht bekannt, erreichen vermutlich jedoch einen vierstelligen Wert.

Die Deutschen haben ihren Sieg gleichfalls teuer bezahlt, obgleich ihre Verluste nicht annähernd so hoch waren, wie die Briten damals und noch Jahre nach der Schlacht um Kreta behauptet haben. Wohl gelang es der Navy, Landungen von See her nachhaltig zu unterbinden, bis die Schlacht um die Insel an die Luftlandetruppen der Deutschen verlorengegangen war, doch waren die Verluste bei den Abfangoperationen gegen die Kaik-Konvois in keinem Falle so hoch, wie man früher glaubte. In seinem Bericht schätzte General Freyberg die deutschen Verluste auf 4000 Gefallene, 2000 Ertrunkene und 11 000 Verwundete – insgesamt also auf 17 000. Und diese Zahl ist ums Dreifache zu hoch. In Wirklichkeit verloren die Deutschen auf See nur ungefähr 324 Mann. Hier die Zahlen im einzelnen:

| Beteiligte | Getötet | Verwundet | Vermißt | Insges. |
|---|---|---|---|---|
| 7. Fliegerdivision und Sturmregiment | 1 520 | 1 500 | 1 502 | 4 522 |
| Gebirgsjäger | 395 | 504 | 257 | 1 156 |
| Fliegerkorps XI | 56 | 90 | 129 | 275 |
| Fliegerkorps VIII | 19 | 37 | 107 | 163 |
| Insgesamt: | 1 990 | 2 131 | 1 995 | 6 116 |

(69)

Die Deutschen verloren 147 Flugzeuge; 64 Maschinen wurden in der Schlacht beschädigt, dazu 73 Maschinen bei Unfällen im Einsatz.

Aber die Deutschen hatten Kreta, was immer es ihnen wert war; und wieder, wie schon so oft im Zweiten Weltkrieg, hatten britische Truppen gegen Hitlers Kriegsmaschine gekämpft und waren von seinem Kriegsmoloch getötet und niedergewalzt worden.

## Schlachtkritik

Die Schlacht um Kreta war ein Kampf, wie man ihn nicht noch einmal erleben sollte.

Niemals wieder haben die Deutschen im Zweiten Weltkrieg Luftlandetruppen massiv eingesetzt; niemals zuvor und nie wieder seither ist eine Insel von der Luft aus erobert worden.

Den Deutschen entlockte dieser Sieg keinen übermäßigen Jubel. Er war sehr knapp erkämpft worden, und die Fallschirmjäger-Elitetruppen sowie das Elite-Sturmregiment der Luftlandetruppen hatten böse Verluste hinnehmen müssen. Verluste von über 25 Prozent der annähernd 2500 Mann starken Streitmacht der Luftlandetruppen (Verluste, die auch viele der erfahrensten und besten Truppenführer kosteten) waren beim damaligen Stand des Zweiten Weltkrieges ein hoher Blutzoll. Weder Hitler noch Göring waren darüber erfreut – für den Rest des Krieges wurden die Fallschirmjäger außer für kleine Spezialaufgaben nur als Infanterie-Eliteeinheiten eingesetzt.

Die deutschen Planungs- und Vorbereitungsarbeiten für die Eroberung Kretas waren zu hastig und allzu improvisiert angelegt. Das muß zum Teil auf die Personalpolitik des Dritten Reiches, die Auseinandersetzungen innerhalb der verschiedenen Wehrmachtstäbe und die inneren Machtkämpfe zurückgeführt werden, die jede Regierungsform zu allen Zeiten und in unterschiedlichem Ausmaß belasten können.

Generalfeldmarschall Albert Kesselring stellte später fest, das besonders Charakteristische an der Kreta-Operation sei die »Improvisation« gewesen, und die Landungen seien so geplant und durchgeführt worden, daß sie eigentlich den Keim des Mißlingens schon in sich getragen hätten. (70)

Und Davin faßt die Fehler der Deutschen kurz und bündig zusammen:

»Er überschätzte die Sympathien der kretischen Zivilbevölkerung (für die Deutschen, A.d.Ü.) ... (und) unterschätzte die Kampfkraft und Standfestigkeit der britischen Besatzung. Schlimmer war noch, daß er nicht herausbekam, wo sich der Feind konzentrierte ...

Den deutschen Angriffsplan kann man eigentlich nur mit Kopfschütteln betrachten, denn im Grunde hätte er doch davon ausgehen müssen, daß die für die Eroberung wichtigsten Punkte auch die sind, die der Feind aller Wahrscheinlichkeit nach verteidigen wird. Dessen ungeachtet entschloß er sich, seine Einsatztruppen direkt über diesen Punkten abzusetzen, wobei er bei seinen besten Truppen Verluste hinnehmen mußte, die in diesem Umfang nicht nötig gewesen wären, wenn er anderes, von den Flugplätzen weiter entfernt liegendes Gelände ausgesucht hätte ...

Noch einmal riskierte er dann einfach einen Versuch und brachte seine beiden Invasionsflottillen mit schwachem Geleitschutz bei Nacht herüber. Er beherrschte den Luftraum aber in einem solchen Maße, daß er sie am Tage unter einem Schirm hätte herüberbringen können, ohne daß Cunninghams Schiffe in der Lage gewesen wären, einzugreifen oder zumindest einen solchen Versuch nicht hätten überleben können.« (71)

Kommandeure deutscher Bodentruppen beklagten später nicht ohne Grund, daß in der Schlacht um Kreta (wie auch bei anderen deutschen Luftlandeoperationen im Zweiten Weltkrieg) die Befehlshoheit bei der Luftwaffe gelegen habe und weder die beteiligten Kommandeure der Bodentruppen noch das OKH »mit den Vorbereitungen irgend etwas zu tun gehabt« hätten. (72)

Die Meinungsverschiedenheiten galten auch der Gesamtkonzeption an sich. General Student liebte die »Ölflecktaktik«, d. h. er wollte Fallschirmjäger und Luftlandetruppen zunächst an vielen verschiedenen Punkten absetzen und kleine Luftlandeköpfe »ohne festgelegene Schwerpunkte« bilden lassen. Die Luftlandeköpfe sollten sich dann ausdehnen und Unterstützung aus der Luft erhalten, bis sie sich überlappten. General Meindl hingegen hielt dafür, daß man von Anfang an einen Schwerpunkt aufbauen müsse. Seine Ansicht war richtiger als die Students. Im tatsächlichen Schlachtverlauf konnte die deutsche Luftwaffe die anfänglich weit auseinanderliegenden Landeplätze in fünf Haupt-

und mehreren Neben-Kampfbereichen überhaupt nicht angemessen unterstützen. »Es gab schwere Verluste und keine definitiven Erfolge.«

»Einmal geriet die ganze Operation an den Rand der Katastrophe, weil die Luftlandeköpfe, die zu schwach waren und zu weit auseinanderlagen, nur beschränkte Aktionsfreiheit hatten.« (73)

Kesselring sagte später, daß »die außergewöhnlich ungünstigen Landebedingungen (auf Kreta) sie (die deutschen Befehlshaber) hätten veranlassen sollen, außerhalb der besetzten Ziele und des wirkungsvollen Verteidigungsfeuers in Massen zu landen und die entscheidenden Punkte (Luft- und Seehäfen) einzunehmen und diesen Besitz in einem darauffolgenden eindeutigen Angriff auf den Schwerpunkt zu sichern.« (74)

Sei dem nun, wie es war – die deutsche Führung reagierte auf diese Krise rasch und entschlossen. Es war klug von Löhr und Student, daß sie den Erfolg untermauern wollten, und so konzentrierten sie nach anfänglichem Stillstand und Teilrückschlägen alle verfügbaren Kräfte in einem Gebiet – nämlich Maleme, wo die ersten Operationen bereits einigen Erfolg gezeitigt hatten. Die deutsche Planung war lückenhaft; in ihrer Durchführung aber bewiesen die Deutschen die gewohnte Flexibilität und Initiative.

Kreta hat viele technische Lehren erteilt. Niemals zuvor hatten Luftlandetruppen vor einer solchen Aufgabe gestanden; in mancher Hinsicht waren Technik, Ausrüstung und Bewaffnung unzureichend.

Von der Heydte merkt an, daß die deutschen Fallschirmjäger in seinem Bataillon im heißen Klima Kretas die gleichen Uniformen trugen, die man in der Arktis ausprobiert hatte, und »nördliche« Rationen bei sich hatten, die in der Hitze schmolzen, so daß ein Potpourri aus geschmolzener Schokolade, geräuchertem Speck, gewürzten Würsten und steinharten Zwiebäcken entstanden sei. Noch Tage nach erfolgter Landung mußte sein Bataillon Nahrungsmittel »organisieren«; viele der Männer blieben hungrig, da kein Lebensmittelnachschub herankam. Er merkt an, daß es zu Mittag Eselsbraten gegeben habe. Die schweren deutschen Verluste auf Kreta schreibt er dem Mangel an Erfahrung im Fallschirmtruppenkrieg, dem nicht ausreichend gründlichen Training der Offiziere sowie dem Umstand zu, daß man zum erstenmal auf einen Gegner traf, der bereit war, bis zum bitteren Ende zu kämpfen. (75)

Die Fallschirmjäger, die auf Kreta landeten, trugen beim Absprung nur Pistolen und Handgranaten; ihre schweren Waffen wurden in Spezialbehältern abgeworfen. Dadurch waren sie im kritischen Moment der Landung dem feindlichen Kleinkaliberfeuer ziemlich machtlos ausgesetzt.

»Nach der Kreta-Operation wurde dies abgeändert.« In den späteren Jahren des Zweiten Weltkrieges trugen die Fallschirmjäger in der deutschen Armee genau wie die Luftlandeeinheiten anderer Armeen beim Absprung ihre Gewehre bei sich.

In einer deutschen Auswertung der Luftlandeoperationen aus der Nachkriegszeit heißt es u. a., daß in »Holland und auf Kreta Elemente von Heereseinheiten teils mit Absicht, teils in Unkenntnis der Situation von Transportmaschinen in Gegenden abgesetzt worden waren, die sich noch in feindlicher Hand befanden oder innerhalb der Sichtweite der feindlichen Artilleriebeobachter lagen. Dies wurde als ein Fehler erkannt, der zu schweren Verlusten führte. Der einzige Umstand, der die Maschinen davor bewahrte, bei der Landung auf dem Flugplatz Maleme auf Kreta durch direkten Feindbeschuß völlig zerstört zu werden, war, daß der Boden infolge der Zugluft mit Staub bedeckt war und die Maschinen in Staubwolken landeten ...«

Den Amerikanern sollte diese harte Lehre noch später in Europa zuteil werden, als nach der Normandie-Landung zahlreiche Pläne für den Einsatz amerikanischer Luftlandetruppen geschmiedet und sogleich wieder zu den Akten gelegt wurden. Dieses Problem besteht auch heute noch – wie viele Spezial- oder Elitetruppen, die unter großem Kostenaufwand für Spezialmissionen ausgebildet wurden (d. h. also Spezialeinheiten, Luftlandetruppen, etc.) kann sich der Feind leisten?

Kesselring merkt in Nachkriegskommentaren (MS P-051b, S. 25 ff.) zu diesem Thema an, daß Hitler im Grunde kein Freund der Luftwaffe und daher auch kein Freund von Luftlandeoperationen gewesen sei. Die improvisierte Kreta-Operation habe Hitler und Göring zu Schlußfolgerungen veranlaßt, die sie besser nicht gezogen hätten. Außerdem sagt Kesselring, daß es in späteren Kriegsjahren für die Ju-52-Transportmaschinen keinen passenden Ersatz gegeben habe, daß Luftlandetruppen falsch eingesetzt worden seien und man auf höchsten militärischen Ebenen der Organisation sowie den taktischen und operativen Möglichkeiten des Luftlandetruppeneinsatzes nicht genügend Aufmerksamkeit geschenkt habe. Ferner sei altgedienten Offizieren der Fallschirmtruppe daran gelegen gewesen, den Glanz des Geheimnisvollen und Außergewöhnlichen zu bewahren. Demzufolge wurden Luftlandetruppen nie wieder bei deutschen massiven Operationen eingesetzt. (76)

Innerhalb eines Jahres nach Kreta hatten die Deutschen zwei Kaliber eines rückstoßfreien Leichtgeschützes, welches beim ersten Luftlandeangriff die Artillerie ersetzen sollte, sowie eine kleinkalibrige Schnellfeuer-Panzerabwehrkanone konstruiert. Es wurden auch Spezialausrüstungen entwickelt oder durch Abwandlung vorhandenen Gerätes gewonnen, die jedoch kaum zum Einsatz gekommen sind.

Dies waren die harten Lehren der Schlacht um Kreta für die Deutschen. Sie erkämpften sich ihren Sieg in 12 Tagen – viel rascher also, als die Briten für möglich gehalten, viel langsamer aber, als die Deutschen geplant hatten. Statt am ersten Tage hatten sie Canea erst nach sieben Tagen und unter Verlust von annähernd 7000 Mann einnehmen können.

Student nannte Kreta später das »Grab der deutschen Fallschirmjäger« – eine leicht wehleidige und stark vereinfachte Formulierung. Es bestehen kaum Zweifel daran, daß die schweren Verluste auf Kreta Hitler gegen einen neuerlichen Masseneinsatz von Luftlandetruppen einnahmen, und zwar nicht nur hinsichtlich der Verluste an sich – später erlitten andere konventionelle Einheiten in Rußland viel schlimmere Verluste – sondern auch im Hinblick auf Kosten und logistische Probleme, wie sie Ausbildung und Unterhaltung großer Luftlandeverbände mit sich bringen. Nach Kreta war man sich einig, daß solche extremen Verluste der Luftlandetruppen nur zu vermeiden waren, wenn sich die einzelnen Luftlandeköpfe hinter den feindlichen Linien schon sehr früh zusammenschlossen und im übrigen auch konventionelle Truppen mit schwerer Bewaffnung eingesetzt wurden.

Nach Kreta sprachen Weiträumigkeit und Menschenüberfluß Rußlands, die Faktoren Logistik, Nachschub und Wetter (die für Luftlandeunternehmen ganz besondere Hindernisse bedeuten können) sowie die hohen Unterhaltskosten einer solchen Spezialtruppe eindeutig gegen einen neuerlichen Masseneinsatz. »Solche Truppen kann sich nur der ›Reiche‹ leisten.« (77) Später haben weder die Deutschen noch die Russen Luftlandetruppen in größerer Zahl eingesetzt. Die Deutschen führten noch zwei Luftlandeoperationen in Bataillonsstärke durch – eine gegen Leros in der Ägäis und eine im Zusammenhang mit der Ardennen-Offensive im weiteren Kriegsverlauf. Dabei blieb es aber.

»Der Sieg in unserer (i.e. der britischen) Niederlage«, schreibt Davin, »bestand darin, daß niemals mehr, weder auf Zypern noch sonstwo, Fallschirmjäger aus der Luft en masse eingesetzt worden sind, um einen Sieg mit verheerenden Verlusten zu erkämpfen.« (78)

Den USA und Großbritannien war es später überlassen, die Kunst der vertikalen Umfassung, der Eroberung aus der Luft, voll zu entwickeln.

Doch wenn die Deutschen Fehler machten, so verrechneten sich die Briten noch schwerer.

Anfang Mai hatte sich Winston Churchill noch gebrüstet: »Wir beabsichtigen, sowohl Kreta wie Tobruk bis zum bitteren Ende ohne jeden Gedanken an einen Rückzug zu verteidigen. Lassen wir uns auch nicht von Erwägungen leiten, wie Verluste zu verhüten wären.«

Dennoch, diese Schlacht war schon verloren, ehe sie noch richtig begann. Genauere Pläne für den Ausbau der Insel zum Flottenstützpunkt bestanden nicht, und man besaß auch kein wohldurchdachtes Verteidigungskonzept.

Churchill selbst schrieb später: »Es gab ... weder eine Planung noch ein energisches Vorgehen. Die Schuld«, wie er richtig empfand, »sollten sich Kairo und Whitehall teilen.« (79)

Die britische Verteidigung wurde in noch stärkerem Maße improvisiert als der deutsche Angriff. Es war ein Improvisieren, das einfach scheitern mußte, denn mit einem von allen Seiten bedrängten Wavell und den im Norden, Süden, Osten und Westen gleichermaßen in Schach gehaltenen britischen Truppen wäre es auch mit dem besten aller Pläne nicht gelungen, die Geschütze, die Schiffe und – vor allem – die Flugzeuge bereitzustellen, die eine Verteidigung Kretas möglich gemacht hätten.

Die Luftherrschaft brachte den Deutschen den Sieg im Luftraum über und um Kreta – Luftunterlegenheit besiegelte das Schicksal der Briten.

Doch wurde nun nicht einmal die in Churchills trotziger Rede vertretene Entschlossenheit in wirksame Aktionen umgesetzt, und zwar weder bei der Planung noch bei der Vorbereitung oder der späteren Durchführung. Lange vor der Schlacht versuchten (und das sollte bis ans Ende so weitergehen) zu viele zu wenige zu kommandieren. Churchill selbst mit seinen drängenden Telegrammen, die britischen Stabschefs in London und der Oberbefehlshaber Mittelost – sie alle hatten so ihre Vorstellungen davon, wie Freybergs Schlacht geschlagen werden sollte. Manchmal wurden die Befehle verantwortlicher Kommandierender aus einer Entfernung von 3000 Meilen widerrufen – Cunningham macht in seinen Memoiren »A Sailor's Odyssey« über diese Praxis einige sarkastische Bemerkungen.

Diese durch London in der Schlacht um Kreta sowie auch zu anderen Zeiten im II. Weltkrieg ausgeübte »Überkontrolle« war teilweise das Produkt der dynamischen, vorandrängenden Persönlichkeit Churchills und hat in der modernen Geschichte eine weit gefährlichere Parallele gefunden. Sowohl in der Kuba- wie der Vietnam-Krise und in der Krise in der Dominikanischen Republik lief der Strom detaillierter Befehle der Kennedy- wie der Johnson-Regierung aus Washington an die Befehlshaber auf dem jeweiligen Kriegsschauplatz nicht durch den üblichen militärischen Kommandoweg; das beeinträchtigte die taktische Flexibilität der Truppen, verhinderte manchmal die genaue Durchführung der Befehle und hat vielleicht (besonders bei den ersten Luftangriffen gegen Nordvietnam) unnötige Verluste heraufbeschworen.

Insbesondere Wavell, der schon geraume Zeit vor der Schlacht auf Churchills schwarzer Liste stand, wurde vor Beginn und im Verlaufe der Schlacht von London aus pausenlos korrigiert. Feldmarschall Sir John Dill, Chef des Imperial General Staff (Generalstabs), hatte Churchill wiederholt geraten: »Unterstützen Sie ihn oder werfen Sie ihn 'raus.« Trotzdem tat Churchill weder das eine noch das andere.

Er fuhr fort, herrische und ermahnende Botschaften zu schicken. Generalmajor Sir John Kennedy, Director of Military Operations des Generalstabes, weiß zu berichten, daß die »Einmischung in Details« der Führung zur Zeit von Kreta für Wavell »unerträglich geworden« war, und er fügt die Bemerkung hinzu, die später berühmt werden sollte: »Ich sehe nicht, wie wir den Krieg ohne Winston gewinnen sollen, aber ich sehe andererseits auch nicht, wie wir ihn mit ihm gewinnen können.« (80)

Kreta nun trug wenig dazu bei, daß sich das Renommee der beteiligten britischen Truppenführer hob. Wavell erntete keine Lorbeeren und bewies nur geringe Voraussicht, Kraft und Energie, und Freyberg, obgleich er schon vor Beginn der Schlacht der sicheren Niederlage ins Auge sehen konnte, war in seinen Berichten an seine Vorgesetzten nicht gerade ein Meister der Präzision und demonstrierte als Oberkommandierender zu wenig der resoluten Sicherheit, die ihn auf Posten minderen Gewichtes vorher berühmt gemacht hatte. Nur Cunningham mit seiner seemännischen Tapferkeit und Beharrlichkeit und seinem hohen moralischen Mut tat sich nicht allein als entschlossene Führerpersönlichkeit hervor, sondern auch als gerissener Stratege, der die Bedeutung einer von der Luftmacht modifizierten Seemacht erkannte. Cunningham war sich völlig darüber klar, daß schwere Verluste der britischen Flotte das Machtverhältnis im Mittelmeer ändern konnten; er bewies ein viel durchdringenderes Verständnis für die möglichen strategischen Konsequenzen als London. Letzten Endes setzte Großbritannien mit der Niederlage auf Kreta seine Seeüberlegenheit aufs Spiel und hätte sie beinahe verloren.

»Nur die Tatsache, daß die Verteidiger der Insel sich auf reine Verteidigungsmaßnahmen beschränkten und nicht unverzüglich mit aller Energie die ersten gelandeten Truppen angriffen, hat letztere vor der Vernichtung in einer äußerst gefährlichen Situation gerettet.« So sahen es die Deutschen selber, damals und nach dem Kriege. (81)

Später berichteten britische Offiziere, ihrer Meinung nach habe »ein Hauptfehler« darin bestanden, die Flughäfen nicht sogleich vor Beginn der Invasion zu zerstören. Zweifellos wären demolierte, kraterübersäte Rollbahnen zumindest zeitweilig unbenutzbar gewesen; die deutschen Pioniere hätten gewaltig schuften müssen, ehe die Transporte hätten herandonnern können. Freyberg hatte nun tatsächlich geplant, die Flugplätze unbrauchbar zu machen, aber anscheinend ist der Befehl, einen der Flugplätze (Maleme) zu zerstören, nicht vor dem 19. Mai ergangen – und da verließ bereits das letzte britische Flugzeug die Insel. Es war sowieso zu spät, denn am nächsten Tage griffen die Deutschen an.

Trotz ihrer Luftunterlegenheit wußten die Briten viel über die deutschen Pläne und Vorbereitungen. Zweifellos muß die hervorragende Leistung der britischen Nachrichtendienste zum Teil auf ihr Agentennetz in Griechenland und auf Kreta zurückgeführt werden.

Kreta bedeutet mehr den Triumph des britischen Soldaten als des britischen Oberkommandos. Es war eine Schlacht, die Zug-, Kompanie- und Bataillonsführer schlugen, und diese jungen Offiziere, ihre Unteroffiziere und ihre Leute demonstrierten in jenen heißen und staubigen Hügeln und primitiven Dörfern auf der Insel Kreta Elan, Mut und Zähigkeit.

Man kann kaum umhin, den Schluß zu ziehen, daß sowohl für die Deutschen wie für die Briten die Schlacht von Kreta die falsche Auseinandersetzung am falschen Ort zur falschen Zeit gewesen ist. Strategisch gesehen war die Insel den von Angreifern und Verteidigern gezahlten Preis nicht wert. Der Verlust der Insel durch die Briten hat schließlich die Lage im Mittelmeer-Mittelostraum auch nicht grundlegend verändert.

Angesichts der Nähe der griechischen Inseln, der italienischen Positionen im Dodekanes und der deutschen Eroberung des Balkan hätte Kreta für die Briten niemals ein nützlicher Stützpunkt oder auch nur ein vorgeschobener Posten von einiger Bedeutung sein können. Es lag zu dicht bei den feindlichen Stellungen. Die Briten hätten die horrenden Anforderungen einfach nicht durchhalten können, die ein Stützpunkt Kreta an sie in Form von fortgesetzten Verlusten an Schiffen und Flugzeugen gestellt hätte. Im Gegensatz zu Malta war Kreta als Insel zu groß, als daß es sich zur Festung geeignet hätte. Da Griechenland verloren war, hatte auch Kreta für die Briten keinen Wert mehr, und das hätte man eigentlich klarer sehen sollen.

Cunningham stellt klar, daß Kreta die Briten ungeheuer belastet hätte. »Wenn ich so zurückblicke, frage ich mich manchmal, ob der Verlust der Insel wirklich so gravierend gewesen ist, wie es damals den Anschein hatte ... Das Unterhalts- und Nachschubproblem wäre außerordentlich brennend geworden. Wir hätten unzweifelhaft eine größere Garnison haben müssen ... und dies hätte unsere ohnehin schmalen Bestände an Waffen, Munition und Ausrüstung im Mittelmeerraum noch stärker beansprucht.« (82)

Für die Deutschen erwies sich Kreta nach der Inbesitznahme eher als Verteidigungsbelastung denn als Angriffs-Sprungbrett. Die Insel hatte zwar einen gewissen natürlichen Wert als Flankenbedrohung für die britischen Seewege im östlichen Mittelmeer und als Stützpunkt für Bomber und Minenleger gegen den Suezkanal. Beide Aufgaben aber hätte man – wie es denn später auch geschah – sehr gut von Festlandsstützpunkten aus lösen können, die man leichter versorgen und unterhalten konnte als Kreta. Als Sprungbrett vor Zypern (Students Ambitionen) und der Levante hätte Kreta ein Glied in der strategischen Kette im östlichen Mittelmeer sein können. Aber Hitlers Augenmerk war ja auf Rußland gerichtet, und der Hauptweg in die Levante lag ohnehin in Nordafrika, wo Rommel bereits seine ersten Siege erfochten hatte. Im Kreta-Feldzug untermauerten die Deutschen nun ihren Sieg nicht, sondern setzten die Zersplitterung ihrer Truppen noch weiter fort. Hätte Hitler die Dinge wirklich der Reihe nach angepackt, dann wäre Malta und nicht Kreta der Schauplatz der deutschen Luftlandeeroberung geworden. Denn Malta war der Schlüssel zum zentralen Mittelmeer und zu jener Meerenge, durch die alle britischen Ost-West-Verbindungswege und alle deutsch-italienischen Nord-Süd-Nachschubrouten geführt werden mußten. Rommel und das Afrika-Korps stützten sich in erster Linie auf Nachschub, der auf dem Seewege herankam. Letzten Endes waren es britische Schiffe, Flugzeuge und Unterseeboote mit ihrem Operationsstützpunkt Malta (ebenso wie Nordafrika), die den sehr geringen Unterschied zwischen einem Rommel im Nildelta sowie an den Ufern des Suezkanals und einem Rommel aufzeigten, der sich in vollem Rückzug nach Tunesien befand.

Gegen Ende der Kampfhandlungen in Nordafrika benutzten die Deutschen alle möglichen Arten von Notbehelfen, eingeschlossen ein spezielles, für die Luftabwehr konstruiertes Konvoi-Begleitschiff, das dazu dienen sollte, Konvois nach Tunesien zu schützen. Sogar 1941, in den ersten 5 Monaten vor und während der Schlacht um Kreta, verloren die Italiener und Deutschen 31 Schiffe, insgesamt mehr als 100 000 Tonnen auf dem Weg nach Nordafrika. Überwasserschiffe, Unterseeboote und Flugzeuge und die Minen, die alle drei Waffengattungen legten, trugen zur Zerstörung bei, und in Malta lagen viele Schiffe, die die Niederlage Rommels beschleunigten.

Ohne Frage war Malta das geeignete Ziel für deutsche Luftlandetruppen. Wirklich hat auch Generaloberst Hans Jeschonnek, der Chef des Stabes der Luftwaffe, in einer Besprechung mit Hitler am 3. Februar 1941 die Besetzung Maltas als vordringlichste Aufgabe für das X. Fliegerkorps vorgeschlagen. In der Folge wurden Pläne für die Eroberung Maltas ausgearbeitet und Mitte März fertiggestellt, die die deutsche Marine begeistert begrüßte. In diesen Plänen war vorgesehen, die Haupteinheiten, die später in Kreta fochten, mit geringer italienischer Flottenunterstützung einzusetzen. Das I. Stukageschwader, das von Sizilien aus operierte, flog dann im Frühjahr 1941 auch tatsächlich Neutralisierungsangriffe auf Malta, bis es plötzlich nach Griechenland verlegt wurde, wo es nach Beginn der Schlacht um Kreta die dortigen Luftwaffeneinheiten verstärken sollte.

So wurde entschieden, Kreta zu nehmen und nicht Malta, das strategische Schlüsselobjekt im Mittelmeer. Vielleicht ist daher die Schlacht um Kreta – die falsche Schlacht zum falschen Zeitpunkt am falschen Ort – in einem negativen Sinne ausschlaggebend gewesen: vielleicht hat sie Ägypten gerettet. Vielleicht wurde sogar der Ausgang des Zweiten Weltkrieges entscheidend beeinflußt: die für den 15. Mai geplante Invasion Rußlands mußte um einen Monat verschoben werden, da der Balkanfeldzug noch nicht abgeschlossen war. Dieser eine Monat aber reichte, den deutschen Angriff im Winter steckenzulassen.

## *Kapitel 3*

## »DER FELSEN«

Dezember 1941 – 6. Mai 1942

*6. Mai (1942) 16.11 h Philippinen*

*Kriegsschauplatz: Dem Kriegsministerium wurde aus Corregidor gemeldet, daß der Widerstand unserer Truppen gebrochen ist. Die Kämpfe wurden eingestellt!*

In der amerikanischen Erinnerung werden Corregidor und Bataan für immer als Inbegriff schmerzvollen Stolzes leben.

Für die USA war die Manila-Bucht 1941 genau das, was sie ihnen seinerzeit im Kriege mit Spanien gewesen war – nämlich Mittelpunkt der amerikanischen Strategie im westlichen Pazifik. Hier lag der beste Hafen unter amerikanischer Flagge im Westpazifik; von ihm aus beherrschte man die Seewege, die in Nord-Süd-Richtung von Japan durch das Südchinesische Meer führen. Die Manila-Bucht war der Angelpunkt der amerikanischen Macht in Asien; in allen »Orange«-Plänen (den Krieg mit Japan betreffend) wurde die Bedeutung dieser Bucht unterstrichen.

In den zwanziger und dreißiger Jahren hatte man den kommenden Krieg gegen Japan stets als Seekrieg gesehen. Doch fast bis zum Ausbruch des Krieges gab es viele amerikanische Seestrategen, die sich die Sache immer noch wie eine Art Skagerrakschlacht vorstellten. Sie rechneten nach Kriegsausbruch mit einer Operation der amerikanischen Flotte in den Spinnweben japanischer Stützpunkte im Gebiet der Mandatsinseln (Marshall-, Karolinen- und Gilbert-Inseln) und einem Durchbruch in Richtung Philippinen. Irgendwo in diesem Gebiet, vielleicht in der Nähe des starken, geheimnisvollen japanischen Stützpunktes Truk, würde dann ein Seetreffen stattfinden, das den Verlauf des Krieges entscheidend beeinflussen würde. Eine japanische Niederlage auf See würde sodann den Entsatz der Philippinen und die Wiedereinrichtung des amerikanischen Stützpunktes in der Manila-Bucht gestatten, von dem aus Säuberungsaktionen durchgeführt werden könnten.

Der Erfolg derartiger Planungen schien in erheblichem Maße vom Vorhandensein eines geschützten Ankerplatzes für die Flotte in der Manila-Bucht abzuhängen, und auf dieser Annahme beruhte das amerikanische Konzept. Wenn die Streitkräfte der USA und der Filipinos die Halbinsel Bataan und die befestigten Inseln am Eingang der Manila-Bucht halten konnten und sie damit der Benutzung durch den Feind auf einen Zeitraum von drei bis sechs Monaten entzogen, wäre die Flotte, so glaubte man wenigstens, in der Lage gewesen, sich den Weg westlich von Pearl Harbor freizukämpfen und die Gesamtverteidigung zu entlasten und zu verstärken.

Morton notierte: »Nichts wurde im WPO-3 (War Plan Orange 3) über das gesagt, was nach einem Zusammenbruch auf Bataan geschehen sollte. Zu diesem Zeitpunkt – man setzte ihn etwa sechs Monate später an – hätte sich die amerikanische Flotte einen Weg quer durch den Ozean freigekämpft und einen Sieg über die Vereinigte Japanische Flotte errungen haben müssen. Die Verbindungswege wären dann gesichert ... und die philippinischen Garnisonen hätten, auf diese Weise entlastet, einen Gegenangriff führen und den Feind ins Meer werfen können.« (1)

Die Gültigkeit einer solchen Konzeption im Zeitalter des Luftkriegs ist stets bezweifelt worden. Das Netzwerk sich gegenseitig unterstützender japanischer See- und Luftstützpunkte im gesamten westpazifischen Raum, das sich wie ein Schild vor sämtliche Seezugänge zu den Philippinen legte und die unerhörte Kampfkraft Japans, die deutlich unterschätzt worden war, ließen alle Hoffnungen auf Entsatz der Philippinen zur Illusion werden. Und wirklich wurde die ursprüngliche Konzeption lange vor Pearl Harbor vollständig umgestaltet.

Ende 1940 und zu Beginn des Jahres 1941 gab es ungeachtet der ungeschriebenen Erwartungen von WPO-3 zwischen Heer und Marine in Washington zum mindesten ein stillschweigendes Einverständnis, daß die Philippinen verloren seien, wenn die Japaner zuschlügen, und daß die USA mit zwei oder mehr Jahren Krieg zu rechnen hätten, bis sie die Philippinen entsetzen könnten.

»Praktisch hatte man die Philippinen als ein Gebiet abgeschrieben, das in einem Krieg mit Japan nicht zu verteidigen war.« (2)

In Stabsbesprechungen mit den Briten hatte Washington sich

im US-British Commonwealth Joint Basic War Plan vom März 1941 bereits mit der Auffassung einverstanden erklärt, Deutschland sei als Kriegsgegner Nr. 1 und der Pazifik als Kriegsschauplatz zweiter Ordnung zu betrachten, solange Deutschland noch nicht niedergeworfen sei.

Im Sommer und Herbst 1941 aber änderte sich diese Haltung plötzlich. General MacArthur, der Ende Juli zum Oberbefehlshaber der amerikanischen Heerestruppen im Fernen Osten ernannt worden war und somit auch Kontrollmöglichkeiten über die Streitkräfte des Philippinischen Commonwealth hatte, war mit seinem ansteckenden und hier im höchsten Maße unangebrachten Optimismus und seiner Dynamik für die Akzentverschiebung in der Kriegsplanung verantwortlich. MacArthur war der Meinung, die USA sollten und könnten gegebenenfalls die gesamte philippinische Inselwelt halten, und er steckte das War Department mit diesem Enthusiasmus an. Als MacArthur in den aktiven Dienst zurückgerufen wurde, um den neuen Posten zu übernehmen, war er Militärberater des Philippinischen Commonwealth im Rang eines Feldmarschalls.

Als Berater hatte er Pläne für eine Verteidigung der Philippinen entworfen, die, als die Krise kam, im wesentlichen noch auf dem Papier standen. Die völlig theoretische Natur seiner Planung hat MacArthur jedoch nicht davon abhalten können, in weitschweifigen, übertriebenen Verlautbarungen, die typisch für ihn waren, eine große Verteidigungskraft anzukündigen, mit der man einen Feind abschlagen oder doch zumindest einen so hohen Preis fordern könne, der die Sache nicht wert sei. Besonders begeistert zeigte er sich über das philippinische Militärhospital. Doch im Sommer 1941, wenige Monate vor der Katastrophe, bestand die philippinische Armee zum größten Teil erst in seinen Träumen. Es mangelte an allem: Baracken, Lagergelände, Ausbildungsmöglichkeiten und Ausrüstung, vor allem aber am Kernstück einer jeden Armee, an ausgebildeten Offizieren.

»Als der Krieg kam, war nicht eine einzige Division völlig mobilisiert, und nicht eine einzige Einheit hatte volle Gefechtsstärke ... Die Disziplin ließ viel zu wünschen übrig ... An Ausrüstungsgegenständen aller Art herrschte bedenklicher Mangel ... Die Mannschaften schienen nur zwei Dinge ausgezeichnet zu beherrschen: wenn ein Offizier auftauchte, mit lauter Stimme

»Achtung« zu brüllen, aufzuspringen und zu salutieren, und drei Mahlzeiten am Tag zu verlangen.« (3)

Seine ganze Laufbahn hindurch war General MacArthur seiner eigenen Meinung und seiner persönlichen Geschichtsauffassung nach ein vom Schicksal ausersehener Mann; niemals zweifelte er an der Richtigkeit seiner eigenen Ansicht, und jeweils dort, wo er Dienst tat, lag seiner Auffassung nach der Aktionsschwerpunkt Amerikas. Er besaß außerdem die Fähigkeit, Dinge zu dramatisieren, zu vermitteln und andere zu überzeugen; seine starke Persönlichkeit, sein Charme und sein Dienstalter vermochten sowohl in Manila als auch in Washington manche seiner Untergebenen zu faszinieren.

Nun ging diese Akzentverlagerung in der amerikanischen Kriegsplanung vom Sommer 1941 nicht ausschließlich auf das Konto von MacArthurs Überredungskünsten.

General George C. Marshall, Stabschef der Army, eröffnete seinem Stab am 1. August, »es sei die Politik der Vereinigten Staaten, die Philippinen zu verteidigen«. Man nahm Pläne für eine militärische Verstärkung der Inseln in Angriff – und dies bedeutete eine glatte Umkehrung aller bisherigen Politik. Politischer Druck seitens der Philippinen, die öffentliche Meinung und – insbesondere – Fehlkalkulationen in Washington trugen zu diesem Wandel und zur nachfolgenden Stärkung der Philippinen bei.

Eine erhebliche Überschätzung der Möglichkeiten von Luftstreitkräften – eine Folge der Überredungskunst und Propagandaarbeit von General »Hap« Arnold, dem Chef der Luftstreitkräfte des Heeres, unterstützt von seinen glänzenden jungen Offizieren, die er eigens dazu bestimmt hatte, diese neue Art der Kriegführung zu kreieren und zu vertreten – muß hier als ebenfalls sehr folgenschwer vermerkt werden. Um die Mitte des Sommers 1941 wurden die Luftstreitkräfte auf den philippinischen Inseln erheblich verstärkt, und aufgrund der neuen, optimistischen Pläne hoffte das War Department, gegen März 1942 auf den Inseln eine zahlenmäßige Stärke von 165 schweren Bombern zu haben.

Die Lehren von Giulio Douhet und Alexander de Seversky wirkten im Sommer 1941 als erregende Stimulantien, und die Theoretiker der strategischen Luftkriegführung fanden für ihre

Ansichten offene Ohren. Selbst Leute mit fachlichem Urteilsvermögen und langer militärischer Erfahrung waren gegen diesen neuerstandenen Enthusiasmus nicht gefeit. In einer geheimen Pressekonferenz für sieben Washingtoner Korrespondenten am 15. November 1941 gab General Marshall eine gedrängte Darstellung der Fehleinschätzungen der damaligen Zeit.

Der Krieg mit Japan, so führte er aus, stehe unmittelbar bevor, doch sei die Stellung der Amerikaner auf den Philippinen höchst vorteilhaft. Unsere Kampfkraft auf den Inseln, so sagte er, sei viel größer, als sich die Japaner vorstellten. Wir bereiteten uns nicht nur auf die Verteidigung der Philippinen vor, sondern auch auf die Durchführung einer Luftoffensive gegen Japan von diesen Inseln aus. Auf den Philippinen stünden 35 Maschinen vom Typ B-17 (»Flying Fortress«), die *stärkste Konzentration von schweren Bombern in der ganzen Welt.* Man sei dabei, mehr Flugzeuge, Panzer und Geschütze auf die Inseln zu entsenden, die Kampfkraft der Philippinen wachse täglich. Sollte der Krieg beginnen, würden die B-17 unverzüglich die Flottenstützpunkte des Feindes angreifen und die »Papier«-Städte Japans in Brand setzen.

Obgleich die B-17 keine genügende Reichweite hatten, um nach Japan zu fliegen und anschließend noch zu den Stützpunkten auf den Philippinen zurückzukehren, sagte General Marshall mit der politischen Naivität, die damals für viele amerikanische Militärs kennzeichnend war, voller Optimismus, die Bomber würden bis ins russische Wladiwostok fliegen und von dort Pendelangriffe durchführen.

Bald werde die Produktion der neuen Bomber vom Typ Convair B-24 aufgenommen, sagte General Marshall, und diese Maschinen seien in der Lage, *höher zu fliegen als jeder japanische Abfangjäger.*

Dann zog der General in einer der verblüffendsten Fehlbeurteilungen der Geschichte die ganze Summe des damals herrschenden amerikanischen Optimismus. Er sagte, das War Department könne die Lage auf den Philippinen gegen Mitte Dezember als ziemlich gesichert betrachten; das Flugwetter über Japan sei gut, unsere hochfliegenden Bomber könnten rasch die schlimmsten Verheerungen anrichten. Wenn der Krieg im Pazifik beginne, *werde die Marine wohl kaum gebraucht werden;* die amerikani-

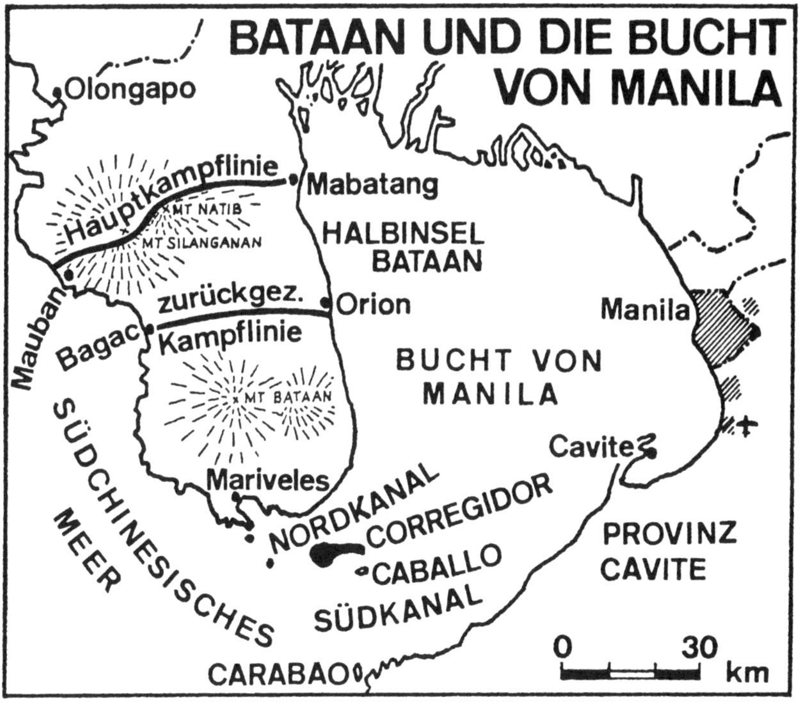
BATAAN UND DIE BUCHT VON MANILA
Olongapo
Hauptkampflinie
Mabatang
MT NATIB
MT SILANGANAN
HALBINSEL BATAAN
Mauban
zurückgez.
Kampflinie
Orion
Bagac
Manila
BUCHT VON MANILA
MT BATAAN
SÜDCHINESISCHES MEER
Cavite
Mariveles
NORDKANAL
CORREGIDOR
CABALLO
SÜDKANAL
PROVINZ CAVITE
CARABAO
0
30
km

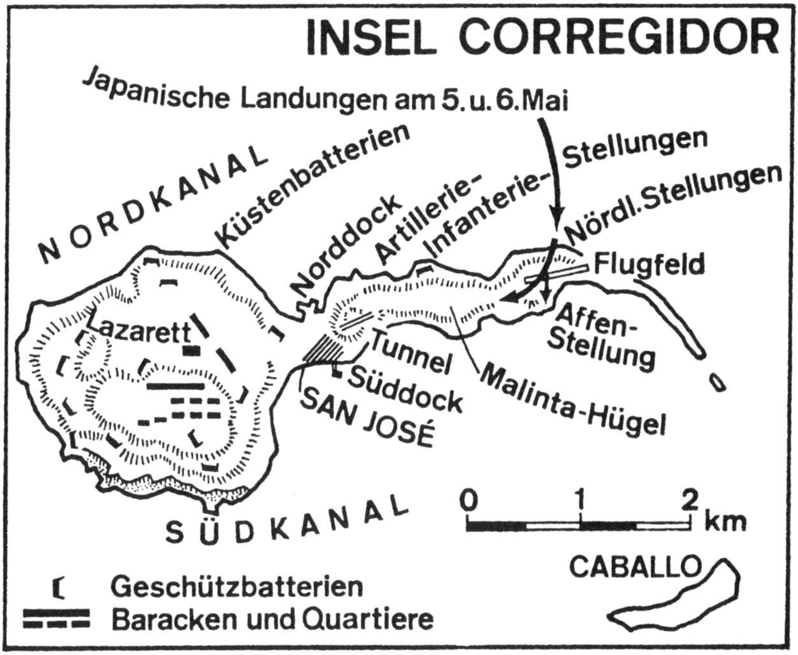
INSEL CORREGIDOR
Japanische Landungen am 5. u. 6. Mai
NORDKANAL
Küstenbatterien
Norddock
Artillerie-
Infanterie-
Stellungen
Nördl. Stellungen
Flugfeld
Lazarett
Tunnel
Süddock
SAN JOSÉ
Malinta-Hügel
Affen-Stellung
SÜDKANAL
0
1
2
km
CABALLO
Geschützbatterien
Baracken und Quartiere

schen Bomber vermöchten praktisch im Alleingang und als Stoßkeil eine siegreiche Offensive vorzutragen, *völlig ohne amerikanische Flottenunterstützung*. Die pazifische Flotte würde in Hawaii bleiben und damit dem Zugriff der japanischen Luftstreitkräfte entzogen sein.

Dem Verfasser sind von seinerzeit anwesenden Korrespondenten von Time/Life und Newsweek unbearbeitete Kopien des Marshall-Interviews zur Verfügung gestellt worden. Am 16. September 1949 schrieb der Verfasser an General Marshall und legte ihm die Grundzüge dieses Interviews dar, wie sie in den Kopien festgehalten waren, und erbat Marshalls Kommentar dazu. In einem Antwortbrief vom 21. September 1949 – der zu Lebzeiten des Generals nicht veröffentlicht werden konnte – erkannte Marshall an, daß die Kopien des Interviews seinem besten Wissen und Erinnern nach »anscheinend korrekt« waren.

»Wenn man es im Lichte späterer Ereignisse betrachtet, so waren, möchte ich meinen, vor allem drei Faktoren dafür ausschlaggebend, daß die (in dem Interview) angedeuteten Pläne zunichte wurden.

Zunächst die Tatsache, daß eine Bombergruppe, die die auf den Philippinen bereits zusammengezogenen »Flying Fortress«-Verbände nachhaltig verstärken sollte, ihren Abflug von Kalifornien wegen schlechter Windverhältnisse unerwartet verschieben mußte ... Meiner Meinung nach muß es sich um eine Verzögerung von annähernd 2½ Stunden gehandelt haben.

Weiterhin der Umstand, ... daß klar wurde, daß die Maschinen nicht die Reichweite hatten, mit der das Air Corps gerechnet hatte. Mit anderen Worten, wir waren, was diese Phase der Angelegenheit betrifft, viel zu optimistisch.

Der dritte Umstand war die Tatsache, daß die Flugplätze auf den Philippinen nicht für eine aufgelockerte Aufstellung der Maschinen ausreichten, wie auch die Flakabwehr, die damals gerade im Aufbau war, nicht genügte.

Und noch ein weiterer Faktor hätte sich auswirken können, wenn die Maschinen und die sie abschirmenden Jäger den Eröffnungsangriff überlebt hätten: die Schwierigkeit, fahrende und Zick-Zack-Kurs laufende Kriegsschiffe aus großer Höhe exakt zu bombardieren.«

Mit anderen Worten: General Marshall und das Air Corps der Armee hatten die Lehren von Douhet und Billy Mitchell gut verstanden, nicht aber die notwendigen Schlüsse gezogen.

Der Optimismus General Marshalls, abwechselnd von MacArthurs und »Hap« Arnolds Begeisterung genährt, wuchs aber auch auf dem Boden reinster Ignoranz. Einer Unwissenheit, die damals in der Armee weit verbreitet war: das mangelnde Wissen um das, was Luftkriegführung eigentlich bedeutete, ein Mangel an Verständnis für die Seekriegführung und eine astigmatisch verschwommene Einschätzung Japans.

Als die Japaner am 7. Dezember 1941 losschlugen, gab es auf den Philippinen nur zwei einsatzfähige Radarstationen, 35 schwere Bomber und vermutlich nicht mehr als 60 einsatzbereite Jäger erster Linie. Die zehn Reservedivisionen der Philippinischen Armee waren teilmobilisiert worden. Das waren über 1 000 000 Filipinos in einer Art Uniform, doch war den meisten die Kriegführung ziemlich unbekannt und gleichgültig. Die Truppenstärke der US-Army belief sich am 30. November auf 31 095 Mann, darunter nahezu 12 000 philippinische Scouts, eine gutausgebildete Elite-Spezialtruppe der regulären Armee (philippinische Mannschaften und Unteroffiziere, hauptsächlich von amerikanischen Offizieren geführt). (4)

Aber das Navy Department, das den Optimismus des War Department in bezug auf die Verteidigungsfähigkeit der Philippinen nicht teilte, konnte der Asiatischen Flotte keine Verstärkung zusagen. Es gab sogar noch zu einem solch späten Termin wie dem 20. November Admiral Thomas C. Hart, dem Befehlshaber dieser Flotte, den Befehl, seine Verbände, wie im Kriegsplan vorgesehen, in südlicher Richtung auseinanderzuziehen und nicht in der Manila-Bucht zu sammeln, was Admiral Hart vorgeschlagen hatte.

Der Admiral wußte ebenso gut wie General MacArthur, daß kein Entsatz der Philippinen vorgesehen war, solange die amerikanische Pazifische Flotte noch nicht Schritt für Schritt durch die Karolinen- und Marshall-Inseln vorgestoßen und bei Truk einen vorgeschobenen Stützpunkt erobert hatte. Diese Konzeption wurde im Plan »Rainbow 5« dargelegt, einer Globalplanung, die in Zusammenarbeit mit den Briten erstellt worden war und davon ausging, daß die USA Krieg sowohl gegen die Japaner als auch gegen die Deutschen führten, und in der der veraltete Plan »Orange I« für den ozeanischen Krieg auf einen neueren Stand gebracht wurde. »Rainbow 5«, kurz vor dem Angriff auf Pearl Harbor fertiggestellt, verlangte eindeutig eine Verteidigungsstrategie im Pazifik und »nahm (zumindest implicite) den Verlust der Philippinen sowie der Inseln Guam und Wake hin«. (5) Zu Anfang wurde festgestellt, daß die Vereinigten Staaten nicht beabsichtigten, ihre militärische Kampfkraft im Fernen Osten zu erhöhen; doch wurde der Plan im November 1941 aufgrund der neuen und optimistischen Haltung der Heeresleitung in Washington in Manila revidiert und autorisierte nunmehr offensive Luftoperationen mit dem Ziel einer Unterstützung der strategischen Verteidigung.

Sowohl im Orange-Plan wie in »Rainbow 5« hatte man daran gedacht, die philippinische Verteidigung konzentriert um den Eingang der Manila-Bucht zu gruppieren, doch sah General McArthur in seinen Philippine-Commonwealth-Plänen die Verteidigung des gesamten Archipels vor – ungeachtet der Tatsache, daß dieser Plan nicht vor 1946 verwirklicht werden konnte, weil den Philippinen erst in diesem Jahre politische Unabhängigkeit gewährt werden sollte.

Für die Japaner war die Einnahme der Philippinen nur ein Teilstück ihres ehrgeizigen Eroberungsprogramms, welches dem Inselreich die Vorherrschaft im Westpazifik und in Asien sichern sollte. Der potentielle Reichtum Malayas und Indonesiens sowie Sicherstellung des Nachschubs an Öl und Gummi war wirtschaftliches und Hauptkampfziel der japanischen Planung. Durch den Überraschungsangriff auf Pearl Harbor sollte die amerikanische Flotte bewegungsunfähig gemacht werden; sodann wollten die Japaner die vorgeschobenen Inselstützpunkte Guam und Wake einnehmen und zugleich amerikanische, britische und holländische Stellungen angreifen. Vorgesehen für die Invasion der Philippinen war die 14. Armee unter Generalleutnant Masaharu Homma, die anfangs aus der 16. und 48. Division und der 65. Brigade bestand. Sie wurde unterstützt von der 5. Fliegergruppe der japanischen Armee, der 11. Luftflotte der japanischen Marine und der japanischen 3. Flotte.

Durch Schläge aus der Luft, unterstützt durch vorbereitende Landungen zur Einnahme von Stützpunkten, sollten die Luftstreitkräfte der USA auf den Inseln zerschlagen werden. Großangelegte Landungsoperationen in der Lamon-Bucht und am Golf von Lingayen auf Luzon sowie bei Davao auf Mindanao ermöglichten nach Ansicht Tokios eine rasche Eroberung. Man rechnete damit, daß die US-Streitkräfte auf Luzon ihren Hauptwiderstand – zugleich auch den letzten – rund um Manila leisten würden.

»Das Kaiserliche Große Hauptquartier ... erwartete, daß General Homma seine Mission in ungefähr 50 Tagen durchführte; am Ende dieses Zeitraums sollte annähernd die Hälfte der 14. Armee die Philippinen verlassen und in andere, wichtigere Bereiche verlegt werden ... Man rechnete nicht mit größeren Schwierigkeiten.« (6) Doch weder für Sieger noch für Besiegte verläuft der Krieg jemals nach Plan.

Ausmaß, Schnelligkeit, Durchschlagskraft und Intensität der japanischen Überraschungsangriffe überraschten die Welt. Der Angriff auf Pearl Harbor vernichtete viele Schlachtschiffe der amerikanischen Pazifikflotte und wirkte auf Amerika zuerst niederschmetternd, dann aber einigend.

Im Westpazifik »führten japanische See- und Luftstreitkräfte in den frühen Morgenstunden des 8. Dezember (dem 7. Dezember östlicher Länge) fast zur gleichen Zeit Schläge gegen Kota Bharu in Britisch Malaya (1.40 h), Singora, dicht hinter der thailändischen Grenze (3.05 h), Singapur (6.10 h), Guam (8.05 h), Hongkong (9.00 h), Wake und die Philippinen«. (7)

Für die Japaner waren Malaya, Singapur und Indonesien Ziele erster Ordnung; die Philippinen waren vorerst zweitrangig. Der Feind war vom Aufmarsch der amerikanischen Luftstreitkräfte auf den Inseln stark beunruhigt worden. Die Japaner waren informiert worden, die USA hätten auf den Inseln 900 Flugzeuge, doch gewann ein japanischer Bildaufklärer, der anscheinend in einer solchen Höhe operierte, daß er niemals entdeckt wurde, in den letzten Novembertagen die Schlacht um die Philippinen für die Japaner, ohne daß ein Schuß gefallen wäre. Das japanische Flugzeug ortete und fotografierte die wichtigsten Flugzeugkonzentrationen der Amerikaner auf den Inseln. Daraufin verminderten die Japaner ihre Schätzungen auf 300 Maschinen und arbeiteten sorgfältig Pläne aus, die US-Luftwaffe in den frühen Morgenstunden des 8. Dezember am Boden zu zerstören. Es kam jedoch schlechtes Wetter dazwischen, und so wurden die ersten eigentlichen Bombenangriffe am 8. Dezember zwischen 12 und 13 Uhr und nicht in der Dämmerung geflogen. Es nahmen nur 192 Maschinen teil, sämtlich Langstreckenmaschinen der Marine, die auf Formosa stationiert waren, und doch war das Resultat das gleiche – beispiellose Verwirrung und Zerstörung der abgestellten amerikanischen Maschinen. Der Feind nutzte seinen Anfangserfolg unverzüglich und stieß von Formosa mit weiteren Angriffen nach, immer abgesichert durch Kurzstreckenflugzeuge der japanischen Armee, die auf anderen, bei der ersten Invasion eroberten Flugplätzen stationiert waren.

Der japanische Erfolg, ein Ergebnis aus Überraschung, sorgsamer Ausbildung und der übertriebenen amerikanischen Siegeszuversicht, war erstaunlich. Am ersten Tage wurden die amerikanischen Luftstreitkräfte auf den Philippinen, an die so viele Hoffnungen geknüpft waren, tödlich getroffen. Am Ende der ersten Kriegswoche war die Luftstreitmacht der USA auf den Inseln von den Japanern (bei eigenen Verlusten von insgesamt 30 Maschinen) fast völlig zerstört worden. Die Flottenstützpunkte bei Cavite, Mariveles und Olongapo (Subic-Bucht) waren bombardiert worden; die meisten noch bewegungsfähigen Einheiten der Asiatischen Flotte waren in südlicher Richtung geflüchtet, und die Japaner beherrschten damit Luft und Meer.

Auf Schläge aus der Luft folgte bald die Invasion zu Lande. Der Invasionsbefehl hatte Generalleutnant Homma am 20. November 1941, achtzehn Tage vor Pearl Harbor, auf Formosa erreicht, doch die Ausbildung für die Invasion hatte bei den japanisch-formosanischen Truppen bereits im März 1941 begonnen.

Die japanische 2. Flotte unter Vizeadmiral Nobutake Kondo, zur Unterstützung der Operationen im südwestlichen Pazifik vorgesehen, sammelte sich in der japanischen Inlandsee Mitte November, lief am 23. 11. aus und stieß nach Formosa vor, wo sie das Stichwort »D-Day« erhielt. Diese Flotte (die Flottenorganisation der japanischen Marine war flexibel und ließ die unterschiedlichsten Verbandsstärken zu) bestand anfangs aus den Schlachtschiffen »Haruna« und »Kongo« sowie den schweren Kreuzern »Takao«, »Atago«, »Chokai« und »Maya«, wurde jedoch für diese Operation von weiteren Kreuzern und leichten Schiffen unterstützt. Die Hauptstreitmacht, die nur allgemeine Unterstützungsaufgaben übernahm, bestand aus den beiden Schlachtschiffen, zwei schweren Kreuzern und vier Zerstörern. Der taktische Verband »Philippinen«, in vier gemischte Kampfverbände für Nahunterstützung, Transportgeleitschutz und andere Aufgaben gegliedert, bestand aus sechs schweren Kreuzern, drei leichten Kreuzern, 46 Zerstörern und Hilfsschiffen. Die 11. Luftflotte, deren Kommandozentrale in Takao auf Formosa lag, unterstützte die Philippinen-Operation mit nahezu 300 Flugzeugen, die auf Formosa stationiert und landgebunden waren. Ungefähr 150 Maschinen des japanischen Heeres mit Standort Formosa unterstützten die Operationen im philippinischen Raum ebenfalls, doch konnten diese Heeresmaschinen ihrer geringen Reichweite wegen solange nicht über Zentral-Luzon oder dem Manila–Bataan–Bereich operieren, wie auf den Philippinen selber noch keine Luftstützpunkte erobert waren. Nach der Invasion wurden Einheiten der Luftstreitkräfte des Heeres von Formosa nach Laoag und Vigan verlegt, doch waren die Flugplätze dort nicht zu gebrauchen, so daß die japanischen Maschinen später auf den eroberten Flughäfen Clark Field und Nichols Field stationiert wurden.

Die japanische 3. Flotte, die aus den eigentlichen Transport- und Nachschubschiffen (ungefähr 60), Minenräumern, Invasionstruppen und Unterstützungseinheiten der Marine bestand, war, mit dem schweren Kreuzer »Ashigara« als Flaggschiff, auf Formosa und Palau stationiert. Der Teil dieses Flottenverbandes, der die Invasion Nordwest-Luzons durchführte, verließ Formosa in der Frühe des 10. Dezember und landete am ersten Tage bei Aparri. Rasch folgte eine weitere Landung bei Vigan. Es gab praktisch keine Gegenwehr, abgesehen von vereinzelten Angriffen einiger weniger amerikanischer Flugzeuge, die die Aparri-Landungsverbände einen versenkten und einen beschädigten Minenräumer und die Vigan-Landeverbände einen Unterseebootjäger und einen versenkten Truppentransporter kosteten.

Voreilig stellten die USA die Behauptung auf, Captain Colin Kelly jr. habe mit seinem B-17-Bomber die »Haruna« versenkt – und posthum verlieh man dem Hauptmann das »Distinguished Service Cross«. Allein, die »Haruna« wurde erst drei Jahre später gegen Kriegsende bei Kure (Japan) versenkt und ist seinerzeit nicht einmal angegriffen worden. Sie befand sich bei den Unterstützungsverbänden der 2. Flotte, weit von der philippinischen Küstenlinie entfernt. Vielleicht hat Kelly den schweren Kreuzer »Ashigara« bombardiert, der jedoch nicht beschädigt wurde.

Von Palau führten die Streitkräfte die Invasion Südost-Luzons (die Japaner landeten am 11. Dezember bei Legaspi) und Mindanaos durch, und am 22. Dezember fand – wie erwartet – die größte japanische Landung im Golf von Lingayen statt.

Die amerikanischen Truppen waren im Hinblick auf Mannschaftsstärke, Ausrüstung und Ausbildung für die Verteidigung der langen Küstenlinie von Luzon hoffnungslos unterlegen. Viele der feindlichen Landepunkte waren vorausgesehen worden, doch ihre Anzahl, die Zeitpunkte der Landungen und die Umfassungsoperation im Norden drängten die kleine amerikanische Streitmacht in eine strategisch aussichtslose Position. Dies ganz besonders, da sich die Verteidigung der Philippinen in erster Linie auf die philippinische Armee stützte, die zwar zahlenmäßig groß, aber von geringer Effektivität war. Die meisten Soldaten hatten nur eine $5^1/_2$monatige Ausbildung genossen; viele Einheiten wurden gerade erst mobil gemacht, als die japanischen Angriffe schon liefen. Das Offizierskorps war zahlen- und ausbildungsmäßig mangelhaft, es fehlte an Ausrüstung, und die Vorstellungen der Filipinos von militärischer Disziplin waren rudimentär. Die meisten japanischen Landungen fanden keine Gegenwehr, und viele der Filipino-»Divisionen«, von denen man sich so viel versprochen hatte, versickerten buchstäblich in den Hügeln – manche wurden zu Guerillas, die meisten aber kehrten einfach nach Hause zurück.

Um Weihnachten herum waren die japanischen Hauptlandungen ohne Schwierigkeiten gegen eine schwache und schlecht organisierte Gegenwehr durchgeführt worden. Weder Verstärkungen noch Nachschubgüter erreichten die Philippinen, MacArthur und seine zusammengewürfelte Truppe waren abgeschnitten und sahen sich einer immer weiter ausgedehnten japanischen Eroberung gegenüber. Und auf Luzon hatte der General – schließlich doch überzeugt von der unzureichenden Kampfkraft der philippinischen Armee – bereits den Rückzug nach Bataan angeordnet.

Es wurde ein ungeordneter, aber doch erfolgreicher Rückzug; von den Einheiten der philippinischen Armee einmal abgesehen, die einfach im Busch verschwanden. Aber die Kerntruppe der amerikanischen Berufssoldaten und die sehr gut ausgebildeten und außerordentlich loyalen »Philippine Scouts« schlugen sich vorzüglich auf dem Rückmarsch, als sich die bedrängten US-Truppen auf der Halbinsel Bataan sammelten.

Corregidor, die kaulquappenförmige Insel im Eingang zur Manila-Bucht vor Bataan, wurde zum Hauptstandort für alle amerikanischen und philippinischen Streitkräfte auf dem Archipel, sowie Sitz von Manuel L. Quezon, dem Präsidenten des Philippinischen Commonwealth und dem Hochkommissar Francis B. Sayre. Truppen, Vorräte und Ausrüstung sowie Nahrungsmittel flossen in raschem, wenn auch häufig unterbrochenem Strom von Manila und anderen Orten auf Luzon zu Wasser und zu Lande nach Corregidor. Gegen Ende der ersten Woche des Jahres 1942 war Manila, die langjährige Hauptstadt der Philippinen und der Stolz der amerikanischen Macht im Pazifik, in der Hand des Feindes, und alle organisierten Truppenverbände der USA auf Luzon drängten sich auf der Halbinsel Bataan und den befestigten Inseln am Eingang der Manila-Bucht zusammen.

Die Garnisonen machten sich zur Entscheidungsschlacht bereit; aber sie wußten noch nicht, daß jede Hoffnung auf Entsatz bereits geschwunden war. Überall triumphierten die Japaner – überall befanden sich die Alliierten in der Defensive. Die schützende Decke der amerikanischen See- und Luftstreitkräfte streckte sich und wurde immer dünner. Die ganze Welt befand sich im Kriege, und so waren die Philippinen nur ein sekundärer Kriegsschauplatz. Die wenigen, aber kostbaren Bestände an Schiffen, Flugzeugen, Mannschaften und Geschützen konnten nicht für eine vage Hoffnung aufs Spiel gesetzt werden. Die Inseln waren abgeschrieben.

80 000 Mann und 26 000 Zivilflüchtlinge – die meisten von ihnen Filipinos – drängten sich auf Bataan zusammen (8). Eigentlich waren in den Plänen nur 43 000 vorgesehen. Statt auf der Halbinsel Vorratslager für 6 Monate anzulegen, hatte man Lebensmitteldepots und Ausrüstungslager an das ganze Invasionsufer und andere Orte auf Luzon verlagert. Sie sollten MacArthurs »Plan zur letzten Stunde« zur Verteidigung der gesamten Philippinen abstützen.

Jahrelang hatten unsere »Orange-Kriegspläne« den Rückzug nach Bataan und auf die befestigten Inseln am Eingang zur Manila-Bucht vorgesehen, doch im Dezember 1941 gab es auf der Halbinsel nicht einmal Feldbefestigungen, und der Flottenabschnittsstützpunkt bei Mariveles, nahe der Inselspitze, war noch längst nicht fertiggestellt. Obgleich die Philippinen in der Nähe der größten Chininerzeugungsgebiete der Welt liegen, herrschte in den Heeresapotheken auf Luzon Mangel an dieser Droge. Es gab keine Moskitonetze, Zeltbahnen oder Decken; Uniformen,

Kleidungsstücke und Schuhe waren knapp. Die philippinischen Rekruten sahen wie Landstreicher aus.

Die Folgen waren katastrophal: Nahrungsmittel hatte man nur für 20 bis 50 Tage (je nach Artikel: 20 Tage Reis, 50 Tage Büchsenfleisch und Fisch etc.), Benzin mußte genau rationiert werden. Kurz, es gab nichts in ausreichender Menge.

Corregidor, auf dem lange Zeit eine Garnison gelegen hatte und das mit Küstenartillerie, Stabs- und Versorgungstruppen belegt war, hatte schon seit längerem Lebensmittelvorräte angelegt. Diese Vorräte wurden kurz vor Weihnachten durch Lieferungen aus Manila ergänzt und reichten nunmehr theoretisch aus, 10 000 Mann 6 Monate lang zu verpflegen. Nun aber war die militärische und paramilitärische Bevölkerung des »Felsens« um eine Reihe von hohen und höchsten Stäben und Regierungsstellen angeschwollen. Der abgewandelte Churchill-Satz »nie zuvor in der menschlichen Geschichte sind so wenige von so vielen kommandiert worden«, der später auf die alliierten Befehlsstellen in Nordafrika angewendet werden sollte, hätte damals auch für die USAFFE (United States Army Forces in the Far East) und für Corregidor gelten können. Verstärkung erschien nur im 4. Marineinfanterieregiment unter Oberst Samuel Howard, das aus Shanghai evakuiert worden war und die Kampfkraft beträchtlich erhöhte, zumal es seine eigene Verpflegung mitbrachte. Dennoch wurde auf Corregidor fast vom ersten Tage an rationiert – zwei Mahlzeiten täglich waren die Regel. So begann das langsame Sterben ohne Hoffnung auf nahe oder ferne Hilfe.

Corregidor, eine zerklüftete Felseninsel mit drei hohen Bergmassiven, deren höchstes sich bis zu 170 Metern erhebt, und einem niedrigen Kaulquappenschwanz im Osten, ist annähernd 6,5 Kilometer lang und mißt an den breitesten Stellen 2,5 Kilometer. Zu Beginn der Belagerung war die Insel mit tropischem Pflanzenwuchs besetzt und hob sich grün vom Hintergrund der Manila-Bucht ab. Bei Ausbruch des Krieges war der »Felsen« eine berühmte Festung, doch war diese Festung zu einer Zeit angelegt worden, als das Flugzeug noch keine Bedrohung darstellte, und wie im Falle Singapur hatten auch die Erbauer Corregidors angenommen, daß ein Großangriff immer von See aus und nicht von den nahen Ufern Bataans her geführt werden würde. Die Geschütze waren daher für die Abwehr von Kriegsschiffen in Stellung gebracht, aber gegen Landziele kaum wirkungsvoll einzusetzen.

Auf dem Papier hatte Corregidor eine beachtliche Verteidigungskapazität, die in mancher Hinsicht tatsächlich imposant war. Die Batterien waren Anlagen aus dem 1. Weltkrieg und bestanden aus insgesamt 56 Küstenartilleriegeschützen und Mörsern, 24 3-Zoll-Flaks und 48 Maschinengewehren (Kaliber 0,50). Diese Geschütze waren hinter betonierten Außenwerken, in offenen Mulden oder hinter Sandsackbarrieren in Stellung gebracht, ungeschützt gegen Luftangriffe. Außerdem gab es acht 12-Zoll-Geschütze und zehn 12-Zoll-Mörser sowie viele Geschütze kleineren Kalibers, aber keine Leuchtspurgeschosse für Nachtgefechte und nur wenige hochbrisante Geschosse, die man gegen Landziele einsetzen konnte. Mechanische Zünder für die hochexplosiven 3-Zoll-Flakgeschosse waren außerordentlich knapp. Und die Flugabwehrkanonen arbeiteten mit einem veralteten Feuerleitsystem, sie waren zu kleinkalibrig, zu alt und zu gering an Zahl, um sie gegen hochfliegende Bomber wirkungsvoll einzusetzen.

Das berühmte Tunnelsystem von Corregidor bot für Vorräte, Munitionsdepots, Fernmeldeeinrichtungen, Befehlszentralen und Lazarette unter der Erde bomben- und beschußsichere Unterbringungsmöglichkeiten. Der Malinta-Tunnel, 420 Meter lang, 9 Meter breit, war unter einem vorausschauenden General durch das 120-Meter-Massiv des Malinta-Berges getrieben worden und stellte einen geschützten Verbindungsweg zwischen dem östlichen und westlichen Teil der Insel dar. In ihm verkehrte eine kleine elektrische Eisenbahn. Vom Haupttunnel gingen Querstollen ab, und ein getrenntes Netz von Verbindungsstollen bot Unterkunft für Krankenbetten, Quartiermeisterdepots, Befehlsstellen, Treibstofftanks etc. Der schwache Punkt war die Frischluftversorgung – auf den feucht-heißen Philippinen konnte die Luft in den Tunnels, wenn sich die Menschen in ihnen zusammendrängten, einfach zum Ersticken sein.

Eine der größten Schwächen der Insel war die schlechte Wasserversorgung. Es gab zwar an die 21 Brunnen, doch konnte man die Bevölkerung in Krisenzeiten aus ihnen nur unzureichend versorgen. Einen großen Teil der Wasserversorgung mußten zu Beginn des Krieges Lastkähne übernehmen, die Wasser von Sisiman Cove auf Bataan heranschafften.

Die Hauptwasservorräte der Insel, die aus einem tiefen artesischen Brunnen gepumpt und in einem Reservoir gespeichert wurden, mußten über ein Röhrensystem zu verschiedenen Zapfstellen am »Felsen« weitergepumpt werden. Pumpstation und Kraftwerk, beide selbst unter günstigen Bedingungen für Corregidor kaum ausreichend, wurden häufig beschädigt und waren oft außer Betrieb; auch wurde die Wasserleitung selbst immer wieder undicht. Auf dem Malinta baute man einige hölzerne Wasserbehälter, die bei Ausfall der Wasserversorgung die Lazarett-Seitenstollen des Tunnels beliefern konnten. In den letzten Wochen wurde einer dieser Holztanks zerstört.

Noch schwächer aber war die Stromversorgung der Insel – ein einziges, exponiert liegendes Kraftwerk mußte ausreichen, Wasser aus den Brunnen zu pumpen, die Tunnelbelüftung und die Eisenbahn in Gang zu halten, die Vorräte an leicht verderblichen Lebensmitteln zu kühlen und die Küstenbatterien auszufahren und zu richten. Das Kraftwerk lag auf »Bottomside«, einem schmalen, sich nur sehr wenig über den Meeresspiegel erhebenden Areal, das gegen Bombenangriffe nicht geschützt war. Das Kraftwerk konnte den Anforderungen nicht gerecht werden, weil es zu klein war, außerdem waren Strom- und Fernmeldeleitungen oberirdisch oder zu wenig tief in der Erde verlegt worden, so daß sie dauernd von feindlichen Granaten unterbrochen wurden.

Die Corregidor umgebenden »Satelliten«-Inseln waren in mancher Hinsicht sogar noch besser befestigt als der »Felsen«, wenngleich jedes einzelne dieser Inselchen so schmal war, daß kaum Hoffnung bestand, eines allein könnte ohne Unterstützung von Corregidor eine lange Belagerung durchstehen. Fort Hughes auf der Caballo-Insel hatte ganze 11 Küstenartilleriegeschütze, darunter zwei 14-Zoll-Geschütze und vier 12-Zoll-Mörser und eine Batterie mit vier 3-Zoll-Flaks. Fort Frank auf der Insel Carabao, einem kleinen Eiland mit steil abstürzenden, 30 Meter hohen Klippen, das ungefähr 400 Meter von Cavite Province entfernt liegt, verfügte über zwei 14-Zoll- und acht 12-Zoll-Mörser sowie Batterien kleineren Kalibers. Fort Drum auf der Insel El Fraile wurde das »Schlachtschiff aus Beton« genannt und war die stärkste aller Befestigungsanlagen in der Manila-Bucht. Man hatte die Spitze der kleinen Insel abgetragen und vier 14-Zoll-Geschütze in Panzertürmen montiert, die von dicken Betonmassen geschützt wurden und die Seezufahrten bestrichen. Auch kleinere Küstenartilleriegeschütze wurden durch Betonmauern mit Stahlbewehrungen in Stärken von 6 bis nahezu 12 Metern gesichert. Mit seinen auch von oben gesicherten Geschützstellungen und – sogar – einem stählernen Beobachtungsmast konnte Fort Drum als »uneinnehmbar« gelten.

Die Verteidigung Bataans, eng koordiniert mit der Verteidigung der befestigten Inseln, wurde von General MacArthur von seiner Kommandozentrale auf Corregidor über einen vorgeschobenen Gefechtsstand geführt.

Eine 32 Kilometer lange »Haupt-Kampflinie« erstreckte sich über die Halbinsel von Mabatang, getrennt durch die wilden Bergmassive des Mount Natib und Mount Silanganan bis nach Mauban an der Küste des Südchinesischen Meeres. Generalmajor Jonathan Wainwright kommandierte das I. Philippinische Korps im Westen, Generalmajor George M. Parker jr. das II. Philippinische Korps im Osten. Wainwrights Truppen von insgesamt nahezu 22 500 Mann umfaßten drei philippinische Heeresdivisionen, Teile einer weiteren Division, das 26. Kavallerie-Regiment (Philippine Scouts), das bei der Abschirmung des Rückzuges nach Bataan schwere Verluste erlitten hatte, und andere gemischte Einheiten sowie leichte Artillerie. Parkers II. Korps bestand aus 4 philippinischen Heeresdivisionen, einiger Artillerie und einem Regiment Philippine Scouts, zusammen 25 000 Mann.

Den größten Teil dieser Verteidigungsstreitmacht stellten die halbausgebildeten und schlecht ausgerüsteten Filipinos. Die Philippinische Division, eine Einheit des stehenden amerikanischen Heeres, war die beste Truppe MacArthurs. Sie bestand aus einem Regiment – dem 31. Infanterieregiment – mit amerikanischen Offizieren und Mannschaften, zwei Regimentern der Philippine Scouts mit Artillerieunterstützung sowie weiteren Einheiten der Philippine Scouts. Die Division, die vor Beginn der Kämpfe aus über 10 470 Offizieren und Soldaten bestanden hatte, war anfangs ausschließlich von amerikanischen Offizieren geführt worden und verfügte insgesamt über 2056 US-Berufssoldaten. Der Rest waren Filipinos. Diese Truppen und ein paar kleine US-Heereseinheiten, die die Philippinen noch vor Ausbruch der Feindseligkeiten erreichten, waren das wahre Rückgrat dieser Verteidigungsstreitmacht.

Allein, es war ein schwaches Rückgrat. Denn die Gefechtsstärke der amerikanischen Infanterie auf Bataan – ein Regiment – belief sich nur auf ungefähr 2000 Mann, aufgefüllt durch 4300 Filipinos des 45. und 57. Philippine-Scout-Regiments, ungefähr 300 Mann des unterbesetzten 43. Infanterieregiments und des 26. Kavallerieregiments, das ursprünglich aus über 842 Offizieren und Mannschaften bestanden, aber bei der Deckung des Rückzugs nach Bataan beachtliche Verluste erlitten hatte. So konnte General McArthur nur auf weniger als 6000 verläßliche und gutausgebildete Infanteristen zählen, die allerdings durch eine amerikanische MP-Kompanie und zwei Panzerbataillone mit überwiegend amerikanischer Mannschaft verstärkt wurden.

12 Kilometer hinter der vorderen Hauptkampfstellung befand sich, zwischen dem Orion-Gebiet und Bagac, die »Rückwärtige Hauptkampfstellung«, die eigentlich als Hauptverteidigungslinie der Halbinsel gedacht war. Diese Stellungen waren aber nicht fertig ausgebaut, und während die vordere Linie gehalten wurde, sollten Reservetruppen die rückwärtige Linie ausbauen. Am äußersten Ende der Halbinsel befanden sich Nachschub- und Versorgungskommandos, Lazarette, Unterstützungs- und Instandsetzungseinheiten etc.

Corregidor und seine vorgelagerten Inseln hatten buntgemischte Garnisonen. In der Vorkriegszeit hatte sich die Gefechtsstärke der Inseltruppen auf nicht mehr als 6000 Mann belaufen. Alle waren, bis auf 1500 Philippine Scouts, Amerikaner. Dieses Kader aber war durch den Zustrom von Stabs- und Versorgungstruppen angeschwollen: jetzt gehörte das 4. Regiment der Marineinfanterie dazu, Matrosen, Krankenschwestern, Filipinos, eine Militärpolizeikompanie, Feldzugkompanien, Pionierkompanien, eine Versorgungsabteilung und viele andere Teile und Grüppchen brachten die Stärke der Besatzung auf 9–10 000 Mann.

Die ersten Angriffe auf Corregidor erfolgten bereits, bevor die Kommandostellen sich in ihrer neuen Umgebung richtig »eingenistet« hatten. Bei einem schweren Bombenangriff am 29. Dezember – dem ersten von über 300 Angriffen auf Corregidor – flogen die »Middleside Baracks« in die Luft, in denen die 4. Marines, verstärkt durch Marine-Abteilungen aus den aufgegebenen Stützpunkten Olongapo und Cavite, lagen. Dabei wurde ein Mann getötet und einer verwundet. Die Marineinfanteristen verteilten sich daraufhin auf die Uferbefestigungen überall auf dem

»Felsen« und lebten von da ab bis zum Ende in kleinen Trupps in Schützenlöchern, Bunkern und Tunnels dicht bei ihren Geschützen.

Vom 29. Dezember bis zum 6. Januar wurde der »Felsen« nahezu täglich bombardiert; die Batterien Smith (12-Zoll-Geschütze auf Geschützbanklafetten) und Way (12-Zoll-Mörser) wurden beschädigt; Vorratslager wurden zerstört oder brannten aus; die kleine Eisenbahn der Insel wurde unbrauchbar. Viele Gebäude wurden zerstört, und Telefon- und Fernmeldeleitungen, die eigentlich tief im Boden hätten liegen müssen, wurden immer wieder von Sprengstücken und Splittern getroffen. Kaum hatte man den von einem Bombardement angerichteten Schaden behoben, da erfolgte schon der nächste Angriff und unterbrach wieder alle Verbindungen.

Die Japaner flogen oft oberhalb der Reichweite der 3-Zoll-Flaks. Man hatte bestenfalls ein paar Sekunden Zeit, um sie zu erwischen. Aber die Kanoniere feuerten unermüdlich, um die Kampfmoral nicht sinken zu lassen, und gelegentlich stürzte wirklich ein japanischer Bomber in die Bucht oder verschwand mit einer Rauchfahne hinter den Hügeln des Festlandes.

Die genaue Anzahl der von Artilleristen auf Corregidor abgeschossenen japanischen Maschinen ist umstritten. Manche Fachleute behaupten, daß es sich um eine zweistellige Zahl handle; aber nur wenige haben mehr als ein oder zwei Flugzeuge am Boden zerschellen sehen. Leutnant Robert F. Jenkins jr., damals Zugführer des 2. Zuges der 4. Marines, gibt in seinem Bericht an: »An einem Tage flog ein großer Schwarm zweimotoriger japanischer Bomber Corregidor an. Sie hatten ihre Bomben über der Südseite der Insel abgeladen und flogen jetzt Bataan an. Sie waren genau über uns, als die ersten Flakgranaten in ihrer Mitte zerbarsten. Wir beobachteten, wie sich eine Tragfläche einer der Maschinen plötzlich löste und die Maschine zu Boden trudelte. Ein unerhörtes Jubelgebrüll übertönte den Gefechtslärm ... Es war zwar nur ein einziges japanisches Flugzeug, das in die Gewässer des Nordkanals stürzte, aber es war auch das erste und einzige japanische Flugzeug, dessen Abschuß wir ja tatsächlich erlebten ... Das hob die Kampfmoral, und die überarbeiteten Gesichter hellten sich noch tagelang auf, wenn davon die Rede war.«

Auf Corregidor gab es fünf 3-Zoll-Flakbatterien; zu diesem Zeitpunkt gab es aber für die Geschütze nur einen einzigen Höhenmeßradar.

Bereits ab 5. Januar wurden alle auf Bataan stationierten Männer auf halbe Ration gesetzt – 2000 Kalorien pro Tag, eine Hungerdiät für die Männer, die in dem zerklüfteten Terrain und in der Hitze schuften und kämpfen mußten.

Große Schlachten hat es auf Bataan nicht gegeben – außer in der US-Presse. In den amerikanischen Kommuniqués – viele mit den tönenden Phrasen, die für den Stil von General MacArthurs Verlautbarungen charakteristisch waren – wurde der Feind oft besiegt. Zudem übertrieb man die Stärke der japanischen Streitkräfte und das Ausmaß ihrer Angriffe.

Am 10. Januar – gerade begannen die ersten japanischen Angriffe auf Bataan – machte General MacArthur seinen ersten und vielleicht *einzigen* Besuch auf Bataan.

Morton beschreibt den Besuch MacArthurs auf Bataan am 10. Januar, erwähnt jedoch keine weiteren Besuche des Oberbefehlshabers ... Generalmajor Charles A. Willoughby, der seinerzeit MacArthurs Nachrichtenoffizier war, stellt in einem Brief an den Verfasser (vom 31. August 1964) folgendes fest: »Es gehörte zu MacArthurs festen Gewohnheiten, diejenigen seiner älteren Stabsoffiziere, denen er vertraute, nach vorne in den Kampf zu schicken und sich von ihnen dann Bericht erstatten zu lassen ... MacArthur machte auch selbst gelegentlich nicht angekündigte Besuche, wenn auf höchster Ebene irgendwelche strittigen Fragen anstanden. Der Stab bewertete die Ergebnisse solcher Erkundungen aber nicht höher als seine eigenen Feststellungen.«

MacArthurs großsprecherisches, ichbezogenes Naturell und seine gelegentlich bombastische Prosa luden zur Parodie förmlich ein. Vermutlich ist er damals auf den Philippinen zum ersten Mal – und ungerechterweise, denn sein persönlicher Mut war nicht zu bezweifeln – »Dougout Doug« (etwa »Bunker-Douglas«) genannt worden. (9)

Der Oberbefehlshaber inspizierte die Stellungen des I. und II. Korps und kehrte sodann in seine Tunnelzentrale auf Corregidor zurück.

General Homma begann seinen ersten Angriff auf das II. Korps am 9. Januar mit unterlegenen Kräften; seine beste Division, die 48., war zusammen mit der 5. Fliegergruppe nach der Einnahme von Manila in den Süden zur Invasion Javas befohlen worden. Die 16. japanische Division, die 65. Brigade und das 7. Panzerregiment – keine erstklassigen Einheiten – griffen mit ihrer Gesamtstreitmacht von 25 000 Mann eine fast doppelt so starke amerikanisch-philippinische Armee an. Die Schätzungen des japanischen Geheimdienstes waren viel zu optimistisch gewesen. Dennoch hatten die Japaner innerhalb einer Woche in dem zerklüfteten Gebirgsgebiet einen Keil zwischen das I. und II. Korps getrieben und die feindliche Inlandflanke aufgerollt.

Die Lage war so ernst, daß ein umstrittener Befehl gegeben wurde, der geschichtliche Bedeutung erlangen sollte:

Fort Mills, P. I.
15. Januar 1942

*Betrifft:* Tagesbefehl von General MacArthur
An: Alle Truppenkommandeure

Der folgende Tagesbefehl von General MacArthur ist allen Soldaten zu verlesen und zu erläutern; jeder Kompanieführer ist persönlich verantwortlich. Jeder Kommandostab hat bis zur Kompanie den Eingang des Befehls zu überprüfen.

Hilfe ist aus den Vereinigten Staaten unterwegs. Tausende von Soldaten und Hunderte von Flugzeugen werden in Marsch gesetzt. Der genaue Zeitpunkt des Eintreffens dieser Verstärkungen ist nicht bekannt, da sich die Truppen den Weg durch japanische Gegenangriffe erkämpfen müssen. Es ist absolut unerläßliche Pflicht unserer Truppen, bis zum Eintreffen der Verstärkung durchzuhalten.

Ein weiteres Zurückgehen ist nicht möglich. Wir haben auf Bataan mehr Truppen, als die Japaner gegen uns geworfen haben. Wir haben reichliche Vorräte. Mit einer entschlossenen Verteidigung können wir den feindlichen Angriff abschlagen.

Alles ist jetzt eine Frage des Mutes und der Entschlossenheit. Wer wegläuft, wird einfach untergehen; wer aber kämpft, wird sich und sein Land retten.

Ich appelliere an jeden Soldaten auf Bataan, auf dem ihm zugewiesenen Posten zu kämpfen und jedem Angriff zu widerstehen. Dies ist der einzige Weg zur Rettung. Wenn wir kämpfen, werden wir siegen; wenn wir zurückweichen, werden wir vernichtet.

By Command of General MacArthur

Diese Order gab einigen Männern neuen Mut. Doch da das Hilfsversprechen niemals gehalten werden konnte und General MacArthur das gewußt haben muß, war es im Grunde ein »allerletztes« Mittel. Denn die »Tausende von Soldaten und Hunderte von Flugzeugen« – an und für sich schon eine gelinde Übertreibung – wurden nach Australien und Malaya geschickt, nicht aber durch den eisernen Blockadering der Japaner um die Philippinen. Hauptmann John W. Clark schrieb, daß »es Mitte Januar augenscheinlich geworden war, daß wir hier ohne Hoffnung auf Verstärkung oder Entsatz ein aussichtsloses Durchhaltemanöver durchzuführen hatten«.

Und bald sahen auch andere, daß das so war – selbst auf Corregidor gab es gewisse schlimme Anzeichen.

Um den 23. und 24. Januar befanden sich das I. und II. Korps, dessen Fronten infiltriert waren, in vollem Rückzug auf die Bagac-Orion-Stellung. Dem Kampfgeist der Japaner, ihrer Todesbereitschaft und ihren Infiltrationstaktiken hatten die Filipinos und Amerikaner nur wenig entgegenzusetzen. Die Japaner erlitten schwere Verluste, so verlor die 65. Brigade in der Schlacht 1472 Mann bei einer Sollstärke von 6651 Mann. Das I. US-Korps büßte dafür aber den größten Teil seiner Feldartillerie ein. Das 51. Regiment der philippinischen Armee lief in panischer Flucht auseinander, und manche Divisionen waren um 60% geschrumpft. Noch vor Ende Januar hatten die Verteidiger von Bataan ihre letzten Stellungen bezogen, von denen es kein Zurück mehr gab.

Anfang Februar begann der Beschuß von Corregidor und der anderen Inseln der Bucht aus Stellungen an der Cavite-Bucht. Zuerst schossen die Japaner mit 105er, später 150er und 240er Geschützen auf die Hochfläche südlich der Manila-Bucht und begannen dann ganz systematisch, die Batterien zum Schweigen zu bringen.

Gewöhnlich begann der Beschuß zwischen 8.30 h und 11.30 h; Morgennebel und aufsteigende Sonne machten es den amerikanischen Kanonieren unmöglich, die feindlichen Mündungsfeuer auszumachen.

Die Männer der 4. Marines, die einzige Infanterie der Insel, rasierten sich nur noch bei Gelegenheit. Zum Baden krochen sie durch die Stacheldrahtverhaue an den Ufern und schwammen nachts in den warmen Wassern der Insel. Sie stellten fest, daß sie in der Dunkelheit ständig stolperten: der Mangel an Vitamin A hatte sie nachtblind gemacht.

Die Philippinen waren abgeschnitten. Die Eroberungsflut hatte sich weit nach Süden verlagert, aber ihre Ausläufer umspülten Bataan und Corregidor immer heftiger.

Die Zeit arbeitete für Japan. Für Zivilpersonen und Soldaten zusammen gab es auf der Insel nicht genügend Lebensmittel. Viele Vorräte gingen durch die Hände der frisch eingezogenen, schlechtausgebildeten und undisziplinierten Soldaten und Unteroffiziere der philippinischen Armee, und regelmäßig verschwanden Lebensmittel auf dem Weg vom Quartiermeisterdepot zur Front. Die Männer dort hatten ab Januar praktisch nichts als Reis, der ab und zu mit einem Maultiersteak, dem Fleisch von Wasserbüffeln und der Pferde der berühmten 26. Kavallerie-Division angereichert wurde.

Die Presse in den Vereinigten Staaten befaßte sich mit dieser Situation nicht sonderlich ausführlich. Die offiziellen Kommuniqués sprachen vage von »schweren japanischen Verlusten«. In einer Rundfunkverlautbarung, die um die Welt ging, verkündete der Führungsstab General MacArthurs auf Corregidor am 8. März, daß der damalige Befehlshaber der Luzon belagernden Streitkräfte, Generalleutnant Masaharu Homma, »... durch seine Niederlagen entehrt, Harakiri begangen habe«. In diesem Kommuniqué stand unter anderem wörtlich:

»Aus verschiedenen, bislang als zuverlässig betrachteten Quellen hat General MacArthur wiederholt Berichte erhalten, nach denen Generalleutnant Masaharu Homma, der Oberbefehlshaber der japanischen Streitkräfte auf den Philippinen, Harakiri verübt hat ...

In den Berichten heißt es, daß die Totenfeierlichkeiten für den toten japanischen Befehlshaber am 26. Februar in Manila stattgefunden haben.

Ein interessantes Detail und Ironie des Schicksals dieser Geschichte ist der Umstand, daß Selbstmord und Begräbniszeremonie in der Zimmerflucht des manilesischen Hotels stattfanden, die General MacArthur vor der Evakuierung Manilas innegehabt hat. MacArthur gibt an, er bemühe sich auch weiterhin um weitere Beweise für die Wahrheit oder Unwahrheit dieser Berichte.«

Am nächsten Tage – dem 9. März 1942 – heißt es in einem weiteren Kommuniqué:

»Zum neuen Oberkommandierenden der japanischen Kräfte auf den Philippinen wurde General Tomoyuki Yamashita ernannt ... General Yamashita folgt General Homma, der Selbstmord begangen haben soll.«

Dieses Kommuniqué war wie so manches andere reine Fiktion. General Homma eroberte Bataan und Corregidor und überlebte den Krieg, wurde jedoch 4 Jahre danach für den »Todesmarsch« der Bataan-Gefangenen und andere ihm angelastete Kriegsverbrechen hingerichtet.

In all den Wochen wurden in den Kommuniqués und Presseverlautbarungen nie die Marinesoldaten erwähnt, die an der Verteidigung teilnahmen, und als die Marineinfanterie zuletzt doch einmal erwähnt wurde, mußte das Marineministerium die Amerikaner in den Vereinigten Staaten beruhigen, daß die »Vierten« schon die ganze Zeit auf den Philippinen gewesen seien und diese verspätete Erwähnung der Marineinfanterie nicht bedeutete, daß die Flotte die japanische Blockade durchbrochen und Verstärkungen an Land gesetzt habe.

So weit verbreitet war in Amerika die Illusion, Bataan und Corregidor gehe es ganz gut und die Verteidiger zeigten es den Japanern schon tüchtig, daß Radiosendungen aus den Vereinigten Staaten in ihrer wirklichkeitsfremden Heiterkeit die Moral der auf den Philippinen eingeschlossenen Hörer immer mehr beeinträchtigten. Gewöhnlich hörte man bei der Marineinfanterie jeden Abend gegen 18 Uhr auf Corregidor die Station KGEI ab, die von der Westküste von »Gottes eigenem Land« sendete. Dieser Sender hatte einen besonders schneidigen Kommentator, der vor den Japanern – 10 000 Meilen weit entfernt – drohend seine Muskeln spielen ließ und eines Abends dem Feind mit folgenden Worten unklugerweise Trotz bot: »Wagt es ja nicht, Corregidor zu bombardieren!«

Die entsprechenden Kommentare der Marineinfanteristen auf der Insel sind nicht druckreif.

Im Februar gelang es verschiedenen Küsten- und Inseldampfern, von Cebu und Panay aus die Blockade zu durchbrechen und ein paar Lebensmittel und andere Vorräte heranzuschaffen.

Mit U-Booten und Wasserfahrzeugen hielt die Marine einen unregelmäßigen und unsicheren Kontakt mit Corregidor aufrecht. Am 27. und 28. Januar löschte »Seawolf« auf dem Felsen 37 Tonnen Munition. Am 3. Februar brachte das U-Boot »Trout« 3500 Schuß Munition für die 3-Zoll-Flaks und nahm 20 Tonnen Gold und Silber an Bord – paradoxerweise war so etwas in den Augen der Regierung auch dann noch kostbar, wenn schon Männer starben und dahinsiechten. Am 20. Februar tastete sich »Swordfish« in die Bucht, lag in den Tagesstunden auf dem Grund, tauchte in der Dämmerung auf und nahm den Präsidenten des philippinischen Commonwealth, Manuel Quezon, dessen Familie und philippinische Regierungsbeamte an Bord. Vier Tage darauf wurde diese Operation wiederholt und High Commissioner Sayre mit Begleitung herausgeholt. (10)

Am 11. März verließen General MacArthur, seine Frau, sein kleiner Sohn, dessen chinesische Amme und eine Reihe offizieller Persönlichkeiten, darunter Stabsoffiziere und Konteradmiral F. W. Rockwell, der Kommandeur des Sechzehnten Philippinischen Flottenabschnittes, auf Befehl Washingtons die Insel und gingen nach Australien. In PT-Booten (patrol torpedo boats) der Marine schlüpften sie durch das immer enger werdende Netz und erreichten Mindanao, von wo sie nach Australien geflogen wurden. Zu seinem Nachfolger bestimmte MacArthur General Wainwright, jedoch nur als Kommandeur der Truppen auf Luzon. Sich selbst behielt MacArthur nach wie vor das Kommando über alle philippinischen Verteidigungsstreitkräfte vor – er gedachte dieses Kommando in Australien, aus einer Entfernung von 6500 Kilometern, zu führen und ließ auf Corregidor einen Stellvertretenden Stabschef zurück, der MacArthurs Hauptquartier vertrat, die Führungsspitze einer komplizierten Befehlspyramide: United States Army Forces in the Far East (USAFFE). Am 20. März, ein paar Tage nach MacArthurs Eintreffen in Australien, beförderte das War Department (dem MacArthurs Maßnahmen nicht bekannt waren) Wainwright zum Generalleutnant und ernannte ihn zum Befehlshaber aller amerikanischen Streitkräfte auf den Philippinen. Er hatte Vollmacht, sich direkt mit Washington ins Benehmen zu setzen, unterstand jedoch weiterhin dem Gesamt-Oberbefehl von MacArthur, der zum Oberbefehlshaber des Südwestpazifischen Bereichs aufrückte. Dennoch hat MacArthur bis zum bitteren Ende dem »Felsen« von Australien aus Ratschläge und Anweisungen erteilt und sogar versucht, in taktischen Fragen einzugreifen.

Die Abreise General MacArthurs trug entschieden dazu bei, daß sich gewisse Spannungen auf Corregidor legten. Ein Zusammenprall der beiden Persönlichkeiten MacArthur und Admiral Thomas C. Hart, damals Befehlshaber der Asiatischen Flotte, ein

Zusammenstoß, der genauso unerbittlich war, wie er dargestellt wurde – und dessen Wurzeln noch in die Vorkriegstage zurückreichten –, hatte die Zusammenarbeit zwischen Heer und Marine auf den Philippinen von Anfang an gestört. Schon frühzeitig wurde im 4. Regiment die Sorge laut, die Army wolle (was vielleicht ganz unbegründet befürchtet wurde) dieses Regiment aufteilen und für Ausbildungs- und Wachzwecke einsetzen. Die Zusammenarbeit der Nachrichtendienste des Heeres und der Marine war nicht gut, und die aggressive, egoistisch eingestellte Persönlichkeit von General MacArthurs Stabschef Generalmajor Richard K. Sutherland goß auch nicht gerade Öl auf die hochgehenden Wogen. Zwei Tage vor der Abfahrt General MacArthurs, am 9. März, trat die Entwicklung dieser Dinge in ein höchst kritisches Stadium ein, als der General in einem Bericht an das War Department empfahl, alle Einheiten auf Bataan und Corregidor mit Ausnahme der Marineinfanterie und der Navy in einer »unit citation« ehrenvoll zu erwähnen. Auf ihre indignierten Nachfragen wurde Angehörigen der Marineinfanterie und der Navy von Stabsoffizieren bedeutet, daß es sich keineswegs um ein Versehen handelte. Sutherland ließ durchblicken, daß die Marineinfanterie ihren Anteil am Ruhm bereits im Ersten Weltkrieg eingestrichen habe und ihn dieses Mal nicht abbekommen sollte. Dieser Fehler war einer der Gründe jener Verbitterung, die die Beziehungen zwischen Army und Navy im pazifischen Bereich auch im weiteren Verlauf des Krieges noch belastete.

General Wainwright machte diesen Fehlgriff kurz nach Übernahme seines Kommandos wieder gut, und sowohl Marineinfanterie wie Marine lernten diesen unprätentiösen Truppenführer schätzen, der die Uferbefestigungen und die Front häufig inspizierte und wie alle übrigen Soldaten in den Schützenlöchern Deckung nahm.

Wainwright erklärte kurz und bündig: »Wenn die Japaner den ›Felsen‹ einnehmen können, werden sie mich hier vorfinden, egal, welche Befehle ich erhalte.«

Dieser Ausspruch verbreitete sich unter den Leuten; die Männer, die hier ohne Hoffnung auf Entkommen kämpften, empfanden diese Einstellung ihres Kommandeurs als »Loyalität von oben nach unten«.

Gleich Bataan war Corregidor voller Filipinos – viele von ihnen nichtkombattantes Dienstpersonal für Offiziere oder Flüchtlinge aus Manila. Auch Spione hat es auf dem »Felsen« vermutlich gegeben; manchmal blinkten nachts sonderbare Leuchtzeichen auf, ein oder zwei Raketen zerplatzten am Himmel und wurden offensichtlich von japanischen Raketen von Cavite aus beantwortet. Schließlich waren nicht alle Angehörigen der Besatzung standfest und tapfer. Es gab viele »Tunnelratten«, die ungeachtet aller Hitze, allen Staubes nie die sicheren Malintastollen verließen und mit der Zeit die Blässe und die Moral von Menschen annahmen, die ewig unter der Erde leben. Die »Tunnelitis« wurde zur »Berufskrankheit«. Wie in jeder Armee gab es Drückeberger und Faulenzer.

Gegen Ende März »brach die Hölle los«. Beschuß und Bombardement der befestigten Inseln verstärkten sich, und auf Bataan stellte sich der Feind offensichtlich zum Großangriff. Die müden, verzweifelten Verteidiger hatten keine Chance – und sie wußten es. Um diese Zeit funkte General MacArthur an Wainwright, er solle »angreifen« und »schnell vorstoßen«, durch die Subic-Bucht vorgehen, um japanische Vorratslager einzunehmen. Aber diese Männer, die seit Kriegsbeginn nur zurückgegangen waren, konnten nicht mehr angreifen, nie mehr. Das I. und II. Korps bestanden aus Skeletten und Vogelscheuchen, und manche Männer hatten kaum noch die Kraft, ihre Gewehre zu halten.

Aber nicht nur den Amerikanern ging es schlecht, auch den Japanern. Krankheiten, drohender Hungertod (sie hatten 660 Gramm Reis pro Tag statt der gewohnten 1900, ein Beweis für den Zusammenbruch der logistischen Planung der Japaner), und blutige Verluste hatten Hommas Bataan-Kampfstärke Ende Februar auf 3000 Mann reduziert. Wie die Amerikaner litten auch die meisten Japaner an Malaria (11). Jedoch im März wurden die Reihen der geschrumpften 16. Division und der 65. Brigade durch Ersatz aufgefüllt; zu Hommas Streitmacht stieß noch ein verstärktes Regiment der 21. Division sowie die 4. Division mit ca. 11 000 Mann. Die japanische Artillerie wurde erheblich verstärkt durch 240-mm-Haubitzen, 300-mm-Mörser und andere Geschütze; weitere 70 bis 80 Flugzeuge wurden für das Bombardement Corregidors und Bataans zugeteilt; man unterstellte Homma auch noch andere Spezialeinheiten und zur Einnahme der äußeren Inseln des Archipels zwei zusätzliche, frisch von Siegen im Süden kommende Divisionen. Das japanische Hauptquartier war verärgert über die Zähigkeit der Amerikaner, und die japanische 14. Armee fiel in Ungnade.

Leutnant (Junior Grade, etwa: Oberleutnant zur See) Murray Glusman, ein junger Marinearzt, der bei der Armee auf Bataan Dienst getan hatte, wurde in der letzten Stunde befehlsgemäß nach Corregidor evakuiert und dem 4. (Reserve-) Bataillon des 4. Marine-Infanterieregiments zugeteilt. Er beschreibt das Ende Bataans in einem Bericht, der zusammen mit anderen Berichten von Commander (Flottillenarzt im Range eines Fregattenkapitäns) Thomas H. Hayes, dem Chefarzt der 4. Marineinfanterie, aufbewahrt wurde.

»Durch außerordentlich schwere Dynamitladungen wurden vier Tunnels (nahe Mariveles an der Spitze der Halbinsel Bataan) in die Luft gesprengt und der ganze Berghang zerstört. Die Luft war voller Rauch, Staub und herumfliegender Trümmer. Der Lärm war entsetzlich und ohrenbetäubend. Als (Dr. Glusman) den Mitteltunnel auf dem Wege nach Corregidor erreicht hatte, wurde der vierte Tunnel gesprengt. In diesem Tunnel lagen Treibstoffvorräte, die explodierten und die Druckwelle verstärkten.

Hierdurch wurden große Felsbrocken, Steine und ... Teile von menschlichen Körpern über das ganze Gelände weg und ins Meer geschleudert. Kleine Schiffe im Hafen versanken, und die Insassen kleiner Boote wurden verletzt ... Tage später fand man einen nicht identifizierbaren Kopf in einem Boot, wohin er über eine unglaubliche Entfernung geschleudert worden war.

Der Nachthimmel war erfüllt von dem dumpfen Krachen schwerer Explosionen; die zurückweichenden Amerikaner sprengten Treibstofflager, Munitionsdepots und Vorratsbestände nahe Mariveles in die Luft. Rauchfahnen hüllten die sterbende Armee ein, und die Stimme der Artillerie und das Knattern planlos abgefeuerter Gewehre war die Begleitung zum Fall von Bataan am 9. April 1942.«

Generalmajor Edward P. King jr., Befehlshaber der Truppen auf Luzon, ließ am nächsten Morgen in aller Frühe dem japanischen Befehlshaber die weiße Fahne überbringen. Es war hohe Zeit; seine zusammengeschossenen Einheiten waren völlig auseinandergebrochen. Mit ihm ergaben sich nach und nach ganze

Einheiten und kleine Trupps, insgesamt über 76 000 total erschöpfte Soldaten – zumeist Filipinos – und besiegelten damit die größte Niederlage amerikanischer Waffen in der Geschichte. Zur Zeit der Übergabe hatte Homma ungefähr 81 000 Mann auf Luzon. (12)

Der Fall von Bataan war vorausgesehen worden, und beginnend mit dem 3. April hatte man leere Munitionskästen mit Wasser gefüllt und auf Corregidor an alle Uferbefestigungen und Verteidigungsstellungen verteilt, um damit die Reservoirs aufzufüllen. Am Eingang des Malinta-Tunnels hatte man neue Brunnen gegraben, und im San-José-»barrio« (Kreis auf den Philippinen) gab es einen ausgezeichneten Brunnen, dessen Wasser aber leider brackig war und daher stets abgekocht werden mußte. Fort Frank, auf der kleinen Carabao-Insel an der Südseite der Bucht nahe der Provinz Cabite gelegen, wurde durch eine Unterwasserleitung mit Wasser versorgt, die zu einem Reservoir am oberen Rand einer Schlucht auf dem Festland führte. Am Tag unterbrachen die Japaner diese Leitung, und des Nachts paddelten die Philippine Scouts hinüber und flickten sie wieder.

Das schreckliche Nachspiel von Bataan – der Abzug der Geschlagenen, Verwundeten, Verhungernden – dauerte für den »Felsen« viele Stunden nach der Kapitulation an. Als der Tag anbrach, beobachteten die Marineinfanteristen, wie flüchtige Überlebende in panischer Hast versuchten, den Nordkanal in mehreren kleinen Fahrzeugen zu überqueren. Die Japaner richteten Artilleriefeuer auf sie – machtlos sahen die Männer auf dem »Felsen« mit an, wie zwei Boote leckgeschlagen wurden und sanken und wie eins bei »Artillerie Point« auf Grund ging. Ein paar dieser ausgemergelten Überlebenden schwammen durch die ölverpesteten Gewässer in eine zweifelhafte Sicherheit; die meisten starben auf See.

Das war ein finsteres Vorspiel zum letzten, schrecklichen Akt.

Die Kampfmoral auf dem »Felsen« wurde durch die 2000 oder mehr Männer, die von Bataan entkommen waren und sich in einem beklagenswerten Zustand befanden, nur noch verschlechtert. Die Überlebenden von Bataan waren »besiegt, demoralisiert und quasi entmilitarisiert« – sie hatten weder Waffen noch Ausrüstung, manche waren fast nackt, fast alle waren halbverhungert und litten an Malaria, Gelbsucht und Fieber.

Wainwright spürte, daß die Moral seiner Leute unaufhaltsam sank und gab einen Befehl heraus: Corregidor kann und wird gehalten werden. Und am 12. April bombardierte eine »Flying Fortress« – »die erste und einzige Hilfe von draußen, die wir zu Gesicht bekamen« – das von den Japanern gehaltene Nicholas Field. Und »das gab uns ungeheuren Auftrieb«, berichtete Korvettenkapitän T. C. Parker.

Die Japaner verschwendeten keine Zeit. Als die Männer der Küstenartillerie und die Marineinfanteristen noch bei ihren Geschützen standen, richteten die Feinde in den Klippen von Bataan Beobachtungsposten ein und begannen, den »Felsen« mit dem schwersten Artilleriebombardement zu beharken, das der Ferne Osten je erlebt hat.

Die Flüchtlinge von Bataan brachten die »Garnison« auf Corregidor und den drei kleineren befestigten Inseln in der Bucht auf nahezu 11 600 Mann, von denen die meisten auf weniger als 5 Quadratkilometer Inseloberfläche zusammengedrängt waren. Zum größten Teil waren das keine Kampftruppen, sondern Stabspersonal, Kommandierte, Verwundete und Angehörige aller Rangklassen und Stabsabteilungen, die den Führungsapparat eines großen Kommandos ausmachen.

Die einzigen Verteidiger der Uferbefestigungen auf Corregidor war das 4. Marineinfanterieregiment mit seinen unterstellten Verbänden. Am 6. und 10. April schliefen die Männer mit ihren Waffen neben sich, bereit, sich jedem Versuch der Japaner, den Felsen rasch zu überrennen, zu widersetzen.

Die Rationen hätten, wenn sie halbiert worden wären, noch bis Juli oder August reichen können. Es gab über 1000 Verwundete und Hunderte andere Kranke; die Seitenstollen des Tunnels waren überfüllt, und viele Patienten mußten im Freien liegen.

Zwei Tage nach dem Fall von Baatan schmuggelten sympathisierende Filipinos nachts Arzneimittel im Werte von 650 Dollar, die sie aus einschlägigen Geschäften Manilas beschafft hatten, aus der Stadt auf die Insel. Aber auch das war nur ein Tropfen auf den heißen Stein. Fünfzig Prozent der Soldaten des 1. Bataillons der 4. Marine litten bereits an epidemischem Magen-Darm-Katarrh; unter ihnen waren 114 schwere Fälle. Die meisten zugeteilten Leute aus Bataan und viele Marineinfanteristen hatten Malaria. Die gesamte Besatzung war gegen Cholera geimpft worden. Es gab viele Gelbsuchtfälle.

Die Fernmeldeverbindungen, die auch vorher nicht viel genützt hatten, wurden ständig unterbrochen, so daß die Gefechtsstände und Kommandostellen stundenlang keinerlei Kontakt mit ganzen Abschnitten der Uferverteidigung hatten.

Vom 10. April an, als die bei Capcaben auf Bataan stationierten japanischen Batterien begannen, Corregidor unter Beschuß zu nehmen, lebte man auf dem Felsen wie im »Schwarzen einer Zielscheibe«. Die Höhen von Bataan und die Hügel von Cavite überragten Corregidor und seine Insel-Vorposten. Die befestigten Inseln wurde von beiden Uferstellungen aus unter Feuer genommen und aus der Luft nahezu unaufhörlich mit Bomben belegt.

Am 14. April, erst fünf Tage nach der Kapitulation von Bataan, waren alle Küstenbatterien – 155er und 3-Zoll-Geschütze – auf den Nordufern von Corregidor zerstört und funktionsunfähig gemacht worden. Im Vollgefühl ihrer Sicherheit ließen die Japaner auf Bataan Fesselballons aufsteigen, brachten immer mehr Geschütze in Stellung und gingen nun mit Methode daran, die großen Geschütze und Südufer-Batterien auf Corregidor unter Beschuß zu nehmen.

Den ganzen April über steigerten sie ihre Bombardements Schritt für Schritt.

Japanische Bomber flogen in Gruppen von drei oder neun Maschinen von 8 Uhr morgens bis zum Sonnenuntergang alle zwei Stunden über den »Felsen«. Sie flogen zunächst in Höhen von 6000 Metern; als die Flak auf der Insel feuerte, machten japanische Beobachter ihre Stellungen aus und nahmen sie mit ihren Geschützen auf Bataan unter Beschuß. Nach und nach verstummte das Flakfeuer; bald kreisten die Feindmaschinen gemächlich über Corregidor, stießen Sturzkampfbomber einige hundert Meter vom Malinta-Gipfel entfernt auf die Insel nieder. Der Feind entkam nicht ungeschoren; ein paar Maschinen der Japaner wurden abgeschossen, jedoch viel weniger, als in den Kommuniqués behauptet wurde.

Viel größeren Schaden aber als die Bombardements des Feindes richtete seine Artillerie an. Oberst Stephen M. Mellnik berichtete später im »Coast Artillery Journal«, daß »das massive Artilleriefeuer ungeheure Wirkungen gehabt hat ... Ganze Flächen wurden freigefegt. Der Granatenbeschuß eines einzigen Tages richtete mehr Schaden an als alle Bombardements zusammengenommen. Die James-Schlucht, die vor dem Kriege dicht bewaldet gewesen ist, sah nach solchem Beschuß völlig kahl aus.«

Die Batterien Rock Point (zwei 155er), Sunset (vier 155er), James (vier 3-204-Geschütze) und Hamilton (zwei 155er) feuerten nicht mehr. Fünfzehn Flaks wurden eingezogen und zu neuen Stellungen geschafft. Die 155er, die zur Artilleriebekämpfung eingesetzt worden waren, machten nach jeweils 20 Salven Stellungswechsel. Sämtliche fahrbaren Geschütze waren als Einzelgeschütze in verdeckte Feuerstellungen gebracht worden.

Geschützstellungen wurden zerstört, Landminen explodierten; die kleinen Flachwasser- und Küstenpatrouillenboote der Marine wurden eins nach dem anderen versenkt, Kabel zerrissen, und die in wochenlanger, qualvoller Schufterei errichteten Uferbefestigungen mit einem einzigen zermalmenden Trommelfeuer ausradiert.

Das Feuer der Abwehrbatterien auf Corregidor war tapfer, aber nur sporadisch: die Batterien feuerten blind, und selbst in der ersten Aprilhälfte war das Schußverhältnis bestenfalls 1:4.

Die Munition begann knapp zu werden, und die Techniker der Instandsetzungseinheiten arbeiteten ununterbrochen. Sie bauten die Zünder von panzerbrechenden Granaten in Aufschlagzünder um – doch mit allen ihren Anstrengungen vermochten sie doch nur 25 Schuß zusätzlich in die Magazine zu geben.

Gegen Ende April begannen die Männer mürbe zu werden; die Moral sank weiter, und der durch den Beschuß verursachte Schockzustand wurde immer gravierender. In dieser ganzen Zeitspanne waren es die Soldaten des 4. Marineinfanterieregiments, die Marinemannschaften und der hervorragende Kader amerikanischer Berufssoldaten der Army, die die gesamte behelfsmäßige Militärstruktur zusammenhielten und die »Schwächeren zum Durchhalten ermunterten«.

Am 29. April, dem Geburtstag des japanischen Kaisers, erzitterte und erbebte der »Felsen« unter einem ganztägigen Beschuß, in dessen Verlauf mehr als 10 000 Granaten in Geschützstellungen einschlugen, die Uferbefestigungen in Fetzen rissen und die in der Falle sitzende Garnison beharkten. Als Entwarnung gegeben wurde, stand Corregidor »überall in Flammen – Munitionsdepots, Magazine, Gras, Buschwerk und alles sonstige Brennbare« brannte.

Und in dieser Nacht, in der Dunkelheit, landeten zwei PBY-Flugboote (zweimotorige Patrouillenmaschinen), die aus Australien kamen, mit Arzneien und Flakgranatenzündern auf der Insel – eine letzte verzweifelte Geste. Sie hoben danach vom Wasser ab und flogen mit 50 Offizieren aus dem Schlüsselpersonal des MacArthur-Stabes an Bord davon.

Bis zum 2. Mai beliefen sich die Verluste des 4. Marineinfanterieregimentes auf 10 Prozent. 10 Prozent der Männer gefallen, verwundet, verstorben oder vermißt, dazu eine kleine Zahl von Soldaten, die auf Bataan abgeschnitten und gefangengenommen worden waren. Die übrigen hatten glasige Augen – Schlafmangel und Bombenschock. Viele von ihnen hatten Malaria oder litten an Unterernährung.

Und dennoch waren sie der Motor der Verteidigung von Corregidor. Abteilungen dieses Regiments erhöhten die Gefechtsstärke der vorgeschobenen Posten Fort Drum auf El Fraile und Fort Hughes auf Caballo. Auf dem »Felsen«, von Monkey Point bis zur Batterie Sunset, duckten sich die Marineinfanteristen in ihren Ein-Mann-Löchern und warteten.

Als die Geschützbatterien zerstört waren, wurden die Küstenartilleristen in die Uferverteidigung eingegliedert, und als die Minensucher und kleinen Einheiten der Marine versenkt worden waren, kamen die Matrosen an Land und schlossen sich den Verteidigern an. Zuletzt war die Marineinfanterie des 4. Regimentes das Rückgrat einer gemischten Truppe, die noch kein Krieg je gesehen hatte: Küstenwache, Marine, Marinereserve, Inselstreitkräfte (Heer), Philippinische Armee, Philippine Scouts und philippinische Polizei und der ganze Mischmasch wurde ausgebildet, geführt und angefeuert von der Tradition und dem Korpsgeist der Marineinfanterie.

Am 3. Mai durchbrach das U-Boot »Spearfish« die Blockade – dies sollte der letzte Kontakt mit der Außenwelt sein – und nahm 25 Passagiere an Bord, darunter 13 Frauen. Einer der Passagiere, Lieutenant Commander (Korvettenkapitän) T. C. Parker, erfuhr von General Wainwright kurz bevor »Spearfish« ablegte: »Sie (die Japaner) werden schon kommen müssen, wenn sie uns holen wollen . . . Anders werden sie diesen Platz nicht kriegen.«

Die kleine Eisenbahn und der größte Teil der Straßen waren zerstört; sie waren zu Teilen im wahrsten Sinne des Wortes in die Bucht gerissen worden. Außer Meldegängern und Funk gab es keine Verbindungsmöglichkeiten. Der größte Teil der Uferbefestigungen – die Stacheldrahtverhaue, die Schützenlöcher – war eingeebnet worden. Von 48 Küstenverteidigungsgeschützen waren 46 zerstört, und sämtliche schwereren Batterien auf dem »Felsen« schwiegen: die Mörser, die 12-Zoll-Geschütze, die versenkbaren 8- und 10-Zoll-Geschütze, die 155er Geschütze. Alle Leuchtgeschosse waren verbraucht, die Scheinwerfer bis auf ein oder zwei unbrauchbar. Von den Flaks waren noch ein paar intakt, doch waren die Feuerleitgeräte zerstört – und lässig flogen japanische Maschinen 60–70 Meter über den »Felsen« und griffen mit Bomben und Bordwaffen an. Die schweren 14-Zoll-Geschütze auf den vorgelagerten befestigten Inseln feuerten noch, jedoch – mit Ausnahme der Batterien auf Fort Drum, dem »Schlachtschiff aus Beton« – nur mit Unterbrechungen. An einem einzigen Tage fielen eintausend Granaten auf die Betondecke von Fort Drum; während der Belagerung rissen Granaten an die 450 cm Beton aus seiner Bewehrung; seine Türme aber redeten noch immer mit. Auf Corregidor war der Höhepunkt erreicht, als am 24. Mai innerhalb von 24 Stunden 16 000 Granaten niedergingen – danach gab es auf dem »Felsen« so gut wie nichts mehr außer dem Felsen selbst und den beherzten, tapferen Männern. Und am 5. Mai hatten sie nur noch für drei oder vier Tage Wasser ...

Das 4. Regiment hatte schlecht und recht 895 Offiziere und Mannschaften der Navy, 397 Mann aus dem Heer der USA, darunter ein paar Mann von der 31. Infantry, die auf Bataan großartig gekämpft hatten, 929 Mann aus der philippinischen Armee und 246 Artilleristen von den philippinischen Scouts in seine Reihen eingegliedert. Da waren sogar philippinische Messeordonnanzen aus der Marinereserve, da war Bodenpersonal der Luftwaffe des philippinischen Heeres, ein Offizier und 18 Mann von der philippinischen Polizei und endlich noch ein Zivilist. Und sie alle kämpften hartnäckig.

Die so entstandene Streitmacht war heterogen; keiner von den Marineleuten und nur der eine oder andere aus den übrigen Einheiten hatten mehr als eine oberflächliche Infanterieausbildung erhalten, und – wie Oberst Howard später berichtete – »mit

Ausnahme dreier philippinischer Scouts hätten alle anderen Soldaten, die nach dem Fall Bataans zu uns stießen, neu ausgerüstet und wenigstens teilweise bekleidet werden müssen«.

Dennoch sollte die Gefechtsstärke des I. und III. Bataillons durch diesen Zuwachs an Leuten auf ca. 1100 Mann je Bataillon gebracht werden; die Gefechtsstärke des II. Bataillons wurde auf 900 Mann erhöht, und der Rest wurde der allgemeinen Reserve überstellt sowie zur Schaffung eines IV. Taktischen Bataillons verwendet.

James-Schlucht und das Ostende der Insel wurden den ganzen 5. Mai über unter Beschuß gehalten, und um 22.40 h in dieser Nacht wurde die ganze Insel unter ein furchtbares Trommelfeuer genommen, das seinen Schwerpunkt auf dem Ostende der Insel hatte. Endlich, nach 4 Monaten Belagerung, standen die Verteidiger von Corregidor ihren Feinden Angesicht zu Angesicht gegenüber.

Die Japaner landeten ein paar Minuten nach 23.00 h, kurz bevor der Mond aufging, in der Nähe von North Point auf dem flachen »Ostschwanz« der Insel und dehnten ihren Brückenkopf unverzüglich nach Westen aus.

Die Geländebeschaffenheit von Corregidor begünstigte eine Landung an der Nordküste gegenüber dem 3 Kilometer entfernten Bataan durch einen guten Landestrand und eine nach Süden verlaufende Küste. Demgegenüber ragten die Felsenklippen der Südküste fast senkrecht vom schmalen und felsigen Strand auf und lagen im Schußfeld des hohen Westteils der Insel.

»Auf der Höhenfläche zwischen der Nord- und Südküste«, schrieb später Leutnant Robert F. Jenkins, »war eine schmale Landebahn (Kindley Field), und auf dem Rücken oder vielmehr scharfen Grat, der westlich vom Flugplatz verlief, waren einige 3-Zoll-Batterien«, unter ihnen die Batterie Denver.

Ihre Geschütze waren nicht einsatzbereit, und die Kanoniere hatten Befehl, das Zentrum des I. Marineinfanteriebataillons zu halten.

Dieses I. Bataillon war verantwortlich für den Abschnitt hart ostwärts von Malinta bis zur Inselspitze im Osten der Insel, Küstenlinie fast 10 Kilometer. Das II. Bataillon sollte den Mittelabschnitt des »Felsens« und das III. Bataillon den Westteil der Insel halten.

Die Japaner landeten unmittelbar nach ihrem zermürbenden Trommelfeuer im Bereich des IV. Bataillons, nahe dem Küstenabschnitt der A-Kompanie. Einige Landungsfahrzeuge wendeten im Abwehrfeuer und legten bei; an einem schwachen Punkt im Osten aber gelang es den Japanern, durchzusickern und über die eigenen Gefallenen hinweg vorzudringen. Es wurden Landungsboote versenkt, und wenigstens ein Landeversuch wurde vereitelt. Die übriggebliebenen Geschütze auf den vorgelagerten Inseln reagierten auf das Hilfeersuchen von Corregidor und schossen die bei Cabcaben auf Bataan konzentrierten japanischen Truppen und Schiffseinheiten zusammen. Aber umsonst: der Vormarsch war nicht zu bremsen.

Hinten, im Gefechtsstand des Marineinfanterieregiments im Tunnel von Malinta, stand es schlecht um die Nachrichtenverbindung. Oberst Howard und sein Stab und General Moore, der Kommandant der befestigten Inseln, wußten nur, daß es den Japanern gelungen war zu landen und daß sie mit 500 bis 600 Mann auf dem östlichen Ende der Insel standen. Um Mitternacht konnten sie sich ein besseres Bild machen. Der lange und scharfe Gebirgskamm im Zentrum, der sich vom Flugplatz Kindley Field bis Malinta erstreckte, war die Schlüsselstellung. Die Japaner mußten unter allen Umständen vom Malinta-Berg ferngehalten werden.

Zu diesem Zeitpunkt wußte man noch nicht, daß die Batterie Denver bereits zurückgenommen worden war und die Flanken der A- und B-Kompanie weit offenlagen. Der Oberfeldwebel der Batterie war im Artilleriefeuer gefallen, und seine Leute, nunmehr ohne Führung, waren auseinandergelaufen. Die Japaner waren durch dieses Loch auf dem Gebirgskamm geschlüpft und befanden sich damit hinter den Uferverteidigungsstellungen des I. Bataillons.

Als die letzten Reserven – Ausdruck vergeblicher Hoffnungen – zum Angriff antraten, wurden die Männer mit Handgranaten und Munition über und über beladen. Aber sie gingen schweigend in zwei Kolonnen auf beiden Seiten der Süduferstraße von ihren Biwaks durch das Middleside-Gebiet (das unter vereinzeltem feindlichen Artilleriebeschuß lag) und dann durch das tiefer gelegene »Bottomside«-Gebiet. Kurz bevor das Bataillon »Bottomside« erreichte, wurde es von einem 15minütigen Artillerie-

Sperrfeuer aufgehalten. Die schweigenden Männer durchschritten eine »Szenerie der äußersten Verwüstung – Tausende von Granattrichtern, zerbombten Gebäuden, umgestürzten Automobilen«, und betraten den Westeingang zum Malinta-Tunnel.

Um 4.00 h hatte General Wainwright eine letzte Botschaft von Präsident Roosevelt aus Washington empfangen, die mit der wenig tröstlichen Feststellung endete: »Sie und Ihre treuen Gefolgsleute sind zu lebenden Symbolen unseres Kriegszieles und zu Garanten des Sieges geworden.«

Das Stabsbataillon wurde im östlichen Ende des Malinta-Tunnels bereitgestellt, und nach einer Besprechung der Kompanieoffiziere marschierte das Bataillon um 16.30 h in Reihe zum Angriff aus dem Tunnel.

Die Truppe betrat ein verwirrtes und verwirrendes Schlachtfeld. Mit ihren Landungen und ihrem Durchbruch durch die Stellungen des I. Bataillons hatten die Japaner die Kompanien A und B aufgesplittert. Ein paar Japaner waren in der Dunkelheit in Richtung Malinta durchgebrochen. Die beiden gegnerischen Fronten lagen bei den Feuer- und Handgranatengefechten kaum 30 Meter auseinander. Die Stellungen waren so verwirrt, daß, als die Japaner Artillerie-Sperrfeuer anforderten, beide Seiten eingegabelt wurden. Sie mußten eine Rakete abschießen, um ihre eigenen Geschütze zum Schweigen zu bringen.

Während der Kampf um den Gebirgskamm noch andauerte, kamen die japanischen Landungsschiffe, die durch den Nordkanal tuckerten, an andere Uferstriche heran. Fünf oder sechs hielten auf die in der Flanke umfaßten und abgeschnittenen Männer am Cavalry Point zu. Die Marineinfanteristen dort hatten zur Gegenwehr nur ein 0,30- und ein 0,50-Kaliber-Maschinengewehr; sechs 0,30-Kaliber-MGs waren den japanischen Granaten zum Opfer gefallen, und die Geschützstellungen ihres einzigen 0,37-MGs waren beschädigt. Aber die Marineinfanteristen jubelten. Monatelang hatten sie immer nur »einstecken« müssen – jetzt hatten sie Gelegenheit, einmal zurückzuzahlen. Sie warfen Handgranaten auf die Ufer herab; sie begrüßten die Schiffe mit Punktfeuer.

Andere Scharmützel gab es am ganzen Nordufer. Eines der 75er, das noch funktionierte und weitab vom Hauptkampfplatz in Stellung war, nahm einige japanische Landungsfahrzeuge unter Beschuß und versenkte eine Anzahl dieser Schiffe. Als die Dämmerung hereinbrach, näherte sich der Feind dem Gebiet um die North Docks, wo ihn eine Drahtseilsperre und ein Seeminengürtel (21 500 Pfund TNT) erwartete. Aber die restliche Artillerie von Corregidor eröffnete das Feuer und schlug die Japaner zurück.

Allein, die Japaner klammerten sich weiterhin an den Gebirgskamm, der sich in westlicher Richtung vom Kindley Field bis Malinta erstreckt, und in der Dunkelheit drangen sie Zentimeter für Zentimeter vor, abgeschnittene Einheiten weiterkämpfender Marineinfanteristen hinter sich lassend.

Was sich in dieser Nacht und am frühen Morgen des nächsten Tages auf dem von Granateneinschlägen übersäten Ostabhang von Corregidor wirklich abgespielt hat, wird man in Einzelheiten niemals genau erfahren, denn die meisten Männer, die darüber berichten könnten, sind tot.

Anfangs kam der Gegenangriff voran – aber es war sehr langwierig und mühsam. Zwei Geschütze, eines in den Ruinen eines Pulvermagazins, das andere rechts der Straße in Stellung, die zum Beobachtungsstand North Point führte, hielten die Angreifer auf; aber gegen 6.00 h waren auch sie zerstört. Zwar wurde der Angriff noch weiter vorgetragen und zerschlug den entschlossenen Widerstand der Japaner, die Entlastung hielt jedoch nicht lange an.

In den frühen Morgenstunden des 6. Mai wurden die amerikanischen Linien »von Bataan aus unter schwerstes Sperrfeuer genommen und von hochfliegenden Bombern sowie von Sturzkampfbombern angegriffen«.

Die Bomber konnten, als der Tag über dem rauchenden Trümmerhaufen angebrochen war, ihre Ziele in aller Ruhe aussuchen. MGs, Mörser und leichte Artillerie wurden gelandet; die Japaner kamen zu Tausenden. Die Amerikaner konnten ihre Gefallenen nicht ersetzen, hinter den Japanern aber standen Tausende auf Bataan.

Die genaue Anzahl der in diesem letzten Gefecht gefallenen Amerikaner wird man vielleicht niemals feststellen können; mindestens 40 Gefallene lagen in den Trümmern des »Felsen«. Ein Vielfaches dieser Zahl war verwundet worden, und die Lazarettstollen waren überbelegt.

Die Japaner machten noch einen Landungsversuch im North-Dock-Gebiet, wurden aber von der Drahtseilsperre und heftigem Artilleriefeuer zurückgeschlagen. Dann aber, ungefähr gegen 10.30 h, traten japanische Panzer in Aktion – die Panzersperren waren zerstört worden, und es gab keine Panzerabwehrkanonen, um die Tanks zu stoppen.

Die Marineinfanterie begann, sich auf die letzten Verteidigungslinien vor dem Malinta zurückzuziehen. Aber die ausbetonierten Gräben waren nicht mehr zu erkennen – Artilleriefeuer hatte sie völlig zerhämmert.

Nun gingen auch die letzten Meldungen aus Corregidor ab. Von der Marine – Kapitän zur See K. M. Hoeffel: »Einhundertundsiebzig Offiziere und zweitausenddreihundertundsiebzehn Matrosen der Navy bekräftigen, daß sie loyal und treu zu ihrem Land, ihren Familien und Freunden stehen ...«

Die Marineinfanterie schwieg – nur ihre Waffen sprachen.

Von der Armee – Irving Strobing, Gemeiner im US-Heer, saß in der Tiefe des Malinta-Tunnels und ließ die Morsetaste klappern. Und Amerika lauschte seinen Worten:

»Sie sind noch nicht heran. Wir warten auf Gott weiß was. Wie wär's mit einem Schokoladensoda? ... Müssen möglicherweise gegen Mittag aufgeben, wir wissen noch nicht. Sie werfen Leute und Granaten gegen uns, und wir dürften nicht standhalten können. Sie haben uns die Granaten schneller hintereinander herübergeschickt, als man zählen kann ...«

Noch immer fielen Granaten auf das Schlachtfeld von Corregidor, noch immer kämpfte die Marineinfanterie. Da ging der Befehl »Execute Pontiac – Execute Pontiac« heraus.

Das war das Stichwort für den letzten, bitteren Befehl, von dem sie im Grunde ihres Herzens gewußt hatten, daß er eines Tages ergehen mußte. Er bedeutete die Kapitulation, laut Wainwrights Befehlen am 6. Mai 1942 um 12 Uhr mittags.

(In seinem Befehlsstand auf Bataan »stöhnte« General Homma, der japanische Befehlshaber, als er den Gefechtsberichten lauschte: »Mein Gott! Ich habe mit meinem Angriff versagt.«)

Die Übergabe war eine Entscheidung Wainwrights, doch Oberst »Sam« Howard von der Marineinfanterie stimmte ihr zu, ebenso Oberst »Don« Curtis, sein tüchtiger Stellvertreter. »Alle

Reserven waren eingesetzt; der Feind war dabei, weitere Landungen durchzuführen ... Im Ostabschnitt war die Munition praktisch erschöpft.« Japanische Panzer standen ein paar hundert Meter vom Malinta-Tunnel entfernt, wo die blutverkrusteten Verwundeten lagen; die Wasservorräte gingen zur Neige. Wainwright dachte an die gefährdeten Menschen im Tunnel – über 1000 Verwundete und 150 Schwestern. MacArthur hatte gefordert, die Stellung zu halten, bis er wieder da wäre – aber seine Rückkehr war noch 90 000 Menschenleben und drei Jahre entfernt. Corregidor war erledigt.

Auf dem versengten Boden, in den Trümmern der Insel, die einst das »Gibraltar des Ostens« geheißen hatte, hockten die Marineinfanteristen und weinten. Im Stabsquartier des Regiments im »Navy Tunnel« befahl Oberst Curtis Hauptmann R. B. Moore, dem Adjutanten des 4. Marineinfanterieregiments, die Regimentsfahne und die Flagge der Vereinigten Staaten zu verbrennen. Moore kam mit verweintem Gesicht wieder.

Im Zentrum und im westlichen Teil der Insel, wo keine Landgefechte stattgefunden hatten (die Uferverteidigungsbataillone der Marineinfanterie hatten die Stellungen gehalten und neuen Landungsversuchen getrotzt), riefen die Offiziere die Männer zusammen. Sie machten wenig Worte.

Psychologisch und emotional wirkt sich die Tragödie einer Kapitulation besonders auf ein so stolzes Korps wie die Marineinfanterie verheerend aus.

Oberstleutnant A. C. Shofner beschreibt Einzelheiten der Übergabe (wie sie ihm von Hauptmann Clark nach vollzogener Kapitulation geschildert worden sind) in einem Nachkriegsbericht folgendermaßen: »Die letzte Stunde Corregidors brachte für die Marineinfanterie die ehrenvolle – oder entehrende – Aufgabe, die Insel zu übergeben. Als die unumgängliche Entscheidung von General Wainwright gefällt war, beauftragte man Hauptmann Golland L. Clark jr. (einen Marineinfanterie-Offizier, der später an Bord eines japanischen Gefangenenschiffs bei Formosa verstarb), dem kommandierenden japanischen Offizier die Kapitulation anzubieten und General Wainwrights Wunsch zu übermitteln, mit Generalleutnant Homma die Bedingungen auszuhandeln. Hauptmann Clarks Gruppe bestand aus einem »music« (Marineinfanteristenbezeichnung für den Hornisten), einem Flaggenträger, der ein weißes Tuch an einem Stock trug, und einem Dolmetscher; von letzterem abgesehen waren alle Männer Marineinfanteristen.

Die Gruppe verließ den Malinta-Tunnel und wandte sich nach Osten, legte ungefähr 80 m in Richtung Front zurück, wurde von schwerem japanischen Artillerie- und Mörserfeuer immer wieder gezwungen, in Deckung zu gehen, blieb jedoch der Bedeutung ihrer Mission eingedenk und setzte mit Hauptmann Clark an der Spitze den Marsch rasch fort.

Als die Gruppe den letzten Sicherungsposten der Marineinfanterie hinter sich gelassen hatte, blies der Hornist ein Signal, und der Flaggenträger schwenkte das weiße Tuch. Aufrecht marschierten die Männer durch das unter Beschuß liegende Niemandsland. Und so ungewöhnlich es auch klingt – die Japaner nahmen die Gruppe nicht unter direktes Feuer (wenngleich viele Prellschüsse dicht bei den Männern einschlugen).

Der erste japanische Soldat, der diese Gruppe zu Gesicht bekam, war über die vier Männer sehr erstaunt; nach vielem Hin und Her führte er die Gruppe zu seinem Korporal, und schließlich, nach vielem Suchen der Führer, erreichte Hauptmann Clark wohlbehalten den ranghöchsten japanischen Offizier auf der Insel. Das war ein Oberstleutnant. Dieser setzte sich mit höheren Führungsstellen auf Bataan in Verbindung, und man traf Vorbereitungen, damit General Wainwright um ca. 15.00 an diesem Nachmittag nach Bataan kommen konnte. Das war das Ende der Geschichte von Corregidor.«

Besonders die Männer des II. und III. Bataillons, die die Ufer im Zentrum und auf der Westseite der Insel verteidigten, empfanden die Übergabe als bitteren Abstieg. Monatelang hatten diese Männer »eingesteckt«, hatten mit angesehen, wie Kameraden in Stücke gerissen wurden und wie die Festung Corregidor der langsamen Zerstörung anheimfiel. Und nun, als die Japaner endlich landeten, wollten die Männer, die so lange ausgehalten hatten, die Chance bekommen, auch einmal »zurückzuzahlen«.

Aber es sollte nicht sein. Die Japaner landeten im Bereich des I. Bataillons, doch reichte die Bedrohung durch weitere Landungen aus, die Männer des II. und III. Bataillons bewegungsunfähig zu machen und sie in ihren Uferverteidigungsstellungen festzunageln. Sie gaben kaum einen Schuß ab.

Sie schleuderten die Schlösser ihrer Gewehre ins Meer. Und dann, als die Granaten noch über ihre Köpfe hinwegpfiffen und aus Corregidor der Rauch in Wolken aufstieg, wuschen sie sich, schabten sich den Bart von den überanstrengten Gesichtern, zogen die sauberste Uniform an, die sie noch hatten, und bereiteten sich darauf vor, den Japanern mit dem Stolz der Marineinfanterie entgegenzutreten.

Immer noch fielen die Granaten. Die 14-Zoll-Geschütztürme von Fort Drum – jenes winzigen »Schlachtschiffes aus Beton« und Vorpostens von Corregidor – feuerten bis fünf Minuten vor Schluß. Es war dies die einzige Batterie auf allen befestigten Inseln, die immer intakt blieb. Fort Drum (auf der Insel El Fraile, einer Nadelspitze am Eingang zur Manila-Bucht) wurde am letzten Tage mit mindestens 1000 Granaten behämmert. Seine Geschütze aber feuerten noch.

Aber es nützte nichts mehr.

Noch bebte die Erde auf Corregidor; im Malinta-Tunnel flackerte das Licht und brannte ungleichmäßig infolge der Explosionserschütterungen. In einigen Teilen der Insel gruben sich Marineinfanteristen und Soldaten in Schützenlöcher und Gräben ein und kämpften den ganzen höllischen Nachmittag hindurch bis zu ihrem Tode – denn sie waren harte Kämpfer, und der Kapitulationsbefehl war nicht bis zu ihnen durchgedrungen.

Dann brach die Funkverbindung ab. Corregidor verstummte.

Als der »Felsen« kapitulierte, waren die Verluste, gemessen an dem monatelangen Bombardement, nicht übermäßig hoch. Einige Einheiten der die Uferbefestigungen verteidigenden Marineinfanterie erlitten in der letzten kurzen Gefechtsphase schwere Verluste. Bei seinem mißlungenen Gegenangriff am 5. und 6. Mai verlor das improvisierte IV. Bataillon annähernd 90 Navy-Matrosen und 2 Marineoffiziere im Gefecht. Viele andere Männer wurden verwundet. Die verstärkte Stabskompanie, die zur Reserve des 4. Regiments gehörte, wurde dezimiert, und das I. Bataillon, das den Hauptstoß des japanischen Angriffs auszuhalten hatte, erlitt schwere Verluste. Nur etwa 31 Seesoldaten und Unteroffiziere der Marineinfanterie waren vor dem 5. Mai im Gefecht gefallen (ein Erfolg der tiefen Schützenlöcher, Höhlen und gestreuten Stellungen des 4. Regiments). Im Endkampf vom 5. bis 6. Mai aber fielen 43 Mann. Viele andere wurden verwundet; Hunderte konnten, da sie krank oder halbverhungert waren, nicht am Gefecht teilnehmen. Insgesamt sind mindestens 600 bis 800 Angehörige der Armee, Matrosen der Marine, Marineinfanteristen und Filipinos während der Belagerung getötet und über 1000 Mann verwundet worden. Unter den Toten befanden sich über

70 Filipinos, die lebendig begraben wurden, als ein paar Klippen während eines heftigen Bombardements zusammenstürzten und die Männer in ihren Höhlen und Gräben verschütteten.

Die Verluste der Japaner sind niemals genau ermittelt worden. Flottillenarzt Thomas H. Hayes vom Medical Corps (Sanitätskorps) der US-Navy, der Regimentschirurg, der in einem Gefangenenlager starb, hatte ziemlich genaue Aufzeichnungen über den Krankenstand gemacht, die er auf Luzon in mehreren Kopien an geheimen Orten versteckte und so vor den Japanern in Sicherheit zu bringen wußte. Man hat einige dieser Kopien gefunden – seiner Schätzung nach hat der Feind beim letzten Sturmangriff über 4000 Mann verloren. Oberst Stephen M. Mellnik beziffert die Verluste der Japaner bei ihren Landungsoperationen im »Coast Artillery Journal« mit 5000 Getöteten oder Ertrunkenen und 3000 Verwundeten. Diese Angaben scheinen jedoch übertrieben, weil es unwahrscheinlich ist, daß die Japaner vor der Übergabe der Insel auf Corregidor mehr als ein Regiment an Land gesetzt haben sollen. Zwar wurden einige Landungsfahrzeuge zerstört, doch reichen Versenkungen dieser Größenordnung vermutlich nicht aus, um geschätzte Zahlen wie 4000 oder 5000 Tote zu rechtfertigen. Generalmajor Shusuke Horiguchi, der leitende Sanitätsoffizier der japanischen 14. Armee, bezeugte anläßlich des Kriegsverbrecherprozesses gegen Generalleutnant Masaharu Homma am 2. Februar 1946, daß die Japaner in der Schlacht um Corregidor allein in der Zeit vom 10. April bis zum 7. Mai 1942 400 Tote und 460 Verwundete zu beklagen hatten und 50 000 Mann an Malaria, Ruhr und Beri-Beri erkrankt waren. Diesen Zahlen kann man jedoch nicht vertrauen – insbesondere was die Krankenziffer betrifft –, da Horiguchi für Hommas Verteidigung aussagte und versuchte, die schlechte Behandlung der amerikanischen Kriegsgefangenen durch die Japaner zu beschönigen, indem er behauptete, die japanische 14. Armee habe nicht einmal für die eigenen Leute genügend Drogen und Arzneimittel zur Verfügung gehabt, geschweige für die Kriegsgefangenen.

Die Zahlenangaben über die japanischen Verluste werden wahrscheinlich immer umstritten bleiben – eins aber kann man mit Sicherheit sagen: die Verteidiger des »Felsens« brachten dem Feind das Fünf- bis Zwanzigfache der eigenen Verluste bei, und die Gesamtverluste der Japaner beliefen sich auf eine vierstellige Zahl.

Es ist müßig, Betrachtungen darüber anzustellen, was auf Corregidor am 5. und 6. Mai hätte geschehen können, wenn die Batterie Denver ihre Stellung auf dem Gebirgskamm gehalten hätte oder es General Moore und Oberst Howard gelungen wäre, noch weitere 400 oder 500 Mann zusammenzukratzen und gegen den Feind zu werfen. Es kann nicht bezweifelt werden, daß die japanischen Hauptlandungen – im North-Dock-Gebiet – abgeschlagen und Landungsfahrzeuge in ansehnlicher Zahl versenkt wurden; ebensowenig ist zu bezweifeln, daß der Feind zum Zeitpunkt der Übergabe von den Verteidigern übel zugerichtet worden war und sich diese Rückschläge in General Hommas Befürchtungen widerspiegelten. Es ist wenig wahrscheinlich, daß ein zweiter Gegenstoß Corregidor vom Gegner hätte befreien können; das Spiel war ohnedies verloren. Mit Sicherheit wäre ein zweiter Landungsversuch der Japaner zu erwarten gewesen, und außerdem war Corregidor schon vor den eigentlichen Landungen durch Artilleriebeschuß geschlagen worden.

Die brutale Behandlung der amerikanischen Kriegsgefangenen seitens der Japaner gehört nicht hierher. Man kann die Art dieser Behandlung in Zahlen schildern: zwischen 5000 und 10 000 Filipinos und maximal 650 Amerikaner starben bald nach der Übergabe auf dem »Todesmarsch« von Bataan in die Gefangenenlager. (13) Weitere Tausende starben in der Gefangenschaft einen langsamen Tod durch Krankheit, schlechte Ernährung, brutale Behandlung und reine Verzweiflung. Nur ca. ein Drittel der Offiziere des 4. Marineinfanterieregiments (und der angegliederten Marineeinheiten) kehrten in die USA zurück, und die Zahl der heimgekehrten Mannschaften und Unteroffiziere ist (prozentual) noch niedriger. Von ihnen starben die meisten als Kriegsgefangene. Um die gefangenen Heeressoldaten stand es nicht besser.

Es muß jedoch – laut den Hayes-Aufzeichnungen – mit den Worten von Marinestabsarzt Edward Francis Ritter jr. vom Navy Medical Corps festgehalten werden, daß die Gefangenschaft aus den Männern das Schlimmste wie das Beste herausholte. Ritter sprach ganz allgemein von den amerikanischen Kriegsgefangenen, nicht speziell von der Marineinfanterie, als er festhielt, daß im Lager die Disziplin zusammenbrach: überall zeigten sich »Selbstsucht und Habgier«, und viele hielten nicht mehr auf sich.

Um Corregidor und Bataan haben sich viele historische Mythen gebildet.

Oberst E. B. Miller, der das 194. Panzerbataillon kommandierte, eine Einheit der National Guard, die vor Kriegsbeginn mobil gemacht und auf die Philippinen verlegt worden war, versuchte in einem kleinen, wenig beachteten Buch, das er nach dem Kriege herausgab, ein paar solcher Legenden zu zerstören. Oberst Miller kritisiert bei der Beschreibung dessen, was er »unser Fiasko auf den Philippinen« nannte, den General MacArthur, die Armee und unser Land sehr bitter:

»Generalmajor George Grunert«, schrieb er, »war Befehlshaber des Philippine Department, bevor MacArthur in den aktiven Dienst zurückgerufen wurde ... Warum wurde General Grunert nach Haus geschickt? Weil er über die Verteidigungsplanung für die Philippinen völlig anderer Ansicht war als MacArthur ... Grunert hatte den sicheren Blick des Realisten für das, was gebraucht wurde. MacArthur war völlig in Theoretischem befangen.«

Oberst Miller betont in seinem Buch vor allen Dingen, wie falsch es war, keine der zur Verfügung stehenden Nachschub- und Versorgungsgüter auf die Halbinsel Bataan zu schaffen, und er stellt eine Reihe peinlicher rhetorischer Fragen:

»Warum wurde der Orange-Plan (WPO-3) nicht vor dem 3. Dezember 1941 verwirklicht? Was geschah mit den Plänen, aus dem Hafengebiet Manilas einschlägige Vorräte zu bergen? ... Warum wurde von ... Cabanatvan kein Reis herangeschafft? ... Warum wurde Bataan unmittelbar nach dem Rückzug der Truppen auf die Halbinsel auf halbe Rationen gesetzt?« (14)

Oberst Miller warf zwar in seinem Buch einige Fragen auf, die den Goldschimmer der Legenden um Bataan und Corregidor verblassen ließen – aber detaillierte Antworten gibt auch dieses Buch nicht.

Die Geschichte selbst hat diese Antworten klar und eindeutig gegeben. Corregidor und Bataan waren schon vor Kriegsbeginn verloren, und zwar aus folgenden Gründen:

1. *Planungsschwankungen in Washington und auf den Philippinen.*

Die Verlagerung des Schwerpunktes vom Orange-Plan (Verteidigung der Bucht von Manila) auf die Verteidigung der gesamten Philippinen, die MacArthur mit Billigung Washingtons vornahm, komplizierte logistische Vorratshaltung und Nachschub entscheidend.

Drei divergierende Pläne – Orange, Rainbow 5 und der Plan Philippine Commonwealth – bestanden für die Verteidigung der Inseln, »aber kein einziger wurde konsequent befolgt, als der Krieg ausbrach«. Übermäßiges Vertrauen in die Leistungen der philippinischen Armee, die zum größten Teil nur auf dem Papier bestand, und erhebliche Überschätzung der Möglichkeiten der Air Force seitens des Oberkommandos des Heeres wirkten als weitere Faktoren in diesem Debakel mit.

Bis zu seinem Tode im Jahre 1964 hielt MacArthur daran fest, daß der Plan »Rainbow 5« von einer vier- bis sechswöchigen Verteidigung der Manila-Bucht ausging und daß (mit seinen eigenen Worten – in seinen Memoiren – zu sprechen:) »die Pazifische Flotte dann mit starken Kräften eingreifen und Entsatzmannschaften für die Erdtruppen Geleitschutz geben würde«. Aber Rainbow 5 hat derlei keineswegs vorgesehen; vielmehr waren die Vereinigten Staaten darin ausdrücklich auf eine strategische Verteidigung im pazifischen Raum festgelegt, und wie Morton betont (»Command Decisions«, S. 33), waren »die philippinischen Inseln praktisch, als in einem Kriege gegen Japan nicht zu verteidigen, abgeschrieben worden«. Rainbow 5, der aus Besprechungen mit den Briten hervorgegangen war, wurde in den Kongress-Hearings bezüglich des Überfalls auf Pearl Harbor (1946) lückenlos veröffentlicht. (Exhibit 129, S. 2875 ff) »The Joint Army and Navy Basic War Plan« – Rainbow N. 5 (S. 2908 ff). – erläutert das Kriegskonzept wie folgt:

»Da Deutschland die Hauptachsenmacht ist, müssen Atlantik und Europa als entscheidende Kriegsschauplätze betrachtet werden. Die Haupt-Kriegsanstrengungen der Vereinigten Staaten werden diesem Kriegsschauplatz gelten, und Operationen der Streitkräfte der Vereinigten Staaten auf anderen Kriegsschauplätzen sind so durchzuführen, daß diese Schwerpunktoperationen erleichtert werden ...

Wenn Japan in den Krieg eintritt, wird (unsere) Militärstrategie im Fernen Osten defensiv sein. Die Vereinigten Staaten beabsichtigen nicht, ihre gegenwärtige Kampfstärke im Fernen Osten zu erhöhen (diese Absicht wurde nach Niederschrift der Grundgedanken noch abgewandelt), wird aber die Amerikanische Pazifische Flotte zu Offensivzwecken so einsetzen, daß die Wirtschaftskraft Japans geschwächt und die Verteidigung der malaiischen Barriere durch Ablenkung japanischer Streitkräfte vom malaiischen Archipel unterstützt wird.

Solange diese Verteidigung fortgesetzt wird, bleibt der Oberbefehlshaber der Asiatischen Flotte für die Unterstützung der Verteidigung der Philippinen verantwortlich.«

In den spezifischen Flottenplanungen von Rainbow 5 wurde folgende Aufgabe umrissen: »Angriffe auf Achsentruppen und von diesen benutzte Wasserwege und Verbindungslinien im Pazifik und im Fernen Osten.«

»Ablenkung« des Feindes von der malaiischen Barriere.

»... Vorbereitung zur Eroberung und Kontrolle des Raumes Marshall-Inseln und Karolinen sowie zum Aufbau eines vorgeschobenen Flottenstützpunktes auf Truk.«

Die Asiatische Flotte sollte »die Verteidigung der Philippinen« und anderer alliierter Gebiete unterstützen, die Seeverbindungswege der Japaner angreifen und Achsentruppen vernichten. Sie sollte bei der Verteidigung der philippinischen Küstenfronten mit der Armee zusammenarbeiten. Der Oberbefehlshaber der Asiatischen Flotte hatte Vollmacht, nach seinem Ermessen seine Operationsbasis in britische oder holländische Häfen zu verlegen.

In Rainbow 5 wurde eindeutig festgelegt, daß die Amerikaner im Fernen Osten eine reine Defensivstrategie betreiben würden. Man schwindelte sich um den Komplex »Verteidigung der Philippinen« herum; die Aufgabenstellung für die Navy, sich für den Vorstoß in westlicher Richtung durch die Karolinen- und Marshall-Inseln »bereit zu machen«, weist eindeutig darauf hin, daß die Philippinen schon vor Pearl Harbor abgeschrieben worden waren. Man könnte die Verluste bei Pearl Harbor als de-jure-Bestätigung einer de-facto-Situation bezeichnen; sie bedeuteten weitere Verzögerungen und in der unvermeidlichen Konsequenz den Verlust der Philippinen, noch ehe eine umfassende Offensivoperation unternommen werden konnte. Gleichwohl hat Pearl Harbor die Pazifische Flotte nicht »neutralisiert« – ihre Flugzeugträger entkamen der drohenden Vernichtung. Die kräftemäßige Überlegenheit der japanischen Streitkräfte sowie die geographisch günstigen und mächtigen Stützpunktsysteme der Japaner hatten sie bereits »neutralisiert«.

MacArthur schrieb in seinen Memoiren (»Reminiscences«, S. 121): »Obgleich Admiral (Ernest) J. King, der Befehlshaber der Amerikanischen Flotte und spätere Chief of Naval Operations (Chef des Admiralstabes) meinte, die Flotte sei für einen Vorstoß auf Manila nicht genügend gerüstet, war mein Eindruck, daß unsere Marine die eigene Stärke unterschätzte und sehr wohl hätte durchbrechen können ... Die japanische Blockade der Philippinen war bis zu einem gewissen Grade eine Blockade auf dem Papier. Noch war Mindanao fest in unserer Hand ... Eine nachdrückliche Anstrengung der Marine hätte die Philippinen durchaus retten und den japanischen Vorstoß nach Süden und Osten stoppen können. Aber das wird man nie genau ermitteln können.«

Nun, die Fakten können leicht zusammengetragen werden: man *kann* sie ermitteln. Die Geschichte gibt Admiral King recht. Zehn japanische Flugzeugträger gegenüber drei amerikanischen im Pazifik; eine überwältigende Überlegenheit der Japaner an Schlachtschiffen, Kreuzern und Zerstörereinheiten; schließlich der enorme Vorteil, den die Japaner in Form landgestützter Luftstreitkräfte genossen – dies alles hätte jeden zu frühzeitigen Versuch, das Netzwerk der japanischen Stützpunkte im Zentralpazifik mit einem umfassenden maritimen und amphibischen Vorstoß zu zerreißen, zum Scheitern verurteilt.

Ein Versuch, die Philippinen mit Nachschub in der gewaltigen Größenordnung zu versehen, die die Bekleidung und Ausrüstung von 140 000 kämpfenden Soldaten darstellt, hätte ein andauerndes Großkonvoiprogramm notwendig gemacht. Derartige Geleitzüge hätten sich ihren Weg von Hawaii oder Australien aus durch feindbeherrschte Gewässer freikämpfen müssen. Nur die Vernichtung der japanischen Luft- und Seestreitkräfte hätte die Unverletzlichkeit eines solchen Nachschubweges gesichert. Ein Großversuch, einem solchen Konvoi mit einer Seeschlacht großen Stils zum Durchbruch zu verhelfen, hätte beim damaligen Stand des Krieges für die USA unweigerlich zu einem Fiasko geführt. Wir haben die historischen Tatsachen jetzt zur Hand; es ist klar, daß die Japaner, wie Admiral King seinerzeit gesagt hatte, viel zu stark gewesen sind. Vereinzelte Blockadedurchbrüche und kleine Nachschubunternehmen durch U-Boote, Flugzeuge und Küstendampfer waren teilweise von Erfolg gekrönt; aber sie haben letzten Endes nur den Todeskampf verlängert. Umfassende Nachschuboperationen standen überhaupt nicht zur Debatte. (15)

MacArthur überschätzte geradezu grotesk den Wert der philippinischen Schnellboot-»Marine«, mit der er japanische Landungsversuche vereiteln zu können hoffte. Als der Krieg begann, standen nämlich nur zwei philippinische Schnellboote zur Verfügung, und die spielten dann auch noch eine negative Rolle. MacArthurs Vorkriegseinschätzung des Gefechtswertes der philippinischen Armee war entschieden zu hoch gegriffen, und seine Mobilmachungs- und Ausbildungsplanung basierte offensichtlich auf der Annahme, daß Feindseligkeiten nicht vor dem 1. April 1942 ausbrechen würden. Nun war die Zeit gewiß nicht auf seiten MacArthurs, dessen ungeachtet aber hätte man die Kampfkraft der philippinischen Armee auch in weiteren sechs Monaten nicht nachhaltig erhöhen können.

Auf den Philippinen erhielten die USA zum erstenmal eine Lektion, die später wieder und wieder ihre Wichtigkeit erwies, nämlich, daß man seine Luftmacht massiv und mit großem Geschick einsetzen muß, wenn man sie gegen Wasser- und Landstreitkräfte wirksam eingreifen lassen will. Secretary of War Henry L. Stimson stellte später einmal klar heraus:

»Es war bald nach Beginn des Feldzuges deutlich, daß die Erwartungen des voraufgegangenen Herbstes nicht zu realisieren waren – eine wirksame Verteidigung der Philippinen durch Luftstreitkräfte sollte es nicht geben. Vorbereitungen dazu waren nicht abgeschlossen; die Japaner waren zu stark, und vor allem hatte man gar nicht richtig erkannt, in welchem hohen Maße Luftmacht von anderen Dingen abhängt als Flugzeugen, die ohne Unterstützung operieren müssen.«

Henry L. Stimson schreibt hierzu:

»Wie ich in ›Great Mistakes of the War‹ (S. 72) anmerkte, scheinen sowohl General MacArthurs Doppelstatus als Feldmarschall der philippinischen Armee und General der amerikanischen Armee, als auch die – wie der Krieg erwies irrige – Annahme, die Philippinen könnten sich in hohem Maße selbst verteidigen, und der Umstand, daß sich die USA auf die baldige Unabhängigkeit der Philippinen eingestellt hatten, sein Urteil beeinflußt zu haben. Als er sich dann einer tatsächlichen Kriegshandlung gegenüber sah – die Japaner hatten wenige Stunden zuvor Pearl Harbor überfallen –, zögerte er offensichtlich, Offensivmaßnahmen zu ergreifen, solange ein offenkundiger Angriff auf die Philippinen oder eine formulierte Kriegserklärung ausstand.«

Dieses Zögern mag nicht unerheblich zu dem Debakel beigetragen haben, das sich neun Stunden vor Pearl Harbor auf dem Flugplatz Clark Field abspielte. Aber der Hauptgrund war, wie Stimson klarstellte, doch der Mangel an Verständnis für die Anforderungen und Konsequenzen eines modernen Luftkrieges.

Dr. Robert Futrell (»Air Hostilities in the Philippines 8 December 1941«, Air University Review, Maxwell Air Force Base, Alabama, January-February, 1965) kommt zu dem Schluß, daß General Lewis H. Brereton, der Befehlshaber der Luftwaffe des Heeres, »um Vollmacht ersuchte, in den frühen Morgenstunden des 8. Dezember mit B-17-Maschinen einen Luftschlag gegen Formosa führen zu dürfen, die ihm nicht erteilt worden ist«. Meiner Meinung nach ist der Schlüssel zu dieser geheimnisvollen Verweigerung oder zumindest Verzögerung dieser Vollmacht bis zu einem viel zu späten Termin bei MacArthurs Stabschef General Sutherland zu suchen. Wie Futrell erläutert, dachte MacArthur damals »defensiv« und war der Planungsverwirrung, die er mit verursacht hatte, selbst zum Opfer gefallen. Doch selbst wenn die Amerikaner einen Schlag gegen Formosa geführt hätten, wäre dies auf den Ausgang der philippinischen Operationen mit ziemlicher Sicherheit ohne Einfluß geblieben. Wir hatten damals viel zu begrenzte Vorstellungen von einer Luftmacht und ihrem Einsatz.

Die gleiche Doppelgleisigkeit der Maßnahmen MacArthurs – die unzweifelhaft aus dem besonderen politischen Status der Philippinen als Commonwealth sowie aus MacArthurs persönlicher Doppelrolle erwuchs – zeigte sich auch in seiner Entscheidung, Manila zur Offenen Stadt erklären zu wollen, und an der Tatsache, daß er Washington Quezons Vorschläge zur Neutralisierung der Philippinen übermittelte.

Wie hier dargelegt worden ist, hat MacArthur in der Verteidigung der Philippinen ganz und gar keine brillante Analytikerrolle gespielt und sich keineswegs ungeschmälerten Ruhm erworben. Der Autor möchte an dieser Stelle nochmals seine »Great Mistakes of the War« (S. 75) zitieren:

»Das Erstaunlichste, das vollkommen Unverständliche an MacArthurs philippinischen Aktionen waren seine stillschweigende Billigung der Vorschläge Präsident Quezons vom 8. Februar 1942 bezüglich einer »sofortigen und bedingungslosen Gewährung der Unabhängigkeit der Philippinen durch die Vereinigten Staaten«. Quezon forderte: »Ein Abkommen zwischen den Vereinigten Staaten und Japan soll ihre Neutralität hinfort garantieren; es werden alle Truppen abgezogen, und die philippinische Armee wird aufgelöst.« Diese Botschaft Quezons an Präsident Roosevelt klagte die Vereinigten Staaten der unterlassenen Stärkung der Philippinen wegen »in ebenso unfairen wie voll und ganz begreiflichen Worten« an. (Quezon war durch MacArthurs früheren Optimismus irregeleitet worden; die Beziehungen zwischen Quezon und Roosevelt waren gespannt). Unverständlich aber bleibt, wie gesagt, die stillschweigende Billigung (dieser Vorschläge) durch MacArthur, den Halbgott (seiner eigenen Meinung nach), den Helden von Bataan (der er in den Augen der Welt war). MacArthur funkte an den Präsidenten, daß »das Problem sich, was das Militärische betrifft, als die Frage stellt, ob der Plan Präsident Quezons die bestmögliche Lösung für das sich anbahnende Fiasko darstellt«. Und dies ganze 24 Tage nachdem MacArthur seinen Soldaten verkündet hatte, Verstärkung sei zu Tausenden, Flugzeuge seien zu Hunderten bereits unterwegs! (16)

*2. Planungsdifferenzen zwischen Army und Navy.*

Als die Armee die Verteidigung der gesamten Philippinen ins Auge faßte, kam Admiral Hart voller Begeisterung um die Erlaubnis ein, frühere Pläne für eine Verlegung seiner Flotte in den Süden aufgeben und seine Schiffe statt dessen in der Bucht von Manila zusammenziehen zu dürfen. Das Marineministerium, in diesem Falle gut beraten, wies seinen Vorschlag zurück. Diese Ablehnung machte klar, daß die Marine wenig Zutrauen zu der neuen Überzeugung der Armee hatte, daß man die gesamten Philippinen verteidigen könne. Bis zum 30. Januar gab es auf den Philippinen keine einheitliche militärische Führung; Armee und Marine nahmen ihre Befehlsgewalt getrennt und voneinander unabhängig wahr.

Aber auch die Planungsarbeit der Marine litt, wie Admiral Frederick C. Sherman schrieb, besonders unter einem verhängnisvollen Irrtum:

»Unser Oberkommando der Marine ... hat kaum erkannt, daß die Seeherrschaft von den Flugzeugträgern und ihrer geballten Luftstreitmacht abhing und nicht von den veralteten Schlachtschiffen, die bei Pearl Harbor außer Gefecht gesetzt wurden.«

In der Tat war eine Verteidigung der Philippinen 1941–42 nicht möglich, solange man die eigene Luft- und Seeherrschaft nicht aufrechtzuerhalten vermochte. Wie der spätere Kriegsverlauf beweisen sollte, konnten Inseln ohne jede Flotten- oder Luftunterstützung eingenommen oder aber einfach links liegengelassen werden, bis sie »am Stamme verdorrten«.

Nur wenige Menschen hätten wohl angenommen, daß die Japaner auf dem Archipel die Möglichkeit haben würden, nach ihrem Belieben Landungsmanöver durchzuführen, ohne durch Angriffe von der See oder aus der Luft auch nur die geringsten nachhaltigen Verluste beigebracht zu bekommen. Die Luftmacht der USA war neun Stunden nachdem man die Nachricht von Pearl Harbor erhalten hatte, durch einen Überraschungsangriff (!) aus der Luft praktisch zerschlagen worden. Und 29 U-Boote der Asiatischen Flotte – auf dem Papier eine gewaltige Streitmacht – vermochten die Landungen der Japaner so gut wie überhaupt nicht zu beeinträchtigen und versenkten nur drei unbedeutende Einheiten der angreifenden Flottenverbände. Die Überwasserstreitkräfte der Asiatischen Flotte, von denen die meisten Amerikaner glaubten, sie würden bei der Verteidigung der Philippinen ruhmreich untergehen, zogen sich statt dessen befehlsgemäß in südlicher Richtung zurück und wurden später bei aussichtlosen Versuchen, die Malaiische Barriere und den indonesischen Archipel zu verteidigen, fast restlos vernichtet. Und zu Lande wurde eine amerikanisch-philippinische Streitmacht von 140 000 Mann, die den Japanern zahlenmäßig überlegen war, in der größten Einzelniederlage amerikanischer Waffen im Kriege total vernichtet.

Und doch war dieses Opfer nicht umsonst.

Bataan und Corregidor standen wie Felsen in der Brandung der japanischen Eroberungen, nachdem die angeblich uneinnehmbare Festung Singapur (am 15. Februar) gefallen war und die Japaner Malaya, Borneo und Celebes überrannt hatten. Anfang Februar hatte der Rückschlag, den die Japaner mit ihrer Offensive gegen die Bagac-Orion-Linie erlitten, die Kampfmoral auf einen Tiefstand gebracht – wie General Homma später bezeugte, war die 14. japanische Armee »in sehr schlechter Verfassung«. Die Japaner hatten damit gerechnet, die Eroberung der Philippinen Mitte Februar abgeschlossen zu haben, und nun dauerte es noch bis zum 9. Juli – mithin vier Monate –, bis alle Truppen auf den vorgelagerten Inseln kapitulierten. General Homma, gewiß zu keiner Zeit ein grandioser Feldherr, wurde auf ein Nebengleis geschoben und blieb bis Kriegsende praktisch kaltgestellt – er war hinfort nie wieder als aktiver Befehlshaber tätig. Und nach dem Kriege zahlte er den Preis für seinen »Sieg auf Zeit« in einem zweifelhaften Kriegsverbrecherprozeß, der ex post facto geführt wurde. Ein amerikanischer Militärgerichtshof lastete General Homma die Verantwortung für den »Todesmarsch von Bataan« und die brutale Behandlung der Kriegsgefangenen an; am 3. April 1946 starb er vor den Läufen eines Erschießungskommandos in Manila, der Stadt, die er 1941 so rasch eingenommen hatte.

*Kapitel 4*

# DIE LANDUNG IN SIZILIEN

## *Ein strategischer Kompromiß*

10. Juli bis 17. August 1943

Die Landung auf Sizilien, der größte amphibische Angriff des Zweiten Weltkrieges, stellte »den Anfang vom Ende« der langen Straße dar, die die Alliierten bis zum Siege in diesem Kriege zu gehen hatten.

Sie war der erste Abschnitt von Winston Churchills geplantem Stoß auf den »weichen Unterleib« der *Festung Europa*. Die Landung der Alliierten auf Sizilien sicherte den Briten ihre Verbindungswege durch das Mittelmeer und leitete über zum Sturz Mussolinis und dem Zusammenbruch Italiens.

Und doch, mit der Eroberung dieser zerklüfteten, dürren Insel, die seit Beginn der Geschichtsschreibung ein Mittelpunkt für Schlachten gewesen ist, in 38 Tagen wurde ein Kapitel der Militärgeschichte begonnen, das jeder logischen Ursache entbehrt. Sizilien – das war ein strategischer Kompromiß, geboren aus Meinungsdifferenzen und aus einer unsicheren Konzeption und unklarer Zielsetzung. Diese Schlacht wurde geschlagen, weil »irgend etwas geschehen mußte«.

Für die Briten war die Mittelmeer-Suez-Route lange Zeit hindurch eine lebenswichtige Ader ihres Empire gewesen. Das Öl aus dem Mittleren Osten, die tapferen Gurkhas, die Soldaten Indiens – Kriegsmaterial und Friedensgüter, dies alles transportierten die Tanker, Linienschiffe und Trampdampfer auf dem kürzesten Seeweg zwischen Großbritannien und dem Osten. Die britische Schlüsselposition in Ägypten und der Feldzug in Nordafrika mußten über den Seeweg durch das Mittelmeer und den Suezkanal mit Nachschub versorgt werden. Das Mittelmeer unter feindlicher Kontrolle – das wäre vor dem Kriege als glatte Katastrophe betrachtet worden. Die ersten Jahre des Zweiten Weltkrieges machten die Bedeutung der Mittelmeerroute deutlich, zeigten den

Briten aber zugleich, daß sie, wenn erforderlich und in Notzeiten, wenn auch nur knapp, ohne sie existieren konnten. Dank Maltas, seiner hartnäckigen Verteidiger, seiner Kriegswerften und seiner Flugplätze konnten besondere und stark geschützte britische Geleitzüge durch das Mittelmeer fahren, wenn auch nur mit Unterbrechung und meist um einen hohen Preis an Frachtraum und Menschenleben. Und dank Maltas waren die italienischen und später die deutschen Seeverbindungen nach Nordafrika beunruhigt, behindert und unterbrochen worden. Mussolinis stolzer Wunschtraum, das Mittelmeer zu einem italienischen »mare nostrum« zu machen, ging zwar nicht in Erfüllung, aber bald wurde das Mittelmeer für alle Konvois, die nicht von besonderer Dringlichkeit waren und bei denen es auf eine schnelle Durchführung durch Seetransport ankam, zu gefährlich. Für die meisten Seetransporte sowie für alle Tanker und Truppentransporter war der lange Weg um das Kap der Guten Hoffnung obligatorisch.

Nirgends war die Lebensader Großbritanniens so gefährdet wie in der Straße von Sizilien, in der sich das Mittelmeer zu einer 140 Kilometer breiten Passage zwischen dem Kap Bon in Tunesien und der Insel Sizilien verengt und die Küsten zahlreiche gute Häfen und Flugplätze aufweisen. Von der Südspitze des italienischen Sardinien in westlicher Richtung weiter an den italienischen Inselfestungen Pantelleria, Linosa und Lampedusa vorbei bis nach Malta im Osten mußten alle britischen Transporte mehr als 300 Seemeilen Spießruten laufen.

Es war nur zu natürlich, daß Sizilien schon zu Beginn des Krieges bereits eine Rolle in der britischen Planung spielte, lange bevor Großbritannien die Mittel zur Durchsetzung seiner Ziele zur Verfügung hatte.

Schon am 16. Oktober 1941 – die Schlacht um Moskau war noch nicht geschlagen, Pearl Harbor noch nicht angegriffen worden – stürzte sich Premierminister Winston Churchill auf einen seiner vielen Eventualpläne des Generalstabs des Britischen Imperiums, taufte diesen »Whipcord« (»Peitschenschnur«), ordnete seine detaillierte Ausarbeitung an und gab damit dem Planungsstab der britischen Armee berechtigten Anlaß, den Plan »zehn Tage und Nächte lang von Herzen zu verfluchen«. Nach Generalmajor Sir John Kennedy, dem Chef der Operativen Abteilung

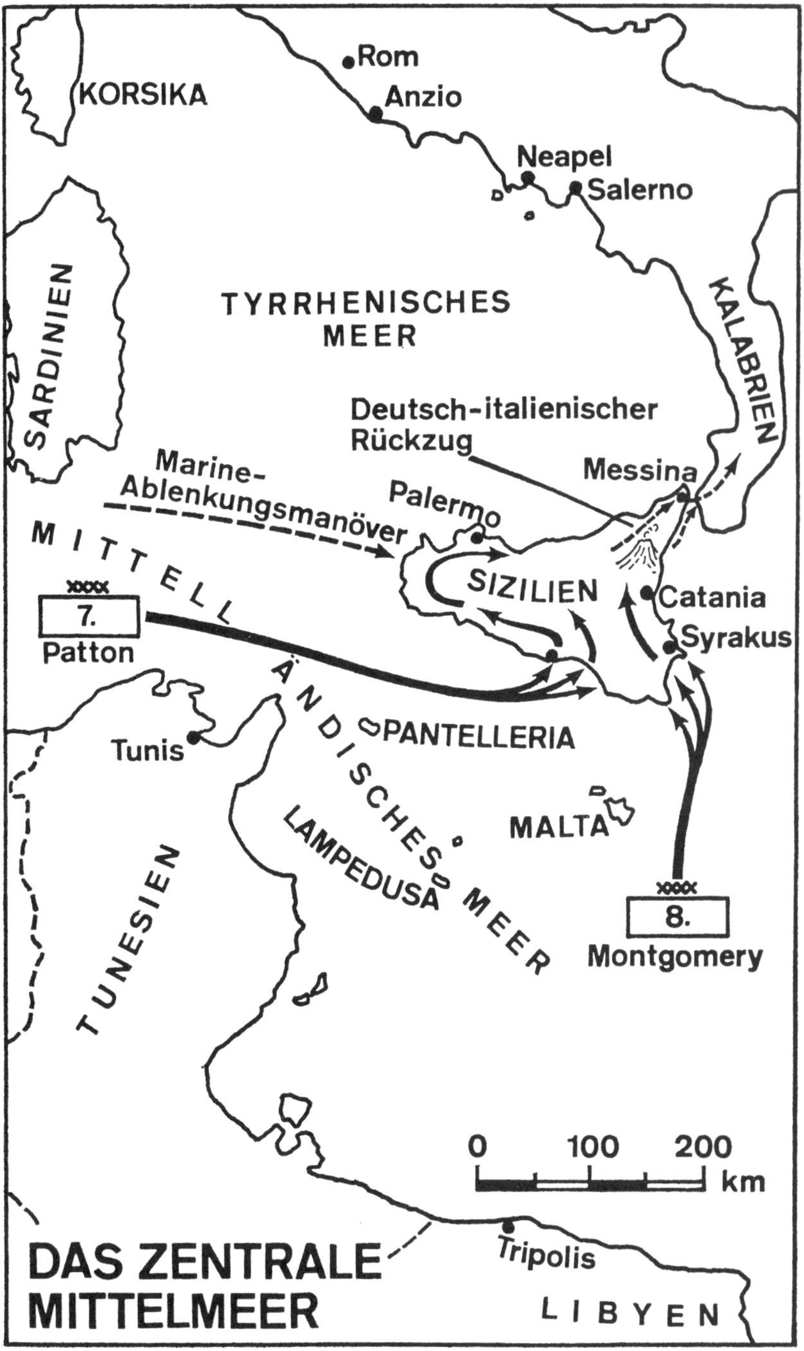

DAS ZENTRALE MITTELMEER

des britischen Generalstabes, betrachtete Churchill »Sizilien als praktisch schon so gut wie eingenommen«. (1)

Obgleich Churchills Zuversicht ein wenig verfrüht war – seine Pläne mußten noch fast zwei Jahre warten –, hatte die Eroberung Siziliens doch immer im Vordergrund der britischen Planungen gestanden und war besonders in Churchills strategischem Gesamtkonzept ein wichtiger Punkt.

Von Anfang an hatte Churchill eine endgültige deutsche Niederlage im Stil der napoleonischen Ära angesteuert. Der Einsatz überlegener britischer Seestreitkräfte gestattete periphere Operationen an den Meeresküsten Europas an beliebig gewählten Punkten, an denen die deutschen Streitkräfte schwach und durch geographische Gegebenheiten eingeengt waren, so daß Englands begrenzte Landstreitmacht am vorteilhaftesten eingesetzt werden konnte. Diese Konzeption Churchills wurde auch von dem Aderlaß an der Westfront des Ersten Weltkrieges und dem Beinahe-Erfolg der unglückseligen Gallipoli-Unternehmung beeinflußt, die in der Anlage hervorragend, in der Durchführung aber unzulänglich gewesen war.

Die britische Griechenland-Expedition, die Schlacht um Kreta und der deutsche Angriff auf Rußland hatten nach Churchills Ansicht die Wichtigkeit des Mittelmeers und eines Angriffs auf das von Deutschland beherrschte Europa von Süden her verdeutlicht. Der vorübergehende Wunsch, die Türkei könnte zum Kriegseintritt an der Seite der Alliierten bewegt und dann ein Versorgungsweg durch die Dardanellen nach Rußland eröffnet werden, war mit der Vater des Gedankens. Der östliche Mittelmeerraum – Rhodos, die Agäischen Inseln, der Balkan, Italien, Sizilien – waren die strategischen Magneten, die Churchills Vorstellungskraft immer wieder anzogen und fesselten – und damit notgedrungen auch die Aufmerksamkeit der britischen Planer.

Churchill sah die Kontrolle der Ägäis und die Invasion des Balkans als »eine Angelegenheit von größter Bedeutung, die mit allen verfügbaren Mitteln vorangetrieben werden muß«.

»Während ich stets willens war, mit den Amerikanern zusammen einen direkten Vorstoß über den Kanal gegen die deutsche Küstenfront in Frankreich zu führen, war ich nicht überzeugt, daß dies der einzige Weg gewesen wäre, den Krieg zu gewinnen; ich wußte auch, daß es ein sehr schwieriges und riskantes Abenteuer werden würde.« Churchill schrieb: »Der schreckliche Preis, den wir an Blut und Menschenleben für die großen Offensiven des Ersten Weltkrieges hatten zahlen müssen, ist mir auf immer unvergeßlich geblieben.« (2)

Als sich die Auseinandersetzung ausweitete und sich die drohende Möglichkeit einer Niederlage Englands nach der Schlacht um Moskau und dem Kriegseintritt der Vereinigten Staaten verflüchtigte, gewannen die politischen Zielsetzungen in Churchills peripherischer Strategie eine immer stärkere Bedeutung. Churchill und seine Minister hatten eindeutig ihre Gedanken vorausschauend auf Zeit gerichtet; es wuchs das Mißbehagen über die Ziele der Sowjets im Hinblick auf die Zukunft der britischen Positionen im Mittelmeer und in Osteuropa. Ein Vorstoß aus dem Mittelmeerraum, von Süden her, konnte alliierte Menschenleben sparen, den deutschen Angriff auf Rußland in der Flanke treffen und den Westen auf dem Balkan in die Lage versetzen, den Ambitionen der Sowjetunion wirksam entgegenzutreten.

Churchill hatte, wie er einmal sagte, nicht die Absicht gehabt, als Vollstrecker der Liquidierung des Britischen Empire in die Geschichte einzugehen. Und er beabsichtigte auch nicht, tatenlos zuzusehen, wie eine Form der totalen Tyrannei in Europa durch eine andere ersetzt wurde.

Daher war die britische Mittelmeer-Strategie eine Strategie des Rückzuges und der Niederlage. Sie war – bis fast zum Herbst 1942, ein Jahr nach Pearl Harbor – fast ausschließlich defensiv ausgerichtet, mit Ausnahme der schwankenden Kämpfe in Libyen, die insgesamt gesehen wohl doch zu Gunsten der Deutschen ausfielen.

Und dann kämpften sich am 8. November 1942 kriegsunerfahrene amerikanische Truppen durch die Brandung an den Strand Nordafrikas.

»... die ersten von über einer Million Amerikaner, die im Zweiten Weltkrieg im Mittelmeer Dienst tun sollten – Männer vom II. Armeekorps in Tunesien, die Siebente Armee in Sizilien, die Fünfte Armee in Italien (von Salerno bis zu den Alpen), und eine umfangreiche Verwaltungs- und Organisationsmaschinerie ... Der Strom amerikanischer Kriegsmacht, der die folgenden zweieinhalb Jahre hindurch sich in diesen Teil der Welt ergießen sollte, umfaßte auch die 12., 9. und 15. Luftflotte, die Seestreitkräfte in den nordwestafrikanischen Gewässern, die Achte Flotte und einen beachtlichen Beitrag zum alliierten Hauptquartier.« (3)

Generalmajor Kennedy und viele andere britische Strategen betrachteten jedoch weniger Sizilien als vielmehr Nordafrika als das Ziel für den logischen ersten Schritt jeglicher Mittelmeerstrategie. Um die Zeit der anglo-amerikanischen »Arcadia«-Konferenz in Washington, kurz nach Pearl Harbor, der ersten von vielen folgenden britisch-amerikanischen Konferenzen auf hoher Ebene, die den Verlauf des Zweiten Weltkrieges festlegen sollten, hatte Churchill seine Sizilien-Träume vorerst zugunsten der »Befreiung« Französisch-Nordafrikas (Marokko, Algerien und Tunesien) auf Eis gelegt – eine Idee übrigens, an der Präsident Franklin Delano Roosevelt »deutliches Interesse« zeigte.

Als das Blutvergießen Monat um Monat anhielt, begann Nordafrika in der alliierten strategischen Planung durch die Lageentwicklung und Differenzen zwischen den Alliierten immer mehr an Bedeutung zu gewinnen.

Den amerikanischen Planern – unter ihnen vor allem General George Catlett Marshall, Stabschef der Armee – waren die Straßen zum Siege durchaus klar: zuerst Deutschland, dann Japan. Der beste, sicherste und schnellste Weg, Deutschland niederzuwerfen, war der kürzeste und geradeste, nämlich ein tödlicher Stoß von den Britischen Inseln über den Kanal und die Straße von Dover zur französischen Küste und den Niederlanden. Die meisten amerikanischen Planer konnten mit peripherer Strategie wenig anfangen und verstanden sie auch nicht recht. Die amerikanische Armee spielte bei der Planung der Niederwerfung Deutschlands die Hauptrolle, während die amerikanische Marine sich um den Pazifik kümmerte. Die meisten Armeeführer jener Jahre verstanden vom strategischen Einsatz einer Seemacht nur sehr wenig. Vielen galt die Navy einfach als Seetransportunternehmen. Darüber hinaus mußte das von der deutschen Invasion gefährdete Rußland am Kämpfen gehalten werden – wenn nämlich Moskau den Kriegsschauplatz verließ, hätte ein Sieg über Deutschland nahezu unmöglich werden können.

Dies waren die Vorstellungen, die damals die amerikanische strategische Planung in Europa beherrschten. Demzufolge bestanden amerikanische Planer auch darauf, daß alle Anstrengungen der Vereinigten Staaten im Jahre 1942 dem Aufbau einer amerikanischen und britischen Boden- und Luftstreitmacht auf den britischen Inseln zu gelten habe, um eine für 1943 geplante Invasion über den Kanal vorzubereiten, bei der ein für 1942 vorgesehener Vorausangriff – »Operation Sledgehammer« – einen Landekopf erstellen und die hart bedrängten Russen entlasten sollte.

Die Briten jedoch, die von der Idee eines Direktangriffs über den Kanal hinweg nie begeistert waren und schon gar nicht 1942 oder 1943, versuchten ihr möglichstes, um den amerikanischen Enthusiasmus zu dämpfen.

Das führte zu einer Art militärischem Patt. Abgesehen von Bombardements, Blockade und dem militärischen Aufbau ihrer Truppen taten die Alliierten im Europa des Jahres 1942 recht wenig. Aber Churchill und Roosevelt bestanden auf Aktionen – Churchill konzentrierte sich noch immer auf die peripherische Strategie, und Roosevelt verlangte aus innenpolitischen und psychologischen Gründen vor allem einen Einsatz amerikanischer Truppen auf dem Schlachtfelde »gegen den Feind noch 1942«. (4)

So wurde im Sommer 1942 »Operation Torch«, die Invasion in Nordafrika, beschlossen; und die Ereignisse des Sommers und des Frühherbstes unterstrichen die Bedeutung dieses Planes. Denn Rommel und sein Afrikakorps stießen an das Tor zu Ägypten vor; bei Stalingrad und im Kaukasus schienen die Russen am Rand der Niederlage zu stehen – Deutschland mußte gezwungen werden, seine Kräfte aufzusplittern.

Churchills Strategie der Zermürbung und Einkreisung wurde, wie es in der offiziellen Armeegeschichtsschreibung der US-Army heißt, »unschlüssig und ein bißchen zögernd angeordnet. Die Verantwortung für einen solchen Beginn tragen eher die Zivilisten als die berufsmäßigen militärischen Führer der beiden Länder ... die entscheidenden Faktoren waren weit mehr politischer als militärischer Natur«. (5)

Ein Ende aber war nicht abzusehen; man konnte sich nicht darüber schlüssig werden, was nach der Einnahme Nordafrikas geschehen sollte.

Erst auf der Konferenz von Casablanca im Januar 1943 wurde Sizilien dem Wunsch der Alliierten nach einem neuen gemeinsamen Kriegsziel der Alliierten entsprechend als anerkannter

Hauptangriffspunkt der alliierten Streitkräfte ausersehen. Ein Ziel, das außer Churchill keinen sonderlich interessierte.

Später sollte Eisenhower schreiben, daß »man sich in Casablanca aus zwei Gründen für die Sizilienoperation entschied, von denen der eine der große und unmittelbare Vorteil war, den die Öffnung der Seewege im Mittelmeer bedeutete. Der zweite Grund war, daß die der Eroberung folgende Besetzung der relativ kleinen Insel für den Fall, daß der Feind irgendwelche umfangreichen Gegenstöße führen würde, keine alliierten Kräfte in unvorhersehbarer Stärke binden würde. Diesen Grund hielt General Marshall für besonders gewichtig – darüber hinaus hat man durch diese Entscheidung ... vermieden, sich in diesem Gebiet auf endlose strategische Offensiven festlegen zu müssen.« (6)

Kennedy (op. cit., p. 276) hält fest, daß Churchill im Dezember 1942 nach der deutschen Niederlage bei El Alamein und dem Gelingen der »Torch«-Landungen in Nordafrika vorschlug, die Aktionen »im Mittelmeer ungefähr im Juni zu stoppen, so daß wir uns in England auf die Invasion Frankreichs konzentrieren können«. – Feldmarschall Sir Alan Brooke jedoch, der Chef des Generalstabes, war durchaus »entschlossen«, die Operation im Mittelmeer auch im Jahre 1943 fortzuführen. Wie Kennedy später anmerkt, schien Churchill damals die Rolle des advocatus diaboli übernommen zu haben; er zwang die britischen Planungsstäbe, alle möglichen Statistiken und aussagekräftigen Argumente zu liefern, die gegen die amerikanische Forderung nach der Eröffnung einer zweiten alliierten Front in Frankreich 1943 sprachen.

In Casablanca stellte Kennedy fest (op. cit., S. 280–281), daß es mit den amerikanischen Offizieren »außerordentlich schwierig« war.

»Als ich zu Bett ging, nahm ich Oscar Wildes ›The Canterville Ghost‹ zur Hand und stieß auf die wohlbekannte Bemerkung, wir hätten heutzutage mit Amerika wirklich alles gemein, außer natürlich der Sprache. Ich habe mir damals sehr gewünscht, daß dies doch der Fall sein möchte.«

Das Gros der amerikanischen Planer und ganz besonders General Marshall sprachen sich dafür aus, alle Kräfte auf die »Operation Bolero-Roundup« (Invasion Westeuropas 1943) zu konzentrieren und auf Japan im Pazifik weiterhin Druck auszuüben. Aber sie konnten sich so recht weder untereinander noch mit Roosevelt einigen, der einer opportunistischen Kompromißstrategie den Vorzug gab: er wollte eine Schwerpunktbildung sowohl in Nordafrika wie auf den Britischen Inseln. Die Briten anderseits zeigten jene Einmütigkeit in der Lagebeurteilung, die für sie als offizielle Gesprächspartner mit anderen Nationen stets charakteristisch ist. Sie waren einstimmig dafür, das Engagement im Mittelmeer auszuweiten und sprachen sich gegen jeden Versuch aus, 1943 den Kanal zu überqueren.

Churchill sah Nordafrika als »Sprungbrett« an, nicht als »Sofa«. Feldmarschall Alan Brooke, der Chef des britischen Imperial General Staff (Generalstabs), blieb unbeirrt bei dem, was er von Anfang an für die richtige und zum Siege führende Strategie gehalten hatte:

»Nordafrika zu erobern, um das Mittelmeer erneut zugänglich zu machen, so daß das Kap nicht mehr umfahren zu werden brauchte und Millionen Tonnen Schiffstransportraum frei werden; ferner Italien auszuschalten, die Türkei einzuschalten, Südeuropa zu bedrohen und dann Frankreich zu befreien. Natürlich hing dieser Plan davon ab, daß Rußland weiter durchhielt ... Rußland hatte (gegen Ende 1942) ... den Angriffen gegen Moskau, Leningrad und Stalingrad standgehalten und wurde Tag für Tag stärker und besser ausgerüstet. Man konnte wohl mit ziemlicher Sicherheit damit rechnen, daß Rußland durchhalten würde.« (7)

Die Einheitsfront der Briten, die geteilten Meinungen der Amerikaner und das zwischen Churchill und Roosevelt getroffene Übereinkommen waren Faktoren, die den Ausschlag zugunsten des Mittelmeeres gaben. Alternativen zu Sizilien, wie Sardinien und Korsika, beide leicht befestigt und weit oben im Norden der Halbinselflanke gelegen, wurden zwar auch diskutiert, doch charakterisierte Admiral Ernest J. King, der realistisch denkende Chef des Admiralstabs der US-Marine und Oberbefehlshaber der amerikanischen Flotte, dieses Projekt als etwas, »das nur getan wird, um irgend etwas zu tun«. (8) Auch General Dwight D. Eisenhower, zu dieser Zeit Alliierter Befehlshaber in Nordafrika, sprach sich für Sizilien aus. (9)

Und so wurde denn beschlossen, die »Operation Husky« in Angriff zu nehmen – die Invasion Siziliens im Juli 1943. (10) Die Ziele waren: »1. die Verbindungswege durch das Mittelmeer besser abzusichern, 2. die sowjetische Front von deutschem Druck zu entlasten und 3. den Druck auf Italien zu verstärken.«

Morison stellt fest, daß ein weiteres Ziel in der Schaffung einer Situation bestand, in »der man die Türkei als aktiven Bundesgenossen gewinnen konnte«. Dies war ein altes Churchill-Ziel. Laut Absprache zwischen Präsident und Premierminister wurden jedoch jegliche Operationen zur Unterstützung der Türkei im einseitigen Verantwortungsbereich der Briten belassen. (11)

Keiner wußte, was als nächstes passieren sollte; in Casablanca gab es keine Vereinbarung über die weitere Strategie oder die folgende Zielsetzung.

Es gab auch keine Übereinstimmung, nicht einmal andeutungsweise, bis der Tunesienfeldzug seinem Ende entgegenging und die deutsch-italienischen Streitkräfte in Nordafrika im Mai 1943 geschlagen waren. Dann, auf der »Trident-Konferenz« in Washington, stimmten die Briten schließlich einer Kanalüberquerungsoperation für 1944 (nicht 1943) und die Amerikaner zusätzlichen, begrenzten Operationen im Mittelmeer (nach Sizilien) zu »mit dem Ziel, Italien aus der Kriegführung auszuschalten, ohne sich aber im einzelnen auf die Methode festzulegen. Die entsprechenden Operationen sollte General Eisenhower planen und die endgültige Entscheidung den CCS (Combinded, oder Anglo-American, Chiefs of Staff – den Vereinigten oder Anglo-Amerikanischen Stabschefs) vorbehalten bleiben«. (12)

Noch im Mai 1943 fragten die Amerikaner: »Wohin sollen wir von hier aus weitergehen?« (13), und die Briten wurden von dieser Frage immer noch irritiert.

Daher war es auch kein Wunder, daß weitere Differenzen und Meinungsverschiedenheiten den eigentlichen Operationsplan für die Invasion Siziliens komplizierten und verzögerten.

Der Initialplan für die »Operation Husky« wurde im Februar und März von der »Task Force (Kampfgruppe) 141« entwickelt. (Dieser Name bezog sich auf die Nummer jenes Zimmers des alliierten Hauptquartiers im Hotel St. George in Algier, in dem die Planungsgruppe zunächst zusammentrat). Er wurde entwickelt, während der Tunesien-Feldzug noch in vollem Gange war und die für die wichtigsten Führungsstellen bei der Invasion Siziliens ausersehenen Befehlshaber noch alliierte Truppenkommandos in Nordafrika innehatten. In diesem Plan wurde vorgesehen, die alliierte Seeüberlegenheit in vollem Maße auszunutzen und an weit auseinanderliegenden Punkten über vier oder fünf Tage hinweg einzelne und gestreute Landungen britischer und amerikanischer Truppen auf Sizilien vorzunehmen. Häfen und Flugplätze, von denen aus man spätere Operationen zur Säuberung der Insel unterstützen wollte, waren die ersten Eroberungsziele. Die Briten sollten im südöstlichen und östlichen Teil Siziliens von Catania bis Gela und die Amerikaner im westlichen Teil der Insel und um Palermo landen.

Wie Morison bemerkt, wurde der Initialplan monatelang zwischen London, Algier und Kairo (Stabsquartier von Vize-Admiral Sir Bertram H. Ramsey, Kommandant des Kampfverbandes Ost der britischen Marine [British Eastern Naval Task Force], der hauptsächlich von Ägypten aus eingesetzt werden sollte) hin und her geflogen. Es gab Kommentare, Einwände und Ausstellungen, und letztlich wurde der Brei dann von allzu vielen Köchen verdorben. Der Originalplan ging davon aus, daß Messina, eine Schlüsselstellung auf Sizilien genau gegenüber der Spitze des italienischen Stiefels, vom Land her zu erobern sei; daß man ferner zwei gute Häfen auf Sizilien brauchte, um die Eroberung der Insel abzustützen, daß diese Häfen ebenfalls vom Land her erobert werden sollten, um unnötiges Blutvergießen zu vermeiden, daß die ersten Landungen daher an der offenen Küste zu erfolgen hatten und daß man sich im südöstlichen Teil Siziliens rasch in den Besitz von Flughäfen setzen müsse, um sich der Luftüberlegenheit in diesem Raum zu versichern.

General Sir Bernard L. Montgomery, der die Britische Achte Armee kommandierte und seinerzeit mithalf, dem deutschen Afrikakorps in Tunesien den Gnadenstoß zu versetzen, fand am 23. April Zeit, den Plan in höchst deutlichen Wendungen zu verdammen. Seiner Meinung nach sah diese Planung einen viel zu zersplitterten Angriff vor, der ein viel zu großes Gebiet mit zu geringen Kräften erfassen würde, und daß man außerdem gar keine ausreichende Vorsorge für die schnelle Inbesitznahme zweier wichtiger Flugplätze getroffen habe.

Unbeschadet der Opposition seitens amerikanischer Kommandeure und des Großadmirals Sir Andrew B. Cunningham, des Oberbefehlshabers der britischen Marine im Mittelmeer, der den Initialplan für vernünftig hielt, gelang es »Monty«, nunmehr den Grundzügen seiner persönlichen Konzeption für die Durchführung der Invasion Geltung zu verschaffen.

Am 2. Mai »verkaufte« Montgomery seine revidierte Fassung des Originalplanes Sizilien dem General Walter Bedell Smith in einem Waschraum des St.-George-Hotels (Algier), wobei der hartnäckige Engländer den General buchstäblich »in den Grund bohrte«. Auch Eisenhower akzeptierte den revidierten Plan probeweise. Auf einer Stabsbesprechung erläuterte Montgomery seine Überlegungen im einzelnen: Er war für einen konzentrierten und gegen einen aufgesplitterten Angriff, er fand, der Plan bedürfe noch zweier Divisionen für den Angriff, man müsse rasch Flugplätze im Südosten und einen Hafen nehmen, und schließlich gab er seinen Befürchtungen Ausdruck, der Plan könne zu einem »Desaster« führen, sollte der aufgesplitterte Angriff durchgeführt werden.

»Ich weiß sehr gut«, sagte er, »daß mich viele Menschen für einen ziemlich lästigen Patron halten. Ich fürchte, dies ist nur allzu wahr. Ich gebe mir die größte Mühe, kein lästiger Patron zu sein, aber ich habe in diesem Kriege schon so viele Fehler mitansehen und so viele Desaster miterleben müssen, daß ich jetzt meine ganzen Kräfte nachgerade verzweifelt dafür einsetze, so etwas in Zukunft zu verhindern. Und das heißt, daß man oft zum lästigen Kerl wird. Wenn es auf Sizilien ein Desaster gibt, wäre das grauenhaft.« (14)

Aber erst am 13. Mai – nur zwei Monate vor dem Invasionstermin – wurde die revidierte Fassung des »Husky«-Planes endgültig angenommen ... Zwei Monate vor dem größten aller bislang unternommenen Amphibien- und Luftlandeangriffe; zwei Monate vor dem ersten Versuch der Alliierten, die Wälle der Zitadelle Europa zu stürmen ...

General Eisenhower, der Oberbefehlshaber der Alliierten in Nordafrika war, wurde nunmehr auch Oberkommandierender für »Husky«. Ihm unterstellt war als oberster Marinebefehlshaber der kluge, zähe, sehr beliebte Seebär Admiral Cunningham; Admiral Ramsay befehligte den Kampfverband Ost der britischen Flotte und Vizeadmiral H. Kent Hewitt den Kampfverband West der amerikanischen Marine. Air Chief Marshal (Marschall der Luftwaffe) Arthur W. Tedder kommandierte unter »Ike« alle alliierten Luftstreitkräfte auf dem Kriegsschauplatz Mittelmeer, und General Sir Harold Alexander, der im Tunesien-Feldzug als Eisenhowers Stellvertreter die gleiche Funktion innegehabt hatte, die 15. Army Group, die aus der Britischen Achten Armee (unter General Montgomery) und der Amerikanischen Siebenten Armee (unter Generalleutnant George S. Patton jr.) bestand. Die Amerikanische Siebente Armee sollte von Biserta und anderen nordafrikanischen Häfen aus nach Westen und die Britische Achte von Malta und Häfen im östlichen Mittelmeer aus in westlicher Richtung bis Alexandria und Port Said vorstoßen.

Die beiden Armeen sollten ihren Angriff auf benachbarte Gebiete Südost-Siziliens vom Raum nördlich Syrakus bis westlich von Licata – d. h. auf über 160 Kilometer Küstengebiet – konzentrieren und als erstes eine Gruppe wichtiger Flugplätze einnehmen. Die Eroberung von Häfen sollte später erfolgen. Die amphibischen Landungen nahmen die Frontbreite von nahezu acht Divisionen ein – als Landungsoperation über offener Küste ohne Vorbild. Als Ergänzung dieser Operation sollte das größte bis dato durchgeführte Luftlandeunternehmen dienen – der Absprung eines amerikanischen Luftlanderegiments und die Lastenseglerlandung eines britischen Regiments in der Nacht vor den amphibischen Landungen. Fallschirmtruppen sollten folgen.

Jede Armee sollte zwei Korps stark sein – das II. Korps der Amerikanischen Siebenten Armee wurde von General Omar Bradley geführt, einem ruhigen, jovialen Offizier. Zu den amerikanischen Streitkräften gehörten die 1., 3., 9. und 45. Infanteriedivision, die 2. Panzerdivision und die 82. Luftlandedivision sowie drei Ranger-Bataillone nebst anderen Einheiten.

Das Freie Frankreich war symbolisch durch über 900 der berühmten »Goums«, dem IV. Marokkanischen Tabor (Bataillon) vertreten, das zusammen mit den Amerikanern operieren sollte und von großer psychologischer, aber geringer militärischer Bedeutung war. An die 900 Berber-»Goumiers«, die gern mit der blanken Waffe kämpften und für Blutdurst, Härte, Nachtkampf und Kehlenschnitt berühmt waren, fochten auf Sizilien unter französischen Offizieren und Unteroffizieren mit 117 Pferden und 126 Maultieren als Nachschubkolonne.

Zu den britischen Truppen gehörte die 1. Kanadische Division, zum erstenmal im Einsatz (15), und die 5., 50., 51. und 78. Infanteriedivision sowie ein Fallschirmjägerregiment, eine Lastenseglerbrigade und weitere Einheiten. Insgesamt eine Streitmacht von nahezu einer halben Million Mann – 160 000 von ihnen für den ersten Angriff – 14 000 Fahrzeuge, 600 Panzer, 1800 Geschütze; transportiert, unterstützt und geschützt von 260 Schiffen.

Sizilien, die 1600 Quadratkilometer große Insel, ein Gebiet so groß wie der amerikanische Bundesstaat Vermont, zerklüftet, von Bergen und Schluchten gesäumt, wurde verteidigt von der Sechsten Italienischen Armee unter dem Kommando des 66jährigen Generals Alfredo Guzzoni, der zu Beginn des Krieges die aus Ruhmsucht angezettelte Invasion Albaniens geleitet hatte. Sein Hauptquartier hatte der General in Enna im Zentrum der Insel. Guzzoni unterstellt waren zwei Korpskommandos – das XII. (West) unter General Mario Arisio und das XVI. (Ost) unter General Carlo Rossi.

Der erste und schwächste Verteidigungsabschnitt der Achsenmächte, die ca. 800 Kilometer lange Küste Siziliens, war sechs italienischen Küstendivisionen, davon eine nur in Kaderstärke, und speziell für diesen Zweck errichteten Seestützpunkten übertragen worden. Die Küstendivisionen bestanden in der Hauptsache aus sizilianischen Reservisten, unvollständige Formationen, unzureichend ausgebildet, überaltert, mit wenig modernen Waffen, praktisch unbeweglich, im Besitze einiger kleinkalibriger Geschütze sowie einer ziemlich schlechten Kampfmoral. Sie waren keine Bedrohung für die alliierten Pläne: vielmehr war es so, daß – da Mussolini Kraftprotzerei oft mit Substanz verwechselte – sie eher für die Verteidiger als für den Angreifer ein Problem darstellten. Die Seestützpunkte, alle unter dem Kommando der Marine, bestanden aus schweren Küstenverteidigungsgeschützen größeren Kalibers und Flak-Batterien. Die ihnen zugeteilten Soldaten waren qualitativ anscheinend etwas besser als die heimwehkranken Reservisten der Küstendivisionen, dafür aber auf statische Verteidigung bestimmter Häfen festgelegt. Der Kern der Achsen-Truppen bestand aus vier italienischen Felddivisionen und zwei deutschen Divisionen.

Die Infanteriedivisionen Assetta (26.) und Aosta (28.), dem XII. Korps zugeteilt, hatten eine Gefechtsstärke von je annähernd 11 000 Mann und schwache, zumeist von Pferden gezogene Artillerie. In ihren Positionen im Westteil der Insel (ungefähr das Gebiet von Sciacca bis Palermo) wurden sie von einem Bersaglieriregiment – und einem Großteil der deutschen 15. Panzergrenadierdivision unterstützt.

Im Osten waren unter dem XVI. Korps die 4. leichte Division »Livorno« – zu ungefähr zwei Dritteln motorisiert und mit einigen leichten Panzern versehen – die 54. Infanteriedivision »Napoli«, der Rest der 15. Panzergrenadierdivision, die deutsche Kampfgruppe Schmalz und die Panzerdivision »Hermann Göring« mit ihren ungefähr 100 Panzern von Caltanissetta über die Südost-Ecke der Insel bis Catania auseinandergezogen.

Diese annähernd 30 000 Mann starken deutschen Truppen sollten im Juli und August, also während der Schlacht, durch zwei weitere Divisionen (die 29. Panzergrenadierdivision und die 1. Fallschirmjägerdivision) oder große Teile dieser Einheiten verstärkt werden, wodurch sich der Anteil der deutschen Truppen fast verdoppelte.

Diese Streitmacht – insgesamt 250 000 bis 300 000 Mann, die zu einem Drittel motorisiert war, und das nicht einmal sonderlich gut, und zu einem Achtel aus Deutschen bestand, stellte auf dem Papier eine gewaltige Kraft dar. Jedoch die Italiener waren schon vom schleichenden Gift der Niederlage und des Mißbehagens am Krieg infiziert, den die meisten von ihnen nie gewollt hatten. (16)

Die Luft- und Seeüberlegenheit der Alliierten war sowohl qualitativ wie quantitativ ungeheuer. (17)

Die deutsche Luftwaffe war relativ schwach vertreten – sie mußte sich über ein großes Gebiet verteilen, von der unendlichen langen russischen Front bis in den Westen, wo die alliierten Bomber Deutschland angriffen, unter Einschluß der Küsten- und Inselstellungen Südeuropas.

Auf dem Gebiet von Südfrankreich, Korsika und Sardinien bis Italien und Sizilien waren schätzungsweise 1000 bis 1600 Flugzeuge der Achsenmächte verfügbar. Ihnen standen ungefähr 3700 bis 4000 einsatzfähige Flugzeuge der Alliierten gegenüber, die in den nordafrikanischen strategischen und taktischen Luftstreitkräften zusammengefaßt waren. Auf Sizilien selbst gab es mindestens ein Dutzend Flugplätze und sieben Behelfspisten. Am 10. Juli – dem »D-Day« – befanden sich auf Sizilien insgesamt 220 italienische Maschinen aller Typen, von denen nur 79 einsatzfähige Kampfflugzeuge waren. Bomber und Kampfmaschinen waren im Juni auf das Festland zurückbeordert worden; nunmehr waren auf den sizilianischen Flugplätzen nur noch Jäger vorhanden. (18)

Auch die alliierten Marineeinheiten waren den verfügbaren Achsen-Schiffen überlegen. Auf Sizilien selbst lagen außer Patrouillen- und Hafenschiffen und einigen wenigen Schnellbooten keine Kriegsschiffe in den Häfen. Die in italienischen Festlandhäfen und auf Sardinien stationierten schweren Schiffe der Italiener waren zwar noch immer eine gewaltige Streitmacht, aber nur auf dem Papier. Zu ihnen gehörten 6 Schlachtschiffe (darunter 2 Neubauten), 7 Kreuzer, 48 U-Boote und an die 75 Begleitzerstörer, Schnellboote und Geleitschiffe. Diese Schiffe aber waren, wie Morison formuliert, »dem Untergang geweiht, weil es an Radaranlagen fehlte, weil Brennstoff ununterbrochen knapp war (wodurch die schweren Schiffe die meiste Zeit nicht auslaufen konnten), und weil es an Flottenfliegerverbänden mangelte«. (19)

Diese Lage wurde noch dadurch verschlechtert, daß die italienischen Schiffe ab Juli 1943 in keinem Stützpunkt mehr sicher waren – überall, selbst in ihren Häfen, wurden sie von alliierten Bombern angegriffen, gejagt und beschädigt.

Die alliierte Invasionsarmada hingegen wurde direkt und indirekt von 6 britischen Schlachtschiffen, 2 Flugzeugträgern, 10 britischen Kreuzern, 4 Luftabwehrschiffen und 3 Überwachungsschiffen sowie 5 amerikanischen Kreuzern, 71 britischen Zerstörern, 48 amerikanischen Zerstörern zusammen mit leichten holländischen, griechischen, polnischen, belgischen und norwegischen Schiffen, Geleitschiffen und Hilfsschiffen unterstützt und geschützt.

Das war die ungleiche Partie, als die alliierten Konvois in See stachen; Eisenhower selbst hatte die Dauer des Sizilien-Feldzuges auf vielleicht zwei Wochen geschätzt.

Jedoch aus diesen zwei Wochen wurden 38 Tage, was auf Änderungen am alliierten Kriegsplan, Differenzen unter den Verbündeten, die Unerfahrenheit der Amerikaner, die Vorsicht Montgomerys und die vorzügliche Verzögerungstaktik der Deutschen zurückzuführen war.

Die Ereignisse in Nordafrika bestimmten bis zu einem gewissen Grade auch das, was sich in Sizilien abspielen sollte.

Auf die Briten wirkte der Nordafrikafeldzug und besonders der Sieg bei El Alamein, mit dem Feldmarschall Rommel und sein Afrikakorps endgültig in die Flucht geschlagen wurden, als eine Belebungsspritze von überragender Bedeutung. Es war gleichgültig, daß es im strategischen Rahmen gesehen keine Entscheidungsschlacht war, auch daß die alliierte See- und Luftmacht Rommels See-Nachschubwege unterbrach und britische und amerikanische Truppen in seinem Rücken (Algerien und Marokko) landete, so daß es für die Briten eine Schlacht war, die sie letzten Endes nicht verlieren konnten, (denn Rommel hätte sich unabhängig von den Ereignissen bei El Alamein auf jeden Fall zurückziehen müssen).

Der Sieg der Achten Armee bei El Alamein wirkte belebend auf eine siegeshungrige Nation und gab ihr wieder Vertrauen zu ihrer Armee. Und er schuf in »Monty« einen General und eine Legende. Rommel hatte der Achten Armee Unglück gebracht – bis Monty kam und bei El Alamein siegte, war sie in defaitistischer Stimmung gewesen. Die Ereignisse in Nordafrika aber schufen in dieser Kerntruppe Großbritanniens um Montgomery eine erfahrene, zähe und nun auch wieder zuversichtliche Armee, die für die bevorstehenden Prüfungen gut gerüstet war.

Trotzdem war Nordafrika für die Alliierten ziemlich enttäuschend gewesen. Viele hatten gehofft, die »Operation Torch« – die Invasion Marokkos und Algeriens – werde zu einer raschen Einnahme Tunesiens und dem jähen Zusammenbruch der gesamten deutschen Stellungen und Positionen im nordafrikanischen Raum führen. Das aber war nicht geschehen. Statt dessen führte Rommel einen meisterhaften Rückzug aus Ägypten durch; mit großer taktischer und technischer Geschicklichkeit verstärkten die Deutschen ihre Truppen in Tunesien alsbald – und im Winter 1942/43 kam der Stoß der alliierten Offensive ins Stocken.

Howe gibt Einzelheiten über die deutsche Luft- und Wasser-Notbrücke von Italien nach Tunesien in den Jahren 1942–43. Ungeachtet der Präsenz alliierter Jäger in Nordafrika und auf Malta wurden die Transporte nach Tunesien auf dem Luftwege vom 9. November 1942 bis zum Mai 1943 fortgeführt. Die Deutschen setzten täglich im Durchschnitt 200 Ju-52 und 15 sechsmotorige schwere Messerschmitt-323-Transporter ein und flogen ungefähr 50 Meter tief über der Wasseroberfläche, um dem Radar und den Jägern der Alliierten zu entgehen. Italienische, deutsche und Vichy-französische Handelsschiffe mit Flakgeschützen, stark gesicherte Spezialfähren, 14 U-Boote und andere Schiffe wurden für die Überwassertransporte eingesetzt. Howe kommt zu dem Schluß, daß »trotz schwerer Verluste ... vom Nov. 1942 bis Jan. 1943 (von Januar an begannen die alliierten Gegenmaßnahmen wirksam zu werden) 8122 Deutsche und 30 735 Italiener« sowie über 100 000 Tonnen Nachschubgüter nach Nordafrika geschafft worden sind. (20)

Die Alliierten schoben sich gegenseitig die Schuld an den Verzögerungen und Niederlagen zu – die Amerikaner behaupteten, ihre britischen Verbündeten an der Nordflanke in Tunesien (es war dies die Britische Erste Armee unter Generalleutnant Sir Kenneth A. N. Anderson) hätten zu oft »Teepausen« gemacht, und die Briten meinten, die Amerikaner seien unerfahren und hätten keine gute Führung.

Beide Beobachtungen waren zutreffend. General Anderson war kein mitreißender Befehlshaber; seine Erste Armee hatte nicht den Elan und die Schwungkraft, die Montgomery in der Achten Armee entwickelt hatte. Und die Amerikaner waren tatsächlich unerfahren; abgesehen von ein paar Einheiten unter hochqualifizierten Berufsmilitärs ließen die Truppen bei den ersten Operationen gegen die Deutschen in Tunesien allerlei zu wünschen übrig.

General Alexander, der Eisenhowers Stellvertreter in Nordafrika wurde und bei der Invasion Siziliens die 15. Heeresgruppe kommandieren sollte, legte den Finger auf die Wunde, als er einen Grund für die Unzulänglichkeiten der Truppen mit folgenden Worten umschrieb: »Das kommt davon – ihr Jungs tragt eben euren alten Schulschlips nicht.«

Damit meinte er, daß viele der hastig ausgebildeten Reserveoffiziere und andere, aus dem Zivilleben gerufenen Offiziere nicht von dem Gefühl der Verpflichtung gegenüber ihren Männern und ihrer Einheit durchdrungen waren, daß ihnen also jenes »Noblesse oblige« fehlte, welches die meisten West-Point-Absolventen und Offiziere aus der britischen Akademie Sandhurst charakterisierte.

Kurz gesagt – abgesehen von der kleinen Kerntruppe der Berufssoldaten, die die ganze Masse der Truppen zusammenhielten, betraten die Amerikaner den Kriegsschauplatz Nordafrika mit einer Armee von Amateuren. Nordafrika war eine Schule für die Soldaten, und zwar eine harte. Für die Amerikaner war es eine böse Überraschung, daß die Deutschen, die aus ihren Stellungen im Landesinneren heraus operierten, ungeachtet ihrer zahlenmäßigen Unterlegenheit bis kurz vor dem Ende des Feldzuges eindeutig ihre Luftüberlegenheit aufrechterhalten konnten. (21) Es war dies das erste und letzte Mal in der europäischen Phase dieses Krieges, daß amerikanische Bodentruppen ohne eigene Luftüberlegenheit zu operieren hatten. Bei Kasserine wurde den Amerikanern ein harter Schlag versetzt – hier wurde ihr übertriebenes Selbstvertrauen schwer angeschlagen. Und auch in der Schlacht an der Mareth-Linie – Rommels letzte Stellung vor dem Rückzug nach Tunesien – erlebte Montgomerys Achte Armee eine böse Überraschung und erwischte den knappen Sieg gerade noch beim Rockzipfel.

Auf diese Weise enthüllte Nordafrika wieder einmal – sehr zur Verwunderung der Amerikaner, die ihrer eigenen Propaganda geglaubt hatten und meinten, die Deutschen seien Kampfroboter – die Fähigkeit der deutschen Soldaten, hart und verbissen zu kämpfen und selbst unter widrigen Umständen im Gefecht große Initiative zu zeigen.

Nordafrika demonstrierte auch manche Schwächen des alliierten Teams – unterschiedliche nationale Eigenheiten, Ehrgeizträume, Eifersüchteleien und Zusammenstöße gegensätzlicher Persönlichkeiten.

Daß die Alliierten mit diesen Schwierigkeiten fertig wurden und schließlich doch noch ein geschmeidiges Arbeitsteam zusammenbekamen, geht zu großen Teilen auf das Konto Eisenhowers, eines »general manager«-Typs und einer Führungspersönlichkeit mit Charme und Intelligenz, aber auch auf das Konto General Alexanders, seines Stellvertreters. (22)

»Monty«, der die Britische Achte Armee kommandierte, führte sein Kommando äußerst persönlich – es war *Meine* Armee, es waren *Meine* Soldaten, es waren *Meine* Pläne. Absichtlich dramatisierte er seine eigene Persönlichkeit als die eines kecken, zuversichtlichen Soldaten puritanischer Prägung, der weder rauchte noch trank. Er war arrogant, egozentrisch, oft rüde, Amerikanern gegenüber leicht herablassend, fast immer schwierig zu nehmen, und im Grunde ganz im Gegensatz zu seinem Image ein vorsichtiger, sorgsamer, fähiger Planer, der mit vielem vieles, nicht aber mit wenigem vieles erreichte. Ein Meister, wie Eisenhower es nannte, der sorgfältig vorbereiteten Operation. Montgomery gehörte zu jenem Typus von Engländern, den die meisten Amerikaner – und viele Briten – unerträglich und geradezu aufreizend fanden.

Die Kommando-Problematik wurde noch weiter verschärft durch die Tatsache, daß die alliierten Luftstreitkräfte von den Bodentruppen sowohl physisch wie psychologisch getrennt waren. Die Luftwaffen beider Länder verfochten den Gedanken einer zentralisierten Kontrolle des Luftwaffenpotentials durch einen Befehlshaber im Operationsgebiet und waren gegen eine Kontrolle auf unteren Ebenen; das weitgehend integrierte Marineinfanterie-Marine-System der Luftwaffenunterstützung, das im Pazifik existierte, und die enge Zusammenarbeit zwischen den taktischen Luftwaffenverbänden und den Bodentruppen, die es später in Frankreich geben sollte, waren damals noch nicht entwickelt worden.

Pantelleria, eine italienische Insel ungefähr 90 Kilometer vor der Westküste Siziliens, beherrschte die Straße von Sizilien und wurde von den Alliierten als zusätzlicher Jägerstützpunkt für die Unterstützung der »Operation Husky« benötigt. Es war eine felsige Insel, ungefähr so groß wie der New Yorker Stadtteil Bronx; sie wurde von Tunneln durchzogen, war mit Küsten- und Flak-Batterien schwer bestückt, »im Volke unter der Bezeichnung ›Gibraltar im Zentrum des Mittelmeeres‹ bekannt und ... wurde von vielen für unangreifbar gehalten ... Viele unserer erfahrenen Befehlshaber und Stabsoffiziere rieten heftig ab, einen solchen Versuch zu unternehmen«, wie Eisenhower später bemerkte. (23) Man befürchtete nämlich, daß ein Angriff auf den winzigen Hafen der Insel – die einzige Möglichkeit, auf diesem Felsen zu landen – abgeschlagen werden und dies sich auf die Moral der Truppe und die »Operation Husky« ungünstig auswirken könnte.

Aber »Ike« gelang es mit der Unterstützung Admiral Cunninghams und dank der enthusiastischen Anstrengungen der alliierten Luftstreitkräfte, die hier eine Gelegenheit witterten, die Möglichkeiten eines Luftwaffeneinsatzes zum Zwecke einer selbständigen Eroberung zu beweisen, die Opposition zu überwinden.

Das Ergebnis war ernüchternd. Die Festung erwies sich als nicht stärker als die Herzen ihrer Verteidiger. Ein zwanzigtägiges Bombardement aus der Luft (welches den Küstenbatterien verhältnismäßig wenig Abbruch tat) und schwerer Beschuß durch Schiffsgeschütze ging dem geplanten amphibischen Angriff voraus. Doch am 11. Juni 1943, als sich die alliierten Truppen gerade für den so sehr gefürchteten Sturmangriff in die Landungsfahrzeuge begaben, kapitulierte die gesamte Besatzung der Insel (11 199 Mann, bis auf 78 sämtlich Italiener) kampflos. Nur einen Blutzoll mußten die Alliierten entrichten – ein britischer Soldat wurde von einem Maultier gebissen. (24)

Die Eroberung zweier weiterer kleiner Inseln in dieser Straße – Linosa und Lampedusa – erfolgte bald danach. Rasch baute man Pantelleria nun zu einem Stützpunkt für die »kurzbeinigen« amerikanischen Jäger des Typs P-40 aus.

Die amerikanischen Luftwaffenpioniere versetzten die Briten dadurch in Erstaunen, daß sie auf Gozo – einer kleinen Insel bei Malta – innerhalb von 17 bis 20 Tagen eine nagelneue Rollbahn anlegten, so daß mehr Spitfires dicht vor der Südküste Siziliens stationiert werden konnten. (25)

Als der Tag für den Angriff »Husky« herangekommen war – es war die Nacht vom 9. zum 10. Juli, der Mond stand im zweiten Viertel, in der frühen Dunkelheit war es für Operationen der Fallschirmtruppen noch hell genug, in der Dunkelheit nach Mitternacht konnten dann die Schiffe in See stechen –, waren die Alliierten ungeachtet voraufgegangener Differenzen und trüber Nordafrika-Erlebnisse bereit für ihren ersten Großangriff auf den »Unterleib« Europas.

Trotz des Kleinmutes seiner italienischen Verteidiger war Sizilien nun keineswegs ein Tor, das man so einfach und ungehindert durchschreiten konnte.

Steil ragte Sizilien aus dem Meere, mit wenigen Niederungen. Der Großteil der Insel ist felsig und hat jäh abstürzende Schluchten. Ein Land, das leicht zu verteidigen war und auf dem die Natur die Taktik bestimmte.

Messina, jenseits der Straße gelegen, die in der Sage von

Skylla und Charybdis beherrscht wird, war eine strategisch äußerst wichtige Stadt – ein Engpaß genau an der Spitze des italienischen Stiefels, und Nachschub- und Verstärkungstransporte mußten ihn durchfahren.

Die Landzugänge nach Messina von der Küstenebene im Südosten her, wo die britische Achte Armee landen sollte, werden vom 3490 m hohen Ätna-Massiv geprägt und beherrscht. Hinter den Ufern der Südküste, die für die Landungen amerikanischer Truppen in Aussicht genommen waren, steigt das Land nach Norden und Westen steil an. – Alle Straßen, die von den Südufern abgehen, führen entweder nach Norden zur Hauptstraße und Eisenbahnlinie, die von Catania bis Palermo die ganze Insel durchqueren, oder sie stoßen irgendwann einmal auf die Straße und Eisenbahnlinie an der Nordküste von Palermo nach Messina, die, wie die Verbindungswege an der Ostküste, von Gipfeln und Bergkämmen gegen das Meer gedrängt werden und viele Engpässe und Schluchten überwinden müssen.

Die Invasion Siziliens war für keinen eine strategische Überraschung, außer für Hitler. Noch bevor sich die Invasionsflotten sammelten, bereitete der Führungsstab des OKW eine Lagebeurteilung vor, aus der zu ersehen war, »daß das wahrscheinlichste strategische Ziel der Westmächte im Mittelmeerraum der Balkan« sei und die Initialziele des Feindes wahrscheinlich die großen italienischen Inseln und dann vielleicht auch Italien selbst seien. (26)

Anfangs pflichtete Hitler dieser Beurteilung bei, kam jedoch später zu der Ansicht, daß die ersten Landungen auf Sardinien sowie dem Peloponnes und im Dodekanes stattfinden würden. Er wurde in dieser Ansicht, von der die Briten hofften, daß er zu ihr gelangen möge, durch ein vorbereitetes Täuschungsmanöver bestärkt: Eine mit Dokumenten gespickte Leiche wurde gefunden, die einen britischen Kurier vortäuschen sollte, der mit einem Flugzeug dicht vor der spanischen Küste abgestürzt war. Die »Geheim«-Dokumente nannten Griechenland und Sardinien als tatsächliche Ziele – und Hitler biß an. Beide Gebiete erhielten Verstärkungen.

Der Verschleierungsplan ist ausführlich in Ewan Montagu: »The Man Who Never Was« beschrieben. General Lord Ismay schrieb in seinen

»Memoiren« (S. 292), daß die Initiatoren des Täuschungsmanövers »die Leiche eines Mannes beschafften, der gerade an Lungenentzündung gestorben war, ihn als Offizier der Royal Marines uniformierten (brit. Marineinfanterie) und ihm eine Aktentasche mitgaben, welche genial gefälschte Dokumente enthielt. Diese Papiere mußten den Eindruck erwecken, daß unser nächstes Angriffsziel der Peloponnes oder Sardinien sei. Der Körper wurde von einem U-Boot gegenüber Huelva (einer südwestspanischen Stadt, A.d.Ü.) hundert Meilen nördlich von Gibraltar, abgesetzt, sodann am genau richtigen Ort ans Ufer gespült und von den Spaniern entdeckt, die die Leiche den Deutschen zur Vorprüfung überließen.«

Am 21. Mai meinte das Oberkommando der Wehrmacht, die Verteidigungsmaßnahmen auf Sardinien und in Griechenland müßten Vorrang haben; die deutsche Marine setzte am Vorabend der Invasion »auf Sardinien und Korsika« als die »ersten Ziele« und hielt einen Sturmangriff auf Griechenland für wahrscheinlich. (27)

Und doch ließen sich weder das italienische Oberkommando noch die verantwortlichen deutschen und italienischen Befehlshaber in dem betreffenden Gebiet täuschen. Selbst Mussolini hatte einen alliierten Angriff auf Sizilien befürchtet, aber Hitlers Angebot, deutsche Verstärkungen nach Sizilien zu entsenden, offenbar in der Angst abgelehnt, eine Erhöhung der deutschen Truppenstärke könne zu einem deutschen Kommando in diesem Bereich führen. Feldmarschall Albert Kesselring, der ursprünglich Befehlshaber der Luftwaffe in Italien gewesen war, hatte inzwischen nicht nur dem Titel (Oberbefehlshaber Süd) nach, sondern auch in der Praxis das Oberkommando über alle deutschen Truppen im Mittelmeer übernommen (Januar 1943) und war zugleich der höchste deutsche Verbindungsoffizier zum Commando Supremo, dem italienischen Oberkommando. Vielleicht infolge des deutschen Einflusses auf den italienischen Stab hielten die Italiener und Kesselring Sizilien für das wahrscheinlichste Ziel der Alliierten. Tatsächlich ließ Kesselring am 20. Juni die Panzerdivision »Hermann Göring«, eine erst vor kurzem wieder auf den ursprünglichen Stand gebrachte und reorganisierte Einheit, die Straße von Messina überqueren. Bei Beginn der Invasion hatte sie zusammen mit anderen deutschen Divisionen, die schon früher nach Sizilien verlegt worden waren, ihre Stellungen bereits bezogen.

Kurz vor der Invasion sichteten deutsche und italienische Aufklärer alliierte Konvois. Ferner wurde beobachtet, daß Späher und Kundschafter nahe Gela an Land gesetzt wurden, und es trafen von verschiedenen Punkten entlang der Südostküste Meldungen über Feindberührung ein. Gegen 1.00 Uhr am 10. Juli, noch vor Beginn der amphibischen Landungen also, verhängte General Guzzoni, der italienische Befehlshaber aller deutschen und italienischen Truppen auf Sizilien, der eine Landung dort vorausgesehen hatte, wo sie tatsächlich stattfinden sollte, über den südöstlichen Teil der Insel den Ausnahmezustand. (28)

## Der Angriff

Im Lande selbst, jenseits der Uferstriche und in den Weinfeldern, war die Macht der deutschen Luftwaffe für die Alliierten eine relativ schwache Bedrohung. Vor dem D-Day bereits hatten alliierte Luftstreitkräfte das gesamte zentrale Mittelmeer bestrichen und Ziele auf Sizilien, Sardinien und dem italienischen Festland angegriffen. In den letzten Tagen waren die Angriffe verstärkt worden, und sie erfolgten praktisch pausenlos Tag und Nacht; auf oder bei den Flugplätzen Catania, Gerbini, Palermo, Chinisia (Borizzo) und anderen hallten die Bombenexplosionen donnernd wider. Um den 1. Juli waren die Flugplätze auf Sizilien, die von der italienischen Regia Aeronautica und der deutschen Luftwaffe hätten benutzt werden können, auf ungefähr 13 reduziert.

Allerdings hatte man zuweilen aus »strategischen« Gründen ein wenig unterschiedslos bombardiert, was eigentlich unnötig gewesen ist; es wurden nicht nur die Flughäfen, sondern auch die Städte Catania und Palermo getroffen; Zivilisten kamen ums Leben; antike Bauwerke wurden zerstört; in den engen Straßen lagen Trümmerhaufen. Aber die Uferstellungen der Verteidiger ließ man unangetastet, und die beweglichen Divisionen im Landesinneren wurden überhaupt nicht angegriffen. (29)

Das Wetter versprach einen bösen Auftakt. Während die Konvois mit den Sturmtruppen noch auf See waren, Malta und Gozo erreichten oder hinter sich ließen, peitschte der steif aus dem

Norden wehende Mistral die Wasser zu »hohem, unangenehmem« Seegang auf.

Eisenhower verlegte sein Hauptquartier für die Invasion nach Malta, wo die britische Kriegsmarine seit langem schon ein fertig eingerichtetes Kriegsraum- und Verbindungsnetz besaß. Doch waren die ersten Nachrichten – wie bei jeder amphibischen Operation – spärlich und verwirrend. Wie Butcher und andere hervorheben, war die Befehlsstruktur der Sizilien-Operation alles andere als ideal. Das Hauptquartier der Marine befand sich auf Malta, aber der vorgeschobene Befehlsstand der alliierten Streitkräfte in Amilcar (Tunesien) mit Luftverbindung nach La Marsa. Am 16. Juli notierte Butcher: »Cunningham und Alexander sind auf Malta, Tedder und Eisenhower in Tunesien.« Alexander war sich nicht sicher, wo das Hauptquartier der 15. Heeresgruppe nun aufgeschlagen werden sollte. Diese räumliche Trennung schuf manche Probleme, insonderheit auf dem Gebiet der Zusammenarbeit in der Luft – Befehle ergingen und wurden oft durch Gegenbefehle wieder aufgehoben. Auf S. 364 merkt Butcher an, »daß für den Fall eines ungünstigeren Schlachtverlaufes sich die Trennung der Befehlsstellen auf das nachteiligste auswirken« müsse. (30)

Die kleinen Fahrzeuge, bis an den Rand voll mit seekranken Soldaten – es waren LCI's (Landing Craft Infantry, Infanterie-Landungsboote) und LCT's (Landing Craft, Tanks; Panzer-Landungsboote) –, und die Wachboote hatten schwer mit den Wellen zu kämpfen, holten Wasser über, wälzten sich in den grünen Fluten, stampften und kamen doch nur langsam voran. Dieses eine Mal aber stimmte die Wettervoraussage – bald nach Mitternacht (es war der 9. Juli geworden) legte sich der Wind.

Das aber half den Fallschirmjägern auch nicht mehr. Für einen Kampfverband in Regimentsstärke der 82. Luftlandedivision, eine verstärkte Einheit, die eine halbe Stunde vor Mitternacht am 9. Juli in der Nähe des Flughafens Ponte Olivo abspringen sollte, knapp 10 Kilometer hinter einem der wichtigen amerikanischen Landungsufer bei Gela, und ebenso für ein Regiment der 1. britischen Luftlandedivision, das in der Nähe von Syrakus mit Lastenseglern abgesetzt werden sollte, kam der Wetterumschwung zu spät. Mit einer Geschwindigkeit von 65 km/h blies der steife Mistral die schwerfälligen C-47 und anderen Transportmaschinen aus dem Kurs, und als ihre menschliche Fracht dann grünes Licht für den Absprung bekam und aus den Flugzeugrümpfen hervorquoll, wurden die Fallschirmtruppen »über einen großen Teil von Südostsizilien verstreut – von Ponte Olivio bis Niscemi, Vizzini und Ragusa, ja sogar bis Noto im Osten der Insel, was bereits Kampfabschnitt der britischen Achten Armee war«. (31)

Über 3000 Männer der 505. RCT (A. d. Ü.: eine US-Kampfgruppe – »Regimental Combat Team«, ein taktischer Verband zwischen Division und Bataillon, bestehend aus zwei oder mehr Bataillonen) der 82. Luftlandedivision, kommandiert von dem jungen Obersten »Jim« Cavin, verstreuten sich über 80 bis 100 Kilometer Küstengebiet. Nur ein Teil eines Bataillons landete ganz in der Nähe seines Zielpunktes, einer Riegelstellung an einer wichtigen Straßenkreuzung. Eine andere Gruppe richtete einen Stützpunkt in einem Haus mit Steinmauern in der Nähe von Niscemi ein.

Auch die 1600 britischen Fallschirmspringer landen weit über das Gelände verstreut. Siebenundvierzig Lastensegler schweben genau ins Meer, die meisten treiben weit von den Zielpunkten ab. Eine kleine Gruppe aber landete sicher in der Nähe von ein oder zwei Brücken – ihren Haupt-Zielpunkten –, die hochgewölbt den Hafen von Syrakus und den Fluß Anapo überspannen. Ungefähr 73 Offiziere und Soldaten nahmen die Ponte-Grande-Brücke ein und hielten sie gegen einen italienischen Gegenangriff, bis sie – noch ganze 19 Mann und eine intakt gebliebene Brücke – später an diesem Angriffstag von britischer Infanterie entsetzt wurden. (32)

Die Luftlandetruppen waren so weit auseinandergekommen und lagen über Dörfer, Straßen, Weinberge, Felder und Berge so weit verstreut, daß es so aussah, als würde es Tage dauern, sich zu sammeln und eine geschlossene, starke Kampfgruppe zu bilden. Diese »Streuung« der abgesprungenen Truppen aber rief in den Reihen der Verteidiger Siziliens Verwirrung und Bestürzung hervor. In dem tollen Durcheinander glaubten die Italiener, es seien 20-30 000 Mann abgesprungen; die Verteidiger sahen den Feind überall.

Der Mond war untergegangen, als die ersten Truppen an diesem 10. Juli gegen 2.45 Uhr die Ufer gewannen. Die ersten Landungen gelangen recht gut – und dies muß zum Teil auf die gute Navigationsarbeit des britischen Leit-Unterseebootes HMS »Safari« zurückgeführt werden, welches seine Position vor Licata mit

Bojen markierte und die Flanke der einen amerikanischen Landungsgruppe sicherte.

Die amerikanische 7. Armee landete an und in der Nähe der Ufer des 60 Kilometer breiten Golfs von Gela, die 3. Division und ein Teil der 2. Panzerdivision im Westen um Licata, die 1. Division im Zentrum nahe Gela (etwas südlich von Ponte Olivo, dem Ziel der Fallschirmtruppen), und die 45. Division auf der Ostflanke nahe Scoglitti.

Als die Landungsboote am 10. Juli gegen 02.00 Uhr die Ufer bei Gela ansteuerten, blitzten vier italienische Suchscheinwerfer »auf und suchten in weitem Bogen die See ab«. Sie erfaßten die »Biscayne«, das Flaggschiff von Konteradmiral R. L. Conolly, auf dem sich der Führungsstab des Kommandeurs der 3. Division, General Truscott, befand.

Da lagen wir, berichtete Truscott später, »als Silhouette im Licht der Scheinwerfer, die so hell waren, daß man an Deck ein Buch hätte lesen können ... Aber es wurden keine Schüsse abgegeben«. (33)

Im britischen Abschnitt – an der äußersten Südküste der Insel – landete die britische Achte Armee an einer Vier-Divisionen-Front: die 1. Kanadische Division in der äußersten Süd- und Westflanke südwestlich von Pachino (den Amerikanern am nächsten liegend), die 51. Division auf dem Kap Passero, die 50. nahe Avola und die 5. Division mit britischen Luftlandetruppen südlich von Syrakus.

Die anbrechende Dämmerung des 10. Juli entschleierte vor den erstaunten Augen Siziliens Tausende von Schiffen. Es war die größte amphibische Armada, die sich bis dato jemals versammelt hatte.

Bei den ersten Landungen wurde der schwache Widerstand der Verteidiger in den meisten Fällen rasch gebrochen; in vielen Bereichen erzielten die Angreifer taktische oder lokale Überraschungserfolge, und das, obwohl die höheren Befehlshaber der Achsenmächte die Invasion vorausgesehen hatten.

General Guzzoni und andere Achsen-Generäle hatten geglaubt, daß die Hauptlandungen der Alliierten wahrscheinlich im südöstlichen Teil der Insel um das Kap Passero herum erfolgen würden (was ja dann auch der Fall war), doch vermutete Feldmarschall Kesselring, daß der Feind eine zusätzliche Landung an der Westküste bei Palermo oder Trapani im Südosten zur Umfassung durchführen würde, und so hatte er Guzzoni dazu überredet, einige Tage vor dem Angriff den größten Teil der 15. Panzergrenadierdivision in den westlichen Teil der Insel zu verlegen. (34)

In gewissem Maße gelang es auch der Marine, den Feind durch zwei Ablenkungsmanöver zu verwirren: Einmal tauchten im Ionischen Meer demonstrativ britische Marineeinheiten auf, die die Küste Griechenlands zu bedrohen schienen, und zum anderen schien die Flotte zu einem Ablenkungsangriff auf Westsizilien anzusetzen. Das Täuschungsmanöver im Westteil der Insel hatte anscheinend vollen Erfolg; denn am Morgen des 10. Juli wanden sich der größte Teil der deutschen 15. Panzergrenadierdivision und zwei italienische leichte Divisionen, die im äußersten Westen der Insel zwischen Palermo und Mazara lagen, erst dann mit ostwärtiger Angriffsrichtung gegen die alliierten Landeköpfe, als die Landungen selbst schon viele Stunden zurücklagen.

Dazu hatte den Alliierten auch der Mistral verholfen: Italienische Wetterfachleute und Marineoffiziere hatten ihren Kommandeuren mitgeteilt, das Wetter sei für Uferlandungen zu schlecht. Die deutschen Radarmannschaften und die italienischen Küstenverteidigungsdivisionen waren so lange zur Alarmbereitschaft hochgepeitscht worden, daß sie die dann tatsächlich auftretenden ersten Anzeichen für eine Landung gar nicht recht zu glauben vermochten.

Auf »Beach Yellow«, dem »Gelben Strand« in der Nähe von Licata, wo die Amerikaner einen verlassenen italienischen Kommandoposten überrannten, nahm Michael Chinigo, der amerikanische Korrespondent für International News Service, den Hörer von einem klingelnden Telefon ab und fragte: »Chi è?« (»Wer ist da?«)

Ein italienischer General, der einen Abschnitt kommandierte, wollte Näheres über eine vorgeblich erfolgte Landung der Amerikaner wissen, die er in einer so schlimmen Nacht nicht für möglich hielt. Chinigo versicherte ihm, »an den Ufern von Licata ist alles ruhig – und beide Gesprächsteilnehmer legten den Hörer höchst zufrieden wieder auf«. (35)

Die Invasion lief langsam an.

»Red Beach«, der Rote Strand an der Westflanke nahe Torre de Gaffi, westlich von Licata und außerhalb des Golfs, wurde von einer schaumweißen Brandung und italienischem Geschützfeuer heftig heimgesucht. Die in der hochgehenden See stampfenden und schlingernden Landungsfahrzeuge erlebten harte Zeiten – manche GI's wurden in das tiefe Wasser hinabgerissen und ertranken, und mehrfach fanden italienische Batterien gute Ziele. In den Landungsbooten floß Blut, und die Flotte und die 3. Division mußten für den Sieg einen ersten Preis zahlen.

Die Briten nun stießen bei ihren Landungen auf eine weniger heftige Brandung und eine anfangs nur schwache Gegenwehr. Die Kanadier gewannen ihr Ufer auf der Halbinsel Pachino ohne Schwierigkeiten. Beide Landungsgruppen signalisierten gegen 05.30 Uhr des Angriffstages: »Voller Erfolg.« (36)

An einigen Ufern zeigten sich weiße Fahnen. Die italienische Bedienungsmannschaft eines Küstenverteidigungsgeschützes wurde im Schlaf überrascht und gefangengenommen. Syrakus brach zusammen. Gegen 21.00 Uhr (am 10. Juli) war die 5. Division, praktisch ohne auf Widerstand zu stoßen, über die Hauptstraße und den Ponte Grande in Syrakus einmarschiert. Die Alliierten hatten ihren ersten größeren Hafen in der Hand.

Doch trotz des Luftbombardements vor Invasionsbeginn hatte jetzt auch die deutsche Luftwaffe ihre ersten Erfolge. Gegen 04.58 Uhr am 10. Juli erwischte ein Stuka 16 Meilen vor der Küste den amerikanischen Zerstörer »Maddox«, der sich auf einer U-Boot-Abwehrpatrouille befand. Das kleine Schiff wurde von einer ungeheuren Explosion zerrissen und sank.

Nur 12 Minuten später – um 05.10 Uhr –, es war noch zu dunkel, als daß man die vom Himmel herabstoßenden deutschen Maschinen hätte sehen können, wurde das Minenräumboot »Sentinel« von einer Bombe leckgeschlagen; rasch hintereinander ereilten es noch vier weitere Angriffe aus der Luft. Bald nach Anbruch der Dämmerung – der vordere Maschinenraum des Schiffes stand schon unter Wasser, und langsam sank das Schiff in der schweren See – wurde der überlebende Teil der Besatzung von einem Rettungsschiff übernommen. Folgen des Bombardements: 10 Tote, 51 Verwundete. 40 Mann überlebten unverletzt.

Hier und da stießen die ans Ufer watenden Sturmtruppen auf sporadischen Widerstand des Feindes; die Mündungsfeuer der Schiffsgeschütze blitzten entlang der ganzen Küste von Licata bis Syrakus wie Leuchtkäfer durch die Nacht. Manchmal wurde diese

Feuerunterstützung benötigt, oft reichten ein paar Salven aus, die Italiener zu überzeugen – ein Crescendo von Krach und Feuerschwall gegen einen schwachen Widerstand.

Bei Gela entstand eine vorübergehende kritische Situation, doch war auch das sehr schnell vorbei. In der Morgenfrühe trat die Panzerdivision »Hermann Göring« in Aktion. Zwei Kampfgruppen – die eine verfügte über einige neue deutsche Tiger-Panzer vom Typ Mark VI, die andere über die Typen Mark II und IV, und beide wurden von Artillerie und etwas Infanterie unterstützt – stießen als Angriffs-Doppelkeil auf die »amerikanischen« Ufer östlich von Gela vor. Zur gleichen Zeit wurde von Niscemi eine italienische motorisierte Gruppe mit einigen veralteten französischen leichten Panzern in mehreren Halbzügen nach Süden in Marsch gesetzt. Die Angriffe waren jedoch nicht koordiniert und ohne Schwerpunkt.

Ein von deutschen Tiger-Panzern geführter Vorstoß hatte mehr Erfolg; ein amerikanisches Bataillon wurde böse zugerichtet und sein Kommandeur gefangengenommen. Aber ein anderes Bataillon füllte die Lücke auf, und plötzlich »rannten« die Deutschen in unerklärlicher Gefechtspanik und »wilder Unordnung« davon. (37)

Der 10. Juli war ein stolzer Tag für die Verbündeten; überall waren die Landungen an den Küsten Siziliens gelungen, die in den öden Küstenstädtchen vordringenden GI's hatten bereits Flaschen sizilianischen Weins »befreit«, und aufgekratzte italienische Kriegsgefangene stellten ihren Bewachern erste Fragen über Familienangehörige in Brooklyn ...

Die überalterten, wenig kampfbegeisterten Männer der italienischen Küstenverteidigungsdivisionen »stapften ... in einer solchen Unordnung in die Sicherheit der (alliierten) Kriegsgefangenenkäfige, daß den Amerikanern von ihren dahintrampelnden Füßen größere Gefahren drohten als von den Kugeln«. (38)

Als die Dämmerung über den rauchgesäumten Ufern anbrach, waren manche Küstenstriche meterhoch mit »einem monströsen, immer höher wachsenden Berg von Kriegsmaterial ...« bedeckt; (man sah) »eine unüberschaubare Masse aus Menschen, winzigen Jeeps, riesigen, hochbordigen DUKWs (Schwimmkampfwagen, die auf Sizilien zum erstenmal ausprobiert wurden) ... und schwerbeladene Lastwagen, die im tiefen Sande steckengeblieben waren«. (39)

Und als an diesem Tage die Sonne unterging, ging auch LST 313 (Landing Ship, Tank = Panzer-Landungsschiff) unter, als es half, am Grünen Strand (»Green Beach No. 2«) eine – auf Sizilien ebenfalls zum erstenmal erprobte – Pontonbrücke nahe Monte Sole zu montieren. Eine Bombe verwandelte LST 313 in ein schwimmendes Leichenhaus. Landminen, Munition, Geschütze, Lastkraftwagen, Jeeps und Panzerwagen mit ihren gefüllten Treibstofftanks explodierten mit infernalischem Getöse.

Aber es sollte noch schlimmer kommen. Am Abend des D-Day waren die östlichen Uferstriche im amerikanischen Abschnitt überfüllt und verstopft; die Luftwaffe schien den Himmel völlig zu beherrschen. (40)

Vor Syrakus verloren die Briten in der Invasionsnacht das weißgestrichene, hell erleuchtete Lazarettschiff »Talama«, welches von einer Bombe getroffen und versenkt wurde, während es noch Verwundete an Bord nahm. (41)

Die Krise trat am nächsten Tage ein. Es war D-plus-1, der 11. Juli. Noch einmal machten General Conrath und die Panzerdivision »Hermann Göring« einen Versuch.

Bald nach Anbruch der Dämmerung fuhren Panzer – der Typen Mark III, Mark IV und Tiger – der »Hermann-Göring«-Division sowie italienische leichte Infanterieeinheiten in Befolgung der Befehle Guzzonis vom Vortage aus dem Hochland und westlichen Inselgebiet auf Gela und den Landekopf der 1. Division auf der Küstenebene zu.

Die Lage verschlechterte sich immer mehr. Die Deutschen griffen mit Entschlossenheit an; die 1. Division hatte bei der Landung einige Panzerabwehrgeschütze eingebüßt, und es waren erst wenige an Land. Artillerie war noch immer knapp, und nur einige wenige amerikanische Panzer waren bislang auf die Ufer gerollt.

Die Zerstörer eröffneten das Feuer; alles, was nur schießen konnte, feuerte auf die deutschen Ungetüme.

Aber gegen 09.30 Uhr (11. Juli) brach die deutsche Angriffsspitze aus den Hügeln hervor und stieß quer über die Ebene bis 4 Meilen vor Gela vor.

Gegen 11.00 Uhr waren die Deutschen bis 450 Meter an den

Strand herangekommen; die »Fighting First«-Truppen kämpften um ihr Leben. Die Divisionsartillerie – oder vielmehr das, was von ihr schon gelandet war – stand im Hagel der feindlichen Panzergranaten rings in den Dünen und nahm im direkten Beschuß die heranschwankenden Ungeheuer aufs Korn. Zum erstenmal duellierte sich die Marine im Zweiten Weltkrieg von offener See her mit Panzern.

Die Sache stand auf des Messers Schneide; die Division klammerte sich »mit Zähnen und Zehennägeln« in ihren Stellungen fest. (42)

Und doch war die Lage weniger schlimm, als sie aussah. Die Panzer griffen mehrfach und tropfenweise an und hatten bis zum Spätnachmittag nur schwache Infanterieunterstützung; die Deutschen hatten Geschwindigkeit zugunsten der Angriffskoordinierung geopfert und hofften, die Eindringlinge so in der Anfangsverwirrung treffen zu können.

Bei Gela hätten sie beinahe Erfolg gehabt, kamen dann aber schließlich doch nicht durch. Conrath verlor ein Drittel seiner Panzer und zog sich zurück.

Die beiden Kampfgruppen der 15. Panzergrenadierdivision, die auf Westsizilien lagen, kamen dicht an die Brückenköpfe der 1. Division heran, als die »Hermann-Göring«-Division und die geschlagenen Italiener sich in östlicher Richtung zurückzogen, um die Ebene von Catania gegen die Briten zu verteidigen. Mit einiger italienischer Infanterie zusammen nahmen es die Deutschen am Morgen des 12. Juli wieder mit den »Fighting First«-Truppen auf. Zwei Regimenter der 1. Division und einige Panzer der 2. Panzerdivision griffen landeinwärts an, überholten seitlich den deutschen Angriff und knackten 43 deutsche und italienische Panzer. Sie eroberten den Flughafen Ponte Olivo und machten 4206 Gefangene. Es gab noch weitere dramatische Situationen, aber im großen und ganzen waren die Landeköpfe jetzt fest in der Hand.

Nicht aber die Schiffe draußen auf See. »Bogies« und »Bandits«, d. h. Messerschmitts und Stukas, tauchten von Zeit zu Zeit immer wieder heulend über der Invasionsflotte auf. Am Nachmittag des 11. Juli wurde das Libertyschiff »Robert Rowan«, das Munition geladen hatte, von einer Bombe getroffen. Sie explodierte als wildflammendes, jedoch im wesentlichen harmloses Feuerwerk kurz vor Anbruch der Dämmerung. Stundenlang quollen aus ihrem gestrandeten und brennenden Leib Rauchwolken hervor und zogen über die Küsten dahin.

Die Flakgeschütze fanden ihre Opfer, holten deutsche und italienische Maschinen vom Himmel – doch ihre explodierenden Granaten trafen unterschiedslos und unparteiisch Freund wie Feind. Am Abend des 11., kurz nach Beendigung des deutschen Angriffes, donnerten einige amerikanische Transportmaschinen vom Typ C-47, die das 504. Fallschirmjägerbataillon zur Unterstützung ihrer Kameraden auf der Erde nach Sizilien trugen, über die Landeköpfe und die Flotte in geringer Flughöhe dahin. Ungefähr die Hälfte der 144 Maschinen wurde von schießfreudigen alliierten Kanonieren beschädigt; 23 Maschinen wurden abgeschossen. Die angeschlagenen Transportmaschinen sausten brennend ins Meer; Fallschirmjäger sprangen, teilweise mit brennenden Schirmen, aus den abtrudelnden Maschinen. Über 97 Amerikaner kamen um – und nicht vom Feind getroffen, sondern von amerikanischen Geschützen. (43)

In der Nacht des 13. Juli wurde ungeachtet der Tragödien bei den voraufgegangenen Absprüngen im Zusammenhang mit einer Kommandotruppenlandung eine weitere Luftlandeoperation der Briten durchgeführt. Ziel war diesmal die Primosole-Brücke über den Fluß Simeto, das Tor zur Ebene von Catania. Nochmals holten Batterien sowohl der Alliierten wie der Achsenmächte die tieffliegenden Truppentransporter vom Himmel. Von 124 Maschinen wurden an die 50 beschädigt, 11 abgeschossen. 27 Maschinen konnten zu ihren Stützpunkten zurückkehren. (44)

Die britische Flotte, von Flugplätzen der Achse in Italien nur 65 bis 160 Kilometer entfernt, bekam insbesondere nach dem 13. Juli die volle Kampfkraft der Luftwaffe hart zu spüren – wenigstens 6 Fracht- und Hilfsschiffe wurden getroffen, und zwei Schiffe gingen verloren.

Die Luftangriffe änderten jedoch am Schlachtgeschehen wenig. Es war nicht wie auf Kreta – auf Sizilien hatten sich die Spielregeln in ihr Gegenteil verkehrt. Die Alliierten hatten eine überwältigende Luftüberlegenheit, und die Achsenmächte wurden hoffnungslos in die zahlenmäßige Minderheit gedrängt. Um den 15. Juli hatten die Alliierten eine kontinuierliche Front aufgebaut, die ganz Südostsizilien umfaßte und östlich Porto Empedocle begann, zahlreiche wichtige Flugplätze (jenseits deutschen Artilleriefeuers sicher gelegen) einschloß und nördlich von Augusta endete.

## Verzögerung

Auf italienisches Versagen und alliierte Siege reagierten die Deutschen schnell und entschlossen. Schon wenige Tage nach der Invasion begannen die Landungen von zwei Regimentern der deutschen 1. Fallschirmjägerdivision auf Sizilien; eine kleine Einheit, die gerade abgesprungen war, vernichtete einen Schwarm britischer Lastensegler, die gerade zur Landung ansetzten.

Vorausabteilungen der deutschen 29. Panzergrenadier-Division stießen nach Kalabrien jenseits der Straße von Messina vor und begannen den Einmarsch nach Sizilien, wo sie (um den 19. Juli) die zahlenmäßig stark unterlegenen deutschen Truppen verstärkten. Bereits am 12. Juli war das XIV. Panzer-Korps unter General Hans Valentin Hube nach Sizilien beordert worden, um den Befehl über alle deutschen Truppen zu übernehmen und im Endeffekt die Italiener und General Guzzoni im Kommando über die Insel abzulösen.

Um den 15. Juli sah sich der Führungsstab des OKW folgender Lage gegenüber: Sizilien konnte nicht gehalten werden, aber die deutschen Truppen waren angehalten, zu verzögern, um Zeit zu gewinnen und dadurch die Evakuierung der deutschen Divisionen über die Straße von Messina hinweg sicherzustellen.

Das war eine schwere Aufgabe. Nach weniger als einer Woche hatten die 9 bis 10 italienischen Divisionen auf Sizilien (»Divisionen« ohnehin nur dem Namen nach) praktisch aufgehört zu existieren. Tausende von Italienern saßen fröhlich in alliierten Kriegsgefangenenlagern herum; andere Tausende hatten einfach ihre Uniform ausgezogen und waren in die Berge verschwunden. Die fehlgeschlagenen Gegenangriffe der ersten Woche hatten schwere Verluste gebracht. Tausende von Versprengten hinter den deutschen Linien wurden aufgegriffen und in den nordöstlichen Teil der Insel geschafft. Einige kleine Einheiten wurden praktisch in deutsche Divisionen eingegliedert. Aber die italienische Infanterie focht zumeist ohne innere Anteilnahme und ohne Begeisterung, so daß die meisten dieser Einheiten sich einfach aufgelöst hatten, bevor noch das Ende kam. Etwas besser stand es um die italienische Artillerie; einige leichte Batterien, die dem Anfangsdebakel entronnen waren, kämpften später Seite an Seite mit den deutschen Geschützen und verlangten ihren Verbündeten eine größere Achtung ab.

Die weite Ebene von Catania, flach und ohne auch nur »die kleinste Deckung«, sowie »die ausgedehnten Hänge des Ätna und die warme blaue See«, die die Hauptverkehrsstraße und die kürzesten Verbindungswege nach Messina beherrschen, waren die strategischen Schlüsselpositionen auf Sizilien und der Drehpunkt der ersten deutschen Verzögerungsstellung, der noch viele weitere folgen sollten.

Von seiten der Alliierten hatte man dies schon vor der Invasion kommen sehen, jedoch »keine spezifischen Pläne zur Entwicklung einer Landeoperation« nach erfolgter Sicherung der ersten Landeköpfe ausgearbeitet. Alexander, der eine Heeresgruppe befehligte, erwies sich mehr als Vermittler denn als ein wirklicher Leiter der Operationen. Er hatte damit gerechnet, daß die britische Armee rasch durch Catania, am Ätna vorbei und auf der Küstenstraße nach Messina durchstoßen werde. Infolge seiner Erfahrungen in Nordafrika hatte Alexander zu den Kampfleistungen der Amerikaner wenig Zutrauen, und in seiner Feldzugsplanung war vorgesehen, daß die Siebente Armee den Briten Flankenschutz gab. »Pattons Armee sollte das Schild in Alexanders Linken sein, und Montgomery das Schwert in seiner Rechten.« (45) Bei den Amerikanern rief die Tatsache, eine zweitrangige Rolle spielen zu sollen, erhebliche Ressentiments hervor. Doch kurz nach der Sicherung der Landeköpfe sah Patton seine Chance gekommen und nahm sie wahr.

Als die britische Achte Armee nach Norden vorzustoßen versuchte, traf sie auf Geschütze, die auf den höhergelegenen Südabhängen des Ätna-Massivs geschickt in Stellung gebracht waren und die Ebene von Catania beherrschten, und sogleich begann für die stark mitgenommenen Engländer ein langsames und beschwerliches Vorrücken.

Ganz das Gegenteil trat bei der amerikanischen Siebenten Armee ein. Zu Pattons größter Freude bröckelte jeglicher Widerstand vor der amerikanischen Front einfach ab.

Generalmajor Geoffrey Keyes, stellvertretender Kommandeur

der Siebenten Armee, und General Truscott, der Befehlshaber der 3. Division, hatten mit Erfolg gegen Agrigento eine gewaltsame Erkundung angesetzt, und es gelang daraufhin Patton sehr schnell, Alexander die Zustimmung zu Sondereinsätzen nach Westsizilien abzuringen. Hierzu wurde unter General Keyes eine Korpsgruppe gebildet, die den linken Flügel der Siebenten Armee übernehmen sollte. Die 3. Infanteriedivision, die 82. Luftlandedivision und einige Einheiten der 9. Division bildeten diese Korpsgruppe. Die General Bradleys II. Korps unterstellte 45. Division unter General Roy Middleton war durch General Montgomerys selbständigen, aber hinterher von Alexander gebilligten Entschluß vom 12. Juli ermächtigt, mit seinem XXX. Korps vom Westen umfassend die Ätnastellungen aus der Flanke anzugreifen.

Eine Straße, die nach der Invasionsplanung eindeutig der amerikanischen Siebenten Armee zugewiesen war, wurde jetzt für diese Operation Montgomerys von entscheidender Bedeutung. Montgomery setzte alles auf eine Karte und marschierte, noch bevor General Alexander sein Vorhaben genehmigt hatte, mit seinem Korps einfach durch den rechten Flügel der Amerikaner. Dadurch wurde die 45. Division nach Westen abgedrängt und nunmehr links neben der 1. Division eingeschoben; sie nahm im weiteren Verlauf am Vorstoß nach Westsizilien teil.

Die Siebente Armee bewegte sich unaufhaltsam und zügig nach Westen. Innerhalb von acht Tagen hatte sie Trapani und Palermo genommen. Sie war nur auf schwachen Widerstand durch einige wenige unglückliche Italiener gestoßen, die sich rasch nach Osten und Norden absetzten, und hatte sich auch durch deutsche Straßensperren und Sprengungen nicht aufhalten lassen.

Die 82. Luftlandedivision nahm Trapani ein, wobei sie von einer 155-mm-Batterie unterstützt wurde, die sie sich von der 9. Division ausgeborgt hatte. Ein italienischer Admiral übergab die Stadt und ihren Hafen mit 5000 Italienern an den Divisionskommandeur General Matthew B. Ridgeway.

Die 82. »hat auf ihrem Vorstoß nach Westen in sechs Tagen 150 Meilen zurückgelegt und 15 000 Gefangene gemacht.« (46)

Die geschickt angelegten deutschen Sprengungen, die »entsetzliche Hitze«, das bergige Gelände und die Serpentinen der Straßen waren eigentlich der Hauptgegner. »Und dieser Staub! Eine Mischung aus Viehmist und Kalkstaub drang in die Kehle und machte bis zur Verzweiflung durstig. Alte erfahrene Wüstenfüchse schworen, diese Mischung sei schlimmer als der afrikanische Wüstensand.« (47)

Der Hafen des einstmals wunderschönen Palermo war von mehr als 50 versunkenen Schiffen verstopft, und manche der alten Paläste und unersetzlichen Mosaiken waren nur noch zerbombte Ruinen. (48) Die Stadt wurde am 22. Juli gegen Abend eingenommen. Patton legte seinen Gefechtsstand (der Siebenten Armee) in den Palast der normannischen Könige.

»Die Kühnheit dieses Manövers und das unentwegte Tempo, mit dem die Siebente Armee vorgestoßen war«, beschäftigte nunmehr die Phantasie der Öffentlichkeit sowohl in England wie in den USA, und man verglich Pattons rasches Vorgehen mit Montgomerys langsamen und zentimeterweisen Schritten ... Es war dabei unwesentlich, daß die Eroberung Westsiziliens auf keinen Widerstand gestoßen war, der erheblicher gewesen wäre als die Geländeschwierigkeiten. Trotzdem war es eine einmalige Marschleistung. Ein amerikanisches Bataillon schaffte 86 Kilometer an einem Tag, und zwar nach einem ganznächtigen Motortransport.

Aber das unverteidigte Palermo war praktisch nur ein propagandistischer Erfolg und hob die Stimmung. Auf der Westflanke der Insel, an der Montgomery gehofft hatte, in einem raschen Vorstoß die Küstenstraße bis Messina vorwärts zu kommen, rannte demgegenüber das XIII. Korps der britischen Achten Armee mit dem Kopf gegen eine Felswand. Bei Frontalangriffen über die Ebene von Catania hatten die 5. und 50. Division schwere Verluste hinnehmen müssen und dennoch nichts erreicht. Ungefähr zur Zeit der Einnahme Palermos war Montgomery an einem toten Punkt angekommen.

Um den 23. Juli – der Zeitpunkt, bis zu dem Eisenhower hoffte, Sizilien schon fest in alliierter Hand zu sehen – verlief die Hauptkampflinie der Deutschen noch quer über die Insel. Im Osten hielt die (verstärkte) »Hermann-Göring«-Division das Ätna-Massiv und beherrschte die Küstenstraße und die Ebene von Catania. Im Nordwesten lagen weitere deutsche Einheiten und zwei Regimenter der 1. Fallschirmjägerdivision, die die hügeligen Zugänge zur Ätnastellung hielten. An der Nordwestflanke des Ätna lagen die 15. Panzergrenadiere, deren Front später durch die über die Straße von Messina herangeführte 29. Panzergrenadier-Division nach und nach aufgefüllt wurde, und hielten die Küstenstraße von Palermo nach Messina und das schwierige Höhengelände im Inneren der Insel. Eingeklemmt zwischen den deutschen Einheiten lagen die bunt zusammengewürfelten Reste der italienischen Einheiten, von denen ein paar tapfer kämpften, während die meisten vernichtet wurden oder aufgaben.

Die alliierte Schlachtordnung bestand aus acht Divisionen, fünf der britischen Achten und drei der amerikanischen Siebenten Armee. Die 5. und die 50. standen im Südosten, am linken Flügel die 51. Die 78., aus der Heeresreserve in Afrika herangeführt, stand im Westen, und die 1. Kanadische Division (von Montgomery als »großartig« beschrieben) stellte die Verbindung zu den Amerikanern her, bis sie bei der Verengung der Front ausgespart wurde. Die 1., Einheiten der 9. (ursprünglich Pattons Reserve) und die 3. (die die 45. abgelöst hatten) hielten die Fronten der Siebenten Armee an der Küstenstraße. Je mehr sich die Insel nach Nordosten verengte, waren die anderen Verbände zu Säuberungsaktionen und als Reserven in das rückwärtige Gebiet verlegt worden.

Aber das Härteste im Kampf um Sizilien stand noch bevor.

Doch für Benito Mussolinis Italien, das nach dem Fall Frankreichs voller Gewinnsucht in den Krieg eingetreten war, war der Krieg fast beendet.

Als Sizilien schon verloren, trafen sich am 19. Juli Mussolini und Hitler in der Nähe von Feltre in Norditalien. Reichlich spät bat Mussolini Hitler um mehr Panzer und um weitere 2000 Flugzeuge zur Verteidigung Siziliens, worauf Hitler sich in bombastischen Reden erging. (49)

Rom wurde während dieser Gespräche zum erstenmal bombardiert. Die glänzende Fassade des Faschismus begann in Italien langsam abzubröckeln und klarer Einsicht zu weichen. Statt auf einen Marsch zum Siege hatte Mussolini sein Land von einer Niederlage zur anderen geführt.

Am 24. Juli, als in Mittelsizilien noch heftig gekämpft wurde, trat spätnachmittags im Palazzo Venezia in Rom der Große Faschistische Rat zusammen, um die verzweifelte Lage Italiens zu besprechen. Nach einer fast die ganze Nacht währenden Sitzung sprach sich der Rat mit überwältigender Mehrheit für einen Antrag aus, in dem dem König die Übernahme größerer Machtbefugnisse angeraten wurde. Das klang recht harmlos – über die wahre Bedeutung dieser Resolution aber gab es keinen Zweifel. Mit dieser Abstimmung hatte Mussolinis 21jährige Herrschaft ein Ende gefunden. Er wurde in Schutzhaft genommen; Badoglio übernahm die Führung der italienischen Regierung und suchte nach einer Möglichkeit, Italien aus dem Kriege herauszuführen. Die Nachricht vom Sturz Mussolinis traf Deutschland wie ein Donnerschlag.

Montgomery, auf der Küstenstraße nach Messina festgefahren, verlegte den Schwerpunkt seines Angriffs nach Westen und Norden, um mit einem »Linkshaken« die starken feindlichen Stellungen in der Ebene von Catania und am Ätna zu umfassen.

Der dreifache Angriffskeil – mit einem Angriff der Briten und Kanadier gegen die Inlandflanke des Ätna, einem Vorstoß der amerikanischen 1. Division zusammen mit Einheiten der 9. Division nach Osten und Norden ins Zentrum der Insel und dem Vormarsch der 3. Division auf der Küstenstraße von Palermo nach Messina – war eine zähe Angelegenheit. Panzer waren in einem solchen Gelände nur begrenzt einsatzfähig; die Hauptlast mußte die in 40 Grad Hitze vor Erschöpfung schwankende Infanterie tragen.

Die Achsentruppen hatten den alliierten Vormarsch vom ersten Invasionstage an durch meisterhafte Verzögerungstaktik verlangsamt – durch gesprengte Brücken, kraterübersäte Straßen und geschickt angelegte Minenfelder. Die meisten Wasserläufe waren kümmerliche Rinnsale, die in der sengenden Hitze vollends austrockneten, und die wenigen Quellen und Wasserstellen waren von den zurückgehenden Deutschen vermint und mit Sprengladungen versehen worden.

Stunde um Stunde, Tag für Tag versuchte die abgekämpfte 1. Division, die an einem strategisch wichtigen Punkt gelegene Stadt Troina einzunehmen. Alle Angriffe am 3. August blieben erfolglos.

Am 4. August nahm die 1. Division einen weiteren Anlauf. Schweres Bombardement und konzentrierter Artilleriebeschuß zur Vorbereitung eines Infanterieangriffs vermochte die Deutschen nicht zu erschüttern. Auch den ganzen 5. August rannte die 1. erneut an; aber die Geländegewinne waren minimal. Es gelang den deutschen Verteidigern von Troina, den Rückzug der Achsentruppen um die West- und Nordflanken des Ätna mit Erfolg zu decken.

Die 9. Division, am 1. August auf dem Seewege nach Palermo transportiert, sollte die angeschlagene 1. Division nach der Einnahme Troinas ablösen. Es ist möglich, daß sie durch Umfassungsoperationen einiger ihrer Einheiten nördlich von Troina geringfügig dazu beigetragen hat, daß die Bergfestung dann doch noch fiel – aber sie fiel zu einem Zeitpunkt, den die Deutschen bestimmten.

Die 1. Division verlor im Sizilienfeldzug 267 Tote, 1184 Verwundete und 337 Vermißte; sie nahm an 37 Kampftagen an die 18 Städte ein und machte 935 Gefangene. (50)

Auf der Küstenstraße hatte die 3. Division mit Flottenunterstützung einige Stützpunkte und Verzögerungsstellungen der Deutschen umgangen. General Truscott setzte als letztes Mittel zwei kleinere amphibische Unternehmungen in Bataillonsstärke gegen den Rücken einer starken feindlichen Stellung auf dem Monte Fratello an, die die 3. Division fünf Tage lang aufgehalten hatte. Bei der ersten Operation am 8. August landete ein Bataillon in der Dunkelheit, kurz vor der Dämmerung, 15 Kilometer hinter dem Monte Fratello.

Aber die Deutschen waren bereits auf dem Rückzug. (51) Das Landeunternehmen hatte sie nicht zurückgetrieben, obschon mehrere hundert Deutsche getötet oder gefangengenommen und Panzer und Fahrzeuge zerstört wurden.

Das zweite Landemanöver am 11. August brachte ein Infanteriebataillon hinter einer deutschen Stellung bei Brolo an Land. Das war wie ein Stich in ein Wespennest: die Deutschen reagierten außerordentlich schlagkräftig, und sieben amerikanische Armeeflugzeuge bombardierten den amerikanischen Stabsposten und zerstörten die Unterstützungsartillerie des Bataillons. Es verlor 99 Tote und 78 Verwundete. Auch der Feind erlitt Verluste, die ihn jedoch höchstens ein paar Stunden früher zum Rückzug zwangen. Ein geordneter Rückzug wurde nicht verhindert. Auf der Süd- und Ostflanke besetzten die Briten die verlassenen deutschen Stellungen in Catania am 6. August. Im Inneren des Landes kämpfte sich die 79. Division, die die 1. Kanadische Division abgelöst hatte, als die Front sich verkürzte, an der rechten

Flanke der amerikanischen 9. Division gegen Adrano und Randazzo vor.

Die Ätnastellung war genommen worden; endlich waren das deutsche XIV. Korps und Tausende desorganisierter Italiener in die schmale Nordost-Halbinsel Siziliens gedrängt worden, so daß sie Messina im Rücken hatten.

Aber die Deutschen kamen nicht aus der Fassung. Noch immer erzwangen sie Verzögerungen. Hube beherrschte die Situation, nicht Patton, auch nicht Montgomery. Hubes Aufgabe bestand darin, den Kader der deutschen Truppen sicher von Sizilien auf das Festland zu schaffen. Und er schaffte es trotz der völligen Luftüberlegenheit der Alliierten.

An der Straße von Messina waren schwere Flakgeschütze zusammengezogen worden, die die feindliche Luftwaffe in Schach halten sollten; Schnellboote und leichte Schiffseinheiten patrouillierten ihre Gewässer, und Küstenartillerie beherrschte die Zugänge. Fähren, Flußschiffe und viele andere Schiffstypen wurden für das Übersetzungsmanöver eingesetzt, von denen die meisten mit Flakgeschützen bestückt waren.

In der Nacht vom 10. zum 11. August, als die deutschen Truppen bis zu einer Reihe von geplanten Linien für die hinhaltende Verteidigung zurückgenommen wurden, überquerten die ersten deutschen Soldaten ohne Behinderung auch die Straße von Messina. In den frühen Morgenstunden verließ General Hube, der bis zuletzt ausgeharrt hatte, mit dem Rest seiner Leute die Insel.

Die Deutschen überquerten die Straße von Messina in voller Ordnung mit intakten Waffen, leichter Ausrüstung und einigem schweren Gerät, ohne daß es zu Zusammenstößen größeren Ausmaßes mit den Alliierten kam. Tausende von Italienern, die auf deutschen Befehl aus Messina herausgehalten worden waren, um eventuellen Störungen der deutschen Evakuierung vorzubeugen, kamen auf eigene Faust mit Eisenbahnfähren, kleinen Dampfern und Motorflößen, die General Guzzoni organisiert hatte, von so entfernten Orten wie Taormina über die Meerenge.

Patton gewann das Wettrennen auf Messina und bildete sich auf diesen Erfolg etwas ein – allein, die erste GI-Patrouille, die die Stadt am 16. August vorsichtig betrat, stellte fest, daß alle Deutschen bereits abgezogen waren.

Der Sizilienfeldzug war vorbei – die Mißhelligkeiten aber dauerten an.

## Resultate und Kritik

Auf Sizilien siegten die Alliierten faktisch, die Deutschen aber moralisch. Durch die Eroberung der Insel wurde es den Alliierten möglich, die Verbindungswege des Mittelmeers mehr oder weniger kontinuierlich zu benutzen, obwohl Verluste auch in Zukunft nicht ganz auszuschließen waren.

Der sizilianische Feldzug ließ vor allem mit großer Deutlichkeit die Kriegsmüdigkeit Italiens erkennen. Er führte direkt zum Staatsstreich in Rom, damit zu Mussolinis Sturz und – letztlich – zur Errichtung der Regierung Badoglio, zum Waffenstillstand, zur Kapitulation der italienischen Flotte und dem vollkommenen Zusammenbruch sämtlicher italienischer Kriegsanstrengungen.

Der Feldzug kostete die Achse an die 160 000 bis 164 000 Tote, Verwundete, Gefangene und Vermißte, von denen jedoch weniger als 12 000 Deutsche (die Deutschen verloren 5000 Tote, der Rest waren Gefangene). Die überwiegende Mehrzahl waren freiwillig in Gefangenschaft gegangene Italiener. (52) Die Alliierten erbeuteten 3500 Kraftfahrzeuge, mehrere hundert deutsche Geschütze, 70 Panzer und Unmengen von italienischen Versorgungsgütern und Nachschubmaterial. Die Siebente Armee hatte ca. 1425 Tote, nahezu 5200 Verwundete und 791 Vermißte zu beklagen; die Gesamtverluste der Achten Armee beliefen sich auf 11 843 Mann. Die amerikanische Marine büßte 546 Tote und Vermißte und 494 Verwundete ein; die britische Marine 314 Tote, 411 Verwundete und 4 Gefangene. (53)

Die Gesamtzahl der alliierten Verluste – 20 000 Mann – beweist, daß die Deutschen sich ihren Handel Raum gegen Zeit von den Angreifern teuer bezahlen ließen.

Sizilien war aber das Ende der Luftherrschaft und trug dazu bei, der deutschen Luftwaffe im zentralen Mittelmeerraum das Genick zu brechen. Die Gesamtverluste der Achsen-Luftstreitkräfte betrugen – außer den überrannten, zerstörten und eroberten Flugplätzen und Bodeneinrichtungen – wahrscheinlich 200 bis

1500 Flugzeuge. (54) Die Alliierten büßten ungefähr 375 Flugzeuge ein.

Admiral Cunningham hat geschätzt, daß »während der eigentlichen Operationen und in der Periode des Transportes von Mannschaften und Kriegsmaterial von Großbritannien und den Vereinigten Staaten durch die U-Boot-Sperrzone im Nordatlantik die Alliierten insgesamt nahezu 85 000 Tonnen Handelsschiffsraum verloren ... die Verluste der britischen Marine beliefen sich auf 2 U-Boote, 3 Motortorpedoboote und ein Motorkanonenboot sowie ein paar Landungsfahrzeuge«.

Die Flottenverluste im sizilianischen Feldzug waren insgesamt nicht gravierend, denn immerhin führte Sizilien letztlich zur Kapitulation oder zumindest Neutralisierung der gesamten italienischen Flotte. Aber die Kämpfe selber kosteten die Achsenmächte nur 3 deutsche und 9 italienische U-Boote, die versenkt wurden, nachdem sie ihrerseits bereits 4 britische Kreuzer versenkt hatten.

Weit größere Verluste verursachten die Luftangriffe. Bis Ende Juli verloren die Briten 3 Landungsboote und 6 Handelsschiffe oder Hilfsfahrzeuge mit insgesamt 41 509 Tonnen; ferner wurden der Flugzeugträger »Indominable«, das Überwachungsschiff »Erebus«, 2 Zerstörer, 4 Landungsfahrzeuge und 3 Handelsschiffe beschädigt. Die Vereinigten Staaten verloren einen Zerstörer, ein Minenräumboot, 2 Panzer-Landungs-Schiffe und ein Handelsschiff; mehrere Transport-, Panzer-Landungs-Schiffe und Minenräumboote wurden beschädigt.

Und die Alliierten traten in Sizilien ein zweifelhaftes Erbe an: ein verwüstetes und ausgedörrtes Land, dessen bescheidene Wirtschaft zerstört war und dessen Bevölkerung sich für die Alliierten nicht als Trumpfkarte, sondern als Belastung der eigenen Kriegsführung erweisen sollte.

Auf Sizilien wurden Legenden geschaffen und zerstört, alle Seiten trugen sichtbare Narben davon. Die deutsch-italienische Waffenbrüderschaft, bis auf eine kurze Zeitspanne in Nordafrika immer schon strapaziert, zerbrach auf Sizilien endgültig. Die zornige Verachtung, die die Deutschen angesichts italienischer Unfähigkeit nicht verbergen konnten, hätte in Zukunft jede echte militärische Zusammenarbeit zwischen Deutschen und Italienern vereitelt, auch wenn Italien weitergekämpft hätte.

Auf alliierter Seite gingen die beiden Heerführer Montgomery und Patton aus dem Feldzug mit stark lädiertem Ansehen hervor. Beide waren ehrgeizig und von starkem Geltungsdrang erfüllt. »Monty«, der asketische Puritaner, vorsichtig und überaus bedächtig, zeigte auf Sizilien wenig persönliches Format. Auch hier, wie schon in El Alamein, verstanden es die Deutschen, sich seiner zu zaghaften Verfolgung zu entziehen. Dabei ist gleichgültig, daß die Briten gegen die Schlüsselstellung am Ätna eingesetzt waren und daß der britischen 8. Division nach den ersten Kampftagen die deutsche Hauptstreitmacht gegenüberlag – die öffentliche Meinung war von Pattons schwungvollem Vorstoß durch Westsizilien und die frühe Einnahme Messinas beeindruckt. Montgomery schien in den Schatten gestellt.

Patton, der schneidige Offizier, emotionsgeladen, eindrucksvoll und unternehmungslustig, stand nunmehr im Scheinwerferlicht des Ruhms. Doch taten ihm die beiden Ohrfeigen-Vorfälle (er hatte zweimal in einem Lazarett Soldaten geohrfeigt und beschimpft, die offensichtlich Angstneurosen hatten) in der Wertschätzung der Öffentlichkeit schweren Abbruch. Bei dem Angriff von der Normandie wurde sein bisheriger Korpskommandeur Bradley sein Vorgesetzter.

Und was Terry Allen und Teddy Roosevelt anbelangt, so war für sie Sizilien das Ende einer Aera. Die beiden Männer, kühn bis zur Selbstaufgabe, dabei aber human und voll warmer Anteilnahme, waren zu exzentrisch. Sie waren einander zu ähnlich und mußten in ihrem eigenen und im Interesse der Division getrennt werden. Bei Troina hatte sich die 1. Division, die sich als Eliteeinheit verstand, als müde und lustlos erwiesen. Ihr fehlte jeder Schwung, und sie schien sich in der Rolle einer taktischen Primadonna zu gefallen. Viele schienen geglaubt zu haben, nach Nordafrika sei der Krieg für sie zu Ende und sie könnten nach Hause zurückkehren, so daß ihnen der Sizilienfeldzug als eine Zumutung erschien.

Doch selbst unter diesen Umständen kämpfte die 1. gut und bei der Errichtung der Landeköpfe sogar hervorragend. Als Bradley mit Pattons Billigung am 7. August die allseits beliebten Generäle ablöste, nachdem die Division bei Troina ihre letzte Schlacht im Mittelmeerraum geschlagen hatte, verfiel diese Einheit in Kriegsmüdigkeit und ein unbestimmbares Unbehagen. Zwar bedeutete das weder für die Einheit, noch für ihre Kommandeure das Ende ihres Weges. Noch lag die große Aufgabe der Invasion in der Normandie vor ihnen.

Dennoch, Sizilien schuf Reputation und vernichtete sie. London wie Washington zeigten sich ob des Ausganges dieser Operation beunruhigt.

Der moralische Sieg ging an die Deutschen. Ihre wenigen Divisionen waren mit dem Wankelmut der italienischen Verbündeten fertig geworden. 60 000 bis 75 000 Deutsche hatten einer alliierten Streitmacht von nahezu 500 000 Mann gegenübergestanden. Sie hatten einen Feldzug, der auf eine Dauer von zwei Wochen geplant war, 38 Tage lang in Gang gehalten und sich ungeachtet der überwältigenden Überlegenheit der Alliierten zu Wasser und in der Luft in »einem grandiosen Rückzug über See ... der auf einer Stufe mit Dünkirchen steht«, sicher auf das italienische Festland abgesetzt. (55)

Sizilien war ein eindeutiger Sieg der Alliierten, denn mit Evakuierungen kann man keine Kriege *gewinnen*. Aber es war kein glorreicher Sieg nach Plan. Die Deutschen waren alles andere als »erledigt«. Sizilien mochte die Endphase eingeleitet haben, es lag aber noch ein langer, beschwerlicher Weg vor den Alliierten.

*Kapitel 5*

# TARAWA

*Eine Studie des Mutes*

20. bis 23. November 1943

Im November 1943 war gerade das erste Stück der langen Straße beschritten worden, die von Pearl Harbor zurückführte. Japans Flagge mit der aufgehenden Sonne flatterte noch über (der Insel) Wake, den Philippinen, den lieblichen Inseln der malaiischen Inselgruppe und den Südseeinseln. Von der legendären Festung Truk im Herzen Mikronesiens aus beherrschte das Spinnennetz der Karolinen, Marianen, der Marshall- und der Gilbert-Inseln mit ihren Rollbahnen, Wasserfahrzeugrampen und Geschützstellungen das Zentrum des Stillen Ozeans und sperrte jeden direkten Zugang zu den Toren Nippons.

Die »Operation Galvanic« sollte kein Vorstoß mit begrenztem Ziel werden, sondern ein Feldzug, in dessen Verlauf zum ersten Mal in der neueren Geschichte schwer befestigte Korallenatolle – einige der äußeren Verteidigungsbastionen der japanischen Inselzitadellen, die den Zentral-Pazifik kontrollierten – eingenommen und erobert werden sollten. Zum ersten Mal seit dem Debakel von Pearl Harbor vor fast zwei Jahren sollten die Vereinigten Staaten sich ihres starken rechten Armes im Pazifik bedienen und eine neue Zufahrtsstraße nach Japan aufbrechen.

Bis zur Operation auf den Gilbert-Inseln (bei der Tarawa die Hauptschlacht war) hatte sich die amerikanische Offensive im Stillen Ozean auf Guadalcanal und General MacArthurs südwestpazifischen Angriff begrenzt, der sich auf Australien stützte und die Inseln des Bismarck-Archipels und Neu-Guineas entlang auf die Philippinen zubewegte. Jedes dieser Unternehmen entlang der großen Landmassen in der Nähe Australiens mußte sorgfältig geplant werden; MacArthur mußte darauf achten, bei seinem Vorstoß nie aus der Reichweite seiner landgestützten Luftstreitkräfte zu kommen und wenn möglich an den japanischen Garni-

einzusetzen. Das I. Stukageschwader, das von Sizilien aus operierte, flog dann im Frühjahr 1941 auch tatsächlich Neutralisierungsangriffe auf Malta, bis es plötzlich nach Griechenland verlegt wurde, wo es nach Beginn der Schlacht um Kreta die dortigen Luftwaffeneinheiten verstärken sollte.

So wurde entschieden, Kreta zu nehmen und nicht Malta, das strategische Schlüsselobjekt im Mittelmeer. Vielleicht ist daher die Schlacht um Kreta – die falsche Schlacht zum falschen Zeitpunkt am falschen Ort – in einem negativen Sinne ausschlaggebend gewesen: vielleicht hat sie Ägypten gerettet. Vielleicht wurde sogar der Ausgang des Zweiten Weltkrieges entscheidend beeinflußt: die für den 15. Mai geplante Invasion Rußlands mußte um einen Monat verschoben werden, da der Balkanfeldzug noch nicht abgeschlossen war. Dieser eine Monat aber reichte, den deutschen Angriff im Winter steckenzulassen.

Zentralpazifik-Route von entscheidender Bedeutung ist; ein hier errungener Erfolg könnte mit großer Wahrscheinlichkeit zu einer Trennung des (japanischen) Kernlandes vom überseeischen Imperium im Süden führen«. Die Entscheidung, sich auf das einzulassen, was Spötter in Uniform später »island hopping« (»Inselhüpfen«) nennen sollten, stützte sich auf das feste Vertrauen der Marine in den Flugzeugträger.

»Die alte Maxime«, schrieben die Planer des gemeinsamen Führungsstabes vor Beginn der Aktion, »Flugzeugträger und ihre Trägerflugzeuge seien im Nachteil, wenn sie auf landgestützte Luftstreitkräfte träfen, muß revidiert werden, wenn große Flugzeugträgereinheiten verfügbar sind ... Es gibt gute Gründe für die Annahme, daß Trägerflugzeuge allein – obgleich noch nicht erprobt – auch ohne landgestützte Luftstreitkräfte der Aufgabe, amphibische Operation gegen Inselfestungen abzusichern, durchaus gewachsen sind.«

»Die Operation Galvanic« richtete sich gegen die Gilbert-Inseln, winzige Korallenerhebungen im Meer, die von Palmen gekrönt sind, und erstreckte sich über ein Gebiet, das so groß wie Texas war. Die Gilbert-Inseln bildeten den südöstlichen Punkt des mikronesischen Spinnennetzes; sie waren die Flanke unserer pazifischen Versorgungslinien und Sprungbretter für die wichtigsten Marshall-Inseln im Norden. In den ersten Monaten des Jahres 1943 hatten die Japaner begonnen, die strategischen Möglichkeiten der Gilbert-Inseln auszuschöpfen. Auf der Insel Betio, Tarawa, war ein Flugplatz in Betrieb; ein Wasserflugzeug-Stützpunkt befand sich auf Makin, und unter dem Lärm japanischer Flugzeuge, die von den Koralleninseln abhoben, wurden die Phosphatschätze der nahen Insel Nauru und der Ozean-Inseln ausgebeutet.

Das eigentliche Ziel von »Galvanic« war die Insel Makin, Tarawa (in den Kriegsplänen mit dem Codenamen »Helen« versehen), und das leicht befestigte Eiland Apanama (Land des Mondscheins), das Robert Louis Stevenson einst als wahre »Fundgrube für Südseeinselschönheit« beschrieben hatte.

Die neu aufgestellte Fünfte Flotte unter Vizeadmiral Raymond A. Spruance sollte die bislang größte amphibische Operation im Pazifik gegen Ziele leiten, die über 700 Meilen vom nächsten amerikanischen Land-Luftstützpunkt entfernt waren. Zweihundert Schiffe mit 35 000 Mann, 6000 Fahrzeugen und 117 000 Tonnen Fracht an Bord sammelten sich, aus Häfen des gesamten pazifischen Raumes kommend, in den Äquatorial-Gewässern um die Gilbert-Inseln. Sie wurden vom größten Flugzeugträger-Kampfverband geschützt, der bis dato je zusammengestellt worden war – 19 Träger, 5 neue Schlachtschiffe, 7 alte Schlachtschiffe und ein ganzer Konvoi kleinerer Kriegsschiffe, kurz, der mächtigsten Seestreitmacht, die bis dato »je unter einer Flagge vereinigt worden war.«

Die Gesamtoperation Gilbert-Inseln stand unter dem Oberbefehl von Admiral Chester W. Nimitz, dem Oberbefehlshaber der Pazifischen Flotte mit Hauptquartier in Pearl Harbor. Befehlshaber auf See war Admiral Spruance, dessen Stander auf dem Kreuzer »Indianapolis« gesetzt war. Konteradmiral Richmond K. Turner auf dem Schlachtschiff »Pennsylvania« führte sowohl bei Tarawa wie Makin die Sturmtruppen und war zugleich Befehlshaber des Kampfverbandes 52 der Angriffsgruppe Nord. Mit ihm auf der »Pennsylvania« war Generalmajor Holland M. (»Howlin' Mad«) Smith, United States Marine Korps (Marineinfanterie), Befehlshaber des V. Amphibischen Korps. »Kelly« Turner und Admiral Spruance unterstellt waren Konteradmiral Harry W. Hill mit dem Schlachtschiff »Maryland« als Flaggschiff. Hill befehligte den Kampfverband 53, welcher Tarawa einnehmen sollte.

Admiral Hill und sein Befehlshaber der Marineinfanterie, Generalmajor Julian C. Smith, waren sowohl »Kelly« Turner wie Admiral Spruance unterstellt, und Julian Smith unterstand desgleichen »Howlin' Mad« Smith. Aber Turner und Spruance suchten sich den Posten aus, den sie für den gefährlicheren hielten – 160 Kilometer von Tarawa entfernt vor der Makin-Insel. Makin lag viel näher bei den japanischen Luftstützpunkten als Tarawa, und man glaubte damals, daß der Kampfverband Nord einer Vergeltung der Japaner weit mehr ausgesetzt sein werde als Hills Verbände. Daher war Hill in der Praxis dann Senior-Befehlshaber im Tarawa-Gebiet, und die Langsamkeit und Unzuverlässigkeit der Funkverbindungen sollte später dazu führen, daß in den meisten Fällen auf Tarawa Krisen bereits geregelt, Entscheidungen bereits gefallen waren, noch ehe die höhere Befehlsebene Zeit zum Eingreifen hatte.

Die 2. Marineinfanteriedivision, der Sieger von Guadalcanal, auf Neuseeland ausgeruht und reorganisiert, übernahm in der Gilbert-Inseln-Operation die Hauptaufgabe: den Sturm auf den Stützpunkt Betio, den Schlüssel zum Tarawa-Atoll und zum Komplex der Gilbert-Inseln.

Der »Operation Galvanic« gingen weitreichende Flugzeugträger-Schläge und landgestützte Luftangriffe auf Tarawa und seine Unterstützungsbasen voraus. Diese waren Hunderte von Seemeilen über das ganze Gebiet verstreut. Die Operation gegen die Salomoninseln und das ständige Ärgernis Rabaul, von amerikanischen Maschinen unaufhörlich zerbombt und neutralisiert, hatten die Schlagkraft der Japaner in stärkerem Maße geschwächt, als die Marine wußte. Am D-Day – dem 20. November 1943 – hatten die Japaner in ihren Mikronesien-Stützpunkten nicht einen einzigen einsatzfähigen Flugzeugträger mehr und im gesamten Gilbert-Marshall-Archipel nur noch 46 Flugzeuge.

Der amerikanische Nachrichtendienst aber hatte eine starke Gegenreaktion der Japaner erwartet und mit schweren Luft- und Unterseebootangriffen des Feindes auf die 5. Flotte spätestens drei Tage nach ihrer Landung gerechnet. Daher hielt man ein schnelles Eroberungstempo für besonders wesentlich – »man stimmte überein, daß die Gilbert-Inseln in größter Eile zu nehmen« seien, damit feindliche U-Boote und Flugzeuge die verwundbaren Transporte nicht wie Wölfe eine Schafherde überfallen und dezimieren konnten. Es blieb keine Zeit, den Feind langsam zu zermürben und andere, weniger stark befestigte Inseln im Tarawa-Atoll vor Beginn der Operation einzunehmen. Betio, der Stützpunkt, mußte rasch überrannt werden, damit die Amerikaner seine Rollbahnen benutzen und ihre ungepanzerten Transport- und Nachschubschiffe rasch aus der Gefahrenzone abziehen konnten.

Die Vorausberichte der Luftaufklärung, die umfassenden Vorbereitungschläge aus der Luft und das schwere Bombardement Betios vor dem »D-Day« sowie die ungeheure Kapazität der 5. Flotte, der größten bislang im Pazifik überhaupt mobilisierten schwimmenden Einheit, nährten einen gewissen Optimismus. Konteradmiral Howard F. Kingman, der die Geschützfeuer-Unterstützungsgruppe der Marine leitete, versprach den Offizieren der 2. Marineinfanterie-Division in einer vorbereitenden Lagebesprechung: »Wir werden die Verteidigungsanlagen von Betio nicht neutralisieren, wir werden sie nicht zerstören – wir werden sie ausradieren.«

Generalmajor Julian C. Smith, der Kommandeur der 2. Marineinfanteriedivision, sagte in einer Lagebesprechung vor der Schlacht: »Gentlemen, vergessen Sie eines nicht. Wenn die Marines landen und dem Feind mit dem Bajonett gegenüberstehen, haben sie keine andere Panzerung als ihre Khaki-Hemden.«

Und Konteradmiral Keiji Shibasaki, der Atoll-Kommandant von Tarawa, hatte geprahlt, die Amerikaner würden Tarawa nicht mit einer Million Mann und nicht in hundert Jahren einnehmen können.

Kichi Yoshuyo, ein Kapitänleutnant der kaiserlich-japanischen Marine, bückte sich im Sitz eines Patrouillenbombers, den er nach einem 600 Meilen langen Patrouillenflug vor Anbruch der Dämmerung heim nach Tarawa steuerte, und gab die verhängnisvolle Meldung durch:

»Feindmeldung ... Flottenverband gesichtet ... verschiedene Träger und andere Typen, zu zahlreich um sie aufzuzählen.«

Bald waren auch Kwajalein, das die Japaner besetzt hielten, Truk, das Herzstück ihres Verteidigungsnetzes, und Tokio informiert: feindliche Flotte nähert sich den Gilbert-Inseln! Und auf Tarawa, wo die ausgesuchten Männer des 7. Sasebo-Speziallandungsverbandes der Marine, der 3. Stützpunkt-Spezialverband und andere Einheiten mit einer Gesamtstärke von über 4800 Mann warteten, lautete der Befehl: »Bis zum letzten Mann verteidigen ... Feind am Inselrand vernichten.«

Von den 4836 Japanern und Koreanern auf Tarawa waren 2619 Mann erstklassige japanische Truppen. Dr. Stanley L. Falk gibt in der Dezemberausgabe (1962) der Naval Institute Proceedings folgende exakte Zusammenstellung: 7. Special Naval Landing Force 1497 Mann, 3. Special Base Force 1122, 111. Construction Unit 1247, Fourth Fleet Construction Department Detachment 970 Mann; insgesamt 4836 Mann. (Fletcher Pratt führt dazu noch 400 Mann einer Flugplatzeinheit auf und kommt zu der Gesamtstärke von 5236 Mann). Nur die ersten beiden der genannten Einheiten waren vollqualifizierte Kampfeinheiten. Außerdem gab es ungefähr 1000 Koreaner. Die Koreaner waren kaum bewaffnet. Die Special Naval Landing Forces – Lande-Spezialeinheiten der Marine – wurden oft fälschlich als japanische Marineinfanterie bezeichnet. Solche Einheiten gab es jedoch nicht; diese Lande-Spezialeinheiten waren Formationen, die der amerikanischen Marineinfanterie noch am nächsten kamen.

Geweckt wurde zu diesem Schicksalsmorgen mitten in der Nacht. Bald nachdem die Schiffe die dunkle Landmasse ansteuerten, hallte die Armada wider vom Läuten der Alarmglocken und dem »dünnen Pfiff« der Bootsmannspfeifen – »Alle Boote ab!«

Zwanzig Transport- und Frachtschiffe und amphibische Fahrzeuge hatten gegen 3.55 Uhr ihre Positionen eingenommen, und die Marineinfanteristen begannen, die Landungsnetze hinabzuklettern. Jeder hatte »drei Einheiten K-Rationen, zwei Feldflaschen mit Wasser sowie Rasierzeug, Zahnbürste und Löffel« bei sich.

Am Morgen des Sturmtages – Sonnabend, der 20. November – regte sich erst gegen 5 Uhr auf Betio etwas. Ein japanischer Signalgast gab Blinkzeichen – und dann eröffnete der Feind den Tanz. Über dem Südufer von Betio erhob sich eine rote Leuchtstern-Traube, und zwei 8-Zoll-Geschütze eröffneten das Feuer auf die »Maryland«. Dicht bei den Schlachtschiffen und Transportfahrzeugen begannen die Fontänen von Granateinschlägen aufzuspritzen, und in ihrer jähen Überraschung versuchten die Marineinfanteristen und Matrosen auf den Decks »Schützenlöcher in den Stahl zu graben«. Die großen und kleinen, die mittelschweren und leichteren Schiffe erwiderten das Feuer; bald wurde das im Dunkel liegende Land von hellen Lichtblitzen erleuchtet. Es stellte sich heraus, daß die Transporter von feindlichem Granatfeuer eingedeckt, in der falschen Position und entschieden zu dicht vor den Rohren der japanischen Batterien lagen. Die Transportergruppe drehte ab und dampfte eine Meile aufs Meer hinaus.

General David M. Shoup weist in einem Brief an den Verfasser vom 12. Februar 1965 darauf hin, daß die Transportfahrzeuge zu Anfang eine falsche Position bezogen hatten und unter Feindbeschuß in neue Transportzonen dampfen mußten, wobei ihnen die halbbeladenen Boote und Amtracs (amphibische Traktoren) folgten.

Die offizielle Darstellung der amerikanischen Marineinfanterie stellt fest, daß bei Tarawa alle drei Sturmbataillone bei der Ausschiffung von den Transportfahrzeugen das Opfer von Verzögerungen wurden, da die Transportschiffe aus dem Gebiet, in dem sie zuerst gehalten hatten, in einen weiter nördlich gelegenen Bereich verlegt werden mußten. Nachdem die ersten Landungseinheiten in Fahrzeug- und Mannschafts-Landungsbooten von den Transportern abgelegt hatten, mußten sie auf (Ketten-)Landungsfahrzeuge umgeladen werden, die die Truppen dann ans Ufer brachten. Erst nach großem Durcheinander wurden die Einheiten auf Amcars umgeladen und erreichten dann die Sammelgebiete nördlich der Einfahrt zur Lagune.

Die Einnahme der richtigen Position durch die Transportschiffe sowie Ortung und Markierung der vorgesehenen Landungsufer gehörte zu den Problemen, die sich auf Tarawan besonders deutlich abzeichneten. Bei späteren Landungen entwickelte und nutzte man alle möglichen Methoden und Hilfsmittel für eine präzise Navigationsarbeit, doch blieb dieser Fragenkomplex bis Ende des Krieges ein schwieriges Problem. In der Normandie landeten viele Landungseinheiten an den falschen Küstenstrichen.

Die 16-Zoll-Geschütze der »Maryland« brachten eine japanische Batterie zum Schweigen; das Artilleriebekämpfungsfeuer ging weiter und wurde zu Beginn des frühen Morgens vorverlegt – von den Trägerschiffen »Essex«, »Bunker Hill« und »Independence« startete ein (verspäteter) siebenminütiger Luftangriff. Dann belegten die Schiffsgeschütze die Insel nochmals mit einem dichten Granathagel.

»Man hatte erwartet, daß ein zweieinhalbstündiges Geschützfeuer von drei Schlachtschiffen, vier Kreuzern und verschiedenen Zerstörern, die ungefähr 3000 Tonnen Schiffsgeschützgranaten ausspien, die Uferverteidigungsanlagen von Betio ausschalten und die Verteidiger betäuben und ›groggy‹ schlagen werde«, schrieb Samuel Eliot Morison in seiner Geschichte der Marineoperationen im Zweiten Weltkrieg. »Dies aber erwies sich als völlige Fehleinschätzung.« (1)

Die Insel Betio, Teil des Tarawa-Atolls, erhebt sich an keiner Stelle höher als 3 Meter über die Wasseroberfläche. Sie ist ungefähr 3 Kilometer lang, 450 bis 550 Meter breit und läuft im Südosten spitz zu. Sie wird von einer weißen Brandung umgeben, die über Korallenriffs hinwegkocht, und ihr Nordufer blickt auf die stillen, grünblauen Wasser der Lagune, die das Tarawa-Atoll formt. Hier, auf diesem begrenzten Schlachtfeld, das kaum zwei Quadratkilometer groß war, sollten 5500 Männer sterben.

Die »Kleinen« führten, wie gewöhnlich, die Parade an – die

Minenräumboote »Pursuit« und »Requisit« dampften mit Minensuchleine und akustischem Suchgerät tapfer durch den Kanal in die Lagune. Ihre 3-Zoll-Geschütze feuern; ein Rauchschirm schützt sie.

In ihrem Kielwasser, mit hohen weißen Bugwellen, folgen die Zerstörer »Ringgold« und »Dashiell« zur Unterstützung nach; dicht über die Korallenriffs gleiten ihre Kiele dahin, die Japaner richten direkt an, zielen auf die Breitseiten der »Konservenbüchsen«. Um 7.11 Uhr wird die »Ringgold« im hinteren Maschinenraum von einem 5-Zoll-Geschoß getroffen, doch ist die Granate ein Blindgänger. Das Schiff hat einen Glückstag – einen Moment später wird eine ihrer vorderen Torpedoabschußvorrichtungen von einer weiteren Granate getroffen, die jedoch gleichfalls ein Blindgänger ist, abprallt und sich durch das Schiffslazarett und den Funkraum frißt. Die »Ringgold« erwidert das Feuer.

Hinter der Vorausabteilung kommen die Angreifer in Wellen in die Lagune eingefahren. Die Amtracs kriechen wie Wasserkäfer über die sich aufhellende See.

Oberst David Shoup, Kommandeur des 2. Marineinfanterie-Regiments und der Sturmeinheiten, setzte drei Landungseinheiten ein und hielt eine Einheit in der Reserve. Das II. Bataillon (8th Marines) unter Major Henry P. Crowe sollte auf Beach Red 3 östlich oder links des langen Piers landen, der am Nordufer von Betio verlief, das II. Bataillon (2nd Marines) unter Oberstleutnant Herbert Amey auf Beach Red 2 genau westlich des langen Piers, und das III. Bataillon (2nd Marines) unter Major John F. Schoettel auf Beach Red 1 am Westende der Insel. Das I. Bataillon (2nd Marines) unter Major Wood B. Kyle stand in Reserve.

Die Amtracs der Sturmabteilungen schlingern, schieben sich über die Korallenriffe, schäumen durch das seichte Wasser, knattern auf die Ufer »Beach Red« 1, 2 und 3 zu. Aus der Lagune steigen die Geysire der Granateneinschläge auf, Kugeln prallen von den Stahlflanken der Amphibienfahrzeuge ab, das japanische Granatfeuer peitscht die Wasser der Lagune auf. Das ist keine Dampfwalze, die hier rollt, hier wird nichts »plattgewalzt«, nichts »ausradiert« – die japanische Besatzung kämpft verbissen. Die ersten drei Landungswellen von Amtracs des 2. Bataillons und der 8. Marineinfanterie, geführt von Major H. P. Crowe, schwärmen östlich des Piers ans Ufer. Sie haben nur mäßige Verluste; doch an den Roten Ufern 1 und 2 im Westen, wo sich die Uferlinie zu einer gefährlichen Einbuchtung krümmt, werden die Marineinfanteristen wie schwerfällige Enten in ein vernichtendes Kreuzfeuer genommen. Amtracs erhalten Direkttreffer. Die Sturmwellen treffen verspätet ein, die Schiffsgeschütze haben das Unterstützungsfeuer zu früh vorverlegt – jetzt steht die amerikanische Marineinfanterie nur mit Khaki »gepanzert« gegen unsichtbare Feinde in Balkenunterständen und Betonbunkern.

Es ist ungefähr 9.22 Uhr, die Marineinfanteristen sterben auf den Ufern 1 und 2, im Kreuzfeuer gefangen. Amtracs werden durch Granattrichter oder Ufersperren gestoppt. Viele Männer fallen, als sie versuchen, aus den klirrenden Stahlungeheuern herauszukommen.

Westlich des Piers haben die Landungswellen auf den Ufern 1 und 2 (»Red«) nur ganz schwach Fuß gefaßt; viele Marineinfanteristen liegen tot im Wasser; die meisten kriechen auf einen Bunker der Ufersperre zu und suchen dort Deckung.

Noch vor 10.00 Uhr gehen bei Admiral Hill und General Smith auf dem Flaggschiff »Maryland« böse Nachrichten ein.

Von Red Beach 3: »Starke Gegenwehr.«

Von Red Beach 2: »Treffen auf starken Widerstand.«

Von Red Beach 1: »Boote auf Riff gelaufen, rechte Flanke Red 1. Befinden uns im Wasser unter heftigem Beschuß.« Und später: »Wir haben nichts mehr zu landen.«

Die sandigen Ufer von Betio werden durch ein Saumriff aus Korallen geschützt, das sich in einer Entfernung von 250–750 Metern vom Ufer entfernt. Ebbe und Flut bei Betio sind unberechenbar; es existiert kein Kartenmaterial mit genaueren Angaben, und die Kalkulationen der 5. Flotte basierten auf den zusammengetragenen Erfahrungen neuseeländischer und britischer Offiziere, die Tarawa aus besseren, friedlicheren Zeiten kennen. Alle bis auf einen sagen voraus, am Morgen des 20. November werde das Riff 5 Fuß tief unter Wasser liegen – das hätte ausgereicht, die den Amtracs nachfolgenden Boote das Ufer gewinnen zu lassen. Ein Offizier ist anderer Ansicht; er sagt für den 20. November gefährlichen, unregelmäßigen und unberechenbaren Wasserstand voraus, der das Riff möglicherweise nur drei oder weniger Fuß hoch überspülen werde – zu wenig für die Boote.

Und ein paar dieser Boote müssen ans Ufer gelangen, denn die ersten Landungswellen müssen sehr rasch von nachfolgenden Truppen abgestützt werden. Die Marineinfanterie hat den Ärger mit dem Riff vorausgesehen – sie plant einen »Pendelverkehr« mit Amtracs zwischen Booten und Ufer.

Die 2. Marineinfanteriedivision hatte den ganzen Pazifik nach Amtracs abgesucht – jene alligatorartigen Fahrzeuge des Zweiten Weltkrieges, die aus umgebauten Fahrzeugen bestanden, welche man zu kommerziellen Zwecken in den Everglades (Sumpfgebiet in Florida, A.d.Ü.) benutzte, – und nun reichte ihre Zahl gerade für die Sturmtruppen. Die Marineinfanterie benutzte für ihre ersten Landungswellen ungefähr 10 Amtracs, 25 werden in Reserve gehalten; weitere sind nicht vorhanden. Die nachfolgenden Landungswellen, die für einen Sieg so wichtig sind, müssen in Landungsfahrzeugen (LCVP; Landing-Craft-Vehicle-Personal = Fahrzeug- und Mannschafts-Landungsboot) sowie in Booten kommen und dann vom Riff in Amtracs im Pendelverkehr ans Ufer geschafft werden. Ein Zufall aber bringt den Tod – das Wasser über dem Riff ist niedrig, das Riff ist kaum bedeckt. Die Boote sind gestrandet oder werden aufgehalten; viele der Amtracs fallen aus. Die nachfolgenden Angriffswellen können nicht transportiert werden, sondern müssen das Wasser durchwaten – der Angriff verliert an Schwung.

Die vierte Welle, in Fahrzeug- und Mannschafts-Landefahrzeugen mit 37-mm-Geschützen, steckt auf einer Kante des Saumriffs fest; sie zieht sich zurück und wartet auf höheren Wasserstand. Die fünfte Welle besteht aus Panzern, die man am Ufer dringend braucht. Man platscht von den Landungsfahrzeugen (mittlere Panzer-Landungsfahrzeuge) in etwa einen Meter tiefes Wasser und watet ans Ufer. Manche rutschen in Granattrichter oder fallen in tiefe Korallenhöhlen, manche werden getroffen, wenige überleben lange. Der Bataillonskommandeur, Oberstleutnant Alexander B. Swenceski, wird im seichten Wasser schwer verwundet; er zieht sich blutend auf einen Haufen Gefallener, »um nicht zu ertrinken«, und wird dort nach Stunden bewußtlos, aber noch lebend aufgefunden. Noch vor 11.00 Uhr erreicht Oberst David M. Shoup den brennenden Pier. Shoup, der die 2. Marineinfanterie und die Sturmtruppe kommandiert, watet durch hüfttiefes Wasser ans Ufer; mit ihm ein Feldwebel, der ein Funkgerät auf dem Rücken trägt und Shoups »Fernmeldeverbindung« darstellt. Um diese Stunde sind zwei Landungsfahrzeuge und vielleicht zwanzig Amtracs auf dem Riff gestrandet oder in den seichten Wassern zwischen Meer und weißem Ufersand liegengeblieben. Sie sind voll von Toten und Verwundeten; weitere Leichen treiben auf den leichten Wellen. Als die Mannschafts- und Fahrzeug-Landungsboote auf dem Riff auflaufen und die Rampen herablassen, schickt ein japanisches Geschütz, das noch feuert, eine Granate mitten zwischen die taumelnden Marineinfanteristen. Blutflecke breiten sich auf dem Wasser aus.

Shoup verlangt »jede mögliche Feuerunterstützung«. Die großen Geschütze donnern, Betio ist in Rauch und Flammen gehüllt – dennoch dezimiert der Feind mit seinem Feuer weiter die wenigen herankommenden Verstärkungstruppen.

Lange vor Mittag wird Shoups Regiments-Reserve zum Ufer 2 (Red Beach 2) beordert, und General Smith, an Bord der »Maryland«, überläßt Shoup die Hälfte seiner Divisions-Reserve. Shoup wirft diese an das Ufer 3. (Die andere Hälfte der Reserve ist schon in ihren Booten; bald wird auch sie heranbefohlen, doch dringt dieser Befehl zu ihr erst nach vielen Stunden durch.) Der niedrige Wasserstand hilft den Japanern; die Landungsfahrzeuge stranden auf dem Riff, und die Reserven müssen 650 Meter durch hüfttiefes Wasser hinüber zum Ufer waten. Viele der Männer kommen im Wasser um; manche stolpern in Trichter und ertrinken, von ihrer schweren Ausrüstung auf den Grund gezogen. Andere werden getroffen und verletzt, schleppen sich jedoch in seichtes Wasser. Die Reserveeinheiten erreichen den Strand – wenn überhaupt – durchweicht, manchmal ohne Waffen.

Gegen Mittag, als die tropische Sonne gnadenlos auf die Kämpfenden beider Seiten herniederbrennt, herrscht nur noch Chaos. Es gibt keine überschaubare Schlachtordnung mehr, nichts verläuft planmäßig. Landungsfahrzeuge und Landungsboote, die in der Dunkelheit, Stunden vor Anbruch der Dämmerung, bereits mit Marineinfanteristen und Ausrüstungsgegenständen beladen worden sind, machen die größten Anstrengungen, von den Transportschiffen wegzukommen; kreiseln in der Lagune, liegen beigedreht – vom niedrigen Wasserstand zur Untätigkeit verurteilt. Die Fernmeldeanlagen des Flaggschiffes »Maryland«, von den Abschüssen ihrer großen Geschütze erschüttert, arbeiten nur mit vielen Unterbrechungen; Hill und Smith erhalten einen Großteil ihrer Informationen von dem Wasserflugzeug, das beobachtend über Betio kreist.

Der Landekopf – wenn man das so bezeichnen kann – wird nur mit knapper Not gehalten; über 1500 Marinesoldaten, viele von ihnen verwundet, hocken wie festgenagelt unter der Uferbarrikade aus Kokospalmen und Korallenblöcken. Viele Offiziere sind gefallen; die Einheiten sind zerrissen oder unentwirrbar miteinander verknäuelt worden; die Reste des II. Bataillons (2. Regiment), das der bereits gefallene Amey kommandiert hatte, werden von einem »absolut Fremden« geführt, Oberst Walter I. Jordan, der Beobachter einer anderen Marineinfanteriedivision, der geholfen hat, eine Kompanie 100 Meter landeinwärts zu führen, kann Shoup nur melden: »Wir brauchen Hilfe. Lage schlecht.«

Fünf Bataillone, alle bis auf eines von schweren Verlusten dezimiert, wurden bis zum Frühnachmittag des 20. November eingesetzt. Vier mittelschwere M-4-Panzer sind endlich ans Ufer gekommen; vier weitere Panzer sind draußen in Granattrichtern abgesackt. Die Panzer helfen den Marineinfanteristen, vom Ufer 1 (Red Beach 1) aus dreißig Meter über das Südufer der Insel vorzustoßen, doch haben sie im Gefecht nur ein kurzes Leben – rasch liegt der eine Panzer bewegungsunfähig fest, sind die anderen beschädigt.

Um 13.30 an diesem Tage, ungefähr vier Stunden nach der ersten Landung, fordert General Julian C. Smith, an Bord der »Maryland«, von General Holland M. (»Howlin' Mad«) Smith, dem Kommandeur des V. Amphibischen Korps, der sich an Bord des Schlachtschiffes »Pennsylvania« weit im Norden vor der Insel Makin befindet, über Funk die Freigabe der Korpsreserve. Die Nachricht schließt mit den Worten: »Ausgang zweifelhaft.«

Den ganzen Nachmittag dieses Tages dauern die zähen Gefechte an – Mann gegen Mann, Marineinfanterie gegen Unterstände und Erdlöcher. Geballte Ladungen, Handgranaten, Flammenwerfer, Dynamit, gedeckt durch Gewehrfeuer, MG-Salven und Beschuß aus den 5-Zoll-Geschützen der Zerstörer »Ringgold« und »Dashiell«, die in der Lagune umhersausen, all das bringt nur Zentimetergewinne, die mit Blut teuer bezahlt werden müssen. Betio ist ein Netzwerk von mehr als 200 Stützpunkten, die von ungefähr 200 Geschützen verteidigt werden; nahe der Uferkante befindet sich eine Barrikade aus Kokospalmen, die MG-Stellungen abschirmt; Feldgeschütze stehen in sandbedeckten Balkenunterständen mit gepanzerter oder zementierter Abdeckungsplatte; eingegrabene Panzer und fast 2 Meter dicke bombensichere, unterteilte Bunker und Unterstände, aus Kokospalmenbalken, Sand, Wellblech und Beton gebaut, sind untereinander durch ein Grabensystem verbunden. Die Japaner haben sich wie die Ratten eingegraben – jeder Stützpunkt stellt ein Einzelproblem für den Angriff dar, überall sind Scharfschützen, an den zerfetzten Palmen angeseilt, hinter Sandhügeln, unter dem Pier.

Solange es hell ist, kämpfen sich Marineinfanteristen in der Hitze gruppenweise und zu zweit und dritt ans Ufer, waten durch das gerötete Wasser. Einheiten fallen auseinander, Offiziere werden knapp. Das ganze Ufer ist mit Lebendigen und Toten übersät; die Blutplasma-Flaschen hängen an Gewehren, die man in den Sand steckte; Ärzte und Sanitäter der Marine schaffen die Verwundeten in Gummiflößen zum Riff.

Bei Sonnenuntergang ist auf den Ufern 1 und 2 quer zum Pier eine über 630 Meter lange unregelmäßige Kette von Schützenlöchern etabliert. Ein paar kühne Leute sind 90 bis 270 Meter landeinwärts vorgedrungen. Weit im Westen, am Ende von Red Beach 1 und am äußersten Westzipfel der Insel Betio, Green Beach (»Grüner Strand«) genannt, macht sich ein anderer isolierter Landekopf für die Nacht bereit. Nach Einbruch der Dunkelheit tragen Kanoniere ihre 75-mm-Haubitzen in Einzelteilen auf dem Rücken herbei; über den Balkenpier kommt Verstärkung auf die Insel.

Gegen Mitternacht sind an die 5000 Marineinfanteristen an Land – 1500 von ihnen tot oder verwundet. Bei Sonnenuntergang an diesem ersten Tag »war die Lage der Marineinfanterie ... prekär«.

In »Tarawa«, der offiziellen Monographie der Marineinfanterie über diese Schlacht, heißt es (S. 28), daß General Julian Smith glaubte, der japanische General Shibasaki habe »seinen größten Fehler begangen, als er den schmalen Landekopf der Marineinfanterie in der Nacht des D-Day nicht angriff. Später ist er nie wieder derartig leicht verwundbar gewesen. Daß Shibasaki einen solchen Gegenstoß nicht geführt hat, mag zum Teil am Zusammenbruch seines Führungsapparates gelegen haben. Seine Nachrichtenverbindungen waren durch Feuer der

Schiffsgeschütze unterbrochen worden, so daß er seine Einheiten nach den frühen Morgenstunden des Angriffstages nicht mehr zu führen vermochte. Der General fiel am zweiten Kampftage auf Betio.«

Der 21. November (D-plus 1) bricht an, der Rest der Divisionsreserve, der 20 Stunden in den Booten zugebracht hat und erst jetzt den Landungsbefehl übermittelt bekommt, wird bei dem Versuch, das Ufer zu gewinnen, zerschlagen. In der Nacht sind die Japaner wieder zum Pier mit seinen Trägerbalkenlagen, zerstörten Amtracs und Booten und zu einem alten Schiffsrumpf vorgedrungen, der in der Nähe versenkt und vom Feind am Vortage aufgegeben worden war. Mit Flugzeugen und Mörsern greifen sie den Schiffsrumpf an; eine Mörsergranate zerstört eine Latrine, die als MG-Nest diente. In 5 Stunden nur büßt der Rest der Reserve ungefähr so viele Männer ein wie alle Sturmbataillone am D-Day zusammengenommen.

Oberst Shoups Gefechtsstand, jetzt auf der sicheren Seite eines japanischen Bunkers, besteht aus einem Sandloch; im Bunker befinden sich noch ca. 20 lebende Japaner, und an den Luftlöchern und Eingängen stehen Gewehrschützen der Marineinfanterie und halten sie in Schach.

Kapitän z. See John B. McGovern, Naval-Boat-Control-Officer, richtet an Bord der »Pursuit« einen Gefechtsstand ein, bringt an die 18 Amtracs zusammen, gibt brüllend Befehle über den Lautsprecher und schafft ein wenig Ordnung unter den durcheinanderquirlenden Booten, die zumeist bis zum Schandeckel mit Männern und Ausrüstungsgegenständen vollgepackt sind, die nicht gelandet werden können.

An Bord der Transport- und Unterstützungsschiffe erkennen die auf den Ausschiffungsbefehl wartenden Matrosen und Marineinfanteristen jäh und nur allzu deutlich, welchen hohen Preis der Krieg fordert. Verwundete werden zurückgebracht. Ihre Gesichter sind zu grauen Schockgrimassen erstarrt; sie sind blutbespritzt, atmen schwer, keuchen vor Schmerz.

In den ersten eineinhalb Tagen wird die Schlacht auf Tarawa von kleinen Grüppchen und eilig zusammengestellten Teams geschlagen. In diesem Zeitraum gelang es keiner einzigen Marineinfanterie-Einheit, »die Ufer ungeschoren zu erreichen«.

Am Nachmittag wendet sich das Blatt des Schlachtgeschehens.

Marineinfanteristen kämpfen sich den langen Pier entlang über das Flugfeld bis an das Südufer von Betio vor. Einheiten der Reserve des V. Amphibischen Korps – das 6. Marineinfanterieregiment – landen auf dem Grünen Strand am westlichen Zipfel der Insel, nachdem drei 80-mm-Küstenschutzkanonen ausgeschaltet worden sind. Die Divisionsartillerie steht auf Bairiki, einem Nachbareiland von Betio, und diese Geschütze stimmen in das Konzert der Zerstörerkanonen und des Luftbombardements ein.

Nach über 36 Stunden steigt das Wasser über die Riffe, einige Boote können am Ufer anlegen, andere Einheiten der Marineinfanterie landen mit Gummiflößen.

Sein 16.00-Uhr-Bericht an den Divisionsstab endet:

»... Viele Verluste, Prozentsatz an Gefallenen unbekannt, Kampfleistung: wir gewinnen. Shoup.«

Er hat recht – die Insel ist in zwei Hälften zerschnitten, die Landeköpfe werden erweitert, Verstärkungen kommen in geordneten Landungswellen heran, die Verwundeten werden abtransportiert.

Am frühen Morgen des nächsten Tages – D-plus 2, der 22. November – weiß der Feind, daß das Ende da ist; die Japaner auf Tarawa geben eine letzte Funknachricht durch:

»Unsere Waffen sind zerstört, und von nun an versucht jeder Mann mit dem letzten Angriff fertig zu werden. Möge Japan zehntausend Jahre bestehen.«

Und die Japaner verkaufen ihr Leben teuer und reißen viele Marineinfanteristen mit in den Tod. Den ganzen 22. November über kommen die Amerikaner in der irren Hitze der Tropensonne nur langsam vorwärts – viele entgehen dem Tode nicht. Weitere Panzer werden an Land gebracht; Unterstand um Unterstand, Stellung um Stellung wird unter dem Feuerschutz von Panzern, Gewehrschützen und Artilleriegeschützen gestürmt; die Männer werfen Sprengladungen in die Öffnungen, Granaten folgen nach, Flammenwerfer räuchern den Feind aus. Bei Einbruch der Dämmerung erreichen die Marineinfanteristen den Ostrand des Flugfeldes.

Bei Einbruch der Dunkelheit am 22. November ist General Julian Smith »weit davon entfernt, auf eine schnelle Säuberung der Insel zu hoffen«. Einige japanische Stellungen sind noch intakt – ungeachtet pausenlosen Schiffsgeschützfeuers und Bombardements; unter den Offizieren sind die Verluste schwer und steigen weiter.

In dieser Nacht – zwei Nächte zu spät – greifen die Japaner an, unter »gräßlichem Geschrei«, in zerstreuten, wildentschlossenen Gruppen, mit Handgranaten, Degen und Bajonetten. Sie springen auf die Marineinfanteristen in den Schützenlöchern und brüllen: »Banzai!«

Die Hauptlast des feindlichen Angriffs hat die 2. Kompanie des 1. Bataillons der 6. Marineinfanterie zu tragen. Sie wird von einem Mörserzug und einer weiteren Schützenkompanie unterstützt. Artilleriegeschütze, Mörser, die 5-Zoll-Geschütze der Zerstörer, MGs und Gewehrkugeln reißen blutige Lücken in die anstürmenden Feinde. Einige aber erreichen die Linien der Amerikaner, stechen zu, werden in der Dunkelheit selbst erstochen.

Um 13.12 Uhr am 23. November – D-plus 3 – wird Betio als »gesichert« bezeichnet. Das II. Bataillon (6. Regiment) schwärmt über die schmale Landspitze von Betio aus, und der letzte große bombensichere Bunker, den keine Granate zu durchschlagen vermochte, wird auf Red Beach gestürmt. Gegen Mittag landet ein Trägerflugzeug auf dem Flugplatz, der von den »Seabees« (einem schweren Pionierbataillon der amerikanischen Marine, A.d.Ü.) unter Feindbeschuß bereits repariert worden ist.

Am D-Day plus 3, am 23. November, nach einem 75 Stunden und 42 Minuten dauernden Gefecht – »dem bittersten in der Geschichte des Marineinfanteriekorps« – können Betio und Tarawa als »gesichert« gelten.

Gesichert auf Kosten vieler tapferer Männer – 1115 Marineinfanteristen und 35 Matrosen der amerikanischen Marine sind im Gefecht gefallen oder vermißt oder ihren Verletzungen erlegen, 2309 Männer wurden verwundet. Von den 125 nach Tarawa geschafften Amphibienfahrzeugen – jene Ungetüme, die das Riff überkletterten und den Ausgang der Schlacht bestimmten – sind 90 versenkt oder zerstört; von den 500 Mann, die sie transportierten, sind 323 gefallen, verwundet oder vermißt.

Nahezu 4700 Japaner sind tot; gefangengenommen wurden nur 1 Offizier, 16 Unteroffiziere und 129 koreanische Zwangsarbeiter.

Tarawa war ein erheblicher Schock für das amerikanische Volk. Teils muß dies auf die höchst realistische Berichterstattung, teils auf unvollständige und schlecht abgewogene Darstellungen gleich zu Beginn der Schlacht und teils darauf zurückgeführt werden, daß die amerikanische Nation noch nicht begriffen hatte, daß der Krieg keine glatte Straße zum Siege ist und der Sieg stets mit Blut bezahlt werden muß.

Nach und nach wurde die Schlacht von Zeit und Hintergrund in eine klarere Perspektive gerückt. Die Verluste mancher Marine-infanterie-Einheiten waren wahrscheinlich nicht geringer als die anderer Einheiten im Pazifik-Krieg, doch überstieg die Zahl der auf Tarawa gefallenen Angehörigen der 2. Marineinfanteriedivision wohl kaum die jener Matrosen, die umkamen, als der leichte Flugzeugträger »Liscome Bay« weiter oben im Norden vor der Insel Makin von einem japanischen U-Boot torpediert und versenkt wurde.

Denn diejenigen, die schon vor der Invasion japanische U-Boot- und Luftangriffe prophezeit hatten, waren nicht gänzlich fehlgegangen. Die Versenkung des Geleitflugzeugträgers »Liscome Bay« durch das japanische U-Boot I-175 kostete die Marine 53 Offiziere und 591 Männer, und weitere zwanzig Mann erlitten schreckliche Verletzungen. Die 165. Kampfgruppe und andere Einheiten der 27. Heeresdivision, die gegen den schwachen Widerstand von 290 japanischen Kombattanten und 271 Arbeitern die Insel Makin einnahmen, hatten es nicht schwer – es wurden lediglich 64 amerikanische Soldaten getötet und 150 verwundet. Jedoch die Zerstörung der »Liscome Bay« sowie einige weitere, geringe Verluste bei Luftgefechten bedeuteten für die Marine einen viel höheren Blutzoll. Korrekt stellt Samuel Eliot Morison fest: »Die Vereinigten Staaten hatten, wenn man die Stärke der feindlichen Verteidigungsstreitmacht bedenkt, für Makin einen relativ höheren Preis zu zahlen als für Tarawa.« (2)

Gleichviel – diese Verluste hätten viel höher sein können, wenn das japanische Oberkommando die Absichten der Amerikaner richtig durchschaut hätte. Doch Admiral Mineichi Koga, Oberkommandierender der Vereinigten Japanischen Flotte, hatte sich um ungefähr drei Wochen verrechnet. Aus Funknachrichten und anderen Berichten glaubte er – im September und dann wieder im Oktober – schließen zu müssen, daß die Amerikaner eine Invasion der Marshall-Inseln planten, und dementsprechend disponierte er nun seine Schiffe und Operationen. Als aber im späten Oktober noch nichts geschehen war, kehrte Koga auf den japanischen Stützpunkt Truk zurück, hob den Alarmbefehl für die Marshall-Inseln auf und schickte in Übereinstimmung mit Befehlen aus Tokio 173 Flugzeuge von drei Flugzeugträgern nach Rabaul, um dort die Verteidigung zu stärken. Als die Invasion dann aber losging, hatten Koga und seine Schiffe hoffnungslos abwegige Positionen bezogen – ein Umstand, der zum Teil auf japanische Fehlinterpretation der verfügbaren Informationen zurückgeführt werden kann, zum Teil aber auch auf die absichtliche Täuschung und Irreführung des Gegners.

Doch obgleich die Dispositionen des Feindes der Invasionsflotte ihre Aufgabe erleichterte, erlitt die Marine durch den fanatischen Widerstand der Japaner, aufgrund der geringen Größe der Insel sowie durch Mangel an Erfahrung und Fehler schwere Verluste.

Die Invasion von Tarawa mußte in größter Eile vorbereitet werden; viele Fragen blieben ungelöst. Doch ist, wie Admiral Spruance später anmerkte, »der Krieg ein hartes Geschäft, bei dem man oft mehr gewinnt, als man verliert, wenn man gegen den Feind vorgeht, noch ehe man vollkommen angriffsbereit ist«.

»Dies«, so sagte er, »gilt zweifellos für die amerikanisch-japanische Auseinandersetzung im Zentralpazifik.

General Holland M. Smith war anderer Ansicht. 1949 schrieb er in »Coral and Brass«, daß »Tarawa ein Fehler war«. Betio sei für einen Frontalangriff zu klein gewesen; es hätte weit stärkerer Geschützfeuer- und Bombenunterstützung bedurft; für die Zukunft sei eine »bessere Zusammenarbeit zwischen allen Einheiten« unbedingt erforderlich. Aber außer »Howlin' Mad« Smith, dem eigenwilligen Haudegen, äußerten nur wenige Berufssoldaten eine so unorthodoxe Ansicht. Gleichwohl mußte auch er zugeben, daß »die Auffassung der Marine vom amphibischen Angriff ihre Bewährungsprobe bestanden hat«. (3)

Die schweren Verluste der Marineinfanterie »waren ein hoher Preis für ein paar hundert Morgen Korallenland«, schrieben Militärhistoriker später. »Und doch fanden die meisten amerikanischen Strategen und militärischen Planer die Kosten für die Einnahme der Gilbert-Inseln sowohl durch die strategischen Gewinne wie durch die dabei gewonnenen taktischen Erkenntnisse und Erfahrungen gerechtfertigt.« (4)

Tarawa war eine Schlacht, aus der die USA vieles lernten. Vor allem, daß es dringend erforderlich war, Amtracs in größerer Anzahl zur Verfügung zu haben. (Die amerikanische Industrie stellte sie hernach in unglaublichen Mengen her). Und sie verbesserten auch ihre nachrichtendienstlichen Methoden. Der »Operation Galvanic« war seinerzeit ein provisorisches UDT (Underwater Demolition Team = Unterwassersprengkommando) beigegeben worden, das jedoch vor der Invasion keine operative Rolle spielte. Aus der Schlacht um Tarawa nun ging der Froschmann in seiner eigentlichen Gestalt hervor, und späterhin gehörten Unterwassersprengkommandos, die für die Beseitigung von Uferhindernissen und die Ausspähung von Uferstrichen und Landungszonen ausgebildet waren, zu den selbstverständlichen Bestandteilen der amphibischen Kriegführung.

Auch die Versorgungsmethoden wurden verbessert.

Funkgeräte, die sich auf Tarawa in großer Zahl als unbrauchbar erwiesen, sobald sie in Salzwasser getaucht worden waren, wurden wasserdicht gemacht.

Gleichfalls verbesserte man die Schiff/Schiff- und Schiff/Boot-Fernmeldeverbindungen. Statt der alten Schlachtschiffe übernahmen nunmehr amphibische Führungsschiffe, die mit angemessenen, speziell für diesen Zweck konstruierten Fernmeldeanlagen ausgerüstet wurden, die spezialisierte Aufgabe, eine Invasion von See her zu führen. Die Marine verbesserte den Ablauf der Verschiffung und die logistische Unterstützung. Feuerunterstützungsschiffe unterzogen ihre Pläne noch einmal einer genauen Untersuchung, um herauszufinden, warum die Verteidigungsanlagen auf Betio nicht »ausradiert« worden waren, und bei später folgenden Operationen waren dann Bombardements und Geschützfeuer-Unterstützung der Flotte vor den eigentlichen Landungen sehr viel wirksamer. Tarawa, kurz gesagt, »revolutionierte unsere Auffassung von der Feuerunterstützung durch Schiffsgeschütze«. Panzerbrechende Granaten und andere Mittel zur Zerstörung schwer befestigter Stellungen wurden in späteren Operationen in größerem Umfang eingesetzt.

Luftverteidigung bei Nacht von den Trägerschiffen aus, in der Operation um die Gilbert-Inseln zum erstenmal erprobt, wurde zum festen Bestandteil der Flottendoktrin und spezialisiert und verbessert. Die Absicherung einer großen Überwasserflotte und vieler dünnwandiger Transportfahrzeuge gegen feindliche

U-Boot- und Luftangriffe durch Trägerflugzeuge und Zerstörer-Schirm erwies sich nicht nur als möglich, sondern sogar als höchst wirksam – trotz der Verluste der »Liscome Bay« und der Tatsache, daß der Flugzeugträger »Independence« einen Torpedotreffer abbekam. Und die Zeitplanung – das Rückgrat einer jeden amphibischen Operation – wurde bei den Marianen und auf Okinawa zu einem Koordinationswunder mit der Genauigkeit von Sekundenbruchteilen verfeinert.

Bald starteten amerikanische Flugzeuge vom Flugplatz »Hawkins Field« auf Tarawa. Auch Makin und Apamama, die gegen schwachen feindlichen Widerstand leicht eingenommen worden waren, verwandelten sich in US-Stützpunkte, und als nächstes folgten dann die Marshall-Inseln.

»Verluste von 3300 Mann, eingeschlossen die bei der Einnahme von Makin und Apamama entstandenen, sind nur gering, wenn man sie mit der Gesamtverlustzahl irgendeiner anderen Offensive im Zentralpazifik vergleicht, abgesehen von der Eroberung von Kwajalein und Eniwetok in den Marshall-Inseln. Die Angriffe auf die Marianen, die Palau-Inseln und Iwo Jima kosteten nicht nur viel mehr Menschenleben – man kann mit Gewißheit sagen, daß diese späteren Siege überhaupt nur aufgrund der bei Tarawa gemachten Erfahrungen möglich geworden sind.« (5)

*Kapitel 6*

# DIE LANDUNG IN DER NORMANDIE – DER ANFANG VOM ENDE

## 6. Juni 1944

Die alliierte Invasion Frankreichs am 6. Juni 1944 war sowohl der stimmungsmäßige wie strategische Höhepunkt des Zweiten Weltkrieges. Für Großbritannien und die Vereinigten Staaten war er zugleich Ende und Anfang. Ende einer fast fünfjährigen Periode des Kampfes, des Mißerfolgs, der Ohnmacht und Entbehrungen, der teuer erkauften peripheren Siege, der strategischen Debatten, Diskussionen und Kompromisse. Anfang aber einer Zeit der Entscheidungen – Frankreich versprach sie die Rückkehr der Freiheit, für die meisten Deutschen ging es um Tod oder Leben.

Seit Beginn des Krieges hatte man diesen Angriff über den Kanal hinweg erträumt, ihn studiert und geplant.

Er stellte den Höhepunkt der strategischen Grundkonzeption der Amerikaner dar: zuerst Europa und dann einen direkten, massiven Schlag gegen das Herz Deutschlands. General Eisenhower, der Oberbefehlshaber der Alliierten, war erst knappe sechs Monate zuvor ernannt worden. Für diesen Tag, diese Stunde hatten die Stäbe gearbeitet, waren die Soldaten geschult worden.

5300 Schiffe aller Klassen, damit sollten die Eroberer von vielen britischen Häfen aus den leicht bewegten Kanal überqueren. Die größten Luftflotten der Geschichte – an die 12 000 Maschinen – sollten die Masse von drei Luftlandedivisionen in der Normandie landen, die Überwasserstreitkräfte abschirmen und die Uferverteidiger isolieren. Sechs Infanteriedivisionen – drei amerikanische, zwei britische, eine kanadische – sollten von See her einen 100 Kilometer breiten Abschnitt des Atlantikwalls zwischen Caen und der Halbinsel von Cherbourg stürmen. 107 000 Mann, 14 000 Fahrzeuge und 14 500 Tonnen Nachschubgüter sollten in den ersten 48 Stunden auf den ungeschützten Ufern der Normandie gelandet werden. Künstliche Häfen, versenkte Schiffe, improvisierte Docks, flexible Rohrleitungen auf dem

Meeresgrund, Amphibienpanzer und die Geschütze hunderter Kriegsschiffe, ein riesiger Apparat, stützten diese Auseinandersetzung ab.

Die Deutschen wußten, daß die Krise unmittelbar bevorstand. Am 3. Juni meldeten die Nachrichtendienste warnend: »Die Invasion kann in den nächsten vierzehn Tagen möglich sein.«

Admiral Wilhelm Canaris, der Chef des deutschen Abwehrdienstes, hatte das franco-alliierte Untergrundnetz angezapft und die deutschen Abwehrleute an ihren Abhöranlagen angewiesen, sorgfältig auf alle Sendungen aus England zu achten. Die operative Kodenachricht, die zuerst die Untergrundbewegung alarmieren und sie mit einer sodann gesendeten zweiten Zeile auf eine Landung innerhalb der nächsten 48 Stunden vorbereiten sollte, stammte aus dem »Chanson d'Automne« von Verlaine:

*les sanglots longs des violons de l'automne*
*blessent mon cœur d'une langueur monotone . . . (1)*

Am 1. Juni fing der deutsche Abhördienst im Hauptquartier der 15. Armee in der Nähe der belgischen Grenze die erste Zeile auf und interpretierte sie korrekt. Die zweite Zeile wurde am 5. Juni gegen 9.15 Uhr abends aufgefangen und ebenfalls richtig verstanden. Alarmiert aber wurde die 15. Armee am Pas de Calais – nicht aber die Siebente Armee in der Normandie.

Und doch hatten Soldaten und Arbeitsmänner, von Rommels Energie angetrieben, der sich als Führer des deutschen Afrikakorps dauernden Ruhm erworben hatte, den Atlantikwall in vielen Monaten verstärkt, Beton gemischt, Geschütze aufgestellt, Uferzugänge vermint, »Rommelspargel« (hohe, minentragende Pfeiler zur Verhinderung von Segelflieger- oder Fallschirmlandungen) in den Feldern aufgerichtet und die schützenden Ufer mit Unterwasserhindernissen aller Art gepflastert – Tellerminen, Drahtigel, Höckerhindernisse, Pfähle, Stangen, Sprengladungen.

Allein, die deutsche Führung war sich nicht einig. Feldmarschall Karl Gerd von Rundstedt, der deutsche Oberbefehlshaber in Frankreich und den Niederlanden, hielt seine mobilen Reserven weit hinter der Küste in dem Glauben, er könne sie immer noch schnell zusammenfassen, sobald die Hauptlandung der Alliierten sich abzeichnete. Rundstedt waren zwei Heeresgruppen unterstellt. Heeresgruppe B, unter dem Befehl von Rommel, bestand aus dem LXXXVIII. Korps in Holland, der starken 15. Armee, an der Straße von Dover von Antwerpen bis zur Orne konzentriert, und der Siebenten Armee, die über das Gebiet zwischen Orne und Loire verteilt war und die Küsten der Normandie, des Cotentin und der Bretagne verteidigte. In Nordafrika hatte Rommel ausgiebige Erfahrungen mit der alliierten Luftüberlegenheit gemacht, und er wußte, daß die Deutschen an der Uferzone siegen mußten oder verloren waren. Im Schatten alliierter Flugzeuge konnte es beweglichen Reserven aus dem Hinterland nicht gelingen, früh genug und in ausreichender Stärke zur Schlacht zu stoßen.

Am 6. Juni standen an den Küsten Belgiens und Frankreichs 547 Geschütze der Marine-Küstenartillerie (47 in der Normandie), von denen die Hälfte durch Beton geschützt war, sowie mehrere hundert leichter Armeegeschütze, und auf den Ufern oder in Ufernähe lagen fünf bis sechs Millionen Minen. Rommel aber hatte einen tiefen Minensperrgürtel von 50 Millionen Minen geplant, und der Stahlgürtel selbst war recht dünn – Rommel hatte keine Möglichkeit, ihn zu verstärken.

Eine deutsche Marine war – abgesehen von U-Booten und einigen wenigen Schnellbooten – nicht vorhanden; die deutsche Luftwaffe war schwach und entkräftet; und nun stand das deutsche Heer ganz allein der alliierten See-, Land- und Luftstreitmacht gegenüber.

Aber es war nicht mehr das deutsche Heer der Zeit des Blitzkrieges und der Siege. Allein im Jahre 1943 hatten die Deutschen in den ungeheuerlichen, blutigen Schlachten an der Ostfront an die 2 086 000 Mann und in Nordafrika und Italien weitere Zehntausende von Männern verloren. Wie damals im Süden (im amerikanischen Bürgerkrieg, A.d.Ü.), gab es auch jetzt in Deutschland kaum Reserven, mit denen die Reihen der jungen Gefallenen aufgefüllt werden konnten – das Heer, das einen Kontinent erobert hatte, war in gewissen Einheiten zu einer polyglotten Armee geworden, in der Kroaten, Ungarn, Polen, Russen, Franzosen, Neger, Araber, Turkmenen, Kosaken und selbst Inder kämpften. Viele der am Atlantikwall liegenden Küstenschutzdivisionen bestanden aus ganz Alten und ganz Jungen sowie aus fremden »Freiwilligen« – russischen »Ostbataillonen« von zweifelhafter Zuverlässigkeit. Sie wurden jedoch von einer Reihe erstklassiger Einheiten mit einem Stamm rußlanderfahrener Soldaten abgestützt.

Die Besatzung der Küstenverteidigungsanlagen und der Garnisonen einige Kilometer weiter im Inland bestand auf dem gesamten 100 Kilometer langen Küstenstreifen von östlich Caen bis Cherbourg aus acht deutschen Divisionen; in Frankreich und in den Niederlanden lagen noch über 60 Divisionen. Unentdeckt von den alliierten Nachrichtendiensten aber waren starke Einheiten der 352. Division in den Verteidigungsgürtel eines Küstenstrichs eingerückt, den man hinfort mit dem Namen »Omaha Beach« bezeichnen sollte.

Das Wetter hält sich in unteren Grenzen; schon ist der Angriffstag um einen Tag verschoben worden, doch jetzt, endlich, ist die große Entscheidung gefallen, jetzt endlich führt der Oberkommandierende der alliierten Expeditionsstreitmacht seinen Befehl aus: »den Fuß auf den europäischen Kontinent zu setzen und in Zusammenarbeit mit den anderen verbündeten Nationen Operationen gegen das Herz Deutschlands in Angriff zu nehmen«.

In der Tasche von Eisenhowers Windjacke steckt an diesem Juniabend ein handgeschriebenes Kommuniqué – undatiert, niemals veröffentlicht. »Ike« selbst schrieb es irgendwann am 5. Juni nieder, nachdem er die gesamte, gewaltige Kriegsmaschinerie in Bewegung gesetzt hatte. Das Kommuniqué lautete:

»Bei unseren Landungen im Gebiet Cherbourg-Le Havre haben wir nicht hinlänglich Fuß fassen können, und ich habe deshalb unsere Truppen zurückgenommen. Meine Entscheidung, zu diesem Zeitpunkt und in diesem Raume anzugreifen, stützte sich auf die besten verfügbaren Informationen. Heer, Luft- und Seestreitkräfte haben alles getan, was Kühnheit und treue Pflichterfüllung vermögen. Etwaige Fehler bei diesem Unternehmen und jeglichen Tadel habe nur ich allein auf mich zu nehmen.« (2)

An diesem vierten Juni nimmt die Fünfte Armee Rom ein, die Ewige Stadt. Die frohe Kunde macht Schlagzeilen, doch die Herzen der Menschen sind der Normandie und dem Kanal zugewandt, wo die große Flotte langsam der Küste Frankreichs zustrebt.

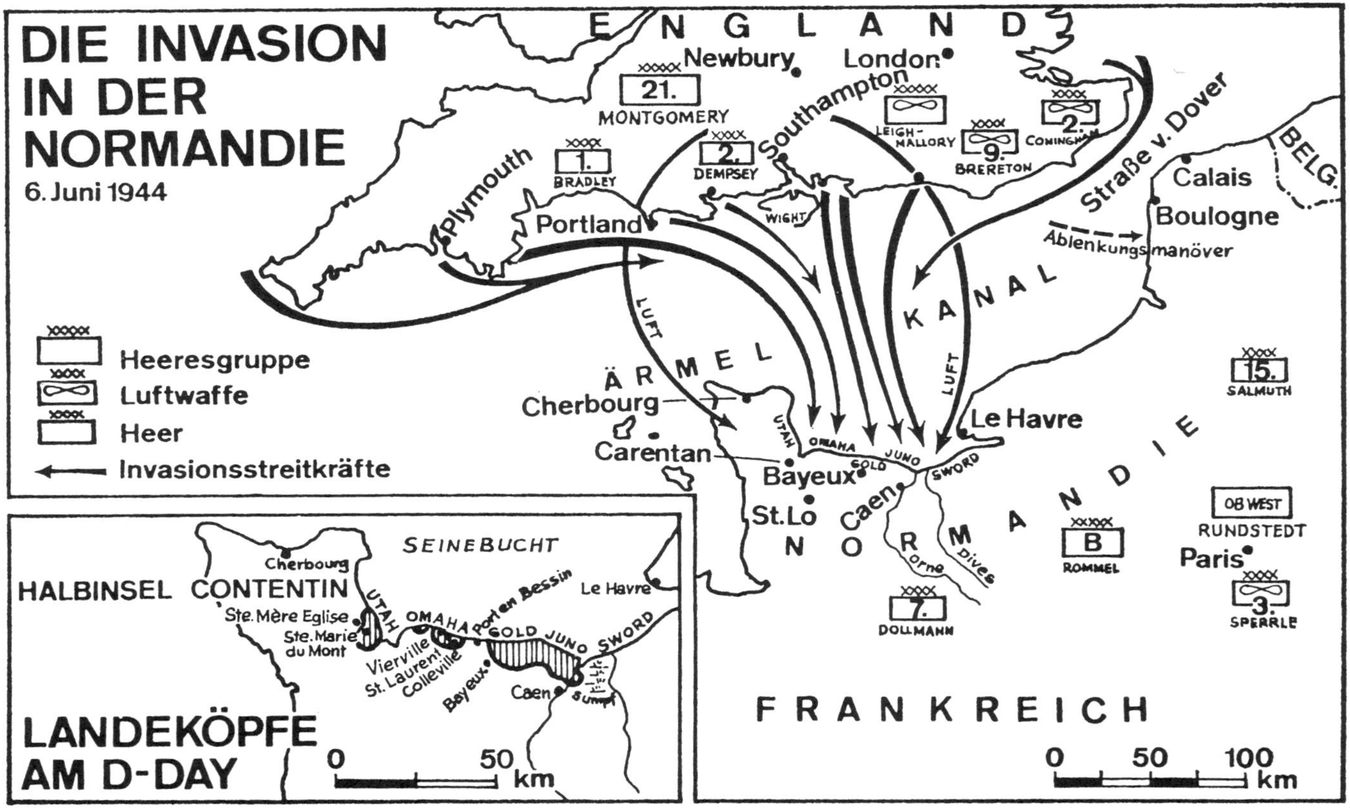

DIE INVASION
IN DER
NORMANDIE
6. Juni 1944
Heeresgruppe
Luftwaffe
Heer
Invasionsstreitkräfte
ENGLAND
Newbury
London
Southampton
Plymouth
Portland
Straße v. Dover
Calais
Boulogne
BELG.
Ablenkungsmanöver
KANAL
ÄRMEL
LUFT
LUFT
WIGHT
21.
MONTGOMERY
1.
BRADLEY
2.
DEMPSEY
LEIGH-MALLORY
9.
BRERETON
2.
CONINGHAM
Cherbourg
Carentan
Bayeux
St. Lo
Caen
Le Havre
UTAH
OMAHA
GOLD
JUNO
SWORD
NORMANDIE
Orne
Dives
7.
DOLLMANN
B
ROMMEL
OB WEST
RUNDSTEDT
Paris
15.
SALMUTH
3.
SPERRLE
FRANKREICH
0 50 100 km
LANDEKÖPFE
AM D-DAY
SEINEBUCHT
HALBINSEL CONTENTIN
Cherbourg
Ste. Mère Eglise
Ste. Marie du Mont
UTAH
OMAHA
Port en Bessin
GOLD
JUNO
SWORD
Le Havre
Vierville
St. Laurent
Colleville
Bayeux
Caen
Sumpf
0 50 km

## Der 5. Juni

*6.30 abends*

Die erste Landung an den sandigen Stränden soll in knapp 12 Stunden erfolgen; kurz nach Mitternacht sollen Fallschirmjäger mit dem Absprung beginnen.

Die amerikanische »Osprey« vom Minensuchgeschwader 10, die die Kanalmitte räumt, läuft auf eine Mine. Wassereinbrüche im vorderen Maschinenraum – das Schiff geht in Flammen auf und sinkt mit sechs amerikanischen Seeleuten an Bord. Das waren die ersten von vielen weiteren Toten.

Aber hinter den kleinen Minenräumbooten versammeln sich im »Piccadilly Circus«, einem großen, windgepeitschten Seegebiet südöstlich der Insel Wight, die großen und die kleinen Schiffe, um später unaufhaltsam auf fünf minengesäuberten Bahnen quer über den Kanal Kurs nach Süden zu nehmen. Beobachter auf den Landzungen der Südküste erblicken im Licht des sinkenden Tages bewaffnete Trawler und Kriegsschiffe, Schlepper und Landungsboote, Kreuzer und Zerstörer, von denen viele Sperrballons gesetzt haben. Der Wind läßt nach, dennoch rollen und schlingern die kleinen Schiffe.

Im seichten Gewässer der Seinebucht, vor den Landungsstränden, liegen zwei britische Zwerg-U-Boote auf Grund und warten auf die vollkommene Dunkelheit der Nacht – dann sollen sie auftauchen und den Briten mit Abblendlaternen, die nur aufs Meer hinaus strahlen, die Grenzen des britischen Angriffsbereichs markieren.

Weit im Norden, vor Calais und in der Straße von Dover werden Täuschungsangriffe auf Boulogne durchgeführt. Scheinlandungsfahrzeuge verstopfen die Themse, und bei Dover etabliert sich General George Patton in einem Schattengefechtsstand.

Während die alliierte Invasionsstreitmacht den Kanal überquert, haben die Deutschen in Frankreich, die schon so lange auf diesen Moment vorbereitet worden sind, keine unmittelbare Kenntnis davon, daß die Invasion bereits angelaufen ist. Sie sind so gut wie blind. In den ersten 5 Tagen des Juni haben sie keine Luftaufklärungsarbeit geleistet. Marinepatrouillen, die in der Nacht vom 5. zum 6. Juni durchgeführt werden sollten, werden zusammen mit gleichfalls für diesen Termin angesetzten Minenlegeoperationen wegen schlechten Wetters abgeblasen.

Feldmarschall Rommel, auf dem Wege zu einem Besuch bei Hitler, bleibt diese Nacht in Herrlingen bei seiner Familie. (3)

*22.15 Uhr*

Von den Flugplätzen heben die C-47 ab. Gestopft voll mit Fallschirmjägern steigen sie in den wolkenverhangenen Himmel auf.

In Frankreich strahlt der Leuchtturm von Barfleur hell durch die Nacht – die Deutschen schlafen. Admiral Theodor Krancke, der deutsche Marinebefehlshaber, hält Gezeiten und Wetter für invasionsungeeignet. Aber die BBC sendet eine Kodenachricht: »The arrow pierces steel« (»Der Pfeil durchbohrt Stahl«).

Die Deutschen haben den Kode geknackt; die 15. Armee, die die Küste von der Orne bis Antwerpen bewacht, steht Gewehr bei Fuß. Die Heeresgruppe B unternimmt nichts – »Auf der Grundlage früherer Erfahrungen hält es Rommels Stab für unwahrscheinlich, daß die abgehörten Sendungen eine unmittelbar bevorstehende Invasion ankündigen.«

Und Rundstedts Nachrichtenoffizier »weist die Warnung mit der Begründung zurück, es wäre absurd von den Alliierten, die Invasion vorher über BBC anzukündigen«. (4)

*23.00 Uhr, 5. Juni, bis Mitternacht*

In der Seinebucht bewegen sich jetzt die ersten Schiffe auf das unsichtbare Festland zu; hinter ihnen dampft, weit zurückreichend bis zu den Landzungen Englands, die gewaltige Prozession der Schiffe dahin, an den erleuchteten Markierbojen vorüber, die anzeigen, welche Fahrrinnen von Minen geräumt worden sind.

Und über den Leuchtturm von Portland Bill donnern gegen Mitternacht Hunderte von Truppentransportmaschinen mit Erkennungsstreifen auf Tragflächen und Rümpfen in 1600 Metern Höhe hinweg.

In »Horsa«-Segelflugzeugen, die von »Halifax«-Bombern gezogen werden, schweben drei Züge der »Ox and Bucks« (Oxford und Buckinghamshire Light Infantry/Leichte Infanterie) über den Kanal.

80 Kilometer weiter westlich fliegen die Pfadfindermannschaf-

ten der amerikanischen Fallschirmtruppen auf die Halbinsel Cotentin zu und überprüfen ihre Ausrüstung.

Und in den Bauerngehöften und Dörfern der Halbinsel Cotentin liegt die deutsche 709. Infanteriedivision, Durchschnittsalter der Männer 36 Jahre, aufgefüllt mit russischen und polnischen Kriegsgefangenen-Freiwilligen. Sie schützt 50 Kilometer Kanalküste. Um Mitternacht ertönt eine Luftwarnung. Aber das ist normal. – Kein Grund zur Beunruhigung.

6. Juni D-Day

*12.15 Uhr*

Das Feuerwerk hebt an. An Bord der »Augusta« notiert ein Beobachter: »Von Mitternacht an blitzt am fernen Horizont gelegentlich Geschützfeuer oder eine Bombenexplosion auf. Aber sonst nichts. Haben wir den Feind überrascht?«

Nachtbomber der RAF – 1333 Maschinen – bepflastern die feindlichen Küstenbatterien von der Seinemündung bis Cherbourg mit über 5000 Tonnen Bomben.

Die Pfadfinder der »Screaming Eagles«, die Männer, die die Absprungzonen markieren und beleuchten sollen, damit die Hauptmacht den Weg finden kann, fliegen in der Nähe der Kanalinseln vorüber – sie werden aufs Geratewohl von deutscher Flak beschossen.

Aber die Männer landen überall verstreut; viel Gerät wird eingebüßt – nur eine Absprungzone ist richtig markiert worden.

*12.20 Uhr*

Weit im Osten springen die Pfadfinder der britischen 6. Luftlandedivision in die Nacht, und Horsa-Lastensegler werfen die Schleppleinen ab und machen in der Nähe der Orne-Brücken und des Kanals von Caen Bruchlandungen.

*1.30 Uhr*

Die Kleinst-U-Boote sind aufgetaucht; mit abgeblendeten Laternen blinken sie auf die See hinaus. Die Schiffe erreichen das Transportgebiet; sie sind noch ca. 11 Kilometer von den britischen und 18 Kilometer von den amerikanischen Landungsküsten entfernt; die Feuerunterstützungsschiffe gehen auf Position, die Minensucher fahren langsam die ihnen zugewiesenen Runden ab, die schlaflose Armada kommt näher.

Über der Normandie setzt der Luftlandeangriff – »bei weitem der größte und gefährlichste, der je unternommen wurde« – sogleich mit voller Stärke ein. 1087 Transportmaschinen fliegen, solange es dunkel ist, auf sorgsam ausgearbeiteten Routen am nächtlichen Himmel zwischen Portland Bill und der Normandie hin und her.

Über der Halbinsel von Cherbourg werden die ersten Angriffswellen mit einer wahren Kaskade von Flakgranaten überschüttet – Maschinen »tanzen und hüpfen wie Gummibälle auf einer Fontäne«.

Manche Maschinen, in V-Formationen (ihrerseits aus V's gebildet) einfliegend, tauchen nahe bei der Absprungstelle in dichte Wolken; Brigadegeneral James M. Gavin befindet sich im Führungsflugzeug eines Pulks, der drei Fallschirmjägerregimenter der 82. Luftlandedivision transportiert, und springt, als der Nebel aufzureißen beginnt und das »Feuer der Flak und Handfeuerwaffen dichter wird«.

Generalmajor Matthew B. Ridgeway, Divisionskommandeur, landet in einem »schönen Feld mit weichen Gräsern«, rollt aus, klopft die Luft aus seinem Schirm, schnallt ihn ab, verliert seine 45-er im Gras, hört, »wie sich etwas bewegt«, und erkennt »im schwachen Mondlicht die groben Umrisse einer Kuh«.

Aber die Piloten sind durch Flakfeuer und Wolken verwirrt, auch sind die meisten Absprungzonen nicht markiert – die Fallschirmjäger landen über weite Gebiete verstreut. Eine Gruppe von 13 bis 15 Mann landet im Meer, andere fallen in Sümpfe oder Überschwemmungsgebiete; die vom Wind immer noch aufgeblasenen Schirme zerren die Männer durch schwarzes Wasser, durch den Schlamm – manche ertrinken, bevor sie sich losschnallen können, andere erreichen keuchend festen Boden. Weit und breit verstreut sind die Männer der 82. und 101. Division; manche Springer landen 40 Kilometer von ihren Zielpunkten entfernt.

Die Deutschen aber verwirrt diese breite Streuung der Truppen. Das Kriegstagebuch der deutschen Siebenten Armee, welche die Halbinsel Cotentin hält, berichtet über alliierte Landungen nahe Caen, bei Montebourg, auf beiden Seiten des Flusses Vire und an der ganzen Ostküste der Halbinsel. Oberstleutnant Hoffmann, Bataillonskommandeur in der 709. Division, vernimmt das Geräusch herannahender Flugzeuge – nach wenigen Minuten sind sein Bataillonsstab und seine Sicherungsposten in ein schweres Feuergefecht verwickelt. Von Cherbourg bis Saint-Lô und Caen wird Alarm gegeben – die Deutschen stehen gefechtsbereit.

*1.40 Uhr bis 3.00 Uhr*

Die Schiffsarmada bricht aus den geräumten Fahrrinnen in »geordneter Konfusion« hervor und erreicht die vorgesehenen Positionen an dem 100 Kilometer breiten Strand. In der Seinebucht wimmelt es von Schiffen. Die Transporter ankern – die Panzer-Landungs- und Amphibienfahrzeuge schließen auf, die Leitfahrzeuge, die die Boote führen sollen, gleiten langsam auf die Ufer zu.

Auf der Halbinsel Cotentin und dann wieder entlang des Flusses Orne kämpfen sich die Männer mit den geschwärzten Gesichtern verzweifelt in Grüppchen zu zwei und drei Mann voran, schließen zu anderen Grüppchen auf. In der Dunkelheit kommt es zu wildem Handgemenge – es gibt keine Front, keinen Rücken, keine Flanken –, als die Fallschirmjäger in endlosen Wellen vom nächtlichen Himmel schweben, verzweifelte Männer durch die Gräben kriechen und in rasender Hast nach ihren Waffen und Ausrüstungen suchen.

Um 3.00 Uhr beurteilt der Stabschef der deutschen Siebenten Armee die Absichten der Alliierten richtig. Er meldet, daß die Invasion begonnen habe und die Hauptstöße um Carantan und Caen geführt würden. Aber seine Vorgesetzten, unter ihnen Hans Speidel, Rommels Stabschef, sind noch vorsichtig – diese Landung in der Normandie könnte ja ein Ablenkungsmanöver sein. Deshalb: Straße von Calais jetzt in der Hand behalten! Das Täuschungsmanöver Dover und Pattons Geisterarmee haben ihre Wirkung getan – tagelang warten die Deutschen und halten große Teile der 15. Armee zur Sicherung der Straße von Calais in Reserve. Bis es zu spät ist.

*3.00 bis zur Dämmerung*

Um 3.09 Uhr, eine Stunde oder mehr nachdem das erste Transportschiff sein Zielgebiet erreichte, fangen deutsche Radarstationen einige Schiffe der Invasionsflotte auf ihren Schirmen ein – prompt gibt Admiral Krancke den Befehl: »Invasion zurückschlagen.«

Die Nacht ist feucht und schwül, der Himmel ist stark bedeckt, und nur gelegentlich kann das Mondlicht durch die Wolken dringen; die Wasser in der Seinebucht werden von einem Wind gepeitscht, der zwischen 18 und 20 Knoten erreicht. Das ist hartes Wetter für die Schnellboote und kleinen Fahrzeuge.

Rings um die ganze gewaltige und schweigende Transportflotte ertönt der Alarm auf den Kriegsschiffen. Auf der »Augusta« sieht ein Beobachter in der Ferne Gewehrfeuer – dann flammen zehn fahrbare Scheinwerfer auf und zeichnen die Silhouetten der Schiffe hart von Steuerbord.

Um 4.50 Uhr bricht aus dem Getöse über der Erde ein Flammenball hervor und saust in einem gigantischen Bogen über die Invasionsflotte hinweg aufs Meer hinaus. Es ist eine amerikanische B-25. Ihre Motoren laufen noch – ihre Umrisse aber stehen in hellen Flammen. Mit einem letzten eleganten Bogen rauscht sie in die Fluten. Man sieht keine Fallschirme.

Um 4.58 Uhr geht der blitzartige Luftschlag los – die Bombenvorbereitung der Landung. Noch ein Flugzeug wird getroffen; in einer unerhörten Feuerkaskade brennt und stirbt es an Land.

»Alle Boote ablegen!« Langsam dämmert es schon im Osten, als die schwerbeladenen Soldaten in die Landungsboote klettern.

P-38-»Lightnings« fliegen dem fernen Ufer entgegen.

Aber die See geht hoch; die kleinen Boote stampfen und rollen, viele Sturmsoldaten sind seekrank; kalt und durchnäßt hocken sie in den Booten, die die letzten langen Kilometer bis zum Ufer zurücklegen.

An Land entwickelt sich der Kampf in Baumhecken, Gräben, Feldern und Viehweiden, Sümpfen und Städten. Überall in den Feldern der Normandie liegen jetzt die Toten – Amerikaner, Deutsche, Briten – und die Verwundeten, die sich stöhnend durch die Gräben schleppen. Neben ihnen liegen verendete Normandiekühe, deren Kadaver schon aufgeschwollen sind. Und bevor die Sonne an diesem Tage aufgeht, müssen noch viele Männer ihr Leben lassen. Die Lastensegler kommen im hohen Bogen herangeschwebt – es sind Wacos und Horsas – und vollführen Bruchlandungen in Wiesen und Sümpfen und auf den Straßen. Fast alle tragen Beschädigungen durch Baumhecken, Baumstämme, andere Hindernisse davon; manche werden buchstäblich zerrissen und zerfetzt, ihre Insassen geköpft, zermalmt.

Die Deutschen eröffnen das Feuer. Um 5.05 Uhr beschießt eine Küstenbatterie – eine der 28 Batterien, die Utah Beach verteidigen – die Zerstörer »Fitch« und »Corry«, die 5 Kilometer vor dem Ufer liegen. Dann stimmen die großen Geschütze von Saint-Vaast in den Chor ein und feuern auf die kleinen Minenräumboote, die sich dicht vor der Küste befinden, und gegen 5.30 Uhr beginnt das britische Schiff »Black Prince« mit zu sprechen. Bald befindet sich alles im Feuergefecht: das Schlachtschiff »Nevada«, die Monitoren »Erebus«, »Soemba«, »Quincy« und »Tuscaloosa«, HMS »Hawkins« und »Enterprise« sowie zwei Divisionen »kleiner Kähne« beschießen und verheeren das Land.

Wieder fließt das erste Blut auf alliierter Seite – kurz vor Sonnenaufgang läuft das Wachboot 1261, das Panzer-Landungsfahrzeuge ans Ufer geleitet, auf eine Mine und sinkt.

*Dämmerung bis »H«-Hour*

Um 5.58 Uhr geht die Sonne über der Küste Frankreichs auf; in 100 Kilometer breiter Front rücken die Schiffe dicht bei dicht gegen die Küste vor; Salve um Salve feuern die Geschütze in diesem größten Duell einer Seestreitmacht mit einer Küstenverteidigung, das die Kriegsgeschichte kennt. Die anfängliche stille Heimlichkeit, mit der die Flotte sich genähert hatte, ist bald einer »fast lückenlosen Lärmwand« gewichen.

Als die Dämmerung anbricht, durchstoßen drei deutsche Torpedoboote – »T 28«, »Jaguar« und »Möve«, – die mit 28 Knoten laufen, einen Rauchschirm der Kampfgruppe Ost vor den britischen Landungsstränden und feuern 18 Torpedos ab. Um ein Haar hätten zwei Torpedos die britischen Schlachtschiffe »Warspite« und »Ramillies« getroffen; ein Geschoß versetzt dem norwegischen Zerstörer »Svenner« den Todesstoß. Aber die Torpedos sind doch nur Mücken gegen Elefanten – und das war denn auch der einzige Schlag, den die durch jahrelange Zermürbung aufgeriebene und angeschlagene deutsche Flotte an diesem Tage führte.

Admiral Krancke, der deutsche Marine-Befehlshaber, schreibt

in sein Tagebuch: »Es war nur zu erwarten, daß gegen eine derartige überlegene Feindmacht kein wirkungsvoller Schlag geführt werden konnte.«

Schwere und mittelschwere Bomber ziehen in nicht endenwollendem Strom über den Himmel dahin; ihre Ziele sind die Küstenbefestigungen und die Landungsbereiche. Die mittelschweren Maschinen, die unterhalb der Dunstdecke fliegen, haben einiges Glück – ungefähr ein Drittel der von ihnen abgeworfenen 4404 Bomben reißen Abschnitte des Utah-Strandes zwischen Hoch- und Tiefwasserstand auf. Aber die schweren Brummer, die über den Wolken fliegen, müssen ihre Bombenziellinie landeinwärts vorverlegen, um die Sicherheit der Sturmtruppen nicht zu gefährden. 329 »Liberators« werfen an die 13 000 Bomben auf ein Gebiet zwischen einigen hundert Metern und 5 Kilometern landeinwärts. Omaha-Beach bleibt von Luftangriffen verschont.

Der dämmernde Tag ist grau und unheilschwanger; der Wind frischt auf, und die Wellen in der Seinebucht wachsen zu meterhohen Wogen an. Vor Utah-Beach, weiter westlich, werden die kleinen Boote, die sich der Küste nähern, von der Halbinsel geschützt, doch weiter östlich vor Omaha-Beach und an den britischen Küstenufern rollen und schlingern die Landungsfahrzeuge und nehmen Wasser über. Schon sinken einige Schiffe – Männer ertrinken.

Kleine Landungsfahrzeuge und Raketenschiffe dampfen dicht an die Küste heran, und die Feuerschweife der Raketen ziehen hoch über den Landungsschiffen dahin.

*»H-Hour«-6.39 Uhr bis Mittag*

Um 6.30 Uhr ist Utah-Beach erreicht; in der ersten Angriffswelle springen 600 GIs von der 4. Division von den Rampen der Landungsboote in das hüfttiefe Wasser, »schreiend wie die Indianer«, und waten ans Ufer.

Zu Anfang stoßen sie auf schwachen Widerstand; die Fallschirmjäger haben ihre Arbeit landeinwärts getan; die Aufmerksamkeit der Deutschen ist abgelenkt. Durch eine glückliche Wendung der Dinge landen die Truppen am falschen, jedoch noch schwächer verteidigten Ufer. Brigadegeneral Theodore Roosevelt jr. führt die Angriffswellen an, inspiziert persönlich die Uferdämme in den überschwemmten Gebieten und leitet den Angriff um.

Der amerikanische Zerstörer »Corry«, in ein Gefecht mit mehreren deutschen Maschinen verwickelt, dampft mit hoher Geschwindigkeit durch die See. Die Geschütze des Schiffes speien Feuer. Minen – die wirksamste Wasserwaffe der Deutschen an diesem Tage – sind ihr Verderben: eine Mine detoniert genau unter ihrem Kiel, sie wird fast in zwei Stücke gerissen, beide Heizräume und der vordere Maschinenraum laufen voll. Noch ehe es 7.00 Uhr ist, kommt von der Brücke das Kommando zum Verlassen des Schiffes.

»Hobson« und »Fitch« fischen die Überlebenden aus dem Wasser. Es gab 13 Tote und 33 Verwundete.

Drüben in England ruft Luftmarschall Sir Trafford Leigh-Mallory um 6.40 Uhr im vorgeschobenen Kommandostand von SHAEF den Oberbefehlshaber der Alliierten Expeditionsstreitkräfte an. Leigh-Mallory, der Befehlshaber der Luftstreitkräfte bei der Invasion, war ein scharfer Gegner der Fallschirmjäger- und Segelflugzeug-Operationen und hatte eine glatte Katastrophe vorausgesagt. Jetzt muß er klein beigeben und Eisenhowers Adjutanten mitteilen, daß von 850 amerikanischen C-47-Maschinen nur 21 und von 400 britischen nur 8 fehlen.

Gegen 7.30 Uhr schickt der kommandierende Generalleutnant M. C. Dempsey der britischen Zweiten Armee an den britischen Landeköpfen »Gold«, »Juno« und »Sword«, zwischen Port-en-Bessin und der Orne, seine Sturmtruppen aus drei Divisionen gegen die Küste vor. Die Vorhut bilden Panzer, die die rauhe See mit Hilfe ziehharmonikaartiger Segeltuch-»Hosen« als Schwimmkörper »durchschwimmen«. Alliierte Jagdmaschinen schwärmen über dem Himmel aus und stoßen gegen das Ufer vor, als die ersten Wellen der 3. Kanadischen Division und der 50. Britischen den Fuß auf die flammenwogenden Ufer setzen.

Im britischen Kommandotrupp No. 4 befinden sich 171 französische Marineinfanteristen, die ersten, die wieder Heimatboden betreten sollten.

An den Stränden »Gold« und »Sword« werden die Landungsfahrzeuge von Hindernissen beschädigt, aber die Briten rücken vor und greifen die Widerstandsnester an. Die Verteidiger sind von dem zweistündigen Bombardement wie benommen, und die 716. deutsche Division, zu einem Viertel aus Polen und Ukrainern bestehend, scheint wenig Lust zum Kampf zu haben.

Der befestigte Stützpunkt Le Hamel, mit einem Bataillon der deutschen 352. Division besetzt, ist von den Bomben und Granaten praktisch überhaupt nicht angekratzt worden. Die Deutschen nehmen von hier aus die rechte Flanke der britischen 50. Division unter »genaues und intensives« Feuer, und ihr hartnäckiger Widerstand macht das Westende von Gold-Beach nahezu unpassierbar. Nach stundenlangem Gefecht gelingt es den Hampshires endlich, die letzten Verteidiger zu töten oder gefangenzunehmen.

Am Landekopf Juno schwärmen die Kanadier kurz nach acht Uhr an Land. An den britischen Landungsstränden leisten deutsche Stützpunkte noch immer Widerstand; eine 8,8 erledigt mehrere britische Panzer. Aber die britischen Fallschirmjäger haben die Aufmerksamkeit der Deutschen abgelenkt, und britische Minenräumpanzer bahnen sich ihren Weg durch die Minenfelder.

Um 9.30 Uhr fliegt die deutsche Luftwaffe, einstmals unbesiegbar, über den Stränden Juno, Sword und Omaha ihren einzigen Tagangriff an diesem D-Day. Zwei FW-190 fliegen einmal über den überfüllten Stränden ein, werfen ein paar wirkungslos bleibende Bomben und drehen wieder ab – Richtung Heimat. (5)

Die Sturmtruppen überrennen die vorgeschobenen Beobachtungsposten des Feindes auf den Stränden.

Der vielgerühmte Atlantikwall bröckelt ab – abgesehen von hartnäckiger Gegenwehr an einigen wenigen Stützpunkten stellt er hier kein Problem dar.

Zu diesem Zeitpunkt sind die Deutschen in ganz Frankreich alarmiert worden. Reserven werden herangeführt; hinten in Paris argwöhnt von Rundstedt eine List des Feindes: er glaubt an eine weitere Landung in der Straße von Dover.

Bei Omaha geht die Schlacht ihrem Höhepunkt entgegen.

Die Seinebucht ist übersät mit Wrackteilen und Kriegstrümmern; die schwerbeladenen und gegen Minen mit Sandsäcken beladenen Schwimmkampfwagen kommen nur langsam voran. Manche von ihnen, deren Lenzpumpen vom Sand verstopft sind, sinken mit ihrer Fracht; Artillerie, die den Angriff unterstützen sollte, erreicht die Strände nicht.

Die Schlacht ist jetzt in vollem Gange. Von Cherbourg bis Le

Havre ist die Invasionsküste in Rauch und Frühnebel gehüllt, durch den die Blitze der Explosionen wie Lichtbündel von gigantischen Sternen zucken.

Bei Omaha klappt überhaupt nichts.

Die Ranger nehmen Pointe du Hoc ein, aber die Deutschen haben ihre Batterien, die Angriffsziele der Ranger, schon zurückgenommen. Die Soldaten müssen sich durch ein Terrain quälen, das alliierte Bomben und Granaten zu einer Mondlandschaft gemacht haben.

Die »Fighting First«-Division und ihr unterstelltes Regiment der 29. führen den Sturm an. Andere Einheiten folgen dicht auf. Aber die Brandung ist nahezu meterhoch, und mit der steigenden Flut entwickelt sich entlang der Küste eine starke Ostströmung. »In der ersten Stunde« landet »ein Großteil der Landungsfahrzeuge« sehr weit – manchmal bis zu 900 Metern – östlich der vorgesehenen Landungspunkte. Die Einheiten geraten völlig durcheinander.

Die britischen Fahrzeug- und Mannschafts-Landungsboote kommen bei ihrer Fahrt Richtung Küste an Männern vorüber, die in ihren Schwimmwesten und auf Flößen dahintreiben – Überlebende der Besatzungen jener glücklosen Panzer, die die See verschlungen hat. Von den 32 Panzern einer Einheit erreichen zwei schwimmend das Land, drei werden mit Amphibienfahrzeugen an Land gebracht – und die anderen liegen auf dem Grunde der Seinebucht. Selbst die kleinen Schiffe haben Mühe in der hochgehenden See – mit den Stahlhelmen schöpfen die Soldaten das eindringende Wasser aus den Booten.

Ein schweres, gut gezieltes Feuer empfängt die Sturmwellen; Einheiten der 352. deutschen Division – dies übrigens keineswegs eine bewegungslose, lustlose Truppe, sondern eine »Angriffsdivision« von guter Qualität mit einem Stamm von Rußlandkämpfern – stellen die Besatzung für viele der vorhandenen Verteidigungsanlagen.

Die Geschosse hämmern wie Hagel gegen die Stahlwände der Landungsfahrzeuge – auch wenn sie noch gar nicht angelegt haben. Eine Bootsladung Soldaten wird bis auf den letzten Mann vernichtet. Die Rampen werden niedergelassen, die Männer springen in das hüfttiefe Wasser, gleiten aus, fallen, ertrinken, werden verwundet und sacken ab, waten durch schultertiefe Rinnen auf den schrecklichen Küstenstreifen zu, ducken und kauern sich nieder, versuchen, dem gnadenlosen Beschuß zu entgehen.

»Sieben bis zehn Minuten nach Öffnen der Ladeklappen ist die Able Company der 116. Infanterie bewegungsunfähig, führerlos und nahezu aktionsunfähig.« Die meisten ihrer Offiziere sind tot oder verwundet.

Inmitten dieses Chaos und im Donner der Geschütze versuchen 16 Unterwassersprengkommandos – jedes aus sieben Matrosen und fünf Pionieren bestehend – unter dem Kommando eines untersetzten, mutigen Reserveoffiziers, des Korvettenkapitäns Joseph H. Gibbons, in einem Wettlauf mit dem Tode und der steigenden Flut den Booten Breschen in die Küstenhindernisse zu sprengen. Das ist ein wahres Todeskommando – nahezu ein Drittel der Männer kommt dabei um, über die Hälfte ist verwundet. Ein Kommando hat die Zündschnur schon an ein großes Hindernis gelegt. Da läßt ein Volltreffer die Sprengladung zu früh in die Luft gehen – alle Männer sind tot, bis auf einen einzigen. Ein anderes Kommando wird beim Anlegen von einer feindlichen Salve völlig vernichtet. »Ein Marineoffizier, der gerade die Zündung seiner Sprengladung bedienen will, wird von einem Schrapnellstück getroffen, das ihm einen Finger und die beiden Zeitzündschnüre wegreißt.«

Aber draußen im feuchten Sand – die Flut steigt unaufhaltsam alle acht Minuten um 30 cm – stehen Matrosen auf den Schultern der Kameraden und entschärfen Tellerminen auf den Küstenhindernissen, während das feindliche Feuer rings um sie weiterknattert. Manche Soldaten haben sich hinter den Küstenhindernissen versteckt; sie sind vor Angst gelähmt, haben für die Bitten der Sprengkommandos nur taube Ohren. Nur das Krachen der detonierenden Zünder zwingt sie den Strand hinauf.

Die Statistik dieses Höllenschauspiels ist entsetzlich zu lesen. Easy Company 116. verliert ihren Hauptmann und 104 andere Dienstgrade.

Hauptmann John G. W. Finke, der die F-Company der 16. Infanterie befehligt, hinkt mit einem verrenkten Knöchel auf einen Stock gestützt an den Strand.

Finke, der voller Entsetzen beobachtet, was geschieht, muß den Befehl geben, die Verwundeten der steigenden Flut zu überlassen. Jedesmal, wenn zwei Männer einem zu helfen versuchen, steigen die Verluste auf drei Männer.

Die Landungspunkte des Omaha-Strandes bieten kaum Schutz gegen das gnadenlose feindliche Feuer. Der Sandstreifen hinter der Brandung ist 45–350 Meter breit; er endet in einem Teil ansteigenden, felsigen Kiesstreifen, der von Sanddünen oder einem 60 cm bis ca. 4 m hohen Deich und zu Teilen von einer Promenade eingefaßt wird. Das Ganze durchsetzt mit Minen und Stacheldrahtverhauen und beherrscht von hohen Steilküsten, von denen aus die deutschen Geschütze feuern können. Zu diesem hochgelegenen Teil des Strandes gibt es von unten nur fünf Zugänge, die alle vermint sind und stark verteidigt werden.

»Auf dem ganzen Omaha-Strand ist die Infanterie durcheinandergeraten; verwirrt, teilweise führerlos, ohne Zusammenhalt, ohne Artillerieunterstüzung hocken die Männer unterhalb des Deiches« oder liegen, vom Feuer festgenagelt, auf dem Strand. »An zwei langen Küstenabschnitten landet kein einziger Mann. Es sind auf dem Strand ohnehin nur zwei von den acht Kompanien dort, wo sie hingehören. Die deutschen Kanoniere konzentrieren das Feuer auf jeden Panzer, der an Land kommt. Viele Panzer sind schon funktionsunfähig oder in die Luft geflogen, bevor sie noch den ersten Schuß abgeben konnten.« (6)

Hier am Omaha-Strand steht das gewagte, gigantische Unternehmen nunmehr auf Messers Schneide. Trotz voraufgegangenem Bombardement und Beschuß sind große Teile der Küstenbefestigung noch intakt. Auch trifft die alliierte Streitmacht hier nicht auf einen statisch operierenden, lustlosen Feind, sondern auf eine harte deutsche Division.

Zehn Minuten vor acht Uhr – H-plus 80 Minuten – sieht Hauptmann Robert Ellis, Assistant Division Engineer (Pionierführer) der 29. Divison, wie das Infanterie-Landungsfahrzeug Nr. 61 der amerikanischen Küstenwacht versucht, nahe dem Ausgang Vierville die Küste zu gewinnen. Eine deutsche Granate schlägt genau auf dem mit Menschen gefüllten Deck ein und trifft einen Unteroffizier, der einen Flammenwerfer auf seinem Rücken trägt.

Brennendes Öl aus dem Flammenwerfer breitet sich auf den Vorderdecks aus und erfaßt auch die Deckaufbauten; die meisten Besatzungsmitglieder und Soldaten springen ins Meer. Landungsfahrzeug Nr. 91, brennend an den Strand getrieben, vergeht in einem Flammenschwall, der 18 Stunden lang anhält. Die explodierende Munition für seine Oerlikon-Geschütze läßt einen Bleiregen auf das Ufer niedergehen.

Nebelwerfer und Mörser und MG's reißen den Sand auf und finden in den Männern, die hinter dem Deich kauern, so manches Ziel. Schrapnellstücke – »so groß wie ein Schaufelblatt« – »schneiden Körper« praktisch »in zwei Stücke«, vergeblich versuchen die Sanitäter, mit all den klaffenden Kopf- und Bauchwunden fertig zu werden.

Vor Angst fast gelähmte Männer kriechen über den Sand. Die Easy Company der 16. Infanterie braucht eine Stunde, um ihre Überlebenden über die 250 Meter Küstenstreifen bis an den Fuß der Steilhänge zu bringen. Die George Company verliert zwischen Bootsrampen und Kieselstreifen 63 Männer. Die meisten Funkgeräte der Regimenter sind »zerstört oder unbrauchbar«; die Einheiten sind überall verstreut und führungslos.

Doch in Zeiten der Prüfung wächst so mancher über sich selbst hinaus. So auch am Omaha-Strand, auf den die Augen der Welt gerichtet sind.

Brigadegeneral Norman D. Cota, stellvertretender Kommandeur der 29. Division, führt den Sturm auf einen Küstenabschnitt an. Er ist ein unerschütterlicher General, der »seine 45-er schwenkt«, die Leute mit Bitten und Drohungen zu bearbeiten weiß und führt. Mit einer gestreckten Ladung (Rohrsprengladung) läßt er eine Bresche in den Stacheldrahtverhau sprengen, der als Doppelzaun die Kante der Steilklippe sichert. Der erste Soldat, der durch die Bresche gelangt, wird von »einem schweren MG-Feuer« erwischt.

Die Truppen liegen fest; keiner wagt es, in die Lücke zu dringen. Cota geht voran, stößt durch das Marschgras auf die dominierenden Klippen vor. Als sie den Rand erreichen, sehen sie unter sich, auf der Promenade, wie ein einsamer amerikanischer Gewehrschütze fünf deutsche Kriegsgefangene zusammentreibt. MG-Feuer, das plötzlich aufbricht, mäht 2 der Deutschen nieder; der Amerikaner und ein Gefangener können sich in Sicherheit bringen.

Im Abschnitt der 16. Kampfgruppe landet gegen 8.15 Uhr Oberst George A. Taylor und muß feststellen, daß seine Männer

»sich noch immer an die Dünen klammern, völlig aufgelöst, mit schweren Verlusten durch Mörser- und Artilleriefeuer«.

Cota führt seine Männer durch Lücken im Stacheldraht und über den flachen Küstenstreifen hinweg die Klippen hinauf. Er gewinnt die Klippen gegen 9 Uhr.

Langsam geht der Morgen vorüber; einige Küstenzugänge sind eingenommen worden, manche Minenfelder überwunden, viel Stacheldraht zerschnitten. Hier und da haben kleine Trupps tapferer Männer die Klippen erreicht.

Aber Omaha-Beach versinkt in blutigem Chaos – der Feind feuert noch sehr stark, viele Küstenhindernisse stehen noch fest und aufrecht. Die nachfolgenden Sturmtrupps rennen am Strand durcheinander; der Sand ist bedeckt mit brennenden und wrackgeschlagenen Landungsfahrzeugen; die See ist schwarz von Kriegstrümmern.

Die Strände sind verstopft; der Strandkommandant läßt solange keine Fahrzeuge landen, bis nicht wenigstens ein paar Klippen genommen sind.

Um 11.30 macht General Bradley, an Bord des Flaggschiffs »Augusta«, ein grimmiges Gesicht. Die See ist rauh, geht hoch, und ein steifer Wind weht aus West-Nordwest.

Um die Mittagszeit erhebt sich Winston Churchill im House of Commons. Mit geradezu nervenzermürbender Ausführlichkeit (an der er seine Freude hat) redet er zehn Minuten lang über den Fall von Rom am 4. Juni und verkündet dann einem gespannt lauschenden Haus:

»Ich habe ebenfalls anzukündigen ... daß während der Nacht und in den frühen Morgenstunden dieses Tages eine Reihe von Truppenlandungen auf dem europäischen Festland stattgefunden hat ... Soweit man aus Berichten der beteiligten Kommandeure ersehen kann, geht alles nach Plan. Und nach was für einem Plan!«

Nicht aber am Omaha-Strand.

*Mittag bis 18.30 Uhr*

Auf Omaha-Beach kommt der Angriff langsam und Zentimeter um Zentimeter voran. Hinter sich eine Blutspur.

Gegen 12.30 hat die F-Company der 16. Infanterie von ihren 200 Männern, die vor wenigen Stunden den Strand stürmten, noch ganze 95 übrigbehalten. Finke, der Kompanieführer, ist der letzte von ursprünglich 7 Offizieren.

Zerstörer und kleinere Feuerunterstützungsschiffe kriechen dicht an die Küste heran, laufen mit dem Kiel schon fast auf Sand – sie jagen die deutschen Kasematten in die Luft und treffen die feindlichen Geschütze im direkten Beschuß. Die »dicken« Schiffe weiter draußen beschicken die deutschen Verteidigungsanlagen mit kreischenden 12- und 14-Zoll-Granaten.

Den ganzen langen und blutigen Nachmittag hindurch wird der Angriff verstärkt. Die Männer fallen reihenweise, aber von der See her kommen immer wieder neue Soldaten heran.

Die tosenden Flanken des gigantischen Angriffs sind jetzt gefestigter; die Fallschirmjäger und Männer der 4. Division halten bereits einige der Dämme, die vom Utah-Strand über die Marsch und das Vorflutgelände zur Halbinsel Cotentin führen; über Sainte-Mère-Eglise weht die Fahne; am Fluß Orne haben die Briten festen Fuß gefaßt und stoßen nahe Bayeux landeinwärts vor. Und auf Omaha-Beach notiert Major Bach um 15.40 Uhr: »Infanterie marschiert auf dem Pfad über die Klippen vorbei ... Wir erreichen freies Feld – folgen dem Weg – sehen einen liegen, der auf eine Mine getreten ist, ab Hüfte nicht mehr vorhanden.«

Die Deutschen geben nicht auf; um 16.30 Uhr notiert der Major wieder: »Stacheldraht, Minen, Mörser, MGs, Gewehrfeuer und 8,8, es knallt von überallher. Mehrmals gebetet – warum bin ich zu so etwas gezwungen worden?«

Gegen 16.50 Uhr erreicht Major Bach die Stadt Saint-Laurent, etwa einen Kilometer vom Meer entfernt; Colleville wird eingenommen, ebenso Vierville-sur-Mer. Noch bestreicht zwar die deutsche Artillerie die Küsten, noch haben die Invasoren auf Omaha-Beach erst schwach Fuß gefaßt – aber der Atlantikwall ist besiegt.

*Weit weg, in der Nähe von Salzburg, erfährt Hitler von der Invasion just in dem Augenblick, da er an einem Empfang für den neuen ungarischen Ministerpräsidenten teilnehmen will. Beim Empfang strahlt er. »Endlich ist es losgegangen«, sagt er – zuversichtlich, daß die Landeköpfe durch einen Gegenangriff der Deutschen zerschmettert werden.*

Als die Sonne nach diesem langen Tage über dem rauchverhangenen Kanal untergeht, beginnt der eigentliche Aufmarsch. Endlos ist die See- und Luftbrücke aus Schiffen und Flugzeugen, die nach England hinüberführt. Weniger als einen Monat nach dem 6. Juni – es wird dann D-Day plus 26 sein – werden 929 000 Mann, 177 000 Fahrzeuge und 586 000 Tonnen Material auf französischem Boden gelandet sein. Schiffsgeschütze, Flugzeuge und heftiger Widerstand der Bodentruppen werden den deutschen Gegenangriff abschlagen.

## Zusammenfassung

Die Landung in der Normandie, von Winston Churchill als »die schwierigste und komplizierteste Operation« bezeichnet, »die je stattgefunden hat«, war ein harter Schlag für Deutschland.

Für das Dritte Reich war dies der Anfang vom Ende. Waren die Landungen erst einmal konsolidiert, hatte Berlin – wie viele deutsche Generäle erkannten – strategisch gesehen keine andere Wahl mehr, als den Krieg so schnell wie möglich zu den besterreichbaren Bedingungen zu beenden. Allein, noch war Adolf Hitler der unerbittliche Diktator der deutschen Geschicke ...

Für die Alliierten war die Invasion die schnellste Möglichkeit, in das Herz Deutschlands vorzustoßen, doch war sie zugleich auch der schwerste und blutigste Weg. Die Normandie bedeutete das Ende jener exzentrischen Operationen an der Peripherie des von Deutschland eroberten Kontinents, die Winston Churchill bevorzugte. Sie bedeutete auch auf lange Sicht das Ende aller Träume von einer trans-adriatischen Operation, eines Vorstoßes durch die Enge von Laibach in das pannonische Becken. Churchills strategisches Konzept, sowohl in Amerika wie in England allzuoft belächelt, wies genau die richtige Mischung von Realität und Phantasie, von politischen und militärischen Faktoren auf. Churchill wollte der Jugend Englands ein Blutbad wie das des Ersten Weltkrieges ersparen – damals zogen ja ganze Generationen nach Frankreich, um »sich am Stacheldraht in Flandern die Zähne auszubeißen«. Er sah die Gefahr voraus, die der russisch-kommunistische Imperialismus für Osteuropa darstellt, und er hoffte, sie mit dem Recht des Eroberers im Donaubereich auf dem Balkan bannen zu können. Er wollte Deutschland durch eine Serie von Vorstößen gegen dessen schwächer verteidigte Flanken zermürben und aus der Luft zugleich die deutschen Herz- und Kernlande zerschlagen.

Wäre diese Strategie in die Tat umgesetzt worden, hätte sie die Landung in der Normandie vielleicht verzögert, wahrscheinlich auch den Krieg verlängert, die Vereinigten Staaten und Großbritannien letzten Endes jedoch wohl weniger Menschenleben gekostet. Zweifelhafter erscheint es schon, ob dadurch die Eroberung des östlichen Deutschland durch die Sowjetunion verzögert worden wäre, wenngleich diese Strategie wohl dazu beigetragen hätte, die sowjetische Einflußsphäre in Zentraleuropa und auf dem Balkan in der Nachkriegsepoche einzuschränken.

Die Invasion Südfrankreichs durch amerikanische und französische Truppen (Codename »Anvil«) sollte – so der Plan – mit der Landung in der Normandie zusammenfallen. Dieses »Hammer- und Amboß«-Konzept war im Grunde vernünftig, wenn auch, wie der Gang der Ereignisse erweisen sollte, unnötig. Als der Mangel an Landungsfahrzeugen die Verschiebung der – später in »Dragoon« umbenannten – »Operation Anvil« bis zum 15. August (d. h. bis nach Beginn der Landung in der Normandie) erzwang, »hatte nicht einmal der Codename dieser Operation noch einen Sinn«, wie Feldmarschall Earl Alexander of Tunis – damals Befehlshaber in Italien – mit Bitterkeit in seinen Memoiren vermerkt. Es war eine »unkluge Kräftezersplitterung«. (7)

Da nun Truppen vom Italienfeldzug und von Churchills erhoffter transadriatischer Operation abgezweigt wurden, sahen sich die alliierten Armeen in Italien zu einem blutigen, mit stets nur minimalen Terraingewinnen vorankommenden Feldzug die gesamten Apenninen hinauf gezwungen. Und so wurden auch alle britischen Hoffnungen zunichte, den Balkan und die Donauebene zu besetzen, noch ehe das kommunistische Banner mit Hammer und Sichel über diesem Gebiet wehen konnte. Wie General Mark Clark, Kommandeur der amerikanischen 5. Armee in Italien, anmerkte:

»Abgesehen von einem Fehler auf hoher Ebene, der uns von den Balkanstaaten ablenkte und dieselben unter die Kontrolle der Roten Armee geraten ließ, hätte der Mittelmeerfeldzug der für die Nachkriegsentwicklung schlechthin entscheidende Feldzug werden können.«

Die Landung in der Normandie war, wenn man sie in der richtigen Perspektive sieht, *militärisch* vernünftig konzipiert. Doch haben die amerikanischen Planer den *politischen* Aspekten der Nachkriegsentwicklung viel zuwenig Rechnung getragen. Churchills Strategie – der Vorstoß in die Donauebene – hätte die Invasion Südfrankreichs ersetzen können, die ihr strategisches Hauptziel – die Ablenkung des Feindes nämlich – gar nicht mehr zu erfüllen vermochte, als sie um über zwei Monate bis nach erfolgter Landung in der Normandie verschoben werden mußte. Diese zweimonatige Verzögerung bedeutete, daß die Möglichkeiten, die deutschen Armeen zur Zersplitterung ihrer Kräfte zu zwingen und die deutschen Streitkräfte in Südfrankreich zwischen dem »Hammer« Normandie und dem »Amboß« Südfrankreich zu zerschlagen, praktisch nicht mehr bestanden. So fand denn der deutsche Rückzug aus Frankreich auch schon vor den alliierten Landungen in Südfrankreich statt – vielen Kampfeinheiten gelang ein erfolgreicher Rückzug nach Deutschland. Zudem waren die Versorgungshäfen der Mittelmeerküste für den Sieg nicht entscheidend.

In seinem Buch »Calculated Risk« betont General Clark mehrfach, daß die »Schwächung des Italienfeldzuges zu dem Zwecke, die Invasion Südfrankreichs durchzuführen, statt auf dem Balkan vorzustoßen, einer der großen politischen Fehler unserer Kriegsführung war ... – Wenn wir den Balkan schon vor der Roten Armee erreicht hätten, wäre nicht nur der Zusammenbruch Deutschlands früher erfolgt, sondern auch der Einfluß Sowjetrußlands drastisch beschnitten worden.« (8)

Doch selbst wenn man das Zeugnis General Clarks und vieler anderer großer Heerführer des Zweiten Weltkrieges außer acht läßt, ist die Situation historisch betrachtet eindeutig:

Die Invasion Südfrankreichs zwei Monate nach der Landung in der Normandie hatte militärisch nur geringe, politisch aber überhaupt keine Bedeutung; bei den Operationen im Mittelmeerraum hätte man die Hauptkräfte von Frankreich und Italien abziehen und über die Adria schicken sollen. Churchill hatte recht und nicht Roosevelt.

Somit hat die Landung in der Normandie nicht zu dem *politischen* Triumph geführt, den dieser große militärische Sieg eigentlich verdiente.

Die Schlacht in der Normandie war in alliierter Sicht sowohl in der Planung wie in der Durchführung im großen und ganzen vernünftig. Sehr wahrscheinlich wurde die Invasion deshalb ein Erfolg, weil General Montgomery, nachhaltig bestärkt von General Eisenhower und dessen Stabschef, Generalleutnant Walter Bedell Smith, schon im Frühjahr 1944 darauf bestand, daß die Invasionsfront von ca. 40 Kilometer auf ca. 100 und die auf die Küsten anzusetzende Streitmacht von 3 Sturmdivisionen auf sechs erweitert werden müsse. Unbeschadet seiner etwas schwierigen Persönlichkeit war Montgomery ein gründlicher, zäher, umsichtiger Planer, der stets darauf achtete, daß er über ausreichende Kräfte verfügte, bevor er eine Operation unternahm.

Andererseits war die deutsche Verteidigung durch zwei einander entgegengesetzte Konzeptionen und deren Exponenten gespalten – es standen sich Rundstedt (mit dem Plan einer Gegenoffensive) und Rommel (mit seinen Küstenverteidigungsplänen) gegenüber. Gekittet wurde dieser Bruch in der Planung mit einem unseligen Kompromiß.

Aber auch noch andere Faktoren führten zur Niederlage Deutschlands. Das Land war nach vier Jahren Krieg praktisch ausgeblutet, die deutsche Luftkampfkraft – der moderne Schlüssel zum Sieg – verbraucht. Ohne deutsche Vorherrschaft in der Luft oder auf dem Wasser aber konnte das Dritte Reich Europa nicht im Griff behalten – konnten die Alliierten landen, wann und wo sie wollten.

Die noch vor dem Angriff gemachten Voraussagen – man werde mit hohen Verlusten zu rechnen haben, ja vielleicht sogar mit einem schweren Fehlschlag wie dem Dieppe-Angriff – sind von den Ereignissen hernach nicht bestätigt worden. Die Luftlandetruppen und die ersten Sturmwellen hatten auf dem Omaha-Strand schwere Verluste, doch auf dem Utah-Strand nur leichte. Die gesamte amerikanische Erste Armee – alle angetretenen amerikanischen Bodentruppen eingerechnet, jedoch unter Abzug geringfügiger Verluste der Marine und Heeresluftwaffe – meldete für den 6. Juni Verluste in der Höhe von 6603 Mann – 1465 Gefallene, 3184 Verwundete, 1928 Vermißte und 26 Gefangene. Die zweite Britische Armee hat keine so genauen Angaben gemacht, doch schätzt Chester Wilmot in seinem Buch »The Struggle for Europe«, daß ihre Gesamtverluste am Tage des Angriffs »kaum 4000 überschritten haben können«. Die deutschen

Verluste am Angriffstage werden auf 4000 bis 9000 Mann geschätzt.

Der Sturmangriff vom 6. Juni durchbrach den Atlantikwall, doch ging der Vorstoß ins Landesinnere nicht annähernd so schnell voran, wie die Planer gehofft hatten. Caen, ein Angriffsziel des ersten Tages (D-Day), wurde nicht vor dem 9. Juli eingenommen, und die Alliierten Armeen, gehandikapt von einem schweren Sturm in der Seinebucht (19.–21. Juni), der mehrere ihrer künstlichen Häfen demolierte und den Versorgungsnachschub unterbrach, blieben bis zum Durchbruch nach Saint-Lô am 25. Juli in der Normandie in blutige Heckenkämpfe verwickelt.

»Der langsame Vormarsch nach Süden«, kommentiert G. A. Harrison in »Cross Channel Attack«, »und insbesondere unser Versäumnis, südlich und südöstlich von Caen in das flache Land vorzustoßen, führte auch dazu, daß Flugplätze langsamer fertiggestellt wurden, als geplant war. Ein Umstand, der allerdings viel weniger gravierend war, als die Planer befürchtet hatten.« (9)

Trotz verzweifelter deutscher Gegenwehr in einer schwierigen Knicklandschaft, trotz schlechter Wetterverhältnisse und schwerem Feuer in einem großen Munitionsdepot gewannen die Alliierten mit der Unterstützung ihrer Luftstreitmacht den Kampf um die Konsolidierung ihres Landekopfes auf dem Festland.

»In den ersten sieben Wochen«, schreibt Chester Wilmot, »wurden 1½ Millionen Mann mit sämtlichen Waffen, aller Ausrüstung und ihrem gesamten Versorgungsmaterial über den Kanal geschafft – eine einzigartige Leistung.« (Die alliierte Streitmacht, die sich um den 29. Juli auf dem Festland befand, belief sich auf 903 061 Amerikaner, 176 620 amerikanische Fahrzeuge und 858 436 Tonnen amerikanischer Depotbestände, ferner auf 663 295 Briten, 156 025 britische Fahrzeuge und 7 445 040 Tonnen britischer Versorgungsgüter). »Während die Deutschen ihre Kräfte in der Normandie um 20 Divisionen verstärkten, landeten die Alliierten 36 Divisionen sowie eine Unzahl Unterstützungstruppen, Einheiten der Luftwaffe und ihre technischen Versorgungseinheiten.« (10)

Die Kanalüberquerung und der nachfolgende Angriff verliefen nicht »nach Plan«.

George Pattons Dritte Armee, vorgesehen für die Landung in

der Bretagne und die Einnahme bretonischer Häfen, geriet an die Küsten der Normandie und trieb dann in den Obstgärten des Cotentin in aller Ruhe den Ausbau ihres Landekopfes voran, bis sie die weitausgreifende rechte Flanke des Vorstoßes auf Paris garantierte.

Sehr deutlich wurde auch, wie ungenau und unzulänglich die Küstenverteidigungsanlagen und die befestigten Stellungen des Feindes bombardiert worden waren. Es ist demnach geradezu ein Anachronismus, daß die der Invasion voraufgehenden Luftbombardements dennoch sowohl taktisch überraschend wirkten als auch zum Gelingen der alliierten Täuschungsmanöver beitrugen. In der Woche vor dem D-Day flog die »RAF schwere und genau gezielte Angriffe« auf deutsche Radar- und Funkstationen von Boulogne bis Cherbourg, und in der Nacht vor der »H-Hour« wurden viele der übriggebliebenen Radarstationen gestört – dennoch »waren noch ausreichend Stationen nördlich der Seine intakt, so daß die Deutschen die Täuschungsmanöver zu orten vermochten, die dem Gebiet um die Straße von Dover zustrebten«. Wie Luftmarschall Leigh-Mallory sagt: »In dem entscheidenden Zeitraum zwischen 01.00 und 04.00 Uhr, als der Angriff sich den Küsten näherte, funktionierten nur 9 feindliche Radarstationen, und von den 92 Stationen, die normalerweise im Küsten(Invasions-)gebiet arbeiteten, waren in dieser ganzen Nacht nur 18 tätig.« (11)

Wie es in dem Buche »Cross Channel Attack« heißt, war das Bombardement aus der Luft zugleich auch »vielleicht die größte und wichtigste Überraschung« bei der ganzen Invasion. Dieses Luftbombardement, von untergeordneten Aktionen französischer Saboteure unterstützt, lähmte das Transportsystem des Feindes. »Man könnte die Schwierigkeiten, die dem Feind durch diese Einbußen an Bewegungsfreiheit entstanden, wohl kaum überschätzen. Und dies war der Hauptgrund dafür, daß die deutsche Gegenoffensive, die durch alle alliierten Planungen geisterte, niemals zustande kam.« (12)

Rommel, der beste und energischste deutsche Kommandeur im Westen, hatte recht gehabt: Die Alliierten hätten an den Küsten gestellt und zurückgeschlagen werden müssen – nirgends sonst. Mit seiner Energie und Vorstellungskraft hatte er den Atlantikwall in der kurzen Zeit, die er die Heeresgruppe B führte, sehr gestärkt. Besonders Omaha zeigte, in welchem Maße die deutsche Verteidigungskapazität wuchs. Hätte Rommel noch wenige Monate mehr Zeit gehabt, dann wäre vielleicht der gesamte Angriff so blutig wie Omaha geworden. Allein, während des Angriffes zeigte sich die deutsche Truppenführung verwirrt und irregeführt – zum Teil ein Nebenprodukt der alliierten Luftüberlegenheit. Doch auch vor dem eigentlichen Angriff hatte die deutsche Aufklärung die amphibischen Möglichkeiten und die Truppenstärke der Alliierten – dank der Abschirmungs- und Täuschungsarbeit in der Zeit vor der Invasion – ungeheuer überschätzt.

In dem der Invasion *voraufgehenden* Bombardement erbrachte der Beschuß durch Schiffsgeschütze keineswegs die erhofften Resultate. Nur auf den britischen Landungsküsten, die länger beschossen wurden (was teilweise von den Gezeiten diktiert wurde: Die Landungen fanden hier nämlich später statt), entsprach das Schiffsgeschützfeuer annähernd den Erwartungen. Und diese waren unrealistisch, denn alle Erfahrungen im Pazifikkrieg hatten gezeigt, daß befestigte Feindstellungen auf jeden Fall unter ein langes und schweres Vorbereitungsfeuer genommen werden mußten. Jedoch beim Inselkrieg im Pazifik, bei dem die Japaner isoliert waren und für sie als Verteidiger keine Hoffnung auf eventuelle Verstärkung bestand, war ein solcher ausgedehnter vorbereitender Beschuß möglich. Beim Sturm auf den europäischen Kontinent hingegen, so hatte man geglaubt, werde der Wert eines langen vorbereitenden Bombardements, mit dem man die Karten praktisch aufgedeckt und den Deutschen damit Gelegenheit gegeben hätte, ihre Reserven an den offenbar landungsbedrohten Punkten zu massieren, von der Wirkung des Überraschungsmomentes (die sich, zum Erstaunen aller, dann in gewissem Grade auch einstellte) letzten Endes aufgewogen.

Dennoch war die Feuerunterstützung durch Geschütze *nach der Landung* und insbesondere während der verzweifelten Schlacht auf dem Omaha-Strand ein für den Sieg entscheidender Faktor. Direkter Beschuß auf deutsche Geschützstellungen und Kasematten half den alliierten Bodentruppen, den Atlantikwall zu durchstoßen; die schweren Geschütze großen Kalibers bestrichen im übrigen auch feindliche Artilleriestellungen weit landeinwärts und erstickten Gegenangriffe schon im Entstehen. Außerordentlich bedeutungsvoll war auch die moralische Auswirkung dieses

Beschusses – er brachte dem Feind lähmende Schläge bei und ermutigte die alliierten Truppen.

Der Einsatz der Luftlandetruppen war – ungeachtet der ungenauen Navigationsarbeit vieler Trägerflugzeuge, des Unvermögens der Pfadfindereinheiten, die richtigen Absprungzonen genau zu markieren, der Tragödie mit den Lastenseglern und der weiten Streuung der landenden Fallschirmtruppen – ein entscheidender Faktor bei den relativ leichten Landungen auf dem Utah-Strand und den britischen Landeköpfen. Die Luftlandetruppen erlitten schwere Verluste; am ersten Tag nach dem Absprung waren sie auf Divisionsebene praktisch vollkommen desorganisiert (Funkgeräte gingen verloren, die Männer waren über weite Gebiete verstreut worden); als dieser Tag (D-Day) zu Ende ging, arbeiteten erst 2500 von den 6600 Männern der 101. Division, die an diesem Morgen abgesprungen war, »in gemischten Einheiten unterschiedlicher Größen zusammen«. Gleichwohl hatten Überraschungswirkung und breite Streuung der Fallschirmjäger hinter dem Utah-Strand »in der Tat einen derartig umfassenden taktischen Erfolg erzielt«, daß »die von See aus landende Infanterie kaum noch mehr zu tun hatte, als an den Strand zu laufen«.

Mehrere Faktoren trugen dazu bei, daß es auf Omaha ein Blutbad gab – schlechte Navigationsleistungen der Landungsfahrzeuge und Leitboote, die die Einheiten als ungeordnete Massen an den falschen Stränden an Land setzten; Verluste an Amphibienfahrzeugen, die überladen und mit Artilleriegeschützen an Bord in der rauhen See untergingen; Mangel an einer ausreichenden Zahl gepanzerter Fahrzeuge für die Landungswellen. Britische Historiker haben die amerikanische Planung der Landung auf dem Omaha-Strand kritisiert; diese Kritik ist zu einem kleinen Teil gerechtfertigt, doch haben nur wenige britische Historiker, wie Harrison in seinem Buch »Cross Channel Attack«, darauf hingewiesen, daß »die Erste Division gegen den einzigen Kampfabschnitt der Normandie-Küste angesetzt war, der eine Sperrkette hatte, die nach Feldmarschall Rommels Vorstellung die Alliierten an den Ufern aufhalten und ihren Angriff abschlagen konnte«. Die Amerikaner haben es teuer bezahlen müssen, daß sie die Anwesenheit der 352. deutschen Division im Abschnitt Omaha nicht entdeckt hatten. (13)

Der Einsatz von Minenräumpanzern, die – wie sie es auf den

britischen Landungsstränden taten – die Minenfelder an der Küste durchbrachen, hätte den amerikanischen Infanteristen ihre Aufgabe sehr erleichtert. Aber das Versagen des von Briten entwickelten DD-Panzers – eines unbeholfenen, verwundbaren Geräts, welches mit knapper Not ans Ufer zu schwimmen vermochte – ging im Grunde darauf zurück, daß er nicht seetüchtig war, obgleich schlechte Einweisungsarbeit am Strand und Fehlbehandlung ebenfalls daran schuld waren, daß die meisten dieser Fahrzeuge untergingen. Die hohen Verluste an diesen gepriesenen Panzern sind auch darauf zurückzuführen, daß die Amerikaner zu ihren Landungsküsten eine längere Auffahrt hatten und ihre Schiffe an den Ankerplätzen vor dem Omaha-Strand exponierter lagen.

Wichtiger aber für Omaha – und für die Invasion ganz allgemein – war der Umstand, daß das alliierte Hauptquartier (SHAEF) samt seinen untergeordneten Führungsebenen die zahlreichen technischen Erfahrungen, die man in den harterkämpften amphibischen Angriffen im Pazifik gemacht hatte, weder sich anzueignen noch richtig einzuschätzen wußte. Zur Zeit der Landung in der Normandie hatte man gepanzerte wie ungepanzerte Amphibienfahrzeuge im Pazifik bereits viele Monate lang dazu eingesetzt, Truppen ans Land zu bringen und während des eigentlichen Ansturmes Nahfeuerschutz zu geben. Die blutige Schlacht um Tarawa hatte bewiesen, wie notwendig ein Fahrzeug war, welches vom Schiff an die Küste schwimmen, sodann aus dem Wasser kriechen und an Land wie ein Panzer manövrieren konnte. Solche Amphibienfahrzeuge waren anderen Landungsfahrzeugen beim Angriff weit überlegen; mit ihnen konnten die Truppen trocken landen, und außerdem waren sie den britischen DD-Panzern an Seetüchtigkeit haushoch überlegen.

Generalmajor Charles H. Corlett, der das Amerikanische XIX. Korps kommandierte – eine Nachstoßeinheit, die in der Normandie am 13. Juni eingesetzt wurde –, verfügte über eigene Pazifikerfahrung, und als er nach England überstellt wurde, wo er an der Vorbereitung der Invasion mitarbeiten sollte, drängte er auf den Einsatz von Amphibienfahrzeugen für die Landewellen. Seine Vorschläge wurden nicht beachtet. Vielleicht spielte es bei dieser Ablehnung eine Rolle, daß es nicht allein an solchen Fahrzeugen, sondern auch an Zeit mangelte. Wichtiger aber waren noch zwei andere Umstände. Einerseits fehlte es zwischen dem europäischen und dem pazifischen Kriegsschauplatz an Einvernehmen – die Armeebefehlshaber in Europa glaubten die Antworten auf ihre Fragen selbst zu wissen; ihrer Ansicht nach hatte Europa als Hauptkriegsschauplatz vom Pazifik nur wenig zu lernen. Zum anderen wurden die Angriffsplanungen bis ins kleinste Detail sehr stark von britischen Gedankengängen beeinflußt. Der DD-Panzer war eine britische Entwicklung und hatte daher bei der Planung Vorrang. Dies um so mehr, als es sich um einen Wettlauf von Fahrzeugen handelte, die man in Europa noch kaum je zu Gesicht bekommen hatte. Dieser britische Einfluß zeichnete sich in der gesamten Invasionsphase ab; die Arrangements für Presseverlautbarungen und entsprechende Öffentlichkeitsarbeit waren das Ergebnis britischer Planung und britischer Einflußnahme und paßten leider eher in das Zeitalter Nelsons als das Eisenhowers. Doch trotz allem war die Invasion gelungen: Der Weg in das Herz Europas war freigekämpft.

*Kapitel 7*

# DIE GRÖSSTE SEESCHLACHT DER GESCHICHTE

## *Die Schlacht um den Golf von Leyte*

23. bis 26. Oktober 1944

Im Oktober brach die größte Schlacht der Geschichte – vielleicht die letzte große der Welt – die Macht der kaiserlich-japanischen Marine und läutete den Anfang vom Ende im Pazifik ein. Der Kampf um den Golf von Leyte, ausgetragen vor dem philippinischen Archipel, spielte sich auf einem Gebiet ab, welches mit seinen annähernd 800 000 Quadratkilometern ungefähr doppelt so groß war wie Texas. Im Gegensatz zu den meisten anderen Gefechten des Zweiten Weltkrieges sah die Schlacht um den Golf von Leyte den Einsatz sämtlicher maritimer Kampfmittel vom Unterseeboot bis zum Marineflugzeug.

Das Kaiserreich lag im Sterben, und es gab einige, die das sahen. Der lange Rückzug war zu Ende; die Amerikaner hatten die weiten Räume des Pazifik mit ihren zahllosen Schiffen überbrückt – schon pochte der Feind an die Pforte zu den Heimatstützpunkten der Japaner. So mußte sich Japan denn der allerletzten Entscheidung über Sieg oder Untergang stellen.

Und so wurden die *Sho*-Pläne (»Zur Eroberung«) aufgelegt: wenn die amerikanische Flotte in die innere Zitadelle, die Philippinen, Formosa, die Riu-Kiu-Inseln, die Hauptinseln Japans eindrang, sollte die gesamte restliche japanische Seestreitmacht für einen Gegenschlag mobilisiert werden.

Die Japaner entwarfen vier separate *Sho*-Pläne, deren jeder einem bestimmten Notfall galt; die japanische Abwehr aber setzte, wie Morison bemerkt, vor allem »auf die Philippinen«.

»Das japanische Oberkommando erhielt sehr wenige Informationen durch Aufklärung, viele hingegen aus andersartigen Quellen und aus eigenen Rückschlüssen. Ein wichtiges Detail drang am 6. Oktober von Moskau durch.«

Das sowjetische Außenministerium informierte den japanischen Botschafter, man habe aus diplomatischen Quellen erfahren, daß die amerikanischen 14. und 20. Army Air Forces – damals in China stationiert – Befehl erhalten hätten, die Philippinen durch Angriffe möglichst zu isolieren. Der amerikanische Angriff auf Leyte kam rascher, als die Japaner erwartet hatten, fand jedoch ungefähr dort statt, wo sie ihn erwarteten.

Der amerikanische Nachrichtendienst sah viel weniger klar und zeigte sich übertrieben optimistisch. Generalleutnant G. C. Kennedy, Befehlshaber der Alliierten Streitkräfte im Südwest-Pazifik, beschrieb das Angriffsziel (Leyte) als »relativ verteidigungsschwach« und prophezeite, die Japaner würden keinen starken Widerstand leisten, und eine Flottenaktion sei unwahrscheinlich. (In: Samuel Eliot Morison, »Leyte, June 1944 – January 1945«, History of United States Naval Operations in World War II., XII. Bd., Boston, Little Brown, 1958, S. 71–72.)

Im Oktober 1944, als die amerikanischen Truppen in Europa schon Straßenkämpfe in Aachen führten und die feindlichen Heere einem bitteren Kriegswinter mit unaufhaltsamen Bodenverlusten entgegensahen, war die Zeit für *Sho I* – die Verteidigung der Philippinen – nahezu gekommen. Tarawa war schon Geschichte geworden; und ebenso die Gilbert-Inseln, die Marshall-Inseln, die Marianen, Neu-Guinea, Biak, Palau und Morotai. Auf den neu errichteten Flugplätzen Guams, Saipans und Tinians sammelten sich die B-29 zu ihren Bombenangriffen auf Japan; amerikanische U-Boote jagten und verfolgten die Frachter des Feindes, die amerikanische Flagge wehte über Inseln, die einst vorgeschobene Stützpunkte des mächtigen Kaisers von Japan gewesen waren.

Vom 31. August bis zum 24. September hatten die schnellen Trägerschiffe der Dritten Flotte Admiral William F. Halseys mit der Unterstützung von Schlachtschiffen die japanischen Stützpunkte von Mindanao bis Luzon heimgesucht, und am 21. durchkämmten Marineflieger die Bucht von Manila. Überall auf den Inseln fanden die Angreifer reiche Beute, war der Widerstand des Feindes überraschend schwach. Admiral Halsey berichtete an Admiral Chester W. Nimitz, den Oberkommandierenden im Pazifik: »Unsere Überwasserstreitkräfte haben keinen Schaden genommen; auf den Schirmen flimmert nichts außer Flüchtenden.«

Der schwache Widerstand der Japaner führte zu einem Wandel in der amerikanischen Strategie.

Pläne für die Einnahme der Insel Jap sowie für schrittweises Vorgehen gegen Mindanao im südlichen Teil der Philippinen mit nachfolgendem Vorstoß nach Norden wurden fallengelassen; der amphibische Sturm auf die Insel Leyte in den Zentralphilippinen wurde um zwei Monate auf den 20. Oktober 1944 vorverlegt.

Es begann planmäßig. Eine große Flotte von mehr als 700 amerikanischen Schiffen lief in der Dämmerung des 20. in den Golf von Leyte ein; ein einsames japanisches Flugzeug kreiste am Himmel über der Insel. Anfänglich war der Widerstand der Japaner schwach; die ungeheure amerikanische Armada – mit 151 Panzerlandungsschiffen, 58 Transportschiffen, 22 Panzer-Landungsfahrzeugen, 79 Infanterie-Landungsfahrzeugen und Hunderten von anderen Schiffen die größte Flotte im pazifischen Krieg überhaupt – mag die Verteidiger einfach eingeschüchtert haben. Gegen Ende des Tages A-plus 2 (des 21. Oktober) waren Tausende amerikanischer Soldaten auf Leyte gelandet, wobei es nur geringe Verluste gegeben hatte. Nur drei Kriegsschiffe wurden beschädigt.

Vier Stunden nach der ersten Landung auf Leyte watete General Douglas MacArthur ans Ufer.

Vor einem Mikrophon auf dem soeben eroberten Ufer beschwor MacArthur die Erinnerung an Bataan:

»Dies ist die Stimme der Freiheit – es spricht General MacArthur. An das philippinische Volk: ich bin zurückgekehrt . . .«

Der leichte Kreuzer »Honolulu« war der erste Punkt auf der amerikanischen Verlustliste. Am Nachmittag des Landungstages schoß ein japanisches Torpedo-Flugzeug dem Kreuzer einen Silberfisch in die Backbordseite. Die Explosion riß der »Honolulu« ein Loch in die Wand; schon nach wenigen Minuten hatte sie schwere Schlagseite. Es gab 60 Tote zu beklagen – und das erste außer Gefecht gesetzte Schiff, dem noch viele folgen sollten.

Um 8.09 Uhr am 17. Oktober, knapp 9 Minuten nachdem das amerikanische Schiff »Denver« den ersten Schuß abgab, waren die Japaner alarmiert worden, um an die Durchführung des Planes *Sho I* zu gehen. Admiral Soemu Toyoda, Oberbefehlshaber der Vereinigten Japanischen Flotte und Führer einer Streitmacht, für die, wie er wohl wußte, keine Hoffnung mehr bestand, bekam seine letzte Chance, einen »Feind zu vernichten, der sich eines Überflusses an Material erfreut«. Von seinem Stabsquartier

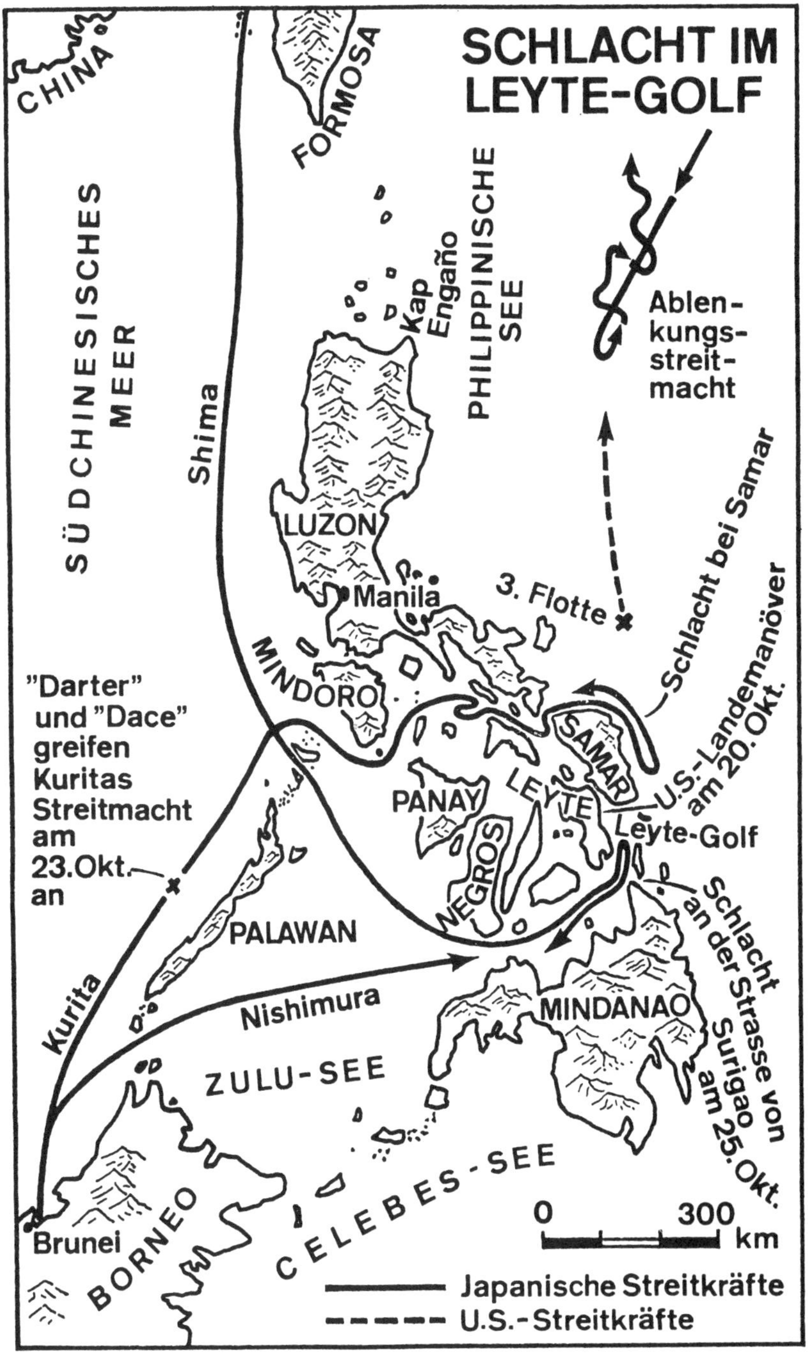

SCHLACHT IM LEYTE-GOLF
CHINA
FORMOSA
SÜDCHINESISCHES MEER
PHILIPPINISCHE SEE
Kap Engaño
Ablen-kungs-streit-macht
Shima
LUZON
Manila
3. Flotte
Schlacht bei Samar
MINDORO
"Darter" und "Dace" greifen Kuritas Streitmacht am 23.Okt. an
SAMAR
U.S.-Landemanöver am 20.Okt.
PANAY
LEYTE
Leyte-Golf
NEGROS
Schlacht an der Strasse von Surigao am 25.Okt.
PALAWAN
MINDANAO
Kurita
Nishimura
ZULU-SEE
CELEBES-SEE
0
300
km
Brunei
BORNEO
Japanische Streitkräfte
U.S.-Streitkräfte

– der Marinekriegsschule ganz dicht bei Tokio – aus schickte er das Kennwort »Erobern« an die weit verstreut stationierten Einheiten.

Der *Sho*-Plan war kühn und aus der Verzweiflung geboren; er paßte gut zu den Endmonaten des Kaiserreiches, das seine Kapazität überfordert hatte. Die japanische Flotte hatte sich von ihren wachsenden Verlusten noch nicht erholt, insbesondere nicht von dem schweren Schlag, der ihr vier Monate zuvor in der Schlacht bei den Marianen beigebracht worden war, als Admiral Raymond W. Spruance, der die amerikanischen Landungen auf den Marianen abschirmte, über 400 japanische Flugzeuge zerstreute, drei japanische Trägerschiffe versenkte und half, der japanischen Marine-Luftwaffe das Genick zu brechen. Um die Mitte Oktober, als Halsey in einem Vorspiel zur Landung im Leyte-Golf einen schweren Schlag gegen Formosa führte, hatte Toyoda seine landgestützten Flugzeuge eingesetzt und auch seine eilends ausgebildeten Ersatzpiloten für Trägerflugzeuge in den Kampf geworfen. Dieses Spiel hatte er verloren. Aber »Pathologie der Furcht« der Japaner und ihre seltsame Neigung, Niederlagen in ihren offiziellen Berichten als Siege umzuwandeln, vergrößerte noch die normalerweise übertriebenen Abschußzahlen – Tokio erklärte, die Dritte Amerikanische Flotte habe »aufgehört, als organisierte Streitmacht zu existieren«.

Ein feindliches Flugzeug warf über dem kürzlich eingenommenen Peleliu Flugblätter ab:

### Ein harter Yankee Doodle

Wißt ihr, was für eine Schlacht die amerikanische 58. (sic!) Flotte auf dem Meere nahe Taiwan auf Formosa und den Philippinen geschlagen hat? Die starke Luftwaffe Japans hat ihre 19 Flugzeugträger, 4 Schlachtschiffe, 10 Kreuzer verschiedener Klassen und Zerstörer versenkt sowie 1261 Trägerflugzeuge auf den Grund des Meeres geschickt ...

In Wahrheit wurden nur zwei Kreuzer – »Canberra« und »Houston« – beschädigt und weniger als 100 amerikanische Maschinen abgeschossen; für die Japaner sollte es ein böses Erwachen geben, als die große Invasionsflotte sich dem Golf von Leyte näherte.

Was aber Toyoda angeht, so hatte die Schlacht bei den Marianen und sein erfolgloser Versuch, die Insel Formosa zu verteidigen, die japanische Flotte aller Mittel zur Abwehr von Luftangriffen entblößt. Toyoda hatte Trägerschiffe – dafür aber nur wenige Trägerflugzeuge und nur halb ausgebildete Piloten. Daher mußte man sich bei der Durchführung von Plan *Sho I* auf List und Täuschung, Nachtoperationen und die erreichbare Luftabschirmung verlassen, hauptsächlich mittels landgestützter Flugzeuge, die von den Philippinen aus in enger Zusammenarbeit mit der Flotte operierten.

Doch Toyoda war noch durch einen anderen Umstand im Nachteil – seine Flotte war über große Entfernungen und Gebiete verstreut. Von seinem Land-Stabsquartier aus befehligte er eine theoretisch »Vereinigte« Flotte, aber Vizeadmiral Jisaburo Ozawa, dessen Flagge auf dem Flugzeugträger »Zuikaku« wehte und der die angeschlagenen Trägerschiffe und einige Kreuzer und Zerstörer kommandierte, lag noch in den Heimatgewässern des Japanischen Meeres. Der größte Teil der schweren Einheiten dieser Flotte – Vizeadmiral Takeo Kuritas 1. Ablenkungsangriffs-Streitmacht mit 7 Schlachtschiffen, 13 Kreuzern und 19 Zerstörern – lag noch bei den Lingga-Inseln bei Singapur vor Anker – in der Nähe ihrer Treibstoffquellen. So war die japanische Flotte angesichts einer überlegenen feindlichen Seestreitmacht auseinandergerissen, und sie konnte vor Schlachtbeginn nicht mehr zusammengezogen werden.

Diese Nachteile (und die Geographie der Philippinen) diktierten den Japanern ihren Plan, der in letzter Minute – teils wegen des Mangels der japanischen Flotte an Trägerflugzeugen – eilends umgestaltet wurde. Zwei Haupt-Wasserstraßen – die Straße von San Bernardino nördlich der Insel Samar und die Straße von Surigao zwischen Mindanao und Dinagat sowie Leyte und Panaon – führen vom Südchinesischen Meer zum Golf von Leyte, wo die große Streitmacht MacArthurs die Invasion unternehmen mußte. Die in der Nähe von Singapur stationierten japanischen Schiffe – die sogenannte 1. Ablenkungsangriffs-Streitmacht – sollten nordwärts nach Leyte dampfen und auf dem Wege in der Bucht von Brunei auf Borneo Treibstoff fassen. Dort sollte sich die Flotte teilen: die Gruppe Mitte unter Vizeadmiral Takeo Kurita (dessen Stander auf dem schweren Kreuzer

»Atago« wehte) mit insgesamt 5 Schlachtschiffen, 10 schweren Kreuzern, 2 leichten Kreuzern und 15 Zerstörern sollte bei Nacht die Straße von San Bernardino passieren; die Gruppe Süd unter Vizeadmiral Shoji Nishimura mit zwei Schlachtschiffen, einem schweren Kreuzer und 4 Zerstörern sollte in der Straße von Surigao um eine Hilfsflotte unter Vizeadmiral Kiyohide Shima erweitert werden, deren drei Kreuzer und vier Zerstörer den ganzen langen Weg von ihren Stützpunkten auf den japanischen Hauptinseln durch die Straße von Formosa mit einem Zwischenaufenthalt auf den Pescadoren zurücklegen mußten. Alle diese Flottenverbände sollten in der Dämmerung des 25. Oktober zugleich auf die große amerikanische Armada im Golf von Leyte treffen und zwischen den dünnhäutigen Amphibienschiffen operieren.

Schlüssel zu dieser Operation aber waren die geschwächten Trägerschiffe der Japaner, die unter Vizeadmiral Jisaburo Ozawa von ihren Stützpunkten im Japanischen Meer aus operierten. Diese Schiffe – ein schwerer Flugzeugträger und drei leichte Trägerschiffe, die ca. 116 Trägermaschinen an Bord hatten (alles, was von der einstmals großen Trägerschiffwaffe der Japaner übriggeblieben war) – sollten südwärts nach Luzon dampfen und Admiral Halseys große Dritte Flotte, die die amphibische Invasion von Leyte abschirmte, als »künstlicher Köder« locken. Die Ablenkungsgruppe Nord sollte von zwei Schlacht-Träger-Schiffen »Ise« und »Hyuga«, deren Achter-Türme durch kurze Flugdecks ersetzt worden waren, die jedoch über keine Trägermaschinen verfügten – und drei Kreuzern sowie neun Zerstörern begleitet werden. Ozawa sollte Halseys Dritte Flotte nach Norden locken, von Leyte weg, und den Weg für Kurita und Nishimura in den Golf von Leyte freimachen.

Zugleich sollten diese drei Flotten, wenn auch nicht durch direkten Flugzeugschutz, so doch durch intensive Angriffe japanischer landgestützter Maschinen auf amerikanische Träger- und Transportschiffe unterstützt werden. Diese japanischen Angriffs-Spezialgruppen wurden buchstäblich in letzter Minute als letzte Rettung aktiviert – und dann nahmen die Kamikaze-Flieger (»Göttlicher Wind«) ihre selbstmörderischen Sturzflüge auf amerikanische Schiffe auf. Bereits am 15. Oktober hatte Konteradmiral Masabumi Arima, ein untergeordneter Kommandeur der kaiserlichen Marineluftwaffe, von einem philippinischen Flugplatz aus startend einen Kamikaze-Flug ausgeführt und damit das Startsignal für seine Männer gegeben. Als Vizeadmiral Takijiro Ohnishi am 17. Oktober das Kommando über die Erste Luftflotte übernahm, waren im gesamten philippinischen Archipel nur ungefähr 100 japanische Maschinen einsatzfähig. Demgegenüber lagen – und Admiral Ohnishi wußte das – in der nächsten Umgebung 20 bis 30 amerikanische Flugzeugträger. Zur Lösung dieser Gleichung wurde der Kamikaze geboren. Admiral Ohnishi machte diesen Fliegern ihren Auftrag in einer Ansprache vor den japanischen Gruppenkommandeuren auf den Philippinen am 19. Oktober klar:

»Das Schicksal des Kaiserreiches hängt von dieser Operation ab ... Unsere Überwasserstreitmacht ist bereits in Marsch gesetzt ... Es ist die Aufgabe unserer Ersten Luftflotte, landgestützte Luftabsicherung für Admiral Kuritas Vorstoß zu geben ... Um dies zu erreichen, müssen wir die Trägerschiffe des Feindes treffen und sie mindestens eine Woche lang neutralisieren. – Meiner Meinung nach kann man nur auf eine Weise sicherstellen, daß unsere schwachen Kräfte maximal erfolgreich eingesetzt werden, und zwar, unsere bombenbeladenen Jagdmaschinen hineinzujagen in die Decks der feindlichen Trägerschiffe.«

Alle diese weitverstreuten Kräfte standen unter dem Oberkommando Admiral Toyodas, der weit weg in Tokio saß.

So also stand es um den Plan *Sho I*, den vielleicht gewagtesten, kühnsten und eigenwilligsten Plan der gesamten Seekriegsgeschichte.

Er verlangte den Einsatz praktisch von allem, was von den schwimmenden oder fliegenden Kampfverbänden der japanischen Marine noch übriggeblieben war – 4 Trägerschiffe, 2 Schlacht-Träger-Schiffe, 7 Schlachtschiffe, 19 Kreuzer, 33 Zerstörer und vielleicht 500 bis 700 Flugzeuge, von denen die meisten landgestützt operierten.

Aber die amerikanische Streitmacht, die ihnen gegenüberstand, war viel stärker. Wie die japanischen Einheiten, deren einziger gemeinsamer Befehlshaber sehr weit weg in Tokio saß, operierte die amerikanische Flotte am Ort unter mehreren Befehlshabern. Als Befehlshaber des Kriegsschauplatzes Südwestpazifik hatte General MacArthur auch den Oberbefehl über die Leyte-Invasion und kommandierte über Admiral Thomas C. Kinkaid die Siebente Flotte, deren unmittelbare Aufgabe die amphibische Operation war. Admiral Halseys starke Sicherungskräfte – die Dritte Flotte, die stärkste der Welt – jedoch stand nicht unter MacArthurs Befehl. Sie war ein Teil der Pazifikverbände von Admiral Chester W. Nimitz, und Nimitz' Stabsquartier befand sich auf Hawaii. Über Nimitz und MacArthur aber gab es nur noch ein einheitliches Kommando – und das war Washington.

Die Feuerkraft von Kinkaids Siebenter Flotte wurde von 6 alten Schlachtschiffen repräsentiert, von denen man 5 aus dem Schlamm von Pearl Harbor gehievt hatte. Jedoch verfügte er noch über 16 Geleitflugzeugträger – kleine umgebaute Handelsschiffe mit langsamen Maschinen –, 8 Kreuzer und mehrere Dutzend Zerstörer und Geleitzerstörer, Fregatten, Schnellboote und Fahrzeuge anderer Klassen. Kinkaids Aufgabe bestand darin, für die Armee Landbeschuß und Luftnahunterstützung und für die amphibischen Kräfte U-Boot- und Luftabwehr bereitzustellen.

Halsey wurde mit 8 großen Angriffs-Trägerschiffen, 8 leichten Trägerschiffen, 6 schnellen neuen Schlachtschiffen, 15 Kreuzern und 58 Zerstörern dazu beordert, »Einheiten des Befehlsbereiches Südwest-Pazifik (MacArthur) abzuschirmen und zu unterstützen und bei der Eroberung und Besetzung von zentral-philippinischen Zielen Hilfestellung zu leisten«. Er sollte feindliche See- und Luftstreitkräfte vernichten, die die Invasion bedrohten. Und: »Falls eine Gelegenheit zur Vernichtung größerer Einheiten der feindlichen Flotte geschaffen werden kann oder sich anbietet, muß dies als Vorrangaufgabe angesehen werden.« Halsey blieb weiterhin Admiral Nimitz verantwortlich, doch »werden ihre Befehlshaber ... die notwendigen Maßnahmen für eine detaillierte Koordinierung der einzelnen Operationen von (Dritter Flotte) ... und (Siebenter Flotte) treffen«.

Die vereinigten Dritten und Siebenten Flotten geboten insgesamt über 1000 bis 1400 Trägerflugzeuge – 32 Flugzeugträger, 12 Schlachtschiffe, 23 Kreuzer, über 100 Zerstörer und Geleitzerstörer und zahlreiche Schiffe kleinerer Typen und Hunderte von Hilfsfahrzeugen. Auch verfügte die Siebente Flotte über ein paar begleitschiff-gestützte Aufklärungs-Flugboote. An den weiträumigen Luftangriffen und den drei weitauseinanderliegenden Hauptkämpfen, die später »Die Schlacht um den Golf von Leyte« genannt wurden, nahmen jedoch nicht alle diese Einheiten teil.

Es beginnt mit Verlusten durch U-Boote. In der Dämmerung des 23. Oktober fangen die in der Palawan-Passage patrouillierenden amerikanischen U-Boote »Darter« und »Dace« Admiral Kurita ab. Die »Darter« jagt Kuritas Flaggschiff, dem schweren Kreuzer »Atago«, aus einer Entfernung von weniger als 900 Metern fünf Torpedos in den Rumpf und beschädigt den Kreuzer »Takao«. »Dace« trifft den Kreuzer »Maya« mit vier Torpedos. Die »Atago« sinkt in ca. 20 Minuten; Kurita setzt seine Flagge dann zuerst auf dem Zerstörer »Kishinani« und später auf dem Schlachtschiff »Yamato«. Die »Maya« explodiert und sinkt in vier Minuten; die »Takao«, die brennt und tief im Wasser liegt, wird nach Brunei zurückgeschickt, zwei Zerstörer begleiten sie. Kurita kämpft weiter; angeschlagen, doch nicht aufzuhalten, strebt er der Straße von San Bernardino zu.

## 24. Oktober

An Bord des Schlachtschiffes »New Jersey«, dem Flaggschiff »Bull« Halseys, ist für diesen Tag alles vorbereitet. Rasch löst die Sonne den Morgennebel auf. Die Trägerschiffe rollen leicht in der Dünung; über die Bordlautsprecher auf den Flugdecks kommt der Befehl: »Alle Piloten in die Maschinen.«

Um 6.00 Uhr steigen Suchflugzeuge der Dritten Flotte auf und ziehen über dem Wasser einen weiten Bogen bis zu den Zugängen der Straßen von San Bernardino und Surigao. Meldungen von den U-Booten »Darter«, »Dace« und »Guitarro« haben die Amerikaner alarmiert, aber nicht rechtzeitig genug, um den größten Kampfverband der Dritten Flotte – Kampfverband 38.1 unter Vizeadmiral John S. (»Slew«) McCain – noch anhalten zu können, der Befehl hat, sich nach Ulithi zurückzuziehen, dort zu pausieren und Vorräte an Bord zu nehmen. Die drei anderen Kampfverbände der Dritten Flotte sind über 500 Kilometer Ozean östlich der Philippinen von Mittelluzon bis Südsamar verteilt; der eine Kampfverband – der nördliche – wurde die ganze Nacht über von feindlichen »Schnüfflern« verfolgt, die nicht abzuschütteln waren. Als die Flugzeuge aufstiegen, um die riffdurchzogenen Gewässer der Sibuyan- und Sulu-See und die Zugänge zu den Straßen vom San Bernardino und Surigao abzusuchen, unterstützten Kinkaids alte Schlachtschiffe und kleinen Flugzeugträger von Leyte die GIs am Ufer.

Um 7.46 Uhr berichtet Oberleutnant zur See Max Adams, der einen »Helldriver« über die grandiosen vulkanischen Schründe, palmenbestandenen Inseln und blauen Gewässer des Archipels steuert, daß er Radarkontakt hat, und ein paar Minuten darauf liegt Kuritas 1. Ablenkungsangriffs-Streitmacht als breiter Fächer von Spielzeugschiffen auf einer See, die wie gemalt wirkt.

Im Kartenhaus der »New Jersey« wächst die Spannung, als die Kontaktmeldung eintrifft und mit Fähnchen ausgesteckt wird. Aus den Funkgeräten knattern »dringende« und »Geheimhaltungsstufe eins«-Meldungen an Nimitz, Kinkaid, Washington und alle Kampfverbandskommandeure. McCain, 600 Meilen weiter östlich auf dem Wege nach Ulithi, wo er rasten sollte, wird zurückgerufen; die Dritte Flotte erhält Befehl, sich vor der Straße von San Bernardino zu sammeln und von dort aus Schläge gegen den Feind zu führen.

Weit unten im Süden aber wird um 8.20 Uhr zum erstenmal der Südarm der japanischen »Zange« gesichtet – Vizeadmiral Nishimura dampft mit den Schlachtschiffen »Fuso« und »Yamashiro«, dem schweren Kreuzer »Mogami« und 4 Zerstörern auf Sirugao zu. Suchflugzeuge von der »Enterprise« greifen durch heftiges Flakfeuer hindurch an; die Katapultanlage der Fuso wird getroffen, ihre Maschinen werden zerstört, ein Brand bricht aus, auf dem Zerstörer »Shigure« wird eine Lafette beschädigt – doch Nishimura dampft mit unverminderter Geschwindigkeit weiter nach Osten. Und Halsey fährt fort, seine Flotte bei San Bernardino zusammenzuziehen, wo er die Zentralstreitmacht der Japaner schlagen will.

An diesem Morgen haben die Amerikaner weder im Norden noch im Nordosten aufklären lassen, und so dampfen Ozawas Ablenkungsverbände noch immer unentdeckt auf Luzon zu.

Der *Sho*-Plan geht nunmehr seinem dramatischen Höhepunkt entgegen. Japanische Maschinen, die von Ozawas Trägerschiffen und philippinischen Flugplätzen aufsteigen, beginnen den wildesten Angriff seit der Landung auf die Siebente und die Dritte Flotte. Im Norden, vor Luzon, bekommen die Trägerschiffe »Langley«, »Princeton«, »Essex« und »Lexington« den Hauptdruck dieser geflügelten Wirbelstürme zu spüren. Sieben »Hellcats« von der »Essex«, geführt von Commander David McCampbell, fangen 60 japanische Maschinen ab (von denen die Hälfte Jäger sind), und nach einem Luftkampf von 1 Stunde und 35 Minuten haben die Japaner 24 Maschinen verloren, die Amerikaner keine einzige. Die »Princeton« gibt durch, sie habe bei einem weiteren Großangriff 34 Feindflugzeuge vom Himmel geholt, und auch die Flieger der »Lexington« und der »Langley« sind eifrig bei der Sache.

Aber auch die Japaner treiben Blutzoll ein. Ungefähr um 9.38 Uhr, als die Dritte Flotte sich gegen San Bernardino zusammenzuziehen beginnt und die Flugzeugträger sich bereitmachen, ihre Flugdecklast gegen die Zentralstreitmacht des Feindes zu werfen, taucht vom Radar unbemerkt ein japanischer Stuka aus den tiefhängenden Wolken herab. Er wirft eine 550-Pfund-Bombe genau auf das Flugdeck der »Princeton«. Die Bombe durchschlägt das Hangardeck, entzündet den Treibstoff in den Tanks von sechs Torpedoflugzeugen – Feuer bricht aus. Die Leute eilen zur Brandbekämpfung herbei, doch gegen 10.02 Uhr reißt eine Serie starker Explosionen das Flugdeck auf – es ist wie bei einer Melone, die beim Aufprall auf dem Boden aufplatzt. Der Flugzeugaufzug achtern wird hoch in die Luft geschleudert, und gegen 10.20 Uhr kann der Brand der »Princeton« nicht mehr gelöscht werden: sterbend liegt sie in der See, und über vierhundert Meter hoch steigt der Rauch von ihr auf. Hunderte ihrer Besatzungsmitglieder schwimmen rings im Wasser. Der Kampfverband dampft weiter nach Süden, dem Treffen bei San Bernardino entgegen, während die Kreuzer »Birmingham« und »Reno« und die Zerstörer »Gatling«, »Irwin« und »Cassin Young« sich in einem ganztägigen Kampf um die Erhaltung der brennenden »Princeton« bemühen.

Doch während die »Princeton« in Flammen auf dem Wasser liegt, muß Kuritas Zentralstreitmacht – 5 Schlachtschiffe, begleitet von Kreuzern und Zerstörern – Spießruten laufen. Um 10.25 Uhr unternehmen die Flugzeugträger erste Schläge gegen den ersten japanischen Ablenkungsangriffsverband; die amerikanischen Piloten konzentrieren ihre Angriffe auf Ziele, die noch keiner von ihnen zuvor zu Gesicht bekommen hatte – die größten Schlachtschiffe der Welt nämlich. »Yamato« und »Musashi«, schon lange im Mittelpunkt aller nachrichtendienstlichen Berichte, bieten sich der Marineluftwaffe dar – mit ihren 69 500 BRT, 18.1-Zoll-Geschützen und ihrer Geschwindigkeit von 27,5 Knoten lassen sie ihre Schwestern als Zwerge erscheinen. Die »Musashi« bekommt schon bald etwas ab; aus ihrer Flanke strömt Öl auf die blauen Wasser, als ein Torpedo sein Ziel genau erreichte. Aber das Schiff ist stark; es fährt mit unverminderter Geschwindigkeit. Anders die »Myoko«. Dieser schwere Kreuzer wird gleich beim ersten Angriff schwer getroffen; er verlangsamt auf 15 Knoten und muß sich achteraus allein in einen Hafen schleppen. Von zehn schweren Kreuzern, die so glanzvoll von Brunei ausgelaufen waren, hat Kurita vier verloren.

Aber keine Verschnaufpause ist ihm vergönnt. Um 12.03 Uhr fährt ein weiterer Schlag auf ihn hernieder. Die japanischen Luftabwehrkanonen bestreichen den Himmel, und selbst die Hauptbatterien der Schiffe feuern. Mehrere amerikanische Maschinen werden getroffen; ein Flugzeug stürzt brennend ab, aber auch die »Musashi« bekommt zwei Bomben und ein Torpedo ab. Sie verliert an Geschwindigkeit und fällt langsam aber sicher hinter den Verband zurück.

Anderthalb Stunden später wird die »Yamato« von zwei Treffern erwischt, die vor dem Geschützturm Nr. 1 einschlagen. Ein Feuer bricht aus, doch dank der dicken Haut des Schiffes ist die Gefahr nur gering, das Feuer wird gelöscht. Aber die »Musashi« ist schwer beschädigt – bei diesem Angriff bekommt sie noch vier Bomben und drei weitere Torpedos ab, ihre Aufbauten sind zertrümmert, ihr Bug liegt fast unter Wasser, ihre Geschwindigkeit geht zunächst auf 16 und dann auf 12 Knoten zurück.

Langwierig ist der Todeskampf von Kuritas Flotte an diesem langen, sonnenhellen Tage. Vergebens hofft der Admiral auf Luftunterstützung. Beim vierten Angriff wird die »Yamato« nochmals getroffen und das Schlachtschiff »Nagato« beschädigt.

Um 15 Uhr nachmittags befiehlt Kurita der zurückfallenden »Musashi«, sich aus der Gefechtslinie zurückzuziehen. Der Befehl aber kommt zu spät. Als sie sich schwerfällig dreht, um in Sicherheit zu fahren, wird sie das Hauptziel des letzten und schwersten Angriffs dieses Tages. Nach 15 Minuten bekommt die »Musashi« den Todesstoß – zehn weitere Bomben, vier weitere Torpedos. Sie macht jetzt noch ganze 6 Knoten, ihr Bug ist unter der Wasserlinie, und als sterbender Gladiator schleppt sie sich mit Schlagseite in den Hafen.

Kurita ist angeschlagen. Er hat keine Luftsicherung für seine Schiffe, er ist intensiven Angriffen ausgesetzt gewesen, seine Streitmacht von ehemals 5 Schlachtschiffen, 12 Kreuzern und 15 Zerstörern ist auf 4 Schlachtschiffe, 8 Kreuzer und 11 Zerstörer reduziert worden. Alle ihm verbliebenen Schlachtschiffe haben Schäden davongetragen, die Geschwindigkeit seines Verbandes liegt bei 22 Knoten fest. Und keine Anzeichen, daß Ozawas Ablenkungsflotte im Norden die Dritte Flotte wirklich von San Bernardino wegzulocken vermag. Um 15.30 geht Kurita auf Gegenkurs und dampft westwärts davon. Amerikanische Piloten melden Admiral Halsey an Bord der »New Jersey« den »Rückzug« ...

Admiral Halsey aber vermißt in diesem Puzzlespiel ein Stückchen – die japanischen Flugzeugträger.

Der Kampfverband Nord der Dritten Flotte ist von feindlichen Flugzeugen angegriffen worden, die dem Typ nach Trägerflugzeuge und vielleicht landgestützt waren – doch kein einziger der feindlichen Flugzeugträger wurde gesichtet. Wo sind sie?

Um 14.05 Uhr, als Kuritas Hauptstreitmacht in der Sibuya-See zerschlagen wird, steigen die Flugzeuge der »Lexington« auf, um der Sache nachzugehen. Sie haben Befehl, die offenen Gewässer im Norden und Nordosten abzusuchen, die am Morgen nicht beflogen worden waren.

Die Suchflugzeuge durchstoßen Wolkenbildungen und kleinere Regenschauer. Hinter sich lassen sie einen Kampfverband, der von japanischen Flugzeugen erbittert, wenn auch nur unregelmäßig angegriffen wird.

Die brennende »Princeton«, in Rauch und Flammen gehüllt, schwimmt noch. Rettungsschiffe umgeben sie. Ungeachtet immer wieder aufberstender Explosionen und der sengenden Hitze haben sich die Kreuzer »Birmingham« und »Reno« sowie die Zerstörer »Morrison«, »Irwin« und »Cassin Young« neben das Schiff gesetzt. Sie pumpen Wasser hinüber auf das brennende Schiff. Der Kampf gegen die Flammen wird von feindlichen Luftangriffen und U-Boot-Alarm unterbrochen. Die Rettungsschiffe dampfen davon. Um 15.23 – ungefähr um die Zeit, da Kurita 500 Kilometer weit entfernt auf Gegenkurs geht und nach Westen in die Sibuya-See dampft, nähert sich der Kreuzer »Birmingham« der »Princeton« wieder und kommt hart backbord. Auf den offenen Decks des Kreuzers quirlen die Männer durcheinander – Feuerwehrleute, Männer mit Tauen, Flakschützen, Sanitäter, Rettungstrupps, Wachhabende. Zwischen der brennenden »Princeton« und ihrer Retterin, der »Birmingham«, liegen ganze 15 Meter Wasserfläche. Ein Springtau ist voreilig zwischen Träger und Kreuzer ausgeworfen.

Plötzlich reißt eine »unerhörte Explosion« der »Princeton« Heck und Hinterteil des Flugdecks fort – Stahlplatten, groß »wie ein Haus«, fliegen durch die Luft, gezackte Stahltrümmer, Fetzen von Geschützläufen, Schrapnells, Helme, Splitter zerschlagen die Brücke der »Birmingham«, ihre wimmelnden Decks, ihre Aufbauten. Im Bruchteil einer Sekunde hat sich der Kreuzer in ein Schlachthaus verwandelt, die Decks triefen buchstäblich von Blut – 229 Tote, 420 Verletzte. Die Aufbauten des Schiffes sind Siebe.

Noch aber schwimmt die »Princeton« auf ebenem Kiel. Sie brennt wie ein Vulkan. Die Mannschaften an Bord sehen wie blutbeschmierte Gespenster aus.

Um 16.40 Uhr zahlt sich die Suche im Norden aus. Amerikanische Flugzeuge sichten Ozawas Täuschungsflotte von Flugzeugträgern. Die von ihnen eingehenden Feindberührungs-Berichte elektrisieren die Dritte Flotte, führen sie aber auch irre – zu Ozawas Gruppe Nord, die ungefähr 130 Meilen östlich der Nordspitze von Luzon ausgemacht wurde, gehören zwar die beiden Hermaphroditenschiffe (jene Mischung zwischen Träger- und Schlachtschiff), doch melden unsere Flieger irrtümlich vier. Und unsere Piloten wissen auch nicht, daß Ozawas Trägerschiffe so gut wie keine Flugzeuge an Bord haben.

Ihre Meldungen aber besiegeln das Schicksal der »Princeton«. Der erschöpfte Brandbekämpfungstrupp wird von Bord genommen. Der eintägige Kampf ist zu Ende; um 16.49 Uhr schießt die »Reno« zwei Torpedos in den brennenden Schiffsrumpf. Der Flugzeugträger explodiert, bricht in der Mitte auseinander und versinkt. Die angeschlagene »Birmingham«, die viel mehr Leute verlor als sie zu retten versuchte, dampft mit Toten und Sterbenden an Bord aus der Gefechtszone heraus nach Ulithi . . .

Zwei Stunden später verliert die gigantische »Musashi«, der ganze Stolz der Kampfgruppe Kuritas, bei der Insel Sibuyan ihren langen Kampf. Zu Tode getroffen sinkt sie in der ruhigen See tiefer und tiefer, und als der Abend hereinbricht, kentert das größte Schlachtschiff der Welt und reißt die halbe Besatzung mit in die Tiefe. Aber kein Amerikaner sieht sie dabei – und kein Amerikaner hat beobachtet, wie Kurita am frühen Nachmittag seinen Kurs nochmals ändert und mit seiner angeschlagenen, doch immer noch starken Zentralkampfgruppe um 17.14 mit Volldampf wieder auf die Straße von San Bernardino zuhält ...

Um 19.50 Uhr – die tropische Dämmerung sinkt schon – trifft »Bull« Halsey seine Entscheidung und informiert Kinkaid, den Befehlshaber der Siebenten Flotte: »Zentralkampfgruppe nach Schadensberichten schwer getroffen. Gehe mit drei Gruppen nach Norden, um Flugzeugträger bei Dämmerung anzugreifen.«

Die Dritte Flotte sammelt sich und dampft eiligst nach Norden. Die japanische Kampfgruppe Nord wird von »Nacht-Schnüfflern« der »Independence« beschattet; die Flugzeugträger erhalten Befehl, die Maschinen gegen Sonnenaufgang starten zu lassen. Die Straße von San Bernardino ist nunmehr ungeschützt – nicht einmal ein U-Boot patrouilliert durch die Gewässer dort. Kinkaid und die Siebente Flotte, die die Invasion von Leyte abschirmen, sind überzeugt, daß Halsey die Straße sichert, und Halsey, der sich allzu sehr auf übertriebene Abschuß-Erfolgsmeldungen seiner Piloten verläßt, ist der Meinung, Kuritas Zentralkampfgruppe sei durch die Luftangriffe dieses Tages gestoppt worden und könne als schwacher Rest einer Flotte ohne weiteres Risiko Kinkaid überlassen bleiben.

Dunkel liegt die Straße von Surigao im Schatten der Landmasse. Seit dem Morgen sind hier keine Einheiten der japanischen Kampfgruppe Süd gesichtet worden; selbst die genaue Position dieses Verbandes ist nicht bekannt. Aber Kinkaid und die Siebente Flotte bezweifeln nicht, daß die Japaner in dieser Nacht versuchen werden durchzubrechen. Kinkaid und Konteradmiral Jesse B. Oldendorf, sein taktischer Führer, haben Dispositionen für eine nächtliche Überwasserschlacht getroffen. Sie haben ein passendes Empfangskomitee bereitgestellt – u. a. Schnellboote, die in der Tiefe der Straße von Surigao die südlichen Zugänge bewachen, drei Zerstörergeschwader nahe dem Zentrum, und an der Mündung, dort, wo sich die Straße zum Golf von Leyte erweitert, sechs alte Schlachtschiffe und acht Kreuzer.

Und in diese Falle nun tappt die japanische Kampfgruppe Süd in zwei voneinander unabhängigen Divisionen. Nishimura führt den Verband mit seinen Schlachtschiffen »Fuso« und »»Yamashiro«, dem Kreuzer »Mogami« und 4 Zerstörern an. 30 Kilometer hinter ihm kreuzt Vizeadmiral Shima mit drei Kreuzern und vier Zerstörern aus japanischen Heimatstützpunkten. Die beiden japanischen Verbände greifen einzeln und unkoordiniert an; keiner hat eine genauere Kenntnis der Pläne des anderen. Shima und Nishimura waren an der japanischen Marineakademie; in ihrer beruflichen Laufbahn rivalisieren sie jetzt miteinander. Nishima, der Dienstältere der beiden, ist von Shima, der die kleinere Einheit kommandiert, in der Beförderung überholt worden. Aber Nishimura, der see-erfahrene Admiral, hat auch die größere Kriegserfahrung. Keiner scheint dem anderen sonderlich gewogen – es gibt keine gemeinsame Truppenführung.

Ungefähr um 23.00 Uhr erfassen die Radarschirme der Schnellboote den Feind. 39 Schnellboote halten mit gedrosselten Motoren auf Nishimura zu und greifen in nacheinanderfolgenden »Wellen« an, als der Feind weiter vorrückt. Aber die Japaner landen die ersten Treffer. Die feindlichen Zerstörer erleuchten die kleinen Boote mit ihren Suchscheinwerfern lange bevor die Schnellboote auf gute Torpedoschußweite heran sind; Schnellboot 125 bekommt einen Treffer ab und beginnt zu brennen; das Feuer erlischt, als ein Einschlag in Zielnähe einen Wasserschwall über Bord rauschen läßt. Auch die Boote 130 und 132 werden getroffen. Aber Nishimura ist jetzt erkannt – die Amerikaner melden Kurs, Geschwindigkeit und Formation seines Verbandes über Funk an Kinkaid, und dann setzen die Schnellboote ihre Jagd auf den Feind fort.

Zu den wichtigsten Aufgaben der Schnellboote gehörte es, die Bewegungen feindlicher Einheiten zu beobachten. Morison sagt, daß während dieses nächtlichen Kampfes 30 von den 39 Schiffen in »irgendein Gefecht« verwickelt worden seien. Es wurden über 34 Torpedos verschossen; nur eines traf sein Ziel – die »Abukuma«. Die Boote haben »den Feind weder aufgehalten noch verwirrt und wurden schließlich von seinem Geschützfeuer vertrieben«, leisteten mit ihren Feindberührungsberichten jedoch unerläßliche Arbeit. Von den 30 Booten, die in feindliches Feuer gerieten, wurden 10 getroffen. Eingebüßt aber wurde nur eines, und die Gesamtverluste beliefen sich auf 3 Gefallene und 20 Verwundete.

An Bord des Zerstörers »Remey«, Flaggschiff des Zerstörergeschwaders 54, stellt Commander R. P. Fiala den Lautsprecher an und wendet sich an seine Mannschaft:

»Hier spricht der Kapitän. Heute nacht soll unser Schiff den ersten Torpedoangriff auf die japanische Kampfgruppe führen, die unterwegs ist, um unsere Landungen im Golf von Leyte zu stoppen. Es ist unsere Aufgabe, die Japaner daran zu hindern. Möge Gott heute nacht mit uns sein.«

Die Zerstörer greifen an beiden Flanken der engen Straße an; ihre Umrisse verschmelzen mit der Landmasse. Die Japaner, in der Mitte eingeklemmt, können die dunklen Schiffssilhouetten fast nicht vom dunklen Land unterscheiden; das Radar ist gestört, und die Leuchtpunkte auf den Schirmen gehen in einem ungenauen Lichtgeflacker unter.

Es ist schon lange Mittelwache – 3.01 Uhr am 25. –, als die ersten Zerstörer-Torpedos quer über die Straße zischen. In weniger als einer halben Stunde ist Nishimura zusammengeschossen. Sein langsames und schwerfälliges Flaggschiff, das Schlachtschiff »Yamashiro«, wird getroffen, sein Zerstörer »Yamagumo« versenkt. Zwei weitere Zerstörer geraten ihren Besatzungen aus der Kontrolle. Nishimura läßt seinen letzten Befehl herausgeben:

»Wir stecken in einem Torpedoangriff. Wir müssen weitermachen und alle Schiffe angreifen.«

Das Schlachtschiff »Fuso«, der Kreuzer »Mogami« und der Zerstörer »Shigure« halten weiter auf den Golf von Leyte zu.

Aber noch vor 4.00 Uhr bezeichnet eine unerhörte Flammeneruption, ein wahres Feuerwerk, den Untergang der »Yamashiro« – ein weiteres amerikanisches Torpedo hat den Weg in ihr Magazin gefunden. Das Schiff zerbricht in zwei Teile und sinkt.

Die »Fuso« überlebt ihre Schwester nicht lange. Sechs alte Schlachtschiffe patrouillieren in der Mündung der Straße hin und her und warten. Ein wahrer Traum für einen Admiral. Wie Togo bei Tshushima, wie Jellicoe bei Jütland hat Kinkaid jetzt zusammen mit Oldendorf sich als Querstrich eines T etabliert – die übrigen japanischen Schiffe rennen geradewegs gegen eine Front amerikanischer Schiffe an, die die hintereinanderfahrenden Japaner im rechten Winkel abfängt. Die konzentrierten Breitseiten von sechs Flakschiffen können gegen das japanische Führungsschiff gerichtet werden, das seinerseits die Amerikaner nur aus den vorderen Geschütztürmen bestreichen kann.

Höhepunkt der Schlacht. Als die Zerstörer den letzten und schwersten Angriff vortragen, eröffnen auch die Kreuzer und Schlachtschiffe das Feuer, und rote Lichtgarben zucken durch die Nacht.

Im »Granatenregen« erzittern »Fuso« und »Mogami« und fangen Feuer. Bald treibt die »Fuso« hilflos im Wasser; eingehüllt in feurigen Rauch, wird sie wieder und wieder von starken Explosionen heimgesucht. Noch vor Morgengrauen geht sie unter. Die »Mogami« brennt; etwas später gibt auch sie zusammen mit den übrigen Kampfunfähigen den Geist auf. Nur der Zerstörer »Shigure« entkommt mit 30 Knoten.

Und da dampft Vizeadmiral Shima mitten in dieses irrsinnige Gemetzel hinein, mitten zwischen die sterbenden Reste der Flotte seines Studienkameraden. Shima weiß nicht, was vorgefallen ist; er hat keinen überzeugenden Schlachtplan. Die »Abukuma«, Shimas einziger leichter Kreuzer, wird von einem Schnellboot-Torpedo getroffen, noch ehe sie recht in die Straße eingefahren ist; das Schiff fällt zurück, die beiden schweren Kreuzer und vier Zerstörer aber dampfen mit voller Kraft auf die Geschützfeuerblitze am Horizonte zu und lassen die »Abukuma« hinter sich. Gegen 4.00 Uhr trifft Shima auf den Zerstörer »Shigure«, der sich als einziger Überlebender von Nishimuras Flotte die Straße hinunter zurückzieht.

Die »Shigure« berichtet Shima von dem Debakel nichts – sie signalisiert lediglich: »Hier ›Shigure‹. Wir haben Ruderschwierigkeiten.«

Der Rest ist Zusammenbruch mit geradezu grotesken Akzenten. Shima stößt tiefer in die Straße vor, sichtet eine Gruppe dunkler Schatten, feuert Torpedos ab und bringt eine verblüffende Kollision zwischen seinem Flaggschiff »Nachi« und der brennenden, angeschlagenen »Mogami« zustande, die wie ein Wolkenkratzer im eigenen Flammenschein auf den dunklen Wassern der Straße thront. Das reicht Shima – Vorsicht ist ihm der bessere Teil der Tapferkeit. Nichts mehr von Sterben für den

Kaiser – Shima geht eilends auf Gegenkurs und steuert zurück in die Mindanao-See.

Mit der Dämmerung endet die Schlacht in der Straße von Surigao. Für die Japaner ist es eine Katastrophe geworden. Die Verluste der Amerikaner belaufen sich auf ein versenktes Schnellboot und einen beschädigten Zerstörer. Der japanische Zangenarm, der den Golf von Leyte von Süden her umfassen sollte, wurde gebrochen.

## Der 25. Oktober

Bis zu diesem Tage sind über 11 400 Mann und nahezu 200 000 Tonnen Material auf Leyte ans Ufer geschafft worden; der größte Teil der umfangreichen Amphibienflotte hat den Golf bereits wieder verlassen. Am Tage des Schlachtbeginns aber ankern in diesen Gewässern noch 50 dünnwandige Frachtschiffe, Panzer-Landungsschiffe und Amphibienfahrzeuge.

Die Dämmerung sieht Admiral Ozawa mit seiner Ablenkungsstreitmacht östlich von Kap Engano – nomen est omen: »engano« ist spanisch und bedeutet betrügen, foppen, locken – zum letzten, tödlichen Einsatz für den Kaiser bereit. Um 7.12 Uhr tauchen die ersten amerikanischen Maschinen aus dem Südosten auf, und da weiß Ozawa, daß er wenigstens mit seinem Täuschungsmanöver Erfolg gehabt hat. Am Tage zuvor war er zeitweise der nackten Verzweiflung nahe – über 100 seiner Trägerflugzeuge, alles was er hat (mit Ausnahme einer kleinen Gefechtsluftstreife), sind zu den japanischen landgestützten Luftstreitkräften gestoßen und nehmen an Angriffen auf Halseys Kampfgruppe Nord teil. Seine Flugzeuge sind nicht zurückgekehrt. Viele sind verloren, andere flogen zu philippinischen Stützpunkten. An diesem Tage besteht die gesamte Streitmacht, die noch unter Ozawas Kommando verblieben ist, aus weniger als 30 Maschinen – jämmerliche Zeugen der einstmals großen japanischen Luftflotten. Von diesen Maschinen befinden sich einige in der Luft. Rasch fallen sie amerikanischen Geschützen zum Opfer, als von Halseys Trägerschiffen aus die ersten schweren Angriffe gestartet werden. Die amerikanischen Trägerflugzeugpiloten haben ihren großen Tag.

Der japanische Verband breitet einen Teppich aus Flakfeuer aus; die bunten Explosionswölkchen und Leuchtspursätze geben den Rahmen für die Seeschlacht ab. Die japanischen Schiffe drehen und schlängeln sich durch die Wasser, in ausgefallenen Kursen manövrieren sie hin und her, um den Bomben und Torpedos zu entwischen, aber ihre Zeit ist um. Gegen 8.30 Uhr, als der Tag noch jung ist, haben die über 150 amerikanischen Trägermaschinen bereits schrecklich unter ihnen gewütet. Der Flugzeugträger »Chiyoda« ist getroffen; der Flugzeugträger »Chitose«, der schwer angeschlagen ist und Wolken dunklen Rauches ausstößt, macht keine Fahrt mehr und hat schwere Schlagseite. Der leichte Kreuzer »Tama« entweicht achteraus – ein Torpedo hat ihn verwundet. Der Zerstörer »Akitsuki« ist explodiert, der leichte Flugzeugträger »Zuiho« getroffen, und Ozawas Flaggschiff, die »Zuikaku«, hat einen Torpedo ins Hinterschiff bekommen, der den Steuermechanismus zerschlug. Sie muß von Hand gesteuert werden.

Um 10.00 Uhr erfolgt ein zweiter Schlag aus der Luft. Diesmal erwischt es die »Chiyoda«, die dann von amerikanischen Überwasserschiffen den Todesstoß versetzt bekommt. Am frühen Nachmittag wird bei einem dritten Angriff der Flugzeugträger »Zuikaku« versenkt. Er war der letzte überlebende Zeuge des japanischen Angriffs auf Pearl Harbor. Schwerfällig legt sich das Schiff auf die Seite und beginnt zu sinken. Um 15.27 Uhr »folgt ihr der Flugzeugträger ›Zuiho‹ in die Tiefe«. Die beiden Mischklassenschiffe »Hyuga« und »Ise«, die Schlachtschiffe mit dem Flugdeck achtern, die »dicksten noch verbliebenen Ziele«, werden wiederholt bombardiert. Ihre Rümpfe sind durchlöchert, ihre Decks werden immer wieder von hohen Gischtwogen überflutet. Das Backbordkatapult der »Ise« wird getroffen – doch ein Zauber scheint sie unverwundbar gemacht zu haben. Admiral Ozawa, der seine Flagge nunmehr auf dem Kreuzer »Oyodo« gesetzt hat, strebt nach gelungenem Ablenkungsmanöver mit seinen in der Schlacht vor Kap Engano zusammengeschossenen Halbwracks nach Norden. Den ganzen Tag über muß er pausenlose Luftangriffe über sich ergehen lassen, und am Spätnachmittag sowie in der Dunkelheit der Nacht des 25. geben amerikanische Kreuzer und Zerstörer, die sich von der Dritten Flotte lösten, den angeschlagenen Schiffen den Rest.

Admiral Ozawas Ablenkungsflotte hat einen hohen Preis für den Erfolg ihrer Mission zahlen müssen – alle vier Flugzeugträger, einen ihrer drei Kreuzer und zwei ihrer acht Zerstörer. Aber ihr Vorhaben ist gelungen – Halsey hat sich täuschen und weglocken lassen. Jetzt liegt die Straße von San Bernardino ungeschützt, und wie ein Falke im Geflügelhof wütet Kurita in diesen Gewässern.

Vor Samar ist die See bei Sonnenaufgang an diesem Morgen des 25. ruhig. Es weht nur leichter Wind; am Himmel treiben kleine Kumuluswolken. Gelegentlich sprenkeln Regenschauer die Wasseroberfläche. An Bord der 16 Geleitflugzeugträger der Siebenten Flotte und ihrer begleitenden Zerstörer und Geleitzerstörer ist der Dämmerungs-Alarm vorbei. Die Maschinen, die für die Morgeneinsätze vorgesehen waren, sind bereits aufgestiegen. Nicht aber die Suchflugzeuge für den Nordabschnitt. Viele Maschinen dieser Flugzeugträger befinden sich schon über Leyte und unterstützen die Bodentruppen. Auch Gefechtsluftpatrouillen und Unterseebootbekämpfungsstreifen sind schon im Einsatz.

Es wird ein recht bewegter Tag. Die kleinen Geleitflugzeugträger müssen ihre Maschinen zu Unterstützungszwecken für die Truppen einsetzen, die auf Leyte gelandet sind, Luftabwehr sowie Unterseebootbekämpfungsstreifen stellen, und außerdem sind sie noch intensiv damit beschäftigt, den japanischen Schiffskrüppeln und den bereits auf der Flucht befindlichen Resten der japanischen Flotte den Garaus machen, die in der nächtlichen Überwasserschlacht an der Straße von Surigao geschlagen wurden. Die Geleitflugzeugträgerverbände fächern sich vor der philippinischen Ostküste breit auf; Spragues Kampfgruppe Nord aus 6 Geleitflugzeugträgern, 3 Zerstörern und 4 Geleitzerstörern dampft 50 Meilen vor Samar etwa auf der Höhe der Inselmitte mit 14 Knoten nordwärts.

Die Geleitflugzeugträger – in der Fachsprache der amerikanischen Marine *CVE* genannt – sind ungepanzerte Handelsschiffe oder Tanker, die man umgebaut hat. Sie fahren nur langsam und haben 18 bis 36 Flugzeuge an Bord. Die GIs belegen sie mit vielerlei wenig schmeichelhaften Namen – »baby flattops« (Baby-Plattköpfe), »tomato cans« (Tomatendosen), »jeep carriers« (Jeep-Träger). Den jungen Rekruten, die »zum erstenmal an Bord kamen, wurde von den alten Hasen unter den Besatzungsmitgliedern gesagt, *C* hieße »combustible« (brennbar), *V* »vulnerable« (verwundbar) und *E* »expendable« (entbehrlich)«. Mit ihrer Maximalgeschwindigkeit von 18 Knoten sind sie zu langsam, als daß sie sich im Notfall schnell in Sicherheit bringen könnten; mit ihrer dünnen Wandung und ihren »Spielzeugkanonen« – 5 Zoll und kleiner – sind sie für Überwasserschläge nur schlecht gerüstet. Kurz, es sind Schiffe von begrenzter Einsatzfähigkeit zur Luftunterstützung bei Bodenoperationen sowie für Unterseebootbekämpfungs- und Abwehraufgaben, niemals aber für Gefechtseinsätze.

Und doch sollen sie an diesem Morgen eine Schlacht der Zwerge gegen die Giganten schlagen.

Ein Pilot auf Unterseebootbekämpfungseinsatz meldet feindliche Schlachtschiffe, Kreuzer und Zerstörer, die sich aus einer Entfernung von 20 Meilen schnell nähern.

»Diese Feststellung überprüfen«, sagt der Admiral, der denkt, irgendein Flugneuling habe Halseys schnelles Schlachtschiff für ein Feindfahrzeug gehalten.

Die Antwort ist kurz und scharf: »Kennung bestätigt« – die Stimme des Piloten schneidet durch die Störgeräusche – »Schiffe mit Pagodenmasten.«

Fast genau in diesem Augenblick hören die Funker Gesprächsfetzen in japanischer Sprache über den Äther heranklingen; die Geleitflugzeugträgergruppe Nord sieht im Nordwesten Flakgeschosse am Himmel explodieren; unbekannte Schiffe zeichnen sich als Leuchtpunkte auf den Radarschirmen ab, und noch vor 7.00 Uhr hat ein Signalgast mit einem scharfen Fernglas die vielschichtigen Aufbauten und typischen Pagodenmasten der japanischen Schiffe ausmachen können.

Ungläubigkeit, Verblüffung, Bestürzung – der gesamte Geleitflugzeugträgerverband war genau wie Admiral Kinkaid persönlich und der größte Teil des Stabes der Siebenten Flotte davon überzeugt, daß die japanische Zentralstreitmacht sich noch immer westlich der Philippinen befinde, und daß jedenfalls Halseys schnelle Schlachtschiffe – die weit oben im Norden mit den Trägerschiffen die Schlacht am Kap Engano schlagen – die Straße von San Bernardino bewachten. Aber da ist Kurita. Und zwischen ihm und den Transportschiffen, Versorgungsschiffen und Amphibienfahrzeugen im Golf von Leyte und den Stäben des Heeres und Munitionslagern am Ufer der Insel liegt nichts als die kleinen Geleitflugzeugträger und die sie eskortierenden kleinen Marineeinheiten.

Man hat keine Zeit mehr für gründliches Planen – kaum 5 Minuten nachdem man optischen Kontakt mit dem Feind hatte, pfeifen schon die ersten schweren 18.1-Zoll-Granaten der »Yamato« (des Schwesterschiffs der geschlagenen »Musashi«) über die Amerikaner hinweg. Sprague gibt seine Befehle über Sprechfunk, legt seine Schiffe auf östlichen Kurs gegen den Wind, geht auf höchste Fahrt und gibt Alarmstartbefehl für die Flugzeuge. Gegen 7.05 Uhr wird der Geleitflugzeugträger »White Plains«, von dem die Maschinen so rasch aufsteigen, wie es nur irgend geht, mehrfach vom feindlichen Feuer eingedeckt. Das Schiff erzittert unter den Einschlägen; der Steuerbord-Maschinenraum wird beschädigt, elektrische Sicherungen springen heraus, und auf dem Flugdeck wird ein Jagdflugzeug aus seinen Klampen geworfen.

Auf der »White Plains« erscheinen Rauchwolken. Die Japaner verlegen das Feuer auf die »St.-Lô«; sie erleidet Verluste durch Einschläge in Zielnähe und Splitter. Die kleinen Schiffe legen eine Nebelwand, und die Flugzeugträger, deren Kessel glühen, stoßen schwarze Wolken zähen, öligen Rauches aus ihren Schloten aus, die die See verschleiern. Es gibt eine kleine Pause; die Flugzeuge sind aufgestiegen, die meisten sind mit kleineren Splitter-, oder Mehrzweck- oder Wasserbomben ausgerüstet, die gegen gepanzerte Schiffe nichts auszurichten vermögen. Für Umrüstung aber war keine Zeit ...

Alarm überall. Sprague funkt um 7.01 Uhr eindeutig »Gefahr«, und um 7.07 Uhr hört Admiral Kinkaid an Bord seines Flaggschiffes »Wasatch« im Golf von Leyte, daß das Schlimmste eingetroffen ist: die japanische Flotte ist vom Landekopf noch drei Stunden entfernt, die kleinen Geleitflugzeugträger könnten durchaus vernichtet werden. Gerade erst 5 Minuten zuvor hat Kinkaid erfahren, daß seine Annahme, die Dritte Flotte halte die Straße von San Bernardino praktisch verkorkt, falsch war. In Beantwortung einer Funkanfrage um 4.12 Uhr sagt ihm Halsey, daß Kampfgruppe 34 – moderne, schnelle Schlachtschiffe – mit den Trägerschiffen der Dritten Flotte weit im Norden vor Kap Engano liegt.

Selbst Admiral Nimitz, weit weg in Hawaii, fragt bei Halsey an: »Wo ist Kampfgruppe 34?«

Im Golf von Leyte und in der Straße von Surigao wird die Siebente Flotte – müde noch von tagelangem Uferbeschuß und von nächtelangen Kämpfen – durch die Funk-Alarmmeldungen zu fieberhafter Tätigkeit getrieben. Man ruft einige der alten Schlachtschiffe und Kreuzer aus der Straße von Surigao ab, stellt aus ihnen einen Kampfverband zusammen. In Windeseile nehmen die Schiffe Munition und Treibstoff an Bord. Die schweren Schiffe der Siebenten Flotte sind für Überwassereinsätze nun nicht gerade in der besten Verfassung; nach dem fünftägigen Uferbombardement haben sie nicht mehr viel Munition, eine ganze Anzahl panzerbrechender Projektile sind bei dem Nachtgefecht verschossen worden. Die Zerstörer sind knapp an Torpedos. Vielen Schiffen mangelt es an Treibstoff.

Und in der Schlacht vor Samar kämpft Sprague auf Leben oder Tod.

Innerhalb von 20 Minuten – die kleinen Flugzeugträger hasten ostwärts, Flugzeuge steigen von ihnen auf – hat sich die Entfernung zum Feind auf ca. 22 Kilometer verringert. Leichtes Feuern für die schweren Geschütze der Japaner, die ihrerseits für die amerikanischen 5-Zoll-Waffen unerreichbar bleiben . . .

Der Zerstörer »Johnston« unter dem Befehl von Fregattenkapitän Ernest E. Evans erkennt, was getan werden muß, und tut es. Befehle (die um 7.16 Uhr von Admiral Sprague erteilt werden) vorausnehmend, rast er mit nahezu 30 Knoten durch die See und schießt einen Fächer von 10 Torpedos gegen den schweren japanischen Kreuzer »Kumano« ab, der an der Flanke der feuernden Flugzeugträger vordringt. Er speit Rauch und Feuer, seine 5-Zoll-Geschütze donnern ununterbrochen, als er auf dichte Entfernung herangeht. Er bleibt unbeschädigt, bis er zum Rückzug ansetzt – dann aber wird er von drei 14-Zoll-Geschossen, denen drei 6-Zoll-Granaten folgen, schwer getroffen. Der Kapitän wird verwundet, das Steuerungsgerät beschädigt; Feuerungs- und Maschinenraum achtern bekommen Treffer ab; seine hinteren Geschütze und sein Kreiselkompaß werden außer Gefecht gesetzt; die Mannschaft wird dezimiert. Mit 16 Knoten schleicht er weiter.

Sprague und seine Trägerschiffe, teilweise vom Rauch verhüllt, finden in einem heftigen Regenschauer momentane Zuflucht. Für eine kurze Zeit schützt der Wasservorhang auch die angeschlagene »Johnston«. Doch schon lange vor 8.00 Uhr hat Admiral Kurita einige seiner schnelleren Schiffe seewärts geschickt, die die Geleitflugzeugträger frontal und in der Flanke erwischen sollen. Nach und nach dreht Sprague nach Süden ab – auf seine beiden Flanken und achtern trifft der Feind auf.

»Auf den kleinen Schiffen fertig zum Torpedoangriff«, befiehlt Sprague über den Sprechfunk.

Die Zerstörer »Heermann« und »Hoel« und die verwundete »Johnston«, die zwar schon alle Torpedos verschossen hat, mit ihren Geschützen jetzt jedoch Hilfestellung leistet, befolgen den Befehl. Im hellen Tageslicht greifen 3 Zerstörer die schwersten Schiffe der japanischen Marine an; 3 leichtgepanzerte Schiffe gegen 4 Schlachtschiffe, 8 Kreuzer, 11 Zerstörer!

Die Zerstörer durchstoßen die Regenschauer, tauchen wieder in sie hinein; aus den Schloten steigt schwarzer, öliger Rauch, aus den fächerförmigen Vernebelungsgeräten an Bug und Heck weißer Tarnnebel. Mit aller Kraft sind die Schiffe bei der kurzen Feuerdistanz bemüht, Kollisionen zu vermeiden. Ratternd wie D-Züge sausen die 14-Zoll-Geschosse über die Köpfe der Soldaten dahin; die Zerstörer feuern einen Fächer gegen einen schweren Kreuzer ab, demolieren die Aufbauten eines Schlachtschiffes mit 5-Zoll-Geschossen und verfeuern aus 4000 Meter Entfernung ihre letzten Torpedos. Dann geht Hathaway ruhig ins Kartenhaus seiner »Heermann«, ruft Admiral Sprague über die Sprechfunkverbindung an und meldet: »Manöver ausgeführt«.

Allein, mit den Zerstörern geht es zu Ende. Die »Hoel« hat die Backbordmaschine eingebüßt, sie wird von Hand gesteuert. Auf ihren Decks lodern Feuerbrände, fließt das Blut; die automatische Löschanlage und der elektrische Strom sind ausgefallen, Geschütz Nr. 3 ist in heißen weißen Dampf gehüllt, der aus den geborstenen Dampfrohren hervorschießt. Überall Flammen. Geschütz Nr. 5 ist durch einen Einschlag in unmittelbarer Zielnähe gelähmt worden; Nr. 4 hat es den halben Lauf weggerissen. Nur die Geschütze 1 und 2 feuern noch.

Gegen 8.30 Uhr arbeitet auch die Steuerbordmaschine nicht mehr; Wasser dringt in alle Maschinenräume ein, das Schiff verliert an Fahrt. Es brennt und qualmt fürchterlich, und die feindlichen Geschütze feuern mitleidslos. Um 8.40 Uhr hat es eine

Schlagseite von 20 Grad – es ergeht Befehl, das Schiff zu verlassen. Fünfzehn Minuten später rollt es auf die Backbordseite und sinkt, Heck vorab. Immer noch schlagen weitere schwerkalibrige Geschosse in den Rumpf.

Die »Heermann« bekommt einen Treffer in einen Vorratsraum, in dem Bohnen lagerten – braune Paste ergießt sich über die Decks. Die »Heermann« wird zwar getroffen, bleibt jedoch aktionsfähig, manövriert sich wild durch die See und feuert eine Salve nach der anderen.

Nicht so die angeschlagene »Johnston«. Sie schießt wohl bis zuletzt, ist aber schließlich beinahe von der gesamten japanischen Flotte umzingelt und versinkt unter einer Granatenlawine ungefähr eine Stunde nach der »Hoel« in den Fluten.

Die vier kleineren und langsameren Geleitzerstörer gehen zum Torpedoangriff Nr. 2 über. Die Schiffe »Raymond«, »John C. Butler« überleben es und können später davon berichten; der »Dennis« werden die Geschütze zerschossen, die »Samuel B. Roberts« aber ist von Rauch und Granaten förmlich eingehüllt – sie wird von vielen schwerkalibrigen Projektilen getroffen, verliert an Geschwindigkeit. Und gegen 9.00 Uhr reißt eine Salve von 14-Zoll-Granaten ihr wie ein Büchsenöffner die Backbordwand auf, zerstört einen Maschinenraum, setzt das Schiff stellenweise in Brand. Ohne Kraft liegt das todgeweihte Schiff im Wasser.

Aber die Schützen an Lafette Nr. 2 laden, zielen und feuern mit der Hand. Sie wissen, welches Risiko sie eingehen: da es keine Preßluft mehr gibt, mit der die Seele des Geschützes von den glühenden Restteilchen voraufgegangener Ladungen gesäubert wird, können die seidenen Kartuschbeutel Feuer fangen und verfrüht explodieren. Ungeachtet dieser Gefahren feuern sie sechs Salven. Die siebente explodiert zu früh und tötet den größten Teil der Geschützmannschaft auf der Stelle. Das Geschütz ist verbogen und verklemmt.

Auch weitere Nebelwände, Regenschauer und Torpedoangriffe können die langsamen, schwerfälligen Geleitflugzeugträger nicht retten. Kurita läßt seine Kreuzer seewärts kurven; allmählich verlagert sich der Kampf von Süden nach Südwesten. Spragues Flugzeugträger, meilenweit über den Ozean aufgefächert, dampfen angeschlagen auf den Golf von Leyte zu – an der Landflanke hart bedrängt von feindlichen Zerstörern, im Rücken von Schlachtschiffen und an der Seeseite von japanischen Kreuzern.

Wieder und wieder spritzen die Fontänen über die Schiffe, die die japanischen schweren Kaliber 50 Meter hoch aufspritzen lassen. Sie trotzen dem feindlichen Feuer und schicken ihm ihre 5-Zoll-Geschosse hinüber. Die »Fanshaw Bay« wird von 5 Granaten getroffen; eine 8-Zoll-Granate schlägt ganz in Zielnähe ein. Dabei wird ihr Katapult zerstört, der Rumpf durchlöchert. Flammen lodern auf. Die »Kalinin Bay« erwischt es 15mal; die »White Plains« wird von Bug bis Heck eingedeckt. Die dünne Wandung der Schiffe aber ist ihre Rettung – meistens durchschlagen die riesigen panzerbrechenden Geschosse die Wände der ungepanzerten Flugzeugträger glatt. Die »Gambier Bay«, exponiert an der Flanke auf der Windseite, wo sie kein Rauchvorhang schützt, bekommt einen Treffer ins Flugdeck, eine Granate geht ganz dicht neben ihr ins Wasser. Sie büßt eine Maschine ein, fällt auf 11 Knoten zurück. Dann geht ihr aller Dampf aus – sie ist dem Ende nahe. Eine Stunde dauert der Todeskampf; sie liegt weit zurück. Ungefähr jede Minute wird sie von einem feindlichen Geschoß getroffen. Um 9.00 Uhr etwa sinkt sie, in hellen Flammen. Ihre Treibstofftanks explodieren. Aus einer Entfernung von kaum 2 Kilometern schießt ihr ein japanischer Kreuzer weiter Salve um Salve in den durchlöcherten Rumpf.

Ehe es 9.30 Uhr ist, hat diese Verfolgungsjagd, die sich dem Golf von Leyte, in dem man fieberhafte Vorbereitungen trifft, immer mehr nähert, schon die Kampfgruppe Nord der Geleitflugzeugträger erfaßt. Auch die Zentralgruppe ist jetzt unter Beschuß; die 16 kleinen Flugzeugträger haben 105 Maschinen verloren.

Beobachter dachten damals, es sei »nur noch eine Frage der Zeit«, bis die beiden Kampfverbände vernichtet oder zu Tode getroffen wären.

Zwei Zerstörer, ein Geleitzerstörer und ein Flugzeugträger sinken oder sind versenkt worden; zwei Flugzeugträger, ein Zerstörer und ein Geleitzerstörer sind schwer angeschlagen.

Plötzlich aber, es ist 9.11 Uhr, bricht Vizeadmiral Kurita, der den Sieg doch schon in der Hand hat, seine Operation ab, dreht seine Schiffe auf nördlichen Kurs und beendet die Überwasserphase der Schlacht vor Samar.

Kuritas Vorgehen, das seinerzeit unerklärlich war, hat eine gewisse, wenn auch nur teilweise Rechtfertigung. Die Angriffe der kleinen amerikanischen Schiffe – eine der aufregendsten Episoden der gesamten Seekriegsgeschichte – und die verzweifelte Gegenwehr der Geleitflugzeugträger-Maschinen in Form von unkoordinierten und improvisierten Luftschlägen waren nicht ohne Wirkung geblieben. Während der ersten Operationen vor Samar haben amerikanische Trägerflugzeuge, von den kleinen Geleitflugzeugträgern Kuritas ständig angegriffen, über 100 landgestützte Maschinen des Feindes abgeschossen und ihn mit 191 Tonnen Bomben und 83 Torpedos traktiert. Die Japaner hatten wild manövrieren müssen, um den Torpedos zu entgehen und wurden überdies durch wirkungsvolle Nebelwände verwirrt. Je mehr Flugzeuge von den Geleitflugzeugträgergruppen Mitte und Süd aufstiegen, von Bodenunterstützungsaufgaben aus Leyte abgezogen und in die Bresche über See geworfen wurden, desto intensiver und durchschlagender griffen die Amerikaner aus der Luft an. Die amerikanischen Piloten haben die japanischen Schiffe mit Bordwaffen hart bedrängt, haben Wasser- und Splitterbomben geworfen, sind ohne Munition, ohne Waffen um die Mastspitzen der japanischen Schiffe geschwirrt – nur um Zeit zu gewinnen, um abzulenken, um Kräfte zu binden.

Überwasserschiffe und Flugzeuge haben die japanischen Schiffe durch Torpedoangriffe beschädigt; Kuritas Flotte, die aus Schiffen mit jetzt sehr unterschiedlicher Fahrtgeschwindigkeit besteht, hat sich über eine sehr weite Fläche auseinandergezogen. Der Kreuzer »Kumano«, von Torpedos getroffen, läuft nur noch 16 Knoten; die Kreuzer »Chikuma« und »Chokai« sind angeschlagen; auf anderen Schiffen sind Aufbauten, Kartenhäuser und Fernmeldeanlagen durch Bordwaffen- und 5-Zoll-Granaten-Beschuß schwer in Mitleidenschaft gezogen worden. Die Japaner beginnen unter diesen Schlägen zu wanken. Kurita, der die taktische Kontrolle über seinen Verband nicht mehr in der Hand hat, sieht gar nicht, wie nahe er dem Sieg ist – er glaubt sich in ein Gefecht mit mehreren großen, schnellen Flugzeugträgern der Dritten Flotte und nicht nur mit Geleitflugzeugträgern der Siebenten Flotte verwickelt. Der amerikanische Funkverkehr – er läßt ihn abhören – bringt ihn zu der Ansicht, die Flugplätze auf Leyte seien funktionsfähig, was sie jedoch nicht sind. Er wähnt den Rest von

Halseys starker Seestreitmacht ganz in der Nähe; er weiß, daß Nishimura bei seinem Umfassungsversuch im Süden in der Straße von Surigao besiegt wurde. Und er hat überhaupt keine Nachrichten von Ozawa und weiß also nicht, daß die Ablenkungsoperation weit oben im Norden gelungen ist. Aus all diesen Gründen ruft Kurita seine Schiffe zurück und sammelt seine verstreute Streitmacht. Damit aber hat er seine Siegeschance vertan.

## *Nachspiel*

Der Höhepunkt war überschritten – jetzt kam der Abstieg.

Je intensiver die Amerikaner aus der Luft angriffen, desto unsicherer wurde Kurita. Knapp zwei Stunden von den leicht verwundbaren amphibischen Fahrzeugen im Golf von Leyte entfernt (die ja sein ursprüngliches Angriffsziel gewesen sind), verschwendete er seine Zeit nunmehr damit, seine verstreute Flotte zu sammeln und angeschlagenen Schiffen zu Hilfe zu kommen. Im Grunde dampfte seine Flotte auf unterschiedlichen Kursen nur immer in ein und demselben Gebiet auf und ab. Der Kreuzer »Suzuya« war bei einem Luftangriff schwer beschädigt worden, und gegen 10.30 Uhr unternahm der Kampfverband 38.1 unter Admiral »Slew« McCain – der von Ulithi, wo er pausieren und Treibstoff fassen sollte, zurückgerufen worden war und jetzt den bedrängten Schiffen zu Hilfe kam – einen schweren Angriff.

Admiral McCain, der mehrere Gefechtsberichte abgehört hatte, brach den Aufenthalt an den Piers von Ulithi bereits ab, noch ehe er die Befehle Halseys empfangen hatte, und dampfte sogleich nach Westen. Dann führte er den schwersten Marinefliegerangriff »der damaligen Zeit« durch.

Weit oben im Norden sah sich »Bull« Halsey, der noch mit Ozawas Ablenkungsflotte beschäftigt war, endlich doch von den Hilferufen Kinkaids und insbesondere von Nimitz' Anfrage alarmiert. Ein großer Teil seiner Flotte ging auf Gegenkurs, und Halsey stellte ein paar seiner schnellen Schlachtschiffe ab, die mit hoher Geschwindigkeit nach Süden dampften, jedoch so spät eintrafen, daß sie nicht mehr eingreifen konnten.

Den Rest dieses Tages – des 25. – und den ganzen folgenden Tag über waren die Amerikaner mit Säuberungsaufgaben und Verfolgungen beschäftigt – die überlebenden Japaner flohen, ihre landgestützten Flugzeuge führten aber verzweifelte vergebliche Gegenschläge. Japanische Kamikaze-Maschinen griffen nach dem Höhepunkt der Schlacht an, trafen die Geleitflugzeugträger, beschädigten drei und brachen der »St.-Lô«, die die 18.1-Zoll-Geschütze der »Yamato« überlebt hatte, das Rückgrat. Aber Kurita mußte den Luxus, den er sich mit seiner Unentschlossenheit leistete, schwer bezahlen. Den ganzen Nachmittag des 25. über wurde er wieder und wieder von Luftangriffen heimgesucht. Drei seiner beschädigten Kreuzer wurden schwer getroffen, waren nicht mehr aktionsfähig und mußten versenkt werden. Die »Tone«, einer seiner übriggebliebenen schweren Kreuzer, bekam achtern einen Treffer und trug schwere Beschädigungen davon. In der Nacht zum 26., als Kurita seine angeschlagenen restlichen Schiffe durch die Straße von San Bernardino zurücknahm, erwischten amerikanische Überwassereinheiten den Zerstörer »Nowaki« und versenkten ihn. Um Mitternacht war von Kuritas Schiffen nur noch ein Zerstörer völlig unbeschädigt geblieben.

Der 26. brachte noch für viele andere den Tod, als Halseys und Kinkaids Marineflieger mit der Unterstützung einiger landgestützter Bomber der Heeresluftwaffe die zurückweichenden Japaner jagten und angriffen; auch hier wieder »rüsteten sich die 1. Angriffs-Streitkräfte, die bereits mehr Luftangriffe geführt hatten als jeder andere Verband in der Seekriegsgeschichte, für den Endkampf«.

Der Zerstörer »Noshiro« wurde versenkt; die »Yamato« mit ihren gigantischen, jedoch wirkungslosen 18.1-Zoll-Geschützen wurde zweimal getroffen; ihre Aufbauten waren von Splittereinschlägen durchsiebt. Und die anderen Invaliden der Schlacht vor Samar und in der Straße von Surigao, unter ihnen der Kreuzer »Abukama« und der Zerstörer »Hayashimo«, wurden endgültig außer Gefecht gesetzt. Daneben blieben noch die amerikanischen Unterseeboote.

Um 21.30 Uhr am 28. Oktober »kehrte das, was von der japanischen Kampfflotte noch übriggeblieben war, in die Bucht von Brunei zurück«.

Der Sho-Plan, dieses kühne Spiel mit dem Feuer, war vollständig gescheitert. In der heftigen Schlacht um den Golf von Leyte hatte Japan einen großen Flugzeugträger und drei kleine Trägerschiffe, 3 Schlachtschiffe (darunter zwei der größten Schlachtschiffe der Welt), 2 schwere Kreuzer, 4 leichte Kreuzer und 12 Zerstörer verloren. Der größte Teil der verbliebenen Schiffe war schwer- oder leichtbeschädigt. Die Amerikaner hatten Hunderte von japanischen Flugzeugen abgeschossen. 7475 bis 10 000 japanische Seeleute starben. Die japanische Marine hatte aufgehört, als Schlachtflotte zu bestehen; die Schlacht um den Golf von Leyte hatte dem Feind einen Schlag versetzt, von dem er sich nicht wieder erholen sollte.

Dennoch war es für die Vereinigten Staaten ein unvollständiger Sieg. Und dabei hätten sie einen vollständigen Sieg erringen können. Aber der Fluch des geteilten Kommandos, das Versäumnis »feste Verantwortungsbereiche zu schaffen« und ungerechtfertigte Annahmen Kinkaids und Halseys führten dazu, daß die kleinen Geleitflugzeugträger überrascht wurden, daß Kurita mit den angeschlagenen Resten seiner Flotte mit immerhin 4 Schlachtschiffen und Ozawa mit 10 von seinen ursprünglich 17 Schiffen entkommen konnte.

Es muß hier betont werden, daß diese Kritik wie auch das Folgende natürlich von der Darstellungsmöglichkeit aus der Rückschau profitiert und manche dieser Urteile in Marinekreisen keineswegs einstimmig gebilligt werden. Konteradmiral E. M. Eller, US-Navy, Director of Naval History, fragt sehr zutreffend:

»Woher weiß man, daß ein vereinheitlichtes Kommando einen größeren Sieg erbracht hätte als ein geteiltes? Fast jeder Befehlshaber sieht doch seine unmittelbar anstehenden Probleme besonders deutlich und wird nicht das vermeintliche Risiko eingehen, Einheiten für entfernte Operationen abzustellen. Wenn MacArthur und Kinkaid die gesamte Flotte geführt hätten, hätten sie sich möglicherweise ganz auf den Golf von Leyte konzentriert, und in diesem Falle wäre uns vielleicht die japanische Ablenkungsflotte im Norden entgangen.«

Admiral Halsey dampfte nach Norden und ließ hinter sich eine Streitmacht (die Siebente Flotte), die schon ihrer geringeren Stärke und Geschwindigkeit wegen eine Vernichtung von Kuritas Verband gar nicht garantieren konnte, und als er dann gerade dabei war, Ozawa restlos in Grund und Boden zu schießen, machte er kehrt und kam Kinkaid auf dessen eindringliche Bitten um Unterstützung im Süden zu Hilfe. Das japanische Ablenkungsmanöver hatte funktioniert, aber der *Sho*-Plan, der in erster Linie von guten Informationsmöglichkeiten und Fernmeldeverbindungen, auf den Sekundenbruchteil genauer Koordinierungsarbeit und wagemutiger Führung der Verbände abhing, zerbröckelte zu einem vollständigen Mißerfolg, der böse Folgen hatte.

Die Vereinigten Staaten bezahlten diesen überwältigenden Sieg mit 2803 Menschenleben, mehreren hundert Flugzeugen, einem leichten Flugzeugträger, zwei Geleitflugzeugträgern und den kleinen Schiffen, die – wie die Zerstörer »Johnston« und Hoel« und der Geleitzerstörer »Samuel B. Roberts« – dazu beitrugen, daß sich das Blatt in dieser Schlacht zugunsten der Amerikaner wendete.

Beide Parteien erlitten vor und nach der eigentlichen Seeschlacht im Zusammenhang mit den Landungs- und Eroberungsoperationen auf Leyte und späterhin auf anderen philippinischen Inseln noch weitere Verluste an Schiffen, Flugzeugen und Truppen. Die »History of the Medical Department of the United States Navy in World War II – The Statistics of Diseases and Injuries« (i. e. Erkrankungen und Verwundungen), zusammengestellt von der »Division of Medical Statistics of the Bureau of Medicine and Surgery of the Navy Department« beziffert die gesamten Verluste der Marine und Marineinfanterie bei der »Rückkehr auf die Philippinen« auf 11 201 Mann, von denen 4158 im Gefecht fielen. (2)

## Gesamturteil

Die Schlacht um den Golf von Leyte wird wohl immer umstritten bleiben, ähnlich – wenn auch nicht im entferntesten so hart – wie der Spanisch-Amerikanische Krieg (die Auseinandersetzung Sampson-Schley in der Nachkriegszeit) oder die Skagerrakschlacht (im Hinblick auf die Differenzen Jellicoe-Beatty). Admiral Halsey und Admiral Kinkaid hielten ihre Beurteilung der Lage für richtig; jeder war der Ansicht, der andere hätte die Straße von San Bernardino abschirmen können und sollen.

Die Schlacht um den Golf von Leyte ist ein Musterbeispiel für die Bedeutung der Nachrichtenverbindungen für einen Sieg. Durch vollständig unzulängliche Nachrichtenverbindungen konnten die Japaner ihre Aktionen nicht so konzentrieren, wie es das Gelingen ihres Planes erforderlich gemacht hätte; so hat Kurita z. B. Ozawas Meldungen nie bekommen. Und bei den amerikanischen Verbänden verleiteten zu viele Meldungen – darunter einige mißverständlich abgefaßte – zu Annahmen und Vermutungen, die es Kurita wiederum ermöglichten, Spragues kleine Geleitflugzeugträger zu überraschen.

Am 24. Oktober, während die Dritte Flotte ihre Luftangriffe gegen den damals im Sibuyan-Meer befindlichen Kurita fliegen ließ, schickte Halsey an die wichtigsten Kommandanten der Dritten Flotte einen »vorbereitenden Befehl«, in dem er vier seiner sechs schnellen Schlachtschiffe plus Unterstützungseinheiten zum Kampfverband 34 bestimmte. Diese Kampfgruppe sollte, von der Hauptflotte getrennt, bei Bedarf als Überwasserfront gegen die japanischen Überwasserschiffe dienen. Halsey hat diesen Kampfverband nicht tatsächlich gebildet, sondern er informierte seine Kommandanten lediglich, daß dies ein »Schlachtplan« sei, der auf Abruf durchzuführen war. Kinkaid aber, Nimitz und Vizeadmiral Marc A. Mitcher hörten diese Meldung – die keinem von ihnen galt – jedoch mit ab und mißdeuteten sie später im Gefecht.

Als Halsey sich am späten Abend des 24. entschloß, mit allen seinen verfügbaren Schiffen nach Norden zu dampfen und Ozawa anzugreifen, informierte er Kinkaid, daß er, Halsey, »mit drei Gruppen nordwärts vorging«. Kinkaid, der die voraufgegangene Meldung über Kampfverband 34 abgehört hatte, dachte nun, Halsey verlege drei Flugzeugträgergruppen nach Norden und lasse vier von seinen sechs schnellen Schlachtschiffen als Wache in der Straße von San Bernardino zurück. Jedoch Kinkaid, der mit Vorbereitungen für den Nachteinsatz in der Straße von Surigao beschäftigt war, fragte bei Halsey nicht speziell an, ob der Kampfverband 34 die Straße von San Bernardino nun abschirme oder nicht. Diese Frage stellte er erst am 25. Oktober um 4.12 Uhr; die – negative – Antwort erhielt er erst um die Zeit, da Kurita bereits über den überraschten Sprague hereinbrach.

Wenn Kinkaid früher versucht hätte, die Lage zu klären, und wenn er die Nachricht betreffs Kampfverband 34 nicht abgehört oder Halsey ihm gemeldet hätte, daß er »mit allen (seinen) verfügbaren Kräften nach Norden« vorstoße, statt zu sagen, er gehe »mit drei Gruppen nach Norden« vor, hätte es keine Überraschungen gegeben.

Aber noch ein weiterer Umstand trug zu dieser Überraschungswirkung bei. Kinkaid hat in der Nacht vom 24. zum 25. und am Morgen des 25. in der Tat ein oder zwei Flugzeuge an der Samarküste entlang in südlicher Richtung auf Erkundungsflug geschickt. Das Nacht-Suchflugzeug – eine schwerfällige PBY »Black Cat« – meldete nichts; und die Morgensuche begann erst zu einem Zeitpunkt, da Kuritas Schiffe am Horizont bereits die Mastspitzen zeigten. Auch Halseys Flotte sandte Nacht-»Schnüffler« aus, und in der Nacht des 24. traf bei der Dritten Flotte eine Meldung ein, daß Kurita sich erneut nach Osten gewandt und Kurs auf die Straße von San Bernardino genommen habe.

Es bleibt nichtsdestoweniger eine Tatsache, daß es vor der eigentlichen Schlacht zwischen der Siebenten und der Dritten Flotte keinerlei Einvernehmen über die Straße von San Bernardino gegeben hat; die in Admiral Halseys Befehlen geforderte »Koordinierung« war lückenhaft, und der Admiral hat selbst (in »U.S. Naval Institute Proceedings«) geschrieben, daß die Schlacht um den Golf von Leyte »die Notwendigkeit einer einheitlichen Marineführung im Gefechtsbereich veranschaulicht, die für alle teilnehmenden Kampfeinheiten verantwortlich ist und dieselben voll unter Kontrolle hat«.

»Eine Teilung der einsatzmäßigen Führung im Gefechtsgebiet führt auf jeden Fall zunächst zu Konfusion, Mangel an Koordinierung und überlasteten Nachrichtenmitteln (ein Fehler, der während der Schlacht auf amerikanischer Seite festgestellt wurde) und möglicherweise zur Katastrophe.«

Im nachträglichen Gefechtsbericht der Dritten Flotte vom 25. Januar formuliert Admiral Halsey die Gründe, die ihn veranlaßten, seine sämtlichen verfügbaren Kräfte auf Ozawas Ablenkungsmanöver hin nach Norden zu werfen, mit folgenden Worten:

»Admiral Kinkaid schien für seine Aufgabe, mit der japanischen Südflotte fertig zu werden, durch vorteilhafte Position und im Hinblick auf seine Kampfkraft bestens gerüstet. Die Kampfgruppe Mitte hätte durch die Straße von San Bernardino weiter auf Leyte zudampfen können. Doch schien dem Befehlshaber der

Dritten Flotte aus positiven, sorgsam ausgewerteten Schadenfeststellungsberichten hervorzugehen, daß die Kampfgruppe Mitte, auch wenn sie aus der Straße von San Bernardino herausgekommen wäre, in ihrer Kampfkraft viel zu stark reduziert worden wäre, als daß sie eine Entscheidungsschlacht gegen die Kräfte bei Leyte (die Siebente Flotte) hätte gewinnen können. Die Kampfgruppe Nord (Ozawa) war kampfstark, gefährlich sowie relativ schadensfrei und bis zur Stunde unbehelligt geblieben. Der Befehlshaber der Dritten Flotte beschloß: a) die Kampfgruppe Nord überraschend und mit allen Kräften anzugreifen; b) seine Kräfte unter keinen Umständen zu zersplittern; und c) auf seine Einschätzung der Lage im Hinblick auf die vermeintlich entscheidende Schwächung der Kampfgruppe Mitte zu vertrauen. Eine Einschätzung, die gerechtfertigt erschien angesichts der Unfähigkeit der Japaner, mit den kleinen Geleitflugzeugträgern und kleinen Schiffen fertig zu werden, die ihnen praktisch vor der Nase lagen und ihre Angriffe abzuschlagen wußten.«

Wie aus »Battle Report« hervorgeht, nahm Admiral Kinkaid dazu eine ganz andere Haltung ein. »Man muß die eigentliche Aufgabe der Verbände im Auge behalten«, das war seine (im Report zitierte) Ansicht.

»Der Schlüssel zur Schlacht um den Golf von Leyte liegt in den Missionen, den Aufgaben beider Flotten. Die Aufgabe muß klar verstanden werden. Aufgabe der Siebenten Flotte war es, die Invasionstruppen an Land zu setzen und zu unterstützen. Mein Titel war: Befehlshaber der zentralphilippinischen Angriffsverbände. Wir hatten die Truppen an Land zu bringen und dafür zu sorgen, daß sie dort blieben. Unsere Schiffe waren dementsprechend mit nur wenig panzerbrechender Munition ausgestattet. Auf den kleinen Geleitflugzeugträgern hatte man Splitterbomben statt Torpedos und schweren Bomben. Wir waren nicht darauf vorbereitet, eine Flottenoperation durchzukämpfen.

... Ich kann mir nur eine Sache denken, die ich anders gemacht hätte, wenn mir bekannt gewesen wäre, daß Kurita die Straße von San Bernardino tatsächlich ohne Gegenwehr durchfuhr – ich hätte die Geleitflugzeugträgergruppe Nord weiter nach Süden verlegt und eine Eingreifgruppe von Geleitflugzeugträgern um die Dämmerung gegen ihn auf die Lauer gelegt. – Die Fehler, die während der Schlacht gemacht wurden, gehen keineswegs auf mangelnde Planung zurück. Einschlägige Irrtümer waren reine Beurteilungsfehler, keine organisatorischen Fehlgriffe. Dadurch, daß die beiden Bereiche Zentralpazifik und Südwestpazifik zusammenstießen, entstand ein schwieriges Führungsproblem – gleichwohl hätte auch eine einheitliche Führung die Dinge nicht ändern können.«

In der Rückschau scheint es klar, daß 1) die Straße von San Bernardino von entweder der Siebenten Flotte, Halseys Verbänden oder allen beiden sorgfältig hätte bewacht werden müssen; 2) Halsey sich von Ozawa hat nach Norden locken lassen und Kurita damit die Straße praktisch öffnete; 3) Kuritas Furchtsamkeit und Unfähigkeit und die tapferen Verzögerungsaktionen der Geleitflugzeugträger und Zerstörer die japanische Kampfgruppe Mitte daran hinderten, den Golf von Leyte zu erreichen; 4) eher eine Verzögerung als eine Katastrophe eingetreten wäre, wenn es Kurita gelungen wäre, den Landekopf auf Leyte und die im Golf versammelten Schiffe zu bombardieren.

Konzentration der eigenen Kräfte – das ist ein uraltes Prinzip der Kriegsführung. Jeder Befehlshaber hat gelernt, daß es gefährlich ist, seine Kräfte angesichts des Feindes zu zersplittern. Halsey muß gewußt haben, daß beim damaligen Stand des Pazifikkrieges die Dritte Flotte schon allein – selbst ohne Kinkaids Einheiten – der japanischen Kampfgruppe Mitte und Nord in geradezu überwältigendem Maße überlegen war und daß man es ohne weiteres hätte riskieren können, ihre Kräfte zu teilen, um dem breit gefächerten japanischen Angriff entgegenzutreten. Jedoch – einmal gelernte Grundsätze gibt man nicht so leicht auf.

Zweitens war Halsey ein »Air admiral«, und zwar einer der erfolgreichsten Luft-»Admirale« des Zweiten Weltkrieges. Mit größerer Entschiedenheit als andere glaubte er, daß die japanischen Flugzeugträger, die zu den gefürchtetsten und gefährlichsten Schiffen überhaupt gehörten, für seine Flotte die angemessenen Angriffsziele seien. Er wußte, daß Kuritas Kampfgruppe Mitte keine Flugzeugträger besaß; seinen eigenen Worten nach erkannte er nicht klar, daß Ozawas Flugzeugträger tatsächlich nur ganz wenige Trägermaschinen an Bord hatten.

Drittens ging aus Halseys Befehlen – an deren Formulierung er wahrscheinlich mitgewirkt hat – stets deutlich hervor, daß er es als seine vornehmste Aufgabe betrachtete, bei sich bietender

Gelegenheit einen Großteil der japanischen Flotte zu zerstören. Wie Morison sagt, unterscheidet sich diese Formulierung von anderen Befehlen für andere wichtige amphibische Invasionen im Pazifikgebiet. Halseys Situation hatte Ähnlichkeit mit der Lage, die für Admiral Raymond A. Spruance entstand, als dieser während der Invasion der Marianen-Inseln von japanischen Trägerflugzeugen angegriffen wurde. Die japanischen Maschinen wurden in der Operation, die man später »Marianas Turkey Shoot« nannte, vollständig geschlagen, doch widerstand Spruance – der es als seine erste Aufgabe betrachtete, die amphibische Invasion abzuschirmen – der Versuchung, seine Flotte von den Inseln abzuziehen und die japanische Flotte zu verfolgen.

Halsey, ein anderes Temperament als Spruance und im Gegensatz zu diesem mit Herz und Seele »Luftadmiral«, vermochte sich eine solche Gelegenheit nicht entgehen zu lassen – insbesondere dann nicht, wenn es seine Befehle verlangten. Halsey war aggressiv, unternehmend, aber er besaß nicht das gelassene Kalkül und die Gründlichkeit eines Spruance, der seinerseits der Dynamik, der farbigen Führereigenschaft ermangelte, die Halsey auszeichneten, und der weder in der Marine noch der Öffentlichkeit so bekannt war wie Halsey.

Es ist angesichts der voraufgegangenen Niederlage in der Straße von Surigao höchst unwahrscheinlich, daß Kurita, auch wenn er den Golf von Leyte erreicht hätte, dort ein entscheidender Erfolg erreichbar gewesen wäre. Der größte Teil der amphibisch transportierten Truppen war schon an Land gebracht worden. Kurita hätten sechs Schlachtschiffe gegenübergestanden, jedes mit 13 bis 24 Lagen panzerbrechender Geschosse pro Geschütz. Und da er nicht viel eigene Luftunterstützung und -abwehr hatte, wäre er unablässig von amerikanischen Maschinen angegriffen worden. Die maritimen Verluste wären beiderseits wahrscheinlich höher gewesen – so hätte Kurita z. B. die Straße von San Bernardino von Halseys abkommandierten Schlachtschiffen bewacht gefunden, wenn er seine Kehrtwendung um weitere 2 Stunden verzögert hätte. Aber er hätte weder den Landekopf auszuschalten noch dessen lebenswichtige Versorgung auf dem Wasserweg zu unterbrechen vermocht. Im Golf von Leyte lagen die Dinge für die Japaner so ungünstig, daß der *Sho*-Plan wirklich nur eine sehr geringe Erfolgschance gehabt hat. Nach der Niederlage in der Straße von Surigao konnte Kurita bestenfalls hoffen, viele amerikanische Schiffe zu zerstören und die Einnahme von Leyte hinauszuzögern. Verhindern konnte er sie nicht.

Trotz verschiedener Unterlassungs- und Planungssünden sowie anfänglich übertriebener Erfolgsmeldungen amerikanischer Flieger endete das Seegefecht um den Golf von Leyte unzweifelhaft mit einem Sieg der Amerikaner. Die Japaner hatten die Chance des Glücksspielers, der das Beste erhofft, niemals aber die eines Gesamtsieges, und bestenfalls hätten sie den Amerikanern so viele Verluste beibringen können, daß sich der Krieg verlängert hätte. Sie trugen zu ihrer entscheidenden Niederlage durch ihr fernmeldetechnisches Versagen, mangelnde Luftabsicherung, unkoordinierte Luft- und Überwasseroperationen, erstaunliche Zeitplanungsfehler, schlechte Lagebeurteilung und die Unentschlossenheit oder verhängnisvolle Unzulänglichkeit dreier ihrer vier wichtigsten Befehlshaber selbst bei. Nur Admiral Ozawa, der »Lockvogel«, führte seinen Auftrag wirklich aus.

Die Japaner hatten es unternommen, einen der kompliziertesten Pläne der gesamten Seekriegsgeschichte durchzuführen – einen Plan, dessen Gelingen auf hervorragenden Nachrichtenverbindungen und großem Opfermut basierte. Einen Plan, der viel zu vielschichtig war und – wenn auch kühn ersonnen – in geradezu jämmerlicher Form in die Praxis umgesetzt wurde.

Die Japaner verloren ihr eigentliches Grundziel aus den Augen, gaben ihr Hauptangriffsziel, die dünnwandigen amphibischen Schiffe im Golf von Leyte, praktisch mitten in der Schlacht auf und verletzten damit ein Grundprinzip jeder Kriegsführung.

Leyte aber war ein Abgesang des Schlachtschiffes; diese Schlacht war wahrscheinlich die letzte aller Schlachten, in denen das mit schwerem Geschütz ausgerüstete Kriegsschiff eine entscheidende Rolle spielte.

Die Schlacht um den Golf von Leyte besiegelte den Untergang Japans und eröffnete ein neues Kapitel des pazifischen Krieges.

*Kapitel 8*

# DIE ARDENNEN-OFFENSIVE

Dezember 1944 – Januar 1945

*Oberkommando der Alliierten Expeditionsstreitkräfte*
*17. Dezember 1944*
*Kommuniqué 253: Gestern haben alliierte Truppen eine Anzahl örtlicher Gegenangriffe des Feindes abgeschlagen ...*

Damit begann die große Schlacht für die amerikanische Öffentlichkeit – unaufregend, unauffällig, von der Zensur verzerrt, von Geheimhaltungsmaßnahmen verdunkelt. Aber in Wahrheit waren die örtlichen Gegenangriffe ein entscheidender Durchbruch, und in den tropfnassen Wäldern der Ardennen und entlang der engen, schlammigen Straßen Belgiens befanden sich amerikanische Truppen auf einem überstürzten Rückzug in höchster Verwirrung.

Von Monschau bis Luxemburg hatte der taumelnde Koloß in einer letzten großen Anstrengung nochmals alle Kräfte zusammengerafft – auf einer 100 Kilometer langen Front tobte der Kampf zwischen den Armeen. Hier handelte es sich nicht um die »geordnete Unordnung der Schlacht«, nicht um organisierten Rückzug, nicht um Stoß und Gegenstoß wie im Lehrbuch der Taktik – hier gaben verzweifelte Anstrengungen und verkrampfte Reaktionen geschlagener Einheiten den Ton an ...

Zwischen Eupen und Malmedy hielt eine Patrouille der Ersten Armee Offiziere und Mannschaften an und stellte ihnen die merkwürdigsten Fragen.

»Wie heißt die Freundin von Micky-Maus?«

»Wer sind die ›Ollen Strolche‹?«

Die Straße nach Sankt-Vith war von Graben zu Graben mit dahinströmenden Mannschaften und Fahrzeugen verstopft – viele der Männer trugen die Schulterstücke einer neuen Division: ein wütender Löwenkopf. Weder Kommandogebrüll noch Bedrohungen für Leib und Leben vermochten sie aufzuhalten, sie blockierten die Straße und bewegten sich in endlosen Kolonnen nach Westen, immer weiter nach Westen, hinaus aus dem Gräßlichen, weg, nur weg aus dieser Apokalypse ... Ein schreiender Major trotzte Dienstrangen und militärischem Kodex und entsetzt zurückweichenden Obersten, traktierte sie mit Flüchen und wilden Befehlen und benutzte seine Panzer als Rammböcke, um sich durch das Rückzugsgewühl einen Weg an die Front zu bahnen.

Es gab viele solcher Männer in diesem ganzen Gebiet, die beherzt waren und ihren Mut behalten hatten; die Straßen von Sankt-Vith nach Bastogne aber erstickten förmlich an dahinschleichenden Kolonnen von Armeefahrzeugen, die sich ohne Sinn und Verstand zu einem unauflösbaren Gewirr verfranzt hatten. Durch die Wälder krochen zerschlagene, aufgelöste Einheiten, Männer mit stumpfem Gesichtsausdruck, wie betäubt, grau vor Erschöpfung und Entsetzen, Männer ohne Waffen, ohne Geschütze, gebrochene Männer, auseinandergebrochene Einheiten ... Hinter der zurückweichenden amerikanischen Armee, hinter diesen Soldaten, die sich im Chaos der Unordnung in den Haarnadelkurven der Straßen gegenseitig überrannten, durch die Postkarten-Städtchen wimmelten, hinter diesen zerschlagenen Einheiten kamen die Panzer und Geschütze der Deutschen die alte Eroberungsstraße entlang, die alte Siegesstraße, – in einem letzten, gigantischen Aufbäumen brachen sie durch die Ardennen.

So begann, in Tod und Rückzug, die Schnee-Eifel-Schlacht, die man abwechselnd Ardennenschlacht, Ardennen-Offensive oder »Battle of the Bulge« nannte. Begann jener umstrittene Feldzug, der den amerikanischen Truppen Niederlage und Panik, aber auch grandiosen Sieg brachte, begann jene Schlacht, die dem Krieg einen anderen Verlauf gab. Die Ardennenschlacht war vielleicht die größte Einzelschlacht, die amerikanische Truppen je mitgeschlagen haben, und bei ihr zeigte sich »GI Joe« (Landser Joe) als Mensch, der sich aus fürchterlichster Schwäche zu ungeahnten Gipfeln erheben kann. Es war eine Schlacht, die die Vereinigten Staaten mit Blut und Zeit teuer bezahlen mußten, jedoch schwang hierbei auch das Pendel von der Niederlage zum Sieg.

Der große deutsche Angriff in den Ardennen kam als niederschmetternde Überraschung. Man hatte Deutschland ja für nahezu erledigt gehalten, die alliierten Armeen waren ganz auf Angriffspsychologie eingeschworen, und so hatte man die Offensivstärke des Feindes unterschätzt.

Vor einigen Monaten schon hatte der donnernde Vormarsch durch Frankreich die deutschen Grenzen erreicht – jetzt aber marschierten die erobernden Truppen der Alliierten nicht mehr mit raschem Kämpferschritt durch das Land. Die Hoffnungen der Alliierten auf einen Sieg 1944 waren geschwunden, dennoch sickerte die steigende Flut der alliierten Überlegenheit langsam, doch unaufhaltsam durch eine Lücke hier, einen schwachen Punkt dort in den Grenzwällen des Reiches in Deutschland ein.

Kürzlich erst war Arnheim gefallen und Antwerpen, das sich unter den V-Waffen duckte, zu einem großen Nachschubhafen geworden.

In einer nahezu 750 Kilometer langen Front hämmerten drei große Heeresgruppen – an die 70 Divisionen – von den schneebedeckten Vogesen bis zur See an die Pforten Deutschlands. General Jacob L. Devers' Sechste Heeresgruppe (mit einigen französischen Einheiten) hielt die südöstliche Flanke, General Omar N. Bradleys 12. Heeresgruppe (die 1., 3. und 9. Amerikanische Armee, die größte Truppenmacht, die die Vereinigten Staaten je ins Gefecht geschickt hatten,) kämpfte von der Saar bis an die Rur, und Montgomerys Engländer und seine Kanadische 21. Heeresgruppe, gestärkt durch amerikanische Einheiten, stießen im Norden gegen den Rhein vor.

Zum erstenmal seit dem Stellungskrieg im Winter 1939–40 fand der Krieg auf deutschem Boden im Westen statt, und an der Ostfront war die Rote Armee schon halb durch Polen hindurchgestoßen, stand an der Weichsel, sammelte, reorganisierte sich für eine neue Großoffensive. Die »Festung Deutschland« lag nunmehr unter Direktbeschuß, und Anfang Dezember gaben die Alliierten Plänen für einen großen Wintervorstoß an den Rhein den letzten Schliff.

Die Amerikanische 1. Armee unter dem Befehl von Generalleutnant H. Hodges hielt mit George S. Pattons Dritter Armee an der Südflanke und Generalleutnant William H. Simpsons Neunter Armee im Norden eine ungefähr 180 Kilometer breite Front von Aachen bis Luxemburg. Im Dezember 1944 standen unter Hodges drei Korps bereit – das VII. im Norden, das auf die Rur zielte, das V. im Zentrum, das gegen die Regulierdämme der Rur vorstieß, und das VIII. Korps, das im Süden stand. Dieser Verband hatte sich sehr strecken müssen – das aber war Absicht. Weniger als 4 Divisionen hielten im ruhigen Ardennenabschnitt ungefähr 85 Meilen Frontlinie. Die Amerikaner hatten ihre Hauptmacht nördlich und südlich der Ardennen konzentriert, um die damals vorgesehenen Großunternehmen abzustützen, und der Ardennenabschnitt mit seinem schwierigen Terrain und seinem schwachen Straßennetz wurde als »Erholungsgebiet« angesehen und von neuen Einheiten und solchen Divisionen gehalten, die ausgeblutet und müde waren von der mörderischen – »blutigsten« – Schlacht unter den zerfetzten Kiefern des Hürtgenwaldes. Es war eine schwach befestigte Front, »Kindergarten und Altersheim der amerikanischen Führung« zugleich (1). Aber der Feind konnte ja nicht angreifen, er war niedergeworfen. Es brauchte nur noch Zeit.

Zweifellos waren die Deutschen angeschlagen. Ihre Verluste an der langen Front von Holland bis zur Schweiz hatten im November den Gegenwert von vier Divisionen erreicht. Rumpf-Bataillone, Gefangeneneinheiten, Überalterte und Kriegsuntaugliche und die neugeschaffenen Volkssturmeinheiten mußten die Front halten. Auch die amerikanische Propaganda wirkte sich in mancher Hinsicht aus; erbeutete deutsche Dokumente wiesen aus, daß die Leute überfordert waren. Gewiß, die Deutschen hatten sich im sogenannten »Wunder am Westwall« vor ein paar kurzen Monaten gesammelt, erholt und die Stellungen gehalten und kämpften nun, wie es die deutschen Soldaten fast immer getan haben, mit großer Zähigkeit.

Aber Weihnachten stand bevor, und die Alliierten griffen an. In der Ersten Amerikanischen Armee herrschte ingesamt »eine leichte Verblüffung« über den fortgesetzten Widerstand der Deutschen – man fühlte sich irgendwie frustriert und verärgert. Nur wenige »schienen ernsthaft zu glauben, daß die Deutschen noch einen wirkungsvollen Schlag zu führen imstande seien«.

Wie es in diesem Stadium des Krieges die Regel war, waren Hitler und seine Generäle über den Umfang der Offensive und ihre Ziele und Details verschiedener Meinung. Die Generäle waren für eine doppelte Umfassungsoffensive mit dem Ziel, alliierte Kräfte im Raum Lüttich–Aachen zu vernichten, oder – als Alternativlösung – für einen riskanten Einfach-Vorstoß in Richtung Antwerpen. Hitler kombinierte beide Vor-

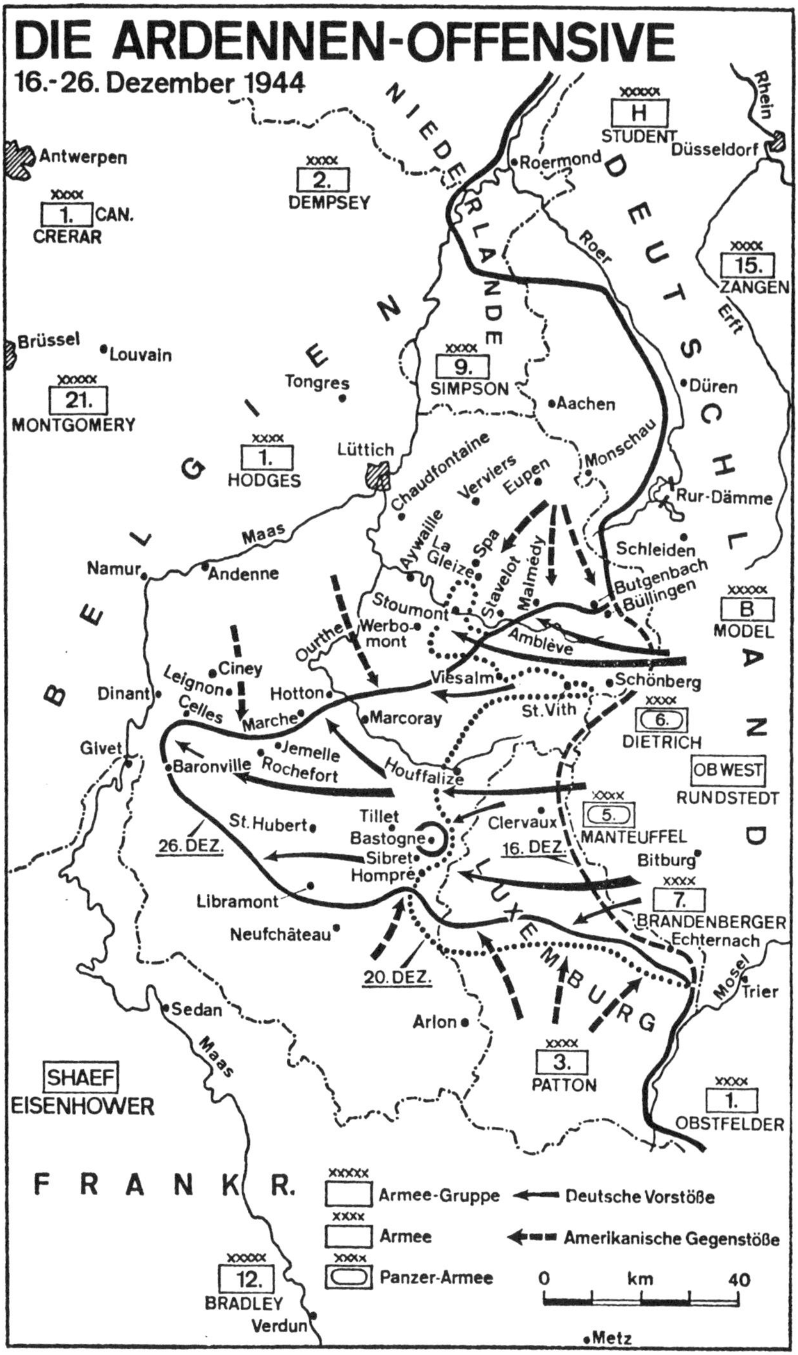
DIE ARDENNEN-OFFENSIVE
16.-26. Dezember 1944
NIEDERLANDE
DEUTSCHLAND
BELGIEN
LUXEMBURG
FRANKR.
Antwerpen
1. CAN.
CRERAR
2.
DEMPSEY
H
STUDENT
Düsseldorf
Rhein
Roermond
Roer
Erft
15.
ZANGEN
Brüssel
Louvain
21.
MONTGOMERY
Tongres
9.
SIMPSON
Aachen
Düren
1.
HODGES
Lüttich
Chaudfontaine
Verviers
Eupen
Monschau
Rur-Dämme
Schleiden
Maas
Namur
Andenne
Aywaille
La Gleize
Spa
Stavelot
Malmédy
Butgenbach
Büllingen
B
MODEL
Stoumont
Werbomont
Ourthe
Amblève
Ciney
Leignon
Dinant
Celles
Hotton
Marche
Vielsalm
Schönberg
St. Vith
6.
DIETRICH
Marcoray
Givet
Jemelle
Rochefort
Baronville
Houffalize
OB WEST
RUNDSTEDT
St. Hubert
Tillet
Bastogne
Sibret
Hompré
Clervaux
5.
MANTEUFFEL
26. DEZ.
16. DEZ.
Bitburg
7.
BRANDENBERGER
Libramont
Neufchâteau
Echternach
Mosel
Trier
20. DEZ.
Sedan
Arlon
3.
PATTON
SHAEF
EISENHOWER
1.
OBSTFELDER
12.
BRADLEY
Verdun
Metz
Armee-Gruppe
Armee
Panzer-Armee
Deutsche Vorstöße
Amerikanische Gegenstöße
0 km 40

schläge, stellte jedoch nur Kräfte zur Verfügung, die für eine Lösung ausreichten.

Cole (in: »The Ardennes: Battle of the Bulge«, S. 19 ff) gibt eine gründliche Darstellung dieses Falles. Er weist darauf hin, daß Jodls Abteilung fünf mögliche Aktionsverläufe vorschlug und die ersten zwei von ihnen empfahl, i. e. »Operation Holland: ein Einfach-Vorstoß aus dem Venlo-Raum mit dem Ziel Antwerpen. Operation Lüttich–Aachen: ein Doppel-Angriff, bei dem die Hauptkräfte aus dem nördlichen Luxemburg in nordwestlicher Richtung vorgehen und daraufhin nach Norden schwenken sollten, um sich dem zweiten Angriff anzuschließen, der aus dem Abschnitt nordwestlich von Aachen zu führen war.« Hitler selbst beschrieb diesen Angriff am 22. Oktober als einen Vorstoß mit dem Ziel, die britischen und amerikanischen Kräfte nördlich der Linie Bastogne–Brüssel–Antwerpen zu umfassen, wobei als erste Phase die angreifenden Kräfte entlang der Maas aufschließen und Brückenköpfe bilden sollten, welches Vorgehen – in der zweiten Phase – mit der Einnahme Antwerpens gekrönt werden sollte. Cole stellt fest, daß über Antwerpen hinaus keine Einzelplanungen vorliegen. Tatsächlich haben sich die deutschen Kräfte nicht einmal entlang der gesamten Maas aufgeschlossen. (2)

Die Alliierten hatten sich geirrt, und der erste Akt der Ardennenoffensive begann schon Monate vor der großen Schlacht. Sogar noch vor dem September, in dem die geschlagenen Heere des Deutschen Reiches durch Frankreich zurückfluteten, hatte das deutsche Oberkommando beschlossen, sämtliche wieder aktivierten und neuaufgestellten Panzer- und Infanteriedivisionen zu einer frischen Stoßtruppe zusammenzuschließen. Als im Westwall Lücken zu stopfen waren, kam diese Entwicklung zum Stillstand; aber die Sechste Panzerarmee, ein Neuling in diesem Krieg, baute ihre Kampfkraft den ganzen Herbst über stetig weiter aus.

Gegen Ende Oktober erschien ein Offizier der Führungsabteilung des Oberkommandos im Hauptquartier der Deutschen Siebenten Armee und unterzog das Terrain Schnee-Eifel einer genauen Inspektion. Die Entscheidung fiel – das »größte Wagnis«, die »feinste Kriegslist«, kurz, der Große Gegenstoß sollte vom Westen des Rheinlandes aus geführt werden.

Das bewaldete, hügelige Gebiet, in dem Geländebewegungen nur in beschränktem Umfange möglich waren, und das Wetter – Nebel, Graupelschauer, Schnee und Winterkälte – waren zu Überraschungshelfern ausersehen. In Nord-Süd-Richtung gab es nur drei Nebenstraßennetze: Eupen – Malmedy – Sankt-Vith, Arlon – Lüttich – Aywaille – Houffalize und Aywaille – Hotton – Marche – Jemelle. Mit einer Unterbrechung dieser Verbindungswege konnte man die Lateralbewegungen der Amerikaner stören, während eine Reihe guter Ost-West-Straßenverbindungen den deutschen Blitzvorstoß erleichterte.

Die entsprechenden Vorbereitungen wurden durch einige der umfassendsten Sicherheitsmaßnahmen verschleiert, die die Kriegsgeschichte kennt. Bis zum letzten Moment wurden nur einige wenige hohe Offiziere in dieses große Geheimnis eingeweiht, und jeder einzelne von ihnen mußte mehrfach beeiden und beschwören, daß er strengste Geheimhaltung beachten und bei einem Bruch derselben die Todesstrafe zu akzeptieren habe. Aus den Frontgebieten wurden sämtliche Zivilisten zweifelhafter Herkunft evakuiert – die vorgeschobenen Kampfeinheiten wurden nach elsässischen Truppen oder Einheiten sonstiger »zweifelhafter« Abstammung durchkämmt. Armeen und Korps änderten die Codebezeichnungen für ihre Stabsquartiere (die Siebente Armee nannte das ihre prophetischerweise »Wintersturm«); Truppen durften in die Sammelgebiete nur nachts einrücken, motorisierte Einheiten hatten an der Ardennenfront einen 5 Kilometer tiefen Streifen auszusparen, die meisten deutschen Einheiten wurden erst in den letzten Stunden in die Angriffspositionen gebracht, und außerdem bereitete man ein ausgedehntes Täuschungsprogramm bis ins letzte vor. Um die Mitte des November war die Truppenkonzentration schon weit fortgeschritten, aber der für die Offensive anfangs in Aussicht genommene Termin, der letzte Novembertag, mußte verschoben werden, da die Fünfte Panzerarmee, die seitlich vorbeigehen und über den Abschnitt Aachen zur Fünfzehnten Armee stoßen sollte, durch heftige Kämpfe im Raum Aachen festgehalten wurde und weder Mannschaften noch Gerät einsatzbereit hatte.

Gegen Ende November wimmelte das gesamte Gebiet zwischen dem Westwall und Rhein und Mosel von deutschen Truppen – sie lagen in den Kiefernwäldern versteckt, mieden die Straßen, stellten genau die Standorte der amerikanischen Artilleriestellungen in den Ardennen fest und machten sich bereit für die Schlacht, die ihnen den Krieg gewinnen sollte.

»O-Tag«, ursprünglich der 12. Dezember, wurde verschoben, weil die Voraussagen nicht das gewünschte Wetter verhießen. Am 11. und 12. Dezember wurden die Männer, die Deutschlands letzten Großangriff führen sollten – Heeresgruppen-, Korps- und Divisionsbefehlshaber – nach Ziegenberg in der Nähe von Bad Nauheim in das Stabsquartier des Oberkommandos West unter Feldmarschall Karl Gerd von Rundstedt gerufen. Aber nicht Rundstedt sollte sie dort begrüßen, sondern der Führer persönlich. Er redete und redete, erregte sich, schweifte ab – aber diese wüste Vorstellung war kalt berechnet und hinterließ bei den Herren den Eindruck, es gälte nunmehr die letzte, wahnwitzigste Gewaltanstrengung.

Als die Kommandeure den Raum verließen, gab es zwischen General Erich Brandenberger, grauhaarig, schon etwas kahl, mit Embonpoint, und Generaloberst Jodl, dem Chef der Operationsabteilung des OKW, einen kurzen Wortwechsel. Brandenberger sagte, er müsse um den Erfolg der Offensive fürchten, solange seine Siebente Armee nicht das schon vor geraumer Zeit angeforderte Material bekomme – Pionier- und Brückenbaugerät sowie mehr Munition.

Brandenberger erklärte amerikanischen Nachrichtenoffizieren nach dem Kriege, daß ihm Jodl größere Unterstützung zugesagt habe als die Heeresgruppe B, doch habe sich die katastrophale Materialsituation bei den Pionieren seiner Siebenten Armee im Grunde bis zum Angriffstag nicht um ein Jota geändert.

Die deutschen Sicherungsmaßnahmen waren hervorragend, wenngleich es einige Anzeichen des heraufziehenden Sturmes gab.

Das VIII. Korps unter Generalmajor Troy Middleton hielt die lange Ardennenfront. Die Deutschen hatten das Eifel-Ardennen-Gebiet dazu benutzt, ihre neuen Volksgrenadier-Divisionen einzuweisen. Die Amerikaner wußten, daß der Feind die Zahl der ihrem VII. Korps normalerweise gegenüberliegenden Divisionen auf sechs erhöht hatte, und auch Middleton forderte weitere Einheiten an. General Omar Bradley, der die Zwölfte Heeresgruppe befehligte, hatte die Möglichkeit einer deutschen Offensive im Ardennengebiet mit Middleton, Brigadegeneral Edwin L. Sibert, General-2 (Feindnachrichten und Sicherheit) der 12. Heeresgruppe, sowie mit General Eisenhower besprochen, und sämtliche

Nachrichtenoffiziere an dieser Front hatten die neu aufgestellte Sechste Deutsche Panzerarmee, deren Existenz bekannt und deren Standort letzten Berichten zufolge Köln war, fest im Auge behalten.

Es trafen auch Luftbildaufklärermeldungen über wechselnde Feindtätigkeit teilweise hinter der Front des VIII. Korps ein, die sich als Geschützaufstellungen, Truppenzusammenziehungen, Truppenbewegungen per Eisenbahn und auf der Straße sowie gewisse Konzentrationen von Luftwaffenkräften entpuppte.

Bei zwei Divisionen wurden motorisierte Truppenverschiebungen hinter der Front festgestellt.

Jedoch – Anfang Dezember hatte man gerade Pläne für eine Großoffensive der 12. Heeresgruppe gegen den Rhein fertiggestellt und aus dem Ardennenabschnitt alle irgend entbehrlichen Einheiten abgezogen, um mit ihnen unsere Vorstöße in anderen Gebieten zu unterstützen. Darüber hinaus waren die Ardennen nicht das einzige schwach gehaltene Gebiet – für noch gefährlicher als eine deutsche Offensive in den Ardennen hielt man die Möglichkeit eines deutschen Vorstoßes durch das Elsaß auf Metz.

So gingen Bradley und Eisenhower bewußt das berühmte »Kalkulierte Risiko« ein, das jedoch nicht als sonderlich großes Risiko betrachtet wurde. Die amerikanische Front war zwar müde und wenig aktiv, dabei jedoch auf Angriff erpicht; »jeder, vom niedrigsten Frontschwein bis hinauf zum höchsten Stabsoffizier, war geistig und seelisch auf Angriff eingestellt«.

Diejenigen aber, die vage erkannten, was kommen sollte, hatten nur geringen Einfluß. Die Feindlagebeurteilungen der verschiedenen Kommandoebenen waren sehr uneinheitlich, und persönliche Differenzen zwischen den verschiedenen Stabsoffizieren behinderten eine koordinierte Arbeit im Stab der Ersten Armee und die Zusammenarbeit zwischen den Stäben der Ersten Armee und der 12. Heeresgruppe.

## 16. Dezember

Mit drei Korps – dem VII. im Norden, dem V. im Zentrum und dem weit auseinandergezogenen VIII. auf der Südflanke – mußte die Erste Amerikanische Armee an die 120 Kilometer Frontlinie halten. Die 2. und 99. Infanteriedivision des V. Korps, letztere noch ziemlich kriegsunerfahren, hielt dicht beim VIII. Korps die Südflanke, und die 14. Cavalry Group (Kavallerie-Gruppe, motorisiert, d. h. mit Panzerfahrzeugen ausgerüstet, A. d. Ü.) sollte unter Aufsicht des VIII. Korps die Lücke zwischen den beiden Korps schließen.

Im Abschnitt des VIII. Korps, wo die Front der Truppen, die im fürchterlichen Gemetzel im Hürtgen-Wald gelichtet worden und extrem kriegsmüde waren, oder von völlig kriegsunerfahrenen neuen Einheiten gehalten wurde, ging die Nacht vom 15. zum 16. Dezember ohne Zwischenfälle vorüber. An der Nordflanke der Front des VIII. Korps östlich von Sankt-Vith machte sich die 106. Division, die am 6. Dezember in Le Havre gelandet war und erst vor fünf Tagen die 2. Division entsetzt hatte, Sorgen um die Divisionsartillerie, denn nur eine Batterie entsprach einer der wichtigsten artilleristischen Grundregeln und war so in Stellung gebracht worden, daß ihr abgesicherte Rückzugswege offenstanden. Aber diese Division hatte keine Schlachterfahrung – sie war in Stellungen eingerückt, die monatelang von der kampferprobten 2. Division gehalten worden waren, und außerdem waren Teile rer Ausrüstungen im Schlamm zwischen Le Havre und der Front steckengeblieben. Man brachte »alles für den erwarteten Vormarsch in gute Form« und war noch nicht zu örtlichen Verschiebungen »gekommen«. Wenn überhaupt, gab es nur wenige Minenfelder oder Straßensperren sowie wenig Drahtverhaue.

Im Süden »erholte« sich die im Hürtgen-Wald schwer angeschlagene und aufgezehrte 28. Division in einem »ruhigen Abschnitt«; ihre 3 Regimenter waren über eine 40 Kilometer lange Front bei Bastogne auseinandergezogen worden. Die Neunte Panzerdivision, verhältnismäßig schlachtunerfahren, hatte eine Kampfeinheit nördlich von Echternach in Stellung gebracht, und aus der äußersten Südflanke der Front des VIII. Korps, wo die Flanken der Dritten Armee und der Ersten Armee nahe Luxemburg aneinanderstießen, lag die Vierte Division, die unter den Kiefern des Hürtgen-Waldes in der Schlacht 4053 Mann verloren hatte, leckte sich die Wunden und versuchte, Ersatzmannschaften einzugliedern. (3) Und ihre Überlebenden waren damit beschäftigt, die Hölle zu vergessen, der sie entronnen waren. »Ganz allgemein« herrschte an der Front des VIII. Korps die Atmosphäre »eines Waffenstillstands mit Gewehr bei Fuß«.

Um 5.30 Uhr am Morgen des 16. Dezember »brach die Hölle los«. Schweres konzentriertes Artilleriefeuer traf die rückwärtigen Stellungen der 106. und 28. Division; beim V. Korps verzeichnete man schweren Granatbeschuß und feindliche Gegenstöße. Die Schlacht hatte begonnen.

Die Alarmmeldung durchlief Kilometer von Leitungskabel und traf bei einem schläfrigen wachhabenden G-2 im Hotel Britannique in Spa ein, wo sich das Stabsquartier der Ersten Armee in einem geräumigen, stuckverzierten Rokokogebäude befand, dem ehemaligen kaiserlich-deutschen Hauptquartier, von dem aus Kaiser Wilhelm II. und Hindenburg 1918 die deutschen Feldzüge geführt hatten. Noch ehe es acht Uhr schlug, trafen über sämtliche Leitungen von allen Frontabschnitten des VIII. und V. Korps haufenweise Meldungen ein, daß »etwas Großes im Verzuge« sei, »und als der Morgen voranschritt und weitere Berichte eintrafen, blieb dann kein Zweifel mehr, daß es losgegangen war«.

General Courtney Hodges, der Befehlshaber der Ersten Armee, ein stiller, höflicher, leiser Mann, ließ sich am 16. mit SHAEF in Versailles verbinden und bekam General Omar Bradley an den Apparat. Hodges unterrichtete »Brad« über die Lage, sagte ihm, er habe keine Reserven, und erbat die Überstellung der 82. und 101. Luftlandedivision zu seiner Armee. »Brad« sagte ihm, er sei einverstanden, müsse jedoch, da diese Truppen Teile der SHAEF-Reserve ausmachten, erst »Ike« fragen.

In Versailles, wo General Bradley aus seinem Hauptquartier in Luxemburg eingetroffen war, um Auffüllungsfragen zu besprechen und Einzelheiten der bevorstehenden amerikanischen Offensive zu klären, hatten früh eintreffende Berichte über den deutschen Vorstoß »Ike«, »Brad« und ihre Stäbe in einen aufgestörten Ameisenhaufen verwandelt.

Eisenhower reagierte blitzschnell.

Sobald Stärke und Ausmaß des deutschen Vorstoßes aus den Berichten genauer zu ersehen war, billigte der Oberkommandierende die Unterstellung der beiden Luftlandedivisionen unter Bradleys Kommando. Auch stimmte Eisenhower der Verlegung der 10. Panzerdivision (unter Patton) und der 7. Panzerdivision von der Neunten Armee an die Flanken des Frontbogens zu.

Aber in der Schnee-Eifel, wo Schnee die grünen Zweige der Kiefern deckte, wurden die dünnen amerikanischen Linien durchstoßen – zerschlagene Einheiten, manche in vollem Rückzug, manche in finsterer Entschlossenheit an den Geschützen, wußten nur, daß die graugrünen deutschen Legionen nach Westen drängten.

Einer der ersten Druchbrüche gelang ihnen an der Nordflanke der 106. Division, wo die motorisierte 14. Kavalleriegruppe einen Frontabschnitt hielt. Als die Deutschen angriffen, löste gerade eine Schwadron die andere ab; rasch stieß der Feind durch die schwach gehaltenen Linien, geriet der Abschnitt in Verwirrung; der kommandierende Offizier der 14., der keine Befehle hatte, begann einen hastigen Rückzug einzuleiten. Er wurde dann abgelöst, der Schaden aber war nicht mehr zu beheben – weit offen lag die Nordflanke der 106., und eine steigende Flut von Menschen und Material ergoß sich nach Westen.

Ein weiterer Großdurchbruch gelang südöstlich von Sankt-Vith; als die Nacht des 16. hereinbrach, waren zwei Kampfgruppen der 106. Division, die 422. und die 423., nahezu eingeschlossen.

Nun war die gesamte Front von den Nebeln des Krieges eingehüllt – der rasche deutsche Vorstoß hatte die Verbindung zu den vorgeschobenen Einheiten abgeschnitten, in den Divisions- und Regiments-Kommandostellen ging alles drunter und drüber, die ganze große Armee tappte im dunkeln. Im G-3-Befehlsstand der Führungsstelle der 28. Division in Wiltz erschien Generalmajor Norman D. Cota, der Divisionskommandeur, in größter Hast, besprach sich kurz mit dem Luftsicherungsoffizier. Cota wünschte einen Bomben-Schlag, mußte jedoch von dem Offizier erfahren, daß es schon zu spät war, die Maschinen noch starten zu lassen und an die Zielpunkte zu bringen. Erregt und verwirrt verließ Cota den Raum.

In Clervaux versuchte der »müde und besorgte« Kommandant des Ruhelagers in dieser Nacht, aus Urlaubern, die von ihren Einheiten abgeschnitten waren, eine provisorische Verteidigungstruppe zusammenzustellen. Die Deutschen kamen schnell und stießen hart vor – nach wenigen Stunden schon lag die Befehlsstelle des 110. Regiments im Dorfe unter direktem Beschuß.

Die Deutschen griffen mit 3 Armeen an – über 19 Divisionen und mindestens 5 Reservedivisionen.

Ein Korps der Siebenten Armee ging im Süden in Richtung Luxemburg vor, um die Südflanke zu schützen; im Norden stieß die fanatisierte Sechste SS-Panzerarmee unter Sepp Dietrich gegen Malmedy, Spa, Verviers, Lüttich und Antwerpen vor, während die 5. Panzerarmee im Zentrum auf Sankt-Vith, Bastogne, Namur, Brüssel und Antwerpen vorrückte.

Die deutsche Schlachtordnung in der Ardennenoffensive sah (von Norden nach Süden) folgende Verbände vor: Sechste (SS-Panzerarmee unter Generaloberst Joseph – »Sepp« – Dietrich) mit drei Korps; die Fünfte Panzerarmee (unter General Hasso von Manteuffel) mit zwei Korps, und die Siebente Armee (unter General Erich Brandenberger) mit zwei Korps, die die Südflanke hielten. Feldmarschall Walter Model, Befehlshaber der Heeresgruppe B, war operativer Leiter der Offensive unter von Rundstedt, dem Oberbefehlshaber aller deutschen Kräfte im Westen. Rundstedt stand – auf dem Papier – eine Totalzahl von ca. 75 Divisionen im Westen zur Verfügung, von denen viele unter Sollstärke waren. Es waren insgesamt an die 600 000 Mann. Die Fünfzehnte Armee, das war ursprünglich geplant, sollte die Offensive dadurch unterstützen, daß sie die Nordflanke der Sechsten Panzerarmee deckte, die den Hauptstoß führen sollte. Aber als der Angriff dann losging, mußte die Fünfzehnte Armee Lücken an der Rur-Front »stopfen«. Wenn Hitler auch hoffte, sie werde mit Hilfe von Reserven schließlich doch noch an der Offensive teilnehmen – sie hat es nicht getan. Den Deutschen standen 12 Infanterie- und 7 Panzerdivisionen für den Erstangriff zur Verfügung, zu denen noch 5 Divisionen sowie kleinere Einheiten als Reservekräfte für den Soforteinsatz kamen und 5 weitere als allgemeine Reserve. Anfangs wurden ungefähr 970 Panzer und gepanzerte Sturmgeschütze sowie 1900 Artilleriegeschütze eingesetzt. Unter Einschluß der Fünfzehnten Armee betrug die deutsche Streitmacht insgesamt 29 Infanterie- und 12 Panzerdivisionen. Gegen den 2. Januar hatten die Deutschen dann tatsächlich zwischen 28 und 29 Divisionen eingesetzt.

Die Sechste Panzerarmee wird manchmal – mit der ursprünglichen Hitler-Benennung – als Sechste SS-Panzerarmee bezeichnet. Ihr Befehlshaber Sepp Dietrich war ein alter Kämpfer der Nazibewegung, und manche seiner Einheiten und Offiziere standen in den Stammrollen der SS, doch wurde diese Einheit niemals offiziell als SS-Armee bezeichnet.

An der eigentlichen Angriffsfront erfreuten sich die Deutschen auf einer Frontlänge von 60 Meilen zu Beginn einer Überlegenheit, die Cole (S. 650) mit 3:1 bei der Infanterie (6:1 an »Konzentrationspunkten«), ungefähr 2:1 an mittelschweren Panzern (oder, wenn selbstfahrende Geschütze einbezogen werden, 4:1) angibt. In der deutschen Angriffszone und ihren Flanken (auf eine Länge von 104 Meilen) hatten die Amerikaner am 16. Dezember ungefähr 4²/₃ Divisionen – 83 000 Mann gegen 200 000 Deutsche. Um den 2. Januar bestanden die dem deutschen Vorstoß entgegengestellten amerikanischen Kräfte aus 8 Panzer-, 16 Infanterie- und 2 Luftlandedivisionen (plus britische Einheiten, die an der Maaslinie einen »Schutzzaun« errichtet hatten). (4)

Als es Nacht wurde an diesem 16. Dezember, war die Front des VIII. Korps zusammengebrochen – zwischen dem V. und dem VIII. Korps hatten die Deutschen einen tiefen Durchbruch erzielt, die 99. Division des V. Korps befand sich in harter Bedrängnis, und die 2. Division mußte sich feindlicher Angriffe gegen ihre Flanken und rückwärtigen Positionen erwehren.

Die Deutschen hatten die erste Vorbedingung für den Sieg erfüllt: *»Überraschung«*. Diese war nun absolut, taktisch wie strategisch. Wie es General Peyton D. March, alter Kämpfer noch aus einem anderen Krieg, später ausdrückte: Der Feind hatte eine Streitmacht, die der Bevölkerung von Richmond, Virginia, entsprach, Kilometer um Kilometer bewegt, ohne daß wir es wußten.

## Der 17. Dezember

Über den Köpfen, am grauen, regnerischen Nebelhimmel, dröhnten die Roboter; die V-1-Geschosse bahnten sich ihren Weg nach Verviers, Brüssel, Lüttich und Antwerpen. Das unmißverständliche intermittierende Geräusch ihrer Triebwerke beherrschte den Himmel; ungesehen über der Dunstschicht operierte die deutsche »Schlechtwetter-Luftwaffe« mit zunehmendem Aktionstempo gegen Flanken und rückwärtige Stellungen der Armee. Unter und hinter ihnen warteten die Männer inmitten berstender Granaten und dem Stakkato der kleinen automatischen Kanonen der Deutschen auf die Brennschlüsse (der Raketen, A. d. Ü.) und zählten die schwindenden Sekunden – endete das Geräusch droben am Himmel, bedeutete es den Tod für jemanden am Boden.

Männer flohen, trauten aber ihrem Nachbarn nicht. Mehrere

hundert deutsche Fallschirmjäger der Kampfgruppe von der Heydte waren in der Nacht im Gebiet Eupen-Malmedy gelandet; sie sollten die Straßen Eupen-Malmedy sperren. Auch in anderen Gegenden waren vereinzelte Gruppen abgesprungen, gelegentlich erklang der Feuerton der automatischen Schnellfeuerkanonen der Deutschen weit hinter den schwankenden Linien aus dichten Wäldern auf, und an den Rädern ihrer Jeeps brachen getroffene amerikanische Soldaten zusammen.

Die genaue Anzahl der in der Ardennenschlacht eingesetzten deutschen Fallschirmjäger ist zweifelhaft. Den Plänen nach hätten es ungefähr 1000 sein sollen, doch gelangten anscheinend nur um die 300 Mann hinter den amerikanischen Linien zum Einsatz. Eine Kompanie und ein Fernmeldezug wurden irrtümlich direkt über den deutschen Frontlinien abgesetzt. Auch wurden Attrappen abgeworfen. Wie gewohnt, verursachten die Absprungoperationen viel unnütze Bewegung und unangemessene Sorge in den rückwärtigen Armeegebieten der Amerikaner, doch war diese Operation schlecht geplant, wurde schlecht durchgeführt und erreichte nur wenig.

Die unwahrscheinliche Gewalt des deutschen Vorstoßes, die Identifizierung zahlreicher Divisionen des Feindes, der Fallschirmjägerabsprung und erbeutete Befehlsdokumente der Deutschen zerstreuten jeden Zweifel – es war losgegangen. Diese Schlacht sollte es dem Feind heimzahlen.

Die Antwort war die größte und schnellste Truppenkonzentration in der gesamten amerikanischen Kriegsgeschichte. Die 82. und 101. Luftlandedivision wurden aus der SHAEF-Reserve entlassen, die gesamte Westfront kam in Bewegung. Amerikanische Angriffe kamen an der ganzen Front von den überfluteten Ebenen Hollands bis zu den schneebedeckten Gipfeln der Vogesen zum Stillstand; Patton bereitete eine Nordwendung vor; Divisionen gingen seitlich vorbei und rückten in neue Stellungen ein; Frontpioniere bauten Straßensperren und legten Splitterbomben- und Panzerminengürtel. In Frankreich und England begannen die Einheiten, sich aus ihren strategischen Reservepositionen auf die umkämpften Forts in Marsch zu setzen, und in England wurden die Ersatztruppenlager in erhöhte Alarmbereitschaft versetzt. Die 17. Luftlande- und die 11. Panzer-Division wurden nach Frankreich verlegt. Selbst manche Versorgungseinheiten aus der Kommunikationszone, die (wie der amerikanische Landser meinte) noch nie einen richtigen bösen Schuß gehört hatten, wurden an die wichtigsten Schnittpunkte an der Maas beordert, wo sie die Brücken gegen Saboteure und den schnell vorrückenden Feind bewachen sollten.

Die Front war ausgeschrägt, und so auch der Rücken.

Früh am 17. verließ General Bradley SHAEF und suchte »Eagle Tac« auf, das vorgeschobene Stabsquartier der 12. Heeresgruppe in Luxemburg. Hinter sich ließ er in Versailles die zuschanden gewordenen Pläne des Winters zurück, aber weder Verzweiflung noch Furcht. Krieg, das war eben ein Schachspiel – »Ike« und »Brad« hofften auf eine Gelegenheit, den gewagten Vorstoß des Feindes in eine Niederlage zu verwandeln.

Diese Dinge aber waren den Männern unbekannt, die da in den Schützenlöchern saßen oder in wütendem Rückzug über den gestampften Schnee dahinzogen. Für sie war das alles ein einziger Alptraum der Konfusion.

Nahe Büllingen waren feindliche Panzer und Fallschirmjäger tief in das Gebiet der 99. Division vorgedrungen; Butgenbach lag unter Artilleriebeschuß, ein großes Munitionslager in der Nähe war in Gefahr, dem Feind in die Hände zu fallen. Bei Wirtzfeld mußte sich die 2. Division ganz unversehens von Angriff auf Verteidigung umstellen; in den Stabsräumen im Divisionsbefehlsstand, die schon fast umzingelt worden waren, verbrannte man Dokumente, stellte aus Schreibstubenbullen und Stabspersonal eine Perimeterverteidigung zusammen. Die Flakstellungen in diesem nördlichen Bereich, die zu einem Flakgürtel gegen die V-1 gehörten, wurden vom Feind überrannt. Manche Mannschaften ließen ihre Geschütze und Ausrüstungen im Stich; andere senkten die Rohrmündungen und benutzten die Kanonen als Geschütze für Splitterbomben und panzerbrechende Munition. Und noch andere Batterien zogen sich mit dem unübersehbaren Strom anderer Einheiten zurück.

»Das Gewühl der Menschen und Fahrzeuge um Hünningen-Büllingen trug zum allgemeinen Durcheinander bei ... und behinderte rasche Gegenmaßnahmen.«

Die 99. Division, relativ kriegs-unerfahren, wurde zu einem »schnellen ungeordneten Rückzug gezwungen«, sammelte sich jedoch wieder. Und die kampferprobte 2. Division, zahlenmäßig dem Feind unterlegen und von ihm eingeschlossen, mit den Einheiten der 99. hoffnungslos verstrickt, »lieferte eines der brillantesten Gefechte auf Divisionsebene des ganzen Krieges«, ging nur unter größtem Zwang zurück oder hielt die Stellung und wagte ihr Leben. (5)

Nahe Malmedy überrannte die Kampfgruppe Peiper eine Einheit der Ersten US-Panzerdivision, einen Konvoi von über 200 Männern der Batterie »B« des 285. Artilleriebeobachtungsbataillons. Die Amerikaner – unter ihnen befand sich Oberleutnant Vergil P. Lary jr. – wurden in einem Feld dicht an der Straße zusammengetrieben. Man leerte ihnen die Taschen und nahm ihnen ihre Waffen ab.

Lary und eine Handvoll verwundeter Überlebender erinnerten sich später, daß ein deutscher Soldat, ein Gemeiner, »aufrecht in einem Kübelwagen stand und zwei Schüsse auf eine Gruppe unbewaffneter amerikanischer Kriegsgefangener abgab. MGs nahmen Kernschußfeuer auf, töteten zunächst jene, die nicht schnell genug umfielen, und begannen dann die Umgefallenen am Boden zu beharken ... Nach und nach erstarben die Schreie und Klagerufe.«

Aber die Deutschen machten es gründlich. Mehrere Unteroffiziere, Angehörige eines Signalzuges eines Pionierbataillons, das der 1. SS-Panzerdivision beigegeben war, traten zwischen die daliegenden Körper, »schossen allen, die noch Lebenszeichen von sich gaben, in den Kopf. Im Zweifelsfalle traten sie dem Mann ins Gesicht, um festzustellen, ob er noch stöhnte.«

Bei diesem Zwischenfall wurden über 86 Amerikaner hingemetzelt. Die Kampfgruppe Peiper, Teil der 1. SS-Panzerdivision, war noch für wenigstens zwei weitere derartige Zwischenfälle verantwortlich – einen bei Honsfeld, bei dem 19 amerikanische Gefangene ermordet, und einen bei Büllingen, wo 50 erschossen wurden.

Insgesamt sind unter der Führung von Oberst Joachim Peiper bis zum 20. Dezember ungefähr 350 unbewaffnete Amerikaner und 100 belgische Zivilisten hingeschlachtet worden. Es war dies »der einzige organisierte und gezielte Kriegsgefangenenmord auf beiden Seiten während der Ardennenschlacht«.

Die Nachricht über das Malmedy-Massaker breitete sich rasch in der amerikanischen Armee aus und steigerte die eiserne Kampfentschlossenheit und Verbitterung der amerikanischen Soldaten. Anscheinend hat man hier auch Vergeltung geübt – in einer Fußnote zitiert Cole (S. 264) einen (fragmentarischen) Befehl des 328. Infanterieregiments, besagend, daß »Angehörige der SS oder Fallschirmjäger nicht gefangengenommen, sondern bei Sicht erschossen werden«.

Nach dem Kriege fanden eine Untersuchung durch den Kongreß und Kriegsverbrecherprozesse statt. (6)

Nahe Sankt-Vith erreichte die Schlacht ihren Höhepunkt. Hier lag die 10. Division mit ihrem Kommandostand, hier war der Brennpunkt, der Schnittpunkt, an dem alle Mannschaften und Fahrzeugkolonnen zusammentrafen, die von dort zurückfluteten, wo einst eine Front gewesen war. Im Norden war die 14. Kavalleriegruppe, die sich auf Befehl ihres Kommandeurs zurückzog, nahezu einsatzunfähig – ihre Einheiten waren aufgelöst und zersplittert, aber nicht durch den Feind, sondern durch den überstürzten Rückzug.

Etwa 10 Kilometer östlich von Sankt-Vith wurde die 422. und 423. Kampfgruppe der 106. Division – zwei Drittel der Kampfstärke dieser Division, zwischen 8000 und 9000 Amerikaner – in der Nähe von Schönberg in den Flanken umfaßt und praktisch umzingelt; Funkverkehr mit ihnen war nur mit Unterbrechungen möglich. Im Süden stießen Teile der 9. Panzerdivision gegen die vorrückenden Deutschen vor; noch weiter südlich kämpfte sich das 424. Regiment der 106. den Rückweg nach hinten frei; und noch weiter südlich war die Lage undurchsichtig.

Fast bei allen diesen Einheiten lagen die Flanken offen. Die Front war das, was Generäle und Kommentatoren oft »fließend« nennen; Gerüchte um »Tiger-Panzer wurden immer stärker, es schien drohendes Verhängnis in der Luft zu liegen«.

Der Kampfgruppenstab B der 7. Panzerdivision unter Brigadegeneral Bruce C. Clarke stieß aus dem Norden und Westen hart gegen Sankt-Vith vor; er wollte den Bruch kitten, die Stadt halten, in Richtung Schönberg einen Gegenstoß führen und die bedrängten und abgeschnittenen Regimenter der 106. entlasten. Die Führungsspitze drang auf schnellstes Vorrücken, Zeit bedeutete Menschenleben, wenn die umzingelten Regimenter gerettet werden sollten, mußte der Gegenstoß spätestens am Nachmittag des 17. erfolgen.

Aber die Straßen waren vom Rückzug verstopft. Die Straße von Viesalm nach Sankt-Vith erstickte am Gegenverkehr.

Die Panzer und Schützenpanzerwagen vom Kampfgruppenstab B, die sich auf Sankt-Vith zubewegten, kamen in eine Verkehrsstockung, verlangsamten die Fahrt und blieben endlich stecken.

Ein wildentschlossener Major nahm seine 30-Tonnen-Panzer und brach den nachrückenden Reservetruppen mit ihnen eine Gasse, aber das war ein nahezu aussichtsloses Beginnen: »Die vor Angst halbirrsinnigen Insassen der Fahrzeuge, die da auf der Flucht waren, hatten den Verstand verloren.« Der Major befahl einem Kompanieführer, »sich einen Weg über die Straße zu erzwingen, auch wenn er auf der Flucht befindliche Fahrzeuge und deren Fahrer wrackschlagen oder überrennen müßte, und jeden, der floh, ohne Rücksicht auf seinen Dienstrang zu stellen und von der Flucht abzuhalten«. (7)

Aber – eine Kompanie schaffte in zweieinhalb Stunden ganze 5 Kilometer. Die verstopften Straßen waren ein Verhängnis für die eingeschlossenen Regimenter der 106.

Eine kleine Gruppe kämpfender Pioniere, Männer des 291. Front-Pionierbataillons, blieben hartnäckig bei ihren Straßensperren nahe Malmedy. Die 2. Division, durch Verstärkungen abgestützt, festigte den Griff um die Schulter des feindlichen Durchbruchs. Die deutschen Fallschirmjäger, die zwischen Eupen und Malmedy abgesprungen waren, landeten, vom Wind abgetrieben, in breiter Streuung, verloren ihre Ausrüstung zumeist im Hinterwald, vermochten offensichtlich die entscheidende Straße nicht zu halten und wurden schnell niedergemacht oder gefangengenommen. Den amerikanischen Artilleriebeobachtern und ihrer Luftwaffe kam dabei zustatten, daß an verschiedenen Abschnitten der Front klares Wetter herrschte.

Wichtiger aber noch war, daß die Deutschen zeitlich bereits im Verzuge waren; ein Element ihrer Erfolgsformel – Überraschung – hatten sie erfolgreich anwenden können, der zweite wichtige Faktor aber war Tempo. Kleine Verzögerungen hier und da, Verzögerungen, durch Männer mit Entschlossenheit und Mut erzwungen, konnten natürlich ihren gesamten Schlachtplan durcheinanderbringen.

Die Sechste Panzerarmee hatte für Durch- und Ausbruch einen Tag Zeit; die Maas sollte gegen Ende des dritten Tages erreicht und Brükkenköpfe über den Fluß sollten am vierten Tage gesichert werden. Dieser Zeitplan war sehr optimistisch konzipiert. (8)

Und es gab solche Verzögerungen – bei Monschau, bei Malmedy, bei Butgenbach, bei Sankt-Vith. Selbst die Fallschirmjäger warteten vergeblich auf zugesagte Einheiten des II. SS-Panzerkorps, die mit ihnen zusammen um 17.00 Uhr am 16. zu einer Straßenkreuzung hätten durchbrechen sollen. Und die Siebente Deutsche Armee im Süden, die die Südschulter der Frontausbuchtung halten und ausnutzen sollte, meldete bereits vereinzelte, aber beachtliche amerikanische Gegenwehr an verschiedenen Schwerpunkten (insbesondere im Abschnitt der Vierten Division) sowie Verzögerungen aufgrund unzureichenden Brückenbaumaterials – »Wertvolle Zeit, das kostbare Moment der Überraschung, ging verloren.«

Und gegen Mitternacht waren 60 000 Mann und 11 000 Fahrzeuge der Dritten Armee bereits auf dem Wege, der Ersten Armee zu Hilfe zu kommen.

## Der 18. Dezember

Eine Einheit der Ersten Armee brachte ziemlich weit hinter der Front einen amerikanischen Jeep auf, der von englisch-sprechenden Deutschen gefahren wurde. Durch diesen Handstreich (sowie aus erbeuteten deutschen Unterlagen) enthüllte sich das volle Ausmaß der »Operation Greif«, eines Teiles der deutschen Offensive, für den der Einsatz englisch-sprechender deutscher Soldaten in amerikanischen Uniformen mit amerikanischen Hoheitsabzeichen und gefälschten Papieren vorgesehen war.

Man hatte unter Verwendung erbeuteter amerikanischer Fahrzeuge, Waffen und Hoheitszeichen eine spezielle Kampfgruppe aufgebaut, die als 150. Panzerbrigade gleich nach erfolgtem Durchbruch als Stoßkeil der Sechsten SS-Panzerarmee zum Einsatz kommen sollte. Die erbeuteten Dokumente stützten nun frühere Interpretationen von Oberst »Monk« Dickson (G-2 der Ersten Armee) ab, der gesagt hatte, diese Einheiten seien Bestandteil eines neuartigen, kühnen Versuches des Feindes, das Überraschungsmoment und das Tempo des deutschen Vorstoßes zu erhöhen.

Aber die hartnäckige amerikanische Gegenwehr von Monschau bis Malmedy verhinderte einen Durchbruch in diesem entscheidenden Nordabschnitt, und G-4 sowie Quartiermeister der Ersten Armee brachten durch unerhörten Arbeitseinsatz ein wahres Nachschubwunder zustande – sie verlegten Ausladeköpfe (Umschlagstellen für LKW-Transporte), Vorratslager und Depots westlich der Maas. Manche Quartiermeisterkompanien verließen die Depots mit den letzten Transporten erst, als die deutschen Panzer schon bis auf ein paar hundert Meter heran waren, manche Depots wurden auch überrannt.

Die Einheit Stielau, ein Teil der 150. Panzerbrigade, operierte mit 30 bis 50 amerikanischen Jeeps hinter den amerikanischen Linien, durchschnitt Kabel, säte Gerüchte aus, führte amerikanische Transporte in die Irre, leistete Ausspähungsarbeit für die Panzer-Stoßkeile. Ein oder zwei dieser Patrouillen erreichten die Maas und stießen bis in die Umgebung von Lüttich vor. Die Papiere der Einheit Stielau waren makellos, Uniformen und Hoheitszeichen einfach perfekt. Ein paar übervorsichtige Militärpolizisten in Benzindepots und Ausladeköpfen schlugen lieber erst zu und stellten die Fragen hinterher – ein Phosphorbombentreffer in den Treibstofftank eines verdächtigen Fahrzeuges schreckte vor weiteren Kreuzfahrten sicher ab. Aber die meisten Leute behielten klaren Kopf und improvisierten Losungsworte – der Name des Weltmeisters vom vergangenen Sommer, der Name der Hauptstadt von Rhode Island ...

Die ansteckende, vergiftende Wirkung von Furcht und Angst vor der Gefahr, die in verkrampfte Heiterkeit umschlägt, eine Erscheinung, die alle Männer in Zeiten der Überbeanspruchung kennenlernen, wurde auch in Paris spürbar und begann, die ganze Welt zu erfassen. Otto Skorzeny, »Spion, Saboteur, Attentäter«, der Entführer von Mussolini und Horthy, hatte die Operation Greif geplant und befehligte sie jetzt. Bald erschien sein narbenverziertes Gesicht auf Plakaten in Hunderten belgischer Städte und Dörfer, und in Paris, wo Gerüchte kursierten, der Feind plane ein Attentat auf Eisenhower, wurde die Militärpolizei verstärkt angewiesen, den Finger immer dicht am Abzug zu halten.

Im Hauptquartier in Versailles drückte eine französische Delegation, die vom Virus der Angst bereits infiziert war, ihre höchste Verwunderung darüber aus, daß SHAEF »noch nicht zusammenpackte«.

Das war der kritische Tag. Die Nazis stießen hart vor.

Aber die Mobilmachung ging weiter; die Briten brachen ihre Truppenkonzentrationen für ihre Rheinland-Offensive ab, einige Divisionen wurden in das Gebiet westlich der Maas verlegt, ein britisches Korps bezog südlich von Brüssel feste Positionen. Eisenhower befahl Devers, die von seiner Heeresgruppe gehaltene Front auszudehnen und sich auf Verteidigung umzustellen. Patton übernahm das Kommando des VIII. Korps südlich der Frontausbuchtung, machte seine Armee für einen Vorstoß nach Norden einsatzbereit. Korps und Divisionen wurden in neue Bereiche verlegt, Versorgungslinien überschnitten sich. Über 11 000 Fahrzeuge der Dritten Armee dröhnten in endlosem Strom nach Belgien; 57 Tonnen Kartenmaterial über die Ardennen-Abschnitte wurden gedruckt und an 13 Divisionen verteilt. Und die Vorausabteilungen der 82. und 101. Luftlandedivisionen stießen nach forcierten Nachtmärschen aus ihren 100 Meilen entfernten Lagern vor und erreichten Werbomont und Bastogne.

Im Süden erbebte Luxemburg im Kanonendonner; die Stadt wurde von der 4. und Verstärkung der 10. Panzerdivision gehalten. Damit war die Südschulter gesichert.

Am nördlichen Teil der Frontausbuchtung mußte die 2. und 99. Division sich hartnäckiger Angriffe des Feindes erwehren; die 30. bezog im Gebiet um Malmedy eine Riegelstellung; ein wahres Konglomerat von allen möglichen Kampfgruppen füllte die Lücken.

Bei Spa wurden sogar die »Palastwachen« des Stabsquartiers der Ersten Armee in den Kampf geworfen, als deutsche Panzer das Amblèvetal hinaufdonnerten und bald an die Pforten der Ersten Armee pochten. Zensoren, Schreibtischstubenpersonal, Militärpolizisten, Köche, Bäcker und Stabstruppen mit Maschinenpistolen, Karabinern, Panzerfäusten und Granaten marschierten los und bezogen eine letzte Grabenstellung. Einige dieser Männer fielen, andere wurden verwundet, aber durch einen jener glücklichen Zufälle, die das Kriegsgeschehen so oft beeinflussen, entdeckte der Luftartillerieoffizier der Ersten Armee, der ein kleines Verbindungsflugzeug dicht über den verstopften Straßen flog, eine deutsche Panzerkolonne, die gerade La Gleize verließ. Über ihm dröhnte ein Schwarm P-47 den Himmel entlang; bei der schlechten Sicht des Tages – man konnte knapp ein paar hundert

Meter weit sehen – schienen diese Maschinen ganz dicht über seiner Kanzel zu fliegen. Da wies der Major in seinem Verbindungsflugzeug die Jagdbomber in das Ziel ein, die Maschinen stießen aus den tiefhängenden Wolken herab – die deutsche Panzerkolonne wurde schwer getroffen und durcheinandergebracht. Am Rande der Stadt Spa bereits machten sie kehrt, ließen mehrere brennende Wracks zurück und wandten sich gegen Stoumont. Bei Stoumont aber wurden sie von einem eilig mit den verschiedensten Fahrzeugen versehenen Panzerbataillon empfangen, über Stoumont und Stavelot stießen die Flugzeuge herab, und als die Dunkelheit sich über das Land senkte, waren die kurvigen Straßen im Amblèvetal übersät mit den Skeletten ausgebrannter deutscher LKWs und Panzer, und überall lagen die Leichen der bei diesem massiven Schlag gefallenen Soldaten.

Man hatte den Feind hingehalten. Aber das war nicht genug.

Auf das Stabsquartier der Ersten Armee senkte sich die Düsternis der Lage wie ein Nebel. Am Morgen dieses kritischen Tages hatten sich die meisten Stabstruppen und -angehörigen, um den Panzern, dem heranbrandenden Verderben zu entgehen, nach Chaudfontaine an der Maas abgesetzt. Das war nicht weit von Lüttich. Die Belgier weinten, als sich die Amerikaner zurückzogen, aus den Schaufenstern der Geschäfte verschwanden die Rooseveltbilder. In dieser Nacht hielten die Angehörigen der Ersten Armee, die noch geblieben waren, die Totenwache und warteten auf die Nachricht aus Chaudfontaine, daß die Verlegung geklappt hatte. In Spa wartete General Hodges, der alt aussah und mitgenommen, in ernster Stimmung zusammen mit Generalmajor William B. Kean, seinem abgespannten, doch immer noch ungebrochenen und souveränen Stabschef. Das Röhren der auf dem Wege nach Lüttich befindlichen Vergeltungswaffen, das Dröhnen der deutschen Flugzeugmotoren – tief flogen sie durch die Dunkelheit – ließ die großen Verdunkelungsvorhänge vor den Fenstern des Hotel Britannique erzittern, und das dumpfe Hämmern der Feldartillerie, das schärfere Knattern der MGs drang herüber von der Gefechtslinie – drang herüber von der Schwelle zur Stadt Spa.

Im G-2-Raum, wo der von seinem Urlaub aus Paris zurückgekehrte Oberst Dickson saß und wartete, läutete das Telefon. Es war (Oberstleutnant) »Bob« Evans, der G-2 der »Fighting First«-Division, der sich aus den Stellungen dicht bei der »heißen

Ecke« bei Butgenbach meldete. Diese Stellungen hatte die Division nach forcierten Märschen erreicht und besetzt. An der nördlichen Ausbuchtung begann sich die Front zu festigen. Der in aller Eile aus den Leibern amerikanischer Soldaten und aus amerikanischem Kriegsmaterial errichtete Damm zwang die deutsche Flut aus dem nördlichen und norwestlichen Gebiet heraus, sicherte die so wichtigen Städte Lüttich und Antwerpen und schob die Angreifer in ein festgefügtes Kanalbett im Westen. Daraufhin kappten Hodges und Kean und Dickson sowie die vorgeschobenen Stabseinheiten im Hauptquartier der Ersten Armee die Telefonkabel, gingen hinaus in die Dunkelheit, in der Belgier jammerten und Vergeltungswaffen durch die Lüfte heulten, und begannen in nunmehr etwas gehobener Stimmung den Rückzug nach Chaudfontaine.

Allein die Front war noch »fließend«; hier und dort eingedämmt, umging die Flut die Hindernisse und ergoß sich weiter nach Westen.

In Bastogne sagte Generalmajor Troy Middleton, der Befehlshaber des VIII. Korps, zu Brigadegeneral »Tony« McAuliffe, dem interimistischen Befehlshaber der 101. Luftlandedivision: »Dem Feind ist ein entscheidender Durchbruch gelungen – mehrere meiner Einheiten, insbesondere die 106. und 28. Division, sind zerschlagen worden.«

Um Sankt-Vith hatte sich die 7. Panzerdivision zusammen mit Einheiten der 9. eingegraben, doch stand den Deutschen in ihnen nur eine bunt zusammengewürfelte Truppe gegenüber. Teile der Artillerie der Siebenten saßen immer noch in Verkehrsstockungen bei Viesalm fest; andere Einheiten hatten sich mit den verschiedensten aufgeriebenen Truppenteilen vermischt; ein Oberst eines kleinen Kommandos hatte Männer aus 14 verschiedenen Einheiten unter seinem Befehl! Die harten Kämpfe begannen, doch dachte jetzt kein Mensch an Gegenangriff und Gegenstoß – die Amerikaner vermochten das wichtige Sankt-Vith, die Stadt der wichtigsten Verkehrsknotenpunkte, um Haaresbreite zu halten. Das war primitive Opportunitätsstrategie – hier mußte eine Lücke gefüllt, dort eine Stellung unter Einsatz des Lebens gehalten werden. Weniger gute Männer und Einheiten hätten mit einer solchen, ausschließlich auf dem Kampfwillen der Leute aufgebauten Strategie keinen Erfolg gehabt. Aber General Clarke vom Kampfgruppenstab B kannte seine Männer – es waren harte Panzersoldaten einer harten Einheit, die zusammen mit 100 000 anderen GIs bald durch Nachrichten über das Malmedy-Massaker zu höchster Kampfeswut aufgestachelt werden sollten.

Aber das alles war dennoch Verteidigung und nicht Angriff, und draußen, irgendwo in der Schnee-Eifel starben zwei von den drei Regimentern der 106. Division abgeschnitten und eingekesselt einen langsamen Tod.

In den frühen Morgenstunden des 18. bekamen die beiden Regimenter – das 422. und 423. – vom Stabsquartier der 106. Division über Funk den Befehl, anzugreifen und feindliche Kräfte hinter sich bei Schönberg »zu vernichten« sowie auf der Straße Schönberg – Sankt-Vith nach Westen zurückzugehen. Der Befehl war kühn, leider aber unrealistisch und verspätet. Am 16., vielleicht auch noch am 17. wäre das möglich gewesen, jetzt aber war es zu spät. Die 106. Division war in den vergangenen zwei Tagen von der 18. Volksgrenadierdivision, der 62. Volksgrenadierdivision und Einheiten der 116. Panzerdivision sowie anderen Truppen angegriffen worden. Sie war hart angeschlagen und wankte, und das 422. und 423. Regiment war nunmehr fast lückenlos eingeschlossen. Die beiden Regimenter hatten schweres Artillerie-Störfeuer und Erdangriffe aushalten müssen, hatten ihre Stellung jedoch gehalten und sogar zu Gegenstößen angesetzt; in der Nacht des 17. war das 2. Bataillon des 422. Regiments nach Norden gewendet worden, um dort eine Flankenbedrohung abzufangen. Die Männer froren, waren durchnäßt, konnten nicht schlafen; Munition und Lebensmittel waren knapp, und überall zwischen ihnen lagen die stöhnenden Verwundeten am Boden.

Seit zwei Tagen hatte man den Einflug von Transportmaschinen mit Nachschubmaterial vorgesehen, doch hatte es die Wetterlage anscheinend nicht gestattet, die Versorgungsmaschinen durchzubringen. (Was die abgeschnittenen Männer gleichwohl für ein merkwürdiges »Alibi« hielten, denn selbst bei Schönberg und im Gebiet der belagerten Regimenter herrschte am 17., 18. und 19. verhältnismäßig klares Wetter, auch waren sowohl deutsche wie amerikanische Jäger aufgestiegen und flogen!) (9)

Die beiden bedrohten Regimenter begannen ihren Querfeldeinmarsch am Morgen des 18. Dabei umgingen sie die vorrückenden

Deutschen in den Wäldern und dem zerklüfteten Terrain der Eifel. Aber von Anfang an lief alles schief. Anscheinend versuchte man im Befehlsstand der 106. Division – meilenweit entfernt und nur bei immer wieder unterbrochener Funkverbindung mit den isolierten Regimentern – den Rückzug »fernzusteuern«. Darüber hinaus »wurde weder Cavender (Oberst Charles C. Cavender, der das 423. Regiment führte) noch Deschenaux (Oberst George L. Deschenaux jr., der das 422. führte) die Befehlsgewalt auf dem Schlachtfeld übertragen.

Cavender zögerte, den Befehl ohne diesbezügliche Order zu übernehmen, und Deschenaux war anscheinend nicht willens, sich Cavenders Befehlsgewalt freiwillig zu unterstellen. Das führte dazu, daß der Marsch am Morgen des 18. nicht koordiniert verlief. Die beiden Kommandeure kannten die Pläne des anderen jeweils nur in Umrissen, und die Verbindung zwischen den beiden Marschkolonnen verschlechterte sich im Verlaufe des Tages von »unzulänglich« zu »nicht mehr vorhanden«. (10)

Einige der Regimentseinheiten gerieten durcheinander und irrten von der Hauptmarschroute ab; als man in der Nacht in den Wäldern biwakierte, geschah dies in größtem Durcheinander und außerdem auf einem viel zu kleinen Gebiet. Dabei war das 423. Regiment bereits auf heftige Gegenwehr des Feindes gestoßen, hatte sein 3. Bataillon, das auf einer nicht rekognoszierten Route dahinirrte, Verbindung und Funkkontakt mit dem Regimentsgefechtsstand verloren. Der Angriff auf Schönberg und der Rückzug auf Sankt-Vith stand somit schon vor Beginn unter einem zweifach ungünstigen Stern.

## Der 19. und 20. Dezember

Die Krisensituation dauerte an; der Stoß der Deutschen hatte nichts an Kraft eingebüßt.

Am 19. fand in »Eagle Main«, dem Stabsquartier der 12. Heeresgruppe bei Verdun, eine feierliche Konferenz der »höchsten Tiere« statt. Eisenhower und Bradley waren anwesend sowie Luftmarschall Sir Arthur William Tedder, der stellvertretende Oberbefehlshaber, ferner Devers und Patton samt ihren höchsten Stabsoffizieren.

General Eisenhower blickte den Männern vor ihm in die verdrießlichen Gesichter und eröffnete die Konferenz mit den Worten: »Ich möchte nur fröhliche Gesichter sehen!«

Dann beschrieb er seinen Plan. Devers sollte seine Front nach Westen erweitern, um einen Teil der Saarfront der Dritten Armee übernehmen zu können; die Dritte Armee sollte zwei Korps nach Norden schaffen und dann in die Südflanke der deutschen Frontausbuchtung hineinstoßen; später sollte diese Frontausbuchtung von der Ersten Armee von Norden her angegriffen werden; an anderen Abschnitten der Front sollten die Alliierten ganz in die Defensive gehen.

Diese Konferenz von Verdun brachte, bestätigte und beschleunigte die schnellste aller Plan-Änderungen sowie demzufolge aller Truppenbewegungen in der amerikanischen Kriegserfahrung. Auf diese wenigen Worte hin gerieten Millionen in Bewegung, wurden wahre Berge von Vorrats- und Nachschubmaterial versetzt und logistische Wundertaten vollbracht.

Noch in der gleichen Nacht rief General Eisenhower – zurück in SHAEF – das Stabsquartier der 21. Heeresgruppe Belgien an. Er ließ Feldmarschall Montgomery aus dem Bett holen und sagte: »Monty, ich möchte, daß Sie den Oberbefehl über alles übernehmen, was Sie da haben.«

»Sie meinen, ich soll den Oberbefehl über alles hier übernehmen?«

»Ja, über alles nördlich von Givet.«

»Sehr gut, sehr gut – ich renne und eile!«

Eisenhower berichtete Montgomery vom geplanten Angriff der Dritten Armee und sagte ihm, der Wechsel des Befehlshabers werde am folgenden Tage gültig, er bekomme es zu diesem Termin schriftlich.

Später rief »Ike« General Bradley an und unterrichtete ihn von seiner Entscheidung, die gesamte Erste Armee nördlich von den deutschen Durchbruchstellen sowie die Neunte (Amerikanische) Armee Montgomery zu unterstellen. Das gefiel Bradley nicht, aber Eisenhower wies ihn darauf hin, daß der Gefechtsstab der 12. Heeresgruppe Bradleys nicht zentral liege, sondern in Luxemburg, dicht bei einer Schulter der deutschen Frontausbuchtung; daß Bradley aus guten politischen und psychologischen Gründen beschlossen habe, sie dort zu belassen und nicht nach Westen zurückzunehmen; daß die Fernsprechverbindungen zwischen Luxemburg und dem Stabsquartier der Ersten Armee im belgischen Chaudfontaine unter dem deutschen Vorstoß gelitten haben und jegliche Kontaktaufnahme zwischen Luxemburg und dem Norden der deutschen Frontausbuchtung wegen umständlich und schwierig sei. Eisenhower versicherte Bradley, es handle sich hierbei um eine vorläufige Maßnahme in einer Notsituation, die in erster Linie von Verbindungsschwierigkeiten erzwungen worden sei.

Erst am nächsten Morgen, dem 23., bekam Winston Churchill in London Eisenhower in seinem Hauptquartier ans Telefon und fragte: »Was soll diese Ablösung bedeuten?«

Der Premierminister war besorgt und alarmiert – weniger allerdings auf der Grundlage dessen, was er über die Lage wußte, als vielmehr im Hinblick auf den Kommandowechsel, den er als Anzeichen für den Ernst der militärischen Situation wertete. Eisenhower beruhigte ihn, und zum Schluß des Telefonats hieß Churchill die Veränderung dann gut.

Um 13.00 Uhr am 21. erschien Montgomery – in ein Bärenfell gehüllt, mit seiner Frühstücksbüchse und Thermosflasche – in seinem grünen Rolls-Royce im Hauptquartier der Ersten Armee bei Chaudfontaine. Der »große Mann« hatte das XXX. Britische Korps westlich der Maas bereits angewiesen, die lange Front von Lüttich bis Louvain unter Absicherung der Flußübergänge durch Patrouillen zu halten. Auch hatte er noch in der Vornacht ein Halbdutzend seiner jungen Stabsoffiziere ausgesandt, sich ein genaues Bild von der Lage zu machen und ihm zu berichten. General Hodges hatte für Montgomery ein Frühstück vorbereiten lassen, doch der Feldmarschall lehnte – dies berichtet Iris Carpenter in »No Woman's World« – ab, knabberte vielmehr sein Brötchen und schluckte seinen Tee, während der Stab der Ersten Armee mißgelaunt herumstand. Dann holte Montgomery eine in sehr kleinem Maßstab gehaltene Karte des Gebietes hervor und begann – wobei er die gut ausgesteckten großen Wandkarten der Amerikaner völlig ignorierte – seine Operationen zu planen.

Als erstes wollte Montgomery das Schlachtfeld »säubern«. Er schlug einen Rückzug von der »heißen Ecke« bei Butgenbach vor und wünschte die Zurückverlegung der Nordschulter, wodurch die Linie zwischen Monschau und Malmedy begradigt werden sollte. Daraufhin verfinsterten sich die Mienen der Stabsoffiziere der Ersten, und Hodges riskierte sogar einen höflichen Einspruch. Denn ein solches Zurückweichen der Truppen hätte dem deutschen Vorstoß die Basis verbreitert und die Opfer der 1., 2. und 99. Division, die diesen Raum gehalten hatten, negiert. Darüber hinaus führte nach Eupen nur eine Straße – durch das Sumpfgebiet im Norden, und unter solchen Bedingungen konnte sich ein Rückzug leicht in eine Katastrophe verwandeln. Montgomery bestand an diesem Tage nicht weiter auf seinem Vorschlag, griff ihn jedoch später wieder auf und schlug dann sogar (wenn auch wiederum vergebens) vor, die Front des V. Korps bis nach Verviers zurückzuverlegen.

An die Amerikanische Neunte Armee im Norden erging Befehl, ihre Flanke so zu erweitern, daß sie Abschnitte der Front der Ersten Armee übernehmen könnte, wie Devers es mit der Dritten Armee im Süden gehandhabt hatte. Das VII. Korps unter »Fighting Joe« Collins wurde für eine mögliche Gegenoffensive bereitgestellt, die auf die Spitze der Ausbuchtung abzielen sollte.

Die 101. Luftlandedivision hatte sich um Bastogne eingegraben und dort sehr gut gehalten; das XVIII. Luftlandekorps unter »Matt« Ridgeway baute zusammen mit verschiedenen anderen Einheiten südlich des Flusses Amblève eine Riegelstellung aus, und die 82. Luftlandedivision war in der Gegend um Werbomont aktiv. Sankt-Vith wurde von der militärisch noch recht unerfahrenen 7. Panzerdivision gehalten, unterstützt von einem Truppenkonglomerat, wie es der Krieg in solch wilder Mischung noch nicht zu Gesicht bekommen hatte.

So lief denn die große Mobilisierung an, und im Norden und Süden der Frontausbuchtung waren die Linien im Raum Monschau-Butgenbach und Echternach fest verankert. Der Hauptstoß der Deutschen war somit zwar auf die Maas zu, dafür aber von Lüttich und Antwerpen ab- und nach Westen umgeleitet worden.

Nur war leider die Front von Sankt-Vith bis Bastogne noch immer »fließend«. Sankt-Vith bildete den Boden eines Kessels, Bastogne war so gut wie eingekreist, und auf den Straßen drängten sich noch immer müde, abgekämpfte Versprengte – zurückweichende Reste zerschlagener Einheiten.

Und hier draußen in der Eifel, wo die steifen Körper der Gefallenen in den Wäldern lagen, hier also traten die beiden todgeweihten Regimenter der 106. Division zum letzten Gefecht an.

Am 19. war ein Versuch, den Feind aus Schönberg hinauszutreiben und dann über die Straße Schönberg/Sankt-Vith zu den amerikanischen Linien durchzustoßen, gescheitert. Der Angriff war schlecht koordiniert gewesen; verschiedentlich hatten sich Einheiten der beiden Regimenter gegenseitig beschossen. Einige Kompanien des 422. Regiments konnten sich eine Zeitlang vor Schönberg halten, aber die Grenadiere hatten pro Mann nur noch wenige Salven Munition, die meisten MGs schwiegen bereits, und Artillerieunterstützung gab es überhaupt nicht.

Oberst Descheneaux kapitulierte mit dem größten Teil des 422. am 19.; der größte Teil des 423. wurde am gleichen Tage gefangengenommen; manche Männer hielten bis zum Abend des folgenden Tages aus, einige wenige noch einen Tag länger. Dennoch: dort in der Eifel wurden zwei Regimenter vernichtet. Es gab viele Tote; manche sind nie mehr gefunden worden. Die Deutschen machten Tausende von Gefangenen und rühmten sich, die 10. Division vernichtet zu haben.

Cole nennt die Schnee-Eifel-Schlacht den »schwersten Rückschlag, den die amerikanischen Waddeb während der Operationen 1944–1945 auf dem europäischen Kriegsschauplatz hinnehmen mußten.

Die Amerikaner betrachteten diese Niederlage als einen Schlag gegen das Prestige der Alliierten. Die Deutschen erblickten in diesem Sieg, den sie errangen, ohne zahlenmäßig überlegen zu sein, eine dramatische Bestätigung der Schlieffen-Cannae-Konzeption.« (11)

## Der 21. Dezember

Die schwere Schlacht ging weiter.

In endlosen Transporten wurden Vorräte und Depots nach hinten geschafft; die Maas-Brücken wurden zur Sprengung vorbereitet; das VII. Korps wurde von der Rur-Front abgezogen und begann, sich auf die Spitze der Frontausbuchtung zuzubewegen, und General Collins, der Korpskommandeur, hatte Befehl, sich auf einen Angriff »im Süden, Südosten, Osten oder Nordosten« vorzubereiten.

Nach und nach wurden die Deutschen umzingelt, noch aber war die Front im Westen »fließend«, hatte der deutsche Vorstoß

Energie. Deutsche Panzer rasselten auf die Maas zu und führten wütende Schläge gegen die Nordschulter der Frontausbuchtung.

Nahe Butgenbach wurde die Erste Division von der 12. SS-Panzerdivision schwer und wiederholt angegriffen, schlug jedoch jedesmal zurück; noch wurde die entscheidend wichtige »Schulter« gehalten.

Die 84. Division, eine sehr gute Kampftruppe, die erste jener Einheiten, die die zum Flaschenhals verengte Frontausbuchtung für die Deutschen verkorken sollte, stieß nahe dem Fluß Ourthe in ein »Vakuum« vor – ihre Flanken lagen weit offen. Dann erging Befehl an diese Einheit, die Marche-Hotton-Linie, eine 18 Kilometer breite Front, deren Schützenlöcher »knapp 150 Meter weit auseinanderlagen«, unter allen Umständen zu halten.

An der Südschulter der Ausbuchtung hatte die Deutsche Siebente Armee in den ersten fünf Tagen den Amerikanern 2000 Verluste verursacht, doch hatten die Amerikaner in den meisten Fällen hartnäckigen und entschlossenen Widerstand geleistet. Die Amerikaner hatten die Städte verteidigt und den Deutschen die Benutzung des Straßennetzes unmöglich gemacht.

»Die deutschen Divisionen hatten noch genug Kampfkraft für einen schnellen, begrenzten Einbruch, solange die Sturmtruppen sich nicht aufhielten, die Dörfer gründlich von Widerstandsnestern zu säubern«, kommentiert Cole. »An der Kraft, diese Einbruchsstellen zu nützen, fehlte es jedoch, wenn dörfliche Widerstandsnester umgangen wurden.« (12)

Pattons Angriff reifte seiner Verwirklichung entgegen; das III. Korps der Dritten Armee hatte – nach einer scharfen Nordwendung – bereits seinen Gefechtsstand in der Nähe von Arlon etabliert. Die angeschlagenen Einheiten des VIII. Korps standen jetzt unter Pattons Kommando; sechs neue Versorgungsschwerpunkte mit 235 000 Rationen und 300 000 Gallonen Benzin waren nahe Longwy eingerichtet worden; die Straßen rund um die Südschulter der Frontausbuchtung von Luxemburg nach Arlon sowie Verbindungswege zu rückwärtigen Nachschubhäfen in Frankreich wimmelten von Tausenden von Fahrzeugen. »Stonewall« Jacksons Blitzbewegungen und Nachschubwunderleistungen waren nunmehr auf das Benzinzeitalter übertragen worden.

General Patton war außerordentlich zuversichtlich. »Ich werde der Ersten Armee die Dritte in den Hals schieben!« sagte er, und

Nachrichten über seinen bevorstehenden Sturmangriff munterten die erschöpften Verteidiger von Sankt-Vith auf.

General Hodges sandte an alle Korps der Ersten Armee vertrauliche Instruktionen, in denen es optimistisch hieß, daß »der feindliche Angriff abgefangen und verlangsamt worden ist ... Der Feind hat einen hohen Preis für örtliche Geländegewinne zahlen müssen, die er in den vergangenen paar Tagen gemacht hat, und die Haupt-Stoßrichtung seines Angriffes konnte er nicht einhalten ... Es ist dem Feind überhaupt nicht gelungen, nennenswerte Vorräte und Materialien in die Hände zu bekommen, mit denen er seinen Vorstoß abstützen könnte. Aber er spielt ein Spiel um alles oder nichts, er hat uns Gelegenheit geboten, ihn zu vernichten und den Krieg in der kürzestmöglichen Zeit zu beenden.«

Den hartbedrängten amerikanischen Soldaten aber klang dieser Optimismus verfrüht.

Sankt-Vith und Bastogne, das waren doch nur Inselchen inmitten der steigenden feindlichen Angriffsflut.

Bei Bastogne hatten die deutschen Panzer die letzte Straße nach Neufchâteau unterbrochen, und »Tony« McAuliffe und seine Männer von der 101. Luftlandedivision sowie eine Kampfgruppe der 10. Panzerdivision waren zusammen mit einer großen Menge bunt zusammengewürfelter Versprengten bereit. An diesem Tage erhielten sie vom VIII. Korps den Befehl, »die Bastognelinie um jeden Preis zu halten«.

Bei Sankt-Vith wurde ein schmaler Korridor nach hinten noch immer durch den körperlich und seelisch hervorragenden Einsatz weiterer Fallschirmjäger offengehalten. Es waren dies die Männer von »Jim« Gavins 82. Luftlandedivision. Allein die Kämpfe waren von beispielloser Härte: bei Cheneux am Amblève-Ufer – die Wasser des Flusses waren weiß vom Schnee und rot vom Blut der Männer – sprangen die Fallschirmjäger im Nahkampf auf die deutschen Schützenpanzerwagen und machten die Soldaten nieder.

Bei Sankt-Vith stand es nicht gut. Hier hatten die 7. Panzerdivision und Einheiten der 106. sowie die 9. Panzerdivision und andere Einheiten seit dem 17. Dezember wie Felsen in der Brandung gestanden. Jetzt aber waren Nachschubwege unterbrochen, schwand die Munition, stiegen die Verlustziffern.

Trupp »B« von der 87. Kavallerie-Aufklärungsschwadron wurde östlich von Sankt-Vith abgeschnitten, als die Deutschen hart gegen diesen wichtigen Verkehrsknotenpunkt anrannten; Oberfeldwebel L. H. Ladd brachte noch 50 Mann zurück von einem Trupp, der »am 17. Dezember mit sechs Offizieren und 136 Mann an die Front gekommen war«.

Dieser Tag kreiste um Sankt-Vith.

Denn dies war von Rundstedts Plan: ein heftiger Eroberungsangriff auf Sankt-Vith, vor dessen Toren er nun schon über vier Tage lang festsaß. Jetzt sollte der Großangriff beginnen, mit dem er die Kräfte zu zerschlagen hoffte, die seine Panzerstoßkeile – sie standen bereits bei Stavelot und im Norden dicht vor dem Fluß Salm sowie im Süden ein gutes Stück jenseits Houffalize – daran gehindert hatten, sich in breiter Front aufzuschließen (13).

An diesem für Sankt-Vith so entscheidenden, schweren Tage machte von Rundstedt der 7. Panzerdivision die Hölle heiß, wobei das 38. Panzer-Grenadierbataillon stundenlang den Hauptanprall auszuhalten hatte.

Zuletzt brachen Tiger-Panzer durch, und gegen Mitternacht (am 21.) war das 38. Panzergrenadierbataillon aufgerieben. »Von ca. 670 Mann, die am Morgen noch die Front rechts der Straße nach Schönberg gehalten hatten, waren gegen 23.00 Uhr schätzungsweise noch 185 übrig. Der Rest war tot oder schwer verwundet.« (14)

Sankt-Vith wurde evakuiert, aber westlich der Stadt fingen sich die dünnen amerikanischen Linien wieder. Noch beherrschten amerikanische Geschütze die wichtigen Straßenkreuzungen, noch holten sich die Legionen Hitlers beim Ansturm gegen die Bastionen amerikanischen Kampfesmutes blutige Wunden. Noch erlitten sie schwere Verluste.

So war es an vielen Abschnitten der Front. Auf den Trümmern der Niederlage und der Katastrophe wuchs der Heldenmut der Verteidiger zu einem starken Wall.

Noch setzten sich Versprengte nach hinten ab, vom Kampf wie betäubte, umherirrende Männer mit grauen Gesichtern, in denen es krampfhaft zuckte, aber hier und da, an zehn, zwanzig Stellen, formierten sich die Angehörigen der verschiedensten Einheiten spontan neu, bildeten Kampfgruppen und Einsatztrupps, die mit allen Waffen fochten, die ihnen nur in die Hände fielen.

Die Geschichte all dieser Einheiten wird ewig ungeschrieben, so mancher ihrer Führer auf immer unbekannt bleiben, denn dieses ganze Panorama war viel zu ausgedehnt, als daß man jeden blutigen Zusammenstoß im einzelnen schildern könnte.

## Der 22. Dezember

Von diesem Tage an spielte sich die Schlacht eindeutig in westlicher Richtung ab; die Kämpfe dienten der unablässigen Erweiterung der Front auf die Maas zu, wobei der Feind – in seinem Versuch gestoppt, aus der Frontausbuchtung heraus nach Nordwesten, auf Verviers, Spa und Lüttich durchzubrechen – sich bemühte, die Erste Armee im Westen zu umfassen.

In den wenigen vergangenen Tagen hatte Rundstedt den besseren Teil seiner vier deutschen Divisionen gegen das Gebiet Monschau-Butgenbach und Elsenbach geworfen und mitansehen müssen, wie diese Einheiten zurückgeschlagen und aufgerieben wurden und im Kielwasser ihrer zurückflutenden Angriffswellen die Leichen ihrer Gefallenen zurückließen. Daraufhin verlegte sich der deutsche General statt auf sinnlosen Sturmangriff auf Kriegslist und strategische Tricks – er beorderte das (bislang in Reserve gehaltene) II. SS-Panzerkorps nach Westen, wo es den deutschen Vorstoß zwischen den Tälern der Flüsse Ourthe und Amblève abstützen sollte.

Aber Sankt-Vith, weit hinter der Brandung des deutschen Angriffs, lag noch immer unter amerikanischem Beschuß; wie ein Felsblock hielt es dem raschen deutschen Ansturm stand. Unter wachsendem deutschen Druck mußten die Verteidigungstruppen zurückweichen; sie bauten eine feste Rundumverteidigung auf, mit einer einzigen Lücke: der zweitrangigen Straße, die für einen Rückzug nach Westen offengehalten werden mußte.

Im Norden waren deutsche Truppen bei La Gleize eingekesselt; im Westen sammelte sich das VII. Korps in Eile in der Nähe von Marche, um einen Gegenstoß zu führen und den Flaschenhals zu verkorken.

Und an diesem Tage wurde ein abgerissener ehemaliger deutscher Kriegsheld südlich von Eupen gefangengenommen, der sich auf erfrorenen Füßen dahinschleppte: Oberst von der Heydte, der Kreta-Veteran, der einstmalige Inhaber eines Carnegie-Fellowship-Stipendiums, der seinerzeitige Kommandeur der am 17. Dezember abgesprungenen deutschen Fallschirmjäger, gab zu, daß er seine Mission nicht hatte durchführen können.

An diesem Tag hoben sich die Bodennebel ein wenig – da begannen die amerikanischen Maschinen am Himmel aufzukreuzen. Obgleich die Deutschen neue Düsenmaschinen einsetzten, war die Jagd über den wimmelnden Straßen der Eifel und der Ardennen für die Amerikaner erfolgreich.

Ungeachtet angelegter Ketten-Gleitschützer rutschten die Panzer über die vereisten Straßen dahin. Die amerikanischen Landser, die keine Schnee-Tarnanzüge besaßen, verkehrten alle Bekleidungsregeln ins Gegenteil und zogen sich weiße Unterwäsche über die Uniformen. Der Schnee drang in Schuhe und Stiefel ein, Tausende von Männern hatten »Schützengrabenfüße« – für einen Winterkrieg war die amerikanische Armee sehr schlecht gerüstet.

Aber an diesem Tage auch begann sich Siegeszuversicht auszubreiten; »Georgie« (Patton) hatte seinen Angriff von Süden her begonnen, und das III. Korps stieß genau in die Mitte der deutschen Frontausbuchtung vor. Und an den Flanken des deutschen Durchbruchs hatte man Artilleriekräfte zusammengezogen; konzentrierter Beschuß erstickte manchen Angriff, und der Annäherungszünder, neu im Landkrieg, ließ Granaten mit unerhörter Präzision genau über den Einmannlöchern des Feindes explodieren.

Zuerst wurde der in den Vereinigten Staaten entwickelte Annäherungszünder von der US-Marine in Flakgeschosse eingebaut. Dann setzte man ihn in England gegen V-1-Waffen ein, fürchtete jedoch, daß die Deutschen das technisch-wissenschaftliche Geheimnis entdecken könnten, wenn ihnen ein nicht explodierter Annäherungszünder in die Hände fiel, und verwandte dieses Modell dann bis zur Ardennenschlacht nicht für den Erdkampf. Am 25. Oktober 1944 beschlossen die vereinigten britischen und amerikanischen Stabschefs, allen Waffengattungen (einschließlich dem Heer) den Annäherungszünder am 24. oder 25. Dezember für den generellen Kampfeinsatz zur Verfügung zu stellen. Der Einsatz von V-1-Waffen gegen Antwerpen und die Zwangslage, die durch die Ardennenoffensive entstand, führte jedoch zu einer Vorverlegung dieses Termins. Anscheinend wurde dieser Zünder zum erstenmal am 18. Dezember – oder, nach Cole, a.a.O., S. 361, am 21. Dezember – und später bei Erdkämpfen gegen die feindlichen Truppen in Haubitzengranaten eingesetzt.

Laut »Scientists Against Time« von James Phinney Baxter, III, (Boston, Little Brown, 1946, S. 236) leistete er »tödliche Dienste« und »trug substantiell dazu bei, daß die Deutschen zum Stillstand kamen und die Frontausbuchtung reduzierten ... Kriegsgefangene charakterisierten unser Artilleriefeuer als den demoralisierendsten und destruktivsten Beschuß, den sie je erlebt hätten.« Der elektronische Zünder (oder »Radio-Fuse«) ließ die Granate mittels eines fotoelektrischen Zellen-Grundelements noch in der Luft, aber genau in der richtigen Bodennähe explodieren, so daß gegen Soldaten in Schützenlöchern eine maximale Wirkung erreicht wurde. (Siehe auch »History of Communications-Electronics in the United States Navy« von Captain a. D./L. S. Howeth, USN; Washington, U.S. Government Printing Office, 1963, S. 500.)

Cole (a.a.O.) kann den Wissenschaftlern in ihrem natürlichen Überschwang nicht folgen, den er »höchst übertrieben« nennt. Er räumt diesem Zünder für die Ardennenschlacht nur relativ geringe Bedeutung ein. Der Verfasser neigt zu einer Auffassung, die zwischen diesen beiden Extremen liegt; bei einigen Gelegenheiten erwies sich der Zünder als tödlich.

Und unten bei Bastogne kämpfte eine Handvoll Männer, die die Stadt »um jeden Preis« halten sollten, bis zum bitteren Ende.

An diesem Tage – um 11.30 Uhr genau – geschah es, daß vier Deutsche mit einer weißen Fahne bei einem Sicherungsposten der 326. Glider Infantry (Segelflieger) erschienen. Ein deutscher Hauptmann sagte: »Wir sind Parlamentäre.«

In Windeseile verbreitete sich unter den leichtsinnigen, unbekümmerten Fallschirmjägern, denen ihre jüngsten Erfolge zu Kopfe gestiegen waren, die Lesart aus. Die haben die Nase voll und wollen kapitulieren.

Aber in Wahrheit sah es natürlich ganz anders aus; die Deutschen waren gekommen, um die Amerikaner zur Übergabe aufzufordern. Die schriftliche Kapitulationsaufforderung wurde General McAuliffe in seinem Gefechtsstand in Bastogne vorgelegt. Als man ihm sagte, was darin stand, lachte »Tony« McAuliffe ungläubig und sagte: »Ah, nuts!«

Die deutschen Unterhändler verstanden es nicht.

## Der 23. Dezember

An der Nordschulter der Frontausbuchtung war bei den deutschen Linien alles totenstill; der blutige Versuch, den Höhenzug bei Elsenborn zu stürmen und den Weg nach Lüttich freizukämpfen, war abgeebbt, und die 5. und 6. Panzerarmee stieß nach Westen vor. Sankt-Vith, »Schnittpunkt von 5 großen Straßen und drei Bahnlinien«, lag immer noch unter alliiertem Beschuß. Aber nicht mehr lange. Die tapferen Verteidiger dieses Gebietes hatten die Deutschen nun schon um Tage hinter ihren Zeitplan zurückgeworfen. 21 000 Mann, jetzt dezimiert und desorganisiert, hatten 87 000 Deutsche in Schach gehalten, zunächst in der Stadt und dann auf den Hügeln im Westen.

Sankt-Vith war in noch stärkerem Maße als Bastogne das Bollwerk gegen die Frontausbuchtung und in gewissem Sinne der Wendepunkt. Bastogne wurde populär, aber Sankt-Vith war als Verteidigungsbastion bedeutsamer.

In einer Bemerkung des Herausgebers von »Armor Magazine« heißt es dort:

»General von Manteuffel hat auf verschiedenen gemeinsamen Pressekonferenzen bestätigt, daß für das Gelingen der deutschen Gegenoffensive im Dezember 1944 wenigstens drei Forderungen erfüllt werden mußten:

a) Der deutsche Angriff mußte als Überraschung kommen;

b) Die Wetterlage mußte so sein, daß sie Schläge der alliierten Luftstreitkräfte gegen die durch die Ardennen vorrückenden deutschen Truppen verhinderte;

c) Der deutsche Hauptvorstoß durch Sankt-Vith und über jenes hinaus mußte schnell und ohne Verzögerung erfolgen.

Die Voraussetzungen a) und b) wurden erfüllt. Die Voraussetzung c) hingegen nicht, und zwar aufgrund der Verteidigungs- und Verzögerungsaktionen der 7. Panzerdivision und beigegebener Einheiten im Raum Sankt-Vith zwischen dem 17. und 23. Dezember 1944.

Seinem Zeitplan nach sollte St.-Vith am 17. Dezember gegen 18.00 Uhr genommen werden. Er nahm es jedoch nicht vor der Nacht des 21. Dezember ein und bekam das Gebiet um Sankt-Vith erst am 23. Dezember in den Griff, als CCB sich befehlsgemäß zurückzog.

Am 22. September 1964 stellte General von Manteuffel auf einer Pressekonferenz in Watertown, New York, fest, daß er am Abend des 24. Dezember 1944 Hitlers Adjutant empfohlen habe, die deutsche Armee solle ihren Angriff einstellen und zum Westwall zurückkehren.

Er sagte ferner, daß er sich zu dieser Empfehlung durch den Zeitverlust seiner Fünften Panzerarmee im Raum Sankt-Vith veranlaßt gesehen habe. Hitler hat von Manteuffels Empfehlung nicht akzeptiert.

Noch wichtiger aber für den Erfolg der Verteidigungsschlacht als Sankt-Vith war der hartnäckige Widerstand der 2. Division, unterstützt – nach einigem anfänglichem Durcheinander – von der 99. Division, und hierauf durch die 1. Division an der Nordschulter der Frontausbuchtung verstärkt. Vergeblich rannten die Deutschen in ihrem Bemühen, den Fronteinbruch auszuweiten, gegen die unerschütterlichen Verteidiger im Monschau-Elsenborn-Raum an, und dadurch wurde der deutsche Angriff kanalisiert, eingeengt und schließlich zum Halten gebracht. (15)

Aber jetzt kam das Ende; deutsche Panzer waren durch die Rundumverteidigungsstellung gebrochen. Tapfere Männer, die dem sicheren Tode entgegensahen, placierten hochexplosive Sprengladungen unter die Lauffflächen der Panzer, warfen ihnen Granaten in die Türme, feuerten Bazookas auf Kernschußnähe ab und erzielten damit hohe Verluste bei den feindlichen Panzerstreitkräften, konnten sie jedoch nicht aufhalten.

In einer Mitteilung an Generalmajor R. W. Hasbrouck, der die 7. Panzerdivision und die ihr attachierten buntgemischten Einheiten kommandierte, befahl Montgomery den Rückzug:

»Sie haben Ihre Mission durchgeführt – Sie haben sie gut durchgeführt. Jetzt ist es Zeit für den Rückzug.«

Zeit, allerhöchste Zeit – dieser Befehl war durch und durch vernünftig. Die angeschlagenen Verteidiger von Sankt-Vith, knapp an Nahrungsmitteln und Munition, erschöpft durch sechs Tage blutiger Kämpfe gegen Einheiten der acht deutschen Divisionen, waren außerordentlich im Nachteil – sie befanden sich auf dem Grunde eines tiefen Kessels östlich des Flusses Salm mit nur einer einzigen Straße, die dort herausführte.

Doch wiederum schafften sie das Unmögliche – vielleicht das schwierigste Manöver überhaupt auf dem Gebiet der militärischen Operationen – und bewerkstelligten angesichts eines hart nachstoßenden und ungeheuer überlegenen Feindes einen auf eine einzige Straße beschränkten Rückzug in vollem Tageslicht.

Deutsche 8,8-Granaten gingen in dichtem Schwall auf die Divisionsführungsstäbe nieder, und die Kanoniere des 440. Feldartilleriebataillons mußten um jedes Geschütz einzelne Nahkämpfe durchstehen, aber die allgegenwärtige »Kampfgruppe Jones« deckte den Rückzug, und gegen Mitternacht befanden sich die Verteidiger von Sankt-Vith bereits in Sicherheit.

An einer anderen entscheidenden Straßenkreuzung – einem Städtchen tief im Süden – bestanden die Verteidiger von Bastogne die letzte Probe. Knapp an Munition, hatte »Tony« McAuliffe seinen Batterien Befehl gegeben, nur zu feuern, »wenn sie das Weiße im Auge des Feindes sähen«. Dennoch, es blieb eine »knifflige Frage, ob Nachschub herankommt, bevor die Munition ganz zu Ende geht«.

Und an diesem Tage war das 3. Bataillon der 327. Glider Infantry (Segelflieger), ein Teil der 101., vom Feind hart bedrängt worden und hatte zum Rückzug angesetzt. »Dies ist unser letzter Rückzug«, sagte der Oberst. »Jetzt geht es um Tod und Leben.«

Aber der Nachschub kam heran – den ganzen langen Tag über wurde er eingeflogen, wurden 144 Tonnen an Fallschirmen über den hart bedrängten Verteidigern abgeworfen.

Und weit unten im Süden befand sich General Patton bereits auf dem Vormarsch – diese erfreuliche Nachricht breitete sich bald von Echternach bis Monschau aus. Die Dritte hatte ein logistisches Wunder vollbracht. Sechs Divisionen waren nach Norden herumgeworfen worden und rückten gegen die deutsche Flanke vor. Vom 17. Dezember bis zu diesem Tage hatten – was hier einer Kehrtwendung einer ganzen Armee gleichkam – 133 178 Motorfahrzeuge mit Truppen in Korps- und Divisionsstärke die Verkehrskontrollpunkte der Dritten Armee durchfahren, hatten Lkws 20 000 Tonnen Nachschubgüter über insgesamt 800 000 Kilometer transportiert.

Und auch das Wetter besserte sich. Teilweise herrschte an der Front am 23. klare Sicht und gutes Wetter, woraufhin die amerikanischen Maschinen aufstiegen und die Jagd auf die Deutschen begannen. Aber auch deren Jäger schwirrten am Himmel (was sie ja auch schon an den wolkenverhangenen Tagen zu Anfang der Schlacht getan hatten). Dennoch war Patton, dessen Augen in der Vorfreude auf die Schlacht blitzten, nicht recht zufrieden.

In Paris durften sich nach 20.00 Uhr weder Offiziere noch Mannschaften auf den Straßen aufhalten. Skorzenys Saboteure waren noch auf freiem Fuße – die Militärpolizisten hielten die

Finger am Abzug ihrer Waffen: diese Deutschen traten ja in amerikanischen Uniformen auf und führten kleine Röhrchen mit Säure bei sich, um Unachtsame zu blenden!

Und Eisenhower – in Versailles »Gefangener unserer Sicherheitspolizei«, die Attentatsversuche befürchtete – schritt rastlos durch den Schnee und beobachtete das Hin- und Hergewoge der Schlacht. Die Karte der Ardennen hat er sich so fest eingeprägt, daß er sie wohl nie wieder vergessen wird. Er macht sich Sorgen – nicht um die Schlacht, sondern um andere Dinge: der deutsche Vorstoß hat die Landsleute daheim in den Staaten aufgestört; schon hat Montgomery Eisenhower gemahnt, die 5 Pfund zu bezahlen, die er bei einer (schon länger zurückliegenden Wette) verloren habe – »Ike« hat nämlich gewettet, der Krieg werde gegen Weihnachten beendet sein. Schon hatte Montgomery auch durchblicken lassen, man müsse möglicherweise einen ranghohen amerikanischen General von seinem Kommando entbinden, eine Bemerkung, die er jedoch später zurücknahm. Montgomery hatte die Strategie von SHAEF hart kritisiert; die britische Presse, die von dem Befehlswechsel erfahren hatte, sprach sich in zunehmendem Maße für die Ablösung Bradleys und die Ernennung »Montys« zum »Oberbefehlshaber der Erdtruppen« aus.

Das sind die Irrungen und Wirrungen eines Krieges verbündeter Nationen.

Aber »Montys« Truppen schirmten die Übergänge über die Maas ab, und das Kampfgebiet wurde »gesäubert«.

## Der 24. Dezember

Der Weihnachtsabend brachte klares, ruhiges Wetter; die schneebedeckten Wälder glitzerten in der Sonne, die Straßen waren hartgefroren, und die marschierenden GIs schlugen die Arme um den Körper und zitterten vor Kälte.

Am klarblauen Himmel zeichneten sich Kondensstreifen ab – die größte Luftmacht der Welt war in voller Stärke angetreten, und die Deutschen bekamen »ihr Teil« von 5000 Maschinen. In einem konzertierten Angriff wurden deutsche Flugplätze Meilen hinter der Front bombardiert, die größten Verheerungen aber wurden den feindlichen Nachschub- und Versorgungslinien zugefügt, auf denen an der ganzen deutschen Frontausbuchtung ein endloser Strom von Fahrzeugen und Pferdefuhrwerken über wenige Straßen dahinkroch. Die Jagdbomber hatten einen höchst erfolgreichen Tag; wie böse Vorzeichen des nahenden Endes lagen rauchende Panzer- und Lkw-Wracks und die Leichen gefallener Männer herum.

In Bastogne aber wurde es ein finsterer Tag. In der folgenden Nacht wurde die Stadt zweimal bombardiert. 20 Verwundete und eine belgische Krankenschwester kamen in einem Bataillonslazarett um.

Auch an anderen Frontabschnitten stand es schlecht, denn die Deutschen drangen mit unverminderter Heftigkeit nach Westen vor. Die 82. Luftlandedivision zog sich befehlsgemäß von der Frontausbuchtung zurück, die sie so hartnäckig verteidigt hatte. »Jim« Gavin aber hatte nur einen Gedanken: »Ich wußte nicht, wie die Truppe diesen Rückzug aufnehmen würde. Diese Division hat in ihrer ganzen Geschichte noch nicht einen einzigen Rückzug machen müssen.«

Die Deutschen waren so rasch westwärts vorgestoßen, daß »Fighting Joe« Collins' VIII. Korps, das auf der rechten (südlichen) Flanke der Ersten Armee eigentlich für einen vorgesehenen Gegenstoß bereitgelegen hatte, sich einheitsweise in überraschende und heftige Verteidigungskämpfe verwickelt sah.

Die starke 3. Panzerdivision – kampfharte Panzersoldaten, die den ganzen Marsch von La Gleize bis Houffalize über heftige Gefechtsserien zu liefern hatten, bei der Abschirmung der Truppenkonzentrationsmanöver halfen, jedoch bei Hotton, Manhay und anderen Orten in schwere Kämpfe verwickelt wurden –, sowie die »Kampfgruppe Hogan« mit ihrem gesamten Panzerbestand wurden bei Marcouray abgeschnitten. Versuche, die Abgeschnittenen »aus der Luft zu versorgen, blieben erfolglos«.

Und die 2. Panzerdivision unter »Gravel Voice« Harmon hatte schon eine Kampfeinheit zur Säuberung der Straße Ceney-Leignon sowie zur Abwehr von Elementen der deutschen 2. Panzerdivision einsetzen müssen, die durch den Abschirmungsring des Korps gedrungen waren und die »offene« Flanke des VII. Korps bereits umgangen hatten. Die Männer dieser 2. Panzerdivision machten erfolgreich Jagd auf die Deutschen; durch einen nächtlichen Hinterhalt gelang es ihnen, im Mondlicht »mehrere hundert« feindliche Fahrzeuge zu zerstören. Konzentriertes Feuer der Korpsartillerie hatte den »nahezu unerträglichen Druck« gemildert, den der Feind am 23. auf die Stellungen der 94. Division ausgeübt hatte.

Jedoch, die Deutschen stießen weiter hart vor – auf Aywaille, die Nahtstelle zwischen VII. und XVIII. Korps, und gegen die offene Westflanke des VII. Korps.

Die Deutschen umringten Rochefort, erreichten Marche und Celles und erzielten einen Einbruch in die amerikanische Front, der 60 Meilen tief und an der Basis 45 Meilen breit war. Die Stoßkeile der Deutschen standen vier Meilen vor der Maas.

Und wieder mußte das Stabsquartier der Ersten Armee zurückverlegt werden – diesmal nach Tongres auf dem anderen Maas-Ufer.

Aber die wirkliche Gefahr bestand im Westen. Die rechte Flanke des VII. Korps »hing noch in der Luft«; auf der Südflanke der Frontausbuchtung gab es noch immer keine Berührung mit der Dritten Armee, mithin war der »Flaschenhals« auch noch nicht richtig »verkorkt«. Im Westen strichen deutsche Patrouillen durch die Vororte von Givet, und britische Panzer der 29. Panzerbrigade, der einzigen britischen Einheit östlich der Maas (im Frontausbuchtungsgebiet), warfen sich gegen feindliche Streitkräfte in der Nähe von Dinant und brachten deren Vorstoß zum Halten.

Im großen Einzugsgebiet der Frontausbuchtung war die Lage immer noch ungefestigt; das VII. Korps hatte hier die Hauptlast des feindlichen Ansturms zu tragen, und an der Westflanke des Korps schoben sich vereinzelte Panzer bereits in nördlicher Richtung um die amerikanischen Truppen herum vor.

Es war die letzte Krise ...

Montgomery kam nach Tongres in die »düsteren, von Bomben schwer beschädigten Baracken«, in denen die Erste Armee jetzt ihr Stabsquartier aufgeschlagen hatte. Er schaute auf die Lagekarte, sprach pompös über die »fließende« rechte Flanke der Ersten Armee und stellte General Hodges auf der Stelle die 51. Highland Division zur Verfügung. Hodges wünschte die Konzentration dieser Einheit »südlich von Lüttich«.

Feldmarschall Montgomery »bestimmte für den Notfall die Zurücknahme« der rechten Flanke der Ersten Armee auf eine Linie von Andenne an der Maas bis Hotton, »welche Linie, wie er betont, unter allen Umständen gehalten werden müsse«.

Montgomery fuhr ab, und Hodges beugte sich verbittert und mit grauem Gesicht über seine Landkarten, in deren Studium ihn nicht einmal die Vergeltungswaffen zu stören vermochten, die donnernd über das Stabsquartier hinweg nach Antwerpen flogen. Er besprach die Lage dann mit William B. Kean, seinem Stabschef, und seinem G-3. Nach langen Überlegungen wurde ein Offizier als Kurier zu General Collins entsandt, um diesen »angesichts der Wünsche Montgomerys nun einmal voll ins Bild zu setzen«.

Er setzte »Lightnin' Joe« Collins »voll ins Bild«, und seinem Besuch folgten ebenso lange Telefonunterhaltungen in sorgsam eingehaltener zweigleisiger Redeweise, wie ihm vorausgegangen waren. In einem dieser Gespräche wurde dem VII. Korps gesagt: »Verstehen Sie also ... mit dem Stoß mitrollen ...«

Collins »verstand es« – offenbar war Montgomery für eine Zurücknahme der Truppen bis zur Andenne-Hotton-Linie, und das hatte ihm die Führung der Ersten Armee nun zu verstehen gegeben und zugleich alle Einheiten des VII. Korps, von denen einige bislang der Ersten Armee zu Offensivzwecken unterstellt worden waren, ihm, Collins, zur Verfügung gestellt. Collins wurde »autorisiert«, nicht im Befehlssinne angewiesen, sich auf die Andenne-Hotton-Linie zurückzuziehen, und obgleich aus den verschiedenen Direktiven kaum hervorging, daß er eventuell angreifen sollte, war es ihm auch nicht ausdrücklich untersagt. Mit anderen Worten: man überließ ihm die Entscheidung.

Und es war eine höchst wichtige Entscheidung. Ein Rückzug der rechten Flanke des VII. Korps auf die vorgeschlagene Linie hätte bedeutet, daß das gesamte westliche Ufer der Maas von Givet bis Namur und Andenne samt allen Flußübergängen von jeglichem Verteidigungsschutz entblößt wurde.

Aber Collins führte seinen Spitznamen nicht ohne Grund. Er war ein aggressiver Typ, der nicht so leicht klein beigab.

Er ließ sich telefonisch mit Generalmajor Ernest Harmon, der die 2. Panzerdivision an der exponierten rechten Flanke des Korps befehligte, verbinden und forderte ihn in sorgsam doppelsinnig gehaltener Redeweise auf, dem Kampfgruppenstab B die Zügel schießen zu lassen.

Das Ergebnis wurde Geschichte – eine Geschichte des Angriffs, nicht des Rückzuges, eines Angriffes, um die Fühlung mit den Briten bei Dinant nicht zu verlieren und die Panzer der 2. Panzerdivision zu knacken.

Die Entscheidung dieses Weihnachtsabends bezeichnete das Endstadium der Krise in der Verteidigungsphase der Ardennenschlacht; am nächsten Morgen – es war der erste Weihnachtsfeiertag – schoß »Earnie« Harmon mit der Unterstützung der Jagdbomber der 9. Luftflotte die 2. Deutsche Panzerdivision bei Celles völlig zusammen. Viele der deutschen Selbstfahrgeschütze hatten keinen Treibstoff mehr, ihren Mannschaften waren die Strapazen der harten Kämpfe deutlich anzumerken, die Munition wurde ihnen knapp – und als am Weihnachtstage die Sonne unterging, mußte die Flut des vergeblichen deutschen Vorstoßes zurückweichen. Die Angreifer ließen bei Celles ausgebrannte Panzer und verkrümmte Leichen zurück – Sinnbilder ihres vergeblichen Ansturms. Die rechte Flanke des VII. Korps und der Ersten Armee war damit gesichert, die Flasche verkorkt – kurz vor der Maas war die deutsche Offensive zum Stillstand gekommen.

Die Weihnachtstage zeigten sich freundlich; das gute Wetter hielt sich, im gesamten Frontausbuchtungsgebiet krümmte sich der Feind unter den furchtbaren Schlägen der Luftstreitkräfte.

Am nächsten Tage, dem 26. Dezember, wurde Bastogne entsetzt, und die Siebente Deutsche Armee sah nun mit schmerzender Deutlichkeit ein, daß die große Offensive gescheitert war.

Am 28. Dezember gestand Hitler in einer Ansprache an seine Generäle den Fehlschlag ein. Aber er griff nach einem Strohhalm – er hatte neue Pläne für eine weitere Offensive von acht Divisionen im nördlichen Elsaß ausgebrütet, die dann am 1. Januar begann und nach wenigen, geringfügigen und wirkungslosen Geländegewinnen in tödlichem Desaster endete.

## Das Finale

Die Deutschen gaben nicht auf. Ihre Sache war verloren, doch noch mußte die Frontausbuchtung rückgängig gemacht werden. Am Neujahrstag, lange nachdem die deutsche Angriffsflut ihren Höchststand erreicht und begonnen hatte zurückzusinken, flog die deutsche Luftwaffe mit 700 Maschinen einen Angriff auf Lufthäfen der Alliierten in Belgien und den Niederlanden. Bei diesem Angriff verloren die Alliierten 156 Flugzeuge. (16)

Am 3. Januar ließ Hitler die Angriffsziele der Ardennenoffensive offiziell fallen, und am 8. gestattete er der Sechsten SS-Panzerdivision den Rückzug zum Zwecke der Übernahme von Reserveaufgaben. (17)

Widerstrebend nur gingen die Deutschen zurück – Schnee und Kälte standen ihnen bei. Viele Deutsche fielen, wenige nur ergaben sich. Als sich das Wetter aufklärte, verwandelten die Maschinen der alliierten Luftstreitkräfte die Straße in eine Schutthalde. Sankt-Vith aber konnte erst am 23. Januar 1945 eingenommen werden, und erst zu diesem Zeitpunkt auch gelang es den von Norden und Süden vorstoßenden amerikanischen Ersten und Dritten Armeen, die letzten deutschen Rudimentärstellungen in der Frontausbuchtung zu stürmen.

Nun aber war ja die gesamte Westfront durcheinandergebracht worden. Die deutsche Offensive war zwar gescheitert, hatte jedoch koordinierte Angriffe aus dem Osten wie dem Westen auf die Zitadelle der Deutschen verhindert. Als die Russen am 12. Januar über die Weichsel hinausstießen, mußten sich die Amerikaner immer noch verlustreich mit den deutschen Truppen auseinandersetzen, die ihre Frontlinie durchbrochen hatten. Durch die Ardennenoffensive wurde die Planung der Alliierten völlig umgestürzt, der Krieg möglicherweise um Wochen verlängert und wahrscheinlich so manche politische Folgeerscheinung der Nachkriegszeit eingeleitet. Dadurch, daß die Deutschen ihre Kräfte im Westen konzentrierten und die Westalliierten Rückschläge erlitten, wurde den Russen ihr eigener Vormarsch erleichtert, die daraufhin ruhmredig behaupten konnten, die russischen Armeen hätten den Westen gerettet. Außerdem begünstigte die Ardennenoffensive die Einnahme Berlins durch die Russen.

In der Rückschau gesehen, brachte die Ardennenschlacht den Vereinigten Staaten und ihren westlichen Verbündeten sowohl Sieg wie Niederlage. Ein zusammengeschlagener Feind sammelte plötzlich neue Kräfte und versetzte der Kampfmoral und den Kriegsplänen der Alliierten einen Schlag, dessen Gewalt nicht verkleinert werden kann.

Einige amerikanische Einheiten bekamen einfach panische

Angst und liefen davon; die Amerikaner erlitten insgesamt schwere Verluste. Zwei Divisionen wurden aufgerieben, andere schwer mitgenommen. Die Dritte Armee hatte allein in den letzten beiden Dezemberwochen 20 000 Verluste in der Schlacht und verlor 13 778 Nichtkombattanten – darunter waren Tausende von Fällen von Schützengrabenfuß. Bei der Ersten Armee beliefen sich die Verluste auf 22 000 Mann und Tausende von Kranken. Eine amerikanische Infanteriedivision – die 106. – wurde praktisch völlig vernichtet; zwei Divisionen wurden schwer angeschlagen, und eine Panzer-Kampfgruppe wurde nahezu ausgelöscht. Die Gesamtverluste bei der Ardennenoffensive beliefen sich auf alliierter Seite auf ungefähr 76 000 Mann (8607 Tote, 47 139 Verwundete, 21 144 Vermißte und eine ganze Anzahl Gefangene). Der Feind erbeutete 1284 MGs, 542 Granatwerfer, 1344 Lkws und 237 Panzer; einige Versorgungsdepots mußten zerstört werden, um die drohende Einnahme durch die Deutschen zu verhindern. (Insgesamt verlor die amerikanische Erste und Dritte Armee in den letzten zwei Dezemberwochen 471 mittelschwere Panzer).

Die Deutschen mußten einen enormen Preis zahlen. Sie bestätigten um die Januarmitte den Verlust von annähernd 100 000 bis 120 000 Mann in der Ardennenoffensive und hatten Materialeinbußen, die nicht wiedergutzumachen waren. Dabei haben sie ihr Mindestziel – Lüttich und die Maas-Linie – nicht einmal erreichen können. Durch ihre wilde Verteidigung der deutschen Grenzen – und ihr verzweifeltes Glücksspiel in den Ardennen – schwächten sie die spätere Verteidigung der Rhein-Linie.

In »Command Decisions« heißt es, daß die deutsche Ardennenoffensive »der 12. Amerikanischen Heeresgruppe die einzige und erste schwere Niederlage bei ihrem Vorstoß von der Normandie zum Rhein beibrachte ...

Für die Deutschen endete die Ardennenoffensive offiziell nicht vor dem 28. Januar, als Feldmarschall Models Armeen auf ihre ursprünglichen Ausgangsstellungen zurückgeworfen worden waren. Die Deutschen konnten sich rühmen, dem Feind (schwere) Verluste beigebracht zu haben. Die Ardennenoffensive hatte ihnen eine momentane Atempause gebracht, wenngleich Hitler es eine »unerhörte Erleichterung der Lage« nannte. Die Alliierten waren gezwungen worden, ihre Angriffe auf die Rurdämme und die Saar aufzugeben und die Schlußoffensive gegen den Rhein monatelang aufzuschieben. Doch selbst Hitler mußte zugeben, daß die Offensive nicht den »entscheidenden Erfolg« gebracht hatte, den »man hätte erwarten können«. Für diese im Vergleich zu seinem ehrgeizigen Ziel bescheidenen Erfolge hat Hitler einen exorbitanten Preis gezahlt ... Die Ziffer der deutschen Verluste bewegt sich um 100 000 Mann (ungefähr ein Drittel der angreifenden deutschen Truppen); (sie verloren) wenigstens 800 Panzer (von 2000 eingesetzten) und ungefähr 1000 Flugzeuge (fast die Hälfte der gesamten Jagdwaffe) ...

Diese Verluste waren unersetzlich«. (18)

Die Deutschen scheiterten in erster Linie und letzten Endes an unzureichender Kampfkraft. Sie hatten nicht genug Truppen, Ausrüstungen, Maschinen und Geschütze. Sie erreichten ihr erstes Ziel, die »Überraschung«, doch gelang es ihnen nicht, den geplanten Vorstoß mit ausreichender Schnelligkeit durchzuführen. Jene Geheimnistuerei bei den Vorbereitungen, die es nicht gestattete, jüngere Offiziere und Untergebene umfassend in die Planung einzuweihen, behinderte dann bis zu einem gewissen Grade die taktische Entwicklung der Offensive. Und die topographisch schwierigen Ardennen waren zwar in Sommerszeiten eine »Siegesstraße«, erwiesen sich aber im Schnee, Matsch und Eis des Winters als Terrain, dessen Wege direkt in die Niederlage führten. Schlechtes Wetter half, den Feind zu überraschen, behinderte jedoch Truppenbewegungen, und als eine Wetterbesserung die Straßen zu festen Fahrbahnen vereisen ließ, drosselten die überlegenen Luftstreitkräfte der Alliierten den deutschen Nachschub und knebelten die deutschen Stoßkeile. Auch daß es nicht gelang, umfangreichere Treibstoffvorräte zu erbeuten, trug – wenn auch nicht in entscheidendem Maße – zur Niederlage bei; viele der alliierten Nachschub- und Versorgungsdepots lagen westlich der Maas; darüber hinaus wurden 3 500 000 Gallonen Benzin und viele tausend Tonnen Munition von Spa und anderen Orten abgezogen und außer Reichweite gebracht.

Das Unvermögen der deutschen Sechsten Panzerarmee, die Basis des Durchbruchs durch die Einnahme des Monschau-Elsenborn-Gebietes zu verbreitern, dämmte den deutschen Vormarsch ein, so daß die Fünfte Panzerarmee in Wirklichkeit zu einem Stoßkeil wurde. Die hartnäckige und erfolgreiche Verteidigung der Nordschulter (der Frontausbuchtung) beschränkte die Sechste Panzerarmee auf einen Vormarsch auf zwei statt auf vier Straßen, von denen eine noch dazu unter amerikanischem Artilleriefeuer lag. Gleichermaßen wurden die Deutschen in ihren Bewegungen nach Westen durch die Untermauerung der Südschulter der Frontausbuchtung behindert und aufgehalten.

Die Basis der in den amerikanischen Linien erzielten Frontausbuchtung betrug an ihrer breitesten Stelle nur 75 Kilometer Luftlinie, wohingegen die Tiefe des deutschen Vorstoßes ein Maximum von 100 Kilometern erreichte. Nun besagt eine alte militärische Daumenregel (die eher eine Richtschnur denn ein Prinzip ist), daß die Basis einer Frontausbuchtung zweimal so lang sein muß wie die Tiefe des Vorstoßes. Die Gefahr, die den Deutschen durch diese Frontausbuchtung drohte, lag auf der Hand. Mit dem Vorstoß gegen die Frontausbuchtung wählten die Amerikaner die »kleine« Lösung: sie griffen nicht von den Schultern an, was ihnen ermöglicht hätte, den gesamten deutschen Vorstoß in die Zange zu nehmen, sondern ungefähr auf halber Höhe des deutschen Vormarsches. Mit dieser Entscheidung hatte das Vorhandensein eines Straßennetzes einiges zu tun, doch ist es den Deutschen später gleichwohl gelungen, bei heftiger Gegenwehr große Teile ihrer Truppen zurückzuziehen (wenn sie das auch hohe Verluste kostete).

Die Luftwaffe hat ihren Anteil sowohl am Siege wie an der Niederlage. Die großen Tage der deutschen Luftwaffe waren zur Zeit der Ardennenoffensive bereits vorüber; am 18. Dezember schafften die Deutschen ihr Maximum von 849 Starts – am 24. Dezember flogen die alliierten Luftwaffen 1138 taktische und 1442 Bomber-Einsätze. Diese Luftüberlegenheit half den Amerikanern – gewonnen aber wurde die Ardennenschlacht vom amerikanischen Landser am Boden.

Die Abhängigkeit der Amerikaner von der Linearverteidigung – der Mangel mithin an einem tiefengestaffelten Verteidigungssystem – kostete in den Frühtagen der Ardennenschlacht schwere Verluste, wurde jedoch von der überlegenen Beweglichkeit der Truppen sowie von wahren logistischen Wundertaten zu gegebener Zeit mehr als ausgeglichen.

Der eigentliche Grund für die deutsche Niederlage in dieser Offensive liegt darin, daß die Deutschen rein militärisch nicht stark genug waren, die großzügig gesehenen, aber eben außerordentlich hochfliegenden Pläne Hitlers in die Tat umzusetzen. Und, wie es in totalitären Staaten so oft geschieht – die Deutschen unterschätzten das Beharrungsvermögen ihrer Feinde.

Als die amerikanischen Truppen den ersten Überraschungsschock verarbeitet hatten, sammelten sie sich (hier insbesondere die ausgebluteten kampferprobten Divisionen), stellten sich dem Feind und schlugen sich tapfer bis zum letzten Atemzug.

Wie Alan Moorehead in »Eclipse« schrieb: »Mitten im deutschen Ansturm nahmen viele amerikanische Einheiten – ohne Befehle oder Nachrichten über den Stand der Dinge – ihr Schicksal einfach in die eigenen Hände und schlugen zurück.«

Wahrscheinlich ist eine der wichtigsten Imponderabilien aller Kriegführung die Frage nach dem Zeitpunkt, zu dem Männer – oft aus eigenen freien Stücken – ganz spontan und ohne weiteres Nachdenken jäh zu kämpfenden Helden werden. »Sie hielten noch lange aus, als es schon gar keine Hoffnung mehr geben konnte.«

## Lehren

Die Ardennenoffensive ist ein exemplarischer Fall der Bedeutung guten bzw. schlechten Nachrichtendienstes. Die Geschichte verzeichnet sie als bemerkenswertes Beispiel für Täuschungs- und Überraschungswirkungen, das höchst sinnfällig illustriert, welche Erfolge man durch Verschleierung der eigentlichen Ziele selbst gegen einen überlegenen Feind erzielen kann.

»Die amerikanische Armee«, schrieb ein australischer Kritiker, »neigt dazu, sich auf die Entfaltung der eigenen Kampfkraft zu konzentrieren, und strebt im Gegensatz zur britischen Armee keinen Sieg durch Ausnutzen der Schwächen ihres Gegners an.« (19)

Die Ardennenschlacht zeigte solche Schwächen überdeutlich auf.

In der Tat hat die deutsche Heeresleitung der alliierten Aufklärung durch ihre extreme Geheimhaltung sowie ihre sorgfältig vorbereiteten Sicherungs- und Täuschungsmaßnahmen die Aufgabe erschweren können.

Der Aufbau der 5. Panzerarmee wurde dadurch getarnt, daß

man viele ihrer Einheiten bis Mitte November aktiv am Front-Kampfgeschehen teilnehmen ließ. Korps- und Armeegrenzen wurden nur nach und nach und unmerklich verschoben. Einheiten, die man aus dem Osten oder anderen Gegenden herangeschafft oder neu aufgestellt hatte, wurden mit neuen Namen getarnt. Manche Einheiten betrieben ausgedehnte Funktäuschung, und bei der Sechsten Panzerarmee – dem Schlüssel zum Gelingen der Offensive – bewahrte man mindestens drei Wochen vor Beginn der Operation absolute Funkstille.

Noch bis lange nach erfolgter Verlegung der meisten Divisionen beließ man kleine Einheiten dieser Verbände zur fortgesetzten Identifizierung durch die Alliierten an der Front. Zu den Verbänden, die diese Täuschung betrieben, gehörten die 2. Panzer- und die 12. SS-Panzer-Division. Für den Angriff ausersehene Infanteriedivisionen wurden erst einige Tage vor dem Sturm in die Sammelgebiete verlegt; während dieser Truppenbewegungen (die sämtlich bei Nacht stattfanden) wurden Truppenembleme und Fahrzeugmarkierungen verdeckt und aus den Fahrzeugen die Glühbirnen entfernt. An vielen Abschnitten der Front der amerikanischen Ersten Armee, darunter am ruhigen Abschnitt des VIII. Korps, machte der Feind ausgedehnten Gebrauch von akustischen Täuschungsmitteln. Einen ganzen Monat vor Beginn der Offensive hindurch wurde Nacht für Nacht über Lautsprecher das Geräusch fahrender Kettenfahrzeuge ausgestrahlt, so daß das Gerassel der echten Panzer und Schützenpanzerwagen, das ein paar Nächte vor Schlachtbeginn einsetzte, schon gar nicht mehr ernstgenommen wurde.

Ungeachtet all dieser Vorkehrungen gab es gewisse Anzeichen zu beobachten. So konnten die Deutschen z. B. unmöglich das Bestehen der Sechsten Panzerarmee geheimhalten, die aufzubauen man im Frühherbst begonnen hatte. Die Alliierten hatten von ihrer Existenz schon lange gewußt, und schon Wochen vor Beginn der Offensive hatten Abwehrmeldungen die Aufmerksamkeit auf diesen Verband gelenkt und seine vermutliche Kampfstärke zur Diskussion gestellt. Das Risiko in den Ardennen war bekannt, wurde gesehen und besprochen, jedoch – wie Oberstleutnant Wilbur E. Showalter in »Military Review« demonstrierte – nicht mit der größtmöglichen Umsicht geplant (20). Wie die Amerikaner hatten die Deutschen die Ardennen-Front dazu benutzt, neue

Divisionen in die Feuerprobe zu schicken und ermüdeten Einheiten Ruhe zu verschaffen. Die Alliierten wußten, daß der Feind seine Kampfkraft vor der Offensive im Ardennengebiet von drei auf mehr als sechs Divisionen erhöht hatte.

»Die Ardennen wurden von General Eisenhower und General Bradley als ein Gefahrenherd betrachtet, nicht aber als der einzige, da ja der Abschnitt Elsaß gleichfalls kritisch war«, schrieb Oberst James O. Curtis jr., der im Dezember 1944 Stellvertreter des Chefs der Unterabteilung »Operational Intelligence« (Frontnachrichtendienst) in SHAEF sowie Nachrichtenoffizier im Planungsstab von SHAEF war, in einem Brief an den Autor am 28. Juni 1946.

»In der Tat war der Abschnitt Elsaß in unserer Sicht in jeder Beziehung gefährlicher als die Ardennen, denn Sie können sich vorstellen, was ein deutscher Vorstoß durch Metz und die Eroberung dieser Stadt für die Franzosen und unsere Sechste Heeresgruppe bedeutet hätte. Auch der Umstand, daß die Deutschen ihre letzten strategischen Reserven wie ein Glücksspieler für irgendwelche taktischen oder strategischen Gewinne in die Schlacht werfen könnten, wurde meines Wissens von den Generalen Eisenhower und Bradley auf einer Konferenz in SHAEF voll gewürdigt, die lange vor dem 16. Dezember (dem Beginn der deutschen Offensive) stattfand.«

Brigadegeneral Edwin L. Sibert, damals G-2 der 12. Heeresgruppe, erinnerte sich (in einem Brief vom 2. Januar 1947), daß er »vielleicht zwei oder anderthalb Wochen vor dem 16. Dezember die Aufmerksamkeit General Bradleys auf das Vermögen der Deutschen lenkte, in den Ardennen anzugreifen. Nach meiner Rückkehr von einem Besuch bei der 6. Heeresgruppe legte ich für General Bradley (in Verbindung mit dem oben angeführten Gedanken der deutschen Angriffskapazität) nieder, daß die Deutschen zwei Angriffskorps von der Front abgezogen hatten. Ich möchte jedoch betonen, daß ich hier lediglich auf das Vermögen der Deutschen einging, durch die nur schwach gehaltenen Ardennen vorzustoßen, und niemals speziell behauptet habe, daß diese Angriffskapazität – um unsere eigene Dienstsprache zu benutzen – ›implementiert‹ (i. e. in der Praxis durchgeführt) würde.«

Oberst Curtis bemerkt: »Es ist ebenfalls aufschlußreich, daß General Patton die Gefahr einer deutschen Gegenoffensive ebenso für die Ardennen wie für das Elsaß sah und für einen solchen Notfall vorläufige Einsatzpläne für die Dritte Armee ausgearbeitet hatte.«

Generalleutnant W. H. Simpson, der damalige Befehlshaber der amerikanischen Neunten Armee, schreibt (am 29. Mai 1946): »Wir haben einen deutschen Angriff hier (in den Ardennen) stets für möglich gehalten.«

»Dieser Gedanke wurde von uns mit Vorrang vertreten, als ich am 5. Dezember auf meiner Rückkehr von einer Besprechung mit General Bradley in Luxemburg zu einem kurzen Besuch bei General Troy Middleton (dem Befehlshaber des VII. Korps) in Bastogne eintraf. Er sagte mir, daß ihm die deutschen Streitkräfte an seinem Frontabschnitt große Sorgen machten. Er vertrat die Ansicht – und, das kann ich wohl sagen, er vertrat sie mit großem Nachdruck –, daß die Deutschen zwar vorher Truppen in ihre rückwärtigen Stellungen geschafft sowie einige dieser Einheiten an die Front geworfen und dann in andere Frontabschnitte verlegt hatten, seiner Ansicht nach jetzt hingegen versuchten, das Bild für uns unverändert zu halten, wobei sie in Wahrheit in den rückwärtigen Gebieten eine starke Streitmacht aufstellten. Des weiteren bemerkte (Middleton), daß er dem Stabsquartier der Ersten Armee diese seine Bedenken mitgeteilt habe.«

Obgleich diese nahezu mit universellem Scharfblick gesehenen Dinge, wie eben zitiert, erst nach den Ereignissen selber aufgezeichnet wurden, stimmen doch zahlreiche Beteiligte in Tagebüchern, Nachrichtenunterlagen und privaten Erinnerungen dahingehend überein, daß die Existenz der Sechsten Panzerarmee und die Schwäche (der Verteidigung) des Ardennenabschnittes Faktoren waren, die Tage und Wochen vor dem deutschen Vorstoß in vielen Stabsbesprechungen genannt worden sind.

Ungeachtet der deutschen Geheimhaltungsmaßnahmen gab es noch viele weitere spezifische Anzeichen (die besonders nach dem 1. Dezember sichtbar wurden).

Am 20. November nahmen die Franzosen einen deutschen General gefangen. In Verhören bestätigte er wiederum die Existenz einer an Kämpfen noch nicht beteiligten Sechsten Panzerarmee unter dem SS-General Sepp Dietrich und erklärte, daß dieser Verband »für einen einmaligen, umfangreichen Angriff an der Westfront Ende Dezember eingesetzt« werden sollte.

Anfang Dezember wurde die Abschrift eines von »Wissmann, Stabschef« (des deutschen LXXXVI. Korps) unterzeichneten Briefes erbeutet, in welchem stand, der Führer habe die Bildung einer Spezialeinheit in der ungefähren Stärke zweier Bataillone zum Einsatz für Erkundungsmissionen und spezielle Aufgaben an der Westfront befohlen. Die Bataillone, so hieß es weiter, sollten mit Freiwilligen aufgestellt werden, die Englisch und »den amerikanischen Dialekt« sprachen. Ferner sollte diese Spezialeinheit »amerikanische Kleidung, Ausrüstung, Waffen und Fahrzeuge« sammeln und beim Einsatz verwenden. Man wußte, daß Otto Skorzeny in Friedenthal bei Berlin eine Spezialausbildungsschule für diese Männer eingerichtet hatte.

Kriegsgefangene begannen über die Verlegung von Armeegrenzen im Süden und Westen (insbesondere die Verschiebung der Grenzen der 15. Armee sowie der 5. Panzerarmee nach Süden) zu reden, und zwei Panzerdivisionen – die 2. und 116. – verschwanden von der Frontlinie. Berichten zufolge wurde die 2. Panzerdivision hinter die Ardennenfront in die Nähe von Wittlich verlegt.

Es wurden auch Truppen- und Troßverlegungen in Gebiete festgestellt, die der Front des VIII. Amerikanischen Korps gegenüberlagen: »Nach zurückhaltender Schätzung (im Periodischen Tagesbericht des G-2 der amerikanischen Ersten Armee vom 12. Dezember) befinden sich im rückwärtigen Armeegebiet des Feindes mindestens zwei Volksgrenadierdivisionen und eine Panzergrenadierdivision in Stellungen, die dem amerikanischen VIII. Korps gegenüberliegen.«

Am 13. Dezember sprachen mehrere Kriegsgefangene von drei Verschiebungen auf Divisionsebene, und am 14. und 15. Dezember – die deutsche Offensive begann am 16. – meldete das VIII. Korps, eine »als verläßlich geltende« Deutsche habe umfangreiche Transporte von Material (darunter Pontonbrückenteilen und Brückenbaugerät) »hinter den deutschen Linien« nahe Bitburg – gegenüber der Front des VIII. Korps – beobachtet und »abrupte Veränderungen im Dienstbetrieb der feindlichen Mannschaften« in Stellungen festgestellt, die »der Amerikanischen Neunten Panzerdivision gegenüberlagen«, was »darauf hindeutete, daß in diesem Gebiet neue Truppen eingetroffen sein könnten«.

Die visuelle Luftaufklärung wurde zwar periodisch durch das

Wetter behindert, doch wurden in den ersten zwei Dezemberwochen an der gesamten amerikanischen Heeresfront insgesamt 48 Aufklärungseinsätze geflogen. Für jede Korpsfront waren täglich 5 Einsätze geplant, wohingegen an der Front des VIII. Korps in den Ardennen vom 1. bis zum 15. Dezember (beide Tage eingeschlossen) insgesamt nur 8 Einsätze geflogen wurden. Gelegentlich – wenn es die Wetterlage zuließ – wurden auch an der gesamten Front feindliche Truppenbewegungen auf Straße und Schiene festgestellt, die zumeist in nördlicher Richtung in den Bereichen des V. und VII. Korps stattfanden.

»Erhebliche« Feindtätigkeit wurde am 14. 12. im Gebiet um Trier nordwestlich von Luxemburg festgestellt – genau gegenüber der Front des VIII. Korps.

In einer Untersuchung über die Panzerreserven der Deutschen durch die »Target Subsection« des Nachrichtengenerals der amerikanischen Ersten Armee vom 8. Dezember wurden Bitburg und andere Städte, Endbahnhöfe und Eisenbahnknotenpunkte hinter der Front des VIII. Korps sowie zahlreiche Städte hinter den Fronten des V. und VII. Korps als lohnende Ziele angegeben – Truppensammelbereiche oder Eisenbahnknotenpunkte.

Und ungefähr um den 11. Dezember ging über Fernschreiber vom Stabsquartier der amerikanischen Neunten Luftflotte eine Warnung an die Neunte Taktische Luftflotte und Einheiten auf niederer Ebene heraus, daß die deutsche Luftwaffe an der Front der Ersten Armee ausreichend starke Kräfte zusammengezogen habe, um über den alliierten Frontabschnitten ca. 100 Kilometer weite Luftvorstöße durchführen zu können, und daß diese Einsätze vermutlich in den folgenden zwei Wochen unternommen werden würden.

Das vielleicht wichtigste Anzeichen der sich einstellenden Bewegungen ging aus einer ungefähr zwei Wochen vor dem Angriff (vom G-2 der 12. Amerikanischen Heeresgruppe) aufgefangenen und entschlüsselten deutschen Meldung hervor, in der bestimmte Einheiten der deutschen Luftwaffe den Befehl erhielten, Aufklärungseinsätze über den Maas-Brücken durchzuführen.

Und in England berichteten Agenten aus deutschen Kriegsgefangenenlagern, daß der 16. Dezember für einen massiven Durchbruch in Aussicht genommen worden sei. (21)

Doch trotz aller dieser Anzeichen versäumte man es, den drohenden Sturm in den Abwehrberichten in die richtige Perspektive zu rücken.

Der britische Generalmajor Kenneth Strong, Eisenhowers Stellvertretender Nachrichtenoffizier in SHAEF, berichtete in seiner wöchentlichen Nachrichtenzusammenfassung vom 26. November, daß »die Absichten des Feindes im Abschnitt Aachen (nördlich der Ardennen) nunmehr deutlich sind. Er führt die Hauptschlacht mit seinen Infanterieeinheiten und Panzerdivisionen des Heeres durch und hofft, mit diesen unsere Offensive zu vereiteln«. Wie die meisten G-2 dachte Strong, die Sechste Panzerarmee würde in diesem Kampfabschnitt für Verteidigungsaufgaben eingesetzt werden oder für einen Gegenstoß, falls wir eine Überquerung des Flusses Rur versuchten. Am 3. Dezember notiert Strong, daß »das auf längste Sicht wohl schwerste Problem (des Feindes) darin besteht, die gegenwärtigen Ausblutungskämpfe mit genügend Truppen und Material durchstehen zu können«. Er war der Ansicht, daß man die Verluste dieser Verschleißgefechte bis dato dadurch wieder gutzumachen hoffte, daß man »die Kampfabschnitte in großem Maße mit dem Fett aus den Ardennen und den Niederlanden nährte«.

Die wöchentliche Nachrichtenzusammenfassung Nr. 38 von SHAEF vom 10. Dezember, der letzte Nachrichtenspiegel vor Beginn der deutschen Offensive, begann mit dem Satz: »An der Westfront hat sich bislang ein prekäres Gleichgewicht gehalten.« Der Abzug von Infanteriedivisionen aus »ruhigen Abschnitten zu Einsatzzwecken in Kampfgebieten« wurde angemerkt und ein ähnlicher Abzug von Panzermaterial »zu Überholungszwecken« festgestellt. »Die Zahl der feindlichen Divisionen im Westen wurde nominell von 70 auf 71 erhöht ... Fortgesetzte Truppenbewegungen auf den Eifel-(Ardennen-)Abschnitt zu ... lassen darauf schließen, daß der Aufmarsch NOCH NICHT (Majuskeln von Strong) abgeschlossen ist. Weitere beachtliche Truppenbewegungen auf Straßen, die nach Holland und auf den Abschnitt der Ersten Armee zu führen.« Unter »Feindkampfkraft« berichtet die Zusammenfassung von SHAEF von schweren deutschen Verlusten; sie beschrieb das Gebiet Köln-Düsseldorf als den für den Feind »entscheidenden Abschnitt«, stellte fest, daß die Kampfmoral der Deutschen »nicht im mindesten abzubröckeln scheine«, sagte, soweit müsse die Schlacht »für ihn (den Feind) besser gelaufen sein, als er erwartet hatte«, so daß wir demnach »nichts anderes erwarten können als fortgesetzte Truppenverstärkung (im Köln-Düsseldorf-Sektor nördlich der Ardennen), harte und blutige Kämpfe, Verteidigungsgefechte jeder Art ... Der Vorstoß bis an den Rhein wird uns harte und bittere Kämpfe kosten.«

Aber mit keinem Wort wird auf die Möglichkeit einer deutschen Offensive hingewiesen, und generelle Befürchtungen werden nur angedeutet: solange die Sechste Panzerarmee nicht im Einsatz ist, erklärte Strong, »können wir uns nicht richtig sicher fühlen«.

Feldmarschall Montgomerys Oxford-Lehrer Brigadegeneral »Bill« Williams, G-2 der Britischen 21. Heeresgruppe, schilderte die Schwäche der Deutschen Anfang Dezember ebenfalls in glühenden, optimistischen Farben. Das gefiel Montgomery derartig, daß er die Hauptelemente dieser Darlegung in einen streng geheimen Befehl übernahm, den er (am 16. Dezember) selbst abzeichnete und der sich mit den zukünftigen Operationen der Alliierten befaßte. Absatz 3 dieses Befehls lautete:

»Gegenwärtig kämpft der Feind an allen Fronten rein defensiv; seine Lage ist so, daß er *offensive Großoperationen nicht unternehmen kann.* (Kursiv vom Verf.). Des weiteren muß er um jeden Preis verhindern, daß der Krieg in eine mobile Phase eintritt; er hat für mobile Operationen nicht die erforderlichen Transportmittel und Treibstoffbestände; auch können seine Panzer in einem Bewegungskrieg nicht mit den unseren konkurrieren.«

Absatz 4 begann: »Beim Feind steht es schlecht ...«

Der wöchentliche Nachrichtenbericht Nr. 18 der amerikanischen 12. Heeresgruppe vom 12. Dezember (für die mit dem 9. Dezember endende Woche) klang fast ebenso entschieden. Brigadegeneral Sibert, der G-2 der Heeresgruppe, hatte sich der Formulierungskunst eines wohlbekannten Schriftstellers – Ralph Ingersoll, damals bei der Armee und dem Stab der 12. Heeresgruppe beigegeben – versichert und diesen Bericht nach ermittelten Tatsachen abfassen lassen. Es war ein Unglück, daß diese Nachrichtenauswertung, die die Frontdivisionen erst kurz vor Beginn der deutschen Offensive erreichte, mit dem so eindeutigen Satz begann:

»Es steht nunmehr fest, daß der Ausblutungskrieg die deutschen Kräfte an der Westfront ständig weiter aufzehrt und der Verteidigungswall dünner, brüchiger und verwundbarer wird, als es auf unseren G-2-Karten oder für die Truppen an der Front den Anschein hat.«

Weiterhin hieß es:

»Die fatale Schwäche der einzelnen Infanteriedivisionen an der Front und der Umstand, daß der Feind mit seinen Truppenauffüllungsbemühungen immer weiter in Rückstand gerät, machen es zu einer Gewißheit, daß er binnen kurzem nicht nur in seinen gegenwärtigen Versuchen scheitern wird, seine taktischen Reserven abzuziehen und in Ruhestellungen zu bringen, sondern auch gezwungen ist, zumindest Teile seiner Panzerarmee an der Front einzusetzen.

Im wesentlichen bleibt die Kampfkraft des Feindes weiterhin mit dem Einsatz der Sechsten SS-Panzerarmee verknüpft, doch wird ihm unter Umständen nicht die volle Entscheidungsfreiheit über Ort und Zeitpunkt ihres Einsatzes verstattet sein. Die Lage beginnt der zu gleichen, die bei Caen und St.-Lô bestand... Wenn sich die Lage im Süden ernstlich verschlechtert, wird der Feind gezwungen sein, Teile seiner Panzerwaffe rasch in dieses Gebiet zu werfen. Zugleich aber muß er im Norden starke Reserven für einen möglichen Durchbruch in diesem Bereich bereithalten.«

Der G-2 der Dritten Armee, Oberst Oscar Koch, kam den Tatsachen näher. Er berichtete, daß feindliche Truppenbewegungen mit der Bahn Anfang Dezember »anzeigten, daß der Feind eindeutig genau gegenüber der Nordflanke der Dritten (Amerikanischen) Armee und der Südflanke der Ersten Armee Truppen und Material zusammenzieht«. Am 9. Dezember glaubte er, in diesem (Ardennen-)Gebiet befänden sich an die sechseinhalb feindliche Divisionen, und am 10. Dezember spezifizierte Koch, daß es dem Feind nunmehr möglich sei, »eine kohäsive Front« aufrechtzuerhalten, ohne dazu den größten Teil seiner Infanterie- und Panzerreserven einsetzen zu müssen. Er erklärte, daß die »massiven Panzerstreitkräfte«, die der Feind als Reserveverbände aufstellte, ihn »definitiv in den Stand setzten, eine Vergeltungsoffensive zu beginnen.«

Oberst B. A. (»Monk«) Dickson, der G-2 der Ersten Armee, äußerte sich sogar noch deutlicher. Er gab sich in seinem Bericht

Nr. 36 vom 20. November 1944 optimistisch und hielt dafür, daß »der Feind zu einer entscheidenden Offensive nunmehr nicht in der Lage« sei. Sein »strategischer Plan scheint auf einem Gegenstoß zu basieren und nicht auf einer geplanten Offensive aus eigener Initiative«.

Am 2. Dezember notiert Dickson in seinem periodischen Bericht, daß der Feind eine Spezialeinheit aus zwei Bataillonen englischsprechender deutscher Soldaten mit amerikanischem Akzent in amerikanischen Uniformen und mit amerikanischen Ausrüstungsgegenständen aufstellte. Diese Einheiten, so hielt Dickson fest, hätten sich im »HQ Skorzeny« in Friedenthal bei Oranienburg zu melden. Am 4. Dezember meldete Dickson in seinem Auswertungsbericht statt »möglicher« Bewegung der deutschen 15. Armee eine »sehr wahrscheinliche«, und zwar von Holland in Richtung Süden, in den Aachener Raum, wo die 15. die 5. Panzerarmee ablöste. Am 7. Dezember notierte er feindliche Truppenbewegungen auf die Front des VIII. Korps zu.

Um den 8. Dezember hatte Dickson – seiner Ansicht nach – starke feindliche Truppenkonzentrationen in der Eifel entdeckt, die ihm eine Bombardierung dieser Einheiten geboten scheinen ließ. General Hodges forderte konzentrierte Luftangriffe an, und Generalmajor Elwood R. Quesada hieß diesen Vorschlag gut. Doch auf höherer Luftwaffen-Befehlsebene hielt man diese Ziele für »nicht lohnend«.

In der berühmten »Lagebeurteilung Nr. 37« vom 10. Dezember änderte Dickson seinen Ton entscheidend. Die Anzeichen, die er im Spätnovember bemerkt hatte, überzeugten ihn davon, daß »es klar ist, daß eine (des Feindes) Strategie zur Verteidigung des Deutschen Reiches auf der Erschöpfung unserer Offensive beruht, der ein konzentrierter Großangriff mit Panzern sowie mit der Unterstützung jeglicher verfügbarer Waffen zwischen Rur und Erft folgen soll ...

Es ist anzumerken, daß die Kampfmoral der jüngst eingetroffenen Kriegsgefangenen sowohl in Armeelagern wie in Lagern in der Kommunications-Zone kürzlich einen neuen Hochstand erreicht haben muß ... Es ist augenscheinlich, daß Rundstedt, der militärische Operationen offenbar ohne große Intuition durchführt, seine Kräfte sorgsam abgeschirmt und gesichert (verteidigt) hat und sich für seinen Teil darauf vorbereitet, am Brennpunkt jede verfügbare Waffe rückhaltlos einzusetzen, um – zum richtigen Zeitpunkt – das Reich westlich des Rheins dadurch zu verteidigen, daß er den Alliierten eine größtmögliche Niederlage beibringt. Bis dato deuten Anzeichen darauf hin, daß sich dieser Brennpunkt zwischen Roermond und Schleiden (im Aachener Raum nördlich des VIII. Korps, wo der deutsche Angriff dann tatsächlich erfolgte) befinden wird.«

Unter »Feindkampfkraft« führte Dickson auf:

»1. Der Feind ist in der Lage, seine Verteidigung der Rurlinie nördlich Düren, seiner gegenwärtigen Front westlich der Rur zum Schutz der Dämme dieses Flusses sowie des Südabschnittes des Westwalls weiterhin aufrechtzuerhalten.

2. Der Feind ist in der Lage, einen konzentrierten Gegenangriff mit Luftstreitkräften, Panzern, Infanterie und Geheimwaffen zu jedem von ihm gewünschten Zeitpunkt an einem bestimmten Brennpunkt zu führen.

3. Der Feind ist in der Lage, die Erft-Linie zu verteidigen und sich später hinter den Rhein zurückzuziehen.

4. Schließlich besteht für ihn die Möglichkeit des Zusammenbruchs oder der Kapitulation.«

Als diese Warnungen bis zu allen Einheiten durchgedrungen waren, hatte der Feind bereits zugeschlagen.

Die Deutschen errangen einen fast vollkommenen taktischen Überraschungserfolg. Insonderheit die Stärke, Stoßkraft und Wildheit ihrer Offensive verblüffte den Gegner; Zeitpunkt und Ort ihres Vorstoßes überraschten die amerikanischen Streitkräfte desgleichen. Überraschung, das war in der Tat der für den Erfolg ausschlaggebende Faktor.

Die Deutschen hatten am 16. Dezember an die 19 Divisionen in die Ardennenschlacht geworfen, zu denen noch 10 Reservedivisionen kamen, die späterhin (noch vor dem 4. Januar) zum Einsatz gelangten. Insgesamt hatten sie zwischen 240 000 und 300 000 Mann in Stellungen gebracht, aus denen heraus sie gegen den schwächsten Punkt der langen alliierten Front von der Schweiz bis ans Meer vorstoßen konnten, und dabei hatten die Alliierten die Kampfkraft des Feindes im Ardennengebiet vor der Schlacht auf 6 1/2 Divisionen geschätzt! Der Feind hatte also Zehntausende von Soldaten in das Kampfgebiet geschafft, ohne daß wir es gemerkt hatten. Darüber hinaus waren Hunderte von

Jagdflugzeugen von Stützpunkten in Mitteldeutschland auf Flugplätze in Westdeutschland verlegt worden, um die Bodenoffensive abzustützen – und auch diese Verlegungen hatten sich kaum bemerkbar gemacht.

Band III von »The Army Air Forces in World War II« weist darauf hin, (S. 673), daß Hitler und Göring für den Ardennen-Angriff 3000 Jagdmaschinen zugesagt hatten. Das Kommando der Luftwaffe West meldete an den Oberbefehlshaber West und die Heeresgruppe B am 2. Dezember, daß man 1700 Jagdmaschinen zur Verfügung habe, von denen nur die Hälfte einsatzbereit sei. Am 16. Dezember hatten die Deutschen im Westen tatsächlich insgesamt 2292 Maschinen aller Typen, von denen 1376 einsatzbereit waren.

Feldmarschall Wilhelm Keitel, Stabschef des OKW, und Generaloberst Jodl stellten später absolut zutreffend fest, daß die Ardennenschlacht »im Grunde eine Überraschungsschlacht und unserer Meinung nach in dieser Hinsicht ein kompletter Erfolg gewesen« sei. (22)

Jede Bewertung der Fehler unserer Nachrichtenarbeit vor der Ardennenschlacht muß mit einer Analyse des geistig-seelischen Zustandes beginnen. Die amerikanische Armee war und ist angriffsbewußt. Dies war zugleich ihre Stärke und ihre Schwäche. In unseren Militärakademien haben wir vor dem II. Weltkrieg der Verteidigungsstrategie Lippendienste geleistet, doch war unser ganzes Denken auf den Angriff ausgerichtet, und – wie die Deutschen erfuhren – eine solche Offensiv-Psychologie kann geradenwegs zu Abwehr- und Nachrichtenfehlern führen.

Hauptmann William J. Fox, der zur Zeit der Ardennenschlacht beim V. Korps stand, hat in seiner Korrespondenz mit dem Autor diese Geistesverfassung gekennzeichnet:

»In der ganzen Ersten Armee herrschte eine leicht ärgerliche Verblüffung, denn seit dem Frühnovember hatten wir versucht, in die Ebene bei Köln vorzustoßen und den Rhein zu erreichen. Psychologisch gesehen waren wir immer noch auf Angriff eingeschworen, und niemand schien ernstlich zu glauben, daß die Deutschen noch einen letzten großen Schlag zu führen imstande seien. Jeder, vom niedrigsten Gemeinen an der Front bis zum höchsten Tier im Stab, dachte an Angriff und immer wieder nur an Angriff ... keiner von uns konnte bei unseren militärischen

Führern oder Soldaten auch nur den Schatten eines Verdachtes feststellen, daß möglicherweise eine großangelegte deutsche Gegenoffensive in der Luft lag.«

Hand in Hand mit dieser Angriffs-Psychologie gingen Frustriertheit und Resignation, und so wurde – wie immer – versucht, sämtliche kleinen Freuden und Ablenkungsmöglichkeiten zu nutzen, die man dem Schlachtfeld und den herrschenden Gegebenheiten nur irgend abzulisten wußte. Dies galt besonders für die Front des VIII. Korps, wo die schwer angeschlagene 28. Division und die 4. Division, beides Hürtgenwald-Veteranen, sich eine gewisse Erholungspause zu verschaffen suchten und die – kriegsunerfahrene – 106. die Lücken nur knapp und unsicher auffüllte.

Dies galt jedoch auch für das Stabsquartier der Ersten Armee in Spa. Ein Stabsoffizier der damaligen Zeit, der es vorzieht, anonym zu bleiben, schreibt: »Bis dann hatten wir im Felde in Zelten gelegen. Ich erwähne das, weil es keinen Zweifel daran gibt, daß wir mit der Verlegung in feste Gebäude begannen, uns wieder zivilisierter zu fühlen, und insgesamt bin ich der Meinung, daß man im Stabsquartier nicht so alert war wie zu der Zeit, als die Männer draußen in den Sümpfen oder Feldern gelegen hatten. Spa, eine fast unbeschädigte Stadt, ist einer der großen europäischen Badeorte, und die Gebäude, in die wir einzogen, boten mancherlei Luxus. Die wichtigsten Köpfe der Führung – der Kommandierende General, der Stabschef und die Abteilungen G-2 und G-3 sowie einige wenige andere – waren im Hotel Britannique untergebracht, fünf Minuten vom zentralen Platz der Stadt entfernt ... (einem Hotel), das 1918 dem kaiserlichen Deutschland als Hauptquartier gedient hatte.«

Diese psychologischen Einflüsse mußten sich auf amerikanische wie britische Nachrichtenoffiziere auswirken.

»Wir wurden völlig übertölpelt«, schreibt Robert E. Merriam in »Dark December«. Allgemein verbreitete Überzuversicht und Nachrichtenoffiziere, die gegenseitig in der Vernichtung der deutschen Armee »mit Worten« wetteiferten, trugen zum Erfolg der deutschen Überraschungsoffensive entscheidend bei. (23)

Die »Angriffspsychologie« und die Doktrin von der Offensive wirkten sich auf die amerikanische Armee aber auch noch in anderer Hinsicht aus – sie führten fast ohne Einschränkung zu einer Abwertung des G-2. Nur in der Theorie, kaum aber in Wirklichkeit (wenn auch manchmal dem Dienstrang nach) waren die G-2- und G-3-Offiziere (den anderen Führungsdienststellen) gleichgestellte, durch ihre Ergänzungsarbeit wichtige Partner.

Die meisten Kommandierenden Generäle neigten und neigen dazu, sich mehr auf den G-3 als den G-2 zu stützen. Eine vollkommene Teamarbeit auf Stabsebene hat es nur in seltenen Fällen gegeben.

General Bradley pflegte zu sagen: »Mein G-2 (Nachrichten) sagt mir, was ich tun kann, und mein G-3 (Operative Führung) sagt mir, was ich geschafft haben möchte.« Der seinerzeitige Befehlshaber der 12. Heeresgruppe fällte seine Entscheidung(en) nach ausführlichen Besprechungen mit seinem G-2 und nachfolgendem ausgedehntem Studium der topographischen Karten. Dies aber war keineswegs eine allgemein geübte Praxis. Eine richtige Beurteilung des Feindes ist der Schlüssel zum militärischen Erfolg; die deutsche und die japanische Armee besaßen mindestens ebensoviel Angriffsgeist wie irgendeine amerikanische Einheit, aber ihr Mangel an einem Verstehen des Gegners, der sie besiegte, grenzte oftmals hart an nackte Verachtung.

Zur Zeit der Ardennenschlacht bestand im Stabsquartier der Ersten Armee jene glückliche Zusammenarbeit mit G-2 und G-3 nicht, die der Schlüssel zum Kriegserfolg ist. Oberst Dickson, der G-2, wurde vom ranghöheren G-3 überspielt, der in der Frühzeit der Kämpfe auf dem europäischen Festland befördert worden war. Zur Zeit der Ardennenschlacht war Dickson sehr gegen die Schlacht im Hürtgen-Wald gewesen, und die Trennwand zwischen ihm und dem G-3 war hier noch deutlicher zu sehen als sonst, weil im Stabsquartier in Spa zwei separate Stabskasinos bestanden – Dickson, als Oberst, gehörte in das eine, und G-3, G-4 und andere Offiziere im Generalsrang und Leiter von anderen Stabsabteilungen gehörten in das andere.

Diese Abwertung des Nachrichtenoffiziers, die General Eisenhower und so viele andere amerikanische Offiziere kommentiert haben, wurde um die Zeit der Ardennenschlacht durch persönliche Differenzen unter den Herren noch intensiviert. In fast allen offiziellen Darstellungen der Kriegsgeschichte – unsere eigenen eingeschlossen – werden diese menschlichen Konflikte (wenn überhaupt) nur mit leichter Hand angedeutet; den Krieg aber führen nun einmal Menschen, keine Maschinen, und das Zusammenspiel verschiedener Persönlichkeiten, unerläßliche Voraussetzung aller unserer Unternehmungen, hat oft den Verlauf eines Feldzuges entscheidend mitbestimmt.

»Innerhalb des Stabsquartiers der Ersten Armee«, schreibt ein damals aktiver Stabsoffizier, »spielte Persönliches eine große Rolle.«

Die Unterschiede zwischen G-2 und G-3 in diesem Führungsstab und, in einem geringeren Grade, zwischen dem G-2 und dem Stabschef gingen zu Teilen auf differierende Persönlichkeiten zurück; diese drei Männer unterschieden sich auf das schärfste nach Methodik, Temperament und Einstellung. Auf den täglichen Besprechungen gewannen verschiedene von Dicksons Offizieren den Eindruck, daß seine Nachrichtenarbeit und Lagebeurteilung – die manchmal durch den besonderen Geheimdienst-Slang Farbe bekam, demzufolge Dickson Kriegsgefangene »Kunden« nannte – nicht immer allzu ernst genommen wurden.

Zwischen dem G-2 der Ersten Armee, Oberst Dickson, und dem G-2 der 12. Heeresgruppe, Brigadegeneral Sibert, herrschte also (wenn man es so nennen will) eine gewisse »Kühle«. Auch hier wieder spielten Rangfragen ihre Rolle – Dickson, Veteran der Operationen der Ersten Armee, der in Nordafrika und Sizilien dabeigewesen und die Landung in der Normandie mitgemacht hatte, war immer noch Oberst und G-2 der Ersten Armee, obgleich sein Chef, General Bradley, zum Befehlshaber der 12. Heeresgruppe aufgerückt war. Dickson kam wie Sibert aus einer alten Soldatenfamilie; beider Väter hatten einander vor Jahren in Panama kennengelernt. Dickson, Absolvent der Akademie West Point, hatte seinen Abschied von der Armee genommen, war jedoch im II. Weltkrieg in den aktiven Dienst zurückgekehrt. Sibert, gleichfalls West-Pointer, wenn Dickson auch um ein Jahr voraus, war geblieben.

Diese Rang- und Positionsunterschiede, zu denen noch die völlig gegensätzlichen Persönlichkeiten der beiden Männer kamen, blieben auf ihre gegenseitigen Beziehungen nicht ohne Auswirkung – diese waren zwar stets korrekt und bar jeder Feindseligkeit, aber zweifellos nie sehr herzlich. Sibert, der vor seiner Überstellung zur 12. Heeresgruppe im Zweiten Weltkrieg noch keine Kampferfahrung gesammelt hatte, fühlte sich Dickson gegenüber so befangen, wie sich ein Neuling einem »alten Hasen« gegenüber eben befangen fühlt; Dickson seinerseits war sich seines niederen Ranges, seiner untergeordneten Stellung lähmend eingedenk. Dickson war ein hochgewachsener, schlanker Mann nicht ohne schauspielerische Gaben; Sibert hingegen war kleiner, untersetzt und schwerfällig. Dickson war brillant, etwas leichthin, unkonventionell und denkschnell. Mit ihm war nicht immer leicht auszukommen, man mußte ihn genau zu nehmen wissen. Sibert war gründlich, der geborene Stabsoffizier, der gern nach dem Lehrbuch vorging. Diese beiden gegensätzlichen Erscheinungen paßten einfach nicht zueinander.

Keiner der beiden nun hat diese Empfindungen je öffentlich ausgesprochen, beide haben sie sowohl bei Interviews wie in Briefwechseln mit dem Verfasser abgestritten. Aber ihre Stäbe haben es gemerkt und geäußert. Die Mitarbeiter des OSS (Office of Strategic Service = Militärischer Geheimdienst), die außerhalb des Stabsquartiers der 12. Heeresgruppe arbeiteten, hatten in ihrem Befehlsstand ein Hitlerbild, unter dem – weiß Gott unfair – folgendes stand:

»Ihm gelingt es, manche Leute manchmal zu täuschen – Dickson aber täuscht er ununterbrochen.«

Diese Schaustellung im Jungsemester-Stil ging nun nicht ausschließlich auf die Reibungen zwischen der Ersten Armee und der 12. Heeresgruppe zurück, sondern beruhte im Zusammenhang mit dem militärischen Geheimdienst teilweise auf dem Umstand, daß Dickson – mit Unterstützung General Bradleys – die Tätigkeit des OSS im Gebiet der Ersten Armee drastisch eingeschränkt hatte.

Diese Reibungen schienen sich noch dadurch verschärft zu haben, daß ein Offizier des militärischen Geheimdienstes bei der 12. Heeresgruppe nicht sonderlich viel Humor besaß. Jemand von der Ersten Armee schrieb eine humoristische Parodie eines Kriegsgefangenen-Berichtes, indem es vorgeblich um die Ereignisse eines Verhörs von Hitlers Latrinen-Ordonnanz ging. Dieser OSS-Offizier nun, der damals einer Abteilung (Gegenspionage und Abwehr feindlicher Zersetzungsarbeit) in der Ersten Armee vorstehen durfte, legte diese Parodie seinem Vorgesetzten bei der 12. Heeresgruppe vor, damit »der was zu lachen hatte«. Unglücklicherweise nahm man das Papier ernst, und als die Erklärung gegeben wurde, dies alles sei ein Spaß, scheint im Personal der OSS in der 12. Heeresgruppe merkbare Empörung ausgebrochen zu sein.

Es gab auch nicht minder wichtige Reibereien – teils auf Grund gegensätzlicher Persönlichkeiten, teils auf Grund unterschiedlicher Interpretationen des jeweiligen ›nationalen Interesses‹ – im Hauptquartier SHAEF selbst. Und General Strong, der britische G-2 bei SHAEF, und der britische Oxford-Lehrer Brigadegeneral Williams, der Feldmarschall Montgomerys fähiger Nachrichtenoffizier war, sind mehr als einmal aneinandergeraten.

Solche persönlichen Reibungen wurden noch dadurch kompliziert, daß die Amerikaner ein anderes Abwehrkonzept hatten als die Briten. General Strong z. B. scheint in Übereinstimmung mit britischen Praktiken der Ansicht gewesen zu sein, daß er im Verhältnis zu den G-2-Offizieren der Heeresgruppen und im Felde stehenden Heere eine Art Kommandoposten innehatte, und er hat es dann tatsächlich riskiert, sowohl Brigadegeneral Williams, den Briten, der seine landesüblichen Praktiken wohl beherrschte, und Oberst Dickson, einen Amerikaner, dem dieses Konzept nicht vertraut war, für das zur Rechenschaft zu ziehen, was seiner – Strongs – Ansicht nach Fehler in der Kampflagebeurteilung beider Nachrichtenoffiziere waren.

Zwischen den amerikanischen G-2-Offizieren gab es verhältnismäßig wenig Kooperation; zwischen ihnen herrschte keine »geistige Übereinstimmung«, und Versuche, differierende Lagebeurteilungen aufeinander abzustimmen, wurden nur ab und zu unternommen. Die Amerikaner hatten kein »Führungskonzept«, wie es General Strong motivierte.

Man war weithin der Ansicht, die G-2 sollten ihre Berichte »lebendig« und lesbar abfassen; vielfach wurden solche Berichte um Zitate und historische Analogien bereichert – aber manche Leute schenkten dieser geschriftstellerten Oberfläche zuviel Aufmerksamkeit und der soliden Tatsachengrundlage zuwenig.

Der Mangel an Führung und Koordination wurde durch das alte Problem verschärft, die »Kampffähigkeiten« und »Absichten« des Feindes beurteilen zu müssen. Die Briten schilderten die Absichten des Feindes oft mit allen Risiken, die einer solchen Voraussage innewohnen, die Amerikaner führten jede nur denkbare »Kampffähigkeit« des Feindes auf, Punkte mithin, die sich voneinander teilweise derartig drastisch unterscheiden – von »umfassender Gegenstoß« bis »Zusammenbruch und Kapitulation« –, daß sie als Richtschnur für das, was der Feind vermutlich vorhatte, im großen und ganzen wertlos waren.

Ein weiteres wesentliches Versagen stellte die Unzulänglichkeit der reinen Nachrichten-Sammeltätigkeit dar; die Alliierten haben einfach nicht sämtliche Tatsachen beschafft, die verfügbar gewesen sind. Dies hatte eine Reihe von Ursachen.

Um mit General Sibert zu sprechen: »Vielleicht haben wir gewissen technischen Methoden der Nachrichtenbeschaffung, wie etwa der Fernmeldeaufklärung, zu sehr vertraut ... und ... hatten zuwenig Zutrauen zu den Ergebnissen einer unternehmungsfreudigen und unermüdlichen Patrouillenarbeit der Einsatztruppen. Auch hatten wir, wenn schlechtes Wetter herrschte, keinen Ersatz für die Luftaufklärung, und als wir an die Siegfried-Linie kamen, hatten unsere Agenten die größten Schwierigkeiten beim Durchkommen, ganz besonders im Winter.« (24)

Besonders auf höherer Befehlsebene verließ man sich in hohem Maße auf »Zauberei«, d. h. auf das Abhören und Entschlüsseln feindlicher Funksendungen. Als die Deutschen Funkstille anordneten, waren die alliierten Informationsmöglichkeiten jäh halbiert.

Aber die Fehler waren nicht nur passiver und negativer Natur, sie hatten auch positiv-aktive Auswirkungen. Die Sicherheitsmaßnahmen waren sehr lax, und unsere Verbindungs- und Fernmeldearbeit sowie unsere methodisierten und stark standardisierten Praktiken an der Front haben in hohem Maße dazu beigetragen, daß die deutsche Abwehr die Kampfkraft der Amerikaner mit äußerster Genauigkeit zu ermitteln vermochte.

Am schwerwiegendsten aber war der Mangel einer risikofreudigen Patrouillenarbeit im Felde – ein Fehler wie aus dem Lehrbuch, der in jedem Manöver und jedem Kriege der neueren Zeit, an dem Amerikaner teilgenommen haben, immer wieder herausgestellt worden ist. Diese Unterlassungssünde – nicht tief hinter die feindlichen Linien vorzudringen, Gefangene in großer Zahl zu machen und den Feind zu zwingen, mit einem Gegenzug seine Absichten aufzudecken – war besonders charakteristisch für das Verhalten des VIII. Korps an seinem Frontabschnitt, bei dem sich Demoralisierungserscheinungen unter den vom bluttriefenden

Schlachtfeld in einen »ruhigen Abschnitt« verlegten Truppen bemerkbar machten. Und auf höherer Ebene schenkte man den wenigen Patrouillenmeldungen, die überhaupt eintrafen, zuwenig Beachtung.

Durch die strengeren Geheimhaltungsmaßnahmen der Deutschen wurden die Berichte jener Agenten, die sich hinter den feindlichen Linien befanden, stark reduziert, und hierin spiegelt sich auch der Mangel an zweckdienlicher Koordination zwischen dem Militärischen Geheimdienst (OSS) – einer Organisation, die von vielen Kampfeinheiten viel zuwenig ausgenutzt wurde – und der Armee. Desgleichen gab es manchen Mißbrauch der Informations- und Nachrichtenbeschaffungsmöglichkeiten, die der Armee auf Verbandsebene zur Verfügung standen.

Die nur begrenzten Erfolge der Luftaufklärung müssen zu Teilen auf die widrigen Wetterverhältnisse zurückgeführt werden, doch litten die Nachtaufklärungsbemühungen der Amerikaner vor allen Dingen unter dem Mangel an brauchbaren Maschinen. Darüber hinaus konnte man den Wert der Sichtaufklärung im Unterschied zur Luftbildaufklärung nicht an der Zahl der geflogenen Einsätze oder der erstatteten Berichte messen (bei denen sich viele Irrtümer einschlichen), weil die Piloten und Beobachter größtenteils nicht in der Identifizierung von Erdzielen ausgebildet worden waren.

Martin M. Philipsborn, seinerzeit Major und S-2 (für Feindnachrichten und Sicherheit zuständiger Offiziere eines kleineren Verbandes, entspricht dem G-2, A. d. Ü.) des Kampfgruppenstabes B der 5. Panzerdivision, spricht in seiner »Zusammenfassung der Abwehroperationen vom Juli 44 bis Mai 45« (27. Mai 1945) von dem »absoluten und kompletten Versagen der Luftbildaufklärung«. Mehr »Kurse für Panzer- und Fahrzeugerkennung für die Air Force« wurden angezeigt.

Die Verbindungsarbeit zwischen Bodentruppen und Lufteinheiten ließ in dieser Hinsicht ebenfalls zu wünschen übrig. In der offiziellen Geschichtsschreibung heißt es:

»Die Luftwaffe war für die Erstauswertung der von ihr beschafften Aufklärungsdaten verantwortlich.«

Vielleicht lag der Hauptfehler auf organisatorischem Gebiet, denn zwischen den Luft- und Bodentruppenstäben scheint es eine

Zwielichtzone gegeben zu haben, in der sich die einzelnen Verantwortungsbereiche verwischten. (25)

Und schließlich versagte man bei der Auswertung der Berichte. Denn niemand hat die deutsche Offensive genau vorhergesagt. Oberst Dickson, der G-2 der Armee, der sich mit dieser Sache am intensivsten befaßte, kam ihr auch am nächsten – in seinen Lagebeurteilungen kurz vor Beginn der Offensive warnte er die Amerikaner eindeutig vor der Gefahr eines schweren deutschen Gegenschlages möglicherweise noch vor Weihnachten. Aber er irrte sich in bezug auf den Ort; die deutschen Geheimhaltungsmaßnahmen hatten insofern Erfolg, als sie die Alliierten glauben machten, der tatsächliche Gegenstoß werde auf den Raum Aachen im Norden der Frontausbuchtung geführt werden. Und auch in zeitlicher Hinsicht war Dickson nicht ganz exakt – er erwartete den »Gegenangriff« oder die »Gegenoffensive«, wie er es abwechselnd nannte, für den Zeitpunkt nach unserer Überschreitung der Rur oder nach unserer Inbesitznahme der Rur-Dämme. Weder Dickson noch irgend jemand sonst hat die Stärke des feindlichen Stoßes richtig vorausgesehen; des weiteren wurde Dicksons recht eindeutige Warnung in seinem Bericht – wie es auch den Berichten aller anderen G-2-Offiziere erging – dadurch verschleiert, daß zahlreiche Versionen zum Punkt »Reaktionsmöglichkeiten des Feindes« aufgeführt wurden. Man versuchte eben, sich gegen *alle* Eventualitäten abzusichern.

Durch korrekte Auswertung der Berichte hätten sich Schwächen auf organisatorischer Ebene, unterschiedliche Auffassungen, persönliche Reibungen und unzureichende Nachrichtenbeschaffung insgesamt ausgleichen lassen. Aber just daran fehlte es. Wie Oberst Showalter demonstriert:

»Risikofreudige Patrouillenarbeit nahm (auf deutscher Seite) zu, man erhielt Berichte, daß schwerbewaffnete Einheiten an der Front auftauchten, man stellte die Verlegung von Flußüberquerungsgerät in die vorgeschobenen Gefechtsbereiche fest, Truppen wurden aus dem rückwärtigen Armeegebiet herangeschafft, und aus dem vormals als ›ruhig‹ geltenden Kampfabschnitt wurden starke Truppenzusammenziehungen unter Einschluß von Panzereinheiten gemeldet. Ungeachtet all dieser deutlichen Anzeichen änderte sich an den Lagebeurteilungen unserer Nachrichtenoffiziere nichts Entscheidendes. (Allerdings stellten hier besonders die Berichte von Oberst Dickson sowie, in gewissem Maße, auch die von Oberst Koch Ausnahmen dar) ... Unsere Abwehr hielt nicht Schritt mit dem ungestümen Drängen unserer militärischen Führung.« (26)

In gewisser Hinsicht waren die Auswertungsfehler eine Quersumme aller schon genannten Schwächen, zu denen gleichwohl noch andere Faktoren hinzukamen.

Unter den verschiedenen G-2-Offizieren gab es zuviel Opportunitätsdenken. Jede Befehlsebene war bestrebt, möglichst umfangreiche Tatsachenmeldungen zu produzieren. Informationsbruchstücke, die oft von unteren Ebenen auf rein spekulativer Basis oder als Möglichkeit, nicht als Gewißheiten ermittelt worden waren, wurden von höheren G-2's häufig aufgegriffen, erschienen – oft unter Ausschluß der Qualifikationsfaktoren – wieder und wieder in den Lageberichten höherer Ebenen und wurden schließlich als Tatsachen und nicht mehr als Möglichkeiten aufgefaßt.

Höhergestellte G-2-Offiziere, völlig überwältigt vom Informationsstrom aus Quellen wie Funkabhördienst, britischer Geheimdienst, OSS etc., stopften oft soviel in ihre Berichte hinein, daß die Truppe im Felde letztlich einen Datenberg in die Hände bekam, mit dem sie kaum etwas anzufangen wußte. Die G-2 auf unteren Ebenen hatten oftmals die größten Schwierigkeiten, hier die Spreu vom Weizen zu trennen.

Die Unzulänglichkeiten dieser »Berichte von oben« – die z. B. die strategische Lage an der russischen Front schilderten oder die Psychologie des Rheinländers – können am besten mit den (offiziellen) Worten Major Philipsborns gekennzeichnet werden:

»Vielleicht ist das eine Übertreibung, aber ein Körnchen Wahrheit findet sich gewiß in der Feststellung, daß wir zwar genauestens wußten, wo sich Brücken, Furten und Bordelle in den Städten rings befanden, aber kaum je – wenn überhaupt – wußten, wo der Feind seine Pak-Geschütze aufgestellt hatte.« (27)

Cole charakterisiert das Versagen der Abwehr als ein »allgemeines«, welches »nicht einer einzelnen Person oder Gruppe zugeschrieben werden kann«. Es war »ein schweres Versagen der alliierten Luft- und Erdaufklärung«.

»Eine der wichtigsten Kunstfertigkeiten im militärischen Alltag besteht darin, daß man der natürlichen Tendenz entgegenwirkt, den Feind entweder zu unterschätzen oder zu überschätzen ... Die Fähigkeit des Feindes, auch anders zu reagieren als nur auf unmittelbaren Druck der Alliierten, wurde von uns auf das bedauerlichste unterschätzt. Amerikaner und Briten hatten versucht, das Bild des Feindes aus einem Spiegel zu ersehen – und was sie wirklich sahen, waren nur Spiegelbilder ihrer eigenen Intentionen.« (28)

Dies also ist die Krankheitsgeschichte der Aufklärung in der Ardennenschlacht.

Viele sagen: Geschichte, das ist doch nur Besserwisserei in der Rückschau. Aber die Lehren aus dem Versagen der Aufklärung in der Ardennenschlacht gelten auch heute noch, besonders in einer Zeit, da exakte Aufklärungsarbeit über Weiterbestand oder Untergang ganzer Völker entscheiden kann.

Die Lehren aus dieser Schlacht sind klar: 1. Auf allen Ebenen müssen die Dinge wirklich objektiv gesehen werden – eine übertrieben kultivierte »Angriffspsychologie« kann zur Katastrophe führen. 2. G-2-Offiziere müssen auf allen Ebenen als Leiter von Stabsabteilungen allen anderen Abteilungsverantwortlichen absolut gleichgestellt sein. Feinstabstimmung zwischen G-2 und G-3 ist ein Schlüssel zum Sieg; diese Abteilungen müssen wie *eine* Abteilung zusammenarbeiten; Abwehr- und Nachrichtenbeschaffungsarbeit darf nicht abgewertet werden. 3. Die militärische Führung trägt die Verantwortung dafür, daß auf allen Ebenen Reibungen zwischen Stäben und einzelnen Persönlichkeiten vermieden werden. 4. Es ist wichtig, daß die Arbeit der G-2 auf verschieden hohen Ebenen besser koordiniert wird; Berichte, die an untere Ebenen herausgehen, müssen sorgsam von allem Detailballast befreit werden. 5. Die amerikanische Lagebeurteilungstechnik muß abgeändert werden und sollte sich vielleicht zwischen der britischen Betonung der »Feindabsichten« und unserer Tendenz ansiedeln, die »Reaktionsmöglichkeiten des Feindes« als Absicherung gegen sämtliche Eventualitäten aufzuführen. *6. Wichtig ist intensive, risikofreudige Patrouillenarbeit an der Front zu jeder Zeit und an jedem Ort.* 7. Unsere Luftbildaufklärungseinheiten müssen besser ausgebildet, unsere Nachtaufklärungstechniken verbessert werden. *8. Sämtliche* verfügbaren Quellen der Nachrichtenbeschaffung müssen ausgeschöpft werden. 9. Abwehroffiziere müssen sorgfältig ausgewählt werden,

und zwar im Hinblick auf a) ihre analytischen Fähigkeiten und ihr Vermögen, Tatsachen zu den richtigen Synthesen zu verarbeiten, b) ihre Kenntnis der Gegner, und c) ihre Urteilskraft und ihre Fähigkeit, im Gefechtseinsatz gute Arbeit leisten zu können.
10. Wir brauchen Karriere-Nachrichtenoffiziere und ausgebildete Spezialisten (besonders auf dem Gebiet der Nachrichtenauswertung).

Ungestümes Vorandrängen ist eines der wertvollsten Charakteristika der amerikanischen bewaffneten Streitkräfte, ohne das man im Krieg nicht siegen kann. Seine Überbetonung jedoch – und die daraus folgende Vernachlässigung des Gegners – kann zur Katastrophe führen.

*Kapitel 9*

# OKINAWA

## Die größte See-Luftschlacht der Geschichte

1. April bis 22. Juni 1945

Der 1. April 1945 – Ostersonntag – bringt freundliches Wetter für das Chinesische Meer. Die Befestigungsanlagen und Böschungen der fernen Insel Okinawa, die bald ein Teil der amerikanischen Tradition werden sollte, erheben sich als Schatten über den Horizont.

Die größte Flottenansammlung der Geschichte – über 40 Flugzeugträger, 18 Schlachtschiffe, 200 Zerstörer, Hunderte von Transportschiffen, Kreuzern, Versorgungsschiffen, Sperrfahrzeugen, U-Booten, Minenräumschiffen, Kanonenbooten, Landungsfahrzeugen, Patrouillenbooten, Rettungs- und Reparaturschiffen – insgesamt mehr als 1500 Schiffe, die Sturmtruppen in einer Stärke von über 182 000 Mann transportierten – stößt tief in die japanischen Gewässer vor. Ihr Ziel: die »Operation Eisberg«, der Sturm auf die Insel Okinawa.

Nach monatelangen intensiven Vorbereitungen und Wochen höchster Spannung, wie sie jeder Schlacht vorauszugehen pflegen, wirkt der Beginn dieser Operation beinahe wie eine Erlösung.

In angemessener Entfernung vom Inselufer kreuzt der berühmte Kampfverband 58 unter Vizeadmiral Marc A. »Pete« Mitscher. Im Süden, wo sich die Wogen der Ostchinesischen See an den Felsen von Sakishima Gunto und Formosa brechen, bearbeitet eine britische Kampfgruppe von Flugzeugträgern – die erste im Pazifik – japanische Flugplätze. Vor den Stränden Blue Beach und Purple Beach quellen aus Transportern, Landungsschiffen und Frachtern die Sturmeinheiten der Marineinfanterie und der Armee – mit unglaublicher Mühelosigkeit gehen sie an Land. In der Entfernung donnern die Geschütze der Schlachtschiffe – aber das sind amerikanische Kanonen. Am Himmel jagen die Flugzeuge dahin, kreisen, werfen Bomben – aber auch das sind amerikanische Flugzeuge.

Der Feind verhält sich seltsam ruhig. Die Flugplätze Yontan und Kadena, von den Japanern aufgegeben, werden noch am ersten Tage der Invasion eingenommen – Ziele, für deren Einnahme man eine Woche veranschlagt hatte!

Aber diese leichte Landung sollte von einer der blutigsten, wildesten Schlachten der Kriegsgeschichte gefolgt werden. Die Japaner haben sich für eine Entscheidungsschlacht gerüstet.

Okinawa, die größte der Riu-Kiu-Inseln, die sich als Kette vom japanischen Kyushu nach Süden erstrecken, ist eine eidechsenförmige Landmasse, von Korallenriffen umringt, ungefähr 100 Kilometer lang und 3 bis 30 Kilometer breit. Seine 2 Meilen schmale Taille teilt die nördlichen zwei Drittel der Insel – zerklüftetes, dicht bewaldetes Bergland – von den sanft gewellten Hügeln des Südteils ab. Und hier, im Südabschnitt, wo die Insel von Böschungen und Schluchten gesäumt, übersät mit alten Gräbern und Kalksteinhöhlen und jeder nutzbare Quadratmeter Boden mit Zuckerrohr, süßen Kartoffeln, Reis und Sojabohnen bepflanzt ist, haben die Japaner ihre Hauptverteidigungslinie errichtet.

Der Sturm auf Okinawa ist die logische Konsequenz der amerikanischen Pazifikstrategie. Von hier aus liegt Japan innerhalb der Reichweite mittelschwerer Bomber; man schätzt, daß man auf der Insel 780 Bomber stationieren kann, die den Angriff der B-29-Maschinen von den Marianen aus unterstützen können. Von Okinawa und seinen Nachbarinseln aus könnten Schiffe und Flugzeuge sämtliche japanischen Transportwege zu Wasser kontrollieren. Außerdem wird Okinawa als Unterstützungsbasis für die »Operation Olympic«, die Invasion der japanischen Insel Kyushu, 350 Meilen weit entfernt, die am 1. November 1945 beginnen soll, benötigt.

Rückschauend könnte man nun argumentieren, der Sturm auf Okinawa sei für den Endsieg entscheidend gewesen – weniger als zwei Monate nach der Einnahme der Insel war der Feind friedensbereit. Aber seinerzeit galt es in Militärkreisen als ausgemacht, daß die Japaner endlos weiterkämpfen würden. Darüber hinaus war die japanische Niederlage auf Okinawa einer der wesentlichen Gründe für die schnelle Kapitulation des Kaiserreiches. Auf Okinawa verlosch die letzte, verzweifelte Hoffnung der japanischen Militärs, einen Verständigungsfrieden zu erzwingen.

Der Krieg in Europa ging schon seinem Ende entgegen, als die

Eroberung Okinawas begonnen wurde. Die meisten Strategen meinten, Japan, obgleich seit der Schlacht um den Golf von Leyte in einer hoffnungslosen Situation, werde bis zum letzten Graben kämpfen, und viele befürchteten, die blutige Aufgabe, die Hauptinseln Japans zu erobern und die japanischen Streitkräfte auf dem asiatischen Festland in den Griff zu bekommen, werde wenigstens noch ein weiteres Kriegsjahr erfordern. Die Atombombe war in Alamagordo noch nicht einmal getestet worden, und die verzweifelte, von Schwierigkeiten gekennzeichnete Lage in Japan selbst hatte keineswegs zu einem Nachlassen des Kampfeswillens der japanischen Soldaten geführt.

Okinawa und die Riu-Kiu-Inseln waren die letzten japanischen Bastionen überhaupt. Die Aufgabe, amerikanische Streitkräfte über Tausende von Seemeilen hinweg in ein Gebiet zu werfen, das von feindlichen Stützpunkten umzingelt war, kannte ihresgleichen in der Kriegsgeschichte nicht. Die Invasionsflotte wurde im wörtlichen Sinne aus der ganzen Welt zusammengezogen – die logistischen Vorbereitungen für diese gigantische Invasion begannen im Sommer 1944. »Ein für das Gelingen der ›Operation Eisberg‹ entscheidender Faktor war das Transportleitsystem der amerikanischen Marine, welches nach vielen Versuchen und Rückschlägen im Jahre 1945 zur Vollkommenheit gediehen war.« (1) Die Technik, Schiffe auf hoher See aufzutanken und dort ihre Bestände zu ergänzen, war verfeinert und wirkungsvoll standardisiert worden. Die Aufwendungen der Marine an Munition allein übertrafen die aller voraufgegangenen Operationen: 247 000 Magazine (bis zum 20. Mai) 5-Zoll/38-Kaliber-Flakgeschosse, insgesamt mehr als 27 000 Tonnen Flak- und Bombardementsmunition sowie nahezu 35 000 5-Zoll-Raketen und ungefähr 44 000 Bomben. (2)

Man hofft auf einen »raschen« Verlauf der Operation, gibt ihr einen Monat oder weniger. Abwehrberichte besagen, daß der Feind Truppen in ungefährer Stärke von 55 bis 65 000 Mann und 198 Artilleriegeschütze schwerer Kaliber auf der Insel hat. Aber der Nachrichtendienst sollte eine böse Überraschung erleben – nur allzubald sollten die Hoffnungen auf einen raschen Sieg begraben werden. Über 110 000 Japaner sollten sterben, 7400 Mann sich ergeben, über 75 000 Amerikaner getötet, verwundet

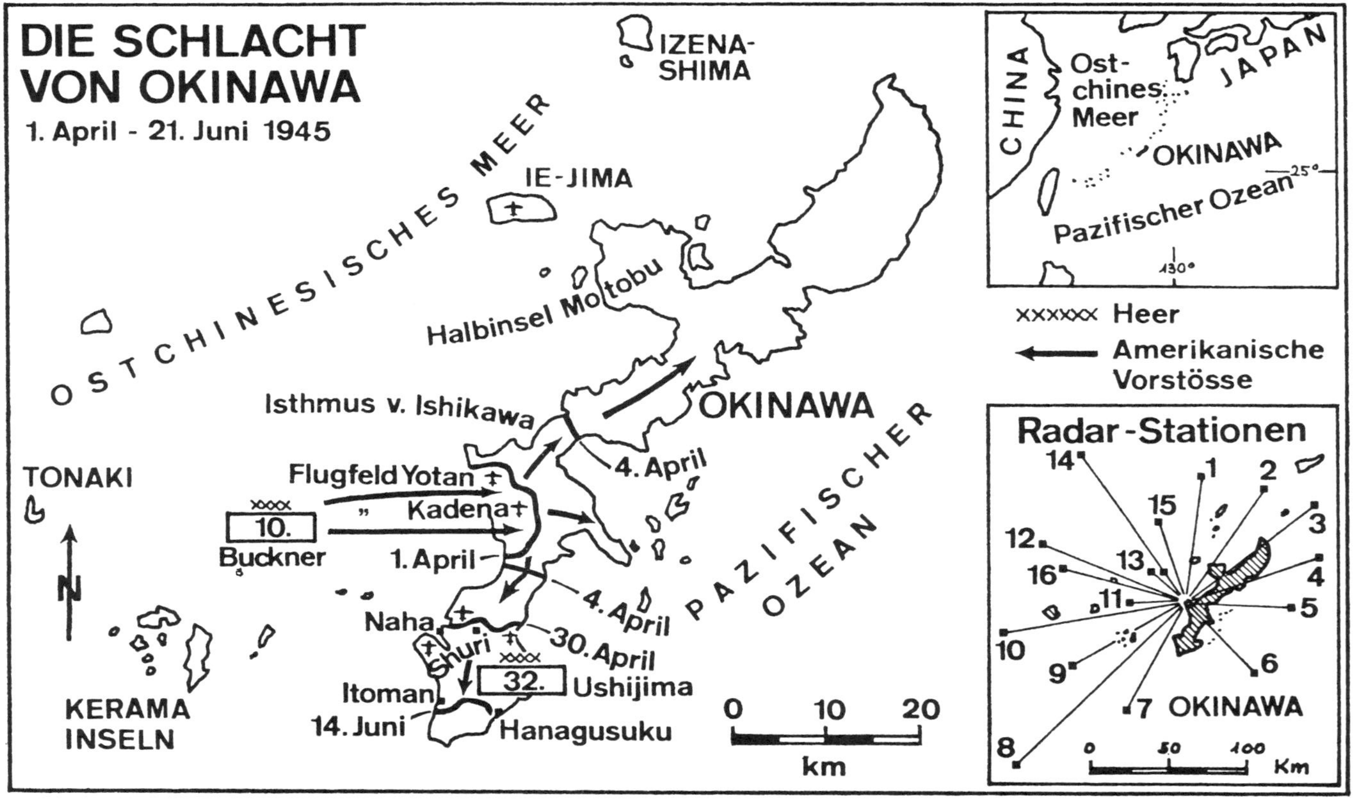
DIE SCHLACHT
VON OKINAWA
1. April - 21. Juni 1945
IZENA-
SHIMA
IE-JIMA
OSTCHINESISCHES MEER
Halbinsel Motobu
Isthmus v. Ishikawa
OKINAWA
PAZIFISCHER OZEAN
TONAKI
Flugfeld Yotan
Kadena
10.
Buckner
1. April
4. April
4. April
Naha
Shuri
30. April
32.
Ushijima
Itoman
14. Juni
Hanagusuku
KERAMA
INSELN
N
0
10
20
km
CHINA
Ost-
chines.
Meer
JAPAN
OKINAWA
Pazifischer Ozean
25°
130°
Heer
Amerikanische
Vorstösse
Radar-Stationen
1
2
3
4
5
6
7
8
9
10
11
12
13
14
15
16
OKINAWA
0
50
100
Km

oder vermißt werden oder ertranken, bevor die »Letzte Schlacht« zu Ende war.

Denn das japanische Oberkommando ist entschlossen, Okinawa zu halten und den größten Teil der dem Kaiserreich verbliebenen Luft- und Seestreitkräfte einzusetzen, um die amerikanische Armada zu vernichten, die eine Invasion erst möglich macht. Die Zerstörung der amerikanischen Flotte ist ein Hauptziel. Um dieses zu verwirklichen, stützt sich der Feind in der Hauptsache auf bombenbestückte Flugzeuge, die von Selbstmord-Piloten in ihre Ziele gesteuert werden – von Angehörigen des Spezial-Angriffs-Korps der japanischen Marine und von Heeresflieger-Freiwilligen, besser bekannt unter dem Namen Kamikaze-(»Göttlicher Wind«)Korps.

Doch bereits vor den ersten Landungen hat der kommende Schrecken einen ersten Schatten über die Invasionsflotte geworfen. Die »Indianapolis«, das Flaggschiff der Armada unter Admiral Spruance, der die 5. Flotte befehligt, hat am 31. Mai ein bombenbeladenes Kamikaze-Flugzeug in das Backbord-Achterdeck bekommen, auch die »Adams« wurde von einem solchen Selbstmörderpiloten getroffen; die »Murray« ist durch ein Flugzeugtorpedo bewegungsunfähig geworden; die »Skylark« (»Feldlerche«) – seltsam lyrischer Name für einen Minensucher – ist auf eine Mine gelaufen und explodiert. Um den 3. April beginnen sich die geschützten Ankerplätze Kerama-Retto bereits mit angeschlagenen und beschädigten Schiffen zu füllen.

Der 6. April 1945 bringt klares Wetter, leichter Wind kräuselt die Ostchinesische See. An Land, um einen The Pinnacle genannten Hügel, wo Matthew Perry vor fast einem Jahrhundert die amerikanische Flagge gehißt hatte, tobt eine heftige Schlacht – die erste einer Serie wilder, schrecklicher Kämpfe mit dem Ziel, die befestigte Shuri-Linie des Feindes zu durchstoßen. Der Feind aber steht und setzt sich zur Wehr.

Auf See liegt eine große Armada rings um die Insel aufgefächert.

Die Kampfgruppe 58 hat die Flugplätze auf Kyushu und die japanischen Seehäfen im März bereits mit einer Serie von Fernvorbereitungsfeuerschlägen eingedeckt, und die B-29 der Heeresluftwaffe, die von den Stützpunkten auf den Marianen starten, haben feindliche Flugplätze mit Bomben belegt. Die Invasionsflotte bombardiert die Stellungen des Feindes auf Okinawa, desgleichen die von den schnellen Flugzeugträgern startenden Flugzeuge von offener See aus einer Position von 110 bis 160 Kilometern nordöstlich der Insel. Heute – wie noch an vielen kommenden Tagen – fliegt die Kampfgruppe 58 Gefechtsluftstreifen über der Invasionsflotte, und diese Maschinen bestreichen auch immer wieder Kyushu, immer bereit, Kamikazeflieger oder Überwasserschiffe abzufangen.

Im Südosten liegen 17 amerikanische »leichte« Flugzeugträger, deren Trägermaschinen den Bodentruppen an Land Luftunterstützung geben und für die Überwasserschiffe Gefechtsluftstreifeneinsätze fliegen. Kreuzer und Schlachtschiffe dampfen in Schußweite vor den hohen Befestigungsanlagen von Okinawa auf und ab und beschießen die japanischen Stellungen. Vor den Ufern drängen sich die Landungs-, Transport- und Frachtschiffe zusammen, die weiterhin einen nicht endenden Strom von Menschen und Material über die Korallenriffs, durch die Brandung hindurch an die Küste leiten und die dort kämpfenden Männer versorgen. Und rings um die Insel und die amphibische Streitmacht liegen – in einem großen, etwa 160 Kilometer von den Küsten entfernten Kreisbogen – die Zerstörer, die kleineren und kleinen Schiffe, offiziell als 5. Amphibische Abschirmflotte bezeichnet, hier jedoch von allen »Radar-Warnlinie« genannt.

Die kleinen Schiffe, zu 15 Haupt-Wachtstationen zusammengefaßt, entdecken den Feind zuerst – die Kamikazeflieger tauchen lange, bevor man das tiefe Brummen ihrer Maschinen hören kann, als Lichtpunkte auf den Radarschirmen auf.

Die Mittelwache entdeckt feindliche »Schnüffler« am 6. April und notiert noch vor Tagesanbruch »heftige Luftangriffe«. Im Transportergebiet werden 9 Feindmaschinen durch Flakfeuer vom Himmel geholt. Der Tag wird bewölkt; gegen Nachmittag ist der Himmel dicht bedeckt, und von allen Seiten fliegen die Japaner ein. Die Bordempfänger für den Sprechverkehr Schiff/Schiff knattern, als die Japaner angreifen, und die Gefechtmeldezentralen an Bord der Zerstörer quellen über von Funkmeldungen.

Zwischen 13.00 und 18.00 Uhr an diesen grauen, bedeckten Tagen fliegen 182 Feindmaschinen ungefähr 22 verschiedene Angriffe auf das Okinawagebiet. Viele werfen Bomben oder feuern Torpedos ab, über zwanzig aber bohren sich direkt in die amerikanischen Schiffe hinein. Ihnen fallen meistens die niedrigen Minensucher, Zerstörer und Geleit- sowie Landungsschiffe in der weit auseinandergezogenen Radar-Warnlinie zum Opfer.

Eines der Opfer ist das amerikanische Schiff »Rodman«. An Bord ist alles alarmbereit, aber der Radarschirm zeigt keine Lichtpunkte. Plötzlich brechen drei Maschinen aus den dicken Wolkenbänken dicht neben dem Schiff hervor und führen einen koordinierten Angriff aus. Das eine Flugzeug kracht in die Backbordseite des Hauptdecks – eine hohe Stichflamme schießt aus den Aufbauten, Sekunden später folgt eine blendende Fontäne, die ein Einschlag in Zielnähe hart steuerbord aufspritzen läßt.

Der ganze Bug der »Rodman« ist aufgerissen. Es beginnt der Kampf um das eigene Leben – die »Rodman« gerät aus der Steuerungskontrolle, als sie nach rückwärts an den Wind gesetzt wird, um das Feuer auf dem Vorderschiff einzudämmen und die Brücke von Rauch und Flammen freizubekommen. Das Schiff sinkt; das Hauptdeck wird überspült. Anker über Bord, Ballast über Bord. In langen Reihen stehen die Männer dicht vor den züngelnden Flammen und reichen sich Munition zu, die sie über Bord werfen.

Gegen acht Glasen ist das Feuer unter Kontrolle, aber die Japaner kommen wieder. Sie kommen aus allen Himmelsrichtungen, sie, die jungen Japaner, die für ihren Tenno sterben wollen, und ihre Wünsche werden ihnen erfüllt – wie Meteore zischen ihre brennenden Maschinen quer über den Himmel. Viele der von den Gefechtsluftstreifen abgeschossenen Japaner sausen dicht neben der »Rodman« ins Meer. Ein Kamikaze schneidet sie fast in zwei Teile, er ist ein »Volltreffer« dicht über der Wasserlinie an der Backbord-Seite; der Riß geht fast durch bis zum Kiel. Vier 5-Zoll-Pulverladungen detonieren, die meisten anderen Ladungen im vorderen Munitionsraum fallen durcheinander, werden demoliert, aber wie durch ein Wunder geht das Munitionsdepot nicht in die Luft.

Manche Matrosen werden über Bord gerissen, andere springen. 58 Mann bleiben als Rettungsmannschaft an Bord; der Rest – die Männer, die noch leben – werden von Bergungsschiffen übernommen. Als die Dämmerung sinkt, ist das Feuer gelöscht, das Ruder klar. Das Schiff macht 5 Knoten, und um 3.26 Uhr am nächsten Morgen (dem 7. April) läuft das angeschlagene Schiff in Kerama-Retto ein, die Toten, Verbrannten und Verletzten noch an Bord. Die »Rodman« hat es überlebt.

Aber die »Emmons« hat nicht soviel Glück. Sie gehört zu denen, die diesen Tag nicht überleben. Düsteres begibt sich rings um das Schiff: Neben der getroffenen »Emmons« sinken zwei Zerstörer; das Panzer-Landungsschiff 447 brennt von einem Ende zum anderen, die »Logan Victory«, ein Munitionsschiff, wird von zwei Kamikazefliegern gerammt und explodiert in einem schrecklichen Feuerwerk; ein weiteres Munitionsschiff wird versenkt, neun Geleitschiffe werden schwer beschädigt – das eine durch Wasserbomben, auf Planken befestigt, die Schwimmer vor sich herstoßen.

Aber die Lücken in der Radar-Warnlinie werden aufgefüllt; die Ausschiffung der Truppen geht weiter, und die Japaner erleiden schwere Verluste – am 6. April und in den frühen Morgenstunden des 7. sind es fast 400 Maschinen. Von diesen werden 300 an der Warnlinie auf Kosten von nur zwei amerikanischen Flugzeugen gestoppt. Und am siebenten verendet in konvulsivischem Beben und unter einer Rauchpyramide das größte Schlachtschiff der Welt, der letzte Stolz der japanischen Flotte – die mit 18.1-Zoll-Geschützen bestückte »Yamato«. Der Vorstoß der »Yamato« aus den japanischen Inlandgewässern heraus, ein verzweifelter Versuch, die amerikanische Invasionsflotte vor Okinawa anzugreifen, der scheitern mußte, wurde als opfermutige Ergänzung der Kamikaze-Angriffe geplant. Die »Yamato« hat nur für eine Fahrt genug Treibstoff – sie wird von einem leichten Kreuzer, der »Yahagi«, und acht Zerstörern begleitet. Ihre Offiziere und Mannschaften sind auf den Tod für den Kaiser vorbereitet. Aber – ein schwerer Fehler – sie hat keine Luftsicherung.

Frühzeitig schon wird die japanische Spezial-Überwasserangriffsgruppe von amerikanischen U-Booten gesichtet, und Admiral Mitscher und die Kampfgruppe 58 bereiten ihr einen warmen Empfang. Ein Trägerflugzeug der »Essex« sichtet die »Yamato« und ihre Begleitschiffe um 8.23 Uhr am 7. April westlich des südlichsten Punktes der Insel Kyushu, weit entfernt von Okinawa. Den ersten schweren Gegenschlag gegen die japanische Kampfgruppe führen die schnellen Trägerschiffe gegen 12.32 Uhr, und von dann ab bis zum Untergang des Schiffes (14.32) stirbt die »Yamato« langsam; sie bekommt erst noch 5 Bomben und 10 Torpedos ab, ehe sie total zusammengeschossen und mit dem einen Ende steil aus dem Wasser ragend untergeht. Den größten Teil ihrer Besatzung nimmt sie mit sich. Von 2767 Besatzungsmitgliedern überleben ungefähr 23 Offiziere und 246 Matrosen. Mit ihr versinkt die »Yahagi«, gehen vier von 8 Zerstörern unter – völlig umsonst geopferte Schiffe, die zur Verteidigung Okinawas nicht das Geringste beitragen konnten. (3)

Auch am 11. und 12. stoßen die »Söhne des Himmels« wieder in großer Zahl aus den Wolken herab. Das Okinawa-Gebiet wird von ihnen nur am 11. heimgesucht; die Japaner konzentrieren sich auf die Kampfgruppe 58, 100 Meilen weiter östlich. Die »Enterprise«, das »Große E« der »kampftüchtigsten« Flugzeugträger im Pazifischen Krieg, wird durch zwei Kamikazeflieger, die in Zielnähe einschlagen, erheblich beschädigt, die »Essex« wird in Mitleidenschaft gezogen, Zerstörer und Geleitzerstörer bekommen Treffer ab.

An Land säubern die Marineinfanteristen den nördlichsten Teil der Insel und stoßen dabei nur auf mäßige Gegenwehr; aber die Landser, die nach Süden vorstoßen, müssen gegen die »eiserne Verteidigungslinie« des Feindes anrennen – gegen die Shuri-Linie.

Die Strategie der Japaner ist nunmehr schmerzlich klargeworden. Die japanische Armee auf der Insel soll bis zum Tode kämpfen, die Schlacht bis aufs äußerste in die Länge ziehen, die amerikanische Flotte auf Nahunterstützung der Bodentruppen festnageln. Intensive konventionelle Luftangriffe, Kamikazeangriffe, ähnlich selbstmörderische Angriffe von Kleinkampfschiffen, Einsätze von Überwasserschiffen und U-Booten und andere Verzweiflungsmaßnahmen wurden gegen die amerikanischen Unterstützungs- und Transportschiffe und Kriegsschiffe unternommen.

Die amerikanische Verteidigung ist die Offensive – vernichtende Angriffe auf die japanischen Luft- und Seestützpunkte durch die Kampfgruppe 58 und die B-29 der amerikanischen Armee. Ihre Verteidigung ist ein Gefechtsluftstreifeneinsatz, umfangreich und pausenlos von den schnellen Flugzeugträgern der Kampfgruppe 58, den kleinen Trägerschiffen in größerer Nähe von Okinawa und von den eroberten Flugplätzen Yontan und Kadena auf der Insel selbst aus durchgeführt. (13 der 16 schnellen Träger der Kampfgruppe 58 waren vom 23. März bis zum 27.

April östlich von Okinawa ständig in breiter Front aufgestellt, eine etwas kleinere Anzahl auch danach noch, und außerdem standen 14 bis 18 Geleitzerstörer sowie die britische Kampfgruppe 57 mit vier großen und sechs umgebauten Flugzeugträgern bereit. Bei den Gefechtsluftstreifeneinsätzen flogen in den Tagesstunden wenigstens 50 bis 120 US-Maschinen.) Der Verteidigung dient die rings um die Insel in weitem Kreis angelegte Radar-Warnkette aus Zerstörern und zerstörerähnlichen Schiffen, die später, als die Kamikazeflieger heftiger zuschlagen, durch die Feuerkraft von Kanonenbooten verstärkt wird. Und der Verteidigung dienen Geschütze – Flakgeschütze an Bord der Schiffe wie auf dem Lande, von den winzigen 20-mm-Geschützen bis zu den donnernden 5-Zoll-Kanonen.

Es ist dies ein gewaltiger Sicherheitskordon, und die Japaner müssen schwer Haare lassen. Dennoch fliegen sie immer wieder an.

Am 12. – dem Todestag Roosevelts – geschieht der große Angriff. Daheim in den Staaten herrscht Trauer; auf Okinawa verbreitet sich die schlimme Nachricht blitzschnell von Schützenloch zu Schützenloch, vom Flugdeck dringt sie bis in die Geschütztürme der Schiffe vor – aber hier ist keine Zeit zum Trauern. An diesem Tag sterben noch viele andere Amerikaner. An diesem klaren, hellen Nachmittag stoßen noch vielleicht 175 japanische Maschinen in 17 Einzelangriffen in den Okinawa-Raum vor. Sie werden von starken Gefechtsluftstreifen und Geschützen empfangen, aber sie treiben einen hohen Zoll ein. Den Hauptschlag muß die Warnschifflinie abfangen.

Um 13.58 Uhr schießt die »Cassin Young« vier Maschinen ab, doch saust ihr ein Kamikaze in den vorderen Maschinenraum; Verluste: 1 Toter, 54 Verwundete. Um 14.02 Uhr setzte ein Einschlag in Zielnähe die »Jeffers« von der Warnstation Nr. 12 in Brand. Weniger als eine Stunde darauf wird der neue Zerstörer »Mannert L. Abele« von einem bombenbeladenen »Zeke« getroffen – das Schiff wird achtern schwer beschädigt, seine Maschinen fallen aus. Manövrierunfähig liegt sie in der See und wird wenige Minuten später das Ziel eines »menschengesteuerten Lenkgeschosses«. Es ist dies die sogenannte Baka-Bombe – zum erstenmal im Pazifik eingesetzt. Ein winziges Segelflugzeug mit Raketenhilfstriebwerken und einem 2645 Pfund schweren Gefechtskopf, das von einem Bomber gestartet und von einem Selbstmörderpiloten mit 500 Knoten Geschwindigkeit ins Ziel befördert wird. Die Baka-Bombe trifft die »Abele« – das sterbende Schiff bricht auseinander. Verluste: 6 Tote, 34 Verwundete, 74 Vermißte. Das Schlachtschiff »Tennessee« wird getroffen; auf der »Idaho« werden die Bordgeschütze überflutet; die »New Mexico« wird von einer Uferbatterie leckgeschossen.

Inzwischen verkünden die Japaner auf Flugblättern, die sie über den Schützenlöchern vor der noch unversehrten Shuri-Linie abwerfen, bereits: »Wir müssen Ihnen unser tiefes Bedauern über den Tod von Präsident Roosevelt ausdrücken. Mit seinem Tod wird die ›Amerikanische Tragödie‹ hier auf Okinawa auf einen Höhepunkt geführt. Sie werden festgestellt haben, daß 70 Prozent Ihrer Flugzeugträger und 73 Prozent Ihrer Schlachtschiffe versenkt oder beschädigt wurden, wobei Verluste von 150 000 Mann entstanden ... Rings um diese kleine Insel ist eine große amerikanische ›Flotte auf dem Meeresgrund‹ von nahezu 500 Schiffen geschaffen worden. – Sicher haben Sie schon einmal eine Eidechse ohne Schwanz hin und her sausen sehen – unserer Ansicht nach ähnelt Ihr Zustand dem einer solchen Eidechse ...«

Die Zeit zwischen dem 15. und 17. ist ebenfalls hart.

Morison und der amerikanische »Strategic Bombing Survey« (eine Untersuchung der Effekte des strategischen Bombardements; A.d.Ü.) geben an, daß während der Kampfhandlungen auf Okinawa schätzungsweise 10 größere Kamikaze-Angriffe stattgefunden haben. Bei weitem der größte erfolgte – als erster – am 6. und 7. April, als 355 Kamikazes (zgl. herkömmliche Luftstreitkräfte) einflogen. Über 230 dieser Maschinen gehörten zur japanischen Marine, 125 zur Armee. Insgesamt griffen an: 185 Kamikazes am 12. und 13. April, 165 am 15. und 16., 115 am 27. und 28., 125 am 3. und 4. Mai, 150 am 10. und 11., 165 am 23. und 25., 110 vom 27. bis 29., 50 vom 3. Juni bis 7. Juni und 45 am 21. und 22. Juni. Die Gesamtzahl der Selbstmordeinsätze belief sich (mit Einzelanflügen) auf 1900; davon wurden 1050 von Piloten der japanischen Marine und die übrigen von solchen des Heeres geflogen.

Laut »The Army Air Forces in World War II« (Craven und Cate), Bd. 5, S. 632/3, flogen die Japaner zwischen dem 6. April und dem 22. Juni von Kyushu aus 10 große Angriffe – insgesamt 1465 Kamikazeeinsätze von Kyushu und 250 von Formosa aus; herkömmliche Luftangriffe flog der Feind in unbekannter Anzahl (die gleichwohl das

Doppelte der Zahl der Kamikazeeinsätze betragen könnte). Gegen die feindlichen Flugfelder wurden wiederholt B-29 und Maschinen anderer Typen eingesetzt. Trotz Einspruchs der Fünften Luftflotte behauptete die Marine hartnäckig, daß einige dieser Angriffe von Formosa aus erfolgt seien. Augenscheinlich überschätzte die Marine Formosa als Stützpunkt für Kamikaze-Einsatzmaschinen ebenso, wie das Luftkorps des Heeres die Insel in dieser Hinsicht unterschätzte. Wiederholt sahen sich Luftbildaufklärer durch umfangreiche Tarnungs- und Täuschungsmaßnahmen der Japaner auf Formosa in die Irre geführt – der Feind baute hier und da, in Städtchen und Dörfern, gut getarnte oder abgerüstete Maschinen auf. Zu einem Zeitpunkt, da Japan nach »Meinung der Abwehroffiziere nur 89 Maschinen (auf Formosa) hatte, verfügte der Feind dort über annähernd 700.«

Am 16. steht der Zerstörer »Laffey« von der Warnstation Nr. 1 während des dritten großen »Kikusui«-(»Schwimmende Chrysantheme«)Angriffs achtzig Minuten lang beispiellos Schreckliches durch. An die 50 Maschinen erscheinen zur gleichen Zeit auf ihrem Radarschirm; manche werden von der Gefechtsluftstreife abgeschossen, dennoch muß die »Laffey« von allen Decks 22 verschiedene Angriffe abwehren. Sechs Kamikazeflieger bohren sich in sie hinein, sie wird von 4 Bomben getroffen – aber sie schießt 9 Maschinen ab und überlebt den Kampf, von dem sie hernach berichten kann. Daß sie davonkommt, dankt sie in erster Linie der hervorragenden Schiffsführungskunst ihres Kapitäns. Mit 31 Toten, 72 Verwundeten und nur 4 noch einsatzfähigen 20-mm-Geschützen, dafür aber mit unversehrten beiden Maschinen und heilen Kesseln wird sie in den Hafen geschleppt. Der Flugzeugträger »Intrepid« wird getroffen, ein Zerstörer versenkt; viele der kleinen Schiffe werden beschädigt. Die »heißen Ecken« der Radar-Warnliste – die Stationen 1, 2, 3 und 14 – bekommen je zwei Flugzeuge als ständige Gefechtsluftstreife zugeteilt, und jede Station wird »mit zwei zusätzlichen Zerstörern abgesichert, die zur Erhöhung der Flugabwehrfeuerkraft beitragen«. Aber Spruance berichtet an CINCPAC (Nimitz):

»Geschicklichkeit des feindlichen Einsatzes und Erfolg seiner selbstmörderischen Kamikaze-Angriffe sowie Verluste und Beschädigung von Schiffen legen nahe, daß man alle verfügbaren Mittel zur Verhinderung weiterer Angriffe einsetzen sollte. Empfehle alle durchführbaren Angriffe mit sämtlichen vorhandenen Maschinen, darunter der 20. Luftflotte, auf Flugplätze auf Kyushu und Formosa.«

Diese Angriffe finden statt; die japanischen Flugplätze werden ununterbrochen und gnadenlos mit Bomben und Raketen bepflastert, aber das Spezialangriffs-Korps des Kaisers ist geschickt verteilt und sorgfältig getarnt worden – die Kamikazeangriffe gehen weiter. Die beschädigten Schiffe drängen sich bei Kerama-Retto zusammen; quer über den ganzen Pazifik zieht sich der Pfad der angeschlagenen Schiffe; der brennende Flugzeugträger »Franklin«, beim voraufgegangenen Schlag der Kampfgruppe 58 gegen Japan beschädigt, fährt zwecks Reparaturarbeiten sogar durch den Panamakanal nach New York.

Aber auf dem Pazifik herrscht nun durchaus nicht Einbahn-Verkehr. Die angeschlagenen Schiffe dampfen heimwärts, Nachschub – Mannschaften und Schiffe und Material – strömt in ständigem Fluß nach Westen. Zerstörer-Divisionen aus dem Zentral- und Nordpazifik sowie aus dem Atlantik werden nach Okinawa dirigiert, um ihre Arbeit in den Stationen der lückenhaften Warnlinie aufzunehmen.

Weder auf See noch auf dem Lande träumt noch einer vom schnellen Siege. Die Shuri-Linie ist noch intakt. Tag und Nacht tönt die Alarmglocke auf den Schiffen. Die Flotte rüstet sich zu einer langen Feuerprobe in Blut und Tränen. Gegen Monatsende sind 20 amerikanische Schiffe versenkt – 14 durch Kamikazes – und 157 (davon 90 ebenfalls durch Kamikazes) beschädigt.

Aber die Flotte »bleibt« auf der Schwelle Japans. Die Schlachtschiffe, Kreuzer, Zerstörer, leichten Flugzeugträger der unbeirrbaren und entschlossenen Konteradmirale M. L. Deyo und W. H. P. Blandy liegen vor den felsigen Abhängen der Insel und erfüllen ihre vornehmste Aufgabe – die Unterstützung der Bodentruppen. Tag und Nacht, Nacht und Tag donnern die Geschütze; die Luft-Nahunterstützungsmaschinen bepflastern die feindlichen Linien mit Bomben oder Napalm. Oft sind Transporter und Nachschubzone von Rauch eingehüllt – hier werden die verwundbaren ungepanzerten Schiffe ohne Pause entladen; Admiral Turner wendet alle Verteidigungskniffe an, um den einfallsreichen Feinden bei ihren verzweifelten Gegenangriffen widerstehen zu können.

An Land hat das Amphibische Korps der Marineinfanterie den

nur schwach gehaltenen Nordteil der Insel gesäubert, und nun verlegt Buckner seine Männer nach Süden, wo sie den abgekämpften Soldaten bei ihrem blutigen Ansturm gegen die Höhlen, betonierten Unterstände und befestigten Hügel der noch ungebrochenen Shuri-Linie unterstützen. Die Marineinfanterie fordert einen amphibischen Angriff hinter den Linien oder auf die Flanke des Feindes. Sie wird jedoch überstimmt von der Army, und so geht der blutige, zeitraubende Kampf im frontalen Anprall weiter.

Auch gegen Ende April haben die »Kikusui«-(Spezialangriffs-) Operationen der Japaner in nichts nachgelassen; die schreckliche Schlacht zieht sich noch weitere zwei Monate hin.

Viele kleinere Schiffe werden beschädigt. Der leichte Minenleger »Aaron Ward«, ein tapferes Schiff, wird am 3. Mai von 25 japanischen Maschinen attackiert; mehrere werden abgeschossen, das Schiff aber bekommt Treffer auf Treffer ab – Bomben und Kamikazes. Brennender Treibstoff strömt über die Decks, Munition explodiert in wildem Feuerwerk. Das Schiff verliert an Fahrt, hat Schlagseite, »Brände wüten unkontrolliert« – so schleicht sie, mit noch wehender Flagge, schließlich in den Hafen.

Nach dem April sind die Verluste an versenkten und beschädigten Schiffen nicht mehr so schwer. Den ganzen Mai und Juni hindurch geht es auf Okinawa weniger um Bomben gegen Stahl, als vielmehr um menschliches Durchhaltevermögen, um die Willensstärke der Einzelkämpfer.

Ständig herrscht Alarm. Mehr als 40 Tage hintereinander – bis eine Wetterverschlechterung eine kurze, wiewohl von allen begrüßte Unterbrechung bringt – gibt es Tag und Nacht Luftangriffe. Schlaf, das ist etwas, nach dem sich die Männer sehnen. »Magic« (»Zauber«), das System der Navy, feindliche Codes zu knacken und die Absichten des Gegners aufzuspüren, setzt die Flotte in den Stand, die Daten der Großangriffe vorauszusehen. Manchmal ertönen die Lautsprecher an Bord der Schiffe noch nachts und warnen die Mannschaften vor dem drohenden Angriff. Aber diese Maßnahmen müssen eingestellt werden. Die Wartezeiten, diese Schreckenserwartung, belebt von früheren Erfahrungen dieser Art, führen bei den Männern zu hysterischen Ausbrüchen, zu Wahnsinnsanfällen, zu physischem Kollaps.

Am Ufer dringen die Amerikaner Zentimeter für Zentimeter in die Shuri-Linie ein, doch noch sind die japanischen Verteidigungsanlagen intakt, und am 22. Mai meldet der Kommandierende General des III. Amphibischen Korps, daß die Marineinfanterie unter dem bislang im Pazifik schwersten feindlichen Artilleriebeschuß liege. Ende Mai setzen schwere Regenfälle Teile der Insel unter Wasser – Felder werden zu Sümpfen, Panzer versinken im Schlamm. In Amphibienfahrzeugen muß Munition und Treibstoff an die Front geschafft werden.

Zu Wasser wie zu Lande geht die Schlacht »ohne Pardon« weiter. Feindliche U-Boote, Kleinstunterseeboote und Selbstmordboote schließen sich den Kamikazen an und treffen die Flotte hart. Es werden viele Berührungen mit feindlichen U-Booten gemeldet, von denen einige auf falschem Alarm beruhen: das Unterwasserortungsgerät hat einen Fischschwarm oder irgendein mit der Strömung treibendes Objekt »entdeckt«; die Matrosen nennen diesen Kontakt den »Unterwassergeist der Riu-Kiu«. Bei einem Angriff ihrer Selbstmörderboote setzen die Japaner alles ein – von der 9-Meter-Hochdeck-Motorjacht bis zum offenen, paddelgetriebenen Kanu«. (5)

Die japanischen Seeangriffseinheiten oder Selbstmordboote erzielten während der Kämpfe um Okinawa nur geringe Erfolge. Die Eroberung von Kerama-Retto durch die Amerikaner vor der Landung auf Okinawa neutralisierte einen der wichtigsten japanischen Moskitoboot-Stützpunkte. In Höhlenverstecken entdeckte man an die 250 getarnte Selbstmörderboote. Jedes von ihnen war 5,40 Meter lang, mit einem Mann zu besetzen und mit zwei 250-Pfund-Unterwasserbomben ausgerüstet. Während der qualvollen Auseinandersetzungen auf Okinawa setzte die amerikanische Flotte sogenannte »flycatcher«-Patrouillen ein, die die meisten Angriffsversuche dieser Selbstmörderboote vereitelten. Die Japaner erzielten gleichwohl einige Erfolge; am 9. April wurden beide Maschinen des Zerstörers »Charles J. Badger« von einem Selbstmörderboot für kurze Zeit (und ohne Verluste an amerikanischen Menschenleben) außer Funktion gesetzt. Andere zur gleichen Zeit versuchte Angriffe (darunter solche durch Kampfschwimmer mit Handgranaten) schlugen fehl. Im Verlauf der Einnahme Okinawas wurden viele japanische Selbstmordboote erobert oder vernichtet, doch erzielten die Japaner ab und zu wieder Erfolge gegen vor Anker liegende Handelsschiffe oder Zerstörer. Die wenigen japanischen U-Boote, die versuchten, Okinawa zu verteidigen, trafen auf kräftige Gegenwehr; wie

Morison (in: »Victory in the Pacific«, S. 243) ausführt, wurden die meisten versenkt.

Dann versuchen sie einen neuen Trick. Sie bombardieren die amerikanischen Rollbahnen Yontan und Kadena und stoßen mit einer Landung aus der Luft nach. Fünf Bomber versuchen es – vier werden noch in der Luft abgeschossen, der fünfte macht auf einer Rollbahn von Yontan eine Bruchlandung, 10 oder 11 Japaner springen heraus und feuern wild in der Gegend herum. Ehe sie zusammengeschossen auf der Rollbahn liegen, haben sie 7 amerikanische Maschinen zerstört, 26 Maschinen beschädigt, 70 000 Gallonen Treibstoff in Brand gesteckt und überhaupt eine »Superhölle« zustande gebracht.

Am 27. kommen die Kamikazes in Schwärmen und Scharen; an diesem Tage werden 115 feindliche Maschinen abgeschossen; am 28. kehren die Japaner in geringerer Stärke wieder. Am 28. sinkt auch der Zerstörer »Drexler«, und viele Schiffe – mit lyrischen Namen wie »Gayety«, »Anthony«, »Braine«, »Sandoval«, »Forrest«, »Gilligan«, »Loy«, »Mary Livermore« und »Brown Victory« – tragen Beschädigungen davon.

Um die Mitternacht des 27. übergeben die Admirale Spruance und Mitscher, die bislang die See-, Land- und Luftschlacht geführt haben, das Kommando an »Wild Bull« Halsey, den schneidigen Haudegen, und an Admiral John Sidney McCaine.

Gegen Ende Mai liegt die Elite der japanischen 32. Armee – 50 000 Mann – tot in den Trümmern und granatendurchsiebten Ruinen ihrer Befestigungen, und Generalleutnant Mitsuru Ushijima zieht seine verbliebenen Einheiten nach Süden in Positionen zurück, in denen die Männer »mit dem Rücken zur See« stehen.

Die US-Fahne weht nunmehr auf der Shuri-Burg, dem Schwerpunkt der japanischen Verteidigungslinie. Von einem antiken, längst vergessenen König errichtet, hat dieses Kastell 6 Meter dicke Mauern, die jetzt in Trümmern liegen.

Aber dieses Ende ist noch nicht das Ende. Bald darauf notiert das Kriegstagebuch der Dritten Flotte »alarmierende Verluste von Schiffen der Radar-Warnlinie«.

Auf Okinawa stehen die müden, abgekämpften Überlebenden der 32. Kaiserlichen Armee von Itoman bis Hanagusuku an der felsigen Verteidigungslinie der Hügel und Klippen der Insel. Am

3. Juni kommen die Kamikazes wieder, 75 Maschinen fliegen 18 Angriffe, und am 4. Juni vereinigt sich die Natur mit den übelwollenden Kräften der Japaner: ein Taifun läßt die Schiffe der Invasionsflotte wie Nußschalen auf riesigen Wellen tanzen, reißt dem Kreuzer »Pittsburgh« den Bug ab und beschädigt den Flugzeugträger »Hornet« und viele weitere Schiffe. Am 5. Juni werden die Schiffe »Mississippi« und »Louisville« von Kamikazefliegern getroffen; am 6. Juni erfolgen schwere Angriffe aus dem Norden. Der Feind verkauft sich teuer.

Dennoch – der Sieg ist in Sicht. Viele aber gibt es, die diesen Triumph nicht erleben werden. An Land liegen die wichtigsten Befehlshaber beider Seiten unter den Toten. Simon Bolivar Buckner, Generalleutnant der Armee der Vereinigten Staaten, der die amerikanische 10. Armee befehligt, stirbt am 18. Juni, als eine japanische Granate über einer Beobachtungsstelle der Marineinfanterie explodiert und er von einem bei dieser Detonation abgesplitterten Stück Korallengestein in die Brust getroffen wird.

In den frühen Morgenstunden des 22. Juni vollziehen General Ushijima, der Befehlshaber der Kaiserlich-Japanischen 32. Armee, und sein Stabschef Generalleutnant Isamu Cho vor der Höhle eines Hügels, den die Amerikaner hinfort die Anhöhe 89 benennen werden, das feierliche Ritual des Harakiri.

*In der gleichen Nacht erfährt die Welt, daß jeder organisierte Widerstand auf Okinawa aufgehört hat.*

## *Rückschau*

Einen solchen Kampf von Flugzeugen gegen Schiffe, von Schiffen gegen Flugzeuge hat es vordem noch nicht gegeben und wird es wahrscheinlich auch nicht wieder geben. Noch nie zuvor hatte die amerikanische Marine auf so kleinem Raum so viele Schiffe verloren, wurde auf so kleinem Raum in so kurzer Zeit soviel Blut amerikanischer Soldaten in einer Landschaft vergossen. Und vermutlich hat auch der Feind nie zuvor so gigantische Verluste erlitten. »Im Vergleich zu allen anderen Schlachten gegen die Japaner haben die amerikanischen Verluste hier einen absoluten Höchststand erreicht.« (6) Es hat umfangreichere Schlachten gegeben, ausgedehntere Luftgefechte – aber Okinawa war die längste kombinierte Operation, war ein gnadenloser Kampf unter und auf dem Meere, in der Luft und auf dem Lande.

Die Gefechtsstatistiken weisen diese »letzte Schlacht« als kostspielig aus. Neben ihren 110 000 Gefallenen verloren die Japaner 16 Schlachtschiffe, darunter die »Yamato«; amerikanische Gefechtsluftstreifen von Kerama-Retto haben mehrere zehntausend Tonnen Handelsschiffraum versenkt, und der Feind büßte 287 Geschütze ein. Von den 12 000 amerikanischen Toten waren über 4000 Mann Angehörige der Marine. (7)

Die US-Navy verlor 34 kleine Schiffe und mußte Beschädigungen von über 300 Schiffen hinnehmen (darunter Beschädigungen durch Sturmeinwirkung, durch Kollisionen und Auflaufen). Von diesen Schiffen wurden von Kamikazefliegern 26 versenkt und 164 beschädigt. Konventionellen Luftangriffen fielen 63 Schiffe zum Opfer (2 versenkt und 61 beschädigt).

Demgegenüber wurden in drei Monaten 7830 japanische Flugzeuge zerstört, ungefähr 3047 von Fliegern der Marine und Marineinfanterie abgeschossen und 409 Maschinen durch Schiffsflak der Schiffe vernichtet. Weitere 2655 Maschinen büßte der Feind durch Gefechtseinsatz ein, Hunderte von Flugzeugen wurden am Boden zerstört; 558 gehen auf das Konto der amerikanischen Heeresbomber B-29, und Hunderte blieben bei den selbstmörderischen Kamikaze-Angriffen auf der Strecke.

Die amerikanischen Verluste (unter Einschluß der großen Luftwaffen-Bomber, die auf japanischen Flugplätzen zerschellten) beliefen sich auf 768 Maschinen, von denen nur 458 feindlichem Flakfeuer oder den Luftgefechten zum Opfer fielen. Schiffe vermochten die Japaner nur bis zur Größenordnung eines Zerstörers zur Strecke zu bringen; von den beschädigten größeren Schiffen konnten alle bis auf einen Flugzeugträger repariert werden, und zwar zumeist recht schnell. Den Japanern ist es nicht gelungen, auch nur einen amerikanischen Flugzeugträger, Kreuzer, Transporter oder ein Schlachtschiff zu versenken.

Okinawa – das ist das Hohelied menschlichen Durchhaltevermögens, menschlichen Mutes. Die Japaner griffen mit dem Einfallsreichtum der Verzweiflung an – die amerikanische Verteidigung und ihre gelungene Eroberung der Insel waren ein Meisterstück von Logistik, Gefechtsplanung und Entschlossenheit.

Vieles wurde aus dieser Schlacht gelernt. Die gepanzerten Flugdecks der britischen Flugzeugträger rechtfertigten ihr Gewicht. Diese Panzerung hielt die Schäden, die Kamikazeflieger den britischen Trägerschiffen beizubringen vermochten, in Grenzen. Die amerikanischen Flugzeugträger (wie etwa die »Franklin«) erlitten furchtbare Schäden, wenn die Bomben die Flugdecks durchbrachen und unter Deck rasende Feuerbrände verursachten. Leichte Geschütze reichten zur Abwehr eines entschlossen vorgetragenen Kamikazeangriffs nicht aus. Auch stellte man die Grenzen des Radar fest – viele Angriffe wurden nicht entdeckt, oder die Schirme waren überfordert. Es zeigte sich, wie wichtig Schadensbeseitigung und Seemannsgeschick waren; die Schiffsreparatur in vorgeschobenen Not-Stützpunkten wurde zu einer wahren Kunst verfeinert.

Die Kamikazeangriffe auf die Flotte bei Okinawa könnten als Vorläufer des Raketenzeitalters gewertet werden. Die Kamikazeflieger und insonderheit die Baka-Bomben waren in gewisser Hinsicht Fernlenkgeschosse mit »menschlichem« Steuerungsmechanismus. Hier fielen schon die ersten Raketen-Schatten auf die über Wasser fahrenden Kriegsschiffe, die das ankündigten, was zwei Dekaden später mit der Fertigstellung der Fernlenkgeschosse zur Tatsache werden sollte.

Schon im Zweiten Weltkrieg hat die amerikanische Marine die Bedrohung eindeutig erkannt. Nach Okinawa – die Invasion der Hauptinseln Japans war geplant – sah die Zukunft alles andere als rosig aus. Vizeadmiral Willis A. Lee wurde von seinem Kriegsschiffkommando abgelöst und dazu abgestellt, eine Einheit für kriegswissenschaftliche Forschungen aufzubauen, deren Aufgabe es sein sollte, Mittel zur Abwehr der Kamikazeflieger zu finden. Aber Admiral Lee verstarb noch vor Kriegsende, und die Atombombe sowie die überraschende Kapitulation Japans im August 1945 befreiten die USA von dem herrschenden Zeitdruck. Gleichwohl haben die Kamikazeangriffe im letzten zur Entwicklung eines automatischen 3-Zoll-Schnellfeuergeschützes geführt, welches in der Nachkriegszeit das leichte 20-mm- und, in großem Umfang, auch das 40-mm-Geschütz der Marine ablöste. Die leichteren Granaten waren nicht explosionsstark genug, um einen entschlossenen Kamikaze abhalten zu können.

Was geschehen wäre, wenn sich der Krieg länger hingezogen und man die Invasion Japans in Angriff genommen hätte, ist eines der vielen Wenn und Aber der Geschichte. Folgendes aber scheint klar zu sein:

1. Wahrscheinlich hätten in einem solchen Falle die kleineren Schiffe der Radar-Warnlinie wie auch manche Transport- und Versorgungsschiffe schwer zu leiden gehabt. Im Gegensatz zu den Flugzeugträgern und größeren Schiffen wären die »Kleinen« auf relativ enge Aktionsbereiche vor der Küste beschränkt geblieben, um die Landeköpfe sowie die amphibischen Landungen der US-Truppen abzuschirmen und zu versorgen. Und damit hätten sie in hohem Maße einen der wichtigsten Vorzüge jeder modernen Seestreitmacht eingebüßt – Beweglichkeit.

2. Man hätte sicher irgendwelche neuen Methoden, Waffen und vielleicht auch neuartige Schiffstypen zur Abschirmung gegen die Kamikaze entwickelt. Wahrscheinlich wäre das 3-Zoll-Geschütz nicht rechtzeitig fertig geworden, doch hätte man zweifellos die Schlagkraft der Gefechtsluftstreifen erhöht.

3. Der Kampfeswille des Menschen ist auch in unserem technischen Zeitalter vielleicht die Größe, die letztlich über Sieg oder Niederlage entscheidet.

Die Japaner besaßen Kampfeswillen in hohem Maße, doch erwuchs dieser aus einer negativen philosophischen Grundhaltung – der fatalistischen Todesbereitschaft. Auf Okinawa prallten Todesbereitschaft und Lebenswille hart aneinander – in diesem Falle blieb der – von weit überlegenem Material unterstützte – Lebenswille siegreich. Und doch darf nicht übersehen werden, daß der Lebenswille im Krieg mehr bedarf als eines egoistischen Grundes; denn sonst werden Männer, die bereit sind, für eine Sache ihr Leben zu lassen, diejenigen besiegen, die das eigene Leben über die Sache stellen. Im Falle der Japaner repräsentierte der Kamikazeflug mehr als nur eine Technik – man könnte es den Drang zur Selbstzerstörung oder Todessehnsucht nennen. Und daß der Mensch bislang all die Jahrtausende überdauern konnte, hat nur einen einzigen Grund: es hat der Lebenswille noch immer über die Todessehnsucht triumphiert.

# ANMERKUNGEN

## *Kapitel 1*

(1) Baumbach, Werner: *Broken Swastika,* S. 21 f. s.a. Wood, Derek: *The Narrow Margin,* S. 44 f. Green William: *Famous Bombers of the Second World War,* Bd. II, S. 72
(2) Major Fredette in einem Brief an den Autor
(3) Baxter, James Phinney: *Scientists Against Time,* III.
(4) Kemp, P. K.: *Key to Victory,* S. 26
(5) Minney, R. J., Hrsg.: *The Private Papers of Hore-Belisha,* S. 146
(6) Trevor-Roper, H. R.: *Blitzkrieg to Defeat,* S. 33 ff.
(7) Winston Churchill in einer Rundfunkrede am 18. Juni 1940, zitiert nach *»Victory – War Speeches by the Right Hon. Winston S. Churchill«,* zusammengestellt von Charles Eade, Boston, Little Brown, 1946, Bd. I, S. 206 f.
(8) Collier, Basil: *History of the Second World War – The Defense of the United Kingdom,* S. 191
(9) Wood-Dempster: *The Narrow Margin,* S. 333
(10) Richards, Dennis: *Royal Air Force 1939–1945,* Bd. I, S. 181
(11) Webster, Charles, und Frankland, Noble: *The Strategic Air Offensive Against Germany – 1939–1945,* Bd. I. S. 140
(12) Saundby, Robert: *Air Bombardment,* S. 96
(13) Shirer, William L.: *The Rise and Fall of the Third Reich,* S. 777 ff.
(14) Richards, a.a.O., Bd. I, S. 183 und Shirer, a.a.O., S. 779 f.
(15) Collier, a.a.O., S. 223 f.
(16) Shirer, a.a.O., S. 770
(17) Collier, a.a.O., S. 528
(18) Martienssen, Anthony: *Hitler and his Admirals,* S. 89. Siehe auch Office of Naval Intelligence: *Führer Conferences – On Matters dealing with the German Navy, 1939–1945.*
(19) Irving, David: *The Destruction of Dresden,* S. 21 ff.
(20) Emerson, William R.: *Operation Pointblank,* The Harmon Memorial Lectures in Military History No. 4, USAF Academy, Colorado, 1962, S. 40 f.
(21) Kesselring, Albert: *A Soldier's Rekord,* S. 71, und Fuller, J. F. C.: *The Decisive Battles of the Western World,* Bd. 3, London, 1956, S. 471
(22) Ansel, Walter; *Hitler Confronts England,* S. 316 f.
(23) Kesselring, a.a.O., S. 76
(24) Irving, a.a.O., S. 29 f.
(25) Wood-Dempster, a.a.O., S. 301

(26) Richards, a.a.O., S. 190
(27) National Observer, September 1955

## *Kapitel 2*

(1) Warlimont, Walter: *Inside Hitler's Headquarters*, S. 55
(2) ebenda, S. 111
(3) ebenda, S. 150; siehe auch Clark, Alan: *Barbarossa – The Russian-German Conflict, 1941–1945*, S. 24 ff.
(4) Playfair, I.S.O.: *The Mediterranean and Middle East*, Bd. 2, *The Germans come to the Help of their Ally*, S. 14
(5) Cunningham: *A Sailor's Odyssey*, S. 37
(6) Buckley, Christopher: *Greece and Crete*, S. 138
(7) ebenda, S. 136 f. siehe auch Playfair, a.a.O., S. 104 f. und Cunningham, a.a.O.
(8) Churchill, Winston S.: *The Second World War*, Bd. 2, *Their Finest Hour*, S. 538
(9) Playfair, a.a.O., S. 124
(10) ebenda S. 61, 270
(11) Buckley, a.a.O., S. 161 f.
(12) Davin, D. M.: *Crete*, S. 41 n.
(13) Buckley, a.a.O., S. 155; Long, Gavin: *Greece, Crete and Syria*, S. 213 f.; Davin, a.a.O., S. 40, 46 und Anhang; Playfair, a.a.O., S. 146 f.
(14) Buckley, a.a.O., S. 155
(15) Playfair, a.a.O., S. 129
(16) Buckley, a.a.O., S. 163
(17) Playfair, a.a.O., S. 130
(18) Playfair, a.a.O., S. 130
(19) Buckley, a.a.O., S. 156; Clark: *The Fall of Crete*, S. 31
(20) Clark, a.a.O., S. 39
(21) Buckley, a.a.O., S. 167; siehe auch Davin, a.a.O., S. 81
(22) Davin, a.a.O., S. 168
(23) ebenda Davin, a.a.O., S. 172
(24) Long, a.a.O., S. 220
(25) Long, a.a.O., S. 221
(26) Davin, a.a.O., S. 89
(27) Hetherington, John: *Airborne Invasion – The Story of the Battle of Crete*, S. 100 ff.; Buckley, a.a.O., S. 175 ff.
(28) Davin, a.a.O., S. 89
(29) MS No. P-051 Airborne Operations – A German Appraisal, S. 17, 88 f.

(30) Clark, a.a.O., S. 59
(31) Clark, a.a.O., S. 59
(32) Buckley, a.a.O., S. 192
(33) Davin, a.a.O., S. 173 n.
(34) Davin, a.a.O., Appendix II., S. 468 ff.
(35) MS No. B-639, S. 9
(36) Davin, a.a.O., S. 181
(37) Davin, a.a.O., S. 181
(38) Davin, a.a.O., S. 182
(39) MS No. B-639, S. 10
(40) Davin, a.a.O., S. 196
(41) MS No. B-524, S. 36-G.
(42) Bartimeus: *East of Malta, West of Suez*, S. 118
(43) Gill, Hermon G.: *Royal Australian Navy 1939–1942*, S. 344 ff.
(44) Bragadin, Antonio: *The Italian Navy in World War II*, S. 108 f.; Gill a.a.O., S. 344, f.; Roskill, S. W.: *The War at Sea, 1939–1945*, S. 441
(45) Bragadin, a.a.O., S. 109; Gill, a.a.O., S. 346
(46) Cunningham, a.a.O., S. 371
(47) Davin, a.a.O., S. 218
(48) Long, a.a.O., S. 236
(49) Davin, a.a.O., S. 225
(50) Buckley, a.a.O., S. 210
(51) Buckley, a.a.O., S. 210
(52) Davin, a.a.O., Appendix II und Buckley, a.a.O., S. 211 ff.
(53) Long, a.a.O., 237 f.
(54) Davin, a.a.O., S. 261
(55) Stephanides, Theodore: *Climax in Crete*, S. 73
(56) Cunningham, a.a.O., S. 274
(57) Long, a.a.O., S. 241
(58) Playfair, a.a.O., S. 138 f.
(59) Davin, a.a.O., S. 326
(60) Buckley, a.a.O., S. 367
(61) Long, a.a.O., S. 253
(62) MS No. B-524, S. 36
(63) Playfair, a.a.O., S. 143
(64) Buckley, a.a.O., S. 276
(65) Buckley, a.a.O., S. 278
(66) Long, a.a.O., S. 318
(67) Playfair, a.a.O., S. 147
(68) Davin, a.a.O., Appendix V
(69) Playfair, a.a.O., S. 147
(70) MS No. – 051 b, S. 21

(71) Davin, a.a.O., S. 461 f.
(72) MS No. P-051, S. 24
(73) ebenda, S. 23
(74) MS No. P-051b, S. 23
(75) Von der Heydte: *Daedalus Returned, Crete 1941*, S. 180 f., 97
(76) MS No. P-051, S. 4 f. und MS No. P-051b, S. 25 ff.
(77) ebenda, S. 5
(78) Davin, a.a.O., S. 464
(79) Churchill: *The Second World War*, Bd. 3, *The Grand Alliance*, S. 269
(80) Kennedy, John: *The Business of War*, S. 118 ff.
(81) MS No. P-051, S. 30
(82) Cunningham, a.a.O., S. 391

## *Kapitel 3*

(1) Morton, Louis: *The Fall of the Philippines*
(2) Greenfield, Kent Roberts, Hrsg.: *Command Decisions*, S. 33 (Louis Morton: *Germany First*)
(3) ebenda, S. 26, 28, 30
(4) ebenda, S. 42 ff.
(5) Morton, Louis: *American and Allied Strategy in the Far East*, Military Review, December 1949, S. 38
(6) Morton, Louis: *The Fall of the Philippines*, S. 57
(7) ebenda, S. 77
(8) Falk, Stanley L.; *Bataan – The March of Death*, S. 28
Falk schlüsselt die Zahlen wie folgt auf: »Mehr als 78 000 Soldaten ..., 6 000 Zivilangestellte der Armee ..., 20 000 geflüchtete Filipinos.«
(9) Morton, a.a.O., S. 268
(10) Wegen einer vollständigen Liste der speziellen U-Boot-Einsätze bei den Philippinen siehe Roscoe, Theodore: *United States Submarine Operations in World War II*, S. 508–509
(11) Morton, a.a.O., S. 442
(12) Falk, a.a.O., S. 18
(13) Falk, a.a.O., S. 149 ff.
(14) Miller, E. B.: *Baatan Uncensored*, S. 5 u. 7
(15) Morton, *Military Review*, a.a.O., S. 39
(16) Stimson, Henry L. und McGeorge Bundy: *On Active Service*, S. 395

## *Kapitel 4*


(1) Kennedy, John: *The Business of War*, S. 174 f.
(2) Bryant, Arthur: *Triumph in the West*, S. 30, 34
(3) Howe, George F.: *Northwest Africa – Seizing the Initiative in the West*, S. 3
(4) Sherwood, Robert E.: *Roosevelt and Hopkins*, S. 603
(5) Howe, a.a.O., S. 4
(6) Eisenhower, Dwight D.: *Crusade in Europe*, S. 160
(7) Bryant, Arthur: *The Turn of the Tide*, S. 432–433
(8) Morison, Samuel E.: *Siciliy, Salerno, Anzio, January 1943 – June 1944* und Bryant, a.a.O., S. 456
(9) Eisenhower, a.a.O., S. 159
(10) Matloff, Maurice und Snell, Edwin M.: *Strategic Planning for Coalition Warfare, 1941–42*, S. 381
(11) ebenda, S. 26, 151 und Morison, a.a.O., S. 10
(12) Matloff – Snell, a.a.O., S. 134
(13) Morison, a.a.O., S. 5
(14) Montgomery, Bernard L.: *The Memoirs*
(15) Kennedy, a.a.O., S. 291
(16) Morison, a.a.O., S. 47 ff.
(17) Churchill: *Close the Ring*, S. 26
(18) Morison, a.a.O., S. 56 f.
(19) Morison, a.a.O., S. 35
(20) Howe, a.a.O., S. 366 ff.
(21) Eisenhower, a.a.O., S. 120
(22) Bryant, a.a.O., S. 452
(23) Eisenhower, a.a.O., S. 164 ff.
(24) Craven, W. F. und Cate, J. L., Hrsg.: *The Army Air Forces in World War II*, Bd. VII., Europe: *Torch to Pointblank*, S. 431 f.
(25) Morison, a.a.O., S. 55 f.
(26) Warlimont, Walter: *Inside Hitler's Headquarters*, S. 317 f.
(27) Morison, a.a.O., S. 46
(28) Morison, a.a.O., S. 69
(29) Morison, a.a.O., S. 60
(30) Butcher, Harry C.: *My three Years with Eisenhower*, S. 353
(31) *Operations in Sicily and Italy*, S. 9 f.
(32) ebenda S. 11 und Morison, a.a.O., S. 160 f.
(33) Truscott, L. K.: *Command Missions*, S. 212
(34) MS T-21: *The Battle of Sicily*, S. 13
(35) Morison, a.a.O., S. 87
(36) Morison, a.a.O., S. 152

(37) Garland, Smyth und Blumenson: *Sicily and the Surrender of Italy*, S. 155
(38) Shapiro, Lional S.: *They Left the Back Door Open*, S. 48
(39) Belden, Jack: *Still Time to Die*, S. 267
(40) Morison, a.a.O., S. 109
(41) Brown, John M.: *To All Hands*, S. 160
(42) Danger Forward, S. 107
(43) Morison, a.a.O., S. 20 ff.; Ridgway, Matthew B.: *Soldier*, S. 73; Craven und Cate, a.a.O., S. 453 f.
(44) Craven und Cate, a.a.O., S. 454
(45) Garland und Smyth, a.a.O., S. 89 ff.
(46) Ridgway, a.a.O., S. 76
(47) Morison, a.a.O., S. 183
(48) Morison, a.a.O., S. 188
(49) Churchill, a.a.O., S. 47
(50) *Danger Forward*, S. 147
(51) Morison, a.a.O., S. 199
(52) Churchill, a.a.O., S. 40 f.
(53) Garland und Smyth, a.a.O., S. 419; Morison, a.a.O., S. 215, 223
(54) Craven und Cate, a.a.O., S. 485
(55) Morison, a.a.O., S. 209

## *Kapitel 5*

(1) Morison, Samuel E.: *History of the United States Naval Operations in World War II, Bd. VII: Aleutians, Gilberts and Marshalls, June 1942 – April 1944*, S. 157
(2) ebenda, S. 134
(3) Smith, Holland M. und Finch, Percy: *Coral and Brass*, S. 132 ff.
(4) Crowl, Philip A., und Love, Edmund G.: *Seizure of the Gilberts and Marshalls*, S. 226
(5) Isely, Jeter A., und Crowl, Philip A.: *U. S. Marines and amphibious War. Theory and Practice in the Pacific*, S. 251

## *Kapitel 6*

(1) Ryan, Cornelius: *The Longest Day*, S. 30 ff. u. 96 f.
(2) Butcher, Harry C.: *My Three Years with Eisenhower*, S. 610
(3) Harrison, Gordon A.: *Cross-Channel Attack*, S. 275
(4) ebenda, S. 275 f.

(5) Craven, W. F. und Cate, J. L. (Hrsg.): *The Army Air Forces in World War II;* University of Chicago Press, 1951, Bd. 3: *Europe to V-E-Day,* January 1944 to May 1945, S. 195
(6) Morison, Samuel E.: *The Invasion of France and Germany 1944–1945,* S. 138
(7) Earl Alexander (of Tunis): *The Alexander Memoirs 1940–1945,* S. 43
(8) Clark, Mark W.: *Calculated Risk,* S. 3, 368, 372
(9) Harrison, a.a.O., S. 448
(10) Wilmot, Chester: *The Struggle for Europe,* S. 338
(11) ebenda, S. 247
(12) Harrison, a.a.O., S. 448
(13) Harrison, a.a.O., S. 319

## *Kapitel 7*

(1) Morison, Samuel E.: *History of the United States Naval Operations in World War II,* Bd. VII, S. 210 f.
(2) *Navmed P. 1318,* Bd. 3, Washington U.S. Government Printing Office, 1950

## *Kapitel 8*

(1) MacDonald, Charles B.: *The Siegfried Line Campaign,* S. 612
(2) Luttichau, Charles V. P.: *The German Counteroffensive in the Ardennes* in: *Command Decisions,* Hrsg.: Kent Greenfield, Kap. 17, Harcourt Brace, New York, 1955, S. 352 ff.
(3) MacDonald, Charles B.: *The Battle of the Huertgen Forest,* Philadelphia, Lippincott, 1963, S. 180
(4) Cole, a.a.O., S. 70, 71, 650 ff.
(5) Dwight D. Eisenhower: »*Crusade in Europe*«, S. 347
(6) Cole, a.a.O., S. 261 ff.
(7) Office of the Chief of Military History, Department of the Army, Washington: *7th Armored Division After-Action Report, Battle of St. Vith, 17.–23. December, 1944.*
(8) Cole, a.a.O., S. 77
(9) Cole, a.a.O., S. 172
(10) Nach einer persönlichen Darstellung, die Oberstleutnant T. Paine Kelly vom 589. Feldartilleriebataillon Oberst Malin Craig, dem Batterieoffizier der 106. Divisionsartillerie, gab (S. 3).

(11) Cole, a.a.O., S. 170
(12) Cole, a.a.O., S. 258
(13) 22. Boyer, a.a.O., 21. Dezember
(14) ebenda
(15) Raymond III, Allan D.: *The Battle of St. Vith*, in: Armor Magazine, Nov./Dez. 1964, Washington
(16) Craven, W. F. und Cate, J. L., Herausgeber: *The Army Air Forces in World War II*, Bd. 3, S. 665 und 672 ff.
(17) Ziemke, a.a.O., Kap. XVI, S. 17
(18) *Command Decisions*, Kap. 17 (Charles V. P. von Luttichau), S. 342, 356
(19) Wilmot, Chester, a.a.O., S. 454
(20) 38. Showalter, Wilbur E.: *What is Calculated Risk?* in »Military Review«, Mai 1952.
(21) Merriam, Robert E.: *Dark December*, S. 130
(22) Merriam, a.a.O., S. 215
(23) ebenda, S. 92 ff.
(24) Brief an den Autor vom 2. Januar 1947
(25) *The Army Air Forces in World War II*, Bd. III, S. 68
(26) Showalter, a.a.O.
(27) Philipsborn, Martin M.: *Summary of Intelligence Operations from July '44 to May '45* vom 27. Mai 1945.
(28) Cole, a.a.O., S. 57 und 63

## *Kapitel 9*

(1) Morison, Samuel E.: *Victory in the Pacific*, S. 162
(2) ebenda, S. 166
(3) ebenda, S. 200 ff.
(4) Appleman, Burns, Gugeler und Stevens: *Okinawa – The last Battle*, (U.S.-Army in World War II – The War in the Pacific), S. 97
(5) Morison, a.a.O., S. 243
(6) Appleman u. a., a.a.O., S. 473
(7) Appleman u. a., a.a.O., S. 473

# BIBLIOGRAPHIE

## *Kapitel 1*


Ansel, Walter: *Hitler Confronts England.* Durham: Duke University Press, 1960

Baumbach, Werner: *Broken Swastika: The Defeat of the Luftwaffe.* London, Robert Hale, 1960

Baxter, James Phinney III: *Scientists Against Time.* New York, Little, Brown, 1946

Brickhill, Paul: *Reach for the Sky.* New York, Norton, 1954

Churchill, Winston S.: *The Second World War,* Bd. 2, *Their Finest Hour.* Boston, Houghton Mifflin, 1949

Collier, Basil: *The Defense of the United Kingdom.* London: Her Majesty's Stationery Office, 1957

Craven, W. F. und Cate, J. L., Hrsg.: *The Army Air Forces in World War II,* Bd. 1, *Plans and Early Operations, January 1939 to August 1942.* Chicago, University of Chicago Press, 1948

Fleming, Peter: *Operation Sea Lion.* New York, Simon & Schuster, 1957

Galland, Adolf: *The First and the Last – The Rise and Fall of the German Fighter Forces, 1938–1945.* New York, Holt, 1954

Green, William: *Famous Bombers of the Second World War,* Bd. II. New York, Doubleday, 1960

Hillary, Richard: *Falling Through Space.* New York, Reynal & Hitchcock, 1942

Ironside, Sir Edmund: *Time Unguarded.* New York, McKay, 1962

Irving, David: *The Destruction of Dresden.* New York, Holt, Rinehart & Winston, 1964

Johnson, J. E.: *Wing Leader.* New York, Ballantine Books, 1957

Kemp, P. K.: *Key to Victory.* Boston, Little, Brown, 1958

Kesselring, Albert: *A Soldier's Record.* New York, Morrow, 1954

Kirk, John und Young, Robert: *Great Weapons of World War II.* New York, Walker, 1961

Langer, William L. und Gleason, S. Everett: *The Undeclared War, 1940–1941.* New York, Harper, 1953

Lee, Asher: *The German Air Force.* New York, Harper, 1946

Martienssen, Anthony: *Hitler and his Admirals.* New York, Dutton, 1949

McCloughry, E. J. Kingston: *The Direction of War.* London, Cape, 1955

Middleton, Drew: *The Sky Suspended – The Story of the Battle of Britain.* New York, Longmans, Green, 1960

Minney, R. J., Hrsg.: *The Private Papers of Hore-Belisha.* London, Collins, 1960
Office of Naval Intelligence, Fuehrer Conferences – On Matters Dealing with the German Navy, 1939–1945. Washington, Navy Department, 1946–1947
Richards, Dennis: *Royal Air Force 1939–1945,* Bd. I, II, III. London: Her Majestey's Stationery Office, 1953–1954
Saundby, Sir Robert: *Air Bombardement.* New York, Harper, 1951
Shirer, William L.: *The Rise and Fall of the Third Reich.* New York, Simon & Schuster, 1960
Trevor-Roper, H. R., Hrsg.: *Blitzkrieg to Defeat; Hitler's War Directives, 1939–1945.* New York, Holt, Rinehart & Winston, 1965
Webster, Charles, und Frankland, Noble: *The Strategic Air Offensive against Germany – 1939–1945.* London: Her Majesty's Stationery Office, 1961, Bd. 1–4
Wheatley, Ronald: *Operation Sea Lion.* Toronto: Oxford University Press, 1958
Wood, Derek und Dempster, Derek: *The Narrow Margin.* New York, McGraw-Hill, 1961

## *Kapitel 2*

Bartimeus (Pseudonym des Zahlmeisters Captain Lewis Anselm da Costa Titchie): *East of Malta, West of Suez;* The Official Admiralty Account of the Mediterranean Fleet, 1939–1943. Boston, Little, Brown, 1944
Bragadin, Antonio: *The Italian Navy in World War II.* Annapolis: U.S. Naval Institute, 1957
Buckley, Christopher: *Greece and Crete, 1941.* London: Her Majesty's Stationery Office, 1952
Churchill, Winston S.: *The Second World War,* Bd. 2, *Their Finest Hour.* Boston, Houghton Mifflin, 1949
ders. Bd. 3, *The Grand Alliance.* Boston: Houghton Mifflin, 1950
Clark, Alan: *Barbarossa: The Russian-German Conflict, 1941–45.* New York, Morrow, 1965
ders. *The Fall of Crete.* New York, Morrow, 1962
Cunningham: *A Sailor's Odyssey.* New York, Dutton, 1951
Davin, D. M.: *Crete* (Official History of New Zealand in the Second World War, 1939–1945). Wellington, New Zealand: Department of Internal Affairs, War History Branch, 1953
Department of the Army, Pamphlet No. 20–260, *The German Cam-*

*paigns in the Balkans* (Spring, 1941). Washington: Office of the Chief of Military History, Department of the Army, 1953
Eden, Anthony: *The Reckoning;* The Eden Memoirs, London, Cassell, 1965
Gill, G. Hermon: *Royal Australian Navy 1939–1942.* Series 2, Navy, Bd. I, Canberra, Australian War Memorial, 1957
Hetherington, John: *Airborne Invasion: The Story of the Battle of Crete*, New York, Duell, Sloan & Pearce, 1943
Kennedy, John: *The Business of War.* New York, Morrow, 1958
Long, Gavin: *Greece, Crete and Syria; Australia in the War of 1939–1945.* Series 1 Army, Bd. II. Canberra: Australian War Memorial, 1953
Luttichau, Charles von: *The Road to Moscow – The Campaign in Russia, 1941.* Washington: Office of the Chief of Military History, Department of the Army. Unveröffentlichtes Manuskript
Playfair, S. O. mit Flynn, F. C., Molony, C. J. C. und Toomer, S. E.: *The Mediterranean and Middle East*, Bd. 2, *The Germans Come to the Help of Their Ally (1941).* (History of the Second World War). London: Her Majesty's Stationery Office, 1956
Poolman, Kenneth: *The Kelly.* London, Kimber, 1954
Roskill, S. W.: *The War at Sea, 1939–1945*, Bd. 1, The Defensive (History of the Second World War). London: Her Majesty's Stationery Office, 1954
Shirer, William L.: *The Rise and Fall of the Third Reich.* New York, Simon & Schuster, 1960
Stephanides, Theodore: *Climax in Crete.* London, Faber & Faber, 1946
Trevor-Roper, H. R., Hrsg.: *Blitzkrieg to Defeat; Hitler's War Directives, 1939–1945.* New York, Holt, Rinehart & Winston, 1965
von der Heydte: *Daedalus Returned; Crete, 1941.* London, Hutchinson, 1958
Warlimont, Walter: *Inside Hitler's Headquarters 1939–45.* New York: Praeger, 1964

*Manuskripte*
Office of the Chief of Military History, Department of the Army, Washington, D.C.
MS No. 1 P-030: *The German Campaign in the Balkans, 1941*
MS No. 1 B-250: Warlimont, Walter, *Answers to Questions Concerning Greece, Crete and Russia*
MS No. D-064: Rath, Hans-Joachim, *1st Stuka Wing Feb.-May, 1941*
MS No. 1 P-051: *Airborne Operations – A German Appraisal*
MS No. B-524: General von Greiffenberg, *Supplements to the Study – The Balkan Campaign (The Invasion of Greece)*

MS No. B-639: Heyking, Rüdiger von, *Commitment of Parachute Troops by the 2nd Air Transport (Special Purpose); Crete, 21. May, 1941*

MS No. 1 P-051 b: Kesselring, Albert: *Practical Experience in Carrying out and Opposing Airborne Landings in World War II*, Study No. 11

Department of the Navy, Office of the Chief of Naval Operations: J. H. Engel, Operations Evaluation Group Interim Research Memorandum No. 35, *Combat Effectiveness of Allied and German Troops in the World War II, Invasion of Crete, 1963*

## *Kapitel 3*

Baldwin, Hanson W.: *Great Mistakes of the War.* New York: Harper, 1950

Brereton, L. H.: *The Brereton Diaries.* New York: Morrow, 1946

Craven, W. F. und Cate, J. L., Hrsg.: *The Army Air Forces in World War II*, Bd. 1, *Plans and Early Operations, January 1939 to August 1942.* Chicago: University of Chicago Press, 1948

Falk, Stanley L., *Bataan – The March of Death.* New York: Norton, 1962

Greenfield, Kent Roberts, Hrsg.: *American Strategy in World War II; A Reconsideration.* Baltimore: Johns Hopkins Press, 1963

dies.: *Command Decisions.* New York, Harcourt Brace, 1959

MacArthur, Douglas: *Reminiscences.* New York: McGraw-Hill, 1964

Metcalf, Clyde H., Hrsg.: *The Marine Corps Reader.* New York: Putnam, 1944

Miller, E. B.: *Bataan Uncensored.* Long Prairie, Minn.: Hart Publications, 1949

Morison, Samuel Eliot: *History of United States Naval Operations in World War II*, Bd. III. *The Rising Sun in the Pacific*, Boston: Little, Brown, 1948

Morton, Louis: *The Fall of the Philippines* (U.S. Army in World War II). Washington: Office of the Chief of Military History, Department of the Army, 1953

Naval Analysis Division, U. S. Strategic Bombing Survey (Pacific): *Interrogations of Japanese Officials*, Bd. I and II. Washington: U. S. Government Printing Office, 1946

Roscoe, Theodore: *United States Submarine Operations in World War II* Annapolis: U. S. Naval Institute, 1949

Sherman, Frederick C.: *Combat Command.* New York: Dutton, 1950

Stimson, Henry L. und Bundy, McGeorge: *On Active Service.* New York: Harper, 1948

Wainwright, Jonathan: *General Wainwright's Story*, New York: Doubleday, 1946

## *Kapitel 4*

Belden, Jack: *Still Time to Die*. New York: Harper, 1944
Bernstein, Walter: *The Taking of Ficarra*, New Yorker Book of War Pieces. New York: Reynal & Hitchcock, 1947
Bradley, Omar N.: *A Soldier's Story*. New York: Holt, 1951
Brown, John Mason: *To All Hands*. New York: Whittlesey House, 1943
Bryant, Arthur: *The Turn of the Tide*. New York: Doubleday, 1946
Bryant, Arthur: *Triumph in the West*. New York: Doubleday, 1949
Butcher, Harry C.: *My Three Years with Eisenhower*. New York: Simon & Schuster, 1946
Carter, Ross: *Those Devils in Baggy Pants*. New York: Appleton-Century-Crofts, 1951
Churchill, Winston S.: *The Second World War*, Bd. 5, *the Ring*. Boston: Houghton Mifflin, 1951
Craven, W. F. and Cate, J. L., Hrsg., *The Army Air Forces in World War II*, Bd. 2, *Europe: Torch to Pointblank, August 1942 to December 1943*. Chicago: University of Chicago Press, 1949
Cunningham: *A Sailor's Odyssey*. New York: Dutton, 1951
Department of the Army: *Airborne Operations – A German Appraisal*. Washington: Departement of the Army Pamphlet No. 20–232, Oktober 1951
Department of Military Art and Engineering: *Operations in Sicily and Italy (July 1943 to May 1945)* West Point: U. S. Military Academy, 1945
Eisenhower, D.: *Crusade in Europe*. New York: Doubleday, 1948
Farago, Ladislas: *Patton-Ordeal and Triumph*. New York: Obolensky, 1963
Flower, Desmond und Reeves, James, Hrsg.: *The Taste of Courage*. New York: Harper, 1960
Garland, Albert N. und Smyth, Howard McGaw, mit Hilfe von Blumenson, Martin: *Sicily and the Surrender of Italy*. Washington: Office of the Chief of Military History, Department of the Army, 1965
Gavin, James M.: *Airborne Warfare*. Washington: Infantry Journal Press 1947
Goebbels, Joseph Paul: *The Goebbels Diaries, 1942–1943*, Louis P. Lochner, Hrsg. New York: Doubleday, 1948

Greenfield, Kent Roberts, Hrsg.: *Command Decisions.* New York, Harcourt Brace, 1959
Guingand, Francis de: *Operation Victory.* New York: Scribner's, 1947
Hall, Walter Phelps: *Iron Out of Calvary.* New York: Appleton-Century, 1946
Howe, George F.: *Northwest Africa – Seizing the Initiative in the West.* Washington: Office of the Chief of Military History, Department of the Army, 1957
Ismay: *Memoirs.* New York: Viking, 1960
Kennedy, John, *The Business of War.* New York: Morow, 1958
Liddel-Hart, B. H.: *The Other Side of the Hill,* London: Cassell, 1951
Linklater, Eric: *The Campaign in Italy.* London: His Majesty's Stationery Office, 1951
Matloff, Maurice und Snell, Edwin M.: *Strategic Planning for Coalition Warfare, 1941–1942.* Washington: Office of the Chief of Military History, Department of the Army, 1953
Matloff, Maurice: *Strategic Planning for Coalition Warfare, 1943–1944.* Washington: Office of the Chief of Military History, Department of the Army, 1959
Maugeri, Franco: *From the Ashes of Disgrace.* New York: Reynal & Hitchcock, 1948
Montagu, Ewen: *The Man Who Never Was.* Philadelphia: Lippincott, 1954
Montgomery, Bernhard Law: *The Memoirs.* Cleveland, New York: World, 1958
Morison, Samuel Eliot: *History of United States Naval Operations in World War II,* Bd. IX, *Sicily, Salerno, Anzio, January, 1943 – June, 1944.* Boston, Little, Brown, 1954
Patton, George S. jr.: *War As I Knew It.* Boston: Houghton Mifflin, 1947
Raff, Edson D.: *We Jumped to Fight,* mit einer Einführung von Hanson W. Baldwin. New York: Eagle Books, 1944
*Report of Major Etter,* Charles Barton, USA (Med. Corps), to Surgeon, II. Corps
Ridgway, Matthew B.: *Soldier; The Memoirs of Matthew B. Ridgway* (as told to Harold H. Martin). New York: Harper, 1956
Roskill, S. W.: *The War at Sea, 1939-1945,* Bd. III. London: Her Majesty's Stationery Office, 1960
Shapiro, Lionel S.: *They Left the Back Door Open.* Toronto: Ryerson Press, 1944
Sherwood, Robert E: *Roosevelt and Hopkins.* New York: Harper, 1948
Shirer, William L.: *The Rise and Fall of the Third Reich.* New York: Simon & Schuster, 1960

Society of the First Division: *Danger Forward – The Story of the First Division in World War II.* Atlanta: Albert Love, 1947
Stimson, Henry L. und Bundy, McGeorge: *On Active Service in Peace and War.* New York: Harper, 1947
Trevor-Roper, H. R.: *Blitzkrieg to Defeat: Hitler's War Directives, 1939–1945:* New York: Holt, Rinehart & Winston, 1965
Truscott, S. K., jr.: *Command Missions.* New York: Dutton, 1954
Warlimont, Walter: *Inside Hitler's Headquarters, 1939–1945.* New York. Praeger, 1964
Wilmot, Chester: *The Struggle for Europe.* New York: Harper, 1952

*Manuskripte*
MS-T2- *The Battle of Sicily*
T-2-K-1 Kesselring comments, *The Battle of Sicily*
B-270- Kesselring and Westphal, *Questions Regarding General Strategy in the Italian Campaign*
D-038- *Commitment of German Air Forces in Sardinia and Corsica*
D-091 *Evacuation of Sicily and Sardinia in August 1943*
D-116- *Over-all Situation in the Mediterranean up to the Landing on the Italian Mainland*
D-089- *Reconnaissance in the Battle of Sicily*
D-004- *Specialized Defense Tactics (Sicily) July-August, 1943*

## *Kapitel 5*

Crowl, Philip A. und Love, Edmund G.: *Seizure of the Gilberts and Marshalls.* Washington: Office of the Chief of Military History, Department of the Army, 1955
Hough, Frank O.: *The Island War: The United States Marine Corps in the Pacific.* Philadelphia: Lippincott, 1947
Isely, Peter A. und Crowl, Philip A.: *The U. S. Marines and Amphibious War: Its Theory and Its Pratice in the Pacific.* Princeton, Princeton University Press, 1951
Johnston, Richard W.: *Follow Me! The Story of the Second Marine Division in World War II.* Toronto, Random House of Canada, 1948
Kraig, Walter, Harris, Russell L. und Manson, Frank A., *Battle Report,* Bd. 4: *The End of an Empire.* New York: Rinehart, 1948
Morison, Samuel Eliot: *History of United States Naval Operations in World War II,* Bd. VII. *Aleutians, Gilberts and Marshalls, June 1942–April 1944.* Boston: Little, Brown, 1951
Morton, Louis: *Strategy and Command – The First Two Years (U. S. Army in World War II) – The War in the Pacific).* Washington:

Office of Chief of Military History, Department of the Army, 1962
Pratt, Fletcher: *The Marines' War.* New York: Sloane, 1948
Sherrod, Robert: *History of Marine Corps Aviation in World War II.* Washington: Combat Forces Press, 1952
ders.: *Tarawa; The Story of a Battle.* New York: Duell, Sloan & Pearce, 1944, 1954
Smith, Holland M., und Finch, Percy: *Coral and Brass.* New York: Scribner's, 1949
Stockman, James R.: *Tarawa; The Battle for Tarawa.* Historical Section, Division of Public Information, HQ U. S. Marine Corps, 1947
Wilson, Earl J. und Lucas, Jim G.; Shaffer, Samuel und Zurlinden, C. Peter, Betio Beachhead: *U.S. Marines: Own Story of the Battle for Tarawa.* New York: Putnam, 1945

## *Kapitel 6*

Bradley, Omar N.: *A Soldier's Story.* New York: Holt, 1951
Butcher, Harry C.: *My Three Years with Eisenhower.* New York: Simon & Schuster, 1946
Howarth, David: *D-Day – The Sixth of June, 1944.* New York: McGraw-Hill, 1959
Montgomery, Bernard Law: *The Memoirs.* Cleveland, New York: World, 1958
Rapport, Leonard und Northwood, Arthur, Jr.: *Rendezvous with Destiny – A History of the 101st Airborne Division.* Washington: Infantry Journal Press, 1948
Ridgway, Matthew B.: *Soldier; The Memoirs of Matthew B. Ridgway (As Told to Harold H. Martin).* New York: Harper, 1956
Ryan, Cornelius: *The Longest Day.* New York: Simon & Schuster, 1959
Wilmot, Chester: *The Struggle for Europe.* New York: Harper, 1952

## *Kapitel 7*

Cannon, M. Hamlin: *Leyte – The Return to the Philippines (U. S. Army in World War II – The War in the Pacific).* Washington: Office of Chief of Military History, Department of the Army, 1954
Cant, Gilbert: *The Great Pacific Victory.* New York: John Day, 1945
Commager, Henry Steele, Hrsg.: *The Story of the Second World War.* Boston: Little, Brown, 1945
Craven, W. F. und Cate, J. L., Hrsg.: *The Army Air Force in World*

*War II*, Bd. 5, *The Pacific: Matterhorn to Nagasaki, June 1944 to August 1945*. Chicago: University of Chicago Press, 1953
Field, James A., Jr.: *The Japanese at Leyte Gulf*. Princeton: Princeton University Press, 1947
Halsey, William F. und Bryan, J.: *Admiral Halsey's Story*. New York: Whittlesey House, 1947
Karig, Walter, Harris, Russell L. und Manson, Frank A.: *Battle Report*, Bd. 4: *The End of An Empire*. New York: Rinehart, 1948
King, Ernest J.: *Official Reports – U.S. Navy at War – 1941–1945*. U. S. Navy Department, 1946
Naval Analysis Division, U. S. Strategic Bombing Survey (Pacific): *The Campaigns of the Pacific War*. Washington: U. S. Government Printing Office, 1946
Sherman, Admiral Frederick C.: *Combat Command*. New York: Dutton, 1950
Willoughby, Charles A. und Chamberlain, John: *MacArthur, 1941–1951*. New York: McGraw-Hill, 1954
Woodward, C. Vann: *The Battle for Leyte Gulf*. New York: Macmillan, 1947

## *Kapitel 8*

Bradley, Omar N.: *A Soldiers Story*. New York: Holt, 1951
Butcher, Harry C.: *My Three Years with Eisenhower*. New York: Simon & Schuster, 1946
Carpenter, Iris: *No Woman's World*. Boston: Houghton Mifflin, 1946
Cole, Hugh M.: *The Ardennes: Battle of the Bulge*. Washington: Office of the Chief of Military History, Department of the Army, 1965
Craven, W. F. und Cate, J. L., Hrsg.: *The Army Air Forces in World War II*, Band 3, *Europe to V-E Day, January 1944 to May 1945*. Chicago: University of Chicago Press, 1951
Eisenhower, Dwight D.: *Crusade in Europe*. New York: Doubleday, 1948
Foley, Charles: *Commando Extraordinary*. London: Longmans, Green, 1954
Greenfield, Kent Roberts: *Command Decisions*. New York: Harcourt Brace 1959
Hart, B. H. Liddell: *The Other Side of the Hill*. London: Cassell, 1951
Howeth, L. S.: *History of Communications-Electronics in the United States Navy. Washington, Bureau of Ships and Office of Naval History*
MacDonald, Charles B.: *The Siegfried Line Campaign (U. S. Army in*

*World War II)*. Washington: Office of the Chief of Military History, Department of the Army, 1963
Marshall, S. L. A.: *Bastogne: The Story of the First Eight Days.* Washington, Infantry Journal Press, 1946
Merriam, Robert E.: *Dark December.* Chicago: Ziff-Davis, 1947
Moorehead, Alan: *Eclipse.* New York: Coward-Mc-Cann, 1945
Patton, George S., Jr.: *War As I Knew It.* Boston: Houghton Mifflin, 1957
Ridgway, Matthews B.: *Soldier: The Memoirs of Matthew B. Ridgway (As Told to Harold H. Martin).* New York: Harper, 1956
Semmes, Harry H.: *Portrait of Patton.* New York: Appleton-Century-Crofts, 1955
Toland, John: *Battle: The Story of the Bulge.* New York: Random House, 1959
Wilmot, Chester: *The Struggle for Europe.* New York: Harper, 1952

*Zeitschrift*
Showalter, Wilbur E.: »What Is Calculated Risk?«, Military Review, May, 1951

## *Kapitel 9*

Appleman, Burns, Gugeler und Stevens: *Okinawa; The Last Battle (U. S. Army in World War II – The War in the Pacific).* Historical Division, Department of the Army, Washington: Government Printing Office, 1948
Craven, W. F. und Cate, J. L., Hrsg.: *The Army Air Forces in World War II,* Bd. 5, *The Pacific: Matterhorn to Nagasaki, June 1944 to August 1945.* Chicago: University of Chicago Press, 1953
Hough, Major Frank O.: *The Island War; The United States Marine Corps in the Pacific.* Philadelphia: Lippincott, 1947
Inoguchi, Rikihei; Nakajima, Tadashi und Pineau, Roger: *The Divine Wind.* Annapolis: U. S. Naval Institute, 1958
Lott, Arnold S.: *Brave Ship Brave Men.* Indianapolis: Bobbs-Merrill, 1964
Morison, Samuel Eliot: *History of the United States Naval Operations in World War II,* Bd. XIV, *Victory in the Pacific, 1945.* Boston, Little, Brown, 1960 Parliamentary Debates (Hansard), Vol. 437, No. 104. Wednesday, 14 May, 1947
Pratt, Fletcher: *The Marine's War.* New York: Sloane, 1948
Schuon, Karl, Hrsg. *The Leathernecks.* New York: *Franklin Watts, 1944 U. S. Strategic Bombing Survey (Pacific),* Naval Analysis Division,

The Campaigns of the Pacific War. Washington: Government Printing Office, 1946
Vandegrift, A. A.: *Once a Marine; The Memoirs of General A. A. Vandegrift,* U. S. M. C., as Told to Robert B. Asprey. New York: Norton 1964.

## REGISTER


Aachen 267, 307, 308 f., 359, 362 f., 372
Adams, Oberleutnant Max 276
Adrano 209
Ägäis 47, 86 f., 94, 109, 172
Ägina 74
Agrigento 204
Aiya Marina 92
Akers, Oberst R. F. 353
Akrotiri 74
Alamagordo 378
Alexander, Feldmarschall Earl 257
Alexander, General Sir Harold R. 180, 186 f., 193, 203 f.,
Alexandria 93, 99 ff., 181
Algier 179 f.
Alicante 6
Alikianou 74 ff.
Allen, Generalmajor Terry de la Mar 212
Amblève 326 f., 333, 338
Amey, Oberstleutnant Herbert 222, 226
Amiens 18
Amilcar 193
Anapo 194
Andenne 347
Anderson, Generalleutnant Sir Kenneth A. N. 186
Andrew, Oberstleutnant L. W. 78 f.
Ansel, Konteradmiral Walter 39
Antikithera, Straße von 85 f.
Antwerpen 237, 241, 307, 310, 317 f., 328, 333, 347
Aosta 182
Apanama 216, 234
Araxos 60
Ardennen 305 ff.
Argos 60
Arima, Konteradmiral Masabumi 272
Arisio, General Mario 182
Arlon 311
Ärmelkanal 12, 14 f., 28, 29, 38, 40, 43, 235, 238 ff., 255
Arnheim 307
Arnold, General Henry H. 119, 122
Assetta 182
Athen 49, 53, 60, 66, 70, 74, 89
Ätna 190, 203 ff., 205 ff., 209, 212, 214
Augusta 202
Avola 195
Aywaille 311, 346

Bach, Major Stanley 255
Bad Nauheim 312
Badoglio, Marschall Pietro 207
Back, Captain G. R. B. 100
Bagac 134, 168
Bairiki 229
Balaklawa 52
Bardia 49
Bastogne 306, 310, 314, 317, 326, 328, 333, 336, 340 f., 343, 345, 354
Bataan 116 f., 127 ff., 130 ff.,

137 ff., 149 ff., 154 f., 157, 160 f., 166, 168, 268
Bayeux 255
Beaverbrook, Lord 16
Berlin 25, 28, 36, 38, 49, 349
Betio 216, 218 f., 223, 225 f., 232
Biak 267
Biggin Hill 21 f.
Birkenhead 25
Biserta 181
Bismarck-Archipel 214 f.
Bitburg 358
Blandy, Konteradmiral W. H. P. 388
Blue Beach 376
Blumentritt, General Günter 39
Bognor 15
Borneo 168, 271
Boulogne 29, 240, 261
Bradley, General Omar 181, 204, 212, 254, 307, 312 f., 315, 320, 330 f., 344, 355 f., 366 ff.
Brandenberger, General Erich 312, 317
Brauer, Oberst Hans 66
Brereton, General Lewis H. 165
Bretagne 237, 261
Bridlington 20
Brize Norton 21
Brolo 208
Brooklands (Weybridge) 23
Brooke, Feldmarschall Sir Alan 176
Brunsbüttel 23, 34
Brüssel 12, 310, 317 f., 326
Buckley, Christopher 53
Buckner, Generalleutnant Simon Bolivar 392
Büllingen 320
Butgenbach 320, 324, 328, 332 f., 338

Cabcaben 152
Caen 235, 238, 242, 244, 260, 361
Calais 26, 29, 41, 236, 240, 244
Caltanissetta 183
Campbell, Oberstleutnant I. R. 101
Canaris, Admiral Wilhelm 236
Canea 54, 59, 64 ff., 68 f., 73 ff., 79, 83 f., 88 f., 91 f., 97 f., 101, 109
Canterbury 35
Carantan 244
Carol II., König von Rumänien 48
Cartagena 6
Casablanca 175, 178, 215
Castle Bromwich 19
Catania 179, 183, 190, 192, 200 f., 203
Cavender, Oberst Charles C. 330
Cavite 126, 132, 134, 138, 143, 147
Cebu 140
Celebes 168
Celles 346, 348
Ceney 345
Chamberlain, Sir Neville 11
Chappel, Brigadegeneral B. H. 64, 99
Chaudfontaine 327 f., 332
Cheneux 336
Cherbourg 18, 235, 238, 243 f., 249, 261
Chinigo, Michael 196
Chinisia (Borizzo) 192
Cho, Generalleutnant Isamu 392

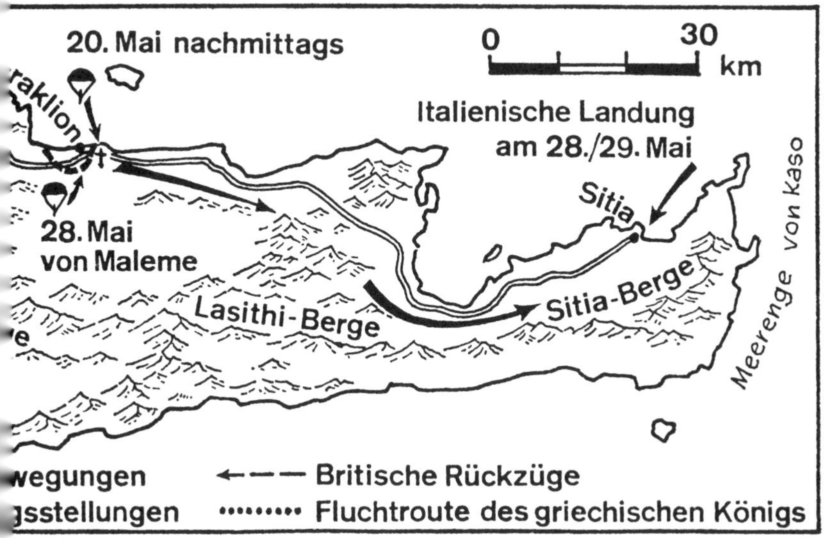

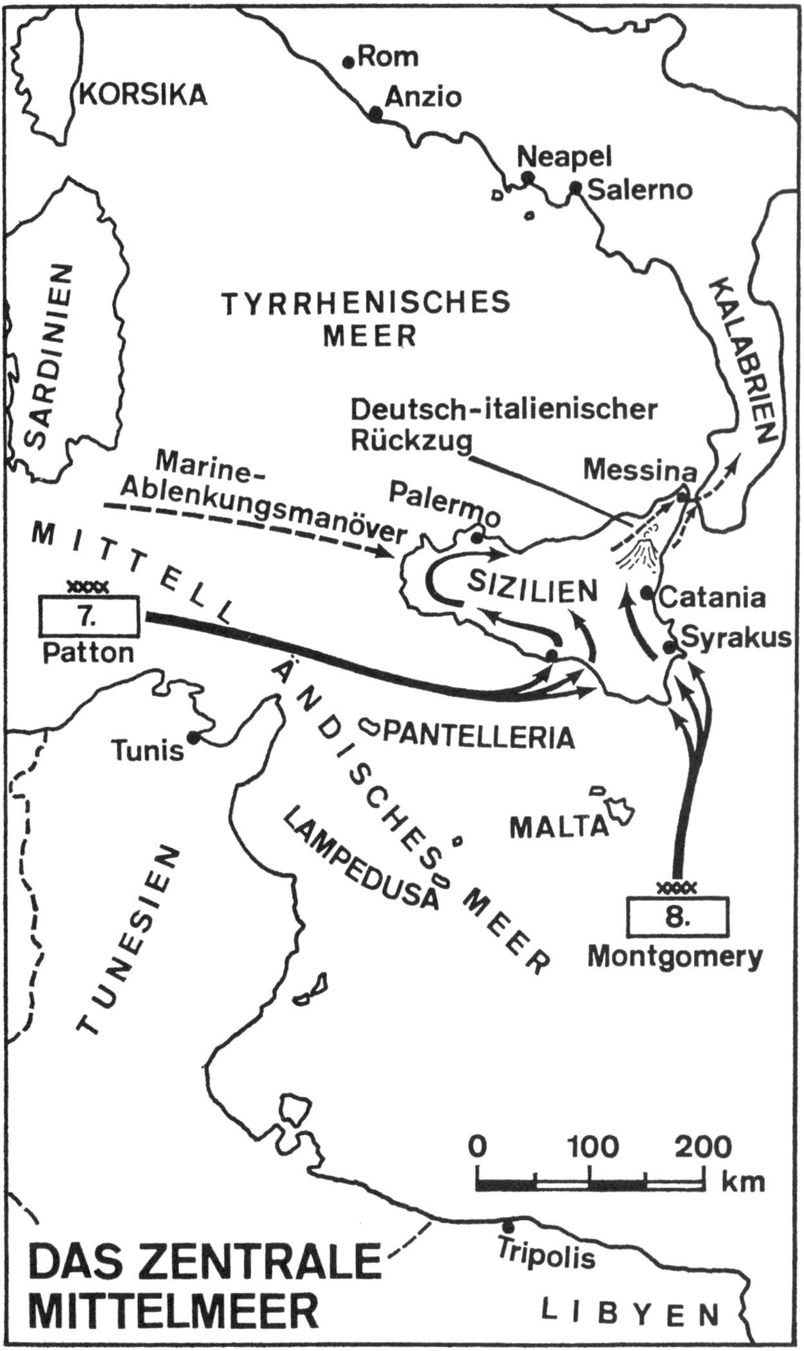
Rom
KORSIKA
Anzio
Neapel
Salerno
SARDINIEN
TYRRHENISCHES
MEER
KALABRIEN
Deutsch-italienischer
Rückzug
Messina
Marine-
Ablenkungsmanöver
Palermo
MITTELLÄNDISCHES MEER
7.
Patton
SIZILIEN
Catania
Syrakus
PANTELLERIA
Tunis
MALTA
LAMPEDUSA
TUNESIEN
8.
Montgomery
0
100
200
km
Tripolis
LIBYEN
DAS ZENTRALE
MITTELMEER

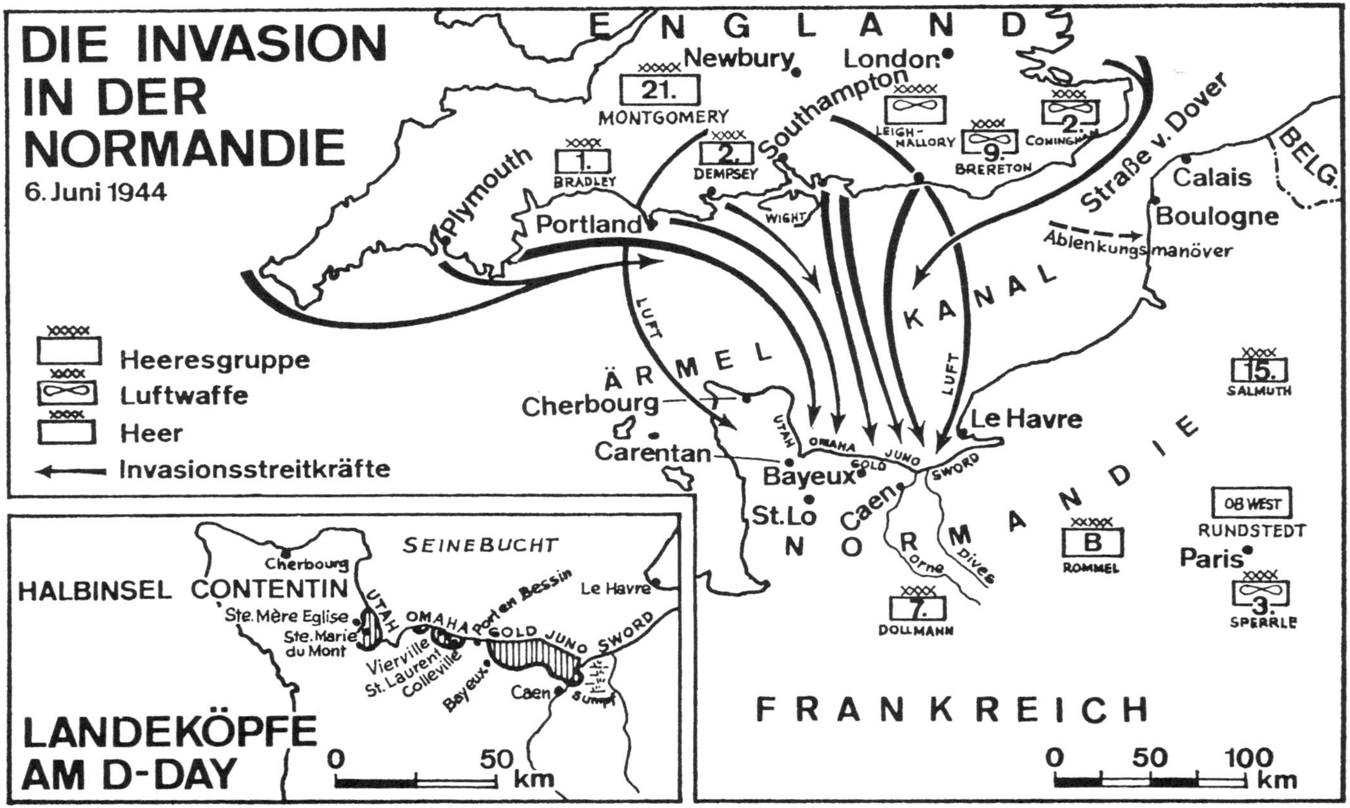
DIE INVASION
IN DER
NORMANDIE
6. Juni 1944
Heeresgruppe
Luftwaffe
Heer
Invasionsstreitkräfte
ENGLAND
Newbury
London
Southampton
Plymouth
Portland
21.
MONTGOMERY
1.
BRADLEY
2.
DEMPSEY
LEIGH-MALLORY
9.
BRERETON
2.
COMINGHAM
WIGHT
Straße v. Dover
BELG.
Calais
Boulogne
Ablenkungsmanöver
KANAL
ÄRMEL
LUFT
LUFT
Cherbourg
Carentan
UTAH
OMAHA
GOLD
JUNO
SWORD
Bayeux
Caen
St. Lo
Le Havre
Orne
Dives
NORMANDIE
15.
SALMUTH
OB WEST
RUNDSTEDT
Paris
3.
SPERRLE
B
ROMMEL
7.
DOLLMANN
FRANKREICH
0 50 100 km
LANDEKÖPFE
AM D-DAY
HALBINSEL CONTENTIN
SEINEBUCHT
Cherbourg
Ste. Mère Eglise
Ste. Marie du Mont
UTAH
OMAHA
Port en Bessin
GOLD
JUNO
SWORD
Le Havre
Vierville
St. Laurent
Colleville
Bayeux
Caen
Sumpf
0 50 km

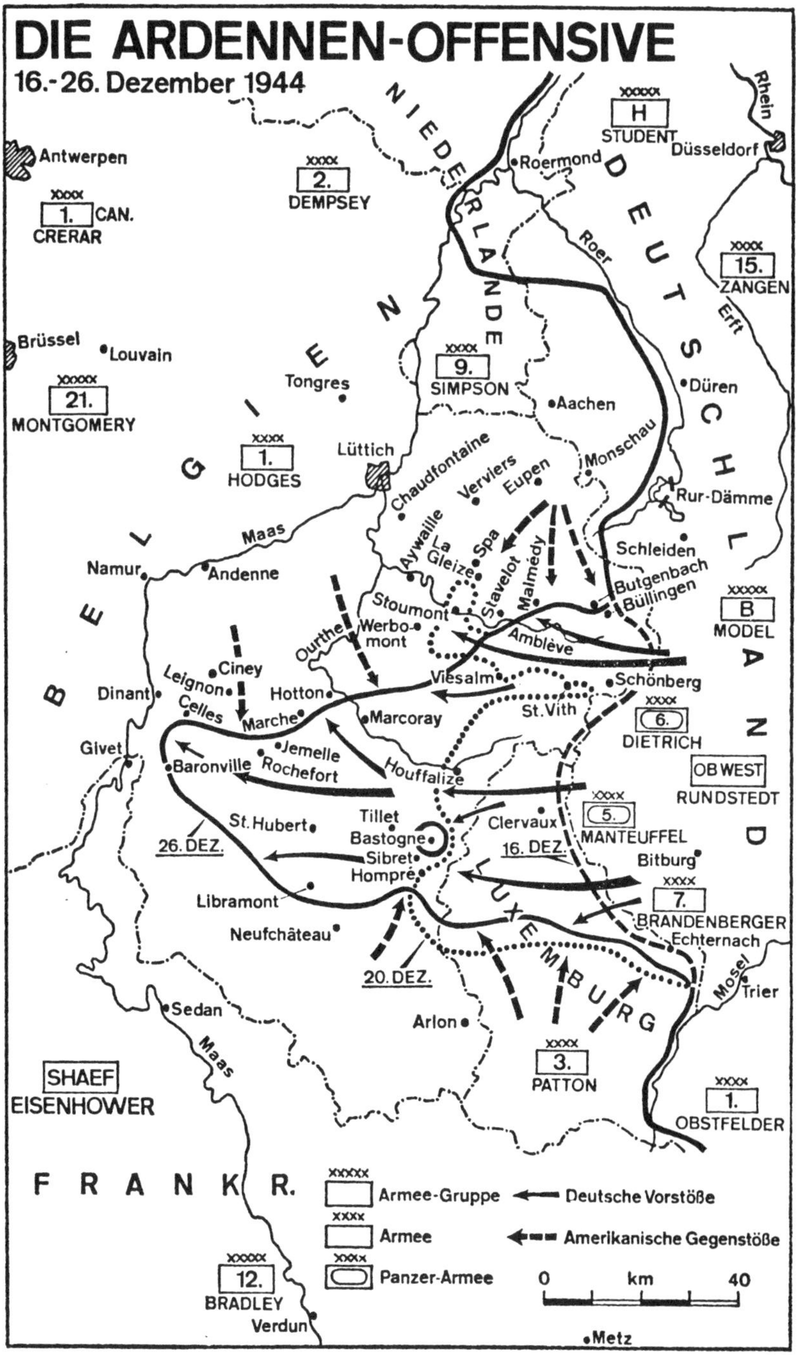
DIE ARDENNEN-OFFENSIVE
16.-26. Dezember 1944
NIEDERLANDE
DEUTSCHLAND
BELGIEN
LUXEMBURG
FRANKR.
Antwerpen
1. CAN. CRERAR
2. DEMPSEY
H STUDENT
Rhein
Düsseldorf
Roermond
Roer
15. ZANGEN
Erft
Brüssel
Louvain
21. MONTGOMERY
Tongres
9. SIMPSON
Aachen
Düren
1. HODGES
Lüttich
Chaudfontaine
Verviers
Eupen
Monschau
Rur-Dämme
Maas
Aywaille
La Gleize
Spa
Stavelot
Malmédy
Schleiden
Butgenbach
Büllingen
Namur
Andenne
Stoumont
Werbomont
Amblève
Ourthe
B MODEL
Ciney
Leignon
Dinant
Celles
Hotton
Marche
Viesalm
Schönberg
St. Vith
Marcoray
6. DIETRICH
Givet
Jemelle
Rochefort
Baronville
Houffalize
OB WEST RUNDSTEDT
5. MANTEUFFEL
St. Hubert
Tillet
Bastogne
Clervaux
26. DEZ.
Sibret
Hompré
16. DEZ.
Bitburg
7. BRANDENBERGER
Libramont
Neufchâteau
Echternach
20. DEZ.
Mosel
Trier
Sedan
Arlon
3. PATTON
SHAEF EISENHOWER
1. OBSTFELDER
Armee-Gruppe
Deutsche Vorstöße
Armee
Amerikanische Gegenstöße
Panzer-Armee
0 km 40
12. BRADLEY
Verdun
Metz

Churchill, Winston 5, 7, 14, 16, 25, 31 f., 44, 53 f., 59, 63, 94, 110 f., 169 ff., 172 f., 175 ff., 254, 256 ff., 332
Clark Field 127, 165
Clark, General Mark 257 f.
Clarke, Brigadegeneral Bruce C. 322, 328
Clervaux 316
Colleville 255
Collins, Generalmajor Joseph Lawton 333, 334, 347
Compiègne 12
Conolly, Konteradmiral R. L. 195
Conrath, General Paul 199 f.
Corlett, Generalmajor Charles H. 264
Corregidor 116, 128 ff., 134 f., 138 ff., 145 ff., 154, 156 ff., 168
Cota, Generalmajor Norman D. 253 f., 316
Cotentin 237, 242, 243, 255, 261
Crowe, Major Henry P. 222
Cunnigham, Admiral Sir Andrew B. 59, 85, 93 f., 97, 106, 111 ff., 188, 193, 211
Curtis, Oberst James O. 355
Cyrenaica 49, 55

Dardanellen 172
Davao 124
Deal 20
Den Haag 12
Descheneaux, Oberst George L. 330, 334
Devers, General Jacob L. 306, 326, 330, 333
Deyo, Konteradmiral M. L. 388
Dickson, Oberst B. A. 324, 327, 361 ff., 366 ff., 372 f.
Dieppe 18, 259
Dietrich, General Sepp 317, 356
Dill, Feldmarschall Sir John 111
Dinagat 271
Dinant 346, 348
Dodekanes 54, 113, 190
Donaldson, Air Commander E. M. 44
Dornier 6
Dorset 20
Douhet, Giulio 6 f., 32, 119, 122
Dover 14 f., 18 f., 28 f., 40, 174, 237, 240, 244, 249, 261
Dowding, Luftmarschall »Stuffy« 10 f., 14, 16, 19, 21 f., 26, 30, 35, 39, 44 f.
Driffield 20
Dünkirchen 5, 10, 13 f., 16 f., 26, 28 f., 38 ff., 213
Düren 363
Düsseldorf 360

Eben Emael 70
Echternach 314, 333, 343
Eden, Anthony 52
Eifel 312, 316, 329, 333, 359, 362
Eisenhower, General Dwight D. 176, 177 ff., 184, 186 ff., 193, 205, 235, 238, 259, 265, 312 f., 315, 320, 325 f., 331 f., 344, 355, 359, 366
El Alamein 176, 185, 212
Eleusis 60
Eller, Konteradmiral E. M. 297
Ellis, Hauptmann Robert 252

Elsaß 348, 355 f.
Elsenbach 338
Elsenborn 341 f., 351
Emerson, William R. 37
Eniwetok 234
Enna 182
Erft 362
Eupen 305, 311, 319, 323, 333, 338
Evans, Oberstleutnant »Bob« 327
Evans, Fregattenkapitän Ernest E. 290

Falmouth 15
Feltre 206
Fiala, Commander R. P. 283
Figart, David M. 33
Finke, Hauptmann John G. W. 251, 255
Firth of Forth 20
Folkestone 15, 20
Formosa 125 ff., 156, 165, 266, 270 ff., 376, 387
Fort Drum 132, 149 f., 158
Fort Frank 132, 145
Fort Hughes 132, 149
Fox, Hauptmann William J. 364
Franco, General Francisco 6
Fredette, Major Raymond H. 32, 34 f., 37
Freyberg, General Berard C. 59, 63, 65, 67 f., 69, 77, 83 f., 88, 91, 94 ff., 98, 101, 104, 111
Friedenthal 357, 362
Fulgosi, Kapitänleutnant Giuseppe Cigala 87
Fuller, Generalmajor J. F. C. 39
Futrell, Robert 165

Galatas 64 ff., 73 ff., 90, 92, 96
Gavin, Oberst James M. 243, 336, 345
Gela 179, 192 f., 195, 198 ff.
Georg II., König von Griechenland 59, 75, 91
Georgiopolis 88
Gerbini 192
Gibbons, Korvettenkapitän Joseph H. 251
Gibraltar 188, 191
Gilbert-Inseln 214 ff., 232 f., 267
Givet 346 f.
Glennie, Korvettenkapitän I. G. 86 f.
Glusman, Leutnant Murray 144
Goebbels, Joseph 70
Gold Beach 248 f.
Goldberg, Rube 16
Göring, Hermann 5 ff., 19, 21 f., 29 ff., 38 f., 41 f., 47, 56, 61, 70, 105, 108, 364
Gosport 21
Gozo 189, 192
Green Beach 227
Groves, General P. R. C. 7
Grunert, Generalmajor George 161
Guadalcanal 214, 217
Guam 123 ff., 267
Guzzoni, General Alfredo 182, 192, 195 f., 199, 202

Halder, Generaloberst Franz 19
Halsey, Admiral William F. 267, 272, 274 ff., 279, 281, 285 ff., 295 ff., 391
Hampshire 20

Harmon, Generalmajor Ernest 345, 347
Hart, Admiral Thomas C. 123, 141, 167
Hasbrouck, Generalmajor R. W. 342
Hathaway, Commander Amos T. 291
Hawaii 122, 164, 274, 290
Hawkinge 18
Heidrich, Oberst Richard 75, 79, 92
Helgoland 23, 34
Heraklion 54, 64 f., 76 f., 79, 83 f., 90 ff., 98 f., 101
Hewitt, Vizeadmiral H. Kent 180
Heydte, Oberstleutnant von der 70, 74, 107, 319, 338
Hill, Konteradmiral Harry W. 217, 223, 226
Hitler, Adolf 5, 7, 12, 14 f., 23 f., 26, 28 ff., 38 f., 42 f., 47 ff., 52, 56, 61, 105, 108, 114, 190, 206, 241, 255, 308, 312, 317, 337, 341 f., 348 f., 350, 353, 364, 368
Hodges, Generalleutnant H. 307, 315, 327 f., 332 f., 336, 347, 362
Hoffmann, Oberstleutnant 244
Homma, Generalleutnant Masaharu 124, 126, 136, 139, 143 ff., 155, 159 f.
Hongkong 125
Hornchurch 22
Hotton 311, 345, 347
Houffalize 311, 337, 345
Howard, Oberst Samuel 130, 152, 155, 160
Hube, General Hans Valentin 202, 209
Hünningen 320
Hürtgenwald 308, 314, 365

Ingersoll, Ralph 360
Ironside, Sir Edmund 35
Ismay, General Lord 190
Iwo Jima 234

Java 136
Jemelle 311
Jeschonnek, Generaloberst Hans 114
Jodl, Generaloberst Alfred 38, 48, 310, 312, 364
Jordan, Oberst Walter I. 226
Junkers 6
Juno Beach 248 f.

Kadena 377, 384, 391
Kairo 179
Kap Bon 170
Kap der guten Hoffnung 170
Kap Engano 285 f., 288 f.
Kap Matapan 80
Kap Passero 195
Karolinen 123, 163, 214
Kasos, Straße von 54, 59, 85, 99
Kasserine 187
Kastelli 64, 95
Kaukasus 175
Kean, General William B. 327 f., 347
Keitel, Feldmarschall Wilhelm 364
Kelly, Captain Colin 127
Kenley 21 f.

Kennedy, Generalmajor Sir John 111, 170, 174, 176
Kennedy, Generalleutnant G. C. 267
Kent 27, 29, 40
Kerama-Retto 380, 388, 390, 393
Kesselring, Feldmarschall Albert 17, 18, 21 f., 34, 38 ff., 105, 107 f., 191, 195
Keyes, Generalmajor Geoffrey 203
King, Konteradmiral E. L. S. 86 f.
King, Generalmajor Edward P. 144
King, Admiral Ernest J. 163 f., 177
Kingman, Konteradmiral Howard F. 218
Kinkaid, Admiral Thomas C. 273 f., 276, 281 f., 283, 288 f., 296 ff., 299 ff.
Kisamos 64, 91
Kithira 60
Kithira, Straße von 54, 59, 87, 91
Koch, Oberst Oscar 361, 373
Koga, Admiral Mineichi 231 f., 236 f.
Köln 313, 360, 364
Kondo, Vizeadmiral Nobutake 126
Kopenhagen 12
Korinth 60
Korinth, Kanal von 60, 70
Korsika 177, 183, 191
Kota Bharu 125
Krancke, Admiral Theodor 241, 245, 246
Kreta 47, 172, 201, 339
Kurita, Vizeadmiral Takeo 271, 273, 275, 278 f., 287 f., 291, 292 ff.
Kwajalein 219, 234
Kyle, Major Wood B. 222
Kyushu 377, 380 f., 383, 386

La Gleize 326, 338, 345
Laibach 256
La Marsa 193
Lamon-Bucht 124
Lampedusa 170, 189
Laoag 127
Lary, Vergil P. 321
Lee, Vizeadmiral Willis A. 394
Le Hamel 249
Le Havre 15, 249 f., 314
Leigh-Mallory, Luftmarschall Sir Trafford 248, 261
Leignon 345
Leningrad 177
Leros 109
Leyte, Golf von 266 ff., 378
Licata 181, 195 f.
Lingayen, Golf von 124, 127
Lingga-Inseln 271
Linosa 170, 189
Liverpool 25
Löhr, Generaloberst Alexander 61, 65 f., 79 ff., 89, 107
Loire 237
London 11 f., 16, 22, 24 ff., 36, 41, 43, 45, 53, 68, 179, 213
Longwy 335
Louvain 332
Lupescu, Magda 48
Lüttich 310 f., 317 f., 325, 327 f., 332, 333, 338, 341, 350
Luxemburg 305, 307, 310, 314 f., 317, 320, 326, 331, 335, 356, 358

Luzon 124, 127 ff., 139, 141, 145, 159, 267, 276
Lympne 18 f.

Maas 310, 318, 320, 323 ff., 332, 333 f., 338, 344, 346 ff., 350, 351, 358
MacArthur, General Douglas 118, 119, 122 f., 128 f., 133 f., 136 f., 139, 141 f., 149, 156, 161 ff., 214 f., 268, 271, 273, 297
Madrid 6
Makin 261 f., 226, 231, 234
Malaga 6
Malaia 168
Maleme 64 f., 68, 71 ff., 77 f., 79 f., 86, 88 ff., 107 f., 112
Malmedy 305, 311, 317, 319, 321, 323 f., 329, 332
Malta 49, 56, 91, 113 ff., 170, 181, 185, 189, 192
Mandatsinseln 116
Manhay 345
Manila 124, 127, 129 f., 136, 139, 143, 146, 163, 166, 168
Manila-Bucht 116 f., 123, 129, 132, 138, 162, 267
Manston 18 f., 22
Manteuffel, General Hasso von 317, 341
March, General Peyton C. 318
Marche 311, 338, 346
Marcouray 345
Marianen 214, 234, 267, 270, 303, 377
Mariveles 126, 129, 144
Marshall, General George Catlett 119 f., 122, 174, 176
Marshall-Inseln 123, 163, 214, 216, 218, 231, 234, 267
Mazara 196
McAuliffe, Brigadegeneral »Tony« 328, 336, 340, 343
McCain, Vizeadmiral John S. 275 f., 295, 391
McCampbell, Commander David 277
McCloughry, Vize-Luftmarschall E. J. Kingston 35
McGovern, Kapitän John B. 228
Megara 60
Meindl, Generalmajor Eugen 66, 79, 81, 83, 106
Mellnik, Oberst Stephen M. 147, 159
Melos 60, 80, 84, 86
Messina 179, 189 f., 191, 202 f., 205 f., 209, 212
Metz 355
Meuse 346 f.
Middleton, General Troy 204, 312, 328, 356
Middle Wallop 19
Milch, General Erhard 6
Miller, Oberst E. B. 161
Mindanao 124, 127, 141, 267, 271, 285
Mitchell, Billy 32, 122
Mitscher, Vizeadmiral Marc A. 299, 376, 383, 391
Model, Feldmarschall Walter 317, 350
Modhion 73
Molaoi 60
Monschau 305, 324, 332, 338, 342 f., 351
Montebourg 244

Monte Sole 199
Montgomery, General Sir Bernard 179 ff., 184, 186, 203 ff., 211, 259, 307, 331 f., 342, 344, 346 f., 360, 369
Moore, General 152, 160
Morotai 267
Mosel 311
Moskau 170, 173 f., 177, 266
Mountbatten, Lord Louis 91, 93
München 7, 10 f., 14, 32
Mussolini, Benito 47 ff., 169 f., 182, 191, 206 f., 325

Namur 317, 347
Nauru 216
Nelson, Admiral Horatio 10, 87, 97, 265
Neufchâteau 336
Neu-Guinea 214 f., 267
Nichols Field 127
Nimitz, Admiral Chester W. 217, 267, 274, 276, 290, 295, 299, 387
Niscemi 194, 198
Nishimura, Admiral Shoji 272, 276, 282 ff., 295
Nore 15
Normandie 235 ff.
Northolt 22
North Weald 22
Norwich 18
Noto 194

Okinawa 85, 234, 376 ff.
Olangapo 126, 134
Oldendorf, Konteradmiral Jesse B. 281, 283
Omaha Beach 247, 249 f., 252 f., 262 ff.
Ohnishi, Vizeadmiral Takijiro 273
Orne 237, 241 f., 244, 255
Orkney-Inseln 34, 53
Orion 134, 168
Oslo 12
Ostende 26, 28, 99
Ourthe 335, 338
Ozawa, Vizeadmiral Jisaburo 271 f., 276, 279 f., 285 ff., 295 ff., 300 ff.

Pachino 195, 197
Palau 127, 234, 267
Palermo 182, 190, 192, 196, 204 ff.
Panaon 271
Panay 140
Pantelleria 170, 188 f.
Paris 12, 325, 327
Park, Luftvizemarschall K. R. 40
Parker, Generalmajor George M. 133
Patton, Generalleutnant George S. 181, 203 ff., 209, 212, 240, 244, 260, 307, 315, 319, 326, 330, 335, 339, 343, 355
Pearl Harbor 117, 123, 125 f., 162 f., 165, 167, 170, 173 f., 214, 217, 274, 286
Peiper, Oberst Joachim 321
Peloponnes 190
Perivolio 75
Pescadoren 272
Phaleron 60
Philippinen 116 ff., 214 f., 266 f., 268 ff., 272, 275, 287, 288

Philipsborn, Major Martin M. 371, 373
Piräus 87
Pitt, William 53
Plaka-Bucht 98, 101
Platanes 84
Ploesti 61
Pointe du Hoc 250
Poling 21
Ponte-Grande-Brücke 194
Ponte Olivo 193 f., 200
Portland 15, 18
Portland Bill 241, 243
Porto Empedocle 201
Port Said 181
Portsmouth 18
Purple Beach 376
Puttik, Brigadegeneral Edward 64, 69, 83, 88, 91
Pyrgos 82, 88 f.
Quebec 215
Queseda, Generalmajor Elwood R. 362
Quezon, Manuel L. 141, 166

Rabaul 218, 232
Ragusa 194
Raikes, Major 33
Ramcke, Oberst Bernhard 83, 92
Ramsay, Vizeadmiral Sir Bertram H. 179 f.
Randazzo 209
Rawlings, Konteradmiral H. B. 85, 87, 100
Red Beach 227, 230
Retimo 54, 64, 65, 75, 77, 83, 90, 92, 96, 98, 101
Rhein 307, 311, 313, 326, 350 f., 363 f.
Rhodos 60, 99, 172
Ridgway, General Matthew B. 204, 243, 333
Ringel, General Julius 66, 89
Riu-Kiu-Inseln 266, 377 ff., 390
Roach, Leutnant W. J. G. 73
Rochefort 346
Roermond 363
Rom 206, 238
Rommel, General Erwin 52, 55, 114, 185, 187, 236 f., 241, 244, 259, 261, 263
Roosevelt, Franklin Delano 153, 166, 174 ff., 177, 258, 385 f.
Roosevelt, Brigadegeneral Theodore 212, 247
Rossi, General Carlo 182
Rotterdam 15, 24, 34 ff.
Ruhrgebiet 24, 35
Rundstedt, General Karl Gerd von 39, 236, 241, 259, 312, 317, 337 f., 362
Rur 307, 317, 350, 363, 372

Saar 307, 351
Saint-Laurent 255
Saint Lô 244, 361
Saint-Mère-Eglise 255
Saint-Vaast 246
Saipan 267
Sakishima Gunto 376
Salm 337, 342
Salomoninseln 218
Saloniki 60
Salzburg 255

Samar 271, 275, 287, 290, 294, 296, 300
San Bernardino, Straße von 271, 275 ff., 279, 281, 287, 288 f., 296, 299 f., 303
Sankt-Vith 305 f., 311, 314, 316 f., 322 ff., 328 ff., 333, 336 ff., 341 f., 349
Santander 6
Sardinien 170, 177, 183 f., 190 ff.
Sayre, Francis B. 141
Scapa Flow 23, 34, 53
Scarpanto 60
Schmeling, Max 70
Schleiden 363
Schönberg 322, 329, 334, 337
Schoettel, Major John F. 222
Sciacca 182
Scoglitti 195
Seagraves, Oberst 33
Seteia 99
Seversky, Alexander de 119
Shanghai 139
Sherman, Admiral Frederick C. 167
Shibasaki, Konteradmiral Keiji 219, 227
Shima, Vizeadmiral Kiyohide 272, 282, 284
Shoup, Oberst David M. 220, 222, 224 ff., 228 f.
Showalter, Oberstleutnant Wilbur E. 354, 372
Sibert, Brigadegeneral Edwin L. 312, 355, 360, 367
Sibuyan 280
Sibuyan-See 275, 279 f., 299
Simeto 201
Simpson, Generalleutnant William H. 307, 356
Singapur 125, 130, 168, 271
Singora 125
Sizilien 49, 169 ff., 367
Skorzeny, Otto 325, 343, 357, 362
Slessor, Sir John 37
Smith, Konteradmiral Holland M. 217, 226, 232
Smith, Generalmajor Julian C. 217, 223, 225 ff., 229
Smith, General Walter Bedell 180, 225, 259
Southampton 16, 18
Southend 18
Spa 317, 326 f., 338, 351, 365, 366
Speidel, Generalfeldmarschall Hans 244
Sperrle, General Hugo 6, 17 f., 21 f.
Sphakia 100 f., 101 f.
Sprague, Admiral C. A. F. 287, 289 ff., 292, 299
Spruance, Vizeadmiral Raymond A. 216 f., 232, 270, 303, 380, 387, 391
Stalingrad 175, 177
Stanmore 29
Stavelot 327, 337
Stimson, Henry L. 165
Stoumont 327
Strong, Generalmajor Kenneth 359 f., 369
Student, General Kurt 56, 62, 65, 70, 79 f., 89, 106, 109, 113
Stumpf, Generaloberst Hans-Jürgen 17, 20 f.
Suda-Bucht 47, 54 ff., 59, 64 f., 66, 69, 75, 83, 89 f., 92, 94, 95 ff., 102

Sueskanal 52, 56, 113
Sulu-See 275
Sunderland 20
Surigao, Straße von 271 f., 275 f., 281, 285, 287, 290, 295, 296, 299
Süssmann, Generalleutnant Wilhelm 62, 66, 74 f., 79
Sutherland, Generalmajor Richard K. 142, 166
Swenceski, Oberstleutnant Alexander B. 224
Sword Beach 248
Sylt 23, 34
Syrakus 193 ff., 197, 199

Taiwan 270
Tangmere 40
Takao 126
Taormina 209
Tarawa 214, 216 f., 267
Tatoi 60
Tavronitis 71, 78 ff., 82
Taylor, Oberst George A. 253
Tedder, Marshall Arthur W. 180, 193, 330
Themse 18, 20, 27 ff., 240
Thorney Island 19, 21
Tinian 267
Tobruk 55, 110
Tokio 219, 232, 270
Toledo 6
Tongres 346
Topolia 60
Torre de Gaffi 196
Toyoda, Admiral Soemu 268 ff., 273
Trapani 196, 204
Trenchard, Marshall Hugh Montague 7, 32
Tripolis 52
Troina 208, 212
Truk 116, 123, 163, 214, 219
Truscott, Generalmajor Lucian K. 195, 204, 208
Turner, Konteradmiral Richmond K. 217
Tyneside 19 f.

Udet, Ernst 5, 7
Ulithi 275, 280, 295
Ushijima, Generalleutnant Mitsuru 391 f.
Utah Beach 247, 255, 259
Uxbridge 17

Vasey, Brigadegeneral G. A. 64
Venlo 310
Ventnor 18
Verdun 330
Versailles 315, 320, 325
Verviers 317, 333, 338
Vierville-sur-Mer 255
Viesalm 322, 328
Vigan 127
Vire 244
Vlissingen 26
Vogesen 307, 319

Wainwright, Generalmajor Jonathan 133, 141 ff., 146, 149, 153, 155 f.
Wake 123 ff.
Walker, Oberstleutnant T. G. 102

Warschau 12, 34, 36
Washington 117, 119, 124, 141, 153, 162, 166, 274, 276
Watson-Watt, Robert 10
Wavell, General Sir Archibald 49, 52 f., 55, 57, 59, 63, 77, 94, 96, 98, 110 f.
Weichsel 307, 349
Werbomont 326, 333
West Malling 21
Weston, Generalmajor E. C. 64, 102
Westwall 310 f., 341, 363
Wever, General 6 f.
Weymouth 15, 18
Wien 60
Wight, Isle of 17, 240
Wilhelmshaven 23, 34
Williams, Brigadegeneral »Bill« 360, 369
Willoughby, Generalmajor Charles A. 136
Wirtzfeld 320
Wladiwostok 120

Yamashita, General Tomoyuki 139
Yontan 377, 384, 391
Yorkshire 19
Yoshuyu, Kapitänleutnant Kichi 219
Young, Leo C. 10

Ziegenberg 312
Zypern 56 f., 113

# Inhalt

1. Die Schlacht um England . . . . . . . . . . . . . . . . 5
2. Kreta – Invasion auf Schwingen . . . . . . . . . . . . . . 47
3. »Der Felsen« . . . . . . . . . . . . . . . . . . . . . . 116
4. Die Landung in Sizilien . . . . . . . . . . . . . . . . 169
5. Tarawa . . . . . . . . . . . . . . . . . . . . . . . . 214
6. Die Landung in der Normandie . . . . . . . . . . . . . 235
7. Die größte Seeschlacht der Geschichte . . . . . . . . . . . 266
8. Die Ardennen-Offensive . . . . . . . . . . . . . . . . 305
9. Okinawa . . . . . . . . . . . . . . . . . . . . . . . 376

Anmerkungen . . . . . . . . . . . . . . . . . . . . . . 397
Bibliographie . . . . . . . . . . . . . . . . . . . . . . 405
Register . . . . . . . . . . . . . . . . . . . . . . . . 417